中國國家圖書館編

國家圖書館藏敦煌遺書

第七十冊　北敦〇五二〇一號——北敦〇五二六三號

北京圖書館出版社

圖書在版編目(CIP)數據

國家圖書館藏敦煌遺書・第七十册/中國國家圖書館編;任繼愈主編.—北京:北京圖書館出版社,2007.12

ISBN 978-7-5013-3222-9

Ⅰ.國…　Ⅱ.①中…②任…　Ⅲ.敦煌學-文獻　Ⅳ.K870.6

中國版本圖書館 CIP 數據核字(2007)第 142222 號

ISBN 978-7-5013-3222-9

9 787501 332229 >

書　　名　國家圖書館藏敦煌遺書・第七十册
著　　者　中國國家圖書館編　任繼愈主編
責任編輯　徐　蜀　孫　彦
封面設計　李　璀

出　　版　北京圖書館出版社　(100034　北京西城區文津街 7 號)
發　　行　010-66139745　66151313　66175620　66126153
66174391(傳真)　66126156(門市部)
E-mail　cbs@nlc.gov.cn(投稿)　btsfxb@nlc.gov.cn(郵購)
Website　www.nlcpress.com
經　　銷　新華書店
印　　刷　北京文津閣印務有限責任公司

開　　本　八開
印　　張　46.25
版　　次　2007 年 12 月第 1 版第 1 次印刷
印　　數　1-250 册(套)

書　　號　ISBN 978-7-5013-3222-9/K・1449
定　　價　990.00 圓

編輯委員會

主　　編　任繼愈

常務副主編　方廣錩

副 主 編　李際寧　張志清

編委（按姓氏筆畫排列）　王克芬　王姿怡　吳玉梅　胡新英　陳　穎　黄　霞（常務）　程佳羽　劉玉芬

出版委員會

主　任　詹福瑞

副主任　陳　力

委　員（按姓氏筆畫排列）　李　健　姜　紅　郭又陵　徐　蜀　孫　彦

攝製人員（按姓氏筆畫排列）

于向洋　王富生　王遂新　谷韶軍　張　軍　張紅兵　張　陽　曹　宏　郭春紅　楊　勇　嚴　平

原件修整人員（按姓氏筆畫排列）

朱振彬　杜偉生　李　英　胡玉清　胡秀菊　張　平　劉建明

目錄

妙音菩薩白其佛言世尊我今詣娑婆世界
皆是如来之力如来神通遊戲如来功德智
慧莊嚴於是妙音菩薩不起于座身不動搖
而入三昧以三昧力於耆闍崛山去法座不遠
化作八万四千衆寶蓮華閻浮檀金為莖白
銀為葉金剛為鬚甄叔迦寶以為其臺尒時
文殊師利法王子見是蓮華而白佛言世尊
是何因緣先現此瑞有若干千万蓮華閻浮
檀金為莖白銀為葉金剛為鬚甄叔迦寶以
為其臺尒時釋迦牟尼佛告文殊師利是妙
音菩薩摩訶薩欲從淨華宿王智佛國與八
万四千菩薩圍繞而来至此娑婆世界供養
親近礼拜於我亦欲供養聽法華經文殊師
利白佛言世尊是菩薩種何善本脩何功德
而能有是大神通力行何三昧願為我等説
是三昧名字我等亦欲勤脩行之行此三
昧乃能見是菩薩色相大小威儀進止唯願
世尊以神通力彼菩薩来令我得見尒時釋
迦牟尼佛告文殊師利此久滅度多寶如来
當為汝等而現其相時多寶佛告彼菩薩善
男子来文殊師利法王子欲見汝身于時妙
音菩薩於彼國沒與八万四千菩薩……

是三昧名字我等亦欲勤脩行之行此三
昧乃能見是菩薩色相大小威儀進止唯願
世尊以神通力彼菩薩来令我得見尒時釋
迦牟尼佛告文殊師利此久滅度多寶如来
當為汝等而現其相時多寶佛告彼菩薩善
男子来文殊師利法王子欲見汝身于時妙
音菩薩於彼國沒與八万四千菩薩俱共發
来所經諸國六種震動皆悉雨於七寶蓮華
百千天樂不鼓自鳴是菩薩目如廣大青蓮
華葉正使和合百千万月其面貌端正復過
於此身真金色无量百千功德莊嚴威德熾
盛光明照曜諸相具足如那羅延堅固之身
入七寶臺上昇虛空去地七多羅樹諸菩薩
衆恭敬圍繞而来詣此娑婆世界耆闍崛
到已下七寶臺以價直百千瓔珞持至釋迦
牟尼佛所頭面礼足奉上瓔珞而白佛言世
尊淨華宿王智佛問訊世尊少病少惱起居
輕利安樂行不四大調和不世事可忍不衆
生易度不无多貪欲瞋恚愚癡嫉妬慳慢不
无不孝父母不敬沙門邪見不善心不攝五
情不世尊衆生能降伏諸魔怨不久滅度多
寶如来在七寶塔中来聽法不又問訊多寶
如来安隱少惱堪忍久住不世尊我今欲見
多寶佛身唯願世尊示我令見尒時釋迦牟
尼佛語多寶佛是妙音菩薩欲得相見時多
寶佛告妙音言善我善我汝能為供養釋迦
牟尼佛及聽法華經并見文殊師利等故来
至此尒時華德菩薩……

妙音菩薩白其佛言世尊我今詣娑婆世界
皆是如来之力如来神通遊戲如来功德智
慧莊嚴於是妙音菩薩不起于座身不動搖
而入三昧以三昧力於耆闍崛山去法座不遠
化作八万四千衆寶蓮華閻浮檀金為茎白
銀為葉金剛為鬚甄叔迦寶以為其臺尒時
文殊師利法王子見是蓮華而白佛言世尊
是何因緣先現此瑞有若干千万蓮華閻浮
檀金為茎白銀為葉金剛為鬚甄叔迦寶以
為其臺尒時釋迦牟尼佛告文殊師利是妙
音菩薩摩訶薩欲從淨華宿王智佛國與八
万四千菩薩圍遶而来至此娑婆世界供養
親近礼拜於我亦欲供養聽法華經文殊師
利白佛言世尊是菩薩種何善本脩何功德
而能有是大神通力行何三昧願為我等說
是三昧名字我等亦欲勤脩行之行此三
昧乃能見是菩薩色相大小威儀進止唯願
世尊以神通力彼菩薩来令我得見尒時釋
迦牟尼佛告文殊師利此久滅度多寶如来
當為汝等而現其相時多寶佛告彼菩薩善
男子来文殊師利法王子欲見汝身于時妙
音菩薩於彼國沒與八万四……

BD05201號　妙法蓮華經卷七

（4–1）

是三昧名字我等亦欲勤脩行之行此三
昧乃能見是菩薩色相大小威儀進止唯願
世尊以神通力彼菩薩来令我得見尒時釋
迦牟尼佛告文殊師利此久滅度多寶如来
當為汝等而現其相時多寶佛告彼菩薩善
男子来文殊師利法王子欲見汝身于時妙
音菩薩於彼國沒與八万四千菩薩俱共發
来所經諸國六種震動皆悉雨於七寶蓮華
百千天樂不鼓自鳴是菩薩目如廣大青蓮
華葉正使和合百千万月其面貌端正復過
於此身真金色无量百千功德莊嚴威德熾
盛光明照曜諸相具足如那羅延堅固之身
入七寶臺上昇虛空去地七多羅樹諸菩薩
衆恭敬圍遶而来詣此娑婆世界耆闍崛
到已下七寶臺以價直百千瓔珞持至釋迦
牟尼佛所頭面礼足奉上瓔珞而白佛言世
尊淨華宿王智佛問訊世尊少病少惱起居
輕利安樂行不四大調和不世事可忍不衆
生易度不无多貪欲瞋恚愚癡嫉妬慳慢不
无不孝父母不敬沙門邪見不善心不攝五
情不世尊衆生能降伏諸魔怨不久滅度多
寶如来在七寶塔中来聽法不又問訊多寶
如来安隱少惱堪忍久住不世尊我今欲見
多寶佛身唯願世尊示我令見尒時釋迦牟
尼佛語多寶佛是妙音菩薩欲得相見時多
寶佛告妙音言善哉善哉汝能為供養釋迦
牟尼佛及聽法華經并見文殊師利等故来
至此……

BD05201號　妙法蓮華經卷七

（4–2）

在七寶塔中來聽法不又問訊多寶
如來安隱少惱堪忍久住不世尊我今欲見
多寶佛身唯願世尊示我令見尒時釋迦牟
尼佛語多寶佛是妙音菩薩欲得相見時多
寶佛告妙音言善哉善哉汝能為供養釋迦
牟尼佛及聽法華經并見文殊師利等故來
至此尒時華德菩薩白佛言世尊是妙音菩
薩種何善根脩何功德有是神力佛告華德
菩薩過去有佛名雲雷音王多陁阿伽度阿
羅呵三藐三佛陁國名現一切世間劫名憙
見妙音菩薩於万二千歲以十万種伎樂供
養雲雷音王佛并奉上八万四千七寶鉢以
是因緣果報今生淨華宿王智佛國有是神
力華德於汝意云何尒時雲雷音王佛所妙
音菩薩伎樂供養奉上寶器者豈異人乎今
此妙音菩薩摩訶薩是華德是妙音菩薩已
曾供養親近无量諸佛久殖德本又值恒河
沙等百千万億那由他佛華德汝但見妙音
菩薩其身在此而是菩薩現種種身處處為
諸衆生說是經典或現梵王身或現帝釋身
或現自在天身或現大自在天身或現天大
將軍身或現毗沙門天王身或現轉輪聖王
身或現諸小王身或現長者身或現居士身
或現宰官身或現婆羅門身或現比丘比丘尼
優婆塞優婆夷身或現長者居士婦女身或
現宰官婦女身或現婆羅門婦女身或現童
男童女身或現天龍夜叉乾闥婆阿脩羅迦
樓羅緊那羅摩睺羅伽

BD05201號　妙法蓮華經卷七　（4–3）

或現宰官身或現婆羅門身或現比丘比丘尼
優婆塞優婆夷身或現長者居士婦女身或
現宰官婦女身或現婆羅門婦女身或現童
男童女身或現天龍夜叉乾闥婆阿脩羅迦
樓羅緊那羅摩睺羅伽人非人等身而說是
經諸有地獄餓鬼畜生及衆難處皆能救濟
乃至於王後宮變為女身而說是經華德是妙
音菩薩能救護娑婆世界諸衆生者是妙音
菩薩如是種種變化現身在此娑婆國土為
諸衆生說是經典於神通變化智慧无所損
減是菩薩以若干智慧明照娑婆世界令一
切衆生各得所知於十方恒河沙世界中亦
復如是若應以聲聞形得度者現聲聞形而
為說法應以辟支佛形得度者現辟支佛形
而為說法應以菩薩形得度者現菩薩形而
為說法應以佛形得度者即現佛形而為說
法如是種種隨所應度而為現形乃至應以
滅度而得度者示現滅度華德妙音菩薩摩
訶薩成就大神通智慧之力其事如是尒時
華德菩薩白佛言世尊是妙音菩薩深種善
根世尊是菩薩住何三昧而能如是在所變
現度脫衆生佛告華德菩薩善男子其三昧
名現一切色身妙音菩薩住是三昧中能如
是饒益无量衆生說是妙音菩薩品時與妙
音菩薩俱來者八万四千人皆得現一切色

BD05201號　妙法蓮華經卷七　（4–4）

BD05201 號背　雜寫

（1–1）

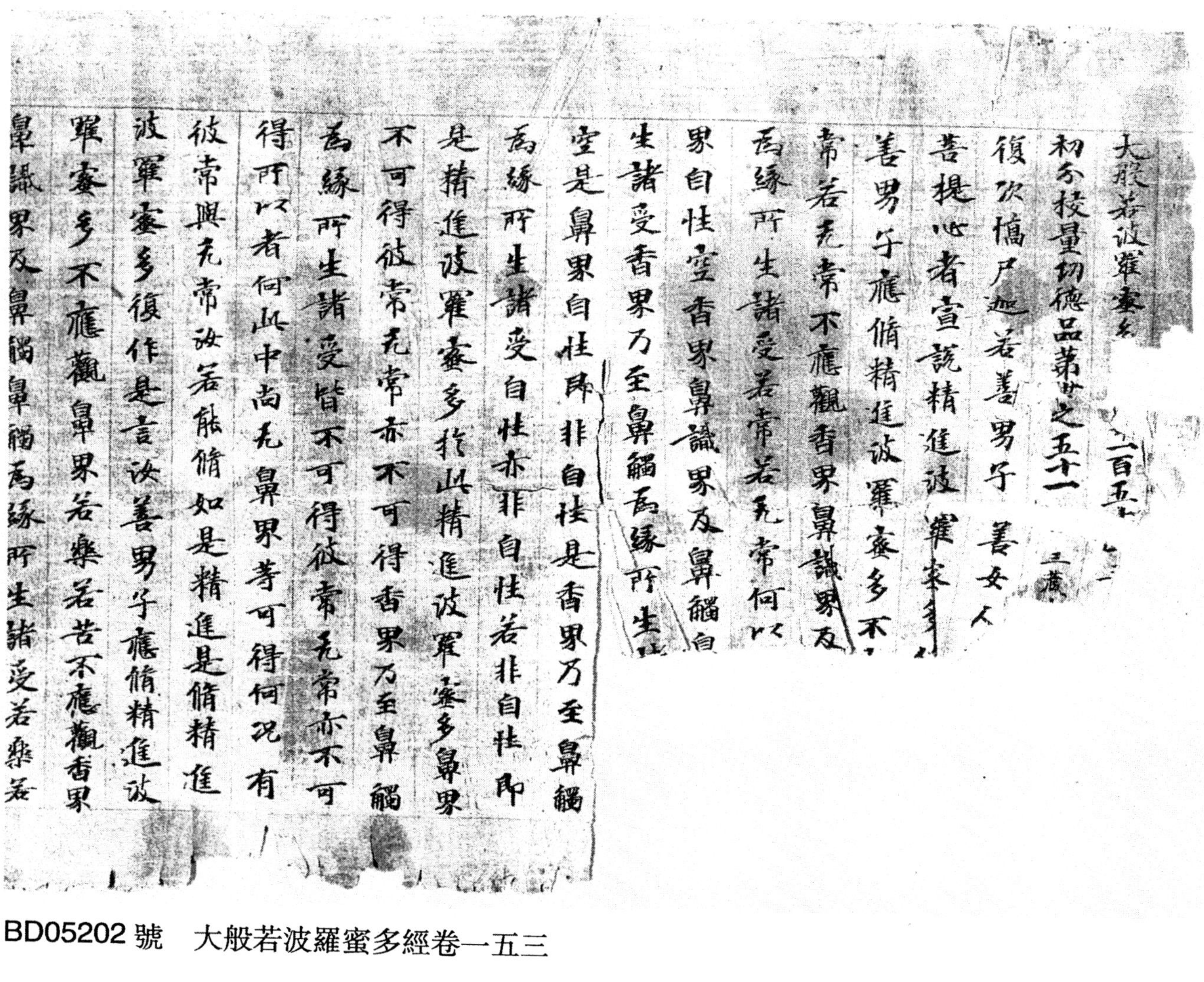

大般若波羅蜜多□□一百五十□
初分校量功德品第卅之五十一　三藏
復次憍尸迦若善男子善女人
菩提心者宣說精進波羅蜜多
善男子應脩精進波羅蜜多不
常若无常不應觀香界鼻識界及
爲緣所生諸受若常若无常何以
界自性空香界鼻識界及鼻觸自
生諸受香界乃至鼻觸爲緣所生
空是鼻界自性即非自性是香界乃至鼻觸
爲緣所生諸受自性亦非自性若非自性即
是精進波羅蜜多於此精進波羅蜜多鼻界
不可得彼常无常亦不可得香界乃至鼻觸
爲緣所生諸受皆不可得彼常无常亦不可
得所以者何此中尚无鼻界等可得何況有
彼常與无常汝若能脩如是精進是脩精進
波羅蜜多復作是言汝善男子應脩精進波
羅蜜多不應觀鼻界若樂若苦不應觀香界
鼻識界及鼻觸鼻觸爲緣所生諸受若樂若

BD05202 號　大般若波羅蜜多經卷一五三

（10–1）

為緣所生諸受皆不可得彼常無常亦不可
得所以者何此中尚無鼻界等可得何況有
彼常與無常汝若能脩如是精進是脩精進
波羅蜜多復作是言汝善男子應脩精進波
羅蜜多不應觀鼻界若樂若苦不應觀香界
鼻識界及鼻觸鼻觸為緣所生諸受若樂若
苦何以故鼻界鼻界自性空香界鼻識界及
鼻觸鼻觸為緣所生諸受香界乃至鼻觸為
緣所生諸受自性空是鼻界自性即非自性
是香界乃至鼻觸為緣所生諸受自性亦非
自性若非自性即是精進波羅蜜多於此精
進波羅蜜多鼻界不可得彼樂與苦亦不可
得香界乃至鼻觸為緣所生諸受皆不可得
彼樂與苦亦不可得所以者何此中尚無鼻
界等可得何況有彼樂之與苦汝若能脩如
是精進是脩精進波羅蜜多復作是言汝善
男子應脩精進波羅蜜多不應觀鼻界若我
若無我不應觀香界鼻識界及鼻觸鼻觸為
緣所生諸受若我若無我何以故鼻界鼻界
自性空香界鼻識界及鼻觸鼻觸為緣所生
諸受香界乃至鼻觸為緣所生諸受自性空
是鼻界自性即非自性是香界乃至鼻觸為
緣所生諸受自性亦非自性若非自性即是
精進波羅蜜多於此精進波羅蜜多鼻界不
可得彼我無我亦不可得香界乃至鼻觸為

諸受香界乃至鼻觸為緣所生諸受自性空
是鼻界自性即非自性是香界乃至鼻觸為
緣所生諸受自性亦非自性若非自性即是
精進波羅蜜多於此精進波羅蜜多鼻界不
可得彼我無我亦不可得香界乃至鼻觸為
緣所生諸受皆不可得彼我無我亦不可得
所以者何此中尚無鼻界等可得何況有彼
我與無我汝若能脩如是精進是脩精進波
羅蜜多復作是言汝善男子應脩精進波羅
蜜多不應觀鼻界若淨若不淨不應觀香界
鼻識界及鼻觸鼻觸為緣所生諸受若淨若
不淨何以故鼻界鼻界自性空香界鼻識界
及鼻觸鼻觸為緣所生諸受香界乃至鼻觸
為緣所生諸受自性空是鼻界自性即非自性
是香界乃至鼻觸為緣所生諸受自性亦
非自性若非自性即是精進波羅蜜多於此精進
波羅蜜多鼻界不可得彼淨不淨亦不
可得香界乃至鼻觸為緣所生諸受皆不可
得彼淨不淨亦不可得所以者何此中尚無鼻
界等可得何況有彼淨與不淨汝若能脩
如是精進是脩精進波羅蜜多憍尸迦是善
男子善女人等作此等說是為宣說真正精
進波羅蜜多
復次憍尸迦若善男子善女人等為發無上
菩提心者宣說精進波羅蜜多作如是言汝
善男子應脩精進波羅蜜多不應觀香界若

男子善女人等作此等說是爲宣說真正精
進波羅蜜多
復次憍尸迦若善男子善女人等爲發无上
菩提心者宣說精進波羅蜜多作如是言汝
善男子應脩精進波羅蜜多不應觀舌界若
常若无常不應觀味界舌識界及舌觸舌觸
爲緣所生諸受若常若无常何以故舌界舌
界自性空味界舌識界及舌觸舌觸爲緣所
生諸受味界乃至舌觸爲緣所生諸受自性
空是舌界自性即非自性是味界乃至舌觸
爲緣所生諸受自性亦非自性若非自性即
是精進波羅蜜多於此精進波羅蜜多舌界
不可得彼常无常亦可得味界乃至舌觸
爲緣所生諸受皆不可得彼常无常亦不可
得所以者何此中尚无舌界等可得何况有
彼常與无常汝若能脩如是精進是脩精進
波羅蜜多復作是言汝善男子應脩精進波
羅蜜多不應觀舌界若樂若苦不應觀味界
舌識界及舌觸舌觸爲緣所生諸受若樂若
苦何以故舌界舌界自性空味界舌識界及
舌觸舌觸爲緣所生諸受味界乃至舌觸爲
緣所生諸受自性空是舌界自性即非自性
是味界乃至舌觸爲緣所生諸受自性亦非
自性若非自性即是精進波羅蜜多於此精
進波羅蜜多舌界不可得彼樂與苦亦不可
得味界乃至舌觸爲緣所生諸受皆不可得

BD05202 號　大般若波羅蜜多經卷一五三

（10–4）

苦何以故舌界舌界自性空味界舌識界及
舌觸舌觸爲緣所生諸受味界乃至舌觸爲
緣所生諸受自性空是舌界自性即非自性
是味界乃至舌觸爲緣所生諸受自性亦非
自性若非自性即是精進波羅蜜多於此精
進波羅蜜多舌界不可得彼樂與苦亦不可
得味界乃至舌觸爲緣所生諸受皆不可得
彼樂與苦亦不可得所以者何此中尚无舌
界等可得何况有彼樂之與苦汝若能脩如
是精進是脩精進波羅蜜多復作是言汝善
男子應脩精進波羅蜜多不應觀舌界若我
若无我不應觀味界舌識界及舌觸舌觸爲
緣所生諸受若我若无我何以故舌界舌界
自性空味界舌識界及舌觸舌觸爲緣所生
諸受味界乃至舌觸爲緣所生諸受自性空
是舌界自性即非自性是味界乃至舌觸爲
緣所生諸受自性亦非自性若非自性即是
精進波羅蜜多於此精進波羅蜜多舌界不
可得彼我无我亦不可得味界乃至舌觸爲
緣所生諸受皆不可得彼我无我亦不可得
所以者何此中尚无舌界等可得何况有彼
我與无我汝若能脩如是精進是脩精進波
羅蜜多復作是言汝善男子應脩精進波羅
蜜多不應觀舌界若淨若不淨不應觀味界
舌識界及舌觸舌觸爲緣所生諸受若淨若
不淨何以故舌界舌界自性空味界舌識界

BD05202 號　大般若波羅蜜多經卷一五三

（10–5）

所以者何此中尚無舌界等可得何況有彼
我與無我汝若能修如是精進是修精進波
羅蜜多復作是言汝善男子應修精進波羅
蜜多不應觀舌界若淨若不淨不應觀味界
舌識界及舌觸舌觸為緣所生諸受若淨若
不淨何以故舌界舌界自性空味界舌識界
及舌觸舌觸為緣所生諸受味界乃至舌觸
為緣所生諸受自性空是舌自性即非自
性是味界乃至舌觸為緣所生諸受自性亦
非自性若非自性即是精進波羅蜜多於此
精進波羅蜜多舌界不可得彼淨不淨亦不
可得味界乃至舌觸為緣所生諸受皆不可
得彼淨不淨亦不可得所以者何此中尚無
舌界等可得何況有彼淨與不淨汝若能修
如是精進是修精進波羅蜜多憍尸迦是善
男子善女人等作此等說是為宣說真正精
進波羅蜜多

復次憍尸迦若善男子善女人等為發無上
菩提心者宣說精進波羅蜜多作如是言汝
善男子應修精進波羅蜜多不應觀身界若
常若無常不應觀觸界身識界及身觸身觸
為緣所生諸受若常若無常何以故身界身
界自性空觸界身識界及身觸身觸為緣所
生諸受觸界乃至身觸為緣所生諸受自性
空是身界自性即非自性是觸界乃至身觸
為緣所生諸受自性亦非自性若非自性即
是精進波羅蜜多於此精進波羅蜜多身界

為緣所生諸受若常若無常何以故身界身
界自性空觸界身識界及身觸身觸為緣所
生諸受觸界乃至身觸為緣所生諸受自性
空是身界自性即非自性是觸界乃至身觸
為緣所生諸受自性亦非自性若非自性即
是精進波羅蜜多於此精進波羅蜜多身界
不可得彼常無常亦不可得觸界乃至身觸
為緣所生諸受皆不可得彼常無常亦不可
得所以者何此中尚無身界等可得何況有
彼常與無常汝若能修如是精進是修精進
波羅蜜多復作是言汝善男子應修精進波
羅蜜多不應觀身界若樂若苦不應觀觸界
身識界及身觸身觸為緣所生諸受若樂若
苦何以故身界身界自性空觸界身識界及
身觸身觸為緣所生諸受觸界乃至身觸為
緣所生諸受自性空是身界自性即非自性
是觸界乃至身觸為緣所生諸受自性亦非
自性若非自性即是精進波羅蜜多於此精
進波羅蜜多身界不可得彼樂與苦亦不可
得觸界乃至身觸為緣所生諸受皆不可得
彼樂與苦亦不可得所以者何此中尚無身
界等可得何況有彼樂之與苦汝若能修如
是精進是修精進波羅蜜多復作是言汝善
男子應修精進波羅蜜多不應觀身界若我
若無我不應觀觸界身識界及身觸身觸為
緣所生諸受若我若無我何以故身界身界

界等可得何況有彼樂之與苦汝若能脩如
是精進是脩精進波羅蜜多復作是言汝善
男子應脩精進波羅蜜多不應觀身界若我
若无我不應觀觸界身識界及身觸身觸為
緣所生諸受若我若无我何以故身界身界
自性空觸界身識界及身觸身觸為緣所生
諸受觸界乃至身觸為緣所生諸受自性空
是身界自性即非自性是觸界乃至身觸為
緣所生諸受自性亦非自性若非自性即是
精進波羅蜜多於此精進波羅蜜多身界不
可得彼我无我亦不可得觸界乃至身觸為
緣所生諸受皆不可得彼我无我亦不可得
所以者何此中尚无身界等可得何況有彼
我與无我汝若能脩如是精進是脩精進波
羅蜜多復作是言汝善男子應脩精進波羅
蜜多不應觀身界若淨若不淨不應觀觸界
身識界及身觸身觸為緣所生諸受若淨若
不淨何以故身界身界自性空觸界身識界
及身觸身觸為緣所生諸受觸界乃至身觸
為緣所生諸受自性空是身界自性即非自
性是觸界乃至身觸為緣所生諸受自性亦
非自性若非自性即是精進波羅蜜多於此
精進波羅蜜多身界不可得彼淨不淨亦不
可得觸界乃至身觸為緣所生諸受皆不可
得彼淨不淨亦不可得所以者何此中尚无
身界等可得何況有彼淨與不淨汝若能脩

性是觸界乃至身觸為緣所生諸受自性亦
非自性若非自性即是精進波羅蜜多於此
精進波羅蜜多身界不可得彼淨不淨亦不
可得觸界乃至身觸為緣所生諸受皆不可
得彼淨不淨亦不可得所以者何此中尚无
身界等可得何況有彼淨與不淨汝若能脩
如是精進是脩精進波羅蜜多憍尸迦是善
男子善女人等作此等說是為宣說真正精
進波羅蜜多
復次憍尸迦若善男子善女人等為發无上
菩提心者宣說精進波羅蜜多作如是言汝
善男子應脩精進波羅蜜多不應觀意界若
常若无常不應觀法界意識界及意觸意觸
為緣所生諸受若常若无常何以故意界意
界自性空法界意識界及意觸意觸為緣所
生諸受法界乃至意觸為緣所生諸受自性
空是意界自性即非自性是法界乃至意觸
為緣所生諸受自性亦非自性若非自性即
是精進波羅蜜多於此精進波羅蜜多意界
不可得彼常无常亦不可得法界乃至意觸
為緣所生諸受皆不可得彼常无常亦不可
得所以者何此中尚无意界等可得何況有
彼常與无常汝若能脩如是精進是脩精進
波羅蜜多復作是言汝善男子應脩精進波
羅蜜多不應觀意界若樂若苦不應觀法界
意識界及意觸意觸為緣所生諸受若樂若
苦何以故意界意界自性空法界意識界及

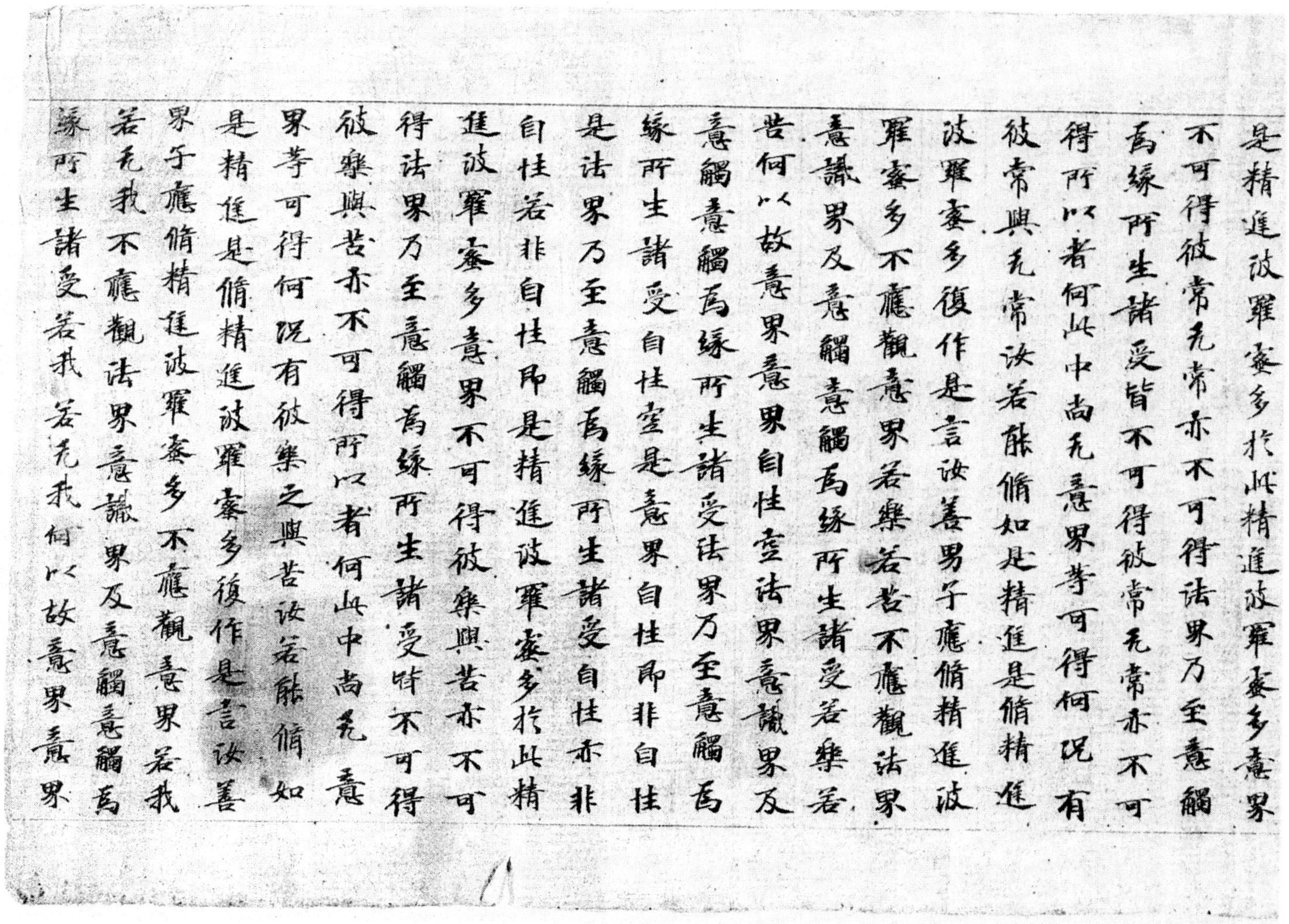
是精進波羅蜜多於此精進波羅蜜多意界
不可得彼常无常亦不可得法界乃至意觸
爲緣所生諸受皆不可得彼常无常亦不可
得所以者何此中尚无意界等可得何況有
彼常與无常汝若能脩如是精進是脩精進
波羅蜜多復作是言汝善男子應脩精進波
羅蜜多不應觀意界若樂若苦不應觀法界
意識界及意觸意觸爲緣所生諸受若樂若
苦何以故意界意界自性空法界意識界及
意觸意觸爲緣所生諸受法界乃至意觸爲
緣所生諸受自性空是意界自性即非自性
是法界乃至意觸爲緣所生諸受自性亦非
自性若非自性即是精進波羅蜜多於此精
進波羅蜜多意界不可得彼樂與苦亦不可
得法界乃至意觸爲緣所生諸受皆不可得
彼樂與苦亦不可得所以者何此中尚无意
界等可得何況有彼樂之與苦汝若能脩如
是精進是脩精進波羅蜜多復作是言汝善
男子應脩精進波羅蜜多不應觀意界若我
若无我不應觀法界意識界及意觸意觸爲
緣所生諸受若我若无我何以故意界意界

BD05202號　大般若波羅蜜多經卷一五三　（10–10）

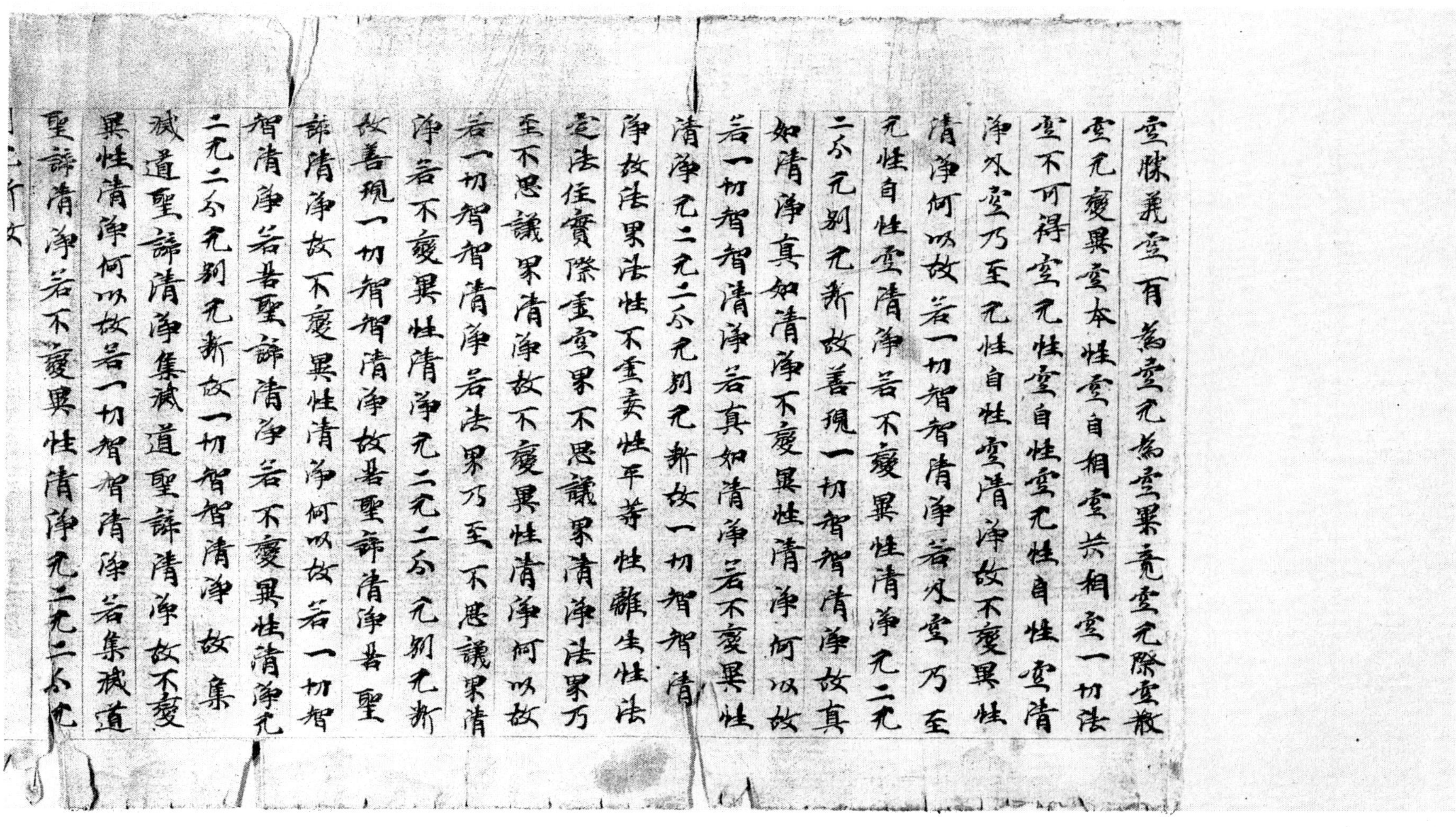
空勝義空有爲空无爲空畢竟空无際空散
空无變異空本性空自相空共相空一切法
空不可得空无性空自性空无性自性空清
淨外空乃至无性自性空清淨故不變異性
清淨何以故若一切智智清淨若外空乃至
无性自性空清淨若不變異性清淨无二无
二分无別无斷故善現一切智智清淨故真
如清淨真如清淨故不變異性清淨何以故
若一切智智清淨若真如清淨若不變異性
清淨无二无二分无別无斷故一切智智清
淨故法界法性不虛妄性平等性離生性法
定法住實際虛空界不思議界清淨法界乃
至不思議界清淨故不變異性清淨何以故
若一切智智清淨若法界乃至不思議界清
淨若不變異性清淨无二无二分无別无斷
故善現一切智智清淨故苦聖諦清淨苦聖
諦清淨故不變異性清淨何以故若一切
智智清淨若苦聖諦清淨若不變異性清淨无
二无二分无別无斷故一切智智清淨故集
滅道聖諦清淨集滅道聖諦清淨故不變
異性清淨何以故若一切智智清淨若集滅道
聖諦清淨若不變異性清淨无二无二分无

BD05203號　大般若波羅蜜多經卷二五九　（3–1）

諦清淨故不變異性清淨何以故若一切智
智清淨若苦聖諦清淨若不變異性清淨无
二无二分无別无斷故一切智智清淨故集
滅道聖諦清淨集滅道聖諦清淨故不變
異性清淨何以故若一切智智清淨若集滅道
聖諦清淨若不變異性清淨无二无二分无
別无斷故
善現一切智智清淨故四靜慮清淨四靜慮
清淨故不變異性清淨何以故若一切智智
清淨若四靜慮清淨若不變異性清淨无二
无二分无別无斷故一切智智清淨故四无量
四无色定清淨四无量四无色定清淨故不
變異性清淨何以故若一切智智清淨若
四无量四无色定清淨若不變異性清淨无
二无二分无別无斷故善現一切智智清淨
故八解脫清淨八解脫清淨故不變異性清
淨何以故若一切智智清淨若八解脫清淨
若不變異性清淨无二无二分无別无斷故
一切智智清淨故八勝處九次第定十遍處
清淨八勝處九次第定十遍處清淨故不變
異性清淨何以故若一切智智清淨若八勝
處九次第定十遍處清淨若不變異性清淨
无二无二分无別无斷故善現一切智智清淨
淨故四念住清淨四念住清淨故不變異性
清淨何以故若一切智智清淨若四念住清
淨若不變異性清淨无二无二分无別无斷
故一切智智清淨故四正斷四神足五根五
力七等覺支八聖道支清淨四正斷乃至八

BD05203號　大般若波羅蜜多經卷二五九　（3–2）

清淨八勝處九次第定十遍處清淨故不變
異性清淨何以故若一切智智清淨若八勝
處九次第定十遍處清淨若不變異性清淨
无二无二分无別无斷故善現一切智智清淨
淨故四念住清淨四念住清淨故不變異性
清淨何以故若一切智智清淨若四念住清
淨若不變異性清淨无二无二分无別无斷
故一切智智清淨故四正斷四神足五根五
力七等覺支八聖道支清淨四正斷乃至八
聖道支清淨故不變異性清淨何以故若一
切智智清淨若四正斷乃至八聖道支清淨
若不變異性清淨无二无二分无別无斷故
善現一切智智清淨故空解脫門清淨空解
脫門清淨故不變異性清淨何以故若一切
智智清淨若空解脫門清淨若不變異性清
淨无二无二分无別无斷故一切智智清淨
故无相无願解脫門清淨无相无願解脫門
清淨故不變異性清淨何以故若一切智智
清淨若无相无願解脫門清淨若不變異
性清淨无二无二分无別无斷故善現一切智
智清淨故菩薩十地清淨菩薩十地清淨故
若一切智智清淨若
无二无二

BD05203號　大般若波羅蜜多經卷二五九　（3–3）

放光明佛
開蒙要訓一卷 乾坤覆載
日月光明四時來往八節相催春花開

BD05203 號背　雜寫　（1–1）

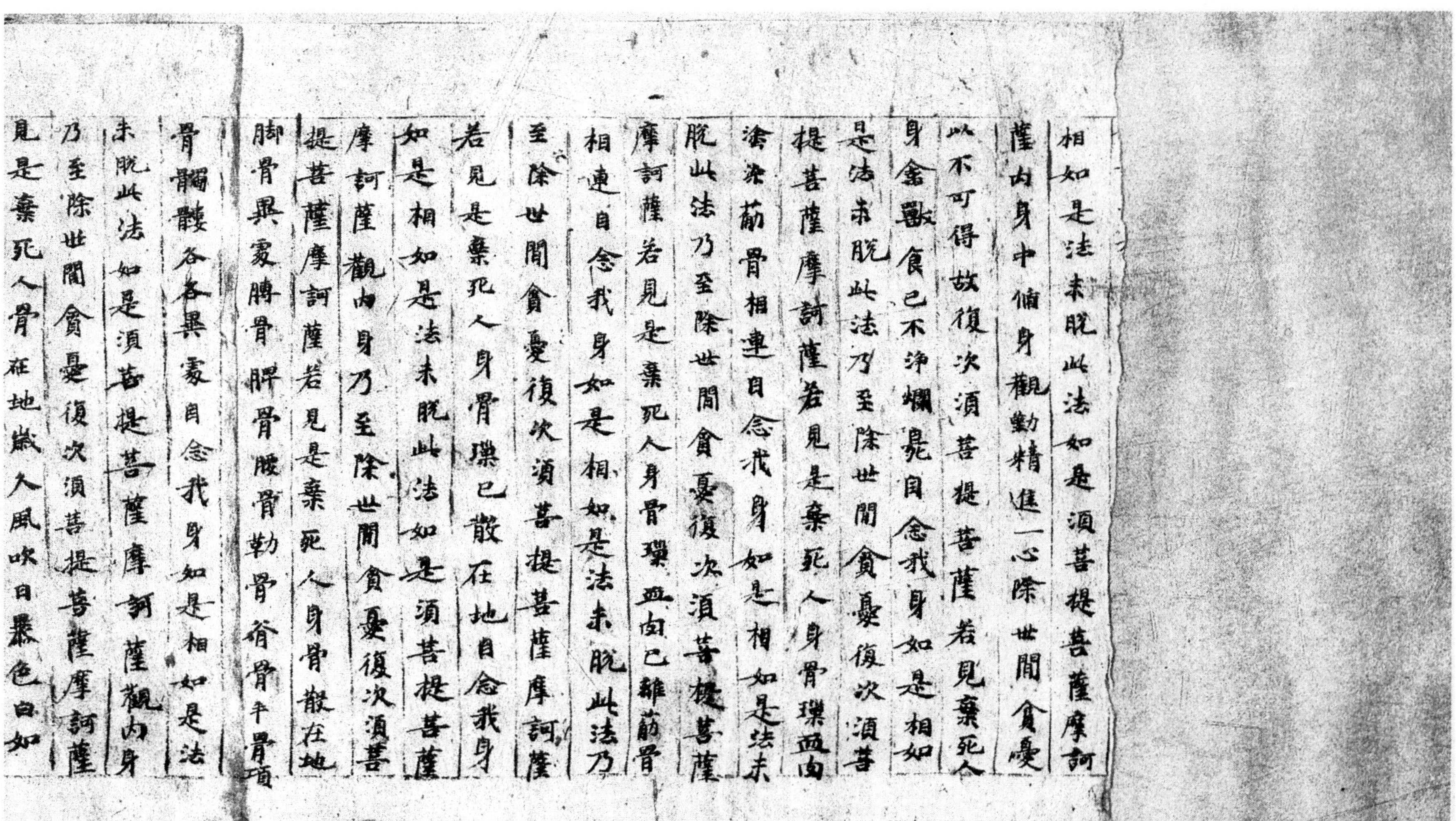

相如是法未脫此法如是須菩提菩薩摩訶
薩內身中循身觀勤精進一心除世間貪憂
以不可得故復次須菩提菩薩若見棄死人
身禽獸食已不淨爛臭自念我身如是相如
是法未脫此法乃至除世間貪憂復次須菩
提菩薩摩訶薩若見是棄死人身骨璅血肉
塗染筋骨相連自念我身如是相如是法未
脫此法乃至除世間貪憂復次須菩提菩薩
摩訶薩若見是棄死人身骨璅血肉已離筋骨
相連自念我身如是相如是法未脫此法乃
至除世間貪憂復次須菩提菩薩摩訶薩
若見是棄死人身骨璅已散在地自念我身
如是相如是法未脫此法如是須菩提菩薩
摩訶薩觀內身乃至除世間貪憂復次須菩
提菩薩摩訶薩若見是棄死人身骨散在地
腳骨異處髆骨髀骨腰骨肋骨脊骨手骨項
骨髑髏各各異處自念我身如是相如是法
未脫此法如是須菩提菩薩摩訶薩觀內身
乃至除世間貪憂復次須菩提菩薩摩訶薩
見是棄死人骨在地歲久風吹日暴色白如

BD05204 號　摩訶般若波羅蜜經卷五　（11–1）

脚骨異處膞骨髀骨腰骨勒骨脊骨手骨項
骨髑髏各各異處自念我身如是相如是法
未脫此法如是須菩提菩薩摩訶薩觀內身
乃至除世間貪憂復次須菩提菩薩摩訶薩
見是棄死人骨在地歲久風吹日暴色白如
貝自念我身如是相如是法未脫此法如是
須菩提菩薩摩訶薩觀內身乃至除世間貪
憂以不可得故復次須菩提菩薩摩訶薩見
是棄死人骨在地歲久其色如鴿腐朽爛壞
與土共合自念我身如是相如是法未脫此
法如是須菩提菩薩摩訶薩內身中循身觀
勤精進一心除世間貪憂以不可得故外身
內外身亦如是受念處心念處法念處亦應
如是廣說須菩提是名菩薩摩訶薩摩訶衍
復次須菩提菩薩摩訶薩摩訶衍所謂四正
勤何等四須菩提菩薩摩訶薩未生諸惡不
善法為不生故欲生勤精進攝心行道已生
諸惡不善法為斷故欲生勤精進攝心行道
未生諸善法為生故欲生勤精進攝心行道
已生諸善法為住不失循滿增廣故欲生勤
精進攝心行道以不可得故須菩提是名菩
薩摩訶薩摩訶衍復次須菩提菩薩摩訶薩
摩訶衍所謂四如意分何等四欲定斷行成
就循如意分心定斷行成就循如意分精進
定斷行成就循如意分思惟定斷行成就循
如意分以不可得故須菩提是名菩薩摩訶

BD05204 號　摩訶般若波羅蜜經卷五

（11–2）

精進攝心行道以不可得故須菩提是名菩
薩摩訶薩摩訶衍復次須菩提菩薩摩訶薩
摩訶衍所謂四如意分何等四欲定斷行成
就循如意分心定斷行成就循如意分精進
定斷行成就循如意分思惟定斷行成就循
如意分以不可得故須菩提是名菩薩摩訶
薩摩訶衍復次須菩提菩薩摩訶薩摩訶衍
所謂五根何等五信根精進根念根定根慧
根是名菩薩摩訶薩摩訶衍以不可得故復
次須菩提菩薩摩訶薩摩訶衍所謂五力何
等五信力精進力念力定力慧力是名菩薩
摩訶薩摩訶衍以不可得故復次須菩提菩
薩摩訶薩摩訶衍所謂七覺分何等七覺菩
薩摩訶薩循念覺分依離依无染向涅槃擇
法覺分精進覺分喜覺分除覺分定覺分
捨覺分依離依无染向涅槃以不可得故是
名菩薩摩訶薩摩訶衍復次須菩提菩薩摩
訶薩摩訶衍所謂八聖道分何等八正見正
思惟正語正業正命正精進正念正定是名
菩薩摩訶薩摩訶衍以不可得故復次須菩
提菩薩摩訶薩摩訶衍所謂三三昧何等三
空无相无作三昧空三昧名諸法自相空是
為空解脫門无相名壞諸法相不憶不念是為
无相解脫門无作名諸法中不作是為无作
解脫門是名菩薩摩訶薩摩訶衍以不可得
故復次須菩提菩薩摩訶薩摩訶衍所謂苦
智集智滅智道智盡智无生智法智比智世

BD05204 號　摩訶般若波羅蜜經卷五

（11–3）

爲空解脱門无相名壞諸法相不憶不念是爲
无相解脱門无作名諸法中不作是爲无作
解脱門是名菩薩摩訶薩摩訶衍以不可得
故復次須菩提菩薩摩訶薩摩訶衍所謂苦
智集智滅智道智盡智无生智法智比智世
智他心智如實智云何名苦智知苦不生是
名苦智云何名集智知集應斷是名集智云
何名滅智知苦滅是名滅智云何名道智知八
聖道分是名道智云何名盡智知諸法婬怒
癡盡是名盡智云何名无生智知諸有中无
生是名无生智云何名法智知五陰本事是
名法智云何名比智知眼无常乃至意識因
緣生受无常是名比智云何名世智知因緣名
字是名世智云何名他心智知他衆生心是名
他心智云何名如實知諸佛一切種智是名如
實智須菩提是名菩薩摩訶薩摩訶衍以
不可得故復次須菩提菩薩摩訶薩摩訶衍
所謂三根未知欲知根知根知者根云何名
未知欲知根諸學人未得果信根精進根念
根定根慧根是名未知欲知根云何名知根諸
學人得果信根乃至慧根是名知根云
何名知者根諸无學人若阿羅漢若辟支佛諸
佛信根乃至慧根是名智者根須菩提是名
菩薩摩訶薩摩訶衍以不可得故復次須菩
提菩薩摩訶薩摩訶衍所謂三三昧何等三
有覺有觀三昧无覺有觀三昧无覺无觀三

BD05204 號　摩訶般若波羅蜜經卷五　（11–4）

學人得果信根乃至慧根是名知根云
何名知者根諸无學人若阿羅漢若辟支佛諸
佛信根乃至慧根是名智者根須菩提是名
菩薩摩訶薩摩訶衍以不可得故復次須菩
提菩薩摩訶薩摩訶衍所謂三三昧何等三
有覺有觀三昧无覺有觀三昧无覺无觀三
昧云何名有覺有觀三昧離諸欲離惡不善
法有覺有觀離生喜樂入初禪是名有覺有
觀三昧云何名无覺有觀三昧杓禪二禪中
間是名无覺有觀三昧云何名无覺无觀三
昧從二禪乃至非有想非无想定是名无覺
无觀三昧是名菩薩摩訶薩摩訶衍以不可
得故復次須菩提菩薩摩訶薩摩訶衍所謂
十念何等十念佛念法念僧念戒念捨念天
念善念出入息念身念死以不可得故須菩
提是名菩薩摩訶薩摩訶衍以可得故復次
須菩提菩薩摩訶薩摩訶衍所謂四禪四无
量心四无色定八背捨九次第定須菩提是
名菩薩摩訶薩摩訶衍以不可得故復次須
菩提菩薩摩訶薩摩訶衍所謂佛十力何等
十佛如實知一切法是處不是處相一力也
如實知他衆生過去未來現在諸業諸受法
知造業處知因緣知報二力也如實知諸禪
解脱三昧定垢淨分別相三力也如實知他
衆生諸根上下相四力也如實知他衆生種
種欲解五力也如實知世間種種无數性六
力也如實知一切至處道七力也知種種宿

BD05204 號　摩訶般若波羅蜜經卷五　（11–5）

知造業處知因緣知報二力也如實知諸種
解脫三昧定垢淨分別相三力也如實知他
衆生諸根上下相四力也如實知他衆生種
種欲解五力也如實知世間種種无數性六
力也如實知一切至處道七力也知種種宿
命有相有因緣一世二世乃至百千世劫初
劫盡我在彼衆生中生如是姓如是名如是
飲食苦樂壽命長短彼中死是間生是間死
還生是間此間生名姓飲食苦樂壽命長短
亦如是八力也佛天眼淨過諸人眼見衆生
死時生時端正醜陋若大若小若墮惡道若
墮善道如是業因緣受報是諸衆生惡身業
成就惡口業成就惡意業成就謗毀聖人受
邪見因緣故身壞死時入惡道生地獄中是
諸衆生善身業成就善口業成就善意業成
就不謗聖人受正見因緣故身壞死時入善
道生天上九力也佛如實知諸漏盡故无漏
心解脫无漏慧解脫現在法中自識知入是
法所謂我生已盡梵行已作從今世不復見
後世十力也須菩提是名菩薩摩訶薩摩訶
衍以不可得故復次須菩提菩薩摩訶薩摩
訶衍所謂四无所畏何等四佛作誠言我是
一切正智人若有沙門婆羅門若天若魔若
梵若復餘衆如實難言是法不知乃至不見
是微畏相以是故我得安隱得无所畏安住

BD05204號　摩訶般若波羅蜜經卷五

（11–6）

衍以不可得故復次須菩提菩薩摩訶薩摩
訶衍所謂四无所畏何等四佛作誠言我是
一切正智人若有沙門婆羅門若天若魔若
梵若復餘衆如實難言是法不知乃至不見
是微畏相以是故我得安隱得无所畏安住
聖主處在大衆中師子吼能轉梵輪諸沙門婆
羅門若天若魔若梵若復餘衆實不能轉一
无畏也佛作誠言我一切漏盡若有沙門婆
羅門若天若魔若梵若復餘衆如實難言是
漏不盡乃至不見見微畏相以是故我得安
隱得无所畏安住聖主處在大衆中師子吼
能轉梵輪諸沙門婆羅門若天若魔若梵若
復餘衆實不能轉二无畏也佛作誠言我說
鄣法若有沙門婆羅門若天若魔若梵若復
餘衆如實難言受是法不鄣道乃至不見是
微畏相以是故我得安隱得无所畏安住聖
主處在大衆中師子吼能轉梵輪諸沙門婆
羅門若天若魔若梵若復有餘衆實不能轉
三无畏也佛作誠言我所說聖道能出世間
隨是行能盡苦若有沙門婆羅門若天若魔若
梵若復餘衆如實難言行是道不能出世間
不能盡苦乃至不見是微畏相以是故我得
安隱得无所畏安住聖主處在大衆中師子
吼能轉梵輪諸沙門婆羅門若天若魔若梵
若復餘衆實不能轉四无畏也須菩提是名
菩薩摩訶薩摩訶衍以不可得故復次須菩

BD05204號　摩訶般若波羅蜜經卷五

（11–7）

世若復餘衆如實難言説是道不能出世間
不能盡苦乃至不見是微相以是故我得
安隱得无所畏安住聖主處在大衆中師子
吼能轉梵輪諸沙門婆羅門若天若魔若梵
若復餘衆實不能轉四无畏也須菩提是名
菩薩摩訶薩摩訶衍以不可得故復次須菩
提菩薩摩訶薩摩訶衍所謂四无閡智何等
四義无閡法无閡辭无閡樂說无閡須菩提
是若菩薩摩訶薩摩訶衍以不可得故復次
須菩提菩薩摩訶薩摩訶衍所謂十八不共
法何等十八一諸佛身无失二口无失三念
无失四无異想五无不定心六无不知捨心
七欲无減八精進无減九念无減十慧无減
十一解脫无減十二解脫知見无減十三一
切身業隨智慧行十四一切口業隨智慧行
十五一切意業隨智慧行十六智慧知見過
去世无閡无鄣十七智慧知見未來世无閡
无鄣十八智慧知見現在世无閡无鄣須菩
提是名菩薩摩訶薩摩訶衍以不可得故復
次須菩提菩薩摩訶薩摩訶衍所謂字等語
等諸字入門何等為字等語等諸字入門阿
字門一切法初不生故羅字門一切法離垢
故波字門一切法第一義故遮字門一切法
終不可得故諸法不終不生故那字門諸法
離名性相不得不失故邏字門諸法度世間
故々愛枝因滅故陀字門諸法善心生故々
施相故婆字門諸法婆字離故荼字門諸法

故波字門一切法第一義故遮字門一切法
終不可得故諸法不終不生故那字門諸法
離名性相不得不失故邏字門諸法度世間
故々愛枝因滅故陀字門諸法善心生故々
施相故婆字門諸法婆字離故荼字門諸法
荼字淨故沙字門諸法六自在王性清淨故
和字門入諸法語言道斷故多字門入諸法
如相不動故夜字門入諸法如實不生故吒
字門入諸法制伏不可得故迦字門入諸法
作者不可得故娑字門入諸法時不可得故
諸法時來轉故磨字門入諸法我所不可得
故伽字門入諸法去者不可得故他字門入
諸法處不可得故闍字門入諸法生不可得
故簸字門入諸法簸字不可得故馱字門入
諸法性不可得故賒字門入諸法定不可得
故呿字門入諸法虛空不可得故叉字門入
諸法盡不可得故哆字門入諸法有不可得
故若字門入諸法智不可得故他字門入諸
法他字不可得故婆字門入諸法破壞不可
得故車字門入諸法欲不可得故如影五陰
々不可得魔字門入諸法魔字不可得故火字
門入諸法喚不可得故嗟字門入諸法嗟字
不可得故伽字門入諸法厚不可得故他
字門入諸法處不可得故擇字門入諸法不
來不去不立不坐不臥故頗字門入諸法遍
不可得故歌字門入諸法聚不可得故醝字

久不可得魔字門入諸法魔字不可得故火字
門入諸法喚不可得故嗟字門入諸法嗟字
不可得故伽字門入諸法厚不可得故他秦
字門入諸法處不可得故嗏字門入諸法不
來不去不立不坐不卧故頗字門入諸法遍
不可得故歌字門入諸法聚不可得故醝字
門入諸法醝字不可得故遮字門入諸法行
不可得故吒字門入諸法驅不可得故荼字
門入諸法邊竟處故不終不生過荼无字可
說何以故更无字故諸字无閡无名亦滅不
可說不可示不可見不可書須菩提當知一
切諸法如虛空須菩提是名陁羅尼門所謂
阿字義若菩薩摩訶薩是諸字門印阿字印
若聞若受若誦若讀若持若為他說如是知
當得廿功德何等廿得強識念得慙愧得牢
固心得經旨趣得智慧得樂說无閡易得諸
餘陁隣尼門得无疑悔心得聞善不喜聞惡
不瞋得不高不下住心无增減得善巧知衆
生語得巧分別五陰十二入十八界十二因
緣四緣四諦得巧分別衆生諸根利鈍得巧
知他心得巧分別日月歲節得巧分別天耳
通得巧分別宿命通得巧分別生死通得能
巧說是處非處得巧知往來坐起等身威儀
須菩提是陁隣尼門字門阿字門等是名菩
薩摩訶薩摩訶衍

說何以故更无字故諸字无閡无名亦滅不
可說不可示不可見不可書須菩提當知一
切諸法如虛空須菩提是名陁羅尼門所謂
阿字義若菩薩摩訶薩是諸字門印阿字印
若聞若受若誦若讀若持若為他說如是知
當得廿功德何等廿得強識念得慙愧得牢
固心得經旨趣得智慧得樂說无閡易得諸
餘陁隣尼門得无疑悔心得聞善不喜聞惡
不瞋得不高不下住心无增減得善巧知衆
生語得巧分別五陰十二入十八界十二因
緣四緣四諦得巧分別衆生諸根利鈍得巧
知他心得巧分別日月歲節得巧分別天耳
通得巧分別宿命通得巧分別生死通得能
巧說是處非處得巧知往來坐起等身威儀
須菩提是陁隣尼門字門阿字門等是名菩
薩摩訶薩摩訶衍

二年来求女人相
幻師化作幻女若有人問何以不轉女身是
人為正問不舍利弗言不也幻无定相當何所
轉天曰一切諸法亦復如是无有定相去何乃
問不轉女身即時天女以神通力變舍利
弗令如天女天自化身如舍利弗而問言何以
不轉女身舍利弗以天女像而荅言我今不知
何轉而變為女身天曰舍利弗若能轉此女身
則一切女人亦當能轉如舍利弗非女而現女
身一切女人亦復如是雖現女身而非女也是
故佛說一切諸法非男非女即時天女還攝神
力舍利弗身還復如是故天問舍利弗女身
色相今何所在舍利弗言女身色相无在
无不在天曰一切諸法亦復如是无在无不
在夫无在无不在者佛所說也舍利弗問
天汝於此沒當生何所天曰佛化所生吾
如彼生曰佛化所生非沒生也天曰衆生猶然
无沒生也舍利弗問天汝久如當得阿耨多羅
三藐三菩提天曰如舍利弗還為凡夫我
乃當成阿耨多羅三藐三菩提舍利弗言

BD05205 號　維摩詰所說經卷中　（12–1）

在夫无在无不在者佛所說也舍利弗問
天汝於此沒當生何所天曰佛化所生吾
如彼生曰佛化所生非沒生也天曰衆生猶然
无沒生也舍利弗問天汝久如當得阿耨多羅
三藐三菩提天曰如舍利弗還為凡夫我
乃當成阿耨多羅三藐三菩提舍利弗言
我作凡夫无有是處天曰我得阿耨多羅三
藐三菩提亦无是處所以者何菩提无住處
是故无有得者舍利弗言今諸佛得阿耨多
羅三藐三菩提已得當得如恒河沙皆
何謂乎天曰皆以世俗文字數故說有三世非
謂菩提有去來今天曰舍利弗汝得阿羅漢
道耶曰无所得故而得天曰諸佛菩薩亦復
如是无所得故而得尒時維摩詰語舍利弗
是天曾已供養九十二億佛已能遊戲菩
薩神通所願具足得无生忍住不退轉以本
願故隨意能現教化衆生
佛道品第八
尒時文殊師利問維摩詰言菩薩云何通達
佛道維摩詰言若菩薩行於非道是為通
達佛道又問去何菩薩行於非道荅曰若菩
薩行五无間而无惱恚至于地獄无諸罪垢至
于畜生无有无明憍慢等過至于餓鬼具足
功德行色无色界道不以為勝示行貪欲離
諸染著示行瞋恚於諸衆生无有恚礙示行

BD05205 號　維摩詰所說經卷中　（12–2）

佛道維摩詰言若菩薩行於非道是為通
達佛道又問云何菩薩行於非道荅曰若菩
薩行五无間而无惱恚至于地獄无諸罪垢至
于畜生无有无明憍慢等過至于餓鬼具足
功德行色无色界道不以為勝亦行貪欲離
諸染著亦行瞋恚於諸衆生无有恚閡亦行
愚癡而以智慧調伏其心亦行慳貪而捨内外
所有不惜身命亦行毀禁而安住淨戒乃至小
罪猶懷大懼亦行瞋恚而常慈忍亦行懈怠
而懃脩功德亦行亂意而常念定亦行愚癡而
通達世間出世間慧亦行諂偽而善方便隨
諸經義亦行憍慢而於衆生猶如橋梁亦行
諸煩惱而心常清淨亦入於魔而順佛智慧不
隨他教亦入聲聞而為衆生説未聞法亦入辟
支佛而成就大悲教化衆生亦入貧窮而有
寶手功德无盡亦入形殘而具諸相好以自莊嚴
亦入下賤而生佛種性中具諸功德亦入羸劣
醜陋而得那羅延身一切衆生之所樂見亦入老
病死而永斷病根超越死畏亦有資生而恒觀
无常无所貪著亦有妻妾婇女而常遠離五
欲淤泥現於訥鈍而成就辯才惣持无失亦入
耶濟而以正濟度諸衆生現遍入諸道而斷
其因緣現於涅槃而不斷生死文殊師利菩薩
能如是行於非道是為通達佛道
於是維摩詰問文殊師利何等為如來種文殊
師利言有身為種无明有愛為種貪恚癡

欲淤泥現於訥鈍而成就辯才惣持无失亦入
耶濟而以正濟度諸衆生現遍入諸道而斷
其因緣現於涅槃而不斷生死文殊師利菩薩
能如是行於非道是為通達佛道
於是維摩詰問文殊師利何等為如來種文殊
師利言有身為種无明有愛為種貪恚癡
為種四顛倒為種五蓋為種六入為種七識處
為種八耶法為種九惱處為種十不善道為種
以要言之六十二見及一切煩惱皆是佛種曰何
謂也荅曰若見无為入正位者不能復發阿
耨多羅三藐三菩提心譬如高原陸地不生蓮
華卑濕淤泥乃生此華如是見无為法入正
位者終不復能生於佛法煩惱泥中乃有衆
生起佛法耳又如殖種於空終不得生糞壤
之地乃能滋茂如是入无為正位者不生佛法
起於我見如須彌山猶能發于阿耨多羅
三藐三菩提心生佛法矣是故當知一切煩惱
為如來種譬如不入巨海不能得无價寶
珠如是不入煩惱大海則不能生一切智寶
之心
尒時大迦葉歎言善哉善哉文殊師利快説
此語誠如所言塵勞之疇為如來種我等今
者不復堪任發阿耨多羅三藐三菩提心
乃至五无間罪猶能發意生於佛法而今我
等永不能發譬如根敗之士其於五欲不能

此語誠如所言塵勞之疇為如來種我等今
者不復堪任發阿耨多羅三藐三菩提心
乃至五无間罪猶能發意生於佛法而今我
等永不能發譬如根敗之士其於五欲不能
復利如是聲聞諸結斷者於佛法中无所
復益永不志願是故文殊師利凡夫於佛
法有反復而聲聞无也所以者何凡夫聞佛
能起无上道心不斷三寶正使聲聞終身聞佛法力
法力无畏等永不能發无上道意介時會
中有菩薩名普現色身問維摩詰言居士父
母妻子親戚眷屬吏民知識悉為是誰奴
婢僮僕象馬車乘皆何所在於是維摩詰
以偈答曰
智度菩薩母　方便以為父　一切衆導師　无不由是生
法喜以為妻　慈悲心為女　善心誠實男　畢竟空寂舍
弟子衆塵勞　隨意之所轉　道品善知識　由是成正覺
諸度法等侶　四攝為妓女　歌詠誦法言　以此為音樂
總持之園苑　无漏法林樹　覺意淨妙華　解脫智慧果
八解之浴池　定水湛然滿　布以七淨華　浴此无垢人
象馬五通馳　大乘以為車　調御以一心　遊於八正路
相具以嚴容　衆好飾其姿　慙愧之上服　深心為華鬘
富有七財寶　教授以滋息　如所說脩行　迴向為大利
四禪為床座　從於淨命生　多聞增智慧　以為自覺音
甘露法之食　解脫味為漿　淨心以澡浴　戒品為塗香
摧滅煩惱賊　勇健无能踰　降伏四種魔　勝幡建道場
雖知无起滅　示彼故有生　悉現諸國土　如日无不現

富有七財寶　教授以滋息　如所說脩行　迴向為大利
四禪為床座　從於淨命生　多聞增智慧　以為自覺音
甘露法之食　解脫味為漿　淨心以澡浴　戒品為塗香
摧滅煩惱賊　勇健无能踰　降伏四種魔　勝幡建道場
雖知无起滅　示彼故有生　悉現諸國土　如日无不現
供養於十方　无量億如來　諸佛及己身　无有分別想
雖知諸佛國　及與衆生空　而常脩淨土　教化於群生
諸有衆生類　形聲及威儀　无畏力菩薩　一時能盡現
覺知衆魔事　而示隨其行　以善方便智　隨意皆能現
或示老病死　成就諸群生　了知如幻化　通達无有礙
或現劫盡燒　天地皆洞然　衆人有常想　照令知无常
无數億衆生　俱來請菩薩　一時到其舍　化令向佛道
經書呪禁術　工巧諸妓藝　盡現行此事　饒益諸群生
世間衆道法　悉於中出家　因以解人惑　而不墮耶見
或作日月天　梵王世界主　或時作地水　或復作風火
劫中有疾疫　現作諸藥草　若有服之者　除病消衆毒
劫中有飢饉　現身作飲食　先救彼飢渴　却以法語人
劫中有刀兵　為之起慈悲　化彼諸衆生　令住无諍地
若有大戰陣　立之以等力　菩薩現威勢　降伏使和安
一切國土中　諸有地獄處　輙往到于彼　勉濟諸苦惱
一切國土中　畜生相食噉　皆現生於彼　為之作利益
示受於五欲　亦復現行禪　令魔心憒亂　不能得其便
火中生蓮花　是可謂希有　在欲而行禪　希有亦如是
或現作婬女　引諸好色者　先以欲鉤牽　後令入佛智
或為邑中主　或作商人導　國師及大臣　以祐利衆生
諸有貧窮者　現為无盡藏　因以勸

一切國土中　諸有地獄處　輒往到于彼　勉濟諸苦惱
一切國土中　畜生相噉食　皆現生於彼　為之作利益
示受於五欲　亦復現行禪　令魔心憒亂　不能得其便
火中生蓮花　是可謂希有　在欲而行禪　希有亦如是
或現作婬女　引諸好色者　先以欲鉤牽　後令入佛智
或為邑中主　或作商人導　國師及大臣　以祐利眾生
諸有貧窮者　現作无盡藏　因以勸導之　令發菩提心
我心憍慢者　為現大力士　消伏諸貢高　令住佛上道
其有恐懼者　居前而慰安　先施以无畏　後令發道心
或現離婬欲　為五通仙人　開導諸群生　令住戒忍慈
見須供事者　現為作僮僕　既悅可其意　乃發以道心
隨彼之所須　得入於佛道　以善方便力　皆能給足之
如是道无量　所得无有涯　智慧无邊際　度脫无數眾
假令一切佛　於无數億劫　讚歎其功德　猶尚不能盡
誰聞如是法　不發菩提心　除彼不肖人　癡冥无智者
入不二法門品第九
尒時維摩詰謂眾菩薩言諸仁者云何菩薩
入不二法門各隨所樂說之會中有菩薩名
法自在說言諸仁者生滅為二法本不生今
則无滅得此无生法忍是為入不二法門
德首菩薩曰我我所為二因有我故便有我
所若无有我則无我所是為入不二法門
不眴菩薩曰受不受為二若法不受則不可
得以不可得故无取无捨无作无行是為入不二
法門

BD05205號　維摩詰所說經卷中

(12–7)

則无滅得此无生法忍是為入不二法門
德首菩薩曰我我所為二因有我故便有我
所若无有我則无我所是為入不二法門
不眴菩薩曰受不受為二若法不受則不可
得以不可得故无取无捨无作无行是為入不二
法門
德頂菩薩曰垢淨為二見垢實性則无淨相順
於滅相是為入不二法門
善宿菩薩曰是動是念為二不動則无念无
念則无分別通達此者是為入不二法門
善眼菩薩曰一相无相為二若知一相即是无相
亦不取无相入於平等是為入不二法門
妙臂菩薩曰菩薩心聲聞心為二觀心相空如
幻化者无菩薩心无聲聞心是為入不二法門
弗沙菩薩曰善不善為二若不起善不善入无
相際而通達者是為入不二法門
師子菩薩曰罪福為二若達罪性則與福无異
以金剛慧決了此相无縛无解者是為入不二
法門
師子意菩薩曰有漏无漏為二若得諸法等
則不起漏不漏想不著於相亦不住无相是
為入不二法門
淨解菩薩曰有為无為為二若離一切數則心
如虛空以清淨慧无所礙者是為入不二法門
那羅延菩薩曰世間出世間為二世間性空即
是出世間於其中不入不出不溢不散是為入

BD05205號　維摩詰所說經卷中

(12–8)

則不入漏不漏想不著於相亦不住无相是
為入不二法門
淨解菩薩曰有為无為為二若離一切數則心
如虛空以清淨慧无所礙者是為入不二法門
那羅延菩薩曰世間出世間為二世間性空即
是出世間於其中不入不出不溢不散是為入
不二法門
善意菩薩曰生死涅槃為二若見生死性則
无生死无縛无解不然不滅如是解者是為
入不二法門
現見菩薩曰盡不盡為二法若究竟盡若不
盡皆是无盡相无盡相即是空空則无有盡
不盡相如是入者是為入不二法門
普首菩薩曰我无我為二我尚不可得非我何
可得見我實性者不復起二是為入不二法
門
雷天菩薩曰明无明為二无明實性即是明
明亦不可取離一切數於其中平等无二者
是為入不二法門
喜見菩薩曰色色空為二色即是空非色滅
空色性自空如是受想行識識空為二識即
是空非識滅空識性自空於其中而通達者
是為入不二法門
明相菩薩曰四種異空種異為二四種性即是
空種性如前際後際空故中際亦空若能如
是知諸種性者是為入不二法門

是空非識滅空識性自空於其中而通達者
是為入不二法門
明相菩薩曰四種異空種異為二四種性即是
空種性如前際後際空故中際亦空若能如
是知諸種性者是為入不二法門
妙意菩薩曰眼色為二若知眼性於色不貪
不恚不癡是名寂滅如是耳聲鼻香舌味身
觸意法為二若知意性於法不貪不恚不癡
是名寂滅安住其中是為入不二法門
无盡意菩薩曰布施迴向一切智為二布施性
即是迴向一切智性如是持戒忍辱精進禪
定智慧迴向一切智為二智慧性即是迴向
一切智性於其中入一相者是為入不二法門
深慧菩薩曰是空是无相是无作為二空即是
无相无相即是无作若空无相无作則无心意
識於一解脫門即是三解脫門者是為入不二
法門
寂根菩薩曰佛法眾為二佛即是法法即是眾
是三寶皆无為相與虛空等一切法亦尒能隨
此行者是為入不二法門
心无礙菩薩曰身身滅為二身即是身滅所
以者何見身實相者不起見身及見滅身身
與滅身无二无分別於其中不驚不懼者是
為入不二法門
上善菩薩曰身口意善為二是三業皆无作

是三寶皆无為相與虛空等一切法亦尒能随
此行者是為入不二法門
心无礙菩薩曰身身滅為二身即是身滅所
以者何見身實相者不起見身及見滅身身
與滅身无二无分別於其中不驚不懼者是
為入不二法門
上善菩薩曰身口意善為二是三業皆无作
相身无作相即口无作相口无作相即意无作
相是三業无作相即一切法无作相能如是随
无作慧者是為入不二法門
福田菩薩曰福行罪行不動行為二三行實
性即是空空則无福[illegible]非行无不動行於此
三行而不起者是[illegible]法門
華嚴菩薩曰從我起[illegible]見我實相者不
起二法若不住二法則无有識无所識者是為
入不二法門
德藏菩薩曰有所得相為二若无所得則无
取捨无取捨者是為入不二法門
月上菩薩曰闇與明為二无闇无明則无有
二所以者何如入滅受想定无闇无明一切法亦
復如是於其中平等入者是為入不二法門
寶印手菩薩曰樂涅槃不樂世間為二若不
樂涅槃不厭世間則无有二所以者何若有縛
則有解若本无縛其誰求解无縛无解則
无樂厭是為入不二法門

BD05205號　維摩詰所說經卷中　(12–11)

二所以者何如入滅受想定无闇无明一切法亦
復如是於其中平等入者是為入不二法門
寶印手菩薩曰樂涅槃不樂世間為二若不
樂涅槃不厭世間則无有二所以者何若有縛
則有解若本无縛其誰求解无縛无解則
无樂厭是為入不二法門
珠頂王菩薩曰正道耶道為二住正道者則
不分別是耶是正離此二法是為入不二法
門
樂實菩薩曰實不實為二實見者尚不見
實何況非實所以者何非肉眼所見慧眼乃
能見而此慧眼无見无不見是為入不二法
門
如是諸菩薩各各說已(問)文殊師利何等是
菩薩入不二法門
文殊師利曰如我意者於一切法无言无說
无示无識離諸問答是為入不二法門於是
文殊師利問維摩詰言我等各自說已
仁者當說何等是菩薩入不二法門時維摩
詰默然无言文殊師利歎言善哉善哉乃
至无有文字語言是真入不二法門

BD05205號　維摩詰所說經卷中　(12–12)

菩提南西北方四維上下[illegible]可思量不不
也世尊須菩提菩薩无住相布施福德亦復
如是不可思量須菩提菩薩但應如所教住
須菩提於意云何可以身相見如來不不也
世尊不可以身相得見如來何以故如來所
說身相即非身相佛告須菩提凡所有相皆
是虛妄若見諸相非相則見如來
須菩提白佛言世尊頗有衆生得聞如是言
說章句生實信不佛告須菩提莫作是說如
來滅後後五百歲有持戒脩福者於此章句
能生信心以此為實當知是人不於一佛二
佛三四五佛而種善根已於无量千万佛所
種諸善根聞是章句乃至一念生淨信者須
菩提如來悉知悉見是諸衆生得如是无量
福德何以故是諸衆生无復我相人相衆生
相壽者相无法相亦无非法相何以故是諸
衆生若心取相則為著我人衆生壽者若
取法相即著我人衆生壽者何以故若取非
法相即著我人衆生壽者是故不應取法不
應取非法以是義故如來常說汝等比丘知

BD05206 號　金剛般若波羅蜜經　（14–1）

福德何以故是諸衆生无復我相人相衆生
相壽者相无法相亦无非法相何以故是諸
衆生若心取相則為著我人衆生壽者若
取法相即著我人衆生壽者何以故若取非
法相即著我人衆生壽者是故不應取法不
應取非法以是義故如來常說汝等比丘知
我說法如筏喻者法尚應捨何況非法
須菩提於意云何如來得阿耨多羅三藐三
菩提耶如來有所說法耶須菩提言如我解
佛所說義无有定法名阿耨多羅三藐三菩
提亦无有定法如來可說何以故如來所說
法皆不可取不可說非法非非法所以者何
一切賢聖皆以无為法而有差別
須菩提於意云何若人滿三千大千世界七
寶以用布施是人所得福德寧為多不須菩
提言甚多世尊何以故是福德即非福德性
是故如來說福德多若復有人於此經中受
持乃至四句偈等為他人說其福勝彼何以
故須菩提一切諸佛及諸佛阿耨多羅三藐
三菩提法皆從此經出須菩提所謂佛法者
即非佛法
須菩提於意云何須陁洹能作是念我得須
陁洹果不須菩提言不也世尊何以故須陁
洹名為入流而无所入不入色聲香味觸法
是名須陁洹須菩提於意云何斯陁含能作
是念我得斯陁含果不須菩提言不也世尊

BD05206 號　金剛般若波羅蜜經　（14–2）

須菩提於意云何須陁洹能作是念我得須
陁洹果不須菩提言不也世尊何以故須陁
洹名為入流而无所入不入色聲香味觸法
是名須陁洹須菩提於意云何斯陁含能作
是念我得斯陁含果不須菩提言不也世尊
何以故斯陁含名一往來而實无往來是名
斯陁含須菩提於意云何阿那含能作是念
我得阿那含果不須菩提言不也世尊何以
故阿那含名為不來而實无來是故名阿那
含須菩提於意云何阿羅漢能作是念我得
阿羅漢道不須菩提言不也世尊何以故實
无有法名阿羅漢世尊若阿羅漢作是念我
得阿羅漢道即為著我人衆生壽者世尊
佛說我得无諍三昧人中最為第一是第一離
欲阿羅漢我不作是念我是離欲阿羅漢
世尊我若作是念我得阿羅漢道世尊則不
說須菩提是樂阿蘭那行者以須菩提實
无所行而名須菩提是樂阿蘭那行
佛告須菩提於意云何如來昔在然燈佛所
於法有所得不世尊如來在然燈佛所於法
實无所得須菩提於意云何菩薩莊嚴佛
土不不也世尊何以故莊嚴佛土者則非莊
嚴是名莊嚴是故須菩提諸菩薩摩訶薩
應如是生清淨心不應住色生心不應住聲
香味觸法生心應无所住而生其心須菩提譬如
有人身如須弥山王於意云何是身為大不須

BD05206號　金剛般若波羅蜜經　（14–3）

土不不也世尊何以故莊嚴佛土者則非莊
嚴是名莊嚴是故須菩提諸菩薩摩訶薩
應如是生清淨心不應住色生心不應住聲
香味觸法生心應无所住而生其心須菩提譬如
有人身如須弥山王於意云何是身為大不須
菩提言甚大世尊何以故佛說非身是名
大身須菩提如恒河中所有沙數如是沙等
恒河於意云何是諸恒河沙寧為多不須菩
提言甚多世尊但諸恒河尚多无數何況其
沙須菩提我今實言告汝若有善男子善
女人以七寶滿尒所恒河沙數三千大千世界
以用布施得福多不須菩提言甚多世尊佛
告須菩提若善男子善女人於此經中乃至
受持四句偈等為他人說而此福德勝前福
德復次須菩提隨說是經乃至四句偈等當
知此處一切世間天人阿脩羅皆應供養如
佛塔廟何況有人盡能受持讀誦須菩提
當知是人成就最上第一希有之法若是經
典所在之處則為有佛若尊重弟子
尒時須菩提白佛言世尊當何名此經我等
云何奉持佛告須菩提是經名為金剛般若
波羅蜜以是名字汝當奉持所以者何須
菩提佛說般若波羅蜜則非般若波羅蜜須
菩提於意云何如來有所說法不須菩提白
佛言世尊如來无所說須菩提於意云何三
千大千世界所有微塵是為多不須菩提言

BD05206號　金剛般若波羅蜜經　（14–4）

波羅蜜以是名字汝當奉持所以者何須
菩提佛說般若波羅蜜則非般若波羅蜜須
菩提於意云何如來有所說法不須菩提白
佛言世尊如來无所說須菩提於意云何三
千大千世界所有微塵是為多不須菩提言
甚多世尊須菩提諸微塵如來說非微塵
是名微塵如來說世界非世界是名世界須菩提
於意云何可以三十二相見如來不不也世尊
不可以三十二相得見如來何以故如來說
三十二相即是非相是名三十二相須菩提
若有善男子善女人以恒河沙等身命布
施若復有人於此經中乃至受持四句偈等
為他人說其福甚多
尒時須菩提聞說是經深解義趣涕淚悲泣
而白佛言希有世尊佛說如是甚深經典我
從昔來所得慧眼未曾得聞如是之經世尊
若復有人得聞是經信心清淨則生實相當
知是人成就第一希有功德世尊是實相者
則是非相是故如來說名實相世尊我今得
聞如是經典信解受持不足為難若當來世
後五百歲其有眾生得聞是經信解受持
是人則為第一希有何以故此人无我相人相
眾生相壽者相所以者何我相即是非相人
相眾生相壽者相即是非相何以故離一切
諸相則名諸佛佛告須菩提如是如是若復
有人得聞此經不驚不怖不畏當知是人甚
為希有何以故須菩提如來說第一波羅蜜

BD05206 號　金剛般若波羅蜜經　（14–5）

是人則為第一希有何以故此人无我相人相
眾生相壽者相所以者何我相即是非相人
相眾生相壽者相即是非相何以故離一切
諸相則名諸佛佛告須菩提如是如是若復
有人得聞此經不驚不怖不畏當知是人甚
為希有何以故須菩提如來說第一波羅蜜
非第一波羅蜜是名第一波羅蜜
須菩提忍辱波羅蜜如來說非忍辱波羅蜜
何以故須菩提如我昔為歌利王割截身體
我於尒時无我相无人相无眾生相无壽者
相何以故我於往昔節節支解時若有我相
人相眾生相壽者相應生瞋恨須菩提又念
過去於五百世作忍辱仙人於尒所世无我
相无人相无眾生相无壽者相是故須菩提
菩薩應離一切諸相發阿耨多羅三藐三菩
提心不應住色生心不應住聲香味觸法生心
應生无所住心若心有住則為非住是故佛
說菩薩心不應住色布施須菩提菩薩為
利益一切眾生應如是布施如來說一切諸相
即是非相又說一切眾生則非眾生須菩提如
來是真語者實語者如語者不誑語者不
異語者須菩提如來所得法此法无實无虛
須菩提若菩薩心住於法而行布施如人
入闇則无所見若菩薩心不住法而行布施如
人有目日光明照見種種色須菩提當來之
世若有善男子善女人能於此經受持讀誦

BD05206 號　金剛般若波羅蜜經　（14–6）

異語者須菩提如來所得法此法无實无虛
須菩提若菩薩心住於法而行布施如人
入闇則无所見若菩薩心不住法而行布施如
人有目日光明照見種種色須菩提當來之
世若有善男子善女人能於此經受持讀誦
則為如來以佛智慧悉知是人悉見是人皆
得成就无量无邊功德
須菩提若有善男子善女人初日分以恒河
沙等身布施中日分復以恒河沙等身布施
後日分亦以恒河沙等身布施如是无量百
千万億劫以身布施若復有人聞此經典信
心不逆其福勝彼何況書寫受持讀誦為人
解說須菩提以要言之是經有不可思議不
可稱量无邊功德如來為發大乘者說為發
最上乘者說若有人能受持讀誦廣為人
說如來悉知是人悉見是人皆得成就不可量
不可稱无有邊不可思議功德如是人等則
為荷擔如來阿耨多羅三藐三菩提何以故
須菩提若樂小法者著我見人見眾生見壽
者見則於此經不能聽受讀誦為人解說須
菩提在在處處若有此經一切世間天人阿
脩羅所應供養當知此處則為是塔皆應
恭敬作礼圍繞以諸華香而散其處
復次須菩提若善男子善女人受持讀誦此
經若為人輕賤是人先世罪業應墮惡道以
今世人輕賤故先世罪業則為消滅當得阿

BD05206號　金剛般若波羅蜜經　（14–7）

脩羅所應供養當知此處則為是塔皆應
恭敬作礼圍繞以諸華香而散其處
復次須菩提若善男子善女人受持讀誦此
經若為人輕賤是人先世罪業應墮惡道以
今世人輕賤故先世罪業則為消滅當得阿
耨多羅三藐三菩提須菩提我念過去无量
阿僧祇劫於然燈佛前得值八百四千万億
那由他諸佛悉皆供養承事无空過者若復
有人於後末世能受持讀誦此經所得功德
於我所供養諸佛功德百分不及一百千万億
分乃至筭數譬喻所不能及須菩提若善男
子善女人於後末世有受持讀誦此經所得
功德我若具說者或有人聞心則狂亂狐疑
不信須菩提當知是經義不可思議果報亦
不可思議
尒時須菩提白佛言世尊善男子善女人發
阿耨多羅三藐三菩提心云何應住云何降
伏其心佛告須菩提善男子善女人發阿耨
多羅三藐三菩提者當生如是心我應滅度
一切眾生滅度一切眾生已而无有一眾生
實滅度者何以故若菩薩有我相人相眾
生相壽者相則非菩薩所以者何須菩提實
无有法發阿耨多羅三藐三菩提者須菩提
於意云何如來於然燈佛所有法得阿耨多
羅三藐三菩提不不也世尊如我解佛所說義
佛於然燈佛所无有法得阿耨多羅三藐三

BD05206號　金剛般若波羅蜜經　（14–8）

无有法發阿耨多羅三藐三菩提者須菩提
於意云何如來於然燈佛所有法得阿耨多
羅三藐三菩提不不也世尊如我解佛所説義
佛於然燈佛所无有法得阿耨多羅三藐三
菩提佛言如是如是須菩提實无有法如
來得阿耨多羅三藐三菩提
須菩提若有法如來得阿耨多羅三藐三菩
提者然燈佛則不與我受記汝於來世當
得作佛号釋迦牟尼以實无有法得阿耨多
羅三藐三菩提是故然燈佛與我受記作是
言汝於來世當得作佛号釋迦牟尼何以故
如來者即諸法如義若有人言如來得阿耨
多羅三藐三菩提須菩提實无有法佛得阿
耨多羅三藐三菩提須菩提如來所得阿耨
多羅三藐三菩提於是中无實无虛是故如
來説一切法皆是佛法須菩提所言一切法
者即非一切法是故名一切法須菩提譬如
人身長大須菩提言世尊如來説人身長大
則爲非大身是名大身須菩提菩薩亦如是
若作是言我當滅度无量衆生則不名菩
薩何以故須菩提實无有法名爲菩薩是
故佛説一切法无我无人无衆生无壽者須
菩提若菩薩作是言我當莊嚴佛土是不名
菩薩何以故如來説莊嚴佛土者即非莊嚴
是名莊嚴須菩提若菩薩通達无我法者如

BD05206號　金剛般若波羅蜜經　（14–9）

薩何以故須菩提實无有法名爲菩薩是
故佛説一切法无我无人无衆生无壽者須
菩提若菩薩作是言我當莊嚴佛土是不名
菩薩何以故如來説莊嚴佛土者即非莊嚴
是名莊嚴須菩提若菩薩通達无我法者如
來説名真是菩薩
須菩提於意云何如來有肉眼不如是世尊
如來有肉眼須菩提於意云何如來有天眼
不如是世尊如來有天眼須菩提於意云何
如來有慧眼不如是世尊如來有慧眼須菩
提於意云何如來有法眼不如是世尊如來
有法眼須菩提於意云何如來有佛眼不如
是世尊如來有佛眼須菩提於意云何恒河
中所有沙佛説是沙不如是世尊如來説是
沙須菩提於意云何如一恒河中所有沙有
如是等恒河是諸恒河所有沙數佛世界如
是寧爲多不甚多世尊佛告須菩提尒所國
土中所有衆生若干種心如來悉知何以故如
來説諸心皆爲非心是名爲心所以者何須
菩提過去心不可得現在心不可得未來心
不可得須菩提於意云何若有人滿三千大
千世界七寶以用布施是人以是因緣得福
多不如是世尊此人以是因緣得福甚多須
菩提若福德有實如來不説得福德多以
福德无故如來説得福德多
須菩提於意云何佛可以具足色身見不不

BD05206號　金剛般若波羅蜜經　（14–10）

多不如是世尊此人以是因緣得福甚多須
菩提若福德有實如來不說得福德多以
福德无故如來說得福德多
須菩提於意云何佛可以具足色身見不不
也世尊如來不應以具足色身見何以故如來
說具足色身即非具足色身是名具足色身
須菩提於意云何如來可以具足諸相見不不
也世尊如來不應以具足諸相見何以故如來
說諸相具足即非具足是名諸相具足須菩
提汝等勿謂如來作是念我當有所說法
莫作是念何以故若人言如來有所說法即
為謗佛不能解我所說故須菩提說法者
无法可說是名說法須菩提白佛言世尊佛
得阿耨多羅三藐三菩提為无所得耶如是
如是須菩提我於阿耨多羅三藐三菩提乃至
无有少法可得是名阿耨多羅三藐三菩提
復次須菩提是法平等无有高下是名阿耨
多羅三藐三菩提以无我无人无衆生无壽
者脩一切善法則得阿耨多羅三藐三菩提
須菩提所言善法者如來說非善法是名
善法須菩提若三千大千世界中所有諸須弥
山王如是等七寶聚有人持用布施若人以
此般若波羅蜜經乃至四句偈等受持讀誦
為他人說於前福德百分不及一百千万億
分乃至筭數譬喻所不能及

善法須菩提若三千大千世界中所有諸須弥
山王如是等七寶聚有人持用布施若人以
此般若波羅蜜經乃至四句偈等受持讀誦
為他人說於前福德百分不及一百千万億
分乃至筭數譬喻所不能及
須菩提於意云何汝等勿謂如來作是念我
當度衆生須菩提莫作是念何以故實无有
衆生如來度者若有衆生如來度者如來則
有我人衆生壽者須菩提如來說有我者
則非有我而凡夫之人以為有我須菩提凡夫
者如來說則非凡夫須菩提於意云何可以
三十二相觀如來不須菩提言如是如是以
三十二相觀如來佛言須菩提若以三十二
相觀如來者轉輪聖王則是如來須菩提白
佛言世尊如我解佛所說義不應以三十二
相觀如來尒時世尊而說偈言
若以色見我　以音聲求我　是人行邪道　不能見如來
須菩提汝若作是念如來不以具足相故得
阿耨多羅三藐三菩提須菩提莫作是念如
來不以具足相故得阿耨多羅三藐三菩提
須菩提汝若作是念發阿耨多羅三藐三菩
提者說諸法斷滅相莫作是念何以故發
阿耨多羅三藐三菩提者於法不說斷滅相
須菩提若菩薩以滿恒河沙等世界七寶布
施若復有人知一切法无我得成於忍此菩薩
勝前菩薩所得功德須菩提以諸菩薩不

阿耨多羅三藐三菩提者於法不說斷滅相
須菩提若菩薩以滿恒河沙等世界七寶布
施若復有人知一切法无我得成於忍此菩薩
勝前菩薩所得功德須菩提以諸菩薩不
受福德故須菩提白佛言世尊云何菩薩
不受福德須菩提菩薩所作福德不應貪
著是故佛說不受福德須菩提若有人言如
來若來若去若坐若臥是人不解我所說義
何以故如來者无所從來亦无所去故名如來
須菩提若善男子善女人以三千大千世界碎
為微塵於意云何是微塵衆寧為多不甚
多世尊何以故若是微塵衆實有者佛則不
說是微塵衆所以者何佛說微塵衆則非
微塵衆是名微塵衆世尊如來所說三千大
千世界則非世界是名世界何以故若世界實
有者則是一合相如來說一合相則非一合
相是名一合相須菩提一合相者則是不可說
但凡夫之人貪著其事須菩提若人言佛說我
見人見衆生見壽者見須菩提於意云何是人解
我所說義不不也世尊是人不解如來所說義何
以故世尊說我見人見衆生見壽者見即非我見
人見衆生見壽者見是名我見人見衆生見壽
者見須菩提發阿耨多羅三藐三菩提心者
於一切法應如是知如是見如是信解不生法
相須菩提所言法相者如來說即非法相是
名法相須菩提若有人以滿无量阿僧祇世

BD05206號　金剛般若波羅蜜經　（14–13）

但凡夫之人貪著其事須菩提若人言佛說我
見人見衆生見壽者見須菩提於意云何是人解
我所說義不不也世尊是人不解如來所說義何
以故世尊說我見人見衆生見壽者見即非我見
人見衆生見壽者見是名我見人見衆生見壽
者見須菩提發阿耨多羅三藐三菩提心者
於一切法應如是知如是見如是信解不生法
相須菩提所言法相者如來說即非法相是
名法相須菩提若有人以滿无量阿僧祇世
界七寶持用布施若有善男子善女人發菩
薩心者持於此經乃至四句偈等受持讀誦
為人演說其福勝彼云何為人演說不取於
相如如不動何以故
一切有為法　如夢幻泡影　如露亦如電　應作如是觀
佛說是經已長老須菩提及諸比丘比丘尼優
婆塞優婆夷一切世間天人阿脩羅聞佛所
說皆大歡喜信受奉行

金剛般若波羅蜜經一卷

BD05206號　金剛般若波羅蜜經　（14–14）

尊須菩提菩薩无住相布施福德亦復如是
不可思量須菩提菩薩但應如所教住須菩提
於意云何可以身相見如來不不也世尊不可
以身相得見如來何以故如來所說身相即非
身相佛告須菩提凡所有相皆是虛妄若見
諸相非相則見如來
須菩提白佛言世尊頗有衆生得聞如是言
說章句生實信不佛告須菩提莫作是說如
來滅後後五百歲有持戒脩福者於此章句
能生信心以此為實當知是人不於一佛二佛三
四五佛而種善根已於无量千万佛所種諸善
根聞是章句乃至一念生淨信者須菩提如
來悉知悉見是諸衆生得如是无量福德何
以故是諸衆生无復我相人相衆生相壽者相
无法相亦无非法相何以故是諸衆生若心取
相則為著我人衆生壽者若取法相即著我
人衆生壽者何以故若取非法相即著我人衆
生壽者是故不應取法不應取非法以是義
故如來常說汝等比丘知我說法如筏喻者
法尚應捨何況非法
須菩提於意云何如來得阿耨多羅三藐三
菩提耶如來有所說法耶須菩提言如我解

BD05207號　金剛般若波羅蜜經　(15–1)

无法相亦无非法相何以故是諸衆生若心取
相則為著我人衆生壽者若取法相即著我
人衆生壽者何以故若取非法相即著我人衆
生壽者是故不應取法不應取非法以是義
故如來常說汝等比丘知我說法如筏喻者
法尚應捨何況非法
須菩提於意云何如來得阿耨多羅三藐三
菩提耶如來有所說法耶須菩提言如我解
佛所說義无有定法名阿耨多羅三藐三菩提亦
无有定法如來可說何以故如來所說法皆不
可取不可說非法非非法所以者何一切賢聖
皆以无為法而有差別
須菩提於意云何若人滿三千大千世界七寶
以用布施是人所得福德寧為多不須菩提
言甚多世尊何以故是福德即非福德性是
故如來說福德多若復有人於此經中受持
乃至四句偈等為他人說其福勝彼何以故須菩
提一切諸佛及諸佛阿耨多羅三藐三菩提法
皆從此經出須菩提所謂佛法者即非佛法
須菩提於意云何須陀洹能作是念我得須陀
洹果不須菩提言不也世尊何以故須陀洹名
為入流而无所入不入色聲香味觸法是名須陀洹
須菩提於意云何斯陀含能作是念我得斯陀
含果不須菩提言不也世尊何以故斯陀含名
一往來而實无往來是名斯陀含須菩提於
意云何阿那含能作是念我得阿那含果不
須菩提言不也世尊何故阿那含名為不來而
實无來是故名阿那含須菩提於意云何

BD05207號　金剛般若波羅蜜經　(15–2)

須菩提於意云何斯陁含能作是念我得斯陁
含果不須菩提言不也世尊何以故斯陁含名
一往來而實无往來是名斯陁含須菩提於
意云何阿那含能作是念我得阿那含果不
須菩提言不也世尊何以故阿那含名為不來而
實无來是故名阿那含須菩提於意云何阿
羅漢能作是念我得阿羅漢道不須菩提言不
也世尊何以故實无有法名阿羅漢世尊若阿羅漢
作是念我得阿羅漢道即為著我人眾生壽者世尊
佛說我得无諍三昧人中最為第一是第一離欲阿
羅漢我不作是念我是離欲阿羅漢世尊我
若作是念我得阿羅漢道世尊則不說須菩
提是樂阿蘭那行者以須菩提實无所行而
名須菩提是樂阿蘭那行
佛告須菩提於意云何如來昔在然燈佛所
於法有所得不世尊如來在然燈佛所於法
實无所得須菩提於意云何菩薩莊嚴佛土
不不也世尊何以故莊嚴佛土者則非莊嚴
是名莊嚴是故須菩提諸菩薩摩訶薩應
如是生清淨心不應住色生心不應住聲香味
淨心不應住色生心不應住聲香味觸法生
心應无所住而生其心須菩提譬如有人身如
須彌山王於意云何是身為大不須菩提言甚
大世尊何以故佛說非身是名大身
須菩提如恒河中所有沙數如是沙等恒河於
意云何是諸恒河沙寧為多不須菩提言

心應无所住而生其心須菩提譬如有人身如
須彌山王於意云何是身為大不須菩提言甚
大世尊何以故佛說非身是名大身
須菩提如恒河中所有沙數如是沙等恒河於
意云何是諸恒河沙寧為多不須菩提言
甚多世尊但諸恒河尚多无數何況其沙須菩
提我今實言告汝若有善男子善女人以七寶
滿尒所恒河沙數三千大千世界以用布施得
福多不須菩提言甚多世尊佛告須菩提若
善男子善女人於此經中乃至受四句偈等為
他人說而此福德勝前福德
復次須菩提隨說是經乃至四句偈等當知此
處一切世間天人阿脩羅皆應供養如佛塔廟
何況有人盡能受持讀誦須菩提當知是人
成就最上第一希有之法若是經典所在之
處則為有佛若尊重弟子
尒時須菩提白佛言世尊當何名此經我
等云何奉持佛告須菩提是經名為金剛
般若波羅蜜經以是名字汝當奉持所以者
何須菩提佛說般若波羅蜜則非般若波羅蜜須
菩提於意云何如來有所說法不須菩提白佛
言世尊如來无所說須菩提於意云何三千
大千世界所有微塵是為多不須菩提言甚
多世尊須菩提諸微塵如來說非微塵是名微

何須菩提佛般若波羅蜜則非般若波羅蜜須
菩提於意云何如來有所說法不須菩提白佛
言世尊如來无所說須菩提於意云何三千
大千世界所有微塵是為多不須菩提言甚
多世尊須菩提諸微塵如來說非微塵是名微
塵如來說世界非世界是名世界須菩提於
意云何可以卅二相見如來不不也世尊不
可以卅二相得見如來何以故如來說卅
二相即是非相是名卅二相
須菩提若有善男子善女人以恒河沙等身
命布施若復有人於此經中乃至受持四句
偈等為他人說其福甚多
尒時須菩提聞說是經深解義趣涕淚悲泣
而白佛言希有世尊佛說如是甚深經典
我從昔來所得慧眼未曾得聞如是之經世
尊若復有人得聞是經信心清淨則生實相
當知是人成就第一希有功德世尊是實相者
則是非相是故如來說名實相世尊我今得
聞如是經典信解受持不足為難若當來世
後五百歲其有眾生得聞是經信解受持是
人則為第一希有何以故此人无我相人相眾
生相壽者相所以者何我相即是非相人相
眾生相壽者相即是非相何以故離一切諸
相則名諸佛

BD05207號　金剛般若波羅蜜經　（15–5）

後五百歲其有眾生得聞是經信解受持是
人則為第一希有何以故此人无我相人相眾
生相壽者相所以者何我相即是非相人相
眾生相壽者相即是非相何以故離一切諸
相則名諸佛
佛告須菩提如是如是若復有人得聞是經
不驚不怖不畏當知是人甚為希有何以故
須菩提如來說第一波羅蜜非第一波羅蜜
是名第一波羅蜜
須菩提忍辱波羅蜜如來說非忍辱波羅蜜
何以故須菩提如我昔為歌利王割截身體
我於尒時无我相无人相无眾生相无壽者相
何以故我於往昔節節支解時若有我相
人相眾生相壽者相應生瞋恨須菩提又念
過去於五百世作忍辱仙人於尒所世无我相
无人相无眾生相无壽者相是故須菩提菩
薩應離一切相發阿耨多羅三藐三菩提心
不應住色生心不應住聲香味觸法生心
應生无所住心若心有住則為非住是故佛
說菩薩心不應住色布施須菩提菩薩為
利益一切眾生應如是布施如來說一切諸
相即是非相又說一切眾生則非眾生
須菩提如來是真語者實語者如語者不
誑語者不異語者須菩提如來所得法此
法无實无虛

BD05207號　金剛般若波羅蜜經　（15–6）

利益一切衆生應如是布施如來說一切諸
相即是非相又說一切衆生則非衆生
須菩提如來是真語者實語者如語者不
誑語者不異語者須菩提如來所得法此
法无實无虚
須菩提若菩薩心住於法而行布施如人入
闇則无所見若菩薩心不住法而行布施如
人有目日光明照見種種色
須菩提當來之世若有善男子善女人能於此
經受持讀誦則為如來以佛智慧悉知是人
悉見是人皆得成就无量无邊功德
須菩提若有善男子善女人初日分以恒河
沙等身布施中日分復以恒河沙等身布施
後日分亦以恒河沙等身布施如是无量百千
万億劫以身布施若復有人聞此經典信心
不逆其福勝彼何況書寫受持讀誦為人解
說
須菩提以要言之是經有不可思議不可稱
量无邊功德如來為發大乘者說為發最上
乘者說若有人能受持讀誦廣為人說如來
悉知是人悉見是人皆得成就不可量不可
稱无有邊不可思議功德如是人等則為荷
擔如來阿耨多羅三藐三菩提何以故須菩

BD05207 號　金剛般若波羅蜜經　（15–7）

乘者說若有人能受持讀誦廣為人說如來
悉知是人悉見是人皆得成就不可量不可
稱无有邊不可思議功德如是人等則為荷
擔如來阿耨多羅三藐三菩提何以故須菩
提若樂小法者著我見人見衆生見壽者見
則於此經不能聽受讀誦為人解說須菩提
在在處處若有此經一切世間天人阿脩羅所
應供養當知此處則為是塔皆應恭敬作
禮圍遶以諸華香而散其處
復次須菩提善男子善女人受持讀誦此經
若為人輕賤是人先世罪業應墮惡道以今
世人輕賤故先世罪業則為消滅當得阿耨多
羅三藐三菩提須菩提我念過去无量阿
僧祇劫於然燈佛前值八百四千万億那由
他諸佛悉皆供養承事无空過者若復有
人於後末世能受持讀誦此經所得功德於我
所供養諸佛功德百分不及一千万億分乃
至算數譬喻所不能及須菩提若善男子
善女人於後末世有受持讀誦此經所得功
德我若具說者或有人聞心則狂亂狐疑不信
須菩提當知是經義不可思議果報亦不
可思議
爾時須菩提白佛言世尊善男子善女人發

BD05207 號　金剛般若波羅蜜經　（15–8）

善女人於後末世有受持讀誦此經所得功
德我若具說者或有人聞心則狂亂狐疑不信
須菩提當知是經義不可思議果報亦不
可思議
尒時須菩提白佛言世尊善男子善女人發
阿耨多羅三藐三菩提心云何應住云何降
伏其心佛告須菩提善男子善女人發阿耨
多羅三藐三菩提者當生如是心我應滅度
一切衆生滅度一切衆生已而无有一衆生實
滅度者何以故若菩薩有我相人相衆生相
壽者相則非菩薩所以者何須菩提實无
有法發阿耨多羅三藐三菩提者
須菩提於意云何如來於然燈佛所有法得
阿耨多羅三藐三菩提不不也世尊如我解
佛所說義佛於然燈佛所无有法得阿耨多
羅三藐三菩提佛言如是如是須菩提實无
有法如來得阿耨多羅三藐三菩提須菩提若
有法如來得阿耨多羅三藐三菩提然燈佛
則不與我受記汝於來世當得作佛号釋迦
牟尼以實无有法得阿耨多羅三藐三菩提
是故然燈佛與我受記作是言汝於來世
當得作佛号釋迦牟尼何以故如來者即諸
法如義若有人言如來得阿耨多羅三藐三
菩提須菩提實无有法佛得阿耨多羅三

BD05207號　金剛般若波羅蜜經　（15–9）

牟尼以實无有法得阿耨多羅三藐三菩提
是故然燈佛與我受記作是言汝於來世
當得作佛号釋迦牟尼何以故如來者即諸
法如義若有人言如來得阿耨多羅三藐三
菩提須菩提實无有法佛得阿耨多羅三
藐三菩提須菩提如來所得阿耨多羅三藐三菩提
於是中无實无虛是故如來說一切法
皆是佛法須菩提所言一切法者即非一切法
是故名一切法
須菩提譬如人身長大須菩提言世尊如來
說人身長大則爲非大身是名大身
須菩提菩薩亦如是若作是言我當滅度无
量衆生則不名菩薩何以故須菩提實无有
法名爲菩薩是故佛說一切法无我无人无
衆生无壽者須菩提若菩薩作是言我當
莊嚴佛土是不名菩薩何以故如來說莊嚴佛
土者即非莊嚴是名莊嚴須菩提若菩薩通
達无我法者如來說名真是菩薩
須菩提於意云何如來有肉眼不如是世尊如
來有肉眼須菩提於意云何如來有天眼不如
是世尊如來有天眼須菩提於意云何如來
有慧眼不如是世尊如來有慧眼須菩提於
意云何如來有法眼不如是世尊如來有法
眼須菩提於意云何如來有佛眼不如是世

BD05207號　金剛般若波羅蜜經　（15–10）

尊有肉眼須菩提於意云何如来有天眼不如
是世尊如来有天眼須菩提於意云何如来
有慧眼不如是世尊如来有慧眼須菩提於
意云何如来有法眼不如是世尊如来有法
眼須菩提於意云何如来有佛眼不如是世
尊如来有佛眼須菩提於意云何恒河中所
有沙佛說是沙不如是世尊如来說是沙須
菩提於意云何如一恒河中所有沙有如是
等恒河是諸恒河所有沙數佛世界如是寧
爲多不甚多世尊佛告須菩提尒所國土
中所有衆生若干種心如来悉知何以故如
来說諸心皆爲非心是名爲心所以者何須
菩提過去心不可得現在心不可得未来心
不可得須菩提於意云何若有人滿三千大千
世界七寶以用布施是人以是因緣得福多不
如是世尊此人以是因緣得福甚多須菩提
若福德有實如来不說得福德多以福德无
故如来說得福德多
須菩提於意云何佛可以具足色身見不不也
世尊如来不應以具足色身見何以故如来說
具足色身即非具足色身是名具足色身
須菩提於意云何如来可以具足諸相見不
不也世尊如来不應以具足諸相見何以故如
来說諸相具足即非具足是名諸相具足須
菩提汝勿謂如来作是念我當有所說

BD05207號　金剛般若波羅蜜經　（15–11）

世尊如来不應以具足色身見何以故如来說
具足色身即非具足色身是名具足色身
須菩提於意云何如来可以具足諸相見不
不也世尊如来不應以具足諸相見何以故如
来說諸相具足即非具足是名諸相具足須
菩提汝勿謂如来作是念我當有所說法
莫作是念何以故若人言如来有所說法即
爲謗佛不能解我所說義故須菩提說法者
无法可說是名說法
須菩提白佛言世尊佛得阿耨多羅三藐
三菩提爲无所得耶如是如是須菩提我於
阿耨多羅三藐三菩提乃至无有少法可得
是名阿耨多羅三藐三菩提復次須菩提是
法平等无有高下是名阿耨多羅三藐三菩
提以无我无人无衆生无壽者脩一切善法則得
阿耨多羅三藐三菩提須菩提所言善法
者如来說非善法是名善法
須菩提若三千大千世界中所有諸須弥山
王如是等七寶聚有人持用布施若人以此
般若波羅蜜經乃至四句偈等受持讀誦爲
他人說於前福德百分不及一百千万億分
乃至筭數譬喻所不能及
須菩提於意云何汝等勿謂如来作是念我
當度衆生須菩提莫作是念何以故實无
有衆生如来度者若有衆生如来度者如

BD05207號　金剛般若波羅蜜經　（15–12）

般若波羅蜜經乃至四句偈等受持讀誦為
他人說於前福德百分不及一百千万億分
乃至筭數譬喻所不能及
須菩提於意云何汝等勿謂如來作是念我
當度衆生須菩提莫作是念何以故實无
有衆生如來度者若有衆生如來度者如
來則有我人衆生壽者須菩提如來說有我
者則非有我而凡夫之人以為有我須菩提凡
夫者如來說則非凡夫
須菩提於意云何可以卅二相觀如來不須
菩提言如是如是以卅二相觀如來佛言須菩
提若以卅二相觀如來者轉輪聖王則是如來
須菩提白佛言世尊如我解佛所說義不
應以卅二相觀如來尒時世尊而說偈言
若以色見我　以音聲求我　是人行邪道　不能見如來
須菩提汝若作是念如來不以具足相故得
阿耨多羅三藐三菩提須菩提莫作是念如
來不以具足相故得阿耨多羅三藐三菩提須
菩提汝若作是念發阿耨多羅三藐三菩提者
說諸法斷滅莫作是念何以故發阿耨多羅
三藐三菩提者於法不說斷滅相須菩提若
菩薩以滿恒河沙等世界七寶布施若復有
人知一切法无我得成於忍此菩薩勝前菩薩
所得功德須菩提以諸菩薩不受福德故須
菩提白佛言世尊云何菩薩不受福德須

BD05207號　金剛般若波羅蜜經　（15–13）

三藐三菩提者於法不說斷滅相須菩提若
菩薩以滿恒河沙等世界七寶布施若復有
人知一切法无我得成於忍此菩薩勝前菩薩
所得功德須菩提以諸菩薩不受福德故須
菩提白佛言世尊云何菩薩不受福德須
菩提菩薩所作福德不應貪著是故說不
受福德
須菩提若有人言如來若來若去若坐若卧
是人不解我所說義何以故如來者无所從來
亦无所去故名如來
須菩提若善男子善女人以三千大千世界碎
為微塵於意云何是微塵衆寧為多不甚
多世尊何以故若是微塵衆實有者佛則不
說是微塵衆所以者何佛說微塵衆則非微
塵衆是名微塵衆世尊如來所說三千大千
世界則非世界是名世界何以故若世界實有
者則是一合相如來說一合相則非一合相是
名一合相須菩提一合相者則是不可說但凡
夫之人貪著其事須菩提若人言佛說我
見人見衆生見壽者見須菩提於意云何是
人解我所說義不世尊是人不解如來所說
義何以故世尊說我見人見衆生見壽者見
即非我見人見衆生見壽者見是名我見人
見衆生見壽者見須菩提發阿耨多羅三藐

BD05207號　金剛般若波羅蜜經　（15–14）

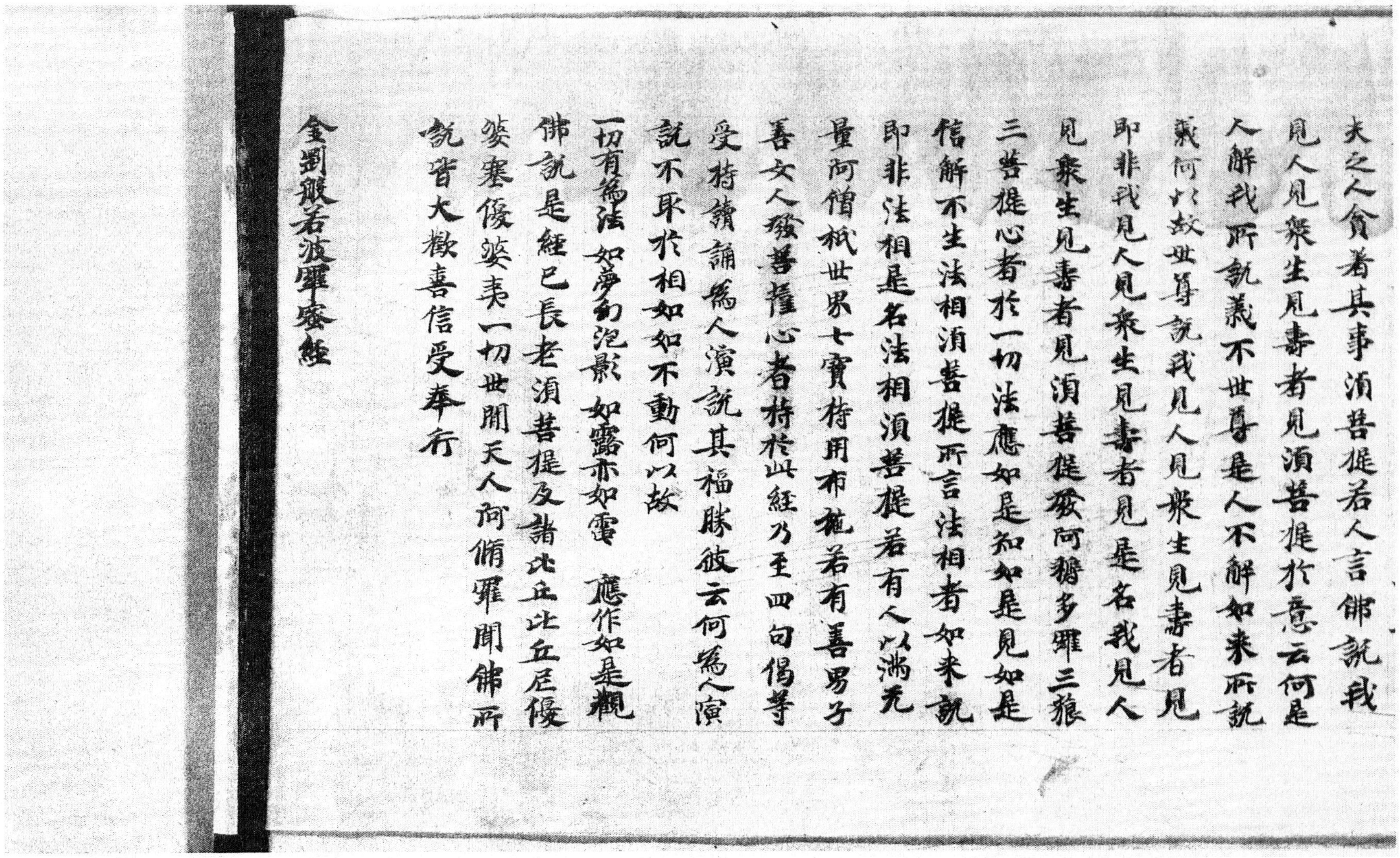
夫之人貪著其事須菩提若人言佛說我
見人見衆生見壽者見須菩提於意云何是
人解我所說義不世尊是人不解如來所說
義何以故世尊說我見人見衆生見壽者見
即非我見人見衆生見壽者見是名我見人
見衆生見壽者見須菩提發阿耨多羅三藐
三菩提心者於一切法應如是知如是見如是
信解不生法相須菩提所言法相者如來說
即非法相是名法相須菩提若有人以滿无
量阿僧祇世界七寶持用布施若有善男子
善女人發菩薩心者持於此經乃至四句偈等
受持讀誦爲人演說其福勝彼云何爲人演
說不取於相如如不動何以故
一切有爲法　如夢幻泡影　如露亦如電　應作如是觀
佛說是經已長老須菩提及諸比丘比丘尼優
婆塞優婆夷一切世間天人阿脩羅聞佛所
說皆大歡喜信受奉行
金剛般若波羅蜜經

BD05207 號　金剛般若波羅蜜經　（15–15）

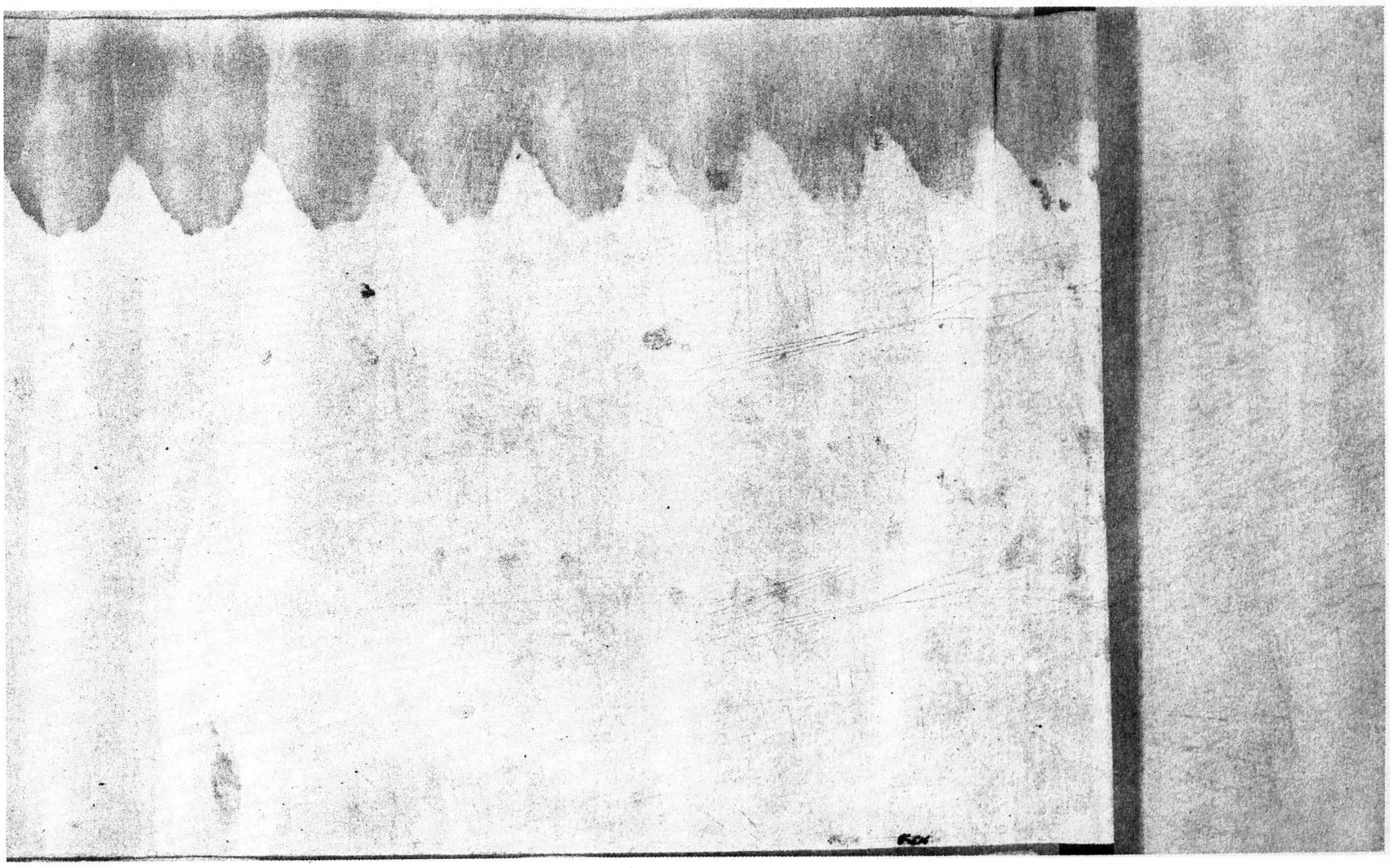

BD05207 號背　勘記　（3–1）

BD05207 號背　勘記

（3–2）

BD05207 號背　勘記

（3–3）

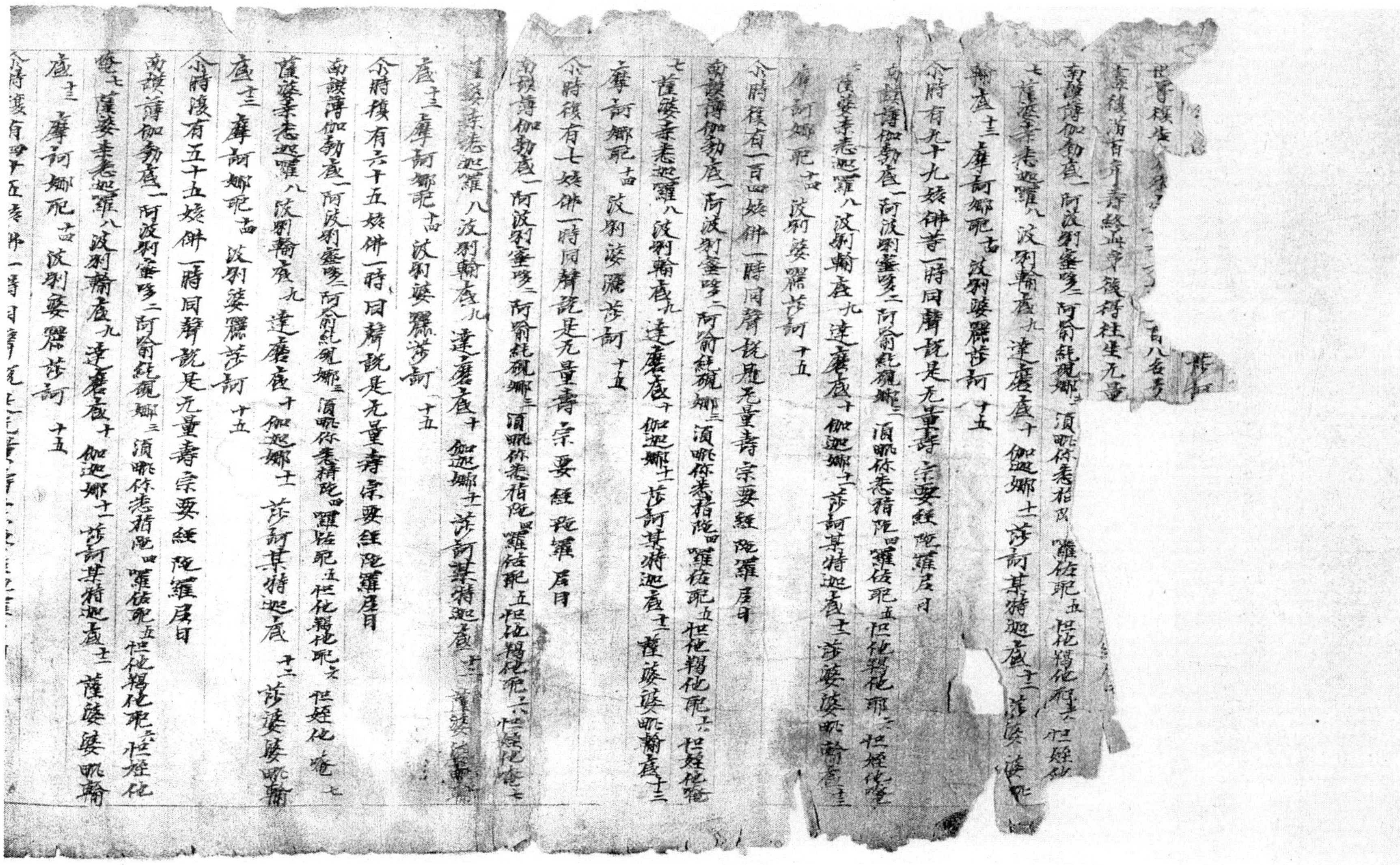

BD05208 號　無量壽宗要經　　（6–1）

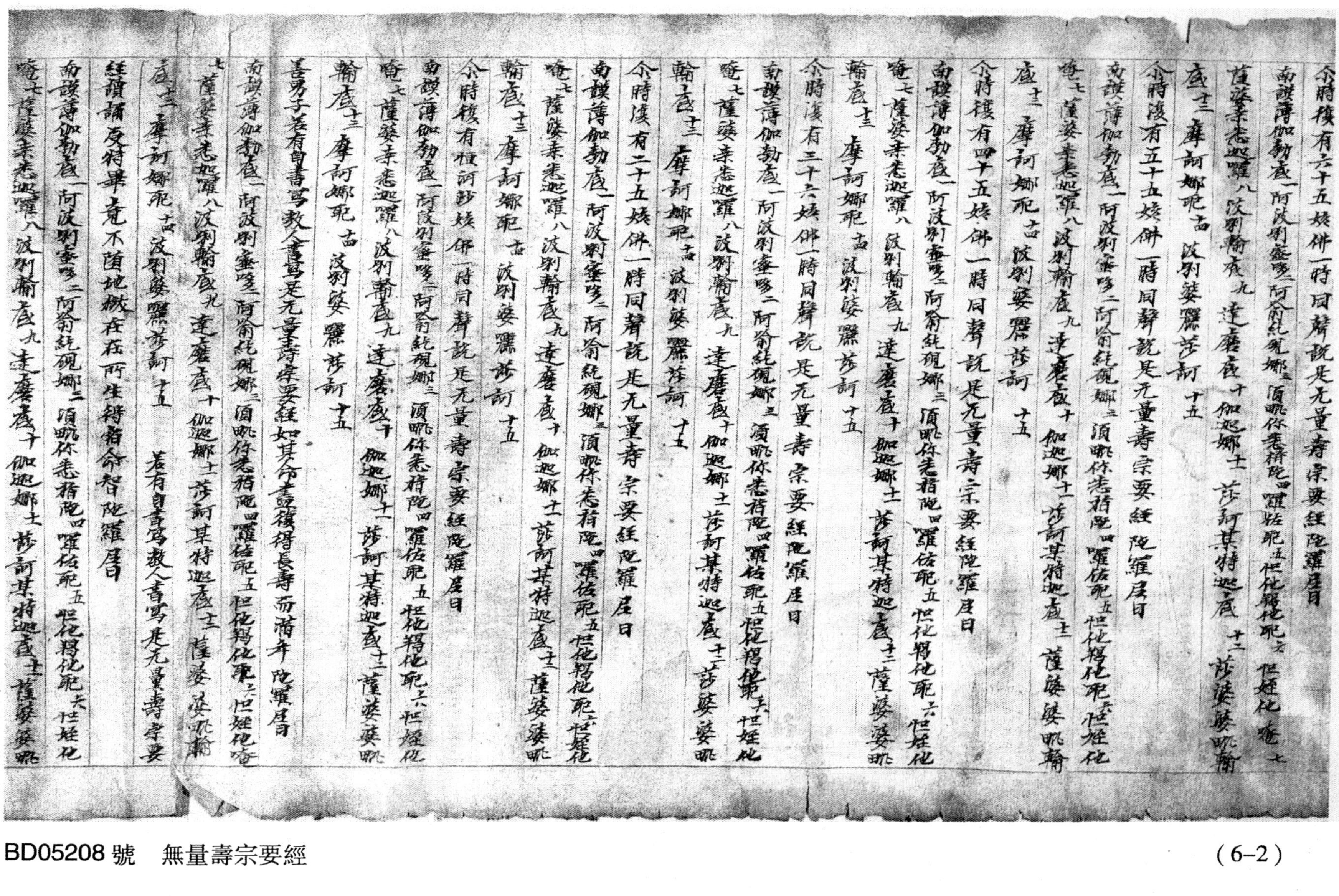

BD05208 號　無量壽宗要經　　（6–2）

南謨薄伽勃底一阿波唎蜜哆二阿喻紇硯娜三須毗你悉指陀四囉佐耶五怛他羯他耶六怛姪他唵
七薩婆桑悉迦囉八波唎輸底九達磨底十伽迦娜十一莎訶其特迦底十二薩婆婆毗輸
底十三摩訶娜耶十四波唎婆囉莎訶十五　若有自書寫教人書寫是无量壽宗要
經讀誦受特畢竟不墮地獄在在所生得宿命智陀羅尼曰
南謨薄伽勃底一阿波唎蜜哆二阿喻紇硯娜三須毗你悉指陀四囉佐耶五怛他羯他耶六怛姪他
唵七薩婆桑悉迦囉八波唎輸底九達磨底十伽迦娜十一莎訶其特迦底十二薩婆婆毗
輸底十三摩訶娜耶十四波唎婆囉莎訶十五　若有自書寫教人書寫是无量壽宗
要經受特讀誦如同書寫八万四千一切經陀羅尼曰
南謨薄伽勃底一阿波唎蜜哆二阿喻紇硯娜三須毗你悉指陀四囉佐耶五怛他羯他耶六怛姪他
唵七薩婆桑悉迦囉八波唎輸底九達磨底十伽迦娜十一莎訶其特迦底十二薩婆婆
毗輸底十三摩訶娜耶十四波唎婆囉莎訶十五
若有自書寫教人書寫是无量壽宗要經即是書寫八万四千部建立塔廟陀羅尼曰
南謨薄伽勃底一阿波唎蜜哆二阿喻紇硯娜三須毗你悉指陀四囉佐耶五怛他羯他耶六怛姪他
唵七薩婆桑悉迦囉八波唎輸底九達磨底十伽迦娜十一莎訶其特迦底十二薩婆婆
毗輸底十三摩訶娜耶十四波唎婆囉莎訶十五
若有自書寫教人書寫是无量壽宗要經能清五无間等一切重罪陀羅尼曰
南謨薄伽勃底一阿波唎蜜哆二阿喻紇硯娜三須毗你悉指陀四囉佐耶五怛他羯他耶六怛姪他
唵七薩婆桑悉迦囉八波唎輸底九達磨底十伽迦娜十一莎訶其特迦底十二薩婆婆毗
輸底十三摩訶娜耶十四波唎婆囉莎訶十五　若有自書寫教人書寫是无量
壽宗要經受特讀誦設有逋罪猶如須弥盡能除滅陀羅尼曰
南謨薄伽勃底一阿波唎蜜哆二阿喻紇硯娜三須毗你悉指陀四囉佐耶五怛他羯他耶六怛姪他
唵七薩婆桑悉迦囉八波唎輸底九達磨底十伽迦娜十一莎訶其特迦底十二薩婆婆
毗輸底十三摩訶娜耶十四波唎婆囉莎訶十五
若有自書寫教人書寫是无量壽宗要經受特讀誦若魔魔之眷屬夜叉羅刹不得
其便終无枉死陀羅尼曰　南謨薄伽勃底一阿波唎蜜哆二阿喻紇硯娜三須毗你悉指陀四
囉佐耶五怛他羯他耶六怛姪他唵七薩婆桑悉迦囉八波唎輸底九達磨底十伽迦娜十一莎訶
其特迦底十二薩婆婆毗輸底十三摩訶娜耶十四波唎婆囉莎訶十五
若有自書教人書寫是无量壽宗要經受特讀誦當命終時有九十九俱胝佛現其人前
來千佛授手能遊一切佛刹莫於此經生於疑惑陀羅尼曰
南謨薄伽勃底一阿波唎蜜哆二阿喻紇硯娜三須毗你悉指陀四囉佐耶五怛他羯他耶六怛姪他

BD05208號　無量壽宗要經

（6–3）

若有自書寫教人書寫是无量壽宗要經受特讀誦若魔魔之眷屬夜叉羅刹不得
其便終无枉死陀羅尼曰　南謨薄伽勃底一阿波唎蜜哆二阿喻紇硯娜三須毗你悉指陀四
囉佐耶五怛他羯他耶六怛姪他唵七薩婆桑悉迦囉八波唎輸底九達磨底十伽迦娜十一莎訶
其特迦底十二薩婆婆毗輸底十三摩訶娜耶十四波唎婆囉莎訶十五
若有自書教人書寫是无量壽宗要經受特讀誦當命終時有九十九俱胝佛現其人前
來千佛授手能遊一切佛刹莫於此經生於疑惑陀羅尼曰
南謨薄伽勃底一阿波唎蜜哆二阿喻紇硯娜三須毗你悉指陀四囉佐耶五怛他羯他耶六怛姪他
唵七薩婆桑悉迦囉八波唎輸底九達磨底十伽迦娜十一莎訶其特迦底十二薩婆婆
毗輸底十三摩訶娜耶十四波唎婆囉莎訶十五
若有自書寫教人書寫是无量壽宗要經受特讀誦常得四天大王隨其衛護陀羅尼曰
南謨薄伽勃底一阿波唎蜜哆二阿喻紇硯娜三須毗你悉指陀四囉佐耶五怛他羯他耶六怛姪他
唵七薩婆桑悉迦囉八波唎輸底九達磨底十伽迦娜十一莎訶其特迦底十二薩婆婆
毗輸底十三摩訶娜耶十四波唎婆囉莎訶十五
若有自書寫教人書寫是无量壽宗要經受特讀誦當得往生西方極樂世界阿弥陀淨
土陀羅尼曰　南謨薄伽勃底一阿波唎蜜哆二阿喻紇硯娜三須毗你悉指陀四囉佐耶五怛
他羯他耶六怛姪他唵七薩婆桑悉迦囉八波唎輸底九達磨底十伽迦娜十一莎訶其特迦
底十二薩婆婆毗輸底十三摩訶娜耶十四波唎婆囉莎訶十五
若有方所自書寫使人書寫是无量壽經典之處則為是塔皆應恭敬往來若是畜生
飛鳥獸得聞是經如是等類皆當不久得成一切種智陀羅尼曰
南謨薄伽勃底一阿波唎蜜哆二阿喻紇硯娜三須毗你悉指陀四囉佐耶五怛他羯他耶六怛姪他
唵七薩婆桑悉迦囉八波唎輸底九達磨底十伽迦娜十一莎訶其特迦底十二薩婆婆
毗輸底十三摩訶娜耶十四波唎婆囉莎訶十五
若有於是无量壽經自書寫若使人書畢竟不受女人之身陀羅尼曰
南謨薄伽勃底一阿波唎蜜哆二阿喻紇硯娜三須毗你悉指陀四囉佐耶五怛他羯他耶六怛姪
他唵七薩婆桑悉迦囉八波唎輸底九達磨底十伽迦娜十一莎訶其特迦底十二薩婆
婆毗輸底十三摩訶娜耶十四波唎婆囉莎訶十五
若有能於是經少分能惠施者等於三千大千世界滿中七寶布施陀羅尼曰
南謨薄伽勃底一阿波唎蜜哆二阿喻紇硯娜三須毗你悉指陀四囉佐耶五怛他羯他耶六怛姪他
唵七薩婆桑悉迦囉八波唎輸底九達磨底十伽迦娜十一莎訶其特迦底十二薩婆婆
毗輸底十三摩訶娜耶十四波唎婆囉莎訶十五
若有能供養是經者則是供養一切諸經等无有異陀羅尼曰

BD05208號　無量壽宗要經

（6–4）

婆毗輸底十三 摩訶娜耶十四 波唎婆嚟莎訶十五
若有能於是經少分能施者，等於三千大千世界滿中七寶布施。陀羅尼曰
南謨薄伽勃底一 阿波唎蜜多二 阿喻紇硯娜三 須毗你悉指陀四 囉佐耶五 怛他揭他耶六 怛姪他
唵七 薩婆桑悉迦羅八 波唎輸底九 達磨底十 伽迦娜十一 莎訶其特迦底十二 莎婆婆
毗輸底十三 摩訶娜耶十四 波唎婆嚟莎訶十五
若有能供養是經者，則已供養一切諸經，等无有異。陀羅尼曰
南謨薄伽勃底一 阿波唎蜜多二 阿喻紇硯娜三 須毗你悉指陀四 囉佐耶五 怛他揭他耶六 怛姪他
唵七 薩婆桑悉迦羅八 波唎輸底九 達磨底十 伽迦娜十一 莎訶其特迦底十二 薩婆婆毗
輸底十三 摩訶娜耶十四 波唎婆嚟莎訶十五
如是毗婆尸佛、尸棄佛、毗舍浮佛、俱留孫佛、俱那含牟尼佛、迦葉佛、釋迦牟尼佛，
若有人以七寶供養如是七佛，其福有限；書寫受持是无量壽經典，所有功德不可限量。陀羅
尼曰 南謨薄伽勃底一 阿波唎蜜多二 阿喻紇硯娜三 須毗你悉指陀四 囉佐耶五 怛他揭他耶六
怛姪他唵七 薩婆桑悉迦羅八 波唎輸底九 達磨底十 伽迦娜十一 莎訶其特迦底十二 薩婆
婆毗輸底十三 摩訶娜耶十四 波唎婆嚟莎訶十五
若有七寶等於須彌，以用布施，其福上能知其限量；是无量壽經典，其福不可知數。陀羅尼曰
南謨薄伽勃底一 阿波唎蜜多二 阿喻紇硯娜三 須毗你悉指陀四 囉佐耶五 怛他揭他耶六 怛姪他
唵七 薩婆桑悉迦羅八 波唎輸底九 達磨底十 伽迦娜十一 莎訶其特迦底十二 薩婆婆
毗輸底十三 摩訶娜耶十四 波唎婆嚟莎訶十五
如是四大海水，可知滴數；是无量壽經典所生果報，不可數量。陀羅尼曰
南謨薄伽勃底一 阿波唎蜜多二 阿喻紇硯娜三 須毗你悉指陀四 囉佐耶五 怛他揭他耶六 怛姪他
唵七 薩婆桑悉迦羅八 波唎輸底九 達磨底十 伽迦娜十一 莎訶其特迦底十二 薩婆婆毗
輸底十三 摩訶娜耶十四 波唎婆嚟莎訶十五
若有自書使人書寫是无量壽經典，又能讚持供養禮拜，如禮敬供養一切十方佛土如來，无
有別異。陀羅尼曰 南謨薄伽勃底一 阿波唎蜜多二 阿喻紇硯娜三 須毗你悉指陀四 囉佐耶五
怛他揭他耶六 怛姪他唵七 薩婆桑悉迦羅八 波唎輸底九 達磨底十 伽迦娜十一 莎訶其特
迦底十二 薩婆婆毗輸底十三 摩訶娜耶十四 波唎婆嚟莎訶十五
布施力能成正覺 悟布施力人師子 布施力能聲普聞 慈悲階漸最能入
持戒力能成正覺 悟持戒力人師子 持戒力能聲普聞 慈悲階漸最能入
忍辱力能成正覺 悟忍辱力人師子 忍辱力能聲普聞 慈悲階漸最能入

BD05208號　無量壽宗要經 （6–5）

唵七 薩婆桑悉迦羅八 波唎輸底九 達磨底十 伽迦娜十一 莎訶其特迦底十二 薩婆婆
毗輸底十三 摩訶娜耶十四 波唎婆嚟莎訶十五
如是四大海水，可知滴數；是无量壽經典所生果報，不可數量。陀羅尼曰
南謨薄伽勃底一 阿波唎蜜多二 阿喻紇硯娜三 須毗你悉指陀四 囉佐耶五 怛他揭他耶六 怛姪他
唵七 薩婆桑悉迦羅八 波唎輸底九 達磨底十 伽迦娜十一 莎訶其特迦底十二 薩婆婆毗
輸底十三 摩訶娜耶十四 波唎婆嚟莎訶十五
若有自書使人書寫是无量壽經典，又能讚持供養禮拜，如禮敬供養一切十方佛土如來，无
有別異。陀羅尼曰 南謨薄伽勃底一 阿波唎蜜多二 阿喻紇硯娜三 須毗你悉指陀四 囉佐耶五
怛他揭他耶六 怛姪他唵七 薩婆桑悉迦羅八 波唎輸底九 達磨底十 伽迦娜十一 莎訶其特
迦底十二 薩婆婆毗輸底十三 摩訶娜耶十四 波唎婆嚟莎訶十五
布施力能成正覺 悟布施力人師子 布施力能聲普聞 慈悲階漸最能入
持戒力能成正覺 悟持戒力人師子 持戒力能聲普聞 慈悲階漸最能入
忍辱力能成正覺 悟忍辱力人師子 忍辱力能聲普聞 慈悲階漸最能入
精進力能成正覺 悟精進力人師子 精進力能聲普聞 慈悲階漸最能入
禪定力能成正覺 悟禪定力人師子 禪定力能聲普聞 慈悲階漸最能入
智慧力能成正覺 悟智慧力人師子 智慧力能聲普聞 慈悲階漸最能入
尒時如來說是經已，一切世間天人阿脩羅揵闥婆等，聞佛所說，皆大歡喜，
信受奉行
佛說无量壽宗要經
唐文英

BD05208號　無量壽宗要經 （6–6）

行識若我若
行識若淨若不
名為行有所得相似
如前所說當知皆是說
羅蜜多
復次憍尸迦若善男子善女人等
菩提心者說眼處若常若无常說耳鼻
意處若常若无常說眼處若樂若苦說
舌身意處若樂若苦說眼處若我若无我
耳鼻舌身意處若我若无我說眼處若淨若
不淨說耳鼻舌身意處若淨若不淨若有能
依如是等法脩行般若是行般若波羅蜜多
復作是說行般若者應求眼處若常若无常
應求耳鼻舌身意處若常若无常應求眼處
若樂若苦應求耳鼻舌身意處若樂若苦應
求眼處若我若无我應求耳鼻舌身意處若
我若无我應求眼處若淨若不淨應求耳鼻
舌身意處若淨若不淨若有能求如是等法
脩行般若是行般若波羅蜜多憍尸迦若善

BD05209號　大般若波羅蜜多經卷一三六　（2–1）

菩提心者說眼處若常若无常說耳鼻
意處若常若无常說眼處若樂若苦說
舌身意處若樂若苦說眼處若我若无我
耳鼻舌身意處若我若无我說眼處若淨若
不淨說耳鼻舌身意處若淨若不淨若有能
依如是等法脩行般若是行般若波羅蜜多
復作是說行般若者應求眼處若常若无常
應求耳鼻舌身意處若常若无常應求眼處
若樂若苦應求耳鼻舌身意處若樂若苦應
求眼處若我若无我應求耳鼻舌身意處若
我若无我應求眼處若淨若不淨應求耳鼻
舌身意處若淨若不淨若有能求如是等法
脩行般若是行般若波羅蜜多憍尸迦若善
男子善女人等如是求眼處若常若无常求
耳鼻舌身意處若常若无常求眼處若樂若
苦求耳鼻舌身意處若樂若苦求眼處若我
若无我求耳鼻舌身意處若我若无我求眼
處若淨若不淨求耳鼻舌身意處若淨若不
淨依此等法行般若者我說名為行有所得
相似般若波羅蜜多憍尸迦如前所說當知
皆是說有所得相似般若波羅蜜多
復次憍尸迦若善男子善女人等為發无上
菩提心者說色處若常若无常說聲香味觸

BD05209號　大般若波羅蜜多經卷一三六　（2–2）

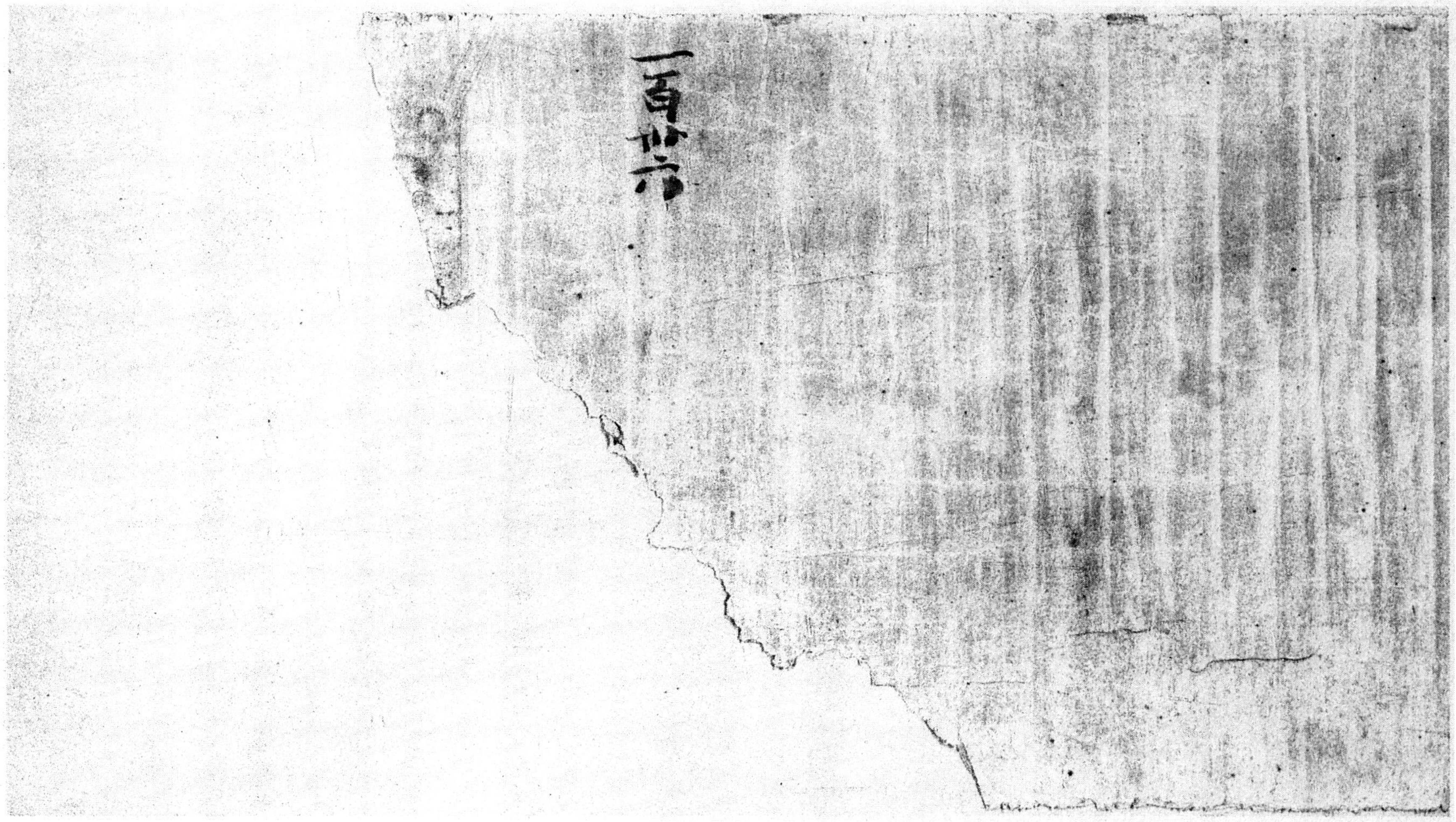

BD05209號背　勘記　（1–1）

BD05210號　涅槃經義記（擬）

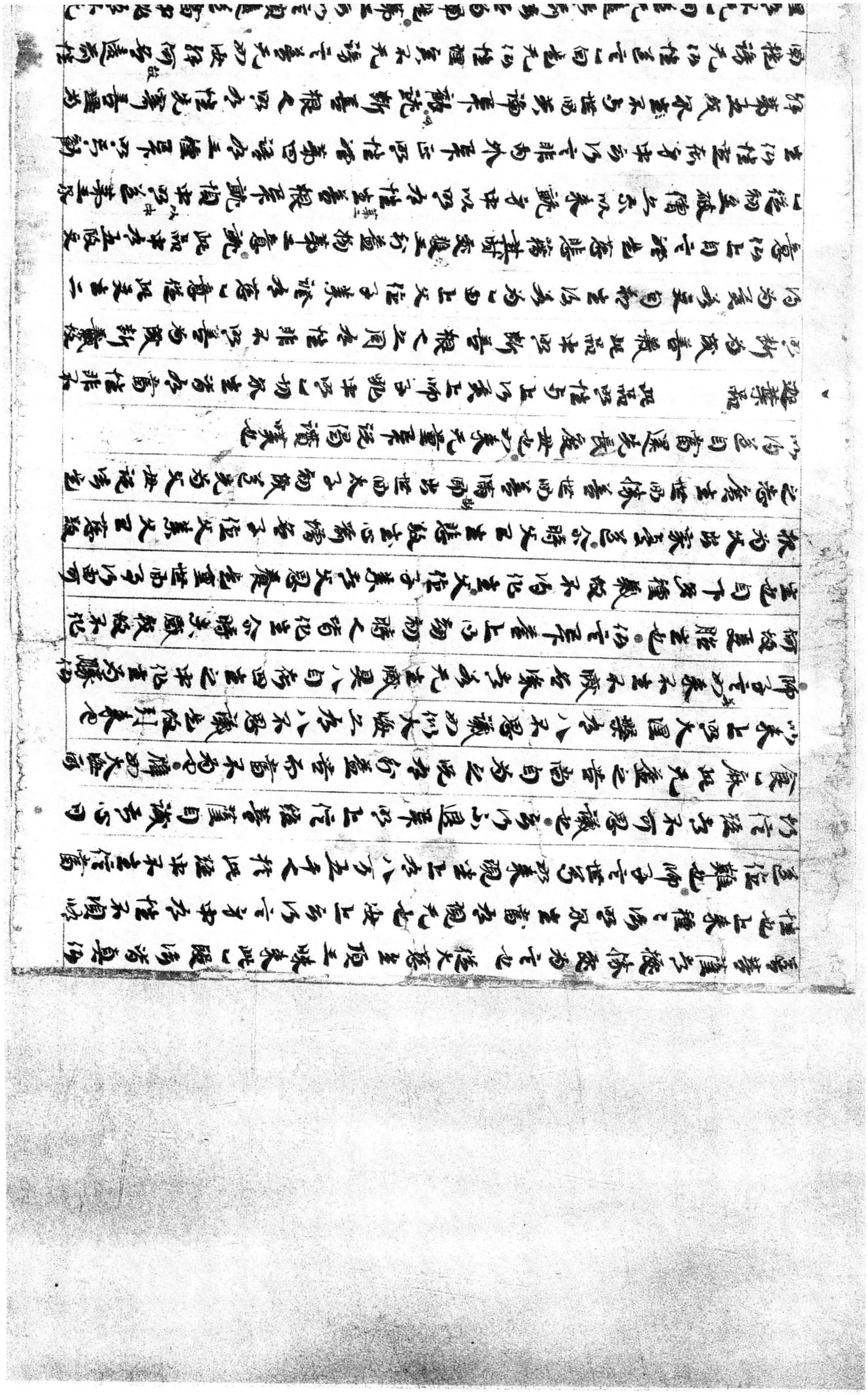

（4－1）

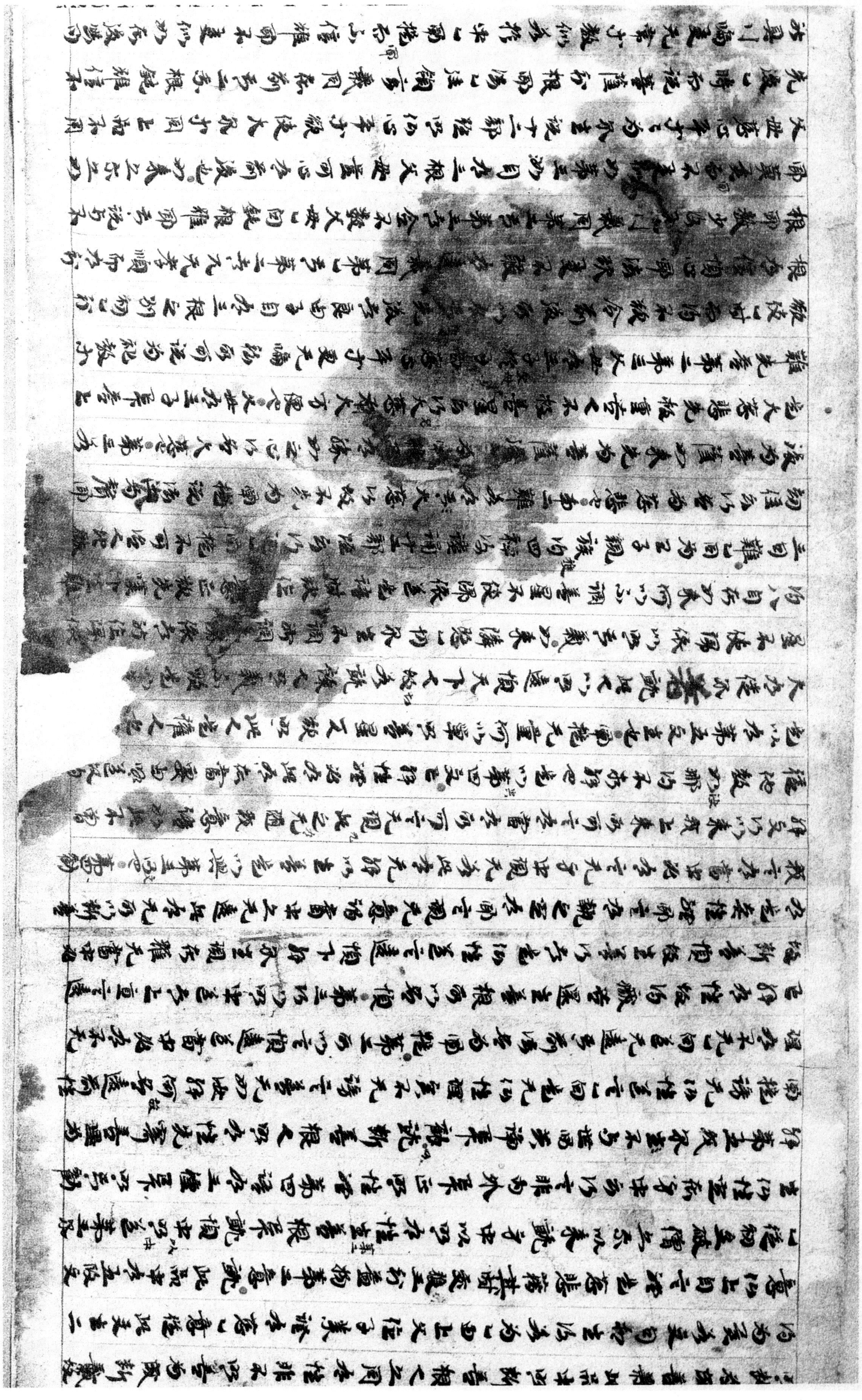

BD05210號　涅槃經義記（擬）

（4–2）

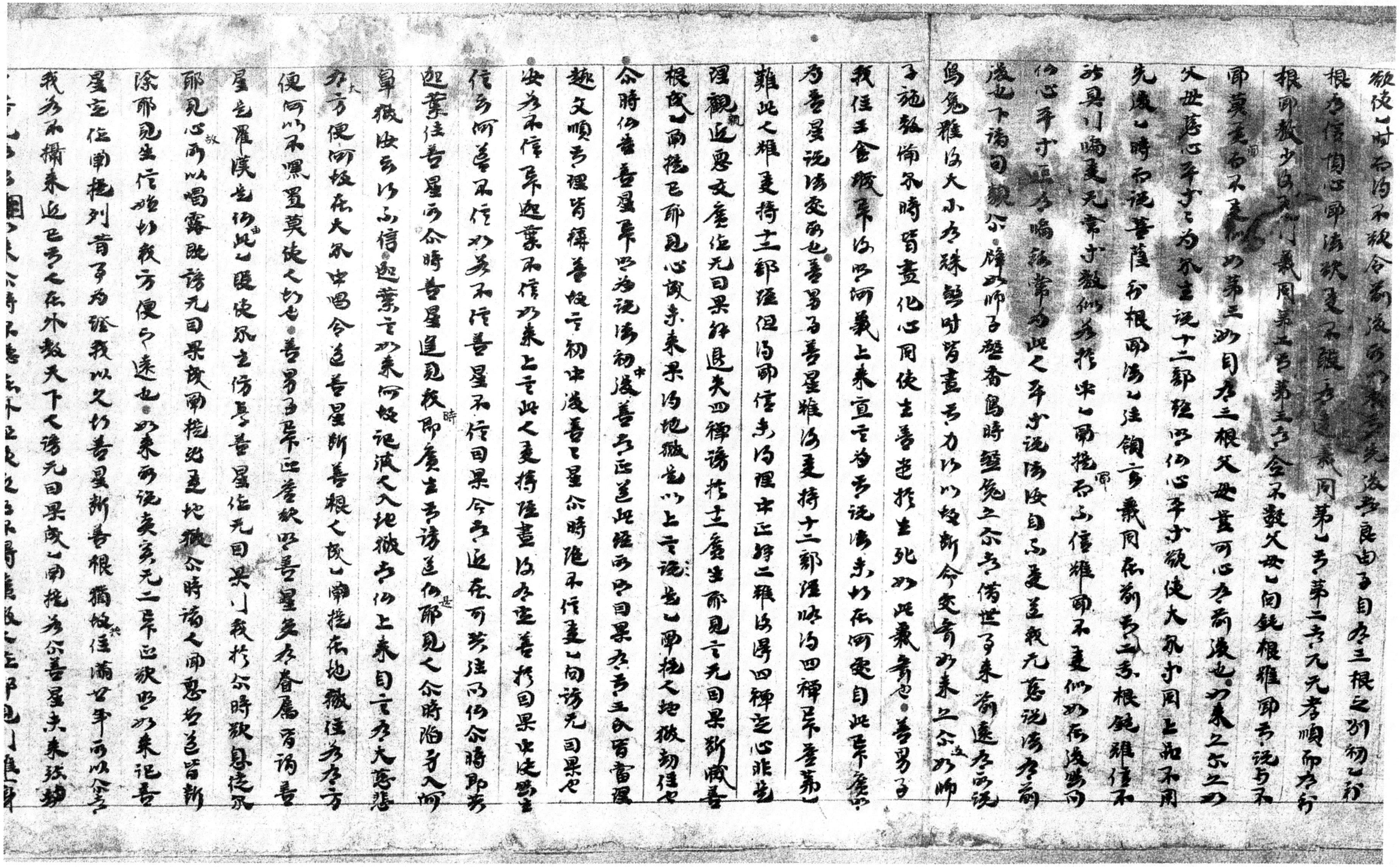

BD05210 號　涅槃經義記（擬）　（4–3）

安爲不信果迦葉不信如來上言此人更持陸畫以存塗善於因果中決斷生
信多何等不信如爲不信善星不信因果今言近在可共往乃倫今時即爲
迦葉往善星所今時善星遥見我即廣生惡諸遂倫邪見之今時泊身入阿
鼻獄此言似不信 迦葉言如來何故記滅之入地獄言向上來自言存大慈悲
存方便何故在大眾中唱令善星斷善根之故以菩提在地獄住爲存方
便何以不嘿置莫使人知也 善男子吾於善星多存眷屬言誦善
星是羅漢是由此之發使眾生信受善星作無因果見我於今時敬息使眾
邪見心所以唱露既謗無因果故菩提必至地獄今時諸人聞忍善皆斷
除邪見生信始知教方便之遠也 如來所說真實無二卑下而敬如來記善
星是佛菩提列旨子爲證我以久知善星斷善根猶故於住滿廿年所以今言
我爲不攝來近已多之在外教天下之謗無因果故以菩提爲今善星決來致勢
之善无存出世如來今時不聽在外從使近已不得廣教人作邪見门雖近身
作惡由來來世難值可存出世廿年中待门爲說法要理雖无益未來爲紀功
由於今時爲說是故如來善達根性力也菩提以究善法所以作此問善上
來直明菩提未知斷以善生始存此問 善男子卑下善斷作於五根善菩提
爲此信菩薩四現思中善尔不可斷遂言斷存于惠中生退入本曾親近善
友從下生中從中生上罪存此善今遍惡友起重邪見彌向存善不和隨善
之菩提盤纖子尚存遠善羅之以盤之菩提无存遠羅善 菩薩之菩提存善
斷善根現在都无善存
三種善遍爲未來

女香童子香童女香及草木叢[illegible]近若
遠所有諸香悉皆得聞分別不錯持是經者
雖住於此亦聞天上諸天之香波利質多羅
拘鞞陀羅樹香及曼陀羅華香摩訶曼陀羅
華香曼殊沙華香摩訶曼殊沙華香栴檀
沉水種種末香諸雜華香如是等天香和合
所出之香无不聞知又聞諸天身香釋提桓因
在勝殿上五欲娛樂嬉戲時香若在妙法堂
上為忉利諸天說法時香若於諸園遊戲時
香及餘天等男女身香皆悉遙聞如是展轉
乃至梵世上至有頂諸天身香亦皆聞之并
聞諸天所燒之香及聲聞香辟支佛香菩薩
香諸佛身香亦皆遙聞知其所在雖聞此香
然於鼻根不壞不錯若欲分別為他人說憶
念不謬尒時世尊欲重宣此義而說偈言
是人鼻清淨　於此世界中　若香若臭物　種種悉聞知
須曼那闍提　多摩羅栴檀　沉水及桂香　種種華菓香
及知眾生香　男子女人香　說法者遠住　聞香知所在
大勢轉輪王　小轉輪及子　羣臣諸宮人　聞香知所在
身所著珎寶　及地中寶藏　轉輪王寶女　聞香知所在

BD05211號　妙法蓮華經卷六

（3–1）

然於鼻根不壞不錯若欲分別為他人說憶
念不謬尒時世尊欲重宣此義而說偈言
是人鼻清淨　於此世界中　若香若臭物　種種悉聞知
須曼那闍提　多摩羅栴檀　沉水及桂香　種種華菓香
及知眾生香　男子女人香　說法者遠住　聞香知所在
大勢轉輪王　小轉輪及子　羣臣諸宮人　聞香知所在
身所著珎寶　及地中寶藏　轉輪王寶女　聞香知所在
諸人嚴身具　衣服及瓔珞　種種所塗香　聞則知其身
諸天若行坐　遊戲及神變　持是法華者　聞香悉能知
諸樹華菓實　及蘇油香氣　持經者住此　悉知其所在
諸山深嶮處　栴檀樹華敷　眾生在中者　聞香皆能知
鐵圍山大海　地中諸眾生　持經者聞香　悉知其所在
阿脩羅男女　及其諸眷屬　鬪諍遊戲時　聞香皆能知
曠野險隘處　師子象虎狼　野牛水牛等　聞香知所在
若有懷妊者　未辯其男女　无根及非人　聞香悉能知
以聞香力故　知其初懷妊　成就不成就　安樂產福子
以聞香力故　知男女所念　染欲癡恚心　亦知脩善者
地中眾伏藏　金銀諸珎寶　銅器之所盛　聞香悉能知
種種諸瓔珞　无能識其價　聞香知貴賤　出處及所在
天上諸華等　曼陀曼殊沙　波利質多樹　聞香悉能知
天上諸宮殿　上中下差別　眾寶華莊嚴　聞香悉能知
天園林勝殿　諸觀妙法堂　在中而娛樂　聞香悉能知
諸天若聽法　或受五欲時　來往行坐臥　聞香悉能知
天女所著衣　妙華香莊嚴　周旋遊戲時　聞香悉能知
如是展轉上　乃至於梵世　入禪出禪者　聞香悉能知
光音遍淨天　乃至于有頂　初生及退沒　聞香悉能知
諸比丘眾等　於法常精進　若坐若經行　及讀誦經法
或在林樹下　專精而坐禪　持經者聞香　悉知其所在

BD05211號　妙法蓮華經卷六

（3–2）

諸天若聽法　或受五欲時　來往行坐卧　聞香悉能知
天女所著衣　妙華香莊嚴　周旋遊戲時　聞香悉能知
如是展轉上　乃至於梵世　入禪出禪者　聞香悉能知
光音遍淨天　乃至于有頂　初生及退沒　聞香悉能知
諸比丘衆等　於法常精進　若坐若經行　及讀誦經法
或在林樹下　專精而坐禪　持經者聞香　悉知其所在
菩薩志堅固　坐禪若讀誦　或為人說法　聞香悉能知
在在方世尊　一切所恭敬　愍衆而說法　聞香悉能知
衆生在佛前　聞經皆歡喜　如法而脩行　聞香悉能知
雖未得菩薩　无漏法生鼻　而是持經者　先得此鼻相
復次常精進若善男子善女人受持是經若
讀若誦若解說若書寫得千二百舌功德若
好若醜若美不美及諸苦澀物在其舌根皆
變成上味如天甘露无不美者若以舌根於
大衆中有所演說出深妙聲能入其心皆令
歡喜快樂又諸天子天女釋梵諸天聞是深
妙音聲有所演說言論次第皆悉來聽及諸
龍龍女夜叉夜叉女乾闥婆乾闥婆女阿脩
羅阿脩羅女迦樓羅迦樓羅女緊那羅緊那
羅女摩睺羅伽摩睺羅伽女為聽法故皆來
親近恭敬供養及比丘比丘尼優婆塞優婆
夷國王王子羣臣眷屬小轉輪王大轉輪王
七寶千子內外眷屬乘其宮殿俱來聽法以
是菩薩善說法故婆羅門居士國內人民盡
其形壽隨侍供養又諸聲聞辟支佛菩薩諸
佛常樂見之是人所在方面諸佛皆向其處

BD05211 號　妙法蓮華經卷六　（3–3）

付囑諸菩薩汝今諦聽當為汝
女人發阿耨多羅三藐三菩提
如是降伏其心唯然世尊願樂
佛告須菩提諸菩薩摩訶薩應如
心所有一切衆生之類若卵生若胎生若濕
生若化生若有色若无色若有想若无想若
非有想若非无想我皆令入无餘涅槃而滅
度之如是滅度无量无數无邊衆生實无衆
生得滅度者何以故須菩提若菩薩有我相
人相衆生相壽者相即非菩薩
復次須菩提菩薩於法應无所住行於布施
所謂不住色布施不住聲香味觸法布施須
菩提菩薩應如是布施不住於相何以故若
菩薩不住相布施其福德不可思量須菩提
於意云何東方虛空可思量不不也世尊須
菩提南西北方四維上下虛空可思量不不
也世尊須菩提菩薩无住相布施福德亦復
如是不可思量須菩提菩薩但應如所教住
須菩提於意云何可以身相見如來不不也
世尊不可以身相得見如來何以故如來所
說身相即非身相佛告須菩提凡所有相皆
是虛妄若見諸相非相則見如來

BD05212 號　金剛般若波羅蜜經　（3–1）

也世尊須菩提菩薩无住相布施福德亦復
如是不可思量須菩提菩薩但應如所教住
須菩提於意云何可以身相見如來不不也
世尊不可以身相得見如來何以故如來所
說身相即非身相佛告須菩提凡所有相皆
是虛妄若見諸相非相則見如來
須菩提白佛言世尊頗有衆生得聞如是言
說章句生實信不佛告須菩提莫作是說如
來滅後後五百歲有持戒脩福者於此章句
能生信心以此爲實當知是人不於一佛二
佛三四五佛而種善根已於无量千万佛所
種諸善根聞是章句乃至一念生淨信者須
菩提如來悉知悉見是諸衆生得如是无量
福德何以故是諸衆生无復我相人相衆生
相壽者相无法相亦无非法相何以故是諸
衆生若心取相則爲著我人衆生壽者若取
法相即著我人衆生壽者何以故若取非法
相即著我人衆生壽者是故不應取法不應
取非法以是義故如來常說汝等比丘知我
說法如筏喻者法尚應捨何況非法
須菩提於意云何如來得阿耨多羅三藐三
菩提耶如來有所說法耶須菩提言如我解
佛所說義无有定法名阿耨多羅三藐三菩
提亦无有定法如來可說何以故如來所說
法皆不可取不可說非法非非法所以者何
一切賢聖皆以无爲法而有差別
須菩提於意云何若人滿三千大千世界七

BD05212號　金剛般若波羅蜜經

（3–2）

佛三四五佛而種善根已於无量千万佛所
種諸善根聞是章句乃至一念生淨信者須
菩提如來悉知悉見是諸衆生得如是无量
福德何以故是諸衆生无復我相人相衆生
相壽者相无法相亦无非法相何以故是諸
衆生若心取相則爲著我人衆生壽者若取
法相即著我人衆生壽者何以故若取非法
相即著我人衆生壽者是故不應取法不應
取非法以是義故如來常說汝等比丘知我
說法如筏喻者法尚應捨何況非法
須菩提於意云何如來得阿耨多羅三藐三
菩提耶如來有所說法耶須菩提言如我解
佛所說義无有定法名阿耨多羅三藐三菩
提亦无有定法如來可說何以故如來所說
法皆不可取不可說非法非非法所以者何
一切賢聖皆以无爲法而有差別
須菩提於意云何若人滿三千大千世界七
寶以用布施是人所得福德寧爲多不須菩

BD05212號　金剛般若波羅蜜經

（3–3）

善男子復依五法菩薩摩訶薩成就勤策波
羅蜜云何為五一者與諸煩惱不樂共住二
者福德未具不受安樂三者於諸難行苦行
之事不生猒心四者以大慈悲攝受利益方
便成就一切衆生五者願求不退轉地善男
子是名菩薩摩訶薩成就勤策波羅蜜善
男子復依五法菩薩摩訶薩成就静慮波羅蜜
云何為五一者於諸善法攝令不散故二者
常願解脫不著二邊故三者願得神通成就
衆生諸善根故四者為淨法界蠲除心垢故
五者為斷一切衆生煩惱根本故善男子是名菩
薩摩訶薩成就静慮波羅蜜善男子復依五
法菩薩摩訶薩成就智慧波羅蜜云何為五
一者常於一切諸佛菩薩及明智者供養親
近不生猒背二者諸佛如來說甚深法心常
樂聞无有猒足三者真俗勝智樂善分別四
者見修煩惱成速斷除五者世間伎術五明
之法皆悉通達善男子是名菩薩摩訶薩成
就智慧波羅蜜善男子復依五法菩薩摩訶
薩成就方便波羅蜜云何為五一者於一切
衆生意樂煩惱心行差別悉皆通達二者无

BD05213 號　金光明最勝王經卷四　（4–1）

樂聞无
者見修煩惱成速斷除五者世間伎術五明
之法皆悉通達善男子是名菩薩摩訶薩成
就智慧波羅蜜善男子復依五法菩薩摩訶
薩成就方便波羅蜜云何為五一者於一切
衆生意樂煩惱心行差別悉皆通達二者无
量諸法對治之門心皆曉了三者大慈悲定
出入自在四者於諸波羅蜜多皆願修行成
就滿足五者一切佛法皆願了達攝受无遺
善男子是名菩薩摩訶薩成就方便勝波
羅蜜善男子復依五法菩薩摩訶薩成就願
波羅蜜云何為五一者於一切法本來
不生不滅非有非无心得安住二者觀一切
法最妙理趣離垢清淨心得安住三者過一
切相心本真如无作无行不異不動心得安
住四者為欲利益諸衆生事於俗諦中心得
安住五者於奢摩他毗鉢舍那同時運行心
得安住善男子是名菩薩摩訶薩成就願波
羅蜜善男子復依五法菩薩摩訶薩成就力
波羅蜜云何為五一者以正智力能了一切
衆生心行善惡二者能令一切衆生入於甚
深微妙之法三者一切衆生輪迴生死隨其緣
業如實了知四者於諸衆生三種根性以正
智力能分別知五者於諸衆生如理為說令
種善根成熟度脫皆是智力故善男子是名
菩薩摩訶薩成就力波羅蜜善男子復依五
法菩薩摩訶薩成就智波羅蜜云何為五一
者能於諸法分別善惡二者於黑白法遠離
攝受三者能於生死涅槃不猒不喜四者具

BD05213 號　金光明最勝王經卷四　（4–2）

智方能分別知五者於諸衆生如理爲説令
種善根成熟度脱皆是智力故善男子是名
菩薩摩訶薩成就力波羅蜜善男子復依五
法菩薩摩訶薩成就智波羅蜜云何爲五一
者能於諸法分別善惡二者於黑白法遠離
攝受三者能於生死涅槃不猒不喜四者具
福智行至究竟處五者受勝灌頂能得諸佛
不共法等及一切智智善男子是名菩薩摩
訶薩成就智波羅蜜善男子何者是波羅
蜜義所謂修習勝利是波羅蜜義滿足无
量大甚深智是波羅蜜義行（非行）法心不執
著是波羅蜜義生死過失涅槃功得正覺正
觀是波羅蜜義愚人智人皆悉攝受是波羅
蜜義 能現種種珎妙法寶是波羅蜜義无
礙解脫智慧滿足是波羅蜜義法界衆生界
正分別知是波羅蜜義施等及智能令至不
退轉是波羅蜜義无生法忍能令滿足是波
羅蜜義一切衆生功德善根能令成就是波
羅蜜義能於菩提成佛十力四无所畏不共
法等皆悉成就是波羅蜜義生死涅槃了无
二相是波羅蜜義濟度一切是波羅蜜義一切
外道來相詰難善能解釋令其降伏是波羅
蜜義能轉十二妙行法輪是波羅蜜義无所
著无所見无患累是波羅蜜多義
善男子初地菩薩是相先現三千大千世界
无量无邊種種寶藏无不盈
男子二地菩薩是相先現三
平如掌无量无邊種種妙々

BD05213號　金光明最勝王經卷四

（4–3）

蜜義所謂修習勝利是波羅蜜義滿足无
量大甚深智是波羅蜜義行（非行）法心不執
著是波羅蜜義生死過失涅槃功得正覺正
觀是波羅蜜義愚人智人皆悉攝受是波羅
蜜義 能現種種珎妙法寶是波羅蜜義无
礙解脫智慧滿足是波羅蜜義法界衆生界
正分別知是波羅蜜義施等及智能令至不
退轉是波羅蜜義无生法忍能令滿足是波
羅蜜義一切衆生功德善根能令成就是波
羅蜜義能於菩提成佛十力四无所畏不共
法等皆悉成就是波羅蜜義生死涅槃了无
二相是波羅蜜義濟度一切是波羅蜜義一切
外道來相詰難善能解釋令其降伏是波羅
蜜義能轉十二妙行法輪是波羅蜜義无所
著无所見无患累是波羅蜜多義
善男子初地菩薩是相先現三千大千世界
无量无邊種種寶藏无不盈
男子二地菩薩是相先現三
平如掌无量无邊種種妙々

BD05213號　金光明最勝王經卷四

（4–4）

BD05213 號背　雜寫　（2–1）

BD05213 號背　雜寫　（2–2）

畏乃至十八佛不共法可得非佛十力中如
来法性可得非如来法性中佛十力可得非
四無所畏乃至十八佛不共法中如来法性
可得非如来法性中四無所畏乃至十八佛
不共法可得非佛十力真如中如来真如可
得非如来真如中佛十力真如可得非四無
所畏乃至十八佛不共法真如中如来真如
可得非如来真如中四無所畏乃至十八佛
不共法真如可得非佛十力法性中如来法
性可得非如来法性中佛十力法性可得非
四無所畏乃至十八佛不共法法性中如来
法性可得非如来法性中四無所畏乃至十
八佛不共法法性可得
憍尸迦非離無忘失法如来可得非離恒住
捨性如来可得非離無忘失法真如如来可
得非離恒住捨性真如如来可得非離無忘
失法法性如来可得非離恒住捨性法性如
来可得非離無忘失法如来真如可得非離
恒住捨性如来真如可得非離無忘失法
如来法性可得非離恒住捨性如来法性可得
非離無忘失法真如如来真如可得非離恒
住捨性真如如来真如可得非離無忘失法

BD05214號　大般若波羅蜜多經卷九一　（9–1）

得非離恒住捨性真如如来可得非離無忘
失法法性如来可得非離恒住捨性法性如
来可得非離無忘失法如来真如可得非離
恒住捨性如来真如可得非離無忘失法
如来法性可得非離恒住捨性如来法性可得
非離無忘失法真如如来真如可得非離恒
住捨性真如如来真如可得非離無忘失法
法性如来法性可得非離恒住捨性法性如
来法性可得憍尸迦非無忘失法中如来可
得非如来中無忘失法可得非恒住捨性中
如来可得非如来中恒住捨性可得非無忘
失法真如中如来可得非如来中無忘失法
真如可得非恒住捨性真如中如来可得非
如来中恒住捨性真如可得非無忘失法法
性中如来可得非如来中無忘失法法性可
得非恒住捨性法性中如来可得非如来中
恒住捨性法性可得非無忘失法中如来真
如可得非如来真如中無忘失法可得非恒
住捨性中如来真如可得非如来真如中恒
住捨性可得非無忘失法中如来法性可得
非如来法性中無忘失法可得非恒住捨性
中如来法性可得非如来法性中恒住捨性
可得非無忘失法真如中如来真如可得非
如来真如中無忘失法真如可得非恒住捨
性真如中如来真如可得非如来真如中恒
住捨性真如可得非無忘失法法性中如来
法性可得非如来法性中無忘失法法性可

BD05214號　大般若波羅蜜多經卷九一　（9–2）

住捨性可得非無忘失法中如來法性可得
非如來法性中無忘失法可得非恒住捨性
中如來法性可得非如來法性中恒住捨性
可得非無忘失法真如中如來真如可得非
如來真如中無忘失法真如可得非恒住捨
性真如中如來真如可得非如來真如中恒
住捨性真如可得非無忘失法法性中如來
法性可得非如來法性中無忘失法法性可
得非恒住捨性法性中如來法性可得非如
來法性中恒住捨性法性可得
憍尸迦非離一切智如來可得非離道相智一
切相智如來可得非離一切智真如如來
可得非離道相智一切相智真如如來可得
非離一切智法性如來可得非離道相智一
切相智法性如來可得非離一切智如來真
如可得非離道相智一切相智如來真如可
得非離一切智如來法性可得非離道相智
一切相智如來法性可得非離一切智真如
如來真如可得非離道相智一切相智真如
如來真如可得非離一切智法性如來法性
可得非離道相智一切相智法性如來法性
可得憍尸迦非一切智中如來可得非如來
中一切智可得非道相智一切相智中如來
可得非如來中道相智一切相智可得非一
切智真如中如來可得非如來中一切智真
如可得非道相智一切相智真如中如來可
得非如來中道相智一切相智真如可得非

中一切智可得非道相智一切相智中如來
可得非如來中道相智一切相智可得非一
切智真如中如來可得非如來中一切智真
如可得非道相智一切相智真如中如來可
得非如來中道相智一切相智真如可得非
一切智法性中如來可得非如來中一切智
法性可得非道相智一切相智法性中如來
可得非如來中道相智一切相智法性可得
非一切智中如來真如可得非如來真如中
一切智可得非道相智一切相智中如來真
如可得非如來真如中道相智一切相智可
得非一切智中如來法性可得非如來法性
中一切智可得非道相智一切相智中如來
法性可得非如來法性中道相智一切相智
可得非一切智真如中如來真如可得非如
來真如中一切智真如可得非道相智一切
相智真如中如來真如可得非如來真如中
道相智一切相智真如可得非一切智法性
中如來法性可得非如來法性中一切智法
性可得非道相智一切相智法性中如來法
性可得非如來法性中道相智一切相智法
性可得
憍尸迦非離一切陁羅尼門如來可得非離
一切三摩地門如來可得非離一切陁羅尼
門真如如來可得非離一切三摩地門真如
如來可得非離一切陁羅尼門法性如來可
得非離一切三摩地門法性如來可得非離

性可得非如來法性中道相智一切相智法
性可得
憍尸迦非離一切陁羅尼門如來可得非離
一切三摩地門如來可得非離一切陁羅尼
門真如如來可得非離一切三摩地門真如
如來可得非離一切陁羅尼門法性如來可
得非離一切三摩地門法性如來可得非離
一切陁羅尼門如來真如可得非離一切三
摩地門如來真如可得非離一切陁羅尼門
如來法性可得非離一切三摩地門如來法
性可得非離一切陁羅尼門真如如來真如
可得非離一切三摩地門真如如來真如可
得非離一切陁羅尼門法性如來法性可得
非離一切三摩地門法性如來法性可得憍
尸迦非一切陁羅尼門中如來可得非如來
中一切陁羅尼門可得非一切三摩地門中
如來可得非如來中一切三摩地門可得非
一切陁羅尼門真如中如來可得非如來中
一切陁羅尼門真如可得非一切三摩地門
真如中如來可得非如來中一切三摩地門
真如可得非一切陁羅尼門法性中如來可
得非如來中一切陁羅尼門法性可得非一
切三摩地門法性中如來可得非如來中一
切三摩地門法性可得非一切陁羅尼門中
如來真如可得非如來真如中一切陁羅尼
門可得非一切三摩地門中如來真如可得
非如來真如中一切三摩地門可得非一切

BD05214 號　大般若波羅蜜多經卷九一

(9–5)

真如可得非一切陁羅尼門法性中如來可
得非如來中一切陁羅尼門法性可得非一
切三摩地門法性中如來可得非如來中一
切三摩地門法性可得非一切陁羅尼門中
如來真如可得非如來真如中一切陁羅尼
門可得非一切三摩地門中如來真如可得
非如來真如中一切三摩地門可得非一切
陁羅尼門真如中如來真如可得非如來真
如中一切陁羅尼門真如可得非一切三摩
地門真如中如來真如可得非如來真如中
一切三摩地門真如可得非一切陁羅尼門
法性中如來法性可得非如來法性中一切
陁羅尼門法性可得非一切三摩地門法性
中如來法性可得非如來法性中一切三摩
地門法性可得
憍尸迦非離預流如來可得非離一來不還
阿羅漢如來可得非離預流真如如來可得
非離一來不還阿羅漢真如如來可得非離
預流法性如來可得非離一來不還阿羅漢
法性如來可得非離預流如來真如可得非
離一來不還阿羅漢如來真如可得非離預
流如來法性可得非離一來不還阿羅漢如
來法性可得非離預流真如如來真如可得
非離一來不還阿羅漢真如如來真如可得
非離預流法性如來法性可得非離一來不
還阿羅漢法性如來法性可得憍尸迦非預
流中如來可得非如來中預流可得非一來

BD05214 號　大般若波羅蜜多經卷九一

(9–6)

流如来法性可得非離一来不還阿羅漢如
来法性可得非離預流真如如来真如可得
非離一来不還阿羅漢真如如来真如可得
非離預流法性如来法性可得非離一来不
還阿羅漢法性如来法性可得憍尸迦非預
流中如来可得非如来中預流可得非一来
不還阿羅漢中如来可得非如来中一来不
還阿羅漢可得非預流真如中如来可得非
如来中預流真如可得非一来不還阿羅漢
真如中如来可得非如来中一来不還阿羅
漢真如可得非預流法性中如来可得非如
来中預流法性可得非一来不還阿羅漢法
性中如来可得非如来中一来不還阿羅漢
法性可得非預流中如来真如可得非如来
真如中預流可得非一来不還阿羅漢中如
来真如可得非如来真如中一来不還阿羅
漢可得非預流中如来法性可得非如来法
性中預流可得非一来不還阿羅漢中如来
法性可得非如来法性中一来不還阿羅漢
可得非預流真如中如来真如可得非如来
真如中預流真如可得非一来不還阿羅漢
真如中如来真如可得非如来真如中来不
還阿羅漢真如可得非預流法性中如来法
性可得非如来法性中預流法性可得非一
来不還阿羅漢法性中如来法性可得非如
来法性中一来不還阿羅漢法性可得
憍尸迦非離預流向預流果如来可得非離

還阿羅漢真如可得非預流法性中如来法
性可得非如来法性中預流法性可得非一
来不還阿羅漢法性中如来法性可得非如
来法性中一来不還阿羅漢法性可得
憍尸迦非離預流向預流果如来可得非離
一来向一来果不還向不還果阿羅漢向阿
羅漢果如来可得非離預流向預流果真如
如来可得非離一来向一来果不還向不還
果阿羅漢向阿羅漢果真如如来可得非離
預流向預流果法性如来可得非離一来向
一来果不還向不還果阿羅漢向阿羅漢果
法性如来可得非離預流向預流果如来真
如可得非離一来向一来果不還向不還果
阿羅漢向阿羅漢果如来真如可得非離預
流向預流果如来法性可得非離一来向一来
果不還向不還果阿羅漢向阿羅漢果如
来法性可得非離預流向預流果真如如来
真如可得非離一来向一来果不還向不還果
阿羅漢向阿羅漢果真如如来真如可得非
離預流向預流果法性如来法性可得非離
一来向一来果不還向不還果阿羅漢向阿
羅漢果法性如来法性可得憍尸迦非預流
向預流果中如来可得非如来中預流向預
流果可得非一来向一来果不還向不還果
阿羅漢向阿羅漢果中如来可得非如来中
一来向一来果不還向不還果阿羅漢向阿
羅漢果可得非預

法性如来可得非離預流向預流果如来真
如可得非離一来向一来果不還向不還果
阿羅漢向阿羅漢果如来真如可得非離預
流向預流果如来法性可得非離一来向一来
果不還向不還果阿羅漢向阿羅漢果如
来法性可得非離預流向預流果真如如来
真如可得非離一来向一来果不還向不還果
阿羅漢向阿羅漢果真如如来真如可得非
離預流向預流果法性如来法性可得非離
一来向一来果不還向不還果阿羅漢向阿
羅漢果法性如来法性可得憍尸迦非預流
向預流果中如来可得非如来中預流向預
流果可得非一来向一来果不還向不還果
阿羅漢向阿羅漢果中如来可得非如来中
一来向一来果不還向不還果阿羅漢向阿
羅漢果可得非預流向預流果真如中如来
可得非如来中預流向預流果真如可得非
一来向一来果不還向不還果阿羅漢向阿

BD05214 號　大般若波羅蜜多經卷九一　（9–9）

方便勝智波羅蜜因譬如淨月圓滿无翳此
心能於一切境界清淨具足故是名第八願
波羅蜜因譬如轉輪聖王主兵寶臣隨意自
在此心善能莊嚴淨佛國土无量功德廣利
羣生故是名第九力波羅蜜因譬如虛空及
轉輪聖王此心能於一切境界无有障礙於
一切處皆得自在至灌頂位故是名第十智
波羅蜜因善男子是名菩薩摩訶薩發菩提
心因如是十因汝當修學
善男子依五種法菩薩摩訶薩成就布施波
羅蜜云何為五一者信根二者慈悲三者无
求欲心四者攝受一切衆生五者願求一切
智智善男子是名菩薩摩訶薩成就布施波
羅蜜善男子復依五法菩薩摩訶薩成就持
戒波羅蜜云何為五一者三業清淨二者不
為一切衆生作煩惱因緣三者閉諸惡道開
善趣門四者過於聲聞獨覺之地五者一切
功德皆悉滿足善男子是名菩薩摩訶薩成
就持戒波羅蜜善男子復依五法菩薩摩訶
薩成就忍辱波羅蜜云何為五一者能伏貪
瞋煩惱二者不惜身命不求安樂止息之想
三者思惟往業遭苦能忍
就衆生諸善根故五者
善男子是名菩薩摩訶

BD05215 號　金光明最勝王經卷四　（1–1）

我故得稱一切智　无有衆生度量者
假使三千大千界　盡此土地生長物
所有藂林諸樹木　稻麻竹葦及枝條
此等諸物皆伐取　並悉細末作微塵
隨處積集量難知　乃至充滿虛空界
一切十方諸刹土　所有三千大千界
地土皆悉末為塵　此微塵量不可數
假使一切衆生智　以此智慧與一人
如是智者量无邊　容可知彼微塵數
牟尼世尊一念智　令彼智人共度量
於多俱胝劫數中　不能筭知其少分
時諸大衆聞佛說此甚深空性有无量衆
生悉能了達四大五蘊體性俱空六根六境
妄生繫縛願捨輪迴正修出離深心慶喜
如說奉持
金光明最勝王經依空滿願品第十
尒時如意寶光耀天女於大衆中聞說深法
歡喜踊躍從座而起偏袒右肩右膝著地合
掌恭敬白佛言世尊唯願為說於甚深理

BD05216號　金光明最勝王經卷五　（5-1）

生悉能了達四大五蘊體性俱空六根六境
妄生繫縛願捨輪迴正修出離深心慶喜
如說奉持
金光明最勝王經依空滿願品第十
尒時如意寶光耀天女於大衆中聞說深法
歡喜踊躍從座而起偏袒右肩右膝著地合
掌恭敬白佛言世尊唯願為說於甚深理
修行之法而說頌言
我問照世界　兩足最勝尊　菩薩正行法　唯願慈聽許
佛言善女天　若有疑惑者　隨汝意所問　吾當分別說
是時天女請世尊曰
云何諸菩薩　行菩提正行　離生死涅槃　饒益自他故
佛告善女天依於法界行菩提法修平等行
云何依於法界行菩提法修平等行謂於五
蘊能現法界法界即是五蘊五蘊不可說非
五蘊亦不可說何以故若法界是五蘊即是
斷見若離五蘊即是常見離於二相不著二
邊不可見過所見无名无相是則名為說於
法界善女天云何五蘊能現法界如是五蘊
不從因緣生何以故若從因緣生者為已生
故生為未生故生若已生生者何用因緣若未
生生者不可得生何以故未生諸法即是非
有无名无相非挍量譬喻之所能及非是
因緣之所生故善女天譬如鼓聲依木依皮及
桴手等故得出聲如是鼓聲過去亦空未
來亦空現在亦空何以故是鼓音聲不從木生
[illegible]不生若

BD05216號　金光明最勝王經卷五　（5-2）

故生為未生故生若已生生生者何用因緣若未
生生者不可得生何以故未生諸法即是非
有无名无相非挍量譬喻之所能及非是
因緣之所生故善女天譬如鼓聲依木依皮及
桴手等故得出聲如是鼓聲過去亦空未
來亦空現在亦空何以故是鼓音聲不從木生
不從皮生及桴手生不於三世生是則不生若
不可生則不可滅若不可滅无所從來若无
所從來亦无所去若无所去則非常非斷
若非常非斷則不一不異何以故此若是一則
不異法界若如是者凡夫之人應見真諦
得於无上安樂涅槃既不如是故知不一若
言異者一切諸佛菩薩行相即是執著未
得解脫煩惱繫縛即不證阿耨多羅三
藐三菩提何以故一切聖人於行非行同真實
性是故不異故知五蘊非有非无不從因緣生
非无因緣生是聖所知非餘境故亦非言說
之所[illegible]以无名无相无因无緣亦无譬喻始
終寂[illegible]本來自空是故五蘊能現法界善女
天若善男子善女人欲求阿耨多羅三藐三
菩提異真異俗難可思量於凡聖境體非
一異不捨於俗不離於真依於法界行菩提
行尒時世尊作是語已時善女天踊躍歡喜即
從座起偏袒右肩右膝著地合掌恭敬一心
頂礼而白佛言世尊如上所說菩提正行我今
當學是時索訶世界主大梵天王於大眾

BD05216號　金光明最勝王經卷五

（5–3）

菩提異真異俗難可思量於凡聖境體非
一異不捨於俗不離於真依於法界行菩提
行尒時世尊作是語已時善女天踊躍歡喜即
從座起偏袒右肩右膝著地合掌恭敬一心
頂礼而白佛言世尊如上所說菩提正行我今
當學是時索訶世界主大梵天王於大眾
中問如意寶光耀善女天曰此菩提行難可
脩行汝今云何於菩提行而得自在尒時善
女天答梵王曰大梵王如佛所說實是甚深
一切異生不解其義是聖境界微妙難知若
使我今依於此法得安樂住是實語者願令
一切五濁惡世无量无數无邊眾生皆得金色
卅二相非男非女坐寶蓮花受无量樂雨
天妙花諸天音樂不鼓自鳴一切供養皆悉
具足時善天說是語已一切五濁惡世所有
眾生皆悉金色具大人相非男非女坐寶
蓮花受无量樂猶如他化自在天宮无諸惡
道寶樹行列七寶蓮花遍滿世界又雨七寶
上妙天花作天伎樂如意寶光耀善女天即
轉女身作梵天身時大梵王問如意寶光耀
菩薩言仁者如何行菩提行答言梵王若水
中月行菩提行我亦行菩提行若夢中行菩
提行我亦行菩提行若陽焰行菩提行我亦
行菩提行若谷響行菩提行我亦行菩提
行時大梵王聞此說已白菩薩言仁依何義而
說此語答言梵王无有一法是實相者但由
因緣而得成故梵王言若如是者諸凡夫人

BD05216號　金光明最勝王經卷五

（5–4）

具足時善天說是語已一切五濁惡世而有
衆生皆悉金色具大人相非男非女坐寶
蓮花受无量樂猶如他化自在天宮无諸惡
道寶樹行列七寶蓮花遍滿世界又雨七寶
上妙天花作天伎樂如意寶光耀善女天即
轉女身作梵天身時大梵王問如意寶光耀
菩薩言仁者如何行菩提行荅言梵王若水
中月行菩提行我亦行菩提行若夢中行菩
提行我亦行菩提行若陽燄行菩提行我亦
行菩提行若谷響行菩提行我亦行菩提
行時大梵王聞此說已白菩薩言仁依何義而
說此語荅言梵王无有一法是實相者但由
因緣而得成故梵王言若如是者諸凡夫人
皆悉應得阿耨多羅三藐三菩提荅言仁以
何意而作是說愚癡人異智慧人異菩提異
非菩提異解脫異非解脫異梵王如是諸法
平等无異於此法界真如不異无有中間而

BD05216 號　金剛般若波羅蜜經　（5–5）

寶以用布施是人所得福德寧為多不須菩
提言甚多世尊何以故是福德即非福德性
是故如來說福德多若復有人於此經中受
持乃至四句偈等為他人說其福勝彼何以
故須菩提一切諸佛及諸佛阿耨多羅三藐
三菩提法皆從此經出須菩提所謂佛法者
即非佛法
須菩提於意云何須陁洹能作是念我得須
陁洹果不須菩提言不也世尊何以故須陁洹
名為入流而无所入不入色聲香味觸法是
名須陁洹須菩提於意云何斯陁含能作
是念我得斯陁含果不須菩提言不也世尊
何以故斯陁含名一往來而實无往來是名
斯陁含須菩提於意云何阿那含能作是念
我得阿那含果不須菩提言不也世尊何以
故阿那含名為不來而實无來是故名阿那
含須菩提於意云何阿羅漢能作是念我得
阿羅漢道不須菩提言不也世尊何以故實无
有法名阿羅漢世尊若阿羅漢作是念我得
阿羅漢道即為著我人衆生壽者世尊佛

BD05217 號　金剛般若波羅蜜經　（2–1）

即非佛法
須菩提於意云何須陁洹能作是念我得須
陁洹果不須菩提言不也世尊何以故須陁洹
名為入流而无所入不入色聲香味觸法是
名須陁洹須菩提於意云何斯陁含能作
是念我得斯陁含果不須菩提言不也世尊
何以故斯陁含名一往来而實无往来是名
斯陁含須菩提於意云何阿那含能作是念
我得阿那含果不須菩提言不也世尊何以
故阿那含名為不来而實无来是故名阿那
含須菩提於意云何阿羅漢能作是念我得
阿羅漢道不須菩提言不也世尊何以故實无
有法名阿羅漢世尊若阿羅漢作是念我得
阿羅漢道即為著我人衆生壽者世尊佛
說我得无諍三昧人中最為第一是第一離
欲阿羅漢我不作是念我是離欲阿羅漢世
尊我若作是念我得阿羅漢道世尊則不說
須菩提是樂阿蘭那行者以須菩提實无所
行而名須菩提是樂阿蘭那行
佛告須菩提於意云何如来昔在然燈佛所
於法有所得不世尊如来在然燈佛所於法
實无所得須菩提於意云何菩薩莊嚴佛土

BD05217 號　金剛般若波羅蜜經　（2–2）

不不也世尊何以故莊嚴佛土者則非莊嚴
是名莊嚴是故須菩提諸菩薩摩訶薩應
如是生清淨心不應住色生心不應住聲香味
觸法生心應无所住而生其心須菩提譬如
有人身如須彌山王於意云何是身為大不
須菩提言甚大世尊何以故佛說非身是
名大身
須菩提如恒河中所有沙數如是沙等恒河
於意云何是諸恒河沙寧為多不須菩提言
甚多世尊但諸恒河尚多无數何況其沙須
菩提我今實言告汝若有善男子善女人以
七寶滿尒所恒河沙數三千大千世界以用
布施得福多不須菩提言甚多世尊佛告須
菩提若善男子善女人於此經中乃至受持
四句偈等為他人說而此福德勝前福德復
次須菩提隨說是經乃至四句偈等當知此
處一切世間天人阿脩羅皆應供養如佛塔
廟何況有人盡能受持讀誦須菩提當知是
人成就最上第一希有之法若是經典所在
之處則為有佛若尊重弟子
尒時須菩提白佛言世尊當何名此經我等
云何奉持佛告須菩提是經名為金剛般若

BD05218 號　金剛般若波羅蜜經　（11–1）

四句偈等為他人說而此福德勝前福德
次須菩提隨說是經乃至四句偈等當知此
處一切世間天人阿脩羅皆應供養如佛塔
廟何況有人盡能受持讀誦須菩提當知是
人成就最上第一希有之法若是經典所在
之處則為有佛若尊重弟子
尒時須菩提白佛言世尊當何名此經我等
云何奉持佛告須菩提是經名為金剛般若
波羅蜜以是名字汝當奉持所以者何須菩
提佛說般若波羅蜜則非般若波羅蜜須菩
提於意云何如來有所說法不須菩提白佛
言世尊如來无所說須菩提於意云何三千
大千世界所有微塵是為多不須菩提言甚
多世尊須菩提諸微塵如來說非微塵是名
微塵如來說世界非世界是名世界須菩提
於意云何可以卅二相見如來不不也世尊
何以故如來說卅二相即是非相是名卅二
相須菩提若有善男子善女人以恒河沙等
身命布施若復有人於此經中乃至受持四
句偈等為他人說其福甚多
尒時須菩提聞說是經深解義趣涕淚悲泣
而白佛言希有世尊佛說如是甚深經典我
從昔來所得慧眼未曾得聞如是之經世尊
若復有人得聞是經信心清淨則生實相當
知是人成就第一希有功德世尊是實相者
則是非相是故如來說名實相世尊我今得
聞如是經典信解受持不足為難若當來世
後五百歲其有眾生得聞是經信解受持是

BD05218 號　金剛般若波羅蜜經　（11–2）

從昔來所得慧眼未曾得聞如是之經世尊
若復有人得聞是經信心清淨則生實相當
知是人成就第一希有功德世尊是實相者
則是非相是故如來說名實相世尊我今得
聞如是經典信解受持不足為難若當來世
後五百歲其有眾生得聞是經信解受持是
人則為第一希有何以故此人无我相人相
眾生相壽者相所以者何我相即是非相人
相眾生相壽者相即是非相何以故離一切
諸相則名諸佛
佛告須菩提如是如是若復有人得聞是經
不驚不怖不畏當知是人甚為希有何以故
須菩提如來說第一波羅蜜非第一波羅蜜
是名第一波羅蜜須菩提忍辱波羅蜜如來
說非忍辱波羅蜜何以故須菩提如我昔為
歌利王割截身體我於尒時无我相无人相
无眾生相无壽者相何以故我於往昔節節
支解時若有我相人相眾生相壽者相應生
瞋恨須菩提又念過去於五百世作忍辱仙
人於尒所世无我相无人相无眾生相无壽
者相是故須菩提菩薩應離一切相發阿耨
多羅三藐三菩提心不應住色生心不應住
聲香味觸法生心應生无所住心若心有住
則為非住是故佛說菩薩心不應住色布施須
菩提菩薩為利益一切眾生應如是布施如
來說一切諸相即是非相又說一切眾生則
非眾生須菩提如來是真語者實語者如語

BD05218 號　金剛般若波羅蜜經　（11–3）

多羅三藐三菩提心不應住色生心不應住
聲香味觸法生心應生无所住心若心有住
則為非住是故佛說菩薩心不應住色布施須
菩提菩薩為利益一切衆生應如是布施如
来說一切諸相即是非相又說一切衆生則
非衆生須菩提如来是真語者實語者如語
者不誑語者不異語者須菩提如来所得法
此法无實无虛須菩提若菩薩心住於法而
行布施如人入闇則无所見若菩薩心不住
法而行布施如人有目日光明照見種種色
須菩提當来之世若有善男子善女人能於
此經受持讀誦則為如来以佛智慧悉知是
人悉見是人皆得成就无量无邊功德
須菩提若有善男子善女人初日分以恒河
沙等身布施中日分復以恒河沙等身布施
後日分亦以恒河沙等身布施如是无量百
千万億劫以身布施若復有人聞此經典信
心不逆其福勝彼何況書寫受持讀誦為人
解說須菩提以要言之是經有不可思議不
可稱量无邊功德如来為發大乘者說為發
冣上乘者說若有人能受持讀誦廣為人說
如来悉知是人悉見是人皆成就不可量不
可稱无有邊不可思議功德如是人等則為
荷擔如来阿耨多羅三藐三菩提何以故須
菩提若樂小法者著我見人見衆生見壽者
見則於此經不能聽受讀誦為人解說須菩
提在在處處若有此經一切世間天人阿脩
羅所應供養當知此處則為是塔皆應恭

BD05218號　金剛般若波羅蜜經

（11–4）

如来悉知是人悉見是人皆成就不可量不
可稱无有邊不可思議功德如是人等則為
荷擔如来阿耨多羅三藐三菩提何以故須
菩提若樂小法者著我見人見衆生見壽者
見則於此經不能聽受讀誦為人解說須菩
提在在處處若有此經一切世間天人阿脩
羅所應供養當知此處則為是塔皆應恭
敬作禮圍遶以諸華香而散其處
復次須菩提善男子善女人受持讀誦此經
若為人輕賤是人先世罪業應墮惡道以今
世人輕賤故先世罪業則為消滅當得阿耨多
羅三藐三菩提須菩提我念過去无量阿
僧祇劫於然燈佛前得值八百四千万億那
由他諸佛悉皆供養承事无空過者若復有
人於後末世能受持讀誦此經所得功德於
我所供養諸佛功德百分不及一千万億分
乃至筭數譬喻所不能及須菩提若善男子
善女人於後末世有受持讀誦此經所得功
德我若具說者或有人聞心則狂亂狐疑不
信須菩提當知是經義不可思議果報亦不
可思議
尒時須菩提白佛言世尊善男子善女人發
阿耨多羅三藐三菩提心云何應住云何降
伏其心佛告須菩提善男子善女人發阿耨
多羅三藐三菩提者當生如是心我應滅度
一切衆生滅度一切衆生已而无有一衆生
實滅度者何以故若菩薩有我相人相衆生
相壽者相則非菩薩所以者何須菩提實无

BD05218號　金剛般若波羅蜜經

（11–5）

尒時須菩提白佛言世尊善男子善女人發
阿耨多羅三藐三菩提心云何應住云何降
伏其心佛告須菩提善男子善女人發阿耨
多羅三藐三菩提者當生如是心我應滅度
一切衆生滅度一切衆生已而无有一衆生
實滅度者何以故若菩薩有我相人相衆生
相壽者相則非菩薩所以者何須菩提實无
有法發阿耨多羅三藐三菩提者須菩提於
意云何如来於然燈佛所有法得阿耨多羅
三藐三菩提不不也世尊如我解佛所說義
佛於然燈佛所无有法得阿耨多羅三藐三
菩提佛言如是如是須菩提實无有法如来
得阿耨多羅三藐三菩提須菩提若有法如
来得阿耨多羅三藐三菩提者然燈佛則不
與我受記汝於来世當得作佛号釋迦牟尼
以實无有法得阿耨多羅三藐三菩提是故
然燈佛與我受記作是言汝於来世當得作
佛号釋迦牟尼何以故如来者即諸法如義
若有人言如来得阿耨多羅三藐三菩提須
菩提實无有法佛得阿耨多羅三藐三菩提
須菩提如来所得阿耨多羅三藐三菩提於
是中无實无虛是故如来說一切法皆是佛法
須菩提所言一切法者即非一切法是故
名一切法須菩提譬如人身長大須菩提言
世尊如来說人身長大則為非大身是名大
身須菩提菩薩亦如是若作是言我當滅度无
量衆生則不名菩薩何以故須菩提无有法
名為菩薩是故佛說一切法无我无人无衆

BD05218號　金剛般若波羅蜜經　（11–6）

須菩提所言一切法者即非一切法是故
名一切法須菩提譬如人身長大須菩提言
世尊如来說人身長大則為非大身是名大
身須菩提菩薩亦如是若作是言我當滅度无
量衆生則不名菩薩何以故須菩提无有法
名為菩薩是故佛說一切法无我无人无衆
生无壽者須菩提若菩薩作是言我當莊嚴
佛土是不名菩薩何以故如来說莊嚴佛土
者即非莊嚴是名莊嚴須菩提若菩薩通達
无我法者如来說名真是菩薩
須菩提於意云何如来有宍眼不如是世尊
如来有宍眼須菩提於意云何如来有天眼
不如是世尊如来有天眼須菩提於意云何
如来有慧眼不如是世尊如来有慧眼須菩
提於意云何如来有法眼不如是世尊如来
有法眼須菩提於意云何如来有佛眼不如
是世尊如来有佛眼須菩提於意云何恒河
中所有沙佛說是沙不如是世尊如来說是
沙須菩提於意云何如一恒河中所有沙有
如是沙等恒河是諸恒河所有沙數佛世界
如是寧為多不甚多世尊佛告須菩提尒所
國土中所有衆生若干種心如来悉知何以
故如来說諸心皆為非心是名為心所以者
何須菩提過去心不可得現在心不可得未
来心不可得須菩提於意云何若有人滿三
千大千世界七寶以用布施是人以是因緣
得福多不如是世尊此人以是因緣得福甚

BD05218號　金剛般若波羅蜜經　（11–7）

国土中所有衆生若干種心如来悉知何以
故如来說諸心皆爲非心是名爲心所以者
何須菩提過去心不可得現在心不可得未
来心不可得須菩提於意云何若有人滿三
千大千世界七寶以用布施是人以是因緣
得福多不如是世尊此人以是因緣得福甚
多須菩提若福德有實如来不說得福德多
以福德无故如来說得福德多
須菩提於意云何佛可以具足色身見不不
也世尊如来不應以色身見何以故如来說
具足色身即非具足色身是名具足色身須
菩提於意云何如来可以具足諸相見不不
也世尊如来不應以具足諸相見何以故如
来說諸相具足即非具足是名諸相具足須
菩提汝勿謂如来作是念我當有所說法莫
作是念何以故若人言如来有所說法即爲
謗佛不能解我所說故須菩提說法者无法
可說是名說法須菩提白佛言世尊佛得阿
耨多羅三藐三菩提爲无所得耶如是如是
須菩提我於阿耨多羅三藐三菩提乃至无
有少法可得是名阿耨多羅三藐三菩提復
次須菩提是法平等无有高下是名阿耨多
羅三藐三菩提以无我无人无衆生无壽者
脩一切善法則得阿耨多羅三藐三菩提須
菩提所言善法者如来說非善法是名善法
須菩提若三千大千世界中所有諸須弥山
王如是等七寶聚有人持用布施若人以此
般若波羅蜜經乃至四句偈等受持爲他人

BD05218 號　金剛般若波羅蜜經　（11–8）

羅三藐三菩提以无我无人无衆生无壽者
脩一切善法則得阿耨多羅三藐三菩提須
菩提所言善法者如来說非善法是名善法
須菩提若三千大千世界中所有諸須弥山
王如是等七寶聚有人持用布施若人以此
般若波羅蜜經乃至四句偈等受持爲他人
說於前福德百分不及一百千万億分乃至
筭數譬喻所不能及
須菩提於意云何汝等勿謂如来作是念我
當度衆生須菩提莫作是念何以故實无有
衆生如来度者若有衆生如来度者如来則
有我人衆生壽者須菩提如来說有我者則
非有我而凡夫之人以爲有我須菩提凡夫
者如来說則非凡夫須菩提於意云何可以
卅二相觀如来不須菩提言如是如是以卅
二相觀如来佛言須菩提若以卅二相觀如
来者轉輪聖王則是如来須菩提白佛言世
尊如我解佛所說義不應以卅二相觀如来
尒時世尊而說偈言
若以色見我　以音聲求我　是人行邪道　不能見如来
須菩提汝若作是念如来不以具足相故得
阿耨多羅三藐三菩提須菩提莫作是念如
来不以具足相故得阿耨多羅三藐三菩提
須菩提汝若作是念發阿耨多羅三藐三菩
提者說諸法斷滅相莫作是念何以故發阿耨
多羅三藐三菩提者於法不說斷滅相須菩
提若菩薩以滿恒河沙等世界七寶布施若
復有人知一切法无我得成於忍此菩薩勝

BD05218 號　金剛般若波羅蜜經　（11–9）

來不以具足相故得阿耨多羅三藐三菩提
須菩提汝若作是念發阿耨多羅三藐三菩
提者說諸法斷滅相莫作是念何以故發阿耨
多羅三藐三菩提者於法不說斷滅相須菩
提若菩薩以滿恒河沙等世界七寶布施若
復有人知一切法无我得成於忍此菩薩勝
前菩薩所得功德須菩提以諸菩薩不受福
德故須菩提白佛言世尊云何菩薩不受福
德須菩提菩薩所作福德不應貪著是故說
不受福德須菩提若有人言如來若來若去
若坐若卧是人不解我所說義何以故如來
者无所從來亦无所去故名如來
須菩提若善男子善女人以三千大千世界
碎為微塵於意云何是微塵衆寧為多不甚
多世尊何以故若是微塵衆實有者佛則不
說是微塵衆所以者何佛說微塵衆則非微
塵衆是名微塵衆世尊如來所說三千大千
世界則非世界是名世界何以故若世界實
有者則是一合相如來說一合相則非一合相
是名一合相須菩提一合相者則是不可說
但凡夫之人貪著其事須菩提若人言佛說
我見人見衆生見壽者見須菩提於意云何
是人解我所說義不世尊是人不解如來所
說義何以故世尊說我見人見衆生見壽者
見即非我見人見衆生見壽者見是名我見
人見衆生見壽者見須菩提發阿耨多羅三
藐三菩提心者於一切法應如是知如是見
如是信解不生法相須菩提所言法相者如來

BD05218號　金剛般若波羅蜜經　（11–10）

但凡夫之人貪著其事須菩提若人言佛說
我見人見衆生見壽者見須菩提於意云何
是人解我所說義不世尊是人不解如來所
說義何以故世尊說我見人見衆生見壽者
見即非我見人見衆生見壽者見是名我見
人見衆生見壽者見須菩提發阿耨多羅三
藐三菩提心者於一切法應如是知如是見
如是信解不生法相須菩提所言法相者如來
說即非法相是名法相須菩提若有人以滿
无量阿僧祇世界七寶持用布施若有善男
子善女人發菩薩心者持於此經乃至四句
偈等受持讀誦為人演說其福勝彼云何為
人演說不取於相如如不動何以故
一切有為法　如夢幻泡影　如露亦如電　應作如是觀
佛說是經已長老須菩提及諸比丘比丘尼
優婆塞優婆夷一切世間天人阿脩羅聞佛
所說皆大歡喜信受奉行

BD05218號　金剛般若波羅蜜經　（11–11）

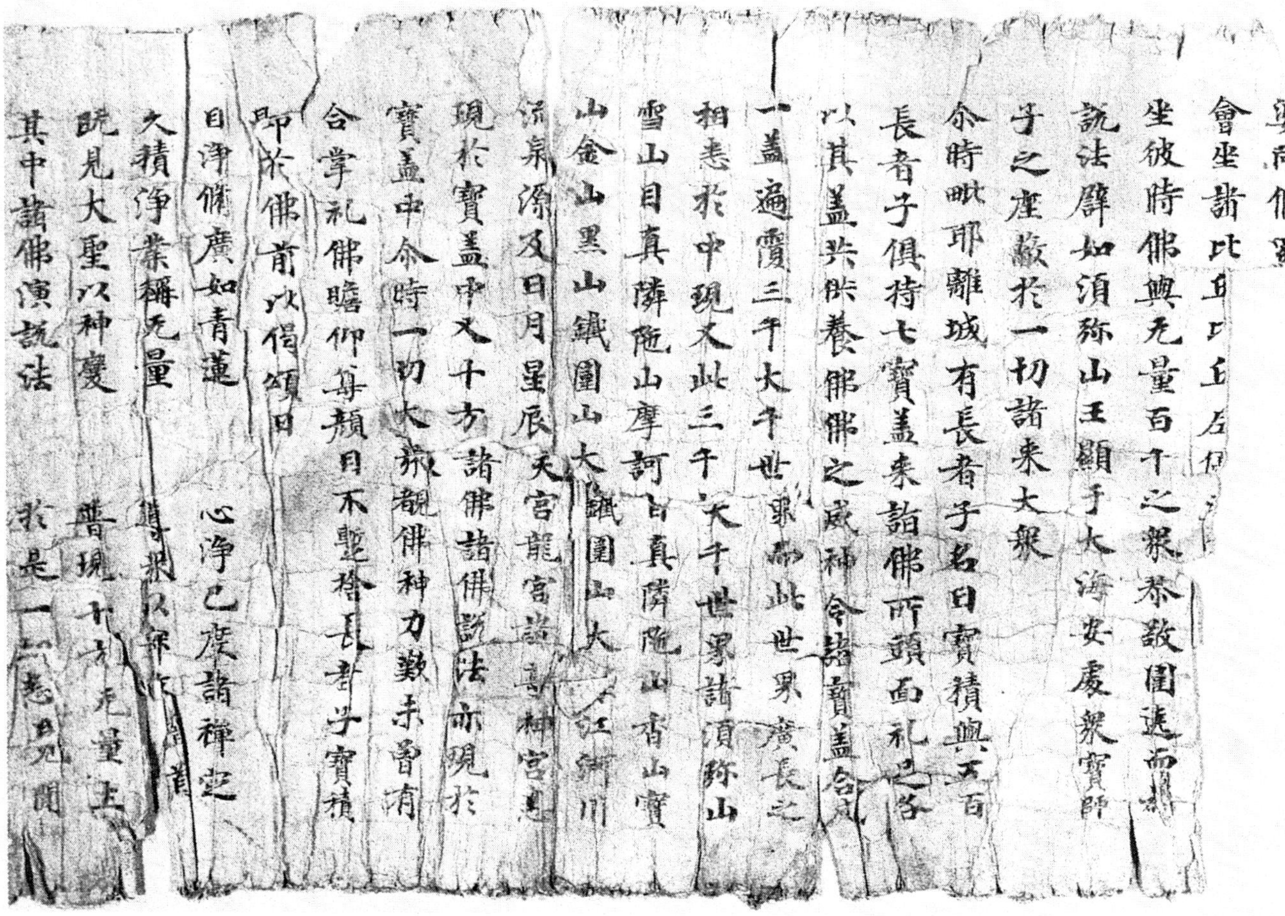
㝵向佛罡
會坐諸比丘比丘尼優……
坐彼時佛與无量百千之衆恭敬圍遶而為
說法譬如須弥山王顯于大海安處衆寶師
子之座蔽於一切諸來大衆
尒時毗耶離城有長者子名曰寶積與五百
長者子俱持七寶蓋來詣佛所頭面禮足各
以其蓋共供養佛佛之威神令諸寶蓋合成
一蓋遍覆三千大千世界而此世界廣長之
相悉於中現又此三千大千世界諸須弥山
雪山目真隣陁山摩訶目真隣陁山香山寶
山金山黑山鐵圍山大鐵圍山大海江河川
流泉源及日月星辰天宮龍宮諸尊神宮悉
現於寶蓋中又十方諸佛諸佛說法亦現於
寶蓋中尒時一切大衆覩佛神力歎未曾有
合掌禮佛瞻仰尊顏目不暫捨長者子寶積
即於佛前以偈頌曰
目淨脩廣如青蓮　心淨已度諸禪定
久積淨業稱无量　導衆以寂故稽首
既見大聖以神變　普現十方无量土
其中諸佛演說法　於是一切悉見聞

BD05219 號　維摩詰所說經卷上　（2–1）

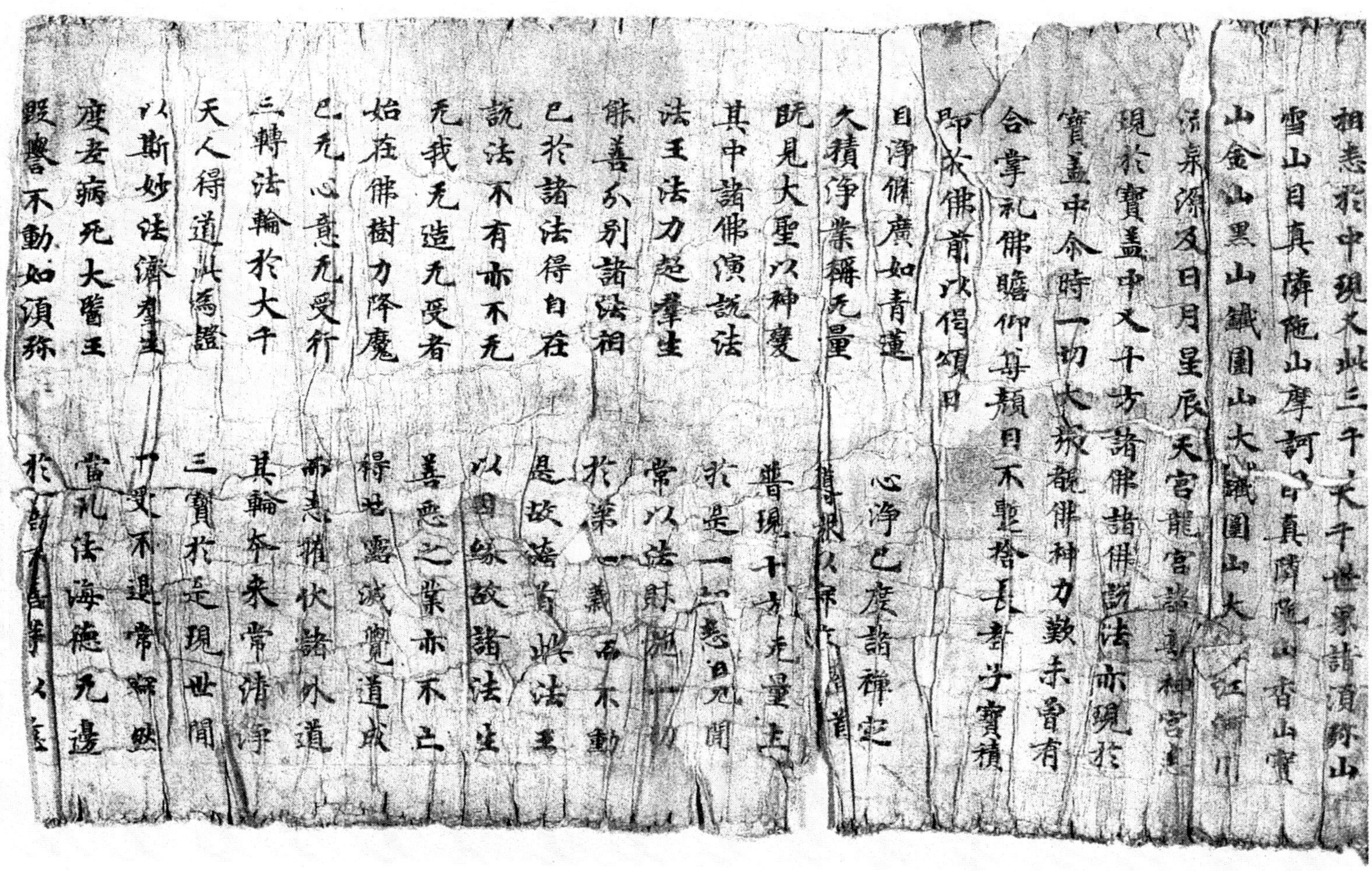
相悉於中現又此三千大千世界諸須弥山
雪山目真隣陁山摩訶目真隣陁山香山寶
山金山黑山鐵圍山大鐵圍山大海江河川
流泉源及日月星辰天宮龍宮諸尊神宮悉
現於寶蓋中又十方諸佛諸佛說法亦現於
寶蓋中尒時一切大衆覩佛神力歎未曾有
合掌禮佛瞻仰尊顏目不暫捨長者子寶積
即於佛前以偈頌曰
目淨脩廣如青蓮　心淨已度諸禪定
久積淨業稱无量　導衆以寂故稽首
既見大聖以神變　普現十方无量土
其中諸佛演說法　於是一切悉見聞
法王法力超群生　常以法財施一切
能善分別諸法相　於第一義而不動
已於諸法得自在　是故稽首此法王
說法不有亦不无　以因緣故諸法生
无我无造无受者　善惡之業亦不亡
始在佛樹力降魔　得甘露滅覺道成
已无心意无受行　而悉摧伏諸外道
三轉法輪於大千　其輪本來常清淨
天人得道此為證　三寶於是現世間
以斯妙法濟群生　一受不退常寂然
度老病死大醫王　當禮法海德无邊
毀譽不動如須弥　於……等以慈

BD05219 號　維摩詰所說經卷上　（2–2）

大般若波羅蜜多經卷第一百卅八
初分校量功德品第卅之卅六　三藏法師玄奘奉
復次憍尸迦若善男子善女人等為發
菩提心者說舌界若常若无常說味界
界及舌觸舌觸為緣所生諸受若常若
說舌界若樂若苦說味界舌識界及舌
觸舌觸為緣所生諸受若樂若苦說舌界若
无我說味界舌識界及舌觸舌觸為緣所
諸受若我若无我說舌界若淨若不淨說味
界舌識界及舌觸舌觸為緣所生諸受若淨
若不淨若有能依如是等法脩行靜慮是
靜慮波羅蜜多復作是說行靜慮者應求
界若常若无常應求味界乃至舌觸為緣所
生諸受若常若无常應求舌界若樂若苦應
求味界乃至舌觸為緣所生諸受若樂若苦
[illegible]

BD05220 號　大般若波羅蜜多經卷一三八　　（3–1）

界舌識界及舌觸舌觸為緣所生諸受若淨
若不淨若有能依如是等法脩行靜慮是
靜慮波羅蜜多復作是說行靜慮者應求
界若常若无常應求味界乃至舌觸為緣所
生諸受若常若无常應求舌界若樂若苦應
求味界乃至舌觸為緣所生諸受若樂若苦
應求舌界若我若无我應求味界乃至舌觸
為緣所生諸受若我若无我應求舌界若淨
若不淨應求味界乃至舌觸為緣所生諸受
若淨若不淨若有能求如是等法脩行靜慮
是行靜慮波羅蜜多憍尸迦若善男子善女
人等如是求舌界若常若无常求味界乃至
舌觸為緣所生諸受若常若无常求舌界若
樂若苦求味界乃至舌觸為緣所生諸受若
樂若苦求舌界若我若无我求味界乃至舌
觸為緣所生諸受若我若无我求舌界若淨若
不淨求味界乃至舌觸為緣所生諸受若淨
若不淨依此等法行靜慮者我說名為行有
所得相似靜慮波羅蜜多憍尸迦如前所說
當知皆是說有所得相似靜慮波羅蜜多
復次憍尸迦若善男子善女人等為發无上
菩提心者說身界若常若无常說觸界身識
界及身觸身觸為緣所生諸受若常若无常
說身界若樂若苦說觸界身識界及身觸身
觸為緣所生諸受若樂若苦說身界若我若
无我說觸界身識界及身觸身觸為緣所生
諸受若我若无我說身界若淨若不淨說觸
界身識界及身觸身觸為緣所生諸受若淨

BD05220 號　大般若波羅蜜多經卷一三八　　（3–2）

復次憍尸迦若善男子善女人等發无上
菩提心者說身界若常若无常說觸界身識
界及身觸身觸為緣所生諸受若常若无常
說身界若樂若苦說觸界身識界及身觸身
觸為緣所生諸受若樂若苦說身界若我若
无我說觸界身識界及身觸身觸為緣所生
諸受若我若无我說身界若淨若不淨說觸
界身識界及身觸身觸為緣所生諸受若淨
若不淨若有能依如是等法脩行靜慮是行
靜慮波羅蜜多復作是說行靜慮者應求身
界若常若无常應求觸界乃至身觸為緣所
生諸受若常若无常應求身界若樂若苦應
求觸界乃至身觸為緣所生諸受若樂若苦
應求身界若我若无我應求觸界乃至身觸
為緣所生諸受若我若无我應求身界若淨
若不淨應求觸界乃至身觸為緣所生諸受
若淨若不淨若有能求如是等法脩行靜慮
是行靜慮波羅蜜多憍尸迦若善男子善女
人等如是求身界若常若无常求觸界乃至
身觸為緣所生諸受若常若无常求身界若
樂若苦求觸界乃至身觸為緣所生諸受若
樂若苦求身界若我若无我求觸界乃至身
觸為緣所生諸受若我若无我求身界若淨
若不淨求觸界乃至身觸為緣所生諸受若
淨若不淨依此等法行靜慮者我說名為行

BD05220號　大般若波羅蜜多經卷一三八　（3–3）

我應求一
切相智若淨若
行靜慮是行靜
子善女人等如是求
道相智一切相智若常若无
若苦求道相智一切相智若樂若
切智若我若無我求道相智一切相
若无我求一切智若淨若不淨
切相智若淨若不淨依此等法行靜
說名為行有所得相似靜慮波羅蜜多
迦如前所說當知皆是說有所得相似
波羅蜜多
復次憍尸迦若善男子善女人等為發无
菩提心者說一切陀羅尼門若常若无常
一切三摩地門若常若无常說一切陀羅
門若樂若苦說一切三摩地門若樂若苦
一切陀羅尼門若我若无我說一切三摩
門若我若无我說一切陀羅尼門若淨若
淨說一切三摩地門若淨若不淨若有能
如是等法脩行靜慮是行靜慮波羅蜜
作是說行靜慮者應求一切陀羅尼門若
若无常應求一切三摩地門若常若无常

BD05221號　大般若波羅蜜多經卷一三九　（4–1）

善提心者說一切陁羅尼門若常若无常
一切三摩地門若常若无常說一切陁羅
門若樂若苦說一切三摩地門若樂若苦
一切陁羅尼門若我若无我說一切三摩
門若我若无我說一切陁羅尼門若淨若
淨說一切三摩地門若淨若不淨若有能
如是等法脩行靜慮是行靜慮波羅蜜、
作是說行靜慮者應求一切陁羅尸門若
若无常應求一切三摩地門若常若无常
求一切陁羅尼門若樂若苦應求一切三摩
門若樂若苦應求一切陁羅尼門若我若
我應求一切三摩地門若我若无我應求
切陁羅尼門若淨若不淨應求一切三摩
門若淨若不淨若有能求如是等法脩
靜慮是行靜慮波羅蜜多憍尸迦若善
子善女人等如是求一切陁羅尼門若常
常求一切三摩地門若常若无常求一
羅尼門若樂若苦求一切三摩地門若樂
苦求一切陁羅尼門若我若无我求一切三
摩地門若我若无我求一切陁羅尼門若淨
若不淨求一切三摩地門若淨若不淨依此
等法行靜慮者我說名為行有所得相似
靜慮波羅蜜多憍尸迦如前所說當知皆是
說有所得相似靜慮波羅蜜多
復次憍尸迦若善男子善女人等為發无上
善提心者說預流向預流果若常若无常說
一來向一來果不還向不還果阿羅漢向阿羅

BD05221 號　大般若波羅蜜多經卷一三九　（4–2）

若不淨求一切三摩地門若淨若不淨依此
等法行靜慮者我說名為行有所得相似
靜慮波羅蜜多憍尸迦如前所說當知皆是
說有所得相似靜慮波羅蜜多
復次憍尸迦若善男子善女人等為發无上
善提心者說預流向預流果若常若无常說
一來向一來果不還向不還果阿羅漢向阿羅
漢果若常若无常說預流向預流果若樂
若苦說一來向一來果不還向不還果阿羅
漢向阿羅漢果若樂若苦說預流向預流果
若我若无我說一來向一來果不還向不還
果阿羅漢向阿羅漢果若我若无我說預流
向預流果若淨若不淨說一來向一來果不
還向不還果阿羅漢向阿羅漢果若淨若不
淨若有能依如是等法脩行靜慮是行靜
慮波羅蜜多復作是說行靜慮者應求預流
向預流果若常若无常應求一來向乃至阿羅
漢果若常若无常應求預流向預流果若樂
若苦應求一來向乃至阿羅漢果若樂若苦
應求預流向預流果若我若无我應求一來
向乃至阿羅漢果若我若无我應求預流向
預流果若淨若不淨應求一來向乃至阿羅
漢果若淨若不淨若有能求如是等法脩行
靜慮是行靜慮波羅蜜多憍尸迦若善男子
善女人等如是求預流向預流果若常若无
常求一來向乃至阿羅漢果若常若无常求
預流向預流果若樂若苦求一來向乃至阿

BD05221 號　大般若波羅蜜多經卷一三九　（4–3）

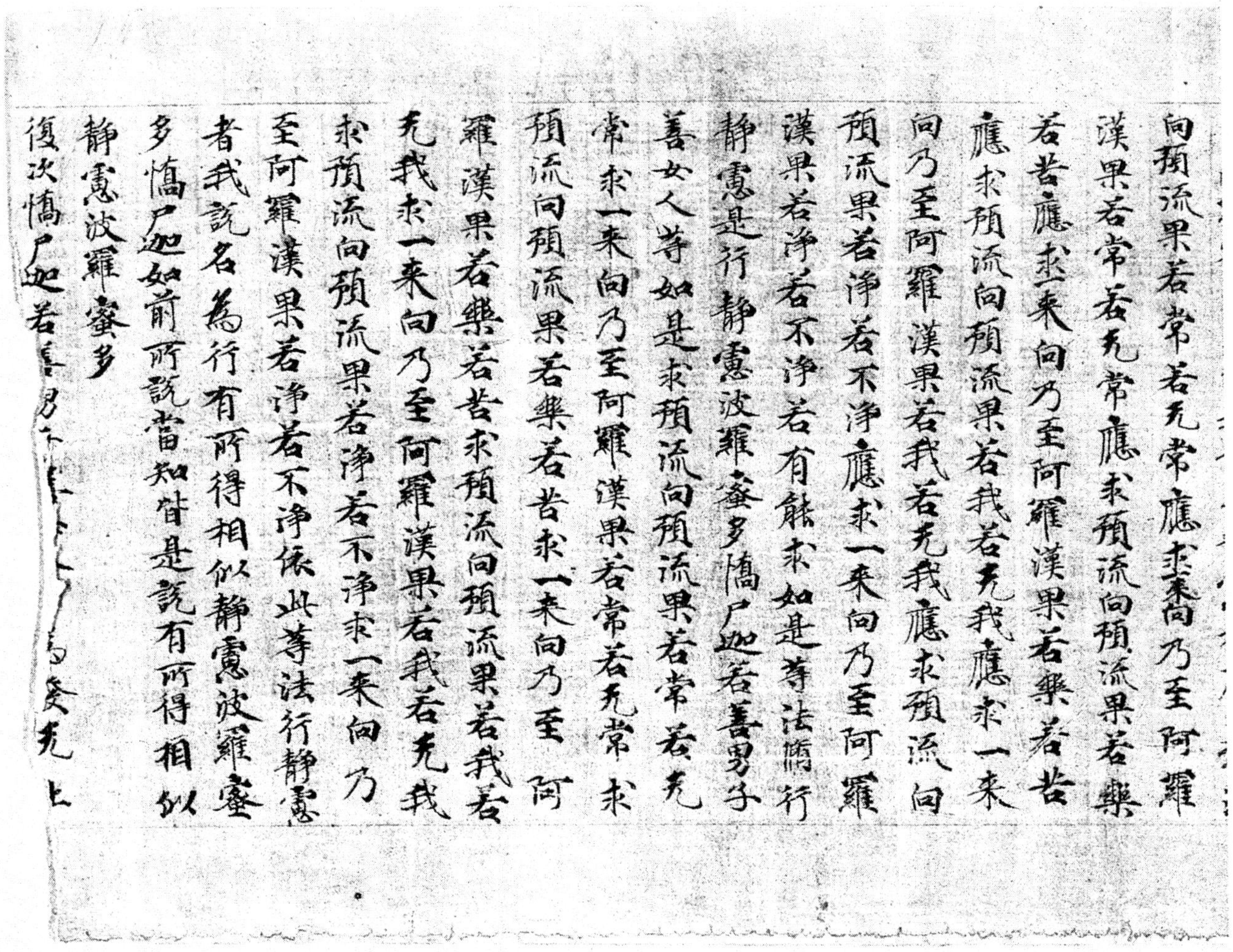

向預流果若常若无常應求一来向乃至阿羅
漢果若常若无常應求預流向預流果若樂
若苦應求一来向乃至阿羅漢果若樂若苦
應求預流向預流果若我若无我應求一来
向乃至阿羅漢果若我若无我應求預流向
預流果若淨若不淨應求一来向乃至阿羅
漢果若淨若不淨若有能求如是等法脩行
靜慮是行靜慮波羅蜜多憍尸迦若善男子
善女人等如是求預流向預流果若常若无
常求一来向乃至阿羅漢果若常若无常求
預流向預流果若樂若苦求一来向乃至阿
羅漢果若樂若苦求預流向預流果若我若
无我求一来向乃至阿羅漢果若我若无我
求預流向預流果若淨若不淨求一来向乃
至阿羅漢果若淨若不淨依此等法行靜慮
者我説名爲行有所得相似靜慮波羅蜜
多憍尸迦如前所説當知皆是説有所得相似
靜慮波羅蜜多
復次憍尸迦若善男[illegible]爲發无上

BD05221 號　大般若波羅蜜多經卷一三九　　（4–4）

一百卅九

BD05221 號背　勘記　　（1–1）

云何耨多羅三藐三菩提心應如是住如是降伏
其心唯然世尊願樂欲聞
佛告須菩提諸菩薩摩訶薩應如是降伏其
心所有一切衆生之類若卵生若胎生若濕生若
化生若有色若无色若有想若无想若非有想
若非无想我皆令入无餘涅槃而滅度之如是
滅度无量无數无邊衆生實无衆生得滅度
者何以故須菩提若菩薩有我相人相衆
生想壽者相即非菩薩
復次須菩提菩薩於法應无所住行於布施所
謂不住色布施不住聲香味觸法布施須菩
提菩薩應如是布施不住於相何以故若菩
薩不住相布施其福德不可思量須菩提於
意云何東方虛空可思量不不也世尊須菩
提南西北方四維上下虛空可思量不不也世尊
須菩提菩薩无住相布施福德亦復如是不可思
量須菩提菩薩但應如所教住
如來非有爲相分第五
須菩提於意云何可以身相見如來不不也世
尊不可以身相得見如來何以故如來所說

BD05222號　金剛般若波羅蜜經（十二分本）　（16–1）

提南西北方四維上下虛空可思量不不也世尊
須菩提菩薩无住相布施福德亦復如是不可思
量須菩提菩薩但應如所教住
如來非有爲相分第五
須菩提於意云何可以身相見如來不不也世
尊不可以身相得見如來何以故如來所說
身相即非身相佛告須菩提凡所有相皆是
虛妄若見諸相非相則見如來
我空法空分第六
須菩提白佛言世尊頗有衆生得聞如是言
說章句生實信不佛告須菩提莫作是說如
來滅後後五百歲有持戒脩福者於此章句能
生信心以此爲實當知是人不於一佛二佛三四
五佛而種善根已於无量千万佛所種諸善根
聞是章句乃至一念生淨信者須菩提如來悉
知悉見是諸衆生得如是无量福德何以故
是諸衆生无復我相人相衆生相壽者相无法
相亦无非法相何以故是諸衆生若心取相則
爲著我人衆生壽者若取法相即著我人
衆生壽者何以故若取非法相即著我人衆生
壽者是故不應取法不應取非法以是義故
如來常說汝等比丘知我說法如筏喻者法
尚應捨何況非法
須菩提於意云何如來得阿耨多羅三藐三

BD05222號　金剛般若波羅蜜經（十二分本）　（16–2）

衆生壽者何以故若取非法即著我人衆生
壽者是故不應取法不應取非法以是義故
如來常說汝等比丘知我說法如筏喻者法
尚應捨何況非法
須菩提於意云何如來得阿耨多羅三藐三
菩提耶如來有所說法耶須菩提言如我解
佛所說義无有定法名阿耨多羅三藐三菩
提亦无有定法如來可說何以故如來所說法皆
不可取不可說非法非非法所以者何一切賢
聖皆以无為法而有差別
具足功德挍量分第七
須菩提於意云何若人滿三千大千世界七寶以
用布施是人所得福德寧為多不須菩提言甚
多世尊何以故是福德即非福德性是故如來說
福德多若復有人於此經中受持乃至四句偈等
為他人說其福勝彼何以故須菩提一切諸佛及
諸佛阿耨多羅三藐三菩提法皆從此經出須
菩提所謂佛法者即非佛法
須菩提於意云何須陀洹能作是念我得須陀洹
果不須菩提言不也世尊何以故須陀洹名為入流而
无所入不入色聲香味觸法是名須陀洹
須菩提於意云何斯陀含能作是念我得斯陀
含果不須菩提言不也世尊何以故斯陀含名
一往來而實无往來是名斯陀含
須菩提於意云何阿那含能作是念我得阿那

BD05222號　金剛般若波羅蜜經（十二分本）

（16–3）

須菩提於意云何斯陀含能作是念我得斯陀
含果不須菩提言不也世尊何以故斯陀含名
一往來而實无往來是名斯陀含
須菩提於意云何阿那含能作是念我得阿那
含果不須菩提言不也世尊何以故阿那含名
為不來而實无來是故名阿那含
須菩提於意云何阿羅漢能作是念我得阿羅漢
道不須菩提言不也世尊何以故實无有法名
阿羅漢世尊若阿羅漢作是念我得阿羅漢
道即為著我人衆生壽者世尊佛說我得无
諍三昧人中最為第一是第一離欲阿羅漢
我不作是念我是離欲阿羅漢世尊我若作
是念我得阿羅漢道世尊則不說須菩提是
樂阿蘭那行者以須菩提實无所行而名須
菩提是樂阿蘭那行
佛告須菩提於意云何如來昔在然燈佛所於
法有所得不世尊如來在然燈佛所於法實无
所得須菩提於意云何菩薩莊嚴佛土不不也
世尊何以故莊嚴佛土者則非莊嚴是名莊嚴
是故須菩提諸菩薩摩訶薩應如是生清淨心
不應住色生心不應住聲香味觸法生心應无
所住而生其心須菩提譬如有人身如須彌山王於
意云何是身為大不須菩提言甚大世尊何以
故佛說非身是名大身

BD05222號　金剛般若波羅蜜經（十二分本）

（16–4）

是故須菩提諸菩薩摩訶薩應如是生清淨心
不應住色生心不應住聲香味觸法生心應无
所住而生其心須菩提譬如有人身如須弥山王於
意云何是身為大不須菩提言甚大世尊何以
故佛說非身是名大身
須菩提如恒河中所有沙數如是沙等恒河於
意云何是諸恒河沙寧為多不須菩提言甚多
世尊但諸恒河尚多无數何况其沙須菩提我
今實言告汝若有善男子善女人以七寶滿尒
所恒河沙數三千大千世界以用布施得福多
不須菩提言甚多世尊佛告須菩提若善男
子善女人於此經中乃至受持四句偈等為他
人說而此福德勝前福德
復次須菩提隨說是經乃至四句偈等當知此
處一切世間天人阿脩羅皆應供養如佛塔
廟何况有人盡能受持讀誦須菩提當知
是人成就最上第一希有之法若是經典所
在之處則為有佛若尊重弟子
尒時須菩提白佛言世尊當何名此經我等
云何奉持佛告須菩提是經名為金剛般若
波羅蜜以是名字汝當奉持所以者何須菩提
佛說般若波羅蜜則非般若波羅蜜須菩提於
意云何如來有所說法不須菩提白佛言世尊
如來无所說須菩提於意云何三千大千世界

BD05222 號　金剛般若波羅蜜經（十二分本）　（16–5）

云何奉持佛告須菩提是經名為金剛般若
波羅蜜以是名字汝當奉持所以者何須菩提
佛說般若波羅蜜則非般若波羅蜜須菩提於
意云何如來有所說法不須菩提白佛言世尊
如來无所說須菩提於意云何三千大千世界
所有微塵是為多不須菩提言甚多世尊須菩
提諸微塵如來說非微塵是名微塵如來說
世界非世界是名世界
須菩提於意云何可以卅二相見如來不不也世
尊不可以卅二相得見如來何以故如來說卅二相
即是非相是名卅二相須菩提若有善男子善女人
以恒河沙等身命布施若復有人於此經中乃
至受持四句偈等為他人說其福甚多
尒時須菩提聞說是經深解義趣涕淚悲泣而
白佛言希有世尊佛說如是甚深經典我從昔來
所得慧眼未曾得聞如是之經世尊若復有人得
聞是經信心清淨則生實相當知是人成就最上
第一希有功德世尊是實相者則是非相是故
如來說名實相世尊我今得聞如是經典信解受
持不足為難若當來世後五百歲其有眾生
得聞是經信解受持是人則為第一希有何以
故此人无我相人相眾生相壽者相所以者何我
相即是非相人相眾生相壽者相即是非相何
以故離一切諸相則名諸佛

BD05222 號　金剛般若波羅蜜經（十二分本）　（16–6）

得聞是經信解受持是人則為第一希有何以
故此人无我相人相衆生相壽者相所以者何我
相即是非相人相衆生相壽者相即是非相何
以故離一切諸相則名諸佛
佛告須菩提如是如是若復有人得聞是經不驚
不怖不畏當知是人甚為希有何以故須菩提
如來說第一波羅蜜非第一波羅蜜是名第一波
羅蜜須菩提忍辱波羅蜜如來說非忍辱波羅
蜜何以故須菩提如我昔為歌利王割截身
體我於尒時无我相无人相无衆生相无壽
者相何以故我於往昔節節支解時若有我相
人相衆生相壽者相應生瞋恨
須菩提又念過去於五百世作忍辱仙人於尒所
世无我相无人相无衆生相无壽者相是故須
菩提菩薩應離一切相發阿耨多羅三藐三菩
提心不應住色生心不應住聲香味觸法生心應
生无所住心若心有住則為非住是故佛說菩薩
心不應住色布施須菩提菩薩為利益一切衆
生應如是布施如來說一切諸相即是非相又
說一切衆生則非衆生須菩提如來是真語者
實語者如語者不誑語者不異語者須菩提如
來所得法此法无實无虛
真如分第八
須菩提若菩薩心住於法而行布施如人入闇則

BD05222 號　金剛般若波羅蜜經（十二分本）　（16–7）

說一切衆生則非衆生須菩提如來是真語者
實語者如語者不誑語者不異語者須菩提如
來所得法此法无實无虛
真如分第八
須菩提若菩薩心住於法而行布施如人入闇則
无所見若菩薩心不住法而行布施如人有目
日光明照見種種色須菩提當來之世若有善
男子善女人能於此經受持讀誦則為如來以佛
智慧悉知是人悉見是人皆得成就无量无邊功
德須菩提若善男子善女人初日分以恒河沙等身
布施中日分復以恒河沙等身布施後日分以
恒河沙等身布施如是无量百千万億劫以身
布施若復有人聞此經典信心不逆其福勝
彼何況書寫受持讀誦為人解說
利益分第八
須菩提以要言之是經有不可思議不可稱量
无邊功德如來為發大乘者說為發最上乘者
說若有人能受持讀誦廣為人說如來悉知是
人悉見是人皆得成就不可量不可稱无有邊不
可思議功德如是人等則為荷擔如來阿耨多羅
三藐三菩提何以故須菩提若樂小法者著我見
人見衆生見壽者見則於此經不能聽受讀誦為
人解說須菩提在在處處若有此經一切世間天
人阿脩羅所應供養當知此處則為是塔皆應恭

BD05222 號　金剛般若波羅蜜經（十二分本）　（16–8）

可思議功德如是人等則為荷擔如來阿耨多羅
三藐三菩提何以故須菩提若樂小法者著我見
人見衆生見壽者見則於此經不能聽受讀誦為
人解說須菩提在在處處若有此經一切世間天
人阿脩羅所應供養當知此處則為是塔皆應恭
敬作禮圍遶以諸華香而散其處
復次須菩提若善男子善女人受持讀誦此經若
為人輕賤是人先世罪業應墮惡道以今世
人輕賤故先世罪業則為消滅當得阿耨多羅
三藐三菩提須菩提我念過去无量阿僧祇劫
於然燈佛前得值八百四千万億那由他諸佛悉
皆供養承事无空過者若復有人於後末世能
受持讀誦此經所得功德於我所供養諸佛功
德百分不及一千万億分乃至筭數譬喻所不
能及須菩提若善男子善女人於後末世有
受持讀誦此經所得功德我若具說者或有人
聞心則狂亂狐疑不信須菩提當知是經義不
可思議果報亦不可思議
斷疑分第十
尒時須菩提白佛言世尊善男子善女人發阿
耨多羅三藐三菩提心云何應住云何降伏其
心佛告須菩提若善男子善女人發阿耨多羅三
藐三菩提者當生如是心我應滅度一切衆生滅
度一切衆生已而无有一衆生實滅度者何以故

BD05222號　金剛般若波羅蜜經（十二分本）　（16–9）

尒時須菩提白佛言世尊善男子善女人發阿
耨多羅三藐三菩提心云何應住云何降伏其
心佛告須菩提若善男子善女人發阿耨多羅三
藐三菩提者當生如是心我應滅度一切衆生滅
度一切衆生已而无有一衆生實滅度者何以故
若菩薩有我相人相衆生相壽者相則非菩薩
所以者何須菩提實无有法發阿耨多羅三藐
三菩提心者須菩提於意云何如來於然燈佛
所有法得阿耨多羅三藐三菩提不不也世尊如
我解佛所說義佛於然燈佛所无有法得阿耨
多羅三藐三菩提
佛言如是如是須菩提實无有法如來得阿耨多
羅三藐三菩提須菩提若有法如來得阿耨多
羅三藐三菩提者然燈佛則不與我授記汝於來
世當得作佛号釋迦牟尼以實无有法得阿耨
多羅三藐三菩提是故然燈佛與我授記作是
言汝於來世當得作佛号釋迦牟尼何以故如來
者即諸法如義若有人言如來得阿耨多羅三
藐三菩提須菩提實无有法佛得阿耨多羅三
藐三菩提須菩提如來所得阿耨多羅三藐三
菩提於是中无實无虛是故如來說一切法皆
是佛法須菩提所言一切法者即非一切法是
故名一切法須菩提譬如人身長大須菩提言世

BD05222號　金剛般若波羅蜜經（十二分本）　（16–10）

藐三菩提須菩提實无有法佛得阿耨多羅三
藐三菩提須菩提如來所得阿耨多羅三藐三
菩提於是中无實无虛是故如來說一切法皆
是佛法須菩提所言一切法者即非一切法是
故名一切法須菩提譬如人身長大須菩提言世
尊如來說人身長大則為非大身是名大身須
菩提菩薩亦如是若作是言我當滅度无量衆生
則不名菩薩何以故須菩提實无有法名為菩
薩是故佛說一切法无我无人无衆生无壽者須
菩提若菩薩作是言我當莊嚴佛土是不名菩薩
何以故如來說莊嚴佛土者即非莊嚴是名莊嚴須
菩提若菩薩通達无我法者如來說名真是菩薩
須菩提於意云何如來有肉眼不如是世尊如來有
肉眼須菩提於意云何如來有天眼不如是世尊如
來有天眼須菩提於意云何如來有慧眼不如是
世尊如來有慧眼須菩提於意云何如來有法眼
不如是世尊如來有法眼須菩提於意云何如來
有佛眼不如是世尊如來有佛眼
須菩提於意云何如恒河中所有沙佛說是沙不
如是世尊如來說是沙須菩提於意云何如一恒
河中所有沙有如是等恒河是諸恒河所有沙數
佛世界如是寧為多不甚多世尊佛告須菩提尒所
國土中所有衆生若干種心如來悉知何以故如來說

BD05222號　金剛般若波羅蜜經（十二分本）　（16–11）

須菩提於意云何如恒河中所有沙佛說是沙不
如是世尊如來說是沙須菩提於意云何如一恒
河中所有沙有如是等恒河是諸恒河所有沙數
佛世界如是寧為多不甚多世尊佛告須菩提尒所
國土中所有衆生若干種心如來悉知何以故如來說
諸心皆為非心是名為心所以者何須菩提過去心不
可得現在心不可得未來心不可得
須菩提於意云何若有人滿三千大千世界七寶以
用布施是人以是因緣得福多不如是世尊此人以
是因緣得福甚多須菩提若福德有實如來不說
得福德多以福德无故如來說得福德多
須菩提於意云何佛可以具足色身見不不也世
尊如來不應以色身見何以故如來說具足色身
即非具足色身是名具足色身須菩提於意云何
如來可以具足諸相見不不也世尊如來不應
以具足諸相見何以故如來說諸相具足即非
具足是名諸相具足須菩提汝勿謂如來作是
念我當有所說法莫作是念何以故若人言如來
有所說法即為謗佛不能解我所說故須菩提
說法者无法可說是名說法
須菩提白佛言世尊佛得阿耨多羅三藐三菩
提為无所得耶佛言如是如是須菩提我於阿
耨多羅三藐三菩提乃至无有少法可得是名

BD05222號　金剛般若波羅蜜經（十二分本）　（16–12）

說法者无法可說是名說法
須菩提白佛言世尊佛得阿耨多羅三藐三菩
提為无所得耶佛言如是如是須菩提我於阿
耨多羅三藐三菩提乃至无有少法可得是名
阿耨多羅三藐三菩提復次須菩提是法平
等无有高下是名阿耨多羅三藐三菩提以无我
无人无衆生无壽者修一切善法則得阿耨多羅
三藐三菩提須菩提所言善法者如來說非善法
是名善法須菩提若三千大千世界中所有諸須弥
山王如是等七寶聚有人持用布施若人以此般若
波羅蜜經乃至四句偈等受持讀誦為他人說
於前福德百分不及一百千万億分乃至筭
數譬喻所不能及
須菩提於意云何汝等勿謂如來作是念我當
度衆生須菩提莫作是念何以故實无有衆生
如來度者若有衆生如來度者如來則有我人
衆生壽者須菩提如來說有我者則非有我而
凡夫之人以為有我須菩提凡夫者如來說則非
凡夫須菩提於意云何可以三十二相觀如來不須
菩提言如是如是以三十二相觀如來佛言須菩提若
以三十二相觀如來者轉輪聖王則是如來須菩
提白佛言世尊如我解佛所說義不應以三十
二相觀如來尒時世尊而說偈言

BD05222號　金剛般若波羅蜜經（十二分本）　（16–13）

凡夫須菩提於意云何可以三十二相觀如來不須
菩提言如是如是以三十二相觀如來佛言須菩提若
以三十二相觀如來者轉輪聖王則是如來須菩
提白佛言世尊如我解佛所說義不應以三十
二相觀如來尒時世尊而說偈言
若以色見我　以音聲求我　是人行邪道　不能見如來
須菩提汝若作是念如來不以具足相故得阿耨
多羅三藐三菩提須菩提汝莫作是念如來不
以具足相故得阿耨多羅三藐三菩提須菩提汝
若作是念發阿耨多羅三藐三菩提者說諸法
斷滅相莫作是念何以故發阿耨多羅三藐三
菩提者於法不說斷滅相
須菩提若菩薩以滿恒河沙等世界七寶以用布
施若復有人知一切法无我得成於忍此菩薩勝
前菩薩所得功德須菩提以諸菩薩不受福
德故須菩提白佛言世尊云何菩薩不受福德
須菩提菩薩所作福德不應貪著是故佛說不
受福德須菩提若有人言如來若來若去若坐
若臥是人不解我所說義何以故如來者无所從
來亦无所去故名如來
須菩提若善男子善女人以三千大千世界碎為
微塵於意云何是微塵衆寧為多不甚多世
尊何以故若是微塵衆實有者佛則不說是
微塵衆所以者何佛說微塵衆則非微塵衆

BD05222號　金剛般若波羅蜜經（十二分本）　（16–14）

來亦无所去故名如來
須菩提若善男子善女人以三千大千世界碎為
微塵於意云何是微塵衆寧為多不甚多世
尊何以故若是微塵衆實有者佛則不說是
微塵衆所以者何佛說微塵衆則非微塵衆
是名微塵衆世尊如來所說三千大千世界則
非世界是名世界何以故若世界實有者則是
一合相如來說一合相則非一合相是名一合相須
菩提一合相者則是不可說但凡夫之人著貪其
事須菩提若人言佛說我見人見衆生見壽者
見須菩提於意云何是人解我所說義不不也
世尊是人不解如來所說義何以故世尊說我
見人見衆生見壽者見即非我見人見衆生見
壽者見是名我見人見衆生見壽者見須菩提
發阿耨多羅三藐三菩提心者於一切法應如是知
如是見如是信解不生法相須菩提所言法相者
如來說即非法相是名法相
須菩提若有人以滿无量阿僧祇世界七寶持用
布施若有善男子善女人發菩薩心者持於此經
乃至四句偈等受持讀誦為人演說其福勝彼云
何為人演說不取於相如如不動何以故
不住道分第十一
一切有為法　如夢幻泡影　如露亦如電　應作如是觀
流通分第十二

BD05222號　金剛般若波羅蜜經（十二分本）　（16–15）

如來說即非法相是名法相
須菩提若有人以滿无量阿僧祇世界七寶持用
布施若有善男子善女人發菩薩心者持於此經
乃至四句偈等受持讀誦為人演說其福勝彼云
何為人演說不取於相如如不動何以故
不住道分第十一
一切有為法　如夢幻泡影　如露亦如電　應作如是觀
流通分第十二
佛說是經已長老須菩提及諸比丘比丘尼優
婆塞優婆夷一切世間天人阿脩羅聞佛所
說皆大歡喜信受奉行
金剛般若波羅蜜經

BD05222號　金剛般若波羅蜜經（十二分本）　（16–16）

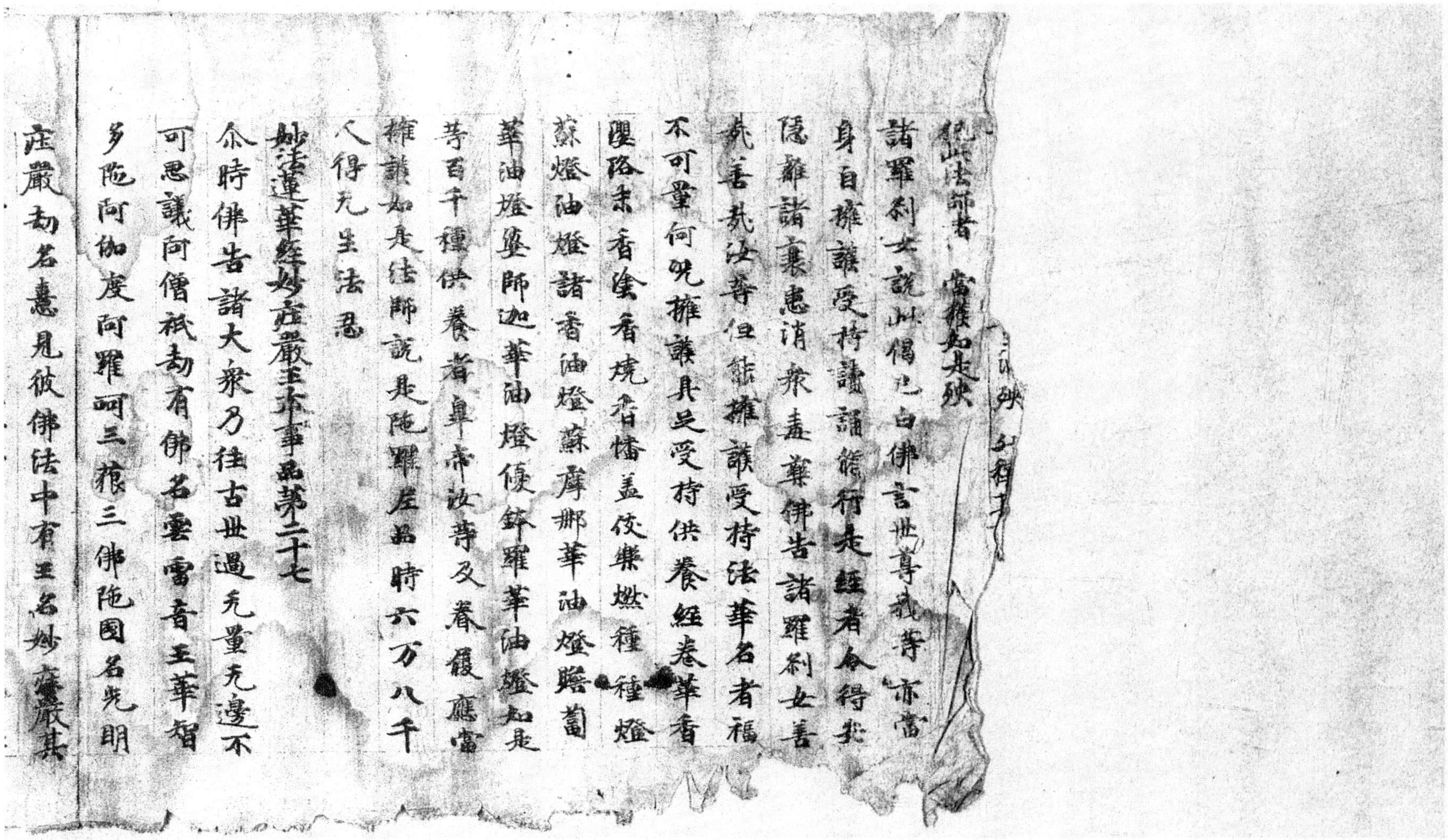

說此法師者 當獲如是殃
諸羅剎女說此偈已白佛言世尊我等亦當
身自擁護受持讀誦修行是經者令得安
隱離諸衰患消衆毒藥佛告諸羅剎女善
哉善哉汝等但能擁護受持法華名者福
不可量何況擁護具足受持供養經卷華香
瓔珞末香塗香燒香幡蓋伎樂燃種種燈
蘇燈油燈諸香油燈蘇摩那華油燈瞻蔔
華油燈婆師迦華油燈優鉢羅華油燈如是
等百千種供養者皐帝汝等及眷屬應當
擁護如是法師說是陁羅尼品時六万八千
人得无生法忍

妙法蓮華經妙莊嚴王本事品第二十七

尒時佛告諸大衆乃往古世過无量无邊不
可思議阿僧祇劫有佛名雲雷音王華智
多陁阿伽度阿羅呵三藐三佛陁國名光明
莊嚴劫名憙見彼佛法中有王名妙莊嚴其

BD05223號　妙法蓮華經卷七　（12–1）

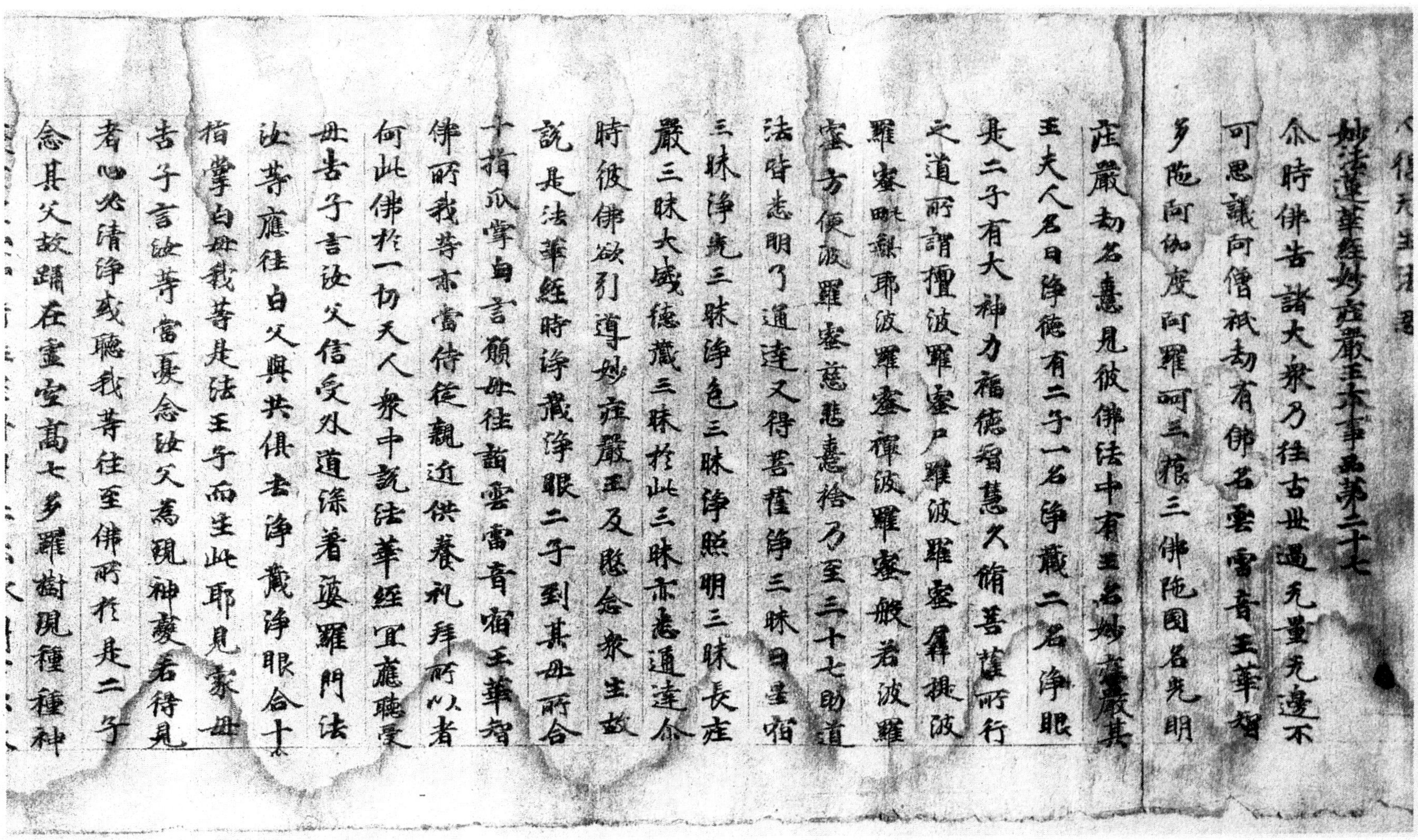

人得无生法忍

妙法蓮華經妙莊嚴王本事品第二十七

尒時佛告諸大衆乃往古世過无量无邊不
可思議阿僧祇劫有佛名雲雷音王華智
多陁阿伽度阿羅呵三藐三佛陁國名光明
莊嚴劫名憙見彼佛法中有王名妙莊嚴其
王夫人名曰淨德有二子一名淨藏二名淨眼
是二子有大神力福德智慧久脩菩薩所行
之道所謂檀波羅蜜尸羅波羅蜜羼提波
羅蜜毗梨耶波羅蜜禪波羅蜜般若波羅
蜜方便波羅蜜慈悲喜捨乃至三十七助道
法皆悉明了通達又得菩薩淨三昧日星宿
三昧淨光三昧淨色三昧淨照明三昧長莊
嚴三昧大威德藏三昧於此三昧亦悉通達尒
時彼佛欲引導妙莊嚴王及愍念衆生故
說是法華經時淨藏淨眼二子到其母所合
十指爪掌白言願母往詣雲雷音宿王華智
佛所我等亦當侍從親近供養禮拜所以者
何此佛於一切天人衆中說法華經宜應聽受
母告子言汝父信受外道深著婆羅門法
汝等應往白父與共俱去淨藏淨眼合十
指掌白母我等是法王子而生此耶見家
母告子言汝等當憂念汝父爲現神變若得見
者心必清淨或聽我等往至佛所於是二子
念其父故踊在虛空高七多羅樹現種種神

BD05223號　妙法蓮華經卷七　（12–2）

信此信於一[illegible]
母告子言汝父信受外道深著婆羅門法
汝等應往白父與共俱去淨藏淨眼合十
指掌白母我等是法王子而生此耶見家母
告子言汝等當憂念汝父為現神變若得見
者心必清淨或聽我等往至佛所於是二子
念其父故踊在虛空高七多羅樹現種種神
變於虛空中行住坐卧身上出水身下出火
身下出水身上出火或現大身滿虛空中而
復現小小復現大於空中滅忽然在地入地如
水履水如地現如是等種種神變令其父王
心淨信解時父見子神力如是心大歡喜得
未曾有合掌向子言汝等師為是誰誰之
弟子二子白言大王彼雲雷音宿王華智
佛今在七寶菩提樹下法座上坐於一切世間
天人衆中廣說法華經是我等師我是弟
子父語子言我今亦欲見汝等師可共俱往
於是二子從空中下到其母所合掌白母父王
今已信解堪任發阿耨多羅三藐三菩提心我
等為父已作佛事願母見聽於彼佛所出家
修道爾時二子欲重宣其意以偈白母
願母放我等　出家作沙門　諸佛甚難值　我等隨佛學
如優曇波羅　值佛復難是　脫諸難亦難　願聽我出家
母即告言聽汝出家所以者何佛難值故於
是二子白父母言善哉父母願時往詣雲雷
音宿王華智佛所親近供養所以者何佛難

願母放我等　出家作沙門　諸佛甚難值　我等隨佛學
如優曇波羅　值佛復難是　脫諸難亦難　願聽我出家
母即告言聽汝出家所以者何佛難值故於
是二子白父母言善哉父母願時往詣雲雷
音宿王華智佛所親近供養所以者何佛難
得值如優曇波羅華又如一眼之龜值浮木
孔而我等宿福深厚生值佛法是故父母
當聽我等令得出家所以者何諸佛難值
時亦難遇彼時妙莊嚴王後宮八万四千人
皆悉堪任受持是法華經淨眼菩薩於法
華三昧久已通達淨藏菩薩已於无量百千
万億劫通達諸惡趣三昧欲令一切衆生離諸
惡趣故其王夫人得諸佛習三昧能知諸佛
秘密之藏二子如是以方便力善化其父令
心信解好樂佛法於是妙莊嚴王與群臣眷
屬俱淨德夫人與後宮采女眷屬俱其王
二子與四万二千人俱一時共詣佛所到已頭面
禮足繞佛三匝却住一面爾時彼佛為王說法
示教利喜王大歡悅爾時妙莊嚴王及其夫
人解頸真珠瓔珞價直百千以散佛上於虛
空中化成四柱寶臺臺中有大寶牀敷百
千万天衣其上有佛結加趺坐放大光明爾
時妙莊嚴王作是念佛身希有端嚴殊特
成就第一微妙之色時雲雷音宿王華智佛告
四衆言汝等見是妙莊嚴王於我前合掌立

人解頸真珠瓔珞價直百千以散佛上於虛
空中化成四柱寶臺臺中有大寶床敷百
千万天衣其上有佛結跏趺坐放大光明尒
時妙莊嚴王作是念佛身希有端嚴殊特
成就第一微妙之色時雲雷音宿王華智佛告
四衆言汝等見是妙莊嚴王於我前合掌立
不此王於我法中作比丘精勤修習助佛道
法當得作佛号娑羅樹王国名大光劫名大
高王其娑羅樹王佛有无量菩薩衆及无量
聲聞其國平正功德如是其王即時以国
付弟與夫人二子并諸眷屬於佛法中出家
修道王出家已於八万四千歲常勤精進修
行妙法華經過是已後得一切淨功德莊嚴
三昧即昇虛空高七多羅樹而白佛言世尊
此我二子已作佛事以神變化轉我耶心令
得安住於佛法中得見世尊此二子者是我
善知識為欲發起宿世善根饒益我故来
生我家尒時雲雷音宿王華智佛告妙
莊嚴王言如是如是如汝所言善男子善女
人種善根故世世得善知識其善知識能作
佛事示教利喜令入阿耨多羅三藐三菩提大
王當知善知識者是大因緣所謂化導令得
見佛發阿耨多羅三藐三菩提心大王汝見
此二子不此二子已曾供養六十五百千万億那
由他恒河沙諸佛親近恭敬於諸佛所受持
法華經愍念耶見衆生令住正見妙莊嚴

人種善根故世世得善知識其善知識能作
佛事示教利喜令入阿耨多羅三藐三菩提大
王當知善知識者是大因緣所謂化導令得
見佛發阿耨多羅三藐三菩提心大王汝見
此二子不此二子已曾供養六十五百千万億那
由他恒河沙諸佛親近恭敬於諸佛所受持
法華經愍念耶見衆生令住正見妙莊嚴王
即從虛空中下而白佛言世尊如来甚希有
以功德智慧故頂上肉髻光明顯照其眼長
廣而紺青色眉間豪相白如珂月齒白齊密
常有光明脣色赤好如頻婆菓尒時妙莊
嚴王讚歎佛如是等无量百千万億功德
已於如来前一心合掌復白佛言世尊未曾
有也如来之法具足成就不可思議微妙功
德教戒所行安隱快善我從今日不復自
隨心行不生耶見憍慢瞋恚諸惡之心說是
語已礼佛而出佛告大衆於意云何妙莊嚴
王豈異人乎今華德菩薩是其淨德夫人今
佛前光照莊嚴相菩薩是哀愍妙莊嚴王及
諸眷屬故於彼中生其二子者今藥王菩薩藥
上菩薩是藥王藥上菩薩成就如此諸大功
德已於无量百千万億諸佛所殖衆德本成
就不可思議諸善功德若有人識是二菩薩名
字者一切世間諸天人民亦應礼拜佛說是
妙莊嚴王本事品時八万四千人遠塵離垢

諸眷屬故於彼中生其二子者今藥王菩薩藥
上菩薩是藥王藥上菩薩成就如此諸大功
德已於无量百千万億諸佛所殖衆德本成
就不可思議諸善功德若有人識是二菩薩名
字者一切世間諸天人民亦應礼拜佛說是
妙莊嚴王本事品時八万四千人遠塵離垢
於諸法中得法眼淨

妙法蓮華經普賢菩薩勸發品第二十八

尒時普賢菩薩以自在神通威德名聞與大
菩薩无量无邊不可稱數從東方來所經
諸國普皆震動雨寶蓮華作无量百千万
億種種伎樂又與无數諸天龍夜叉乾闥婆
阿脩羅迦樓羅緊那羅摩睺羅伽人非人
等大衆圍繞各現威德神通之力到娑婆
世界耆闍崛山中頭面礼釋迦牟尼佛右
繞七帀白佛言世尊我於寶威德上王佛國
遥聞此娑婆世界說法華經與无量无邊
百千万億諸菩薩衆共來聽受唯願世尊
當為說之若善男子善女人於如來滅後云
何能得是法華經佛告普賢菩薩若善男
子善女人成就四法於如來滅後當得是法
華經一者為諸佛護念二者殖衆德本三者
入正定聚四者發救一切衆生之心善男子善
女人如是成就四法於如來滅後必得是經尒
時普賢菩薩白佛言世尊於後五百歲濁
惡世中其有受持是經典者我當守護除

BD05223號　妙法蓮華經卷七　　(12–7)

華經一者為諸佛護念二者殖衆德本三者
入正定聚四者發救一切衆生之心善男子善
女人如是成就四法於如來滅後必得是經尒
時普賢菩薩白佛言世尊於後五百歲濁
惡世中其有受持是經典者我當守護除
其衰患令得安隱使无伺求得其便者若
魔若魔子若魔女若魔民若為魔所著者
若夜叉若羅刹若鳩槃荼若毗舍闍若吉
蔗若冨單那若韋陁羅等諸惱人者皆不
得便是人若行若立讀誦此經我尒時乘六
牙白象王與大菩薩衆俱詣其所而自現身
供養守護安慰其心亦為供養法華經故
是人若坐思惟此經尒時我復乘白象王現其人
前其人若於法華經有所忘失一句一偈我當
教之與共讀誦還令通利尒時受持讀誦法
華經者得見我身甚大歡喜轉復精進以
見我故即得三昧及陁羅尼名為旋陁羅尼
百千万億旋陁羅尼法音方便陁羅尼得如是
等陁羅尼世尊若後世後五百歲濁惡世中比
丘比丘尼優婆塞優婆夷求索者受持者讀
誦者書寫者欲脩習是法華經於三七日中應
一心精進滿三七日已我當乘六牙白象與无量
菩薩而自圍繞以一切衆生所憙見身現其人
前而為說法示教利憙亦復與其陁羅尼呪
得是陁羅尼故无有非人能破壞者亦不為

BD05223號　妙法蓮華經卷七　　(12–8)

誦者書寫者欲脩習是法華經於三七日中應
一心精進滿三七日已我當乘六牙白象與无量
菩薩而自圍繞以一切衆生所憙見身現其人
前而為說法亦教利憙亦復與其陁羅尼呪
得是陁羅尼故无有非人能破壞者亦不為
女人之所惑亂我身亦自常護是人唯願世
尊聽我說此陁羅尼即於佛前而說呪曰
阿檀地途賣反一 檀陁婆地二 檀陁婆帝三 檀陁鳩舍
隸四 檀陁脩陁隸五 脩陁隸六 脩陁羅尼九 薩婆婆
沙阿婆多尼十 脩阿婆多尼十一 僧伽婆履叉尼十二
僧伽涅伽陁尼十三 阿僧祇十四 僧伽波伽地十五 帝隸
阿惰僧伽兜略盧遮反 波羅帝十六 薩婆僧伽三摩
地伽蘭地十六 薩婆達磨脩波利剎帝十八 薩婆薩埵
樓馱憍舍略阿㝹伽地十九 辛阿毗吉利地帝二
世尊若有菩薩得聞是陁羅尼者當知普
賢神通之力若法華經行閻浮提有受持者
應作此念皆是普賢威神之力若有受持讀
誦正憶念解其義趣如說脩行當知是人
行普賢行於无量无邊諸佛所深種善根為
諸如來手摩其頭若但書寫是人命終當生
忉利天上是時八万四千天女作衆伎樂而来
迎之其人即著七寶冠於采女中娛樂快樂何
況受持讀誦正憶念解其義趣如說脩行若
有人受持讀誦解其義趣是人命終為千佛
授手令不恐怖不墮惡趣即往兜率天上彌

BD05223號　妙法蓮華經卷七　（12–9）

忉利天上是時八万四千天女作衆伎樂而来
迎之其人即著七寶冠於采女中娛樂快樂何
況受持讀誦正憶念解其義趣如說脩行若
有人受持讀誦解其義趣是人命終為千佛
授手令不恐怖不墮惡趣即往兜率天上彌
勒菩薩所彌勒菩薩有三十二相大菩薩衆
所共圍繞有百千万億天女眷屬而於中生有
如是等功德利益是故智者應當一心自書
若使人書受持讀誦正憶念如說脩行世尊
我今以神通力守護是經於如來滅後閻浮
內廣令流布使不斷絕尒時釋迦牟尼佛讚
言善哉善哉普賢汝能護助是經令多所
衆生安樂利益汝已成就不可思議功德深
大慈悲從久遠来發阿耨多羅三藐三菩提
意而能作是神通之願守護是經我當以
神通力守護能受持普賢菩薩名者普賢
若有受持讀誦正憶念脩習書寫是法華
經者當知是人則見釋迦牟尼佛如從佛口
聞此經典當知是人供養釋迦牟尼佛當知
是人佛讚善哉當知是人為釋迦牟尼佛手摩
其頭當知是人為釋迦牟尼佛衣之所覆如是
之人不復貪著世樂不好外道經書手筆亦
復不憙親近其人及諸惡者若屠兒若畜猪
羊雞狗若獵師若衒賣女色是人心意質直
有正憶念有福德力是人不為三毒所惱亦

BD05223號　妙法蓮華經卷七　（12–10）

是人佛讚善哉當知是人為釋迦牟尼佛手摩
其頭當知是人為釋迦牟尼佛衣之所覆如是
之人不復貪着世樂不好外道經書手筆亦
復不憙親近其人及諸惡者若屠兒若畜猪
羊雞狗若獵師若衒賣女色是人心意質直
有正憶念有福德力是人不為三毒所惱亦
不為嫉妬我慢邪慢增上慢所惱是人少欲
知足能脩普賢之行普賢若如來滅後後五
百歲若有人見受持讀誦法華經者應作是
念此人不久當詣道塲破諸魔衆得阿耨多
羅三藐三菩提轉法輪擊法鼓吹法螺雨法
雨當坐天人大衆中師子法座上普賢若於
後世受持讀誦是經典者是人不復貪着衣
服卧具飲食資生之物所願不虛亦於現世
得其福報若有人輕毀之言汝狂人耳空作
是行終无所獲如是罪報當世世无眼若有
供養讚歎之者當於今世得現果報若復見
受持是經者出其過惡若實若不實此人現
世得白癩病若輕笑之者當世世牙齒踈缺
醜脣平鼻手脚繚戾眼目角睞身體臭穢
惡瘡膿血水腹短氣諸惡重病是故普賢
若見受持是經典者當起遠迎當如敬佛說
是普賢勸發品時恒河沙等无量无邊菩
薩得百千億旋陁羅尼三千大千世界微塵
等諸菩薩具普賢道佛說是經時普賢等
諸菩薩舍利弗等諸聲聞及諸天龍人非人

BD05223號　妙法蓮華經卷七

（12–11）

世得白癩病若輕笑之者當世世牙齒踈缺
醜脣平鼻手脚繚戾眼目角睞身體臭穢
惡瘡膿血水腹短氣諸惡重病是故普賢
若見受持是經典者當起遠迎當如敬佛說
是普賢勸發品時恒河沙等无量无邊菩
薩得百千億旋陁羅尼三千大千世界微塵
等諸菩薩具普賢道佛說是經時普賢等
諸菩薩舍利弗等諸聲聞及諸天龍人非人
等一切大會皆大歡喜受持佛語作礼而去

妙法蓮華經卷第七

BD05223號　妙法蓮華經卷七

（12–12）

說菓言
肩合掌向
佛說希有法　昔所未曾聞　世尊有大力　壽命不可量
无數諸佛子　聞世尊分別　說得法利者　歡喜充遍身
或住不退地　或得陁羅尼　或无礙樂說　万億旋捻持
或有大千界　微塵數菩薩　各各皆能轉　不退之法輪
或有中千界　微塵數菩薩　各各皆能轉　清淨之法輪
復有小千界　微塵數菩薩　餘各八生在　當得成佛道
復有四三二　如是四天下　微塵諸菩薩　隨數生成佛
或一四天下　微塵數菩薩　餘有一生在　當成一切智
如是等衆生　聞佛壽長遠　得无量无漏　清淨之果報
復有八世界　微塵數衆生　聞佛說壽命　皆發无上心
世尊說无量　不可思議法　多有所饒益　如虛空无邊
雨天曼陁羅　摩訶曼陁羅　釋梵如恒沙　无數佛土來
雨栴檀沉水　繽紛而亂墜　如鳥飛空下　供散於諸佛
天鼓虛空中　自然出妙聲　天衣千万種　旋轉而來下
衆寶妙香爐　燒无價之香　自然悉周遍　供養諸世尊
其大菩薩衆　執七寶幡蓋　高妙万億種　次第至梵天
一一諸佛前　寶幢懸勝幡　亦以千万偈　歌詠諸如來
如是種種事　昔所未曾有　聞佛壽无量　一切皆歡喜
佛名聞十方　廣饒益衆生　一切具善根　以助无上心
尒時佛告弥勒菩薩摩訶薩

BD05224號　妙法蓮華經卷五　（6-1）

雨栴檀沉水　繽紛而亂墜　如鳥飛空下　供散於諸佛
天鼓虛空中　自然出妙聲　天衣千万種　旋轉而來下
衆寶妙香爐　燒无價之香　自然悉周遍　供養諸世尊
其大菩薩衆　執七寶幡蓋　高妙万億種　次第至梵天
一一諸佛前　寶幢懸勝幡　亦以千万偈　歌詠諸如來
如是種種事　昔所未曾有　聞佛壽无量　一切皆歡喜
佛名聞十方　廣饒益衆生　一切具善根　以助无上心
尒時佛告弥勒菩薩摩訶薩阿逸多其有衆
生聞佛壽命長遠如是乃至能生一念信解
所得功德无有限量若有善男子善女人為
阿耨多羅三藐三菩提於八十万億那由他
劫行五波羅蜜檀波羅蜜尸羅波羅蜜羼提
波羅蜜毗梨耶波羅蜜禪波羅蜜除般若波
羅蜜以是功德比前功德百分千分百千万
億分不及其一乃至筭數譬喻所不能知若
善男子有如是功德於阿耨多羅三藐三菩
提退者无有是處尒時世尊欲重宣此義而說偈言
若人求佛慧　於八十万億　那由他劫數　行五波羅蜜
於是諸劫中　布施供養佛　及緣覺弟子　并諸菩薩衆
珎異之飲食　上服與卧具　栴檀立精舍　以園林莊嚴
如是等布施　種種皆微妙　盡此諸劫數　以迴向佛道
若復持禁戒　清淨无缺漏　求於无上道　諸佛之所歎
若復行忍辱　住於調柔地　設衆惡來加　其心不傾動
諸有得法者　懷於增上慢　為此所輕惱　如是亦能忍
若復勤精進　志念常堅固　於无量億劫　一心不懈息
又於无數劫　住於空閑處　若坐若經行　除睡常攝心
以是因緣故　能生諸禪定　八十億万劫　安住心不亂
持此一心福　願求无上道　我得一切智　盡諸禪定際

BD05224號　妙法蓮華經卷五　（6-2）

若復行忍辱　住於調柔地　設衆惡來加　其心不傾動
諸有得法者　懷於增上慢　為此所輕惱　如是亦能忍
若復勤精進　志念常堅固　於无量億劫　一心不懈息
又於无數劫　住於空閑處　若坐若經行　除睡常攝心
以是因緣故　能生諸禪定　八十億万劫　安住心不亂
持此一心福　願求无上道　我得一切智　盡諸禪定際
是人於百千　万億劫數中　行此諸功德　如上之所說
有善男女等　聞我說壽命　乃至一念信　其福過於彼
若人悉无有　一切諸疑悔　深心須臾信　其福為如此
其有諸菩薩　无量劫行道　聞我說壽命　是則能信受
如是諸人等　頂受此經典　願我於未來　長壽度衆生
如今日世尊　諸釋中之王　道場師子吼　說法无所畏
我等未來世　一切所尊敬　坐於道場時　說壽亦如是
若有深心者　清淨而質直　多聞能總持　隨義解佛語
如是諸人等　於此无有疑
又阿逸多若有聞佛壽命長遠解其言趣是
人所得功德无有限量能起如來无上之慧何
況廣聞是經若教人聞若自持若教人持
若自書若教人書若以華香瓔珞幢幡繒蓋
香油蘇燈供養經卷是人功德无量无邊能
生一切種智阿逸多若善男子善女人聞我說
壽命長遠深心信解則為見佛常在耆闍
崛山共大菩薩諸聲聞衆圍繞說法又見此
娑婆世界其地瑠璃坦然平正閻浮檀金以
界八道寶樹行列諸臺樓觀皆悉寶成其菩
薩衆咸處其中若有能如是觀者當知是為
深信解相又復如來滅後若聞是經而不毀

BD05224 號　妙法蓮華經卷五　（6–3）

壽命長遠深心信解則為見佛常在耆闍
崛山共大菩薩諸聲聞衆圍繞說法又見此
娑婆世界其地瑠璃坦然平正閻浮檀金以
界八道寶樹行列諸臺樓觀皆悉寶成其菩
薩衆咸處其中若有能如是觀者當知是為
深信解相又復如來滅後若聞是經而不毀
呰起隨喜心當知已為深信解相何況讀誦
受持之者斯人則為頂戴如來阿逸多是善
男子善女人不須為我復起塔寺及作僧坊
以四事供養衆僧所以者何是善男子善女
人受持讀誦是經典者為已起塔造立僧坊
供養衆僧則為以佛舍利起七寶塔高廣漸
小至于梵天懸諸幡蓋及衆寶鈴華香瓔珞
末香塗香燒香衆鼓伎樂簫笛箜篌種種舞
戲以妙音聲歌唄讚頌則為於无量千万億
劫作是供養已阿逸多若我滅後聞是經典
有能受持若自書若教人書則為起立僧坊
以赤栴檀作諸殿堂三十有二高八多羅樹
高廣嚴好百千比丘於其中止園林流池經
行禪窟衣服飲食床褥湯藥一切樂具充滿
其中如是僧坊堂閣若干百千万億其數无
量以此現前供養於我及比丘僧是故我說
如來滅後若有受持讀誦為他人說若自書
若教人書供養經卷不須復起塔寺及造僧
坊供養衆僧況復有人能持是經兼行布施
持戒忍辱精進一心智慧其德最勝无量无
邊譬如虛空東西南北四維上下无量无邊

BD05224 號　妙法蓮華經卷五　（6–4）

量以此現前供養於我及比丘僧是故我說
如來滅後若有受持讀誦為他人說若自書
若教人書供養經卷不須復起塔寺及造僧
坊供養衆僧況復有人能持是經兼行布施
持戒忍辱精進一心智慧其德㝡勝无量无
邊譬如虛空東西南北四維上下无量无邊
是人功德亦復如是无量无邊疾至一切種
智若人讀誦受持是經為他人說若自書若
教人書復能起塔及造僧坊供養讚歎聲聞
衆僧亦以百千万億讚歎之法讚歎菩薩功
德又為他人種種因緣隨義解說此法華經
復能清淨持戒與柔和者而共同止忍辱无
瞋志念堅固常貴坐禪得諸深定精進勇猛
攝諸善法利根智慧善荅問難阿逸多若我
滅後諸善男子善女人受持讀誦是經典者
復有如是諸善功德當知是人已趣道場近
阿耨多羅三藐三菩提坐道樹下阿逸多是
善男子若坐若立若行處此中便應起塔一
切天人皆應供養如佛之塔尒時世尊欲重
宣此義而說偈言
若我滅度後　能奉持此經　斯人福无量　如上之所說
是則為具足　一切諸供養　以舍利起塔　七寶而莊嚴
表剎甚高廣　漸小至梵天　寶鈴千万億　風動出妙音
又於无量劫　而供養此塔　華香諸瓔珞　天衣衆伎樂
然香油蘇燈　周帀常照明　惡世法末時　能持是經者
則為已如上　具足諸供養　若能持此經　則如佛現在
以牛頭栴檀　起僧坊供養　堂有三十二　高八多羅樹

BD05224 號　妙法蓮華經卷五　（6–5）

攝諸善法利根智慧善荅問難阿逸多若我
滅後諸善男子善女人受持讀誦是經典者
復有如是諸善功德當知是人已趣道場近
阿耨多羅三藐三菩提坐道樹下阿逸多是
善男子若坐若立若行處此中便應起塔一
切天人皆應供養如佛之塔尒時世尊欲重
宣此義而說偈言
若我滅度後　能奉持此經　斯人福无量　如上之所說
是則為具足　一切諸供養　以舍利起塔　七寶而莊嚴
表剎甚高廣　漸小至梵天　寶鈴千万億　風動出妙音
又於无量劫　而供養此塔　華香諸瓔珞　天衣衆伎樂
然香油蘇燈　周帀常照明　惡世法末時　能持是經者
則為已如上　具足諸供養　若能持此經　則如佛現在
以牛頭栴檀　起僧坊供養　堂有三十二　高八多羅樹
上饌妙衣服　床卧皆具足　百千衆住處　園林諸流池
經行及禪窟　種種皆嚴好　若有信解[illegible]　讀誦書
若復教人書　及供養經卷　散華香末
則是

BD05224 號　妙法蓮華經卷五　（6–6）

……形木竝　念其死不久
我今……道果　即為方便說　涅槃真實法
世皆不牢固　如水沫泡炎　汝等咸應當　疾生猒離心
諸人聞是法　皆得阿羅漢　具足六神通　三明八解脫
最後第五十　聞一偈隨喜　是人福勝彼　不可為譬喻
如是展轉聞　其福尚無量　何況於法會　初聞隨喜者
若有勸一人　將引聽法華　言此經深妙　千万劫難遇
即受教往聽　乃至須臾聞　斯人之福報　今當分別說
世世無口患　齒不踈黃黑　脣不厚褰缺　無有可惡相
舌不乾黑短　鼻高脩且直　額廣而平政　面目悉端嚴
為人所憙見　口氣無臭穢　優鉢華之香　常從其口出
若故詣僧坊　欲聽法華經　須臾聞歡喜　今當說其福
後生天人中　得妙象馬車　珍寶之輦輿　及乘天宮殿
若於講法處　勸人坐聽法　是福因緣得　釋梵轉輪座
何況一心聽　解說其義趣　如說而脩行　其福不可限
妙法蓮華經法師功德品第十九
尒時佛告常精進菩薩摩訶薩　若善男子善
女人受持是法華經　若讀若誦若解說若書寫

BD05225號　妙法蓮華經卷六

（26–1）

……天宮殿
若於講法處　勸人坐聽法　是福因緣得　釋梵轉輪座
何況一心聽　解說其義趣　如說而脩行　其福不可限
妙法蓮華經法師功德品第十九
尒時佛告常精進菩薩摩訶薩　若善男子善
女人受持是法華經　若讀若誦若解說若書寫
是人當得八百眼功德　千二百耳功德　八百
鼻功德　千二百舌功德　八百身功德　千二百
意功德　以是功德莊嚴六根　皆令清淨　是善
男子善女人　父母所生清淨肉眼　見於三千大千
世界內外所有山林河海　下至阿鼻地獄　上
至有頂　亦見其中一切衆生　及業因緣果
報生處　悉見悉知　尒時世尊欲重宣此義而
說偈言
若於大衆中　以無所畏心　說是法華經　汝聽其功德
是人得八百　功德殊勝眼　以是莊嚴故　其目甚清淨
父母所生眼　悉見三千界　內外弥樓山　須弥及鐵圍
并諸餘山林　大海江河水　下至阿鼻獄　上至有頂處
其中諸衆生　一切皆悉見　雖未得天眼　肉眼力如是
復次常精進　若善男子善女人　受持此經　若讀
若誦若解說若書寫　得千二百耳功德　以是
清淨耳　聞三千大千世界　下至阿鼻地獄　上
至有頂　其中內外種種語言音聲　象聲　馬
聲　牛聲　車聲　啼哭聲　愁歎聲　螺聲　鼓聲　鍾聲
鈴聲　笑聲　語聲　男聲　女聲　童子聲　童女聲　法
聲　非法聲　苦聲　樂聲　凡夫聲　聖人聲　喜聲　不喜
聲　天聲　龍聲　夜叉聲　乾闥婆聲　阿脩羅聲　迦

BD05225號　妙法蓮華經卷六

（26–2）

至有頂其中內外種種語言音聲象聲馬
聲牛聲車聲啼哭聲愁歎聲螺聲鼓聲鍾聲
鈴聲笑聲語聲男聲女聲童子聲童女聲法
聲非法聲苦聲樂聲凡夫聲聖人聲喜聲不喜
聲天聲龍聲夜叉聲乾闥婆聲阿脩羅聲迦
樓羅聲緊那羅聲摩睺羅伽聲火聲水聲
風聲地獄聲畜生聲餓鬼聲比丘聲比丘尼
聲聲聞聲辟支佛聲菩薩聲佛聲以要言之
三千大千世界中一切內外所有諸聲雖未
得天耳以父母所生清淨常耳皆悉聞知如
是分別種種音聲而不壞耳根介時世尊欲
重宣此義而說偈言
父母所生耳　清淨無濁穢　以此常耳聞　三千世界聲
象馬車牛聲　鍾鈴螺鼓聲　琴瑟箜篌聲　簫笛之音聲
清淨好歌聲　聽之而不著　無數種人聲　聞悉能解了
又聞諸天聲　微妙之歌音　及聞男女聲　童子童女聲
山川險谷中　迦陵頻伽聲　命命等諸鳥　悉聞其音聲
地獄衆苦痛　種種楚毒聲　餓鬼飢渴逼　求索飲食聲
諸阿脩羅等　居在大海邊　自共語言時　出于大音聲
如是說法者　安住於此間　遙聞是衆聲　而不壞耳根
十方世界中　禽獸鳴相呼　其說法之人　於此悉聞之
其諸梵天上　光音及遍淨　乃至有頂天　言語之音聲
法師住於此　悉皆得聞之
一切比丘衆　及諸比丘尼　若讀誦經典　若為他人說
法師住於此　悉皆得聞之
復有諸菩薩　讀誦於經法　若為他人說　撰集解其義

BD05225號　妙法蓮華經卷六　（26-3）

其諸梵天上　光音及遍淨　乃至有頂天　言語之音聲
法師住於此　悉皆得聞之
一切比丘衆　及諸比丘尼　若讀誦經典　若為他人說
法師住於此　悉皆得聞之
復有諸菩薩　讀誦於經法　若為他人說　撰集解其義
如是諸音聲　悉皆得聞之
諸佛大聖尊　教化衆生者　於諸大會中　演說微妙法
持此法華者　悉皆得聞之
三千大千界　內外諸音聲　下至阿鼻獄　上至有頂天
皆聞其音聲　而不壞耳根　其耳聰利故　悉能分別知
持是法華者　雖未得天耳　但用所生耳　功德已如是
復次常精進若善男子善女人受持是經若
讀若誦若解說若書寫成就八百鼻功德以
是清淨鼻根聞於三千大千世界上下內外
種種諸香須曼那華香闍提華香末利華香
瞻蔔華香波羅羅華香赤蓮華香青蓮華
香白蓮華香華樹香菓樹香栴檀香沈水香多
摩羅跋香多伽羅香及千万種和香若末若丸
若塗香持是經者於此間住悉能分別又復別
知衆生之香象香馬香牛羊等香男香女香童
子香童女香及草木叢林香若近若遠所有
香悉皆得聞分別不錯持是經者雖住於此
亦聞天上諸天之香波利質多羅拘鞞陁羅樹
香及曼陁羅華香摩訶曼陁羅華香曼殊沙華
香摩訶曼殊沙華香栴檀沈水種種末香諸
雜華香如是等天香和合所出之香無不聞知
又聞諸天身香釋提桓因在勝殿上五欲娛

BD05225號　妙法蓮華經卷六　（26-4）

亦聞天上諸天之香波利質多羅拘鞞陀羅樹
香及曼陀羅華香摩訶曼陀羅華香曼殊沙華
香摩訶曼殊沙華香栴檀沉水種種末香諸
雜華香如是等天香和合所出之香无不聞知
又聞諸天身香釋提桓因在勝殿上五欲娛
樂嬉戲時香若在妙法堂上為忉利諸天說
法時香若於諸園遊戲時香及餘天等男女
身香皆悉遙聞如是展轉乃至梵世上至有
頂諸天身香亦皆聞之并聞諸天所燒之香
及聲聞香辟支佛香菩薩香諸佛身香亦皆
遙聞知其所在雖聞此香然於鼻根不壞不
錯若欲分別為他人說憶念不謬尒時世尊
欲重宣此義而說偈言
是人鼻清淨　於此世界中　若香若臭物　種種悉聞知
須曼那闍提　多摩羅栴檀　沉水及桂香　種種華菓香
及知衆生香　男子女人香　說法者遠住　聞香知所在
大勢轉輪王　小轉輪及子　群臣諸宮人　聞香知所在
身所著珎寶　及地中寶藏　轉輪王寶女　聞香知所在
諸人嚴身具　衣服及瓔珞　種種所塗香　聞則知其身
諸天若行坐　遊戲及神變　持是法華者　聞香悉能知
諸樹華菓實　及蘇油香氣　持經者住此　悉知其所在
諸山深嶮處　栴檀樹華敷　衆生在中者　聞香皆能知
鐵圍山大海　地中諸衆生　持經者聞香　悉知其所在
阿脩羅男女　及其諸眷屬　鬪諍遊戲時　聞香皆能知
曠野嶮隘處　師子象虎狼　野牛水牛等　聞香知所在
若有懷妊者　未辯其男女　无根及非人　聞香悉能知
以聞香力故　知其初懷妊　成就不成就　安樂產福子

諸山深嶮處　栴檀樹華敷　衆生在中者　聞香皆能知
鐵圍山大海　地中諸衆生　持經者聞香　悉知其所在
阿脩羅男女　及其諸眷屬　鬪諍遊戲時　聞香皆能知
曠野嶮隘處　師子象虎狼　野牛水牛等　聞香知所在
若有懷妊者　未辯其男女　无根及非人　聞香悉能知
以聞香力故　知其初懷妊　成就不成就　安樂產福子
以聞香力故　知男女所念　染欲癡恚心　亦知脩善者
地中衆伏藏　金銀諸珎寶　銅器之所盛　聞香悉能知
種種諸瓔珞　无能識其價　聞香知貴賤　出處及所在
天上諸華等　曼陀曼殊沙　波利質多樹　聞香悉能知
天上諸宮殿　上中下差別　衆寶華莊嚴　聞香悉能知
天園林勝殿　諸觀妙法堂　在中而娛樂　聞香悉能知
諸天若聽法　或受五欲時　來往行坐臥　聞香悉能知
天女所著衣　好華香莊嚴　周旋遊戲時　聞香悉能知
如是展轉上　乃至於梵世　入禪出禪者　聞香悉能知
光音遍淨天　乃至于有頂　初生及退沒　聞香悉能知
諸比丘衆等　於法常精進　若坐若經行　及讀誦經者
或在林樹下　專精而坐禪　持經者聞香　悉知其所在
菩薩志堅固　坐禪若誦經　或為人說法　聞香悉能知
在在方世尊　一切所恭敬　愍衆而說法　聞香悉能知
衆生在佛前　聞經皆歡喜　如法而脩行　聞香悉能知
雖未得菩薩　无漏法生鼻　而是持經者　先得此鼻相
復次常精進若善男子善女人受持是經若
讀若誦若解說若書寫得千二百舌功德若
好若醜若美不美及諸苦澁物在其舌根皆
變成上味如天甘露无不美者若以舌根於
大衆中有所演說出深妙聲能入其心皆令

雖未得菩薩　无漏法生鼻　而是持經者　先得此鼻相
復次常精進若善男子善女人受持是經若
讀若誦若解說若書寫得千二百舌功德若
好若醜若美不美及諸苦澁物在其舌根皆
變成上味如天甘露无不美者若以舌根於
大衆中有所演說出深妙聲能入其心皆令
歡喜快樂又諸天子天女釋梵諸天聞是深
妙音聲有所演說言論次第皆悉来聽及諸
龍龍女夜叉夜叉女乾闥婆乾闥婆女阿脩
羅阿脩羅女迦樓羅迦樓羅女緊那羅緊
那羅女摩睺羅伽摩睺羅伽女為聽法故皆
来親近恭敬供養及比丘比丘尼優婆塞優婆
夷國王王子群臣眷屬小轉輪王大轉輪王七
寶千子內外眷屬乘其宮殿俱来聽法以
是菩薩善說法故婆羅門居士國內人民盡其
形壽隨侍供養又諸聲聞辟支佛菩薩諸佛
常樂見之是人所在方面諸佛皆向其處
說法悉能受持一切佛法又能出於深妙
法音尒時世尊欲重宣此義而說偈言
是人舌根淨　終不受惡味　其有所食噉　悉皆成甘露
以深淨妙聲　於大衆說法　以諸因緣喻　引導衆生心
聞者皆歡喜　設諸上供養
諸天龍夜叉　及阿脩羅等　皆以恭敬心　而共来聽法
是說法之人　若欲以妙音　遍滿三千界　隨意即能至
大小轉輪王　及千子眷屬　合掌恭敬心　常来聽受法
諸天龍夜叉　羅刹毗舍闍　亦以歡喜心　常樂来供養
梵天王魔王　自在大自在　如是諸天衆　常来至其所

BD05225號　妙法蓮華經卷六　（26–7）

聞者皆歡喜　設諸上供養
諸天龍夜叉　及阿脩羅等　皆以恭敬心　而共来聽法
是說法之人　若欲以妙音　遍滿三千界　隨意即能至
大小轉輪王　及千子眷屬　合掌恭敬心　常来聽受法
諸天龍夜叉　羅刹毗舍闍　亦以歡喜心　常樂来供養
梵天王魔王　自在大自在　如是諸天衆　常来至其所
諸佛及弟子　聞其說法音　常念而守護　或時為現身
復次常精進若善男子善女人受持是經若
讀若誦若解說若書寫得八百身功德得清
淨身如淨瑠璃衆生憙見其身淨故三千大
千世界衆生生時死時上下好醜生善處惡
處悉於中現及鐵圍大鐵圍弥樓山摩訶弥
樓山等諸山及其中衆生悉於中現下至阿
鼻地獄上至有頂所有及衆生悉於中現若
聲聞辟支佛菩薩諸佛說法皆於身中現其
色像尒時世尊欲重宣此義而說偈言
若持法華者　其身甚清淨　如彼淨瑠璃　衆生皆憙見
又如淨明鏡　悉見諸色像　菩薩於淨身　皆見世所有
唯獨自明了　餘人所不見
三千世界中　一切諸群萌　天人阿脩羅　地獄鬼畜生
如是諸色像　皆於身中現
諸天等宮殿　乃至於有頂　鐵圍及弥樓　摩訶弥樓山
諸大海水等　皆於身中現
諸佛及聲聞　佛子菩薩等　若獨若在衆　說法悉皆現
雖未得无漏　法性之妙身　以清淨常體　一切於中現
復次常精進若善男子善女人如来滅後受
持是經若讀若誦若解說若書寫得千二百
意功德以是清淨意根乃至聞一偈一句

BD05225號　妙法蓮華經卷六　（26–8）

諸天等宫殿　乃至於有頂　鐵圍及弥樓　摩訶弥樓山
諸大海水等　皆於身中現
諸佛及聲聞　佛子菩薩等　若獨若在衆　說法悉皆現
雖未得无漏　法性之妙身　以清淨常體　一切於中現
復次常精進若善男子善女人如來滅後受
持是經若讀若誦若解說若書寫得千二百
意功德以是清淨意根乃至聞一偈一句通
達无量无邊之義解是義已能演說一句一
偈至於一月四月乃至一歲諸所說法隨其
義趣皆與實相不相違背若說俗間經書治
世語言資生業等皆順正法三千大千世界
六趣衆生心之所行心所動作心所戲論皆
悉知之雖未得无漏智慧而其意根清淨如
此是人有所思惟籌量言說皆是佛法无不
真實亦是先佛經中所說尒時世尊欲重宣
此義而說偈言
是人意清淨　明利无穢濁　以此妙意根　知上中下法
乃至聞一偈　通達无量義　次第如法說　月四月至歲
是世界内外　一切諸衆生　若天龍及人　夜叉鬼神等
其在六趣中　所念若干種　持法華之報　一時皆悉知
十方无數佛　百福莊嚴相　為衆生說法　悉聞能受持
思惟无量義　說法亦无量　終始不妄錯　以持法華故
悉知諸法相　隨義識次第　達名字語言　如所知演說
此人有所說　皆是先佛法　以演此法故　於衆无所畏
持法華經者　意根淨若斯　雖未得无漏　先有如是相
是人持此經　安住希有地　為一切衆生　歡喜而愛敬
能以千万種　善巧之語言　分别而說法　持法華經故

悉知諸法相　隨義識次第　達名字語言　如所知演說
此人有所說　皆是先佛法　以演此法故　於衆无所畏
持法華經者　意根淨若斯　雖未得无漏　先有如是相
是人持此經　安住希有地　為一切衆生　歡喜而愛敬
能以千万種　善巧之語言　分别而說法　持法華經故
妙法蓮華經常不輕菩薩品第廿
尒時佛告得大勢菩薩摩訶薩汝今當知若
比丘比丘尼優婆塞優婆夷持法華經者若
有惡口罵詈誹謗獲大罪報如前所說其所
得功德如向所說眼耳鼻舌身意清淨得大
勢乃往古昔過无量无邊不可思議阿僧祇
劫有佛名威音王如來應供正遍知明行足
善逝世間解无上士調御丈夫天人師佛世
尊劫名離衰國名大成其威音王佛於彼世
中為天人阿脩羅說法為求聲聞者說應四
諦法度生老病死究竟涅槃為求辟支佛者
說應十二因緣法為諸菩薩因阿耨多羅三
藐三菩提說應六波羅蜜法究竟佛慧得大
勢是威音王佛壽四十万億那由他恒河沙
劫正法住世劫數如一閻浮提微塵像法住
世劫數如四天下微塵其佛饒益衆生已然
後滅度正法像法滅盡之後於此國土復有
佛出亦号威音王如来應供正遍知明行足
善逝世間解无上士調御丈夫天人師佛世
尊如是次第有二万億佛皆同一号最初威
音王如来既已滅度正法滅後於像法中增

後滅度正法像法滅盡之後於此國土復有
佛出亦号威音王如來應供正遍知明行足
善逝世間解无上士調御丈夫天人師佛世
尊如是次第有二万億佛皆同一号最初威
音王如來既已滅度正法滅後於像法中增
上慢比丘有大勢力尒時有一菩薩比丘名
常不輕得大勢以何因緣名常不輕是比丘
凡有所見若比丘比丘尼優婆塞優婆夷皆
悉礼拜讚嘆而作是言我深敬汝等不敢輕
慢所以者何汝等皆行菩薩道當得作佛而
是比丘不專讀誦經典但行礼拜乃至遠見
四衆亦復故往礼拜讚嘆而作是言我不敢
輕於汝等汝等皆當作佛四衆之中有生瞋
恚心不淨者惡口罵詈言是无智比丘從何
所來自言我不輕汝而與我等授記當得作
佛我等不用如是虛妄授記如此逕歷多年
常被罵詈不生瞋恚常作是言汝當作佛說
是語時衆人或以杖木凡石而打擲之避走
遠住猶高聲唱言我不敢輕汝汝等皆當作
佛以其常作是語故增上慢比丘比丘尼優
婆塞優婆夷号之為常不輕是比丘臨欲終
時於虛空中具聞威音王佛先所說法華經
二十千万億偈悉能受持即得如上眼根清
淨耳鼻舌身意根清淨得是六根清淨已更
增壽命二百万億那由他歲廣為人說是法
華經於時增上慢四衆比丘比丘尼優婆塞
優婆夷輕賤是人為作不輕名者見其得

BD05225號　妙法蓮華經卷六　（26–11）

時於虛空中具聞威音王佛先所說法華經
二十千万億偈悉能受持即得如上眼根清
淨耳鼻舌身意根清淨得是六根清淨已更
增壽命二百万億那由他歲廣為人說是法
華經於時增上慢四衆比丘比丘尼優婆塞
優婆夷輕賤是人為作不輕名者見其得大
神通力樂說辯力大善寂力聞其所說皆信
伏隨從是菩薩復化千万億衆令住阿耨多羅
三藐三菩提命終之後得值二千億佛皆号
日月燈明於其法中說是法華經以是因
緣復值二千億佛同号雲自在燈王於此諸
佛法中受持讀誦為諸四衆說此經典故得
是常眼清淨耳鼻舌身意諸根清淨於四衆
中說法心无所畏得大勢是常不輕菩薩摩
訶薩供養如是若干諸佛恭敬尊重讚嘆種
諸善根於後復值千万億佛亦於諸佛法中
說是經典功德成就當得作佛得大勢於意
云何尒時常不輕菩薩豈異人乎則我身是
若我於宿世不受持讀誦此經為他人說者
不能疾得阿耨多羅三藐三菩提我於先佛
所受持讀誦此經為人說故疾得阿耨多羅三
藐三菩提得大勢彼時四衆比丘比丘尼
優婆塞優婆夷以瞋恚意輕賤我故二百億劫
常不值佛不聞法不見僧千劫於阿鼻地獄
受大苦惱畢是罪已復遇常不輕菩薩教化
阿耨多羅三藐三菩提得大勢於汝意云
何尒時四衆常輕是菩薩者豈異人乎今此

BD05225號　妙法蓮華經卷六　（26–12）

優婆塞優婆夷以瞋恚意輕賤我故二百億劫
常不值佛不聞法不見僧千劫於阿鼻地獄
受大苦惱畢是罪已復遇常不輕菩薩教化
阿耨多羅三藐三菩提得大勢於汝意云
何尒時四衆常輕是菩薩者豈異人乎今此
會中颰陀婆羅等五百菩薩師子月等五百
比丘尼思佛等五百優婆塞皆於阿耨多羅
三藐三菩提不退轉者是得大勢當知是法
華經大饒益諸菩薩摩訶薩能令至於阿耨
多羅三藐三菩提是故諸菩薩摩訶薩於如
来滅後常應受持讀誦解說書寫是經尒時
世尊欲重宣此義而說偈言
過去有佛　号威音王　神智无量　將導一切
天人龍神　所共供養
是佛滅後　法欲盡時　有一菩薩　名常不輕
時諸四衆　計著於法　不輕菩薩　往到其所
而語之言　我不輕汝　汝等行道　皆當作佛
諸人聞已　輕毀罵詈　不輕菩薩　能忍受之
其罪畢已　臨命終時　得聞此經　六根清淨
神通力故　增益壽命　復為諸人　廣說是經
諸著法衆　皆蒙菩薩　教化成就　令住佛道
不輕命終　值无數佛　說是經故　得无量福
漸具功德　疾成佛道　彼時不輕　則我身是
時四部衆　著法之者　聞不輕言　汝當作佛
以是因緣　值无數佛　此會菩薩　五百之衆
并及四衆　清信士女　今於我前　聽法者是

BD05225號　妙法蓮華經卷六　（26–13）

漸具功德　疾成佛道　彼時不輕　則我身是
時四部衆　著法之者　聞不輕言　汝當作佛
以是因緣　值无數佛　此會菩薩　五百之衆
并及四衆　清信士女　今於我前　聽法者是
我於前世　勸是諸人　聽受斯經　第一之法
開示教人　令住涅槃　世世受持　如是經典
億億万劫　至不可議　時乃得聞　是法華經
億億万劫　至不可議　諸佛世尊　時說是經
是故行者　於佛滅後　聞如是經　勿生疑惑
應當一心　廣說此經　世世值佛　疾成佛道

妙法蓮華經如来神力品第廿一

尒時千世界微塵等菩薩摩訶薩從地踊
出者皆於佛前一心合掌瞻仰尊顏而白
佛言世尊我等於佛滅後世尊分身所在國
土滅度之處當廣說此經所以者何我等亦自
欲得是真淨大法受持讀誦解說書寫而供
養之尒時世尊於文殊師利等无量百千万億
舊住娑婆世界菩薩摩訶薩及諸比丘比丘
尼優婆塞優婆夷天龍夜叉乾闥婆阿脩羅
迦樓羅緊那羅摩睺羅伽人非人等一切衆
前現大神力出廣長舌上至梵世一切毛孔
放於无量无數色光皆悉遍照十方世界衆
寶樹下師子座上諸佛亦復如是出廣長舌
放无量光釋迦牟尼佛及寶樹下諸佛現神
力時滿百千歲然後還攝舌相一時謦欬
俱共彈指是二音聲遍至十方諸佛世界地
皆六種震動其中衆生天龍夜叉乾闥婆阿脩

BD05225號　妙法蓮華經卷六　（26–14）

寶樹下師子座上諸佛亦復如是出廣長舌
放无量光釋迦牟尼佛及寶樹下諸佛現神
力時滿百千歲然後還攝舌相一時謦咳
俱共彈指是二音聲遍至十方諸佛世界地
皆六種震動其中衆生天龍夜叉乾闥婆阿脩
羅迦樓羅緊那羅摩睺羅伽人非人等以佛
神力故皆見此娑婆世界无量无邊百千万億
衆寶樹下師子座上諸佛及見釋迦牟尼佛
共多寶如来在寶塔中坐師子座又見无
量无邊百千万億菩薩摩訶薩及諸四衆
恭敬圍遶釋迦牟尼佛既見是已皆大歡喜
得未曾有即時諸天於虛空中高聲唱言
過此无量无邊百千万億阿僧祇世界有國名
娑婆是中有佛名釋迦牟尼今為諸菩薩摩
訶薩說大乘經名妙法蓮華教菩薩法佛所
護念汝等當深心隨喜亦當礼拜供養釋迦
牟尼佛彼諸衆生聞虛空中聲已合掌向娑
婆世界作如是言南无釋迦牟尼佛南无釋
迦牟尼佛以種種華香瓔珞幡蓋及諸嚴身之
具珎寶妙物皆共遙散娑婆世界所散諸物
從十方来譬如雲集變成寶帳遍覆此間
諸佛之上于時十方世界通達无㝵如一佛土
尒時佛告上行等菩薩大衆諸佛神力如是
无量无邊不可思議若我以是神力於无量
无邊百千万億阿僧祇劫為囑累故說此經
功德猶不能盡以要言之如来一切所有之
法如来一切自在神力如来一切秘密之藏

BD05225號　妙法蓮華經卷六　（26–15）

諸佛之上于時十方世界通達无㝵如一佛土
尒時佛告上行等菩薩大衆諸佛神力如是
无量无邊不可思議若我以是神力於无量
无邊百千万億阿僧祇劫為囑累故說此經
功德猶不能盡以要言之如来一切所有之
法如来一切自在神力如来一切秘密之藏
如来一切甚深之事皆於此經宣示顯說是
故汝等於如来滅後應一心受持讀誦解說
書寫如說脩行所在國土若有受持讀誦解
說書寫如說脩行若經卷所住之處若於
園中若於林中若於樹下若於僧坊若白衣舍
若在殿堂若山谷曠野是中皆應起塔供養
所以者何當知是處即是道塲諸佛於此得
阿耨多羅三藐三菩提諸佛於此轉于法輪
諸佛於此而般涅槃尒時世尊欲重宣此義而
說偈言
諸佛救世者　住於大神通　為悅衆生故　現无量神力
舌相至梵天　身放无數光　為求佛道者　現此希有事
諸佛謦咳聲　及彈指之聲　周聞十方國　地皆六種動
以佛滅度後　能持是經故　諸佛皆歡喜　現无量神力
囑累是經故　讚美受持者　於无量劫中　猶故不能盡
是人之功德　无邊无有窮　如十方虛空　不可得邊際
能持是經者　則為已見我　亦見多寶佛　及諸分身者
又見我今日　教化諸菩薩
能持是經者　令我及分身　滅度多寶佛　一切皆歡喜
十方現在佛　并過去未来　亦見亦供養　亦令得歡喜

BD05225號　妙法蓮華經卷六　（26–16）

是人之功德　无邊无有窮　如十方虛空　不可得邊際
能持是經者　則為已見我　亦見多寶佛　及諸分身者
又見我今日　教化諸菩薩
能持是經者　令我及分身　滅度多寶佛　一切皆歡喜
十方現在佛　并過去未來　亦見亦供養　亦令得歡喜
諸佛坐道場　所得秘要法　能持是經者　不久亦當得
能持是經者　於諸法之義　名字及言辭　樂說无窮盡
如風於空中　一切无鄣㝵　於如來滅後　知佛所說經
因緣及次第　隨義如實說　如日月光明　能除諸幽冥
斯人行世間　能滅衆生闇　教无量菩薩　畢竟住一乘
是故有智者　聞此功德利　於我滅度後　應受持斯經
是人於佛道　決定无有疑
妙法蓮華經囑累品第廿二
尒時釋迦牟尼佛從法座起現大神力以右
手摩无量菩薩摩訶薩頂而作是言我於无
量百千万億阿僧祇劫脩集是難得阿耨多
羅三藐三菩提法今以付囑汝等汝等應當
一心流布此法廣令增益如是三摩諸菩薩
摩訶薩頂而作是言我於无量百千万億阿
僧祇劫脩集是難得阿耨多羅三藐三菩提法
法今以付囑汝等汝等當受持讀誦廣宣此
法令一切衆生普得聞知所以者何如來有
大慈悲无諸慳悋亦无所畏能與衆生佛之智
慧如來智慧自然智慧如來是一切衆生之
大施主汝等亦應隨學如來之法勿生慳悋
於未來世若有善男子善女人信如來智慧
者當為演說此法華經使得聞知為令其人

BD05225 號　妙法蓮華經卷六　（26–17）

大慈悲无諸慳悋亦无所畏能與衆生佛之智
慧如來智慧自然智慧如來是一切衆生之
大施主汝等亦應隨學如來之法勿生慳悋
於未來世若有善男子善女人信如來智慧
者當為演說此法華經使得聞知為令其人
得佛慧故若有衆生不信受者當於如來餘
深法中示教利喜汝等若能如是則為已報
諸佛之恩時諸菩薩摩訶薩聞佛作是說已
皆大歡喜遍滿其身益加恭敬曲躬低頭合
掌向佛俱發聲言如世尊勅當具奉行唯然
世尊願不有慮諸菩薩摩訶薩衆如是三反
俱發聲言如世尊勅當具奉行唯然世尊
願不有慮尒時釋迦牟尼佛令十方來諸分
身佛各還本土而作是言諸佛各隨所安多寶
佛塔還可如故說是語時十方无量分身諸佛
坐寶樹下師子座上者及多寶佛并上行等
等无量阿僧祇菩薩大衆舍利弗等聲聞
四衆及一切世間天人阿脩羅等聞佛所說
皆大歡喜
妙法蓮華經藥王菩薩本事品第廿三
尒時宿王華菩薩白佛言世尊藥王菩薩
云何遊於娑婆世界世尊是藥王菩薩有若
干百千万億那由他難行苦行善哉世尊願
少解說諸天龍神夜叉乾闥婆阿脩羅迦樓羅
緊那羅摩睺羅伽人非人等又他國土諸來
菩薩及此聲聞衆聞皆歡喜尒時佛告宿王
華菩薩乃往過去无量恒河沙劫有佛号曰

BD05225 號　妙法蓮華經卷六　（26–18）

千百千万億那由他難行苦行善哉世尊願
少解說諸天龍神夜叉乾闥婆阿脩羅迦樓羅
緊那羅摩睺羅伽人非人等又他國土諸来
菩薩及此聲聞眾聞皆歡喜尒時佛告宿王
華菩薩乃往過去无量恒河沙劫有佛号曰
月淨明德如来應供正遍知明行足善逝世
間解无上士調御丈夫天人師佛世尊其佛
有八十億大菩薩摩訶薩七十二恒河沙大
聲聞眾佛壽四万二千劫菩薩壽命亦等彼
國无有女人地獄餓鬼畜生阿脩羅等及以
諸難地平如掌瑠璃所成寶樹莊嚴寶帳
覆上垂寶華幡寶瓶香鑪周遍國界七寶為臺
一樹一臺其樹去臺盡一箭道此諸寶樹皆
有菩薩聲聞而坐其下諸寶臺上各有百億
諸天作天伎樂歌嘆於佛以為供養尒時彼
佛為一切眾生喜見菩薩及眾菩薩諸聲聞
眾說法華經是一切眾生憙見菩薩樂集苦
行於日月淨明德佛法中精進經行一心求佛
滿万二千歲已得現一切色身三昧得此三
昧已心大歡喜即作念言我得現一切色身
三昧皆是得聞法華經力我今當供養日
月淨明德佛及法華經即時入是三昧於虛
空中雨曼陁羅華摩訶曼陁羅華細末堅
黑栴檀滿虛空中如雲而下又雨海此岸栴檀
之香此香六銖價直娑婆世界以供養佛作是
供養已從三昧起而自念言我雖以神力供

BD05225號　妙法蓮華經卷六　（26–19）

月淨明德佛及法華經即時入是三昧於虛
空中雨曼陁羅華摩訶曼陁羅華細末堅
黑栴檀滿虛空中如雲而下又雨海此岸栴檀
之香此香六銖價直娑婆世界以供養佛作是
供養已從三昧起而自念言我雖以神力供
養於佛不如以身供養即服諸香栴檀薰
陸兜樓婆畢力迦沈水膠香又飲瞻蔔諸華
香油滿千二百歲已香油塗身於日月淨明
德佛前以天寶衣而自纏身灌諸香油以神
通力願而自燃身光明遍照八十億恒河沙
世界其中諸佛同時讚言善哉善哉善男子
是真精進是名真法供養如来若以華香瓔
珞燒香末香塗香天繒幡蓋及海此岸栴檀
之香如是等種種諸物供養所不能及假使國
城妻子布施亦所不及善男子是名第一之施
於諸施中最尊最上以法供養諸如来故
作是語已而各嘿然其身火燃千二百歲過
是已後其身乃盡一切眾生憙見菩薩作如
是法供養已命終之後復生日月淨明德佛
國中於淨德王家結加趺坐忽然化生即為
其父而說偈言
大王今當知　我經行彼處　即時得一切　現諸身三昧
精行大精進　捨所愛之身
說是偈已而白父言日月淨明德佛今故現
在我先供養佛已得解一切眾生語言陁羅尼
復聞是法華經八百千万億那由他甄迦羅
頻婆羅阿閦婆等偈大王我今當還供養

BD05225號　妙法蓮華經卷六　（26–20）

精行大精進　捨所愛之身
說是偈已而白父言日月淨明德佛今故現
在我先供養佛已得解一切眾生語言陁羅尼
復聞是法華經八百千万億那由他甄迦羅
頻婆羅阿閦婆等偈大王我今當還供養
此佛白已即坐七寶之臺上昇虛空高七多
羅樹往到佛所頭面禮足合十指爪以偈讚佛
容顏甚奇妙　光明照十方　我適曾供養　今復還親覲
尒時一切眾生喜見菩薩說是偈已而白佛
言世尊世尊猶故在世尒時日月淨明德
佛告一切眾生憙見菩薩善男子我涅槃時
到滅盡時至汝可安施床座我於今夜當般涅
槃又勑一切眾生憙見菩薩善男子我以佛法
囑累於汝及諸菩薩大弟子并阿耨多羅三
藐三菩提法亦以三千大千七寶世界諸寶樹
寶臺及給侍諸天悉付於汝我滅度後所有
舍利亦付囑汝當令流布廣設供養應起若
干千塔如是日月淨明德佛勑一切眾生憙
見菩薩已於夜後分入於涅槃尒時一切眾
生憙見菩薩見佛滅度悲感懊惱戀慕於佛
即以海此岸栴檀為𧂐供養佛身而以燒之
火滅已後收取舍利作八万四千寶瓶以起八
万四千塔高三世界表剎莊嚴垂諸幡蓋懸
眾寶鈴尒時一切眾生憙見菩薩復自念言我
雖作是供養心猶未足我今當更供養舍利便語
諸菩薩大弟子及天龍夜叉等一切大眾汝等

即以海此岸栴檀為𧂐供養佛身而以燒之
火滅已後收取舍利作八万四千寶瓶以起八
万四千塔高三世界表剎莊嚴垂諸幡蓋懸
眾寶鈴尒時一切眾生憙見菩薩復自念言我
雖作是供養心猶未足我今當更供養舍利便語
諸菩薩大弟子及天龍夜叉等一切大眾汝等
當一心念我今供養日月淨明德佛舍利作是
語已即於八万四千塔前然百福莊嚴臂七
万二千歲而以供養令无數求聲聞眾无量
阿僧祇人發阿耨多羅三藐三菩提心皆使得
住現一切色身三昧尒時諸菩薩大弟子天
人阿脩羅等見其无臂憂惱悲哀而作是
言此一切眾生憙見菩薩是我等師教化我
者而今燒臂身不具足于時一切眾生憙見
菩薩於大眾中立此誓言我捨兩臂必當得
佛金色之身若實不虛令我兩臂還復如故
作是誓已自然還復由斯菩薩福德智慧淳
厚所致當尒之時三千大千世界六種震動
天雨寶華一切天人得未曾有佛告宿王華
菩薩於汝意云何一切眾生憙見菩薩豈異
人乎今藥王菩薩是也其所捨身布施如是
无量百千万億那由他數宿王華若有發心
欲得阿耨多羅三藐三菩提者能然手指乃
至足一指供養佛塔勝以國城妻子及三千大
千國土山林河池諸珍寶物而供養者若復
有人以七寶滿三千大千世界供養於佛及大
菩薩辟支佛阿羅漢是人所得功德不如受

无量百千万億那由他數宿王華若有發心
欲得阿耨多羅三藐三菩提者能燃手指乃
至足一指供養佛塔勝以國城妻子及三千大
千國土山林河池諸珎寶物而供養者若復
有人以七寶滿三千大千世界供養於佛及大
菩薩辟支佛阿羅漢是人所得功德不如受
持此法華經乃至一四句偈其福㝡多宿王
華譬如一切川流江河諸水之中海為第一
此法華經亦復如是於諸如来所說經中㝡
為深大又如土山黑山小鐵圍山大鐵圍山及
十寶山衆山之中須弥山為第一此法華經
亦復如是於諸經中㝡為其上又如衆星之
中月天子㝡為第一此法華經亦復如是於
千万億種諸經法中㝡為照明又如日天子能
除諸闇此經亦復如是能破一切不善之闇又
如諸小王中轉輪聖王㝡為第一此經亦復如
是於衆經中㝡為其尊又如帝釋於三十三
天中王此經亦復如是諸經中王又如大梵天
王一切衆生之父此經亦復如是一切賢聖學
无學及發菩薩心者之父又如一切凡夫人中須
陁洹斯陁含阿那含阿羅漢辟支佛為第一
此經亦復如是一切如来所說若菩薩所說
若聲聞所說諸經法中㝡為第一有能受持
是經典者亦復如是於一切衆生中亦為第
一一切聲聞辟支佛中菩薩為第一此經
亦復如是於一切諸經法中㝡為第一如佛
為諸法王此經亦復如是諸經中王宿王華

BD05225號　妙法蓮華經卷六　（26–23）

此經亦復如是一切如来所說若菩薩所說
若聲聞所說諸經法中㝡為第一有能受持
是經典者亦復如是於一切衆生中亦為第
一一切聲聞辟支佛中菩薩為第一此經
亦復如是於一切諸經法中㝡為第一如佛
為諸法王此經亦復如是諸經中王宿王華
此經能救一切衆生者此經能令一切衆生
離諸苦惱此經能大饒益一切衆生充滿其
願如清涼池能滿一切諸渴乏者如寒者得
火如裸者得衣如商人得主如子得母如渡
得船如病得醫如闇得燈如貧得寶如民
得王如賈客得海如炬除闇此法華經亦復
如是能令衆生離一切苦一切病痛能解一
切生死之縛若人得聞此法華經若自書若
使人書所得功德以佛智慧籌量多少不得
其邊若書是經卷華香瓔珞燒香末香塗
香幡蓋衣服種種之燈蘇燈油燈諸香油
燈瞻蔔油燈須曼那油燈波羅羅油燈婆利
師迦油燈那婆摩利油燈供養所得功德亦復
无量宿王華若有人聞是藥王菩薩本事品者
亦得无量无邊功德若有女人聞是藥王菩薩
本事品能受持者盡是女身後不復受若如
来滅後後五百歲中若有女人聞是經典如說
脩行於此命終即往安樂世界阿弥陁佛大
菩薩衆圍遶住處生蓮華中寶座之上不復
為貪欲所惱亦復不為瞋恚愚癡所惱亦復

BD05225號　妙法蓮華經卷六　（26–24）

本事品能受持者盡是女身後不復受若如
來滅後後五百歲中若有女人聞是經典如說
脩行於此命終即往安樂世界阿弥陁佛大
菩薩衆圍遶住處生蓮華中寶座之上不復
為貪欲所惱亦復不為瞋恚愚癡所惱亦復
不為憍慢嫉妬諸垢所惱得菩薩神通无生
法忍得是忍已眼根清淨以是清淨眼根見
七百万二千億那由他恒河沙等諸佛如來
是時諸佛遥共讚言善哉善哉善男子汝能
於釋迦牟尼佛法中受持讀誦思惟是經為
他人說所得福德无量无邊火不能燒水不能
漂汝之功德千佛共說不能令盡汝今已能破
諸魔賊壞生死軍諸餘怨敵皆悉摧滅善男
子百千諸佛以神通力共守護汝於一切世間
天人之中无如汝者唯除如來其諸聲聞辟
支佛乃至菩薩智慧禪定无有與汝等者宿
王華此菩薩成就如是功德智慧之力若有
人聞是藥王菩薩本事品能隨喜讚善者是
人現世口中常出青蓮華香身毛孔中常出
牛頭栴檀香所得功德如上所說是故宿王華
以此藥王菩薩本事品囑累於汝我滅度後
後五百歲中廣宣流布於閻浮提无令斷絕
惡魔魔民諸天龍夜叉鳩槃荼等得其便也
宿王華汝當以神通之力守護是經所以者
何此經則為閻浮提人病之良藥若人有病
得聞是經病即消滅不老不死宿王華汝若見
有受持是經者應以青蓮華盛滿末香供散

BD05225號　妙法蓮華經卷六　（26–25）

後五百歲中廣宣流布於閻浮提无令斷絕
惡魔魔民諸天龍夜叉鳩槃荼等得其便也
宿王華汝當以神通之力守護是經所以者
何此經則為閻浮提人病之良藥若人有病
得聞是經病即消滅不老不死宿王華汝若見
有受持是經者應以青蓮華盛滿末香供散
其上散已作是念言此人不久必當取草坐於
道場破諸魔軍當吹法螺擊大法鼓度脫一
切衆生老病死海是故求佛道者見有受持是經
典人應當如是生恭敬心說是藥王菩薩本事
品時八万四千菩薩得解一切衆生語言陁
羅尼多寶如來於寶塔中讚宿王華菩薩言
善哉善哉宿王華汝成就不可思議功德乃
能問釋迦牟尼佛如此之事利益无量一切衆
生

妙法蓮華經卷第六

BD05225號　妙法蓮華經卷六　（26–26）

合無忘失法恒住捨性不離散無忘失法恒
住捨性不和合一切智道相智一切相智不
離散一切智道相智一切相智不和合預流
果乃至獨覺菩提不離散預流果乃至獨覺
菩提不和合一切菩薩摩訶薩行諸佛無上
正等菩提不離散一切菩薩摩訶薩行諸佛
無上正等菩提何以故如是諸法皆無自性
可令和合及離散故如是舍利子諸菩薩摩
訶薩行深般若波羅蜜多時勇猛正勤脩菩
提道時舍利子復白佛言若一切法都無自
性可令和合及離散者云何菩薩摩訶薩
引發般若波羅蜜多於中脩學若菩薩摩訶
薩不學般若波羅蜜多終不能得所求無上正
等菩提佛告舍利子如是如是如汝所說若
菩薩摩訶薩不學般若波羅蜜多終不能
得所求無上正等菩提舍利子若菩薩摩訶
[illegible]

BD05226號　大般若波羅蜜多經卷五三四　（5–1）

訶薩行深般若波羅蜜多時勇猛正勤脩菩
提道時舍利子復白佛言若一切法都無自
性可令和合及離散者云何菩薩摩訶薩
引發般若波羅蜜多於中脩學若菩薩摩訶
薩不學般若波羅蜜多終不能得所求無上正
等菩提佛告舍利子如是如是如汝所說若
菩薩摩訶薩不學般若波羅蜜多終不能
得所求無上正等菩提舍利子若菩薩摩訶
薩求證無上正等菩提要學般若波羅蜜多
乃能證得舍利子諸菩薩摩訶薩所求無上正
等菩提要有方便善巧乃能證得非無方便
善巧而能證得舍利子諸菩薩摩訶薩行深
般若波羅蜜多時若見有法自性可得則應
可取不見有法自性可得當何所取所謂不
取此是般若波羅蜜多此是靜慮精進安忍
淨戒布施波羅蜜多此是色蘊乃至識蘊此
是眼處乃至意處此是色處乃至法處此是
眼界乃至意界此是色界乃至法界此是眼
識界乃至意識界此是眼觸乃至意觸此是
眼觸為緣所生諸受乃至意觸為緣所生諸
受此是地界乃至識界此是因緣乃至增上
緣此是從緣所生諸法此是無明乃至老死
此是內空乃至無性自性空此是真如乃至
不思議界此是苦集滅道聖諦此是四念住
乃至八聖道支此是四靜慮四無量四無色
定此是空無相無願解脫門此是八解脫乃
至十遍處此是淨觀地乃至如來地此是極

BD05226號　大般若波羅蜜多經卷五三四　（5–2）

緣此是從緣所生諸法此是無明乃至老死
此是內空乃至無性自性空此是真如乃至
不思議界此是苦集滅道聖諦此是四念住
乃至八聖道支此是四靜慮四無量四無色
定此是空無相無願解脫門此是八解脫乃
至十遍處此是淨觀地乃至如來地此是極
喜地乃至法雲地此是陁羅尼門三摩地
門此是五眼六神通此是如來十力乃至十八
佛不共法此是大慈大悲大喜大捨此是三
十二大士相八十隨好此是無忘失法恒住
捨性此是一切智道相智一切相智此是預
流果乃至獨覺菩提此是一切菩薩摩訶薩
行此是諸佛無上正等菩提此是異生此是聲
聞此是獨覺此是菩薩摩訶薩此是如來應
正等覺舍利子諸菩薩摩訶薩行深般若波
羅蜜多如實了知一切法性皆不可取所謂
般若乃至布施波羅蜜多皆不可取色蘊乃
至識蘊皆不可取眼處乃至意處皆不可取
色處乃至法處皆不可取眼界乃至意界皆
不可取色界乃至法界皆不可取眼識界乃
至意識界皆不可取眼觸乃至意觸皆不可
取眼觸為緣所生諸受乃至意觸為緣所生
諸受皆不可取地界乃至識界皆不可取因
緣乃至增上緣皆不可取從緣所生諸法皆
不可取無明乃至老死皆不可取四念住乃
至八聖道支皆不可取內空乃至無性自性
空皆不可取真如乃至不思議界皆不可取

諸受皆不可取地界乃至識界皆不可取因
緣乃至增上緣皆不可取從緣所生諸法皆
不可取無明乃至老死皆不可取四念住乃
至八聖道支皆不可取內空乃至無性自性
空皆不可取真如乃至不思議界皆不可取
苦集滅道聖諦皆不可取四靜慮四無量四
無色定皆不可取空無相無願解脫門皆不
可取八解脫乃至十遍處皆不可取淨觀地
乃至如來地皆不可取極喜地乃至法雲地
皆不可取陁羅尼門三摩地門皆不可取五
眼六神通皆不可取如來十力乃至十八佛
不共法皆不可取大慈大悲大喜大捨皆不
可取三十二大士相八十隨好皆不可取無
忘失法恒住捨性皆不可取一切智道相智
一切相智皆不可取預流果乃至獨覺菩提
皆不可取一切菩薩摩訶薩行諸佛無上正
等菩提皆不可取一切異生聲聞獨覺菩薩
如來皆不可取舍利子諸菩薩摩訶薩行深
般若波羅蜜多如實了知一切法性不可取
故於一切法得無障礙舍利子此不可取波
羅蜜多即是無障波羅蜜多如是無障波羅
蜜多即是般若波羅蜜多諸菩薩摩訶薩應
於中學舍利子若菩薩摩訶薩能於中學於
一切法都無所得尚不得學況得無上正等
菩提況得般若波羅蜜多況得異生聲聞獨
覺菩薩佛法何以故舍利子無有少法實有

一切相智皆不可取預流果乃至獨覺菩提
皆不可取一切菩薩摩訶薩行諸佛無上正
等菩提皆不可取一切異生聲聞獨覺菩薩
如來皆不可取舍利子諸菩薩摩訶薩行深
般若波羅蜜多如實了知一切法性不可取
故於一切法得無障礙舍利子此不可取波
羅蜜多即是無障波羅蜜多如是無障波羅
蜜多即是般若波羅蜜多諸菩薩摩訶薩應
於中學舍利子若菩薩摩訶薩能於中學於
一切法都無所得尚不得學況得無上正等
菩提況得般若波羅蜜多況得異生聲聞獨
覺菩薩佛法何以故舍利子無有少法實有
自性於無自性一切法中何等是異生法何
等是預流乃至諸佛法舍利子如是諸法既
不可得依何等法可施設有補特伽羅補特
伽羅既不可得云何可說此是異生此是預
流乃至如來應正等覺時舍利子便白佛言
若一切法都無自性皆非實有依何等事而
可了知此是異生此是異生法廣說乃至此

BD05226號　大般若波羅蜜多經卷五三四　　（5–5）

故學是學一切智智不為道相智一切相智
離故學是學一切智智不若菩薩摩訶薩
為一切智滅故學是學一切智智不為道相智
一切相智滅故學是學一切智智不若菩薩
摩訶薩為一切智無生故學是學一切智智
不為道相智一切相智無生故學是學一切
智智不若菩薩摩訶薩為一切智無滅故學
是學一切智智不為道相智一切相智無滅
故學是學一切智智不若菩薩摩訶薩為一
切智本來寂靜故學是學一切智智不為道
相智一切相智本來寂靜故學是學一切智
智不若菩薩摩訶薩為一切智自性涅槃故
學是學一切智智不為道相智一切相智自
性涅槃故學是學一切智智不
世尊若菩薩摩訶薩為一切陁羅尼門盡故
學是學一切智智不為一切三摩地門盡故學
是學一切智智不若菩薩摩訶薩為一切
離故學是學一切智智不為一切

BD05227號　大般若波羅蜜多經卷三三九　　（6–1）

智不若菩薩摩訶薩為一切智自性涅槃故
學是學一切智智不為道相智一切相智自
性涅槃故學是學一切智智不
世尊若菩薩摩訶薩為一切陁羅尼門盡故
學是學一切智智不為一切三摩地門盡故學
是學一切智智不若菩薩摩訶薩為一切
陁羅尼門離故學是學一切智智不為一切
三摩地門離故學是學一切智智不若菩薩
摩訶薩為一切陁羅尼門滅故學是學一切
智智不為一切三摩地門滅故學是學一切
智智不若菩薩摩訶薩為一切陁羅尼門無
生故學是學一切智智不為一切三摩地門
無生故學是學一切智智不若菩薩摩訶
薩為一切陁羅尼門無滅故學是學一切智智
不為一切三摩地門無滅故學是學一切智
智不若菩薩摩訶薩為一切陁羅尼門本來
寂靜故學是學一切智智不為一切三摩地
門本來寂靜故學是學一切智智不若
菩薩摩訶薩為一切陁羅尼門自性涅槃故學
是學一切智智不為一切三摩地門自性涅槃
故學是學一切智智不
世尊若菩薩摩訶薩為預流果盡故學是
學一切智智不為一來不還阿羅漢果盡故學
是學一切智智不若菩薩摩訶薩為預流果
離故學是學一切智智不為一來不還阿羅
漢果離故學是學一切智智不若菩薩摩訶
薩為預流果滅故學是學一切智智不為一

BD05227 號　大般若波羅蜜多經卷三三九

（6–2）

故學是學一切智智不
世尊若菩薩摩訶薩為預流果盡故學是
學一切智智不為一來不還阿羅漢果盡故學
是學一切智智不若菩薩摩訶薩為預流果
離故學是學一切智智不為一來不還阿羅
漢果離故學是學一切智智不若菩薩摩訶
薩為預流果滅故學是學一切智智不為一
來不還阿羅漢果滅故學是學一切智智不
若菩薩摩訶薩為預流果無生故學是學
一切智智不為一來不還阿羅漢果無生故學
是學一切智智不若菩薩摩訶薩為預流果
無滅故學是學一切智智不為一來不還阿
羅漢果無滅故學是學一切智智不若菩薩
摩訶薩為預流果本來寂靜故學是學一切
智智不為一來不還阿羅漢果本來寂靜故
學是學一切智智不若菩薩摩訶薩為預流
果自性涅槃故學是學一切智智不為一來
不還阿羅漢果自性涅槃故學是學一切智
智不
世尊若菩薩摩訶薩為獨覺菩提盡故學是
學一切智智不若菩薩摩訶薩為獨覺菩
提離故學是學一切智智不若菩薩摩訶
薩為獨覺菩提滅故學是學一切智智不若
菩薩摩訶薩為獨覺菩提無生故學是學一切智
智不若菩薩摩訶薩為獨菩提無滅故學
是學一切智智不若菩薩摩訶薩獨覺菩

BD05227 號　大般若波羅蜜多經卷三三九

（6–3）

世尊若菩薩摩訶薩為獨
學一切智智不若菩薩摩訶薩為獨覺菩
提離故學是學一切智智不若菩薩摩訶
薩為獨覺菩提滅故學是學一切智智不若
菩薩摩訶薩為獨覺菩提無生故學是學一切智
智不若菩薩摩訶薩為獨菩提無滅故學
是學一切智智不若菩薩摩訶薩獨覺菩
提本來寂靜故學是學一切智智不若菩
薩摩訶薩為獨覺菩提自性涅槃故學
是學一切智智不
世尊若菩薩摩訶薩為一切菩薩摩訶薩行
盡故學是學一切智智不若菩薩摩訶薩
為一切菩薩摩訶薩行離故學是學一切智智
不若菩薩摩訶薩為一切菩薩摩訶薩行滅
故學是學一切智智不若菩薩摩訶薩為一
切菩薩摩訶薩行無生故學是學一切智智
不若菩薩摩訶薩為一切菩薩摩訶薩行無
滅故學是學一切智智不若菩薩摩訶薩為
一切菩薩摩訶薩本來寂靜故學是學一切
智智不若菩薩摩訶薩為一切菩薩摩訶薩
行自性涅槃故學是學一切智智不
世尊若菩薩摩訶薩為諸佛無上正等菩提
盡故學是學一切智智不若菩薩摩訶薩為
諸佛無上正等菩提離故學是學一切智智
不若菩薩摩訶薩為諸佛無上正等菩提滅
故學是學一切智智不若菩薩摩訶薩為諸

行自性涅槃故學是學一切智智不
世尊若菩薩摩訶薩為諸佛無上正等菩提
盡故學是學一切智智不若菩薩摩訶薩為
諸佛無上正等菩提離故學是學一切智智
不若菩薩摩訶薩為諸佛無上正等菩提滅
故學是學一切智智不若菩薩摩訶薩為諸
佛無上正等菩提無生故學是學一切智智
不若菩薩摩訶薩為諸佛無上正等菩提無
滅故學是學一切智智不若菩薩摩訶薩
為諸佛無上正等菩提本來寂靜故學是學
一切智智不若菩薩摩訶薩為諸佛無上正等
菩提自性涅槃故學是學一切智智不
世尊若菩薩摩訶薩為有情盡故學是學一
切智智不若菩薩摩訶薩為有情離故學是
學一切智智不若菩薩摩訶薩為有情滅故
學是學一切智智不若菩薩摩訶薩為有情
無生故學是學一切智智不若菩薩摩訶薩
為有情無滅故學是學一切智智不若菩薩
摩訶薩為有情本來寂靜故學是學一切智
智不若菩薩摩訶薩為有情自性涅槃故學是
學一切智智不
世尊若菩薩摩訶薩為菩薩盡故學是學
一切智智不若菩薩摩訶薩為菩薩離故學
是學一切智智不若菩薩摩訶薩為菩薩滅故
學是學一切智智不若菩薩摩訶薩為菩薩
無生故學是學一切智智不若菩薩摩訶薩

世尊若菩薩摩訶薩為菩薩盡故學是學
一切智智不若菩薩摩訶薩為菩薩離故學
是學一切智智不若菩薩摩訶薩為菩薩滅故
學是學一切智智不若菩薩摩訶薩為菩薩
無生故學是學一切智智不若菩薩摩訶薩
為菩薩無滅故學是學一切智智不若菩薩
摩訶薩為菩薩本來寂靜故學是學一切智
智不若菩薩摩訶薩為菩薩自性涅槃故學
是學一切智智不
世尊若菩薩摩訶薩為如來盡故學是學一切
智智不若菩薩摩訶薩為如來離故學是
學一切智智不若菩薩摩訶薩為如來滅故
學是學一切智智不若菩薩摩訶薩為如來
無生故學是學一切智智不若菩薩摩訶薩
為如來無滅故學是學一切智智不若菩薩
摩訶薩為如來本來寂靜故學是學一切智
智不若菩薩摩訶薩為如來自性涅槃故學
是學一切智智不
佛言善現如汝所說若菩薩摩訶薩為色盡
故學是學一切智智不為受想行識盡故學
是學一切智智不若菩薩摩訶薩為色離故

BD05227 號　大般若波羅蜜多經卷三三九

（6–6）

我得佛道　以諸方便　為說此法　令住其中
譬如強力　轉輪之王　兵戰有功　賞賜諸物
象馬車乘　嚴身之具　及諸田宅　聚落城邑
或與衣服　種種珍寶　奴婢財物　歡喜賜与
如有勇健　能為難事　王解髻中　明珠賜之
如來亦尒　為諸法王　忍辱大力　智慧寶藏
以大慈悲　如法化世　見一切人　受諸苦惱
欲求解脫　與諸魔戰　為是眾生　說種種法
以大方便　說此諸經　既知眾生　得其力已
末後乃為　說是法華　如王解髻　明珠与之
此經為尊　眾經中上　我常守護　不妄開示
今正是時　為汝等說
我滅度後　求佛道者　欲得安隱　演說斯經
應當親近　如是四法
讀是經者　常无憂惱　又无病痛　顏色鮮白
不生貧窮　卑賤醜陋　眾生樂見　如慕賢聖
天諸童子　以為給使　刀杖不加　毒不能害
若人惡罵　口則閉塞　遊行无畏　如師子王
智慧光明　如日之照　若於夢中　但見妙事
見諸如來　坐師子座　諸比丘眾　圍遶說法

BD05228 號　妙法蓮華經卷五

（8–1）

應當親近 如是四法 又无病痛 顏色鮮白
讀是經者 常无憂惱 衆生樂見 如慕賢聖
不生貧窮 卑賤醜陋 刀杖不加 毒不能害
天諸童子 以為給使 遊行无畏 如師子王
若人惡罵 口則閉塞 若於夢中 但見妙事
智慧光明 如日之照 諸比丘衆 圍遶說法
見諸如來 坐師子座 數如恒沙 恭敬合掌
又見龍神 阿脩羅等 又見諸佛 身相金色
自見其身 而為說法 以梵音聲 演說諸法
放无量光 照於一切 見身處中 合掌讚佛
佛為四衆 說无上法 得陀羅尼 證不退智
聞法歡喜 而為供養 即為授記 成最正覺
佛知其心 深入佛道 得无量智 佛之大道
汝善男子 當於來世 亦有四衆 合掌聽法
國土嚴淨 廣大无比
又見自身 在山林中 脩習善法 證諸實相
深入禪定 見十方佛
諸佛身金色 百福相莊嚴 聞法為人說 常有是好夢
又夢作國王 捨宮殿眷屬 及上妙五欲 行詣於道場
在菩提樹下 而處師子座 求道過七日 得諸佛之智
成无上道已 起而轉法輪 為四衆說法 經千万億劫
說无漏妙法 度无量衆生 後當入涅槃 如烟盡燈滅
若後惡世中 說是第一法 是人得大利 如上諸功德
妙法蓮華經從地踊出品第十五
尒時他方國土諸來菩薩摩訶薩過八恒河
沙數於大衆中起合掌作礼而白佛言世尊

BD05228號　妙法蓮華經卷五　（8–2）

說无漏妙法 度无量衆生 後當入涅槃 如烟盡燈滅
若後惡世中 說是第一法 是人得大利 如上諸功德
妙法蓮華經從地踊出品第十五
尒時他方國土諸來菩薩摩訶薩過八恒河
沙數於大衆中起合掌作礼而白佛言世尊
若聽我等於佛滅後在此娑婆世界懃加精
進護持讀誦書寫供養是經典者當於此土
而廣說之尒時佛告諸菩薩摩訶薩衆止善
男子不須汝等護持此經所以者何我娑婆
世界自有六万恒河沙等菩薩摩訶薩一一
菩薩各有六万恒河沙眷屬是諸人等能於
我滅後護持讀誦廣說此經佛說是時娑婆
世界三千大千國土地皆震裂而於其中有
无量千万億菩薩摩訶薩同時踊出是諸菩
薩身皆金色三十二相无量光明先盡在此
娑婆世界之下此界虛空中住是諸菩薩聞
釋迦牟尼佛所說音聲從下發來一一菩薩
皆是大衆唱導之首各將六万恒河沙眷
屬況將五万四万三万二万一万恒河沙等
眷屬者況復乃至一恒河沙半恒河四分之
一乃至千万億那由他分之一況復千万億
那由他眷屬況復億万眷屬況復千万百万
乃至一万況復一千一百乃至一十況復將
五四三二一弟子者況復單己樂遠離行如
是等比无量无邊算數譬喻所不能知是諸
菩薩從地出已各詣虛空七寶妙塔多寶

BD05228號　妙法蓮華經卷五　（8–3）

一乃至千万億那由他分之一况復千万億
那由他眷屬况復億万眷屬况復千万百万
乃至一万况復一千一百乃至一十况復將
五四三二一弟子者况復單己樂遠離行如
是等比无量无邊筭數譬喻所不能知是諸
菩薩從地出已各詣虛空七寶妙塔多寶
如來釋迦牟尼佛所到已向二世尊頭面禮
足及至諸寶樹下師子座上佛所亦皆作禮
右遶三迊合掌恭敬以諸菩薩種種讚法而
以讚嘆住在一面欣樂瞻仰於二世尊是諸
菩薩摩訶薩從初踊出以諸菩薩種種讚
法而讚於佛如是時間逕五十小劫是時釋
迦牟尼佛嘿然而坐及諸四眾亦皆嘿然五
十小劫佛神力故令諸大眾謂如半日尒時
四眾亦以佛神力故見諸菩薩遍滿无量百
千万億國土虛空是菩薩眾中有四導師
一名上行二名无邊行三名淨行四名安立
行是四菩薩於其眾中最為上首唱導之
師在大眾前各共合掌觀釋迦牟尼佛而問
訊言世尊少病少惱安樂行不所應度者受
教易不不令世尊生疲勞耶尒時四大菩薩
而說偈言
世尊安樂　少病少惱　教化眾生　得无疲惓
又諸眾生　受化易不　不令世尊　生疲勞耶
尒時世尊於菩薩大眾中而作是言如是如
是諸善男子如來安樂少病少惱諸眾生

教易不不令世尊生疲勞耶尒時四大菩薩
而說偈言
世尊安樂　少病少惱　教化眾生　得无疲惓
又諸眾生　受化易不　不令世尊　生疲勞耶
尒時世尊於菩薩大眾中而作是言如是如
是諸善男子如來安樂少病少惱諸眾生
等易可化度无有勞疲所以者何是諸眾生
世世已來常受我化亦於過去諸佛供養尊
重種諸善根此諸眾生始見我身聞我所說
即皆信受入如來慧除先修習學小乘者如是
之人我今亦令得聞是經入於佛慧尒時諸
大菩薩而說偈言
善哉善哉　大雄世尊　諸眾生等　易可化度
能問諸佛　甚深智慧　聞已信行　我等隨喜
於時世尊讚嘆上首諸大菩薩善哉善哉善
男子汝等能於如來發隨喜心尒時弥勒菩
薩及八千恒河沙諸菩薩眾皆作是念我
等從昔已來不見不聞如是大菩薩摩訶薩
眾從地踊出住世尊前合掌供養問訊如來
時弥勒菩薩摩訶薩知八千恒河沙諸菩薩
等心之所念并欲自決所疑合掌向佛以偈
問曰
无量千万億　大眾諸菩薩　昔所未曾見　願兩足尊說
是從何所來　以何因緣集　巨身大神通　智慧叵思議
其志念堅固　有大忍辱力　眾生所樂見　為從何所來
一一諸菩薩　所將諸眷屬　其數无有量　如恒河沙等
或有大菩薩　將六万恒沙　如是諸大眾　一心求佛道

[illegible]
等心之所念并欲自決所疑合掌向佛以偈
問曰
无量千万億　大衆諸菩薩　昔所未曾見　願兩足尊說
是從何所來　以何因緣集　巨身大神通　智慧叵思議
其志念堅固　有大忍辱力　衆生所樂見　為從何所來
一一諸菩薩　所將諸眷屬　其數无有量　如恒河沙等
或有大菩薩　將六万恒沙　如是諸大衆　一心求佛道
是諸大師等　六万恒河沙　俱來供養佛　及護持是經
將五万恒沙　其數過於是　四万及三万　二万至一万
一千一百等　乃至一恒沙　半及三四分　億万分之一
千万那由他　万億諸弟子　乃至於半億　其數復過上
百万至一万　一千及一百　五十与一十　乃至三二一
單己无眷屬　樂於獨處者　俱來至佛所　其數轉過上
如是諸大衆　若人行籌數　過於恒沙劫　猶不能盡知
是諸大威德　精進菩薩衆　誰為其說法　教化而成就
從誰初發心　稱揚何佛法　受持行誰經　修習何佛道
如是諸菩薩　神通大智力　四方地震裂　皆從中踊出
世尊我昔來　未曾見是事　願說其所從　國土之名号
我常遊諸國　未曾見是衆
我於此衆中　乃不識一人　忽然從地出　願說其因緣
今此之大會　无量百千億　是諸菩薩等　皆欲知此事
是諸菩薩衆　本末之因緣　无量德世尊　唯願決衆疑
尒時釋迦牟尼分身諸佛從无量千万億他方
國土來者在於八方諸寶樹下師子座上結
跏趺坐其佛侍者各各見是菩薩大衆於三
千大千世界四方從地踊出住於虛空各白

BD05228 號　妙法蓮華經卷五　（8–6）

今此之大會　无量百千億　是諸菩薩等　皆欲知此事
是諸菩薩衆　本末之因緣　无量德世尊　唯願決衆疑
尒時釋迦牟尼分身諸佛從无量千万億他方
國土來者在於八方諸寶樹下師子座上結
跏趺坐其佛侍者各各見是菩薩大衆於三
千大千世界四方從地踊出住於虛空各白
其佛言世尊此諸无量无邊阿僧祇菩薩
大衆從何所來尒時諸佛各告侍者諸善男
子且待須臾有菩薩摩訶薩名曰彌勒釋
迦牟尼佛之所授記次後作佛已問斯事佛今
答之汝等自當因是得聞尒時釋迦牟尼佛
告彌勒菩薩善哉善哉阿逸多乃能問佛如
是大事汝等當共一心被精進鎧發堅固意
如來今欲顯發宣示諸佛智慧諸佛自在神
通之力諸佛師子奮迅之力諸佛威猛大勢
之力尒時世尊欲重宣此義而說偈言
當精進一心　我欲說此事　勿得有疑悔　佛智叵思議
汝今出信力　住於忍善中　昔所未聞法　今皆當得聞
我今安慰汝　勿得懷疑懼　佛无不實語　智慧不可量
所得第一法　甚深叵分別　如是今當說　汝等一心聽
尒時世尊說此偈已告彌勒菩薩我今於此
大衆宣告汝等阿逸多是諸大菩薩摩訶薩
无量无數阿僧祇從地踊出汝等昔所未見
者我於是娑婆世界得阿耨多羅三藐三菩
提已教化示導是諸菩薩調伏其心令發道
意此諸菩薩皆於是娑婆世界之下此界虛

BD05228 號　妙法蓮華經卷五　（8–7）

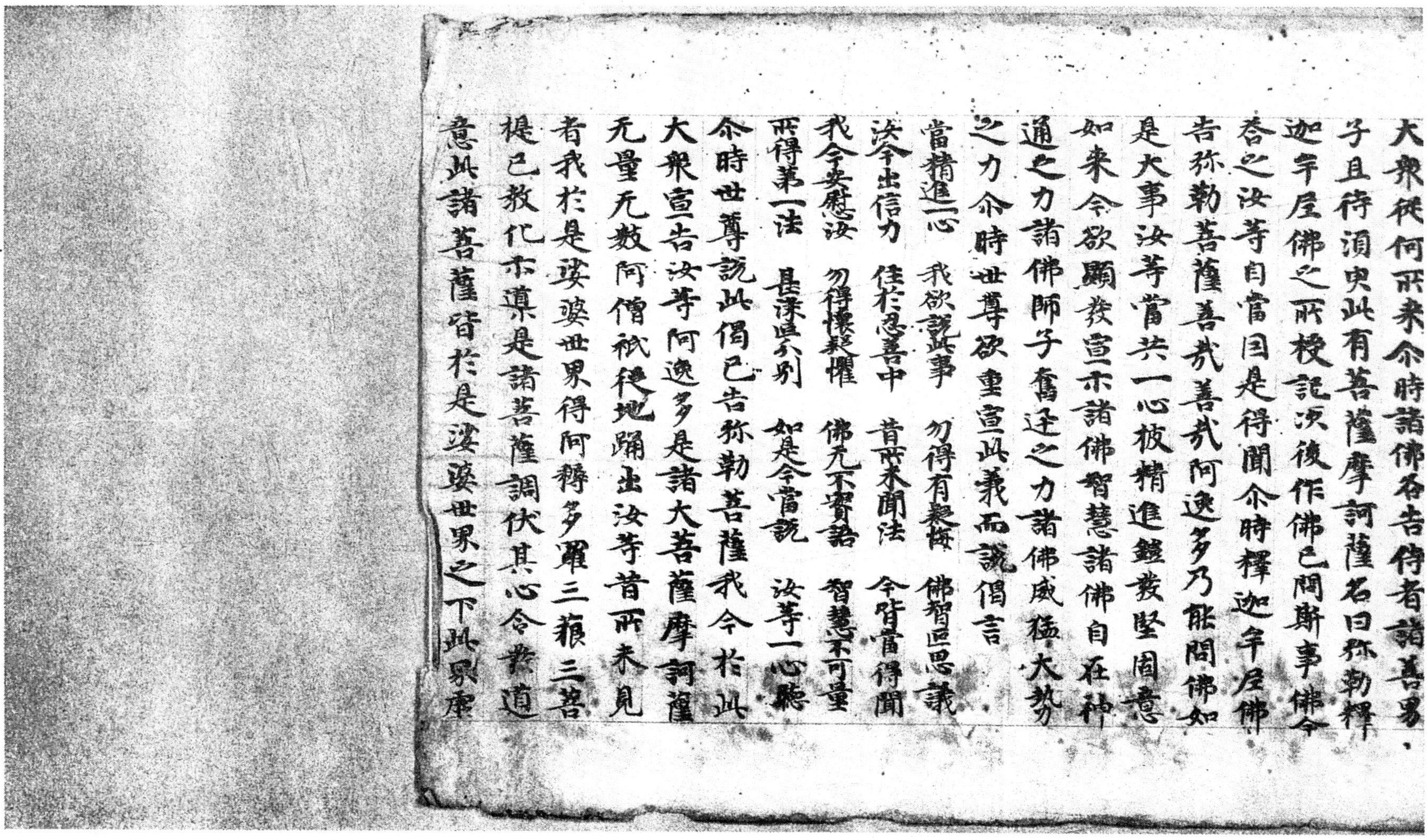

大衆從何所来尒時諸佛各告侍者諸善男
子且待須臾此有菩薩名曰弥勒釋
迦牟尼佛之所授記次後作佛已問斯事佛今
荅之汝等自當因是得聞尒時釋迦牟尼佛
告弥勒菩薩善哉善哉阿逸多乃能問佛如
是大事汝等當共一心被精進鎧發堅固意
如来今欲顯發宣示諸佛智慧諸佛自在神
通之力諸佛師子奮迅之力諸佛威猛大勢
之力尒時世尊欲重宣此義而說偈言
當精進一心　我欲說此事　勿得有疑悔　佛智叵思議
汝今出信力　住於忍善中　昔所未聞法　今皆當得聞
我今安慰汝　勿得懷疑懼　佛无不實語　智慧不可量
所得第一法　甚深叵分別　如是今當說　汝等一心聽
尒時世尊說此偈已告弥勒菩薩我今於此
大衆宣告汝等阿逸多是諸大菩薩摩訶薩
无量无數阿僧祇從地踊出汝等昔所未見
者我於是娑婆世界得阿耨多羅三藐三菩
提已教化示導是諸菩薩調伏其心令發道
意此諸菩薩皆於是娑婆世界之下此界虚

BD05228 號　妙法蓮華經卷五　（8–8）

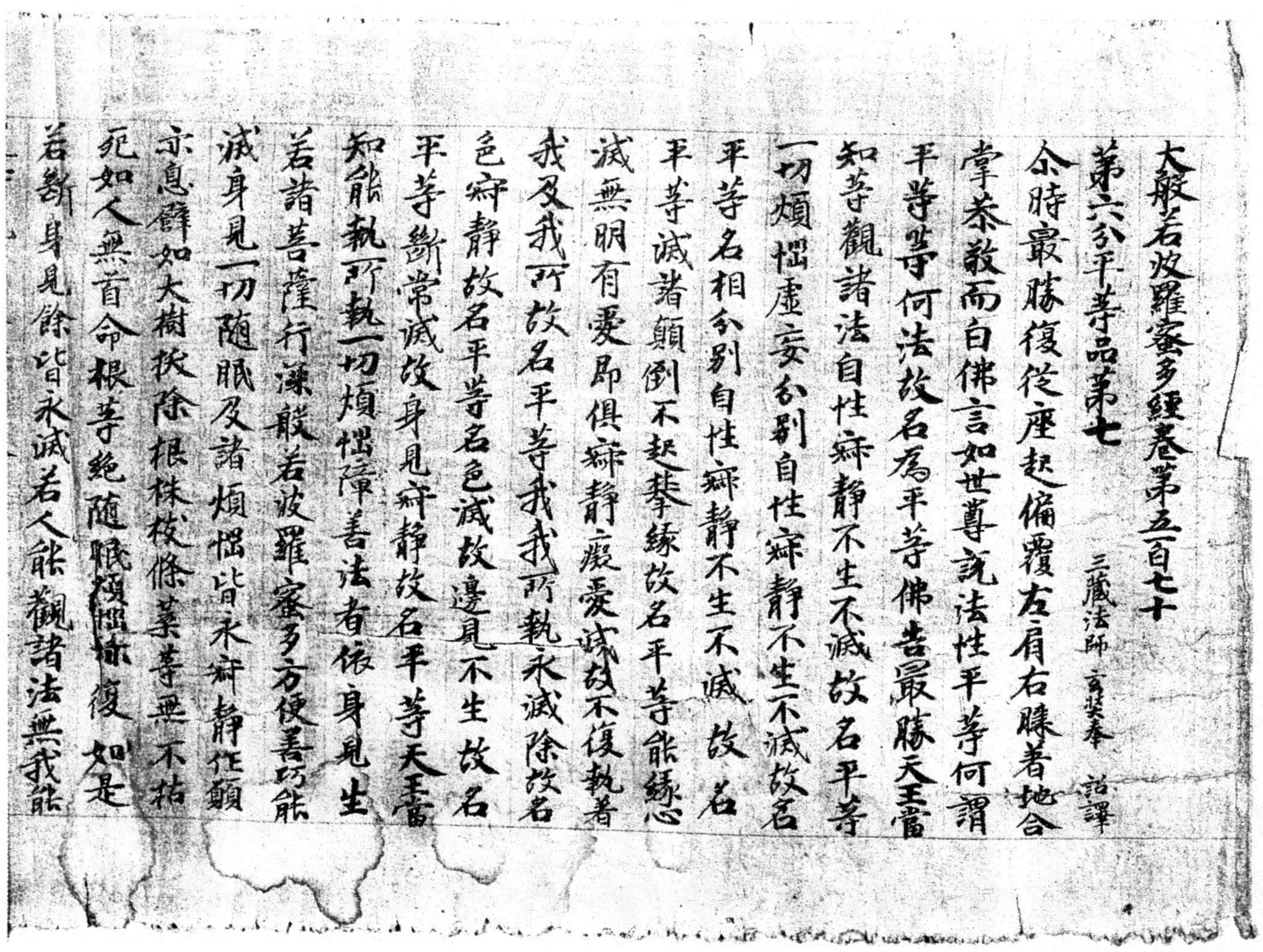

大般若波羅蜜多經卷第五百七十
第六分平等品第七　三藏法師玄奘奉詔譯
尒時最勝復從座起偏覆左肩右膝著地合
掌恭敬而白佛言如世尊說法性平等何謂
平等何法故名為平等佛告最勝天王當
知平等觀諸法自性寂靜不生不滅故名平等
一切煩惱虛妄分別自性寂靜不生不滅故名
平等名相分別自性寂靜不生不滅故名
平等滅諸顛倒不起攀緣故名平等能緣心
滅無明有愛即俱寂靜癡愛滅故不復執著
我及我所故名平等我我所執永滅除故名
色寂靜故名平等名色滅故邊見不生故名
平等斷常滅故身見寂靜故名平等天王當
知能執所執一切煩惱障善法者依身見生
若諸菩薩行深般若波羅蜜多方便善巧能
滅身見一切隨眠及諸煩惱皆永寂靜作顛
亦息譬如大樹拔除根株枝條葉等無不枯
死如人無首命根等絕隨眠煩惱除復如是
若斷身見餘皆永滅若人能觀諸法無我能

BD05229 號　大般若波羅蜜多經卷五七〇　（2–1）

掌恭敬而白佛言如世尊說法性平等何謂
平等等何法故名為平等佛告最勝天王當
知菩薩觀諸法自性寂靜不生不滅故名平等
一切煩惱虛妄分別自性寂靜不生不滅故名
平等名相分別自性寂靜不生不滅故名
平等滅諸顛倒不起攀緣故名平等能戀
滅無明有愛即俱寂靜癡愛滅故不復執著
我及我所故名平等我我所執永滅除故名
色寂靜故名平等名色滅故邊見不生故名
平等斷常滅故身見寂靜故名平等天王當
知能執所執一切煩惱障善法者依身見生
若諸菩薩行深般若波羅蜜多方便善巧能
滅身見一切隨眠及諸煩惱皆永寂靜作顛
亦息譬如大樹拔除根株枝條葉等無不枯
死如人無首命根等絕隨眠煩惱無復 如是
若斷身見餘皆永滅若人能觀諸法無我能
執所執皆永寂靜尒時最勝便白佛言云何
我見起障真理佛告最勝天王當知於五取
蘊妄謂有我即起我見真實之法自性平等
無能所執我見相違是故為障天王當知如
是我見不在內不在外不在兩間都無所住
名為寂靜即是平等遠離我見通達平等名
真實空觀察此空無相無作自性寂靜不生

BD05229 號　大般若波羅蜜多經卷五七〇　（2–2）

薩是故佛說一切法名為菩薩
薩是故佛說一切法无我无人无衆生无壽者須菩提 菩
薩莊嚴佛土不
薩是故佛說一切法无我无人无衆生无壽者須菩提若菩
薩作是言我當莊嚴佛土是不名菩薩何以故如來說莊
嚴佛土者即非莊嚴是名莊嚴須菩提若菩薩通達无
我法者如來說名真是菩薩
須菩提於意云何如來有肉眼不如是世尊如來有肉眼須
菩提於意云何如來有天眼不如是世尊如來有天眼須
菩提於意云何如來有慧眼不如是世尊如來有慧眼
須菩提於意云何如來有法眼不如是世尊如是有法眼
須菩提於意云何如來有佛眼不如是世尊如來有佛眼須
菩提於意云何恒河中所有沙佛說是沙不如是世尊如來
說是沙須菩提於意云何如一恒河中所有沙有如是等
恒河是諸恒河所有沙數佛世界如是寧為多不 甚
多世尊佛告須菩提尒所國土中所有衆生若干種心
如來悉知何以故如來說諸心皆為非心是名為心所以者何

BD05230 號　金剛般若波羅蜜經　（5–1）

須菩提於意云何如來有佛眼不如是世尊如來有佛眼須
菩提於意云何恒河中所有沙佛說是沙不如是世尊如來
說是沙須菩提於意云何如一恒河中所有沙有如是等
恒河是諸恒河所有沙數佛世界如是寧為多不甚
多世尊佛告須菩提尒所國土中所有衆生若干種心
如來悉知何以故如來說諸心皆為非心是名為心所以者何
須菩提過去心不可得現在心不可得未來心不可得須菩
提於意云何若人滿三千大千世界七寶以用布施是人
以是因緣得福多不如是世尊此人以是因緣得福甚多須
菩提以福德有實如來不說得福德多以福德无故如
來說得福德多
須菩提於意云何佛可具足色身見不不也世尊如來
不應以具足色身見何以故如來說具足色身即非具
足色身是名具足色身須菩提於意云何如來可以具
足諸相見不不也世尊如來不應以具足諸相見何以故
如來說諸相具足即非具足是名諸相具足
須菩提汝等勿謂如來作是念我當有所說法莫
作是念何以故若人言如來有所說法即為謗佛不
能解我所說故須菩提說法者无法可說是名說法
須菩提白佛言世尊佛得阿耨多羅三藐三菩提
為无所得耶如是如是須菩提我於阿耨多羅三
藐三菩提乃至无有少法可得是名阿耨多羅三藐
三菩提復次須菩提是法平等无有高下是名阿耨多羅
三藐三菩提以无我无人无衆生无壽者脩一切善法則
得阿耨多羅三藐三菩提須菩提所言善法者如
來說非善法是名善法須菩提若三千大千世界
中所有諸須弥山王如是等七寶聚有人持用布施
若人以此般若波羅蜜經乃至四句偈等受持讀誦
為他人說於前福德百分不及一百千万億分乃至

藐三菩提乃至无有少法可得是名阿耨多羅三藐
復次須菩提是法平等无有高下是名阿耨多羅
三藐三菩提以无我无人无衆生无壽者脩一切善法則
得阿耨多羅三藐三菩提須菩提所言善法者如
來說非善法是名善法須菩提若三千大千世界
中所有諸須弥山王如是等七寶聚有人持用布施
若人以此般若波羅蜜經乃至四句偈等受持讀誦
為他人說於前福德百分不及一百千万億分乃至
筭數譬喻所不能及
須菩提汝等勿謂如來作是念我當度衆生須菩提
莫作是念何以故實无有衆生如來度者若有
衆生如來度者如來則有我人衆生壽者須菩提如
來說有我者則非有我而凡夫之人以為有我須菩提
凡夫者如來說則非凡夫須菩提於意云何可以三十二相
觀三十二相菩提言如是如是以三十二相觀如來佛言須菩
提若以三十二相觀如來者轉輪聖王則是如來須菩提白
佛言世尊如我解佛所說義不應以三十二相觀如來尒
時世尊而說偈言
若以色見我　以音聲求我　是人行邪道　不能見如來
須菩提汝若作是念如來不以具足相故得阿耨多羅三
藐三菩提須菩提莫作是念如來不以具足相故得阿耨多
羅三藐三菩提須菩提汝若作是念發阿耨多羅三藐三
菩提者說諸法斷滅相莫作是念何以故發阿耨多
羅三藐三菩提者於法不說斷滅相須菩提若菩
薩以滿恒河沙等世界七寶布施若復有人知一切法
无我得成於忍此菩薩勝前菩薩所得功德須菩提
以諸菩薩不受福德故須菩提白佛言世尊云何菩
薩不受福德須菩提菩薩所作福德不應貪著是
故說不受福德須菩提若有人言如來若來若去若

羅三藐三菩提者於法不說斷滅相須菩提若菩
薩以滿恒河沙等世界七寶布施若復有人知一切法
无我得成於忍此菩薩勝前菩薩所得功德須菩提
以諸菩薩不受福德故須菩提白佛言世尊云何菩
薩不受福德須菩提菩薩所作福德不應貪著是
故說不受福德須菩提若有人言如來若來若去若
坐若卧是人不解我所說義何以故如來者无所從來亦
无所去故名如來
須菩提若善男子善女人以三千大千世界碎為微
塵於意云何是微塵衆寧為多不甚多世尊何
以故若是微塵衆實有者佛則不說是微塵衆所
以者何佛說微塵衆則非微塵衆是名微塵衆世
尊如來所說三千大千世界則非世界是名世界何
以故若世界實有者則是一合相如來說一合相則非
一合相是名一合相須菩提一合相者則是不可說但
凡夫之人貪著其事
須菩提若人言佛說我見人見衆生見壽者見須菩
提於意云何是人解我所說義不不也世尊是人不解如
來所說義何以故世尊說我見人見衆生見壽者見即
非我見人見衆生見壽者是名我見人見衆生見壽者見
須菩提發阿耨多羅三藐三菩提心者於一切法應如
是知如是見如是信解不生法相須菩提所言法相者如
來說即非法相是名法相須菩提若有人以滿无量阿
僧祇世界七寶持用布施若有善男子善女人發菩
薩心者持於此經乃至四句偈等受持讀誦為人演
說其福勝彼云何為人演說不取於相如如不動何
以故
一切有為法　如夢幻泡影　如露亦如電　應作如是觀
佛說是經已長老須菩提……

BD05230號　金剛般若波羅蜜經　（5–4）

來所說義何以故世尊說我見人見衆生見壽者見即
非我見人見衆生見壽是名我見人見衆生見壽者見
須菩提發阿耨多羅三藐三菩提心者於一切法應如
是知如是見如是信解不生法相須菩提所言法相者如
來說即非法相是名法相須菩提若有人以滿无量阿
僧祇世界七寶持用布施若有善男子善女人發菩
薩心者持於此經乃至四句偈等受持讀誦為人演
說其福勝彼云何為人演說不取於相如如不動何
以故
一切有為法　如夢幻泡影　如露亦如電　應作如是觀
佛說是經已長老須菩提及諸比丘比丘尼優婆塞
優婆夷及諸天人阿脩羅聞佛所說皆大歡喜
信受奉行
金剛般若經一卷

BD05230號　金剛般若波羅蜜經　（5–5）

BD05230 號背　勘記　　（1–1）

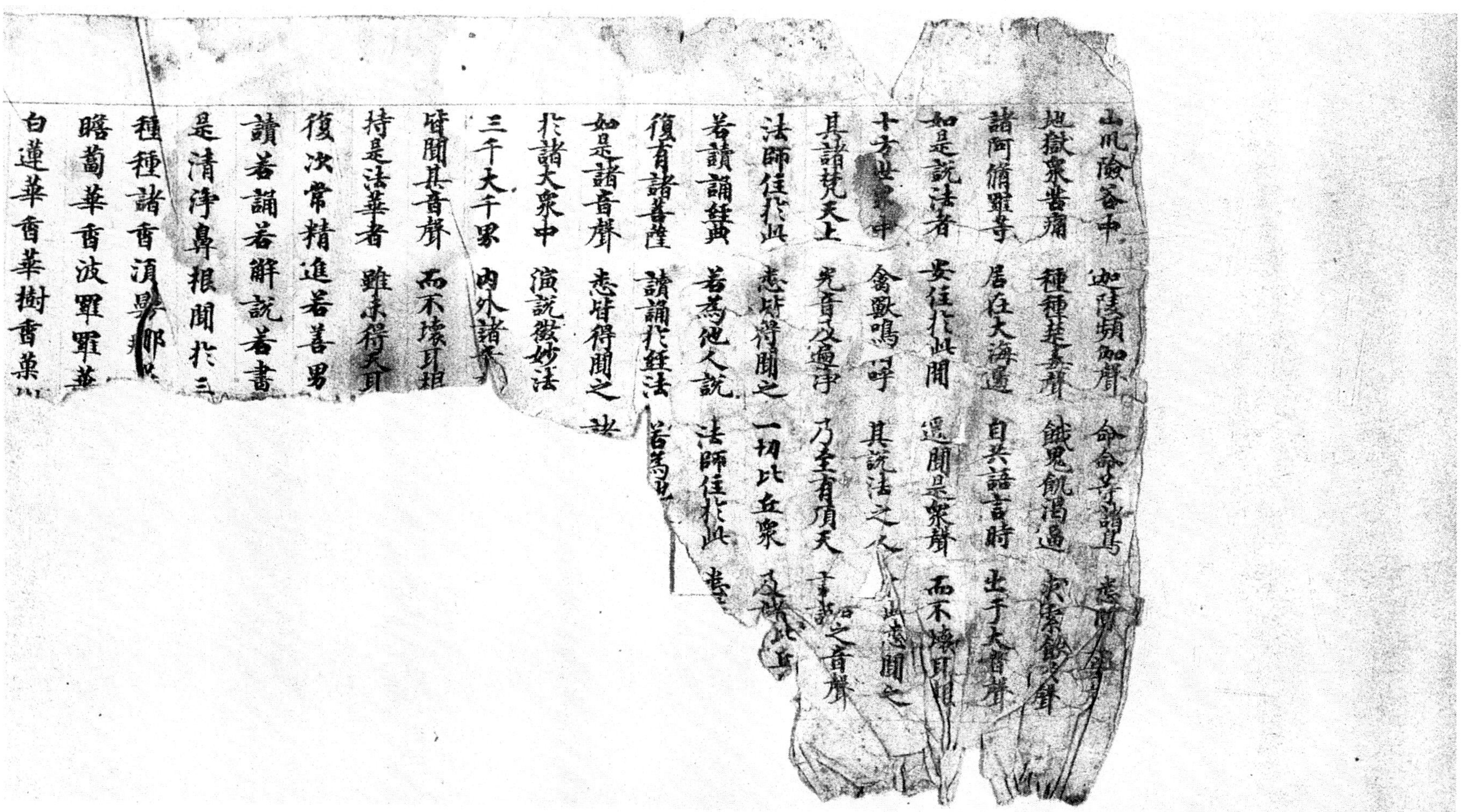

山川險谷中　迦陵頻伽聲　命命等諸鳥　悉聞其音聲
地獄衆苦痛　種種楚毒聲　餓鬼飢渴逼　求索飲食聲
諸阿修羅等　居在大海邊　自共語言時　出于大音聲
如是說法者　安住於此間　遙聞是衆聲　而不壞耳根
十方世界中　禽獸鳴相呼　其說法之人　於此悉聞之
其諸梵天上　光音及遍淨　乃至有頂天　言語之音聲
法師住於此　悉皆得聞之　一切比丘衆　及諸比丘
若讀誦經典　若為他人說　法師住於此　悉
復有諸菩薩　讀誦於經法　若為他
如是諸音聲　悉皆得聞之　諸
於諸大衆中　演說微妙法
三千大千界　內外諸
皆聞其音聲　而不壞耳根
持是法華者　雖未得天耳
復次常精進　若善男
讀若誦若解說若書
是清淨鼻根聞於三
種種諸香須曼那
瞻蔔華香波羅羅華
白蓮華香華樹香菓

BD05231 號　妙法蓮華經卷六　　（6–1）

復次常精進若善男
讀若誦若解說若書
是清淨鼻根聞於三
種種諸香須曼
瞻蔔華香波羅羅華
白蓮華香華樹香菓
摩羅跋香多伽羅香
丸若塗香持是經者
復別知衆生之香象
女香童子香童女香
遠所有諸香悉皆得聞
雖住於此亦聞天上諸天
拘鞞陀羅樹香及曼陀羅
華香曼殊沙華香摩訶曼殊
水種種末香諸雜華香如是等天香
出之香无不聞知又聞諸天身香釋提桓因
在勝殿上五欲娛樂嬉戲時香若在妙法堂
上為忉利諸天說法時香若於諸園遊戲時
香及餘天等男女身香皆悉遙聞如是展轉
乃至梵世上至有頂諸天身香亦皆聞之并
聞諸天所燒之香及聲聞香辟支佛香菩薩
香諸佛身香亦皆遙聞知其所在雖聞此香
然於鼻根不壞不錯若欲分別為他人說憶
念不謬尒時世尊欲重宣此義而說偈言
是人鼻清淨　於此世界中　若香若臭物　種種悉聞知

聞諸天所燒之香及聲聞香辟支佛香菩薩
香諸佛身香亦皆遙聞知其所在雖聞此香
然於鼻根不壞不錯若欲分別為他人說憶
念不謬尒時世尊欲重宣此義而說偈言
是人鼻清淨　於此世界中　若香若臭物　種種悉聞知
須曼那闍提　多摩羅栴檀　沈水及桂香　種種華菓香
及知衆生香　男子女人香　說法者遠住　聞香知所在
大勢轉輪王　小轉輪及子　群臣諸宮人　聞香知所在
身所著珎寶　及地中寶藏　轉輪王寶女　聞香知所在
諸人嚴身具　衣服及瓔珞　種種所塗香　聞則知其身
諸天若行坐　遊戲及神變　持是法華者　聞香悉能知
諸樹華菓實　及蘇油香氣　持經者住此　悉知其所在
諸山深險處　栴檀樹華敷　衆生在中者　聞香能悉知
鐵圍山大海　地中諸衆生　持經者聞香　悉知其所在
阿脩羅男女　及其諸眷屬　鬪諍遊戲時　聞香皆能知
曠野險隘處　師子象虎狼　野牛水牛等　聞香知所在
若有懷妊者　未辯其男女　无根及非人　聞香悉能知
以聞香力故　知其初懷妊　成就不成就　安樂產福子
以聞香力故　知男女所念　染欲癡恚心　亦知脩善者
地中衆伏藏　金銀諸珎寶　銅器之所盛　聞香悉能知
種種諸瓔珞　无能識其價　聞香知貴賤　出處及所在
天上諸華等　曼陀曼殊沙　波利質多樹　聞香悉能知
天上諸宮殿　上中下差別　衆寶華莊嚴　聞香悉能知
天園林勝殿　諸觀妙法堂　在中而娛樂　聞香悉能知
諸天若聽法　或受五欲時　來往行坐臥　聞香悉能知

地中衆伏藏　金銀諸珍寶　銅器之所盛　聞香悉能知
種種諸瓔珞　无能識其價　聞香知貴賤　出處及所在
天上諸華等　曼陀曼殊沙　波利質多樹　聞香悉能知
天上諸宮殿　上中下差別　衆寶華莊嚴　聞香悉能知
天園林勝殿　諸觀妙法堂　在中而娛樂　聞香悉能知
諸天若聽法　或受五欲時　來往行坐臥　聞香悉能知
天女所著衣　好華香莊嚴　周旋遊戲時　聞香悉能知
如是展轉上　乃至於梵世　入禪出禪者　聞香悉能知
光音遍淨天　乃至于有頂　初生及退沒　聞香悉能知
諸比丘衆等　於法常精進　若坐若經行　及讀誦經法
或在林樹下　專精而坐禪　持經者聞香　悉知其所在
菩薩志堅固　坐禪若讀誦　或為人說法　聞香悉能知
在在方世尊　一切所恭敬　愍衆而說法　聞香悉能知
衆生在佛前　聞經皆歡喜　如法而修行　聞香悉能知
雖未得菩薩　无漏法生鼻　而是持經者　先得此鼻相
復次常精進若善男子善女人受持是經若
讀若誦若解說若書寫得千二百舌功德若
好若醜若美不美及諸苦澁物在其舌根皆
變成上味如天甘露无不美者若以舌根於
大衆中有所演說出深妙聲能入其心皆令
歡喜快樂又諸天子天女釋梵諸天聞是深
妙音聲有所演說言論次第皆悉來聽及諸
龍龍女夜叉夜叉女乾闥婆乾闥婆女阿脩
羅阿脩羅女迦樓羅迦樓羅女緊那羅緊那

BD05231 號　妙法蓮華經卷六　（6–4）

變成上味如天甘露无不美者若以舌根於
大衆中有所演說出深妙聲能入其心皆令
歡喜快樂又諸天子天女釋梵諸天聞是深
妙音聲有所演說言論次第皆悉來聽及諸
龍龍女夜叉夜叉女乾闥婆乾闥婆女阿脩
羅阿脩羅女迦樓羅迦樓羅女緊那羅緊那
羅女摩睺羅伽摩睺羅伽女為聽法故皆來
親近恭敬供養及比丘比丘尼優婆塞優婆
夷國王王子群臣眷屬小轉輪王大轉輪王
七寶千子內外眷屬乘其宮殿俱來聽法以
是菩薩善說法故婆羅門居士國內人民盡
其形壽隨侍供養又諸聲聞辟支佛菩薩諸
佛常樂見之是人所在方面諸佛皆向其處
說法悉能受持一切佛法又能出於深妙法
音尒時世尊欲重宣此義而說偈言
是人舌根淨　終不受惡味　其有所食噉　悉皆成甘露
以深淨妙音　於大衆說法　以諸因緣喻　引導衆生心
聞者皆歡喜　設諸上供養　諸天龍夜叉　及阿脩羅等
皆以恭敬心　而共來聽法　是說法之人　若欲以妙音
遍滿三千界　隨意即能至　大小轉輪王　及千子眷屬
合掌恭敬心　常來聽受法　諸天龍夜叉　羅剎毗舍闍
亦以歡喜心　常樂來供養　梵天王魔王　自在大自在
如是諸天衆　常來至其所　諸佛及弟子　聞其說法音
常念而守護　或時為現身
復次常精進若善男子善女人受持是經若

BD05231 號　妙法蓮華經卷六　（6–5）

合掌恭敬心　常樂聽其法　諸天龍夜叉　羅刹毗舍闍
亦以歡喜心　常樂來供養　梵天王魔王　自在大自在
如是諸天衆　常來至其所　諸佛及弟子　聞其說法音
常念而守護　或時為現身
復次常精進若善男子善女人受持是經若
讀若誦若解說若書寫得八百身功德得清
淨身如淨瑠璃衆生憙見其身淨故三千大
千世界衆生生時死時上下好醜生善處惡
處悉於中現及鐵圍山大鐵圍山弥樓山摩
訶弥樓山等諸山及其中衆生悉於中現下
至阿鼻地獄上至有頂所有及衆生悉於中
現若聲聞辟支佛菩薩諸佛說法皆於身中
現其色像尒時世尊欲重宣此義而說偈言
若持法華者　其身甚清淨　如彼淨瑠璃　衆生皆憙見
又如淨明鏡　悉見諸色像　菩薩於淨身　皆見世所有
唯獨自明了　餘人所不見　三千世界中　一切諸群萌
天人阿脩羅　地獄鬼畜生　如是諸色像　皆於身中現
諸天等宮殿　乃至於有頂　鐵圍及弥樓　摩訶弥樓山
諸大海水等　皆於身中現　諸佛及聲聞　佛子菩薩等
若獨若在衆　說法悉皆現　雖未得无漏　法性之妙身
以清淨常體　一切於中現

BD05231號　妙法蓮華經卷六　（6–6）

子善
言若
菩薩名号……礼拜供……
異於百千万億劫不可窮盡无盡……受持觀
世音菩薩名字得如是无量无邊福德之利无
盡意菩薩白佛言世尊觀世音菩薩云何遊
此娑婆世界云何而為衆生說法方便之力其
事云何佛告无盡意菩薩善男子若有國土
衆生應以佛身得度者觀世音菩薩即現佛
身而為說法應以辟支佛身得度者即現辟
支佛身而為說法應以聲聞身得度者即現
聲聞身而為說法應以梵王身得度者即現
梵王身而為說法應以帝釋身得度者即
現帝釋身而為說法應以自在天身得度者
即現自在天身而為說法應以大自在天身得
度者即現大自在天身而為說法應以天大
將軍身得度者即現天大將軍身而為
說法應以毗沙門身得度者即現毗沙門身
而為說法應以小王身得度者即現小王身而
為說法應以長者身得度者即現長者身而
為說法應以居士身得度者即現居士身而為
說法應以宰官身得度者即現宰官而為說
法應以婆羅門身得度者即現婆羅門身而

BD05232號　觀世音經　（4–1）

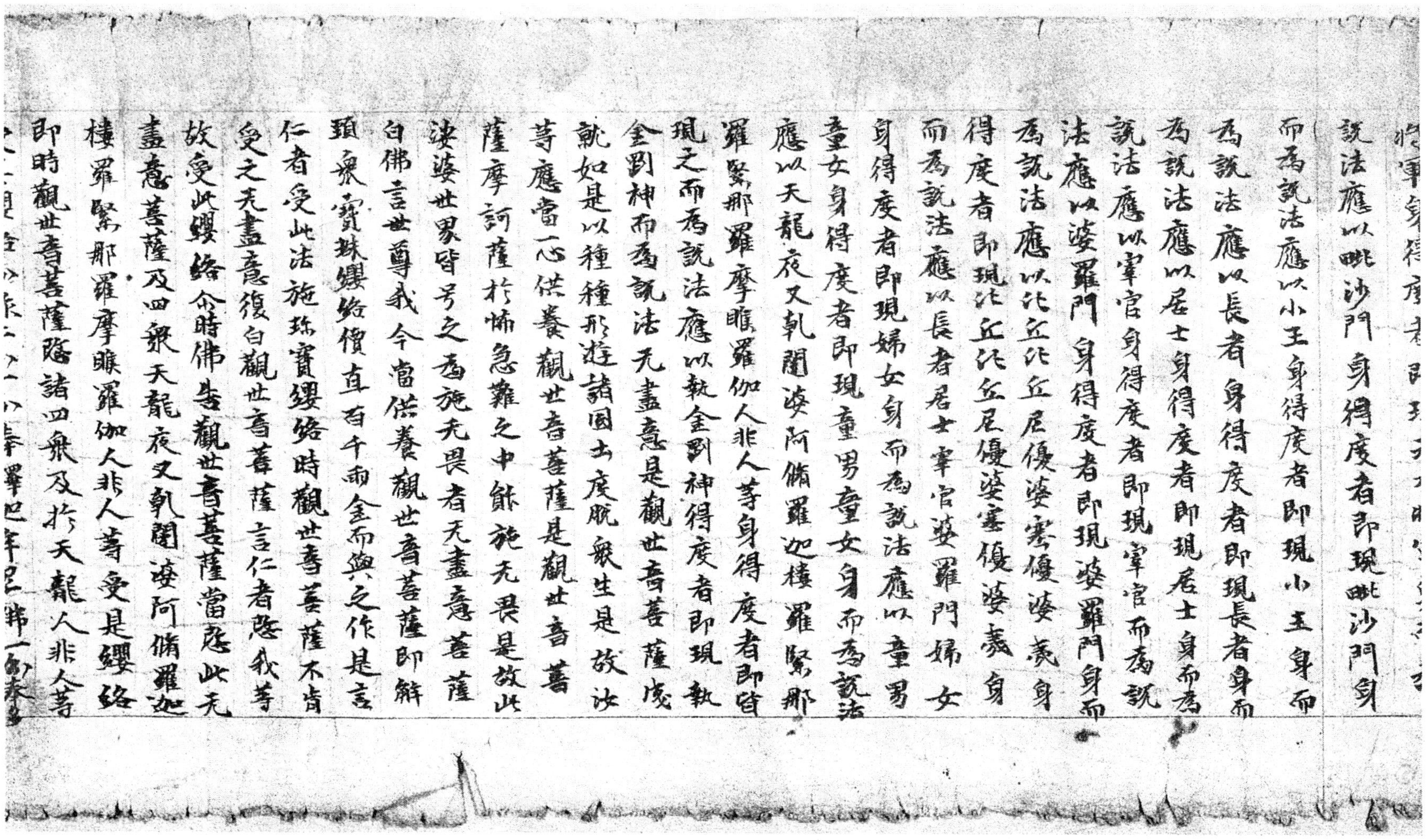

將軍身得度者即現[illegible]
說法應以毗沙門身得度者即現毗沙門身
而為說法應以小王身得度者即現小王身而
為說法應以長者身得度者即現長者身而
為說法應以居士身得度者即現居士身而為
說法應以宰官身得度者即現宰官身而為說
法應以婆羅門身得度者即現婆羅門身而
為說法應以比丘比丘尼優婆塞優婆夷身
得度者即現比丘比丘尼優婆塞優婆夷身
而為說法應以長者居士宰官婆羅門婦女
身得度者即現婦女身而為說法應以童男
童女身得度者即現童男童女身而為說法
應以天龍夜叉乾闥婆阿脩羅迦樓羅緊那
羅摩睺羅伽人非人等身得度者即皆
現之而為說法應以執金剛神得度者即現執
金剛神而為說法无盡意是觀世音菩薩成
就如是以種種形遊諸國土度脫衆生是故汝
等應當一心供養觀世音菩薩是觀世音菩
薩摩訶薩於怖畏急難之中能施无畏是故此
娑婆世界皆号之為施无畏者无盡意菩薩
白佛言世尊我今當供養觀世音菩薩即解
頸衆寶珠瓔珞價直百千兩金而與之作是言
仁者受此法施珎寶瓔珞時觀世音菩薩不肯
受之无盡意復白觀世音菩薩言仁者愍我等
故受此瓔珞爾時佛告觀世音菩薩當愍此无
盡意菩薩及四衆天龍夜叉乾闥婆阿脩羅迦
樓羅緊那羅摩睺羅伽人非人等受是瓔珞
即時觀世音菩薩愍諸四衆及於天龍人非人等
[illegible]

BD05232 號　觀世音經　（4–2）

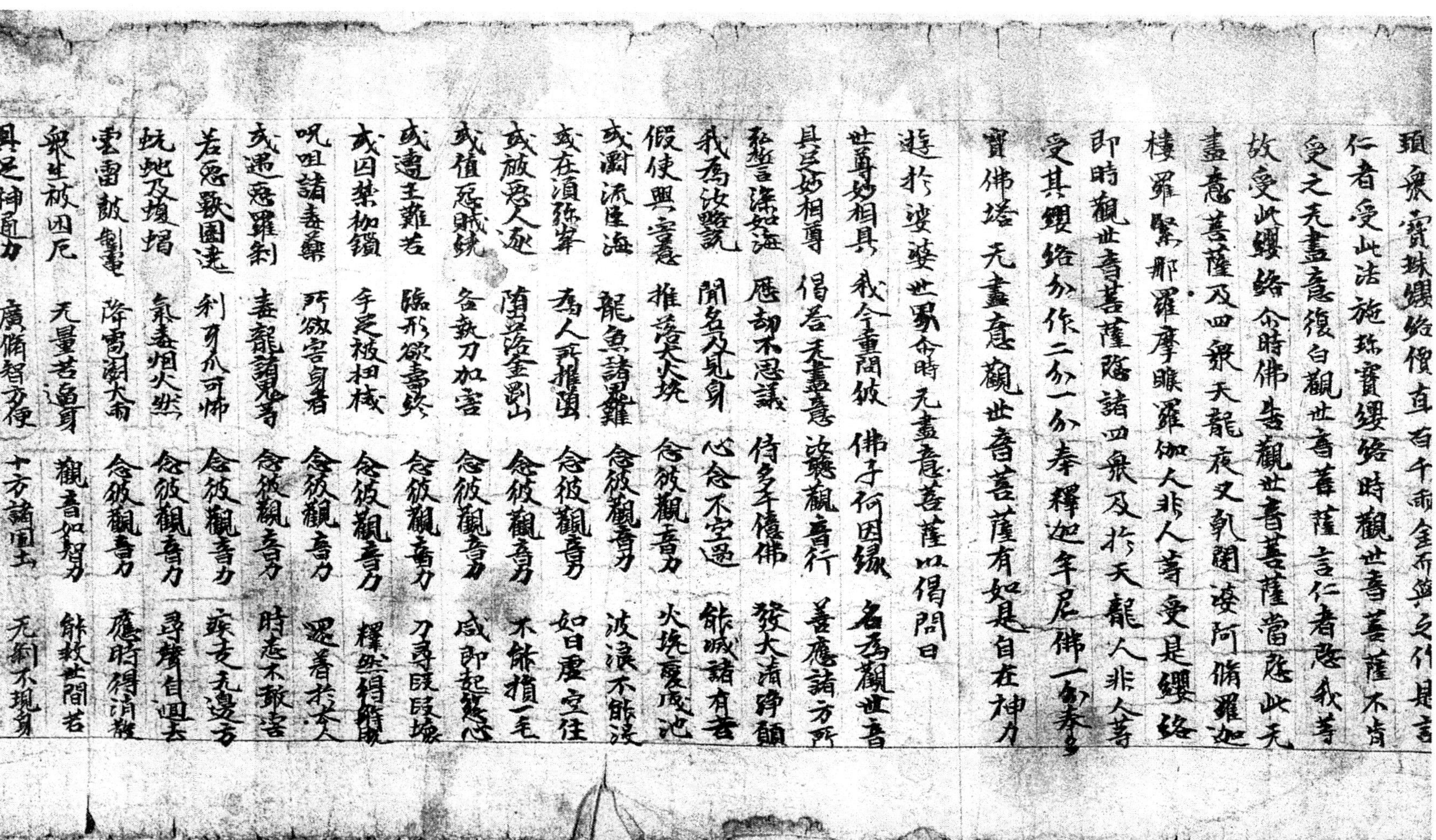

頸衆寶珠瓔珞價直百千兩金而與之作是言
仁者受此法施珎寶瓔珞時觀世音菩薩不肯
受之无盡意復白觀世音菩薩言仁者愍我等
故受此瓔珞爾時佛告觀世音菩薩當愍此无
盡意菩薩及四衆天龍夜叉乾闥婆阿脩羅迦
樓羅緊那羅摩睺羅伽人非人等受是瓔珞
即時觀世音菩薩愍諸四衆及於天龍人非人等
受其瓔珞分作二分一分奉釋迦牟尼佛一分奉多
寶佛塔无盡意觀世音菩薩有如是自在神力
遊於娑婆世界爾時无盡意菩薩以偈問曰
世尊妙相具　我今重問彼　佛子何因緣　名為觀世音
具足妙相尊　偈荅无盡意　汝聽觀音行　善應諸方所
弘誓深如海　歷劫不思議　侍多千億佛　發大清淨願
我為汝略說　聞名及見身　心念不空過　能滅諸有苦
假使興害意　推落大火坑　念彼觀音力　火坑變成池
或漂流巨海　龍魚諸鬼難　念彼觀音力　波浪不能沒
或在須彌峯　為人所推墮　念彼觀音力　如日虛空住
或被惡人逐　墮落金剛山　念彼觀音力　不能損一毛
或值怨賊繞　各執刀加害　念彼觀音力　咸即起慈心
或遭王難苦　臨刑欲壽終　念彼觀音力　刀尋段段壞
或囚禁枷鎖　手足被杻械　念彼觀音力　釋然得解脫
呪詛諸毒藥　所欲害身者　念彼觀音力　還著於本人
或遇惡羅剎　毒龍諸鬼等　念彼觀音力　時悉不敢害
若惡獸圍遶　利牙爪可怖　念彼觀音力　疾走无邊方
蚖蛇及蝮蝎　氣毒煙火然　念彼觀音力　尋聲自迴去
雲雷鼓掣電　降雹澍大雨　念彼觀音力　應時得消散
衆生被困厄　无量苦逼身　觀音妙智力　能救世間苦
具足神通力　廣脩智方便　十方諸國土　无剎不現身
[illegible]

BD05232 號　觀世音經　（4–3）

或囚禁枷鎖　手足被杻械　念彼觀音力　釋然得解脫
呪咀諸毒藥　所欲害身者　念彼觀音力　還著於本人
或遇惡羅剎　毒龍諸鬼等　念彼觀音力　時悉不敢害
若惡獸圍遶　利牙爪可怖　念彼觀音力　疾走无邊方
蚖蛇及蝮蝎　氣毒烟火然　念彼觀音力　尋聲自迴去
雲雷鼓掣電　降雹澍大雨　念彼觀音力　應時得消散
衆生被困厄　无量苦逼身　觀音妙智力　能救世間苦
具足神通力　廣脩智方便　十方諸國土　无剎不現身
種種諸惡趣　地獄鬼畜生　生老病死苦　以漸悉令滅
真觀清淨觀　廣大智慧觀　悲觀及慈觀　常願常瞻仰
无垢清淨光　慧日破諸闇　能伏災風火　普明照世間
悲體戒雷震　慈意妙大雲　澍甘露法雨　滅除煩惱焰
諍訟經官處　怖畏軍陣中　念彼觀音力　衆怨悉退散
妙音觀世音　梵音海潮音　勝彼世間音　是故須常念
念念勿生疑　觀世音淨聖　於苦惱死厄　能為作依怙
具一切功德　慈眼視衆生　福聚海无量　是故應頂禮
尒時持地菩薩即從坐起前白佛言世尊若
有衆生聞是觀世音菩薩品自在之業普門
示現神通力者當知是人功德不少佛說是
普門品時衆中八万四千衆生皆發无等等
阿耨多羅三藐三菩提心
觀音經一卷

BD05232號　觀世音經　（4–4）

金有陀羅尼經
如是我聞一時薄伽梵住如雜雜與藥叉天
尒時天帝百施往世尊所到已頂禮佛足退坐
一面坐一面已天帝百施白佛言世尊我入戰
陣而鬪戰時以阿修羅幻惑呪術藥力損
於負處而知已不唯然願世尊慈愍於我
為令摧伏阿修羅衆幻惑呪術及藥力故
善說最勝大審之呪時薄伽梵告天帝
百施曰憍尸迦如是如是與阿羅而鬪戰
時實以明呪秘密藥力而墮負處憍尸迦
為哀愍故今說明呪欲令幻惑明呪退散歸
戰諍訟悉皆消滅一切秘呪及諸藥等而
得斷除說於時呪
尒時薄伽梵說大金有明呪之日我今為說
三無數劫諸餘外道行者遍遊裸形而超
恩思作諸部署我從彼來所有幻惑一切明
呪悉能降伏六度圓滿斷除諸餘外道行
者遍遊裸形諸惱亂日相呪秘呪藥及一切
諸摩明黨大明之呪憍尸迦汝當攝受諸
有情故受時最勝大臨象呪天帝白言如是

BD05233號　金有陀羅尼經　（3–1）

得斷除諸於時呪
尒時薄伽梵說大金有明呪之日我今為說
三無數劫諸餘外道行者遍遊祼形而起
惡思作諸鄣㝵我從彼來所有幻惑一切明
呪悉能降伏六度圓滿斷除諸餘外道行
者遍遊祼形諸惱亂目相呪秘呪藥及一切
諸摩明黨大明之呪憍尸迦汝當攝受諸
有情故受持最勝大秘密呪天帝白言如是
世尊唯然受教尒時世尊即說金有大明呪
悒也他唵　希你希你　希離希離　命離命離
希明　你希你希　你希囉　軋佐耶波羝哺羝抱
吵彌悒囉　阿地訖梨羯　閉羝閉羝閉吵彌悒
囉　阿地迦囉羝　訶耶訶耶　訶婆訶婆　覩馱覩
馱頻耶頻耶　薄伽薄羝　佐曳秘佐曳　攢婆你
悉謨婆你　畔馱你　牟訶你阿牟伽爍羝馱囉
你訖梨耶訖梨耶迦　多桲廢耶婆攢婆也
攢婆也　畔佐也畔佐也　悉瞰婆也畔馱也畔馱也
牟訶也牟訶也
所有一切若天幻惑若龍幻惑若藥叉幻惑
若羅刹幻惑若阿羅緊那羅幻惑若乾闥
婆幻惑若阿羅幻惑若莫呼洛迦幻惑若大
腹行幻惑若持明呪幻惑若持明呪成就王幻
惑若仙幻惑若持一切明呪幻惑若犀生幻
惑幻若一切幻惑　囉囉囉囉　囉佐也　囉佐也
娑磨娑磨　娑娑磨羅　婆羅婆耶　作割蘭單
伽蘭他你　訶耶　訶耶　薩婆鞞吵　奢咄盧難
悉謨婆也　婆尸悉謨婆也　秀丞悉謨婆也

BD05233號　金有陀羅尼經　（3–2）

悒也他唵　希你希你　希離希離　命離命離
希明　你希你希　你希囉　軋佐耶波羝哺羝抱
吵彌悒囉　阿地訖梨羯　閉羝閉羝閉吵彌悒
囉　阿地迦囉羝　訶耶訶耶　訶婆訶婆　覩馱覩
馱頻耶頻耶　薄伽薄羝　佐曳秘佐曳　攢婆你
悉謨婆你　畔馱你　牟訶你阿牟伽爍羝馱囉
你訖梨耶訖梨耶迦　多桲廢耶婆攢婆也
攢婆也　畔佐也畔佐也　悉瞰婆也畔馱也畔馱也
牟訶也牟訶也
所有一切若天幻惑若龍幻惑若藥叉幻惑
若羅刹幻惑若阿羅緊那羅幻惑若乾闥
婆幻惑若阿羅幻惑若莫呼洛迦幻惑若大
腹行幻惑若持明呪幻惑若持明呪成就王幻
惑若仙幻惑若持一切明呪幻惑若犀生幻
惑幻若一切幻惑　囉囉囉囉　囉佐也　囉佐也
娑磨娑磨　娑娑磨羅　婆羅婆耶　作割蘭單
伽蘭他你　訶耶　訶耶　薩婆鞞吵　奢咄盧難
悉謨婆也　婆尸悉謨婆也　秀丞悉謨婆也

BD05233號　金有陀羅尼經　（3–3）

無量百千衆生病苦深重難療治者即共往
詣長者子所重請醫療時長者子即以妙藥
令服皆蒙除差善女天是長者子於此國内
百千万億衆生病苦悉得除差
金光明最勝王經長者子流水品第廿五
尒時佛告菩提樹神善女天尒時長者子流
水於往昔時在天自在光王國内療諸衆生所
有病苦令得平復受安隱樂時諸衆生以病
除故多脩福業廣行恵施以自歡娛即共往
詣長者子所咸生尊敬作如是言善哉善
哉大長者子善能滋長福德之事增益我等
安隱壽命仁今實是大力醫王慈悲菩薩妙
閑醫藥善療衆生無量病苦如是稱歎周遍
城邑善女天時長者子妻名水肩藏有其二
子一名水滿二名水藏是時流水將其二子
漸次遊行城邑聚落過空澤中深險之處見
諸禽獸犲狼狐玃鵰鷲之屬食血肉者皆悉
奔飛一向而去時長者子作如是念此諸禽
獸何因緣故一向飛走我當隨後暫往觀之
即便隨去見有大池名曰野生其水將盡於
此池中多有衆魚流水見已生大悲心時有

BD05234號　金光明最勝王經卷九　（3–1）

諸禽獸犲狼狐玃鵰鷲之屬食血肉者皆悉
奔飛一向而去時長者子作如是念此諸禽
獸何因緣故一向飛走我當隨後暫往觀之
即便隨去見有大池名曰野生其水將盡於
此池中多有衆魚流水見已生大悲心時有
樹神示現半身作如是語善哉善哉善男子
汝有實義名流水者可愍此魚應與其水有
二因緣名為流水一能流水二能與水汝今
應當隨名而作是時流水問樹神言此魚頭
數為有幾何樹神答曰數滿十千善女天時
長者子聞是數已倍益悲心時此大池為日
所曝餘水無幾是十千魚將入死門旋身婉
轉見是長者心有所希隨逐瞻視目未曽捨
時長者子見是事已馳趣四方欲覓於水竟
不能得復望一邊見有大樹即便昇上折取
枝葉為作蔭涼復更推求是池中水從何處
來尋覓不已見一大河名曰水生時此河邊
有諸漁人為取魚故於河上流懸險之處決
棄其水不令下過於所決處卒難脩補便作
是念此崖深峻設百千人時經三月亦未能
斷況我一身而堪濟辦時長者子速還本城
至大王所頭面禮足却住一面合掌恭敬作
如是言我為大王國土人民治種種病悉令
安隱漸次遊行至其空澤見有一池名曰野
生其水欲涸有十千魚為日所暴將死不久
唯願大王慈悲愍念與二十大象暫往負水
濟彼魚命如我與諸病人壽命尒時大王即
勅大臣速疾與此醫王大象時彼大臣奉王

BD05234號　金光明最勝王經卷九　（3–2）

有諸漁人為取魚故於河上流懸險之處決
棄其水不令下過於所決處卒難脩補便作
是念此崖深峻設百千人時經三月亦未能
斷況我一身而堪濟辦時長者子速還本城
至大王所頭面禮足却住一面合掌恭敬作
如是言我為大王國土人民治種種病悉令
安隱漸次遊行至其空澤見有一池名曰野
生其水欲涸有十千魚為日所暴將死不久
唯願大王慈悲愍念與二十大象暫往負水
濟彼魚命如我與諸病人壽命爾時大王即
勅大臣速疾與此醫王大象時彼大臣奉王
勅已白長者子善哉大士仁今自可至象廄
中隨意選取二十大象利益眾生令得安樂
是時流水及其二子將二十大象又從酒家
多借皮囊往決水處以囊盛水象負至池寫
置池中水即彌滿還復如故善女天時長者
子於池四邊周旋而視時彼眾魚亦復隨逐
循岸而行時長者子復作是念眾魚何隨
我而行必為飢火之所惱逼復欲從我求索
於食我今當與爾時長者子告其子言
汝取一象最大力者速至家中啟父長者家
中所有可食之物乃至父母食噉之分 及以
妻子奴婢之分悉皆收取即可持來爾時二

BD05234 號　金光明最勝王經卷九　（3–3）

世尊云何以眼界無二為方便無生為方便
無所得為方便迴向一切智智脩習無上正
等菩提慶喜眼界眼界性空何以故以眼界
性空與彼無上正等菩提無二無二分故世
尊云何以色界眼識界及眼觸眼觸為緣所
生諸受無二為方便無生為方便無所得為
方便迴向一切智智脩習無上正等菩提慶
喜色界眼識界及眼觸眼觸為緣所生諸受色
界眼識界及眼觸眼觸為緣所生諸受性空
何以故以色界眼識界及眼觸眼觸為緣
所生諸受性空與彼無上正等菩提無二無
二分故慶喜由此故說以眼界等無二為方
便無生為方便無所得為方便迴向一切智
智脩習無上正等菩提世尊云何以耳界無
二為方便無生為方便無所得為方便迴向
一切智智脩習無上正等菩提慶喜耳界耳
界性空何以故以耳界性空與彼無上正等
菩提無二無二分故世尊云何以聲界耳識

BD05235 號　大般若波羅蜜多經卷一一六　（7–1）

二分故慶喜由此故說以眼界等無二為方
便無生為方便無所得為方便迴向一切智
智修習無上正等菩提世尊云何以耳界無
二為方便無生為方便無所得為方便迴向
一切智智修習無上正等菩提慶喜耳界耳
界性空何以故以耳界性空與彼無上正等
菩提無二無二分故世尊云何以聲界耳識
界及耳觸耳觸為緣所生諸受無二為方便
無生為方便無所得為方便向一切智智
修習無上正等菩提慶喜聲界耳識界及耳
觸耳觸為緣所生諸受聲界耳識界及耳觸
耳觸為緣所生諸受性空何以故以聲界耳
識界及耳觸耳觸為緣所生諸受性空與彼
無上正等菩提無二無二分故慶喜由此
故說以耳界等無二為方便無生為方便無
所得為方便迴向一切智智修習無上正等
菩提世尊云何以鼻界無二為方便無生為
方便無所得為方便迴向一切智智修習無
上正等菩提慶喜鼻界鼻界性空何以故以
鼻界性空與彼無上正等菩提無二無二分
故世尊云何以香界鼻識界及鼻觸鼻觸為
緣所生諸受無二為方便無生為方便無所
得為方便迴向一切智智修習無上正等菩
提慶喜香界鼻識界及鼻觸鼻觸為緣所
生諸受香界鼻識界及鼻觸鼻觸為緣所生
諸受性空何以故以香界鼻識界及鼻觸
鼻觸為緣所生諸受性空與彼無上正等菩

BD05235號　大般若波羅蜜多經卷一一六

（7–2）

緣所生諸受無二為方便無生為方便無所
得為方便迴向一切智智修習無上正等菩
提慶喜香界鼻識界及鼻觸鼻觸為緣所
生諸受香界鼻識界及鼻觸鼻觸為緣所生
諸受性空何以故以香界鼻識界及鼻觸
鼻觸為緣所生諸受性空與彼無上正等菩
提無二無二分故慶喜由此故說以鼻界等
無二為方便無生為方便無所得為方便迴
向一切智智修習無上正等菩提世尊云何
以舌界無二為方便無生為方便無所得為方
便迴向一切智智修習無上正等菩提慶喜舌
界舌界性空何以故以舌界性空與彼無上正
等菩提無二無二分故世尊云何以味界舌
識界及舌觸舌觸為緣所生諸受無二為方
便無生為方便無所得為方便迴向一切智
智修習無上正等菩提慶喜味界舌識界及
舌觸舌觸為緣所生諸受味界舌識界及舌
觸舌觸為緣所生諸受性空何以故以味界
舌識界及舌觸舌觸為緣所生諸受性空與
彼無上正等菩提無二無二分故慶喜由此
故說以舌界等無二為方便無生為方便無
所得為方便迴向一切智智修習無上正等
菩提世尊云何以身界無二為方便無生為
方便無所得為方便迴向一切智智修習無
上正等菩提慶喜身界身界性空何以故以
身界性空與彼無上正等菩提無二無二分故

BD05235號　大般若波羅蜜多經卷一一六

（7–3）

所得為方便迴向一切智智脩習無上正等
菩提世尊云何以身界無二為方便無生為
方便無所得為方便迴向一切智智脩習無
上正等菩提慶喜身界身界性空何以故以
身界性空與彼無上正等菩提無二無二分故
世尊云何以觸界身識界及身觸身觸為緣
所生諸受無二為方便無生為方便無所得
為方便迴向一切智智脩習無上正等菩提
慶喜觸界身識界及身觸身觸為緣所生諸
受觸界身識界及身觸身觸為緣所生諸
受性空何以故以觸界身識界及身觸身觸
為緣所生諸受性空與彼無上正等菩提無
二無二分故慶喜由此故說以身界等無二
為方便無生為方便無所得為方便迴向一
切智智脩習無上正等菩提世尊云何以意
界無二為方便無生為方便無所得為方便
迴向一切智智脩習無上正等菩提慶喜意
界意界性空何以故以意界性空與彼無上
正等菩提無二無二分故世尊云何以法界
意識界及意觸意觸為緣所生諸受無二為
方便無生為方便無所得為方便迴向一切智
智脩習無上正等菩提慶喜法界意識界及
意觸意觸為緣所生諸受法界意識界及
意觸意觸為緣所生諸受性空何以故以法
界意識界及意觸意觸為緣所生諸受性空
與彼無上正等菩提無二無二分故慶喜由

BD05235號　大般若波羅蜜多經卷一一六

（7–4）

方便無生為方便無所得為方便迴向一切智
智脩習無上正等菩提慶喜法界意識界及
意觸意觸為緣所生諸受法界意識界及
意觸意觸為緣所生諸受性空何以故以法
界意識界及意觸意觸為緣所生諸受性空
與彼無上正等菩提無二無二分故慶喜由
此故說以意界等無二為方便無生為方便
無所得為方便迴向一切智智脩習無上正
等菩提
世尊云何以地界無二為方便無生為方便
無所得為方便迴向一切智智脩習布施淨
戒安忍精進靜慮般若波羅蜜多慶喜地界
地界性空何以故以地界性空與布施淨戒
安忍精進靜慮般若波羅蜜多無二無二分
故世尊云何以水火風空識界無二為方便
無生為方便無所得為方便迴向一切智智
脩習布施淨戒安忍精進靜慮般若波羅蜜
多慶喜水火風空識界水火風空識界性空
何以故以水火風空識界性空與布施淨戒
安忍精進靜慮般若波羅蜜多無二無二分
故慶喜由此故說以地界等無二為方便無
生為方便無所得為方便迴向一切智智脩
習布施淨戒安忍精進靜慮般若波羅蜜多
世尊云何以地界無二為方便無生為方便
無所得為方便迴向一切智智安住內空外
空內外空空空大空勝義空有為空無為空

BD05235號　大般若波羅蜜多經卷一一六

（7–5）

故慶喜由此故說以地界等無二為方便無
生為方便無所得為方便迴向一切智智脩
習布施淨戒安忍精進靜慮般若波羅蜜多
世尊云何以地界無二為方便無生為方便
無所得為方便迴向一切智智安住內空外
空內外空空空大空勝義空有為空無為空
畢竟空無際空散空無變異空本性空自相
空共相空一切法空不可得空無性空自性
空無性自性空慶喜地界地界性空何以故
以地界性空與彼內空乃至無性自性空無
二無二分故世尊云何以水火風空識界無
二為方便無生為方便無所得為方便迴向
一切智智安住內空外空內外空空空大空
勝義空有為空無為空畢竟空無際空散空
無變異空本性空自相空共相空一切法空
不可得空無性空自性空無性自性空慶喜
水火風空識界水火風空識界性空何以故
以水火風空識界性空與彼內空乃至無性
自性空無二無二分故慶喜由此故說以
地界等無二為方便無生為方便無所
得為方便迴向一切智智安住內空乃
至無性自性空

大般若波羅蜜多經卷第百一十六

BD05235號　大般若波羅蜜多經卷一一六　（7–6）

二為方便無所得為方便迴向
一切智智安住內空外空內外空空空大空
勝義空有為空無為空畢竟空無際空散空
無變異空本性空自相空共相空一切法空
不可得空無性空自性空無性自性空慶喜
水火風空識界水火風空識界性空何以故
以水火風空識界性空與彼內空乃至無性
自性空無二無二分故慶喜由此故說以
地界等無二為方便無生為方便無所
得為方便迴向一切智智安住內空乃
至無性自性空

大般若波羅蜜多經卷第百一十六

BD05235號　大般若波羅蜜多經卷一一六　（7–7）

曾不聞之
三寶佛性无差別相
等經作五逆罪及一闡提悉有佛
經而得聞之是名不聞而聞光明遍照高貴
德王菩薩摩訶薩白佛言世尊若犯重禁謗
方等經作五逆罪一闡提等有佛性者是等
云何復墮地獄世尊若使是等有佛性者云
何復言无常樂我淨世尊若斷善根名一闡
提者斷善根時所有佛性云何不斷佛性若
斷云何復言常樂我淨如其不斷何故名為
一闡提耶世尊犯四重禁名為不定謗方等
經作五逆罪及一闡提悉名不定如是等輩
若決定者云何得成阿耨多羅三藐三菩提
得須陁洹乃至辟支佛亦名不定若須陁洹
至辟支佛是決定者亦不應成阿耨多羅三
藐三菩提世尊若犯四重不決定者須陁洹
乃至辟支佛亦不決定如是不定諸佛如來
亦復不定若佛不定涅槃體性亦復不定至
一切法亦復不定云何不定若一闡提除一
闡提則成佛道諸佛如來亦應如是入涅槃
已亦應還出不入涅槃若如是者涅槃之性

BD05236號　大般涅槃經（北本）卷二二　（20–1）

至辟支佛是決定者亦不應成阿耨多羅三
藐三菩提世尊若犯四重不決定者須陁洹
乃至辟支佛亦不決定如是不定諸佛如來
亦復不定若佛不定涅槃體性亦復不定至
一切法亦復不定云何不定若一闡提除一
闡提則成佛道諸佛如來亦應如是入涅槃
已亦應還出不入涅槃若如是者涅槃之性
則為不定不決定故當知无有常樂我淨云
何說言一闡提等當得涅槃尒時世尊告光
明遍照高貴德王菩薩摩訶薩言善哉善哉
善男子為欲利益无量衆生令得安樂憐愍
慈念諸世間故為欲增長發菩提心諸菩薩
故作如是問善男子汝已親近過去无量諸
佛世尊於諸佛所殖諸善根久已成就菩提
功德降伏衆魔令其退散已教无量无邊衆
生悉令得至阿耨多羅三藐三菩提久已通
達諸佛如來所有甚深秘密之藏已問過去
无量无邊恒河沙等諸佛世尊如是甚深秘
密之藏我都不見一切世間若天若人沙門
婆羅門若魔若梵有能諮問如來是義今當
誠心諦聽諦聽吾當為汝分別演說善男子
一闡提者亦不決定若決定者是一闡提終
不能得阿耨多羅三藐三菩提以不定故是
故能得如汝所言佛性不斷云何一闡提斷
善根者善男子善根有二種一者內二者外
佛性非內非外以是義故佛性不斷復有二
種一者有漏二者无漏佛性非有漏非无漏
是故不斷復有二種一者常二者无常佛性

BD05236號　大般涅槃經（北本）卷二二　（20–2）

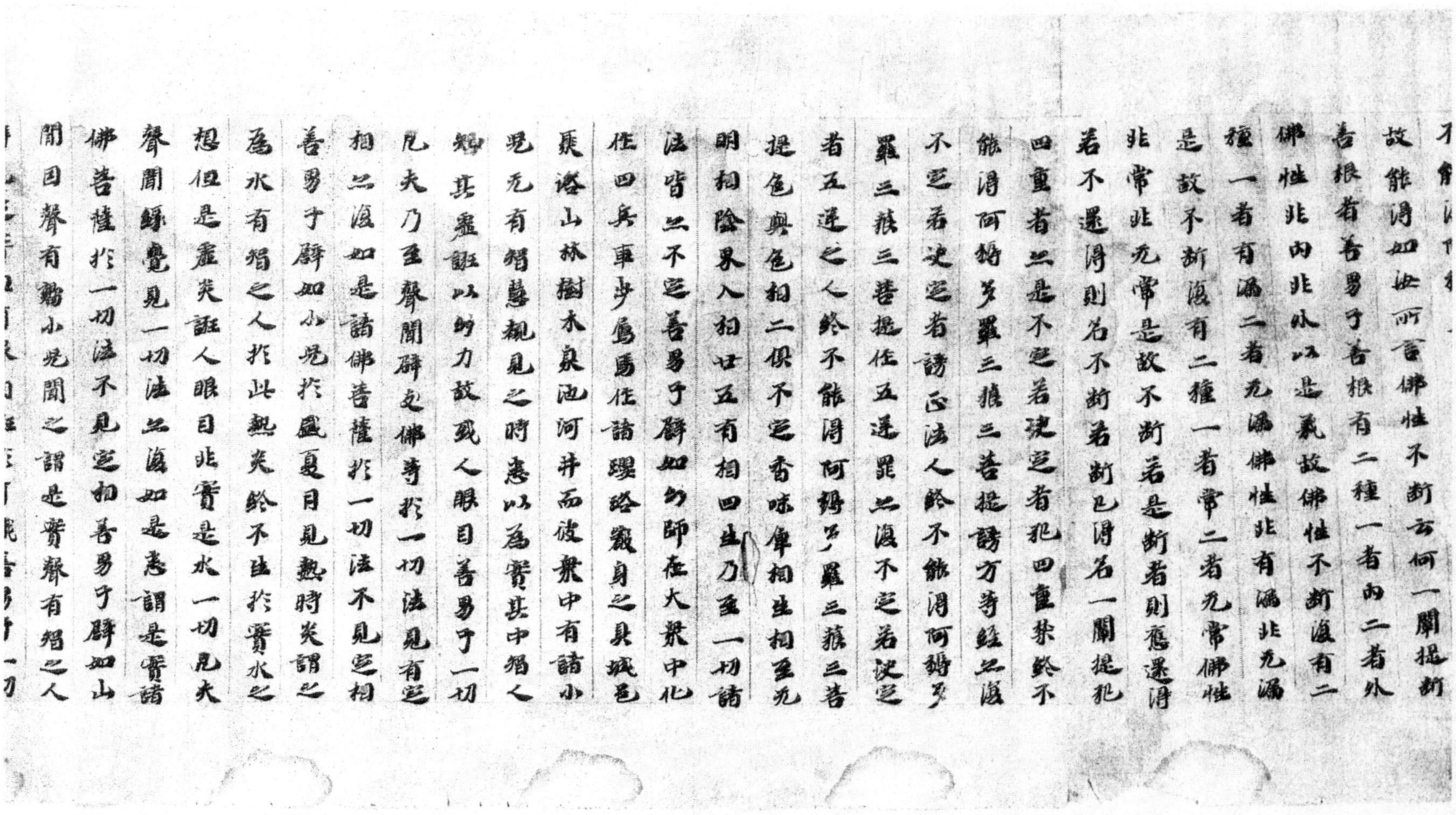
故能得如汝所言佛性不斷云何一闡提斷
善根者善男子善根有二種一者內二者外
佛性非內非外以是義故佛性不斷復有二
種一者有漏二者无漏佛性非有漏非无漏
是故不斷復有二種一者常二者无常佛性
非常非无常是故不斷若是斷者則應還得
若不還得則名不斷若斷已得名一闡提犯
四重者亦是不定若決定者犯四重禁終不
能得阿耨多羅三藐三菩提謗方等經亦復
不定若決定者謗正法人終不能得阿耨多
羅三藐三菩提作五逆罪亦復不定若決定
者五逆之人終不能得阿耨多羅三藐三菩
提色與色相二俱不定香味觸相生相至无
明相陰界入相廿五有相四生乃至一切諸
法皆亦不定善男子譬如幻師在大衆中化
作四兵車步象馬作諸瓔珞嚴身之具城邑
聚落山林樹木泉池河井而彼衆中有諸小
兒无有智慧覩見之時悉以為實其中智人
知其虛誑以幻力故惑人眼目善男子一切
凡夫乃至聲聞辟支佛等於一切法見有定
相亦復如是諸佛菩薩於一切法不見定相
善男子譬如小兒於盛夏月見熱時炎謂之
為水有智之人於此熱炎終不生於實水之
想但是虛炎誑人眼目非實是水一切凡夫
聲聞緣覺見一切法亦復如是悉謂是實諸
佛菩薩於一切法不見定相善男子譬如山
間因聲有響小兒聞之謂是實聲有智之人

BD05236號　大般涅槃經（北本）卷二二　（20–3）

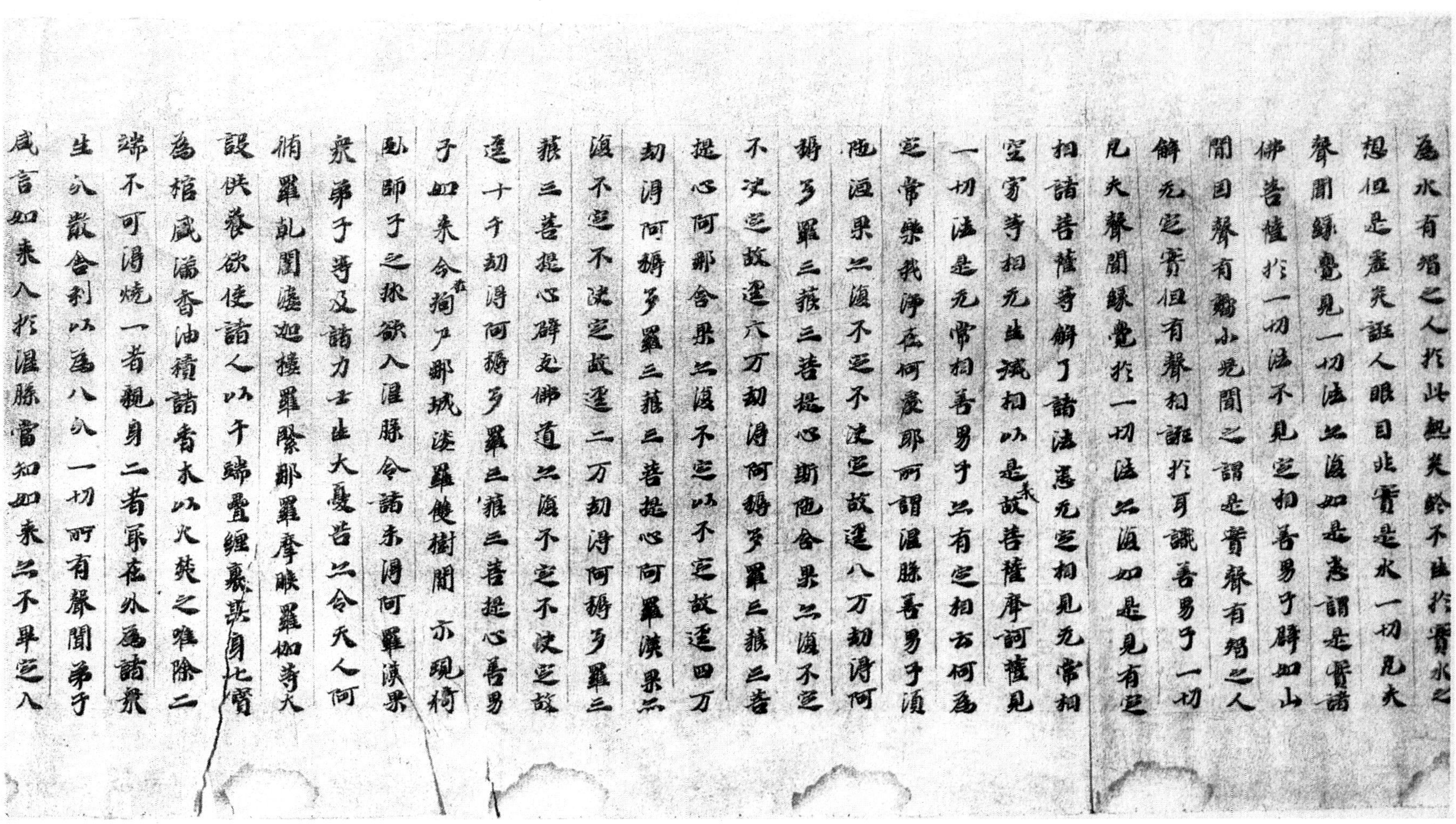
為水有智之人於此熱炎終不生於實水之
想但是虛炎誑人眼目非實是水一切凡夫
聲聞緣覺見一切法亦復如是悉謂是實諸
佛菩薩於一切法不見定相善男子譬如山
間因聲有響小兒聞之謂是實聲有智之人
解无定實但有聲相誑於耳識善男子一切
凡夫聲聞緣覺於一切法亦復如是見有定
相諸菩薩等解了諸法悉无定相見无常相
空寂等相无生滅相以是義故菩薩摩訶薩見
一切法是无常相善男子亦有定相云何為
定常樂我淨在何處耶所謂涅槃善男子須
陀洹果亦復不定不決定故逕八万劫得阿
耨多羅三藐三菩提心斯陀含果亦復不定
不決定故逕六万劫得阿耨多羅三藐三菩
提心阿那含果亦復不定以不定故逕四万
劫得阿耨多羅三藐三菩提心阿羅漢果亦
復不定不決定故逕二万劫得阿耨多羅三
藐三菩提心辟支佛道亦復不定不決定故
逕十千劫得阿耨多羅三藐三菩提心善男
子如來今在拘尸那城娑羅雙樹間亦現倚
臥師子之牀欲入涅槃令諸未得阿羅漢果
衆弟子等及諸力士生大憂苦亦令天人阿
脩羅乾闥婆迦樓羅緊那羅摩睺羅伽等大
設供養欲使諸人以千端疊纏裹其身七寶
為棺盛滿香油積諸香木以火焚之唯除二
端不可得燒一者襯身二者最在外為諸衆
生分散舍利以為八分一切所有聲聞弟子
咸言如來入於涅槃當知如來亦不畢定入

BD05236號　大般涅槃經（北本）卷二二　（20–4）

衆弟子等及諸[illegible]
脩羅乾闥婆迦樓羅緊那羅摩睺羅伽等大
設供養欲使諸人以千疊纏裹其身七寶
爲棺盛滿香油積諸香木以火焚之唯除二
端不可得燒一者襯身二者最在外爲諸衆
生故散舍利以爲八分一切所有聲聞弟子
咸言如來入於涅槃當知如來亦不畢定入
於涅槃何以故如來常住不變易故以是義
故如來涅槃亦復不定善男子當知如來亦
復不定如來非天何以故有四種天一者世
間天二者生天三者淨天四者義天世間天
者如諸國王生天者從四天王乃至非有想
非無想天淨天者從須陁洹至辟支佛義天
者十住菩薩摩訶薩等以何義故十住菩薩
名爲義天以能善解諸法義故云何爲義見
一切法是空義故善男子如來非王亦非四
天乃至非有想非無想天從須陁洹至辟支
佛十住菩薩以是義故如來非天然諸衆生
亦復稱佛爲天中天是故如來非天非非天
非人非非人非鬼非非鬼非地獄畜生餓鬼
非非地獄畜生餓鬼非衆生非非衆生非法
非非法非色非非色非長非非長非短非非
短非相非非相非心非非心非有漏非無漏
非有爲非無爲非常非無常非幻非非幻非
名非非名非定非非定非有非無非說非非
說非如來非不如來以是義故如來不定
善男子何故如來不名世天世天即是諸王
如來久於無量劫中已捨王位是故非王非

BD05236號　大般涅槃經（北本）卷二二

（20–5）

非有爲非無爲非常非無常非幻非非幻非
名非非名非定非非定非有非無非說非非
說非如來非不如來以是義故如來不定
善男子何故如來不名世天世天即是諸王
如來久於無量劫中已捨王位是故非王非
非王者如來生於迦毗羅城淨飯王家是故
非非王非生天者如來久已離諸有故是故
非生天非非生天何以故昇兜率天下閻浮
提故是故如來非非生天亦非淨天何以故
如來非是須陁洹乃至非辟支佛是故如來
非是淨天非非淨天何以故世間八法所不
能汙猶如蓮華不受塵水是故如來非非淨
天亦非義天何以故如來非是十住菩薩故
是故如來非義天也非非義天何以故如來
常脩十八空義故是故如來非非義天如來
非人何以故如來久於無量劫中離人有故
是故非人亦非非人何以故生於迦毗羅城
故是故非非人如來非鬼何以故不害一切
諸衆生故是故非鬼亦非非鬼何以故亦以
鬼像化衆生故是故非非鬼如來亦非地獄
畜生餓鬼何以故如來久離諸惡業故是故
非地獄畜生餓鬼亦非非地獄畜生餓鬼如
來亦復現受三惡諸趣之身化衆生故是故
非非地獄畜生餓鬼亦非衆生何以故久已
遠離衆生性故是故如來非衆生亦非非衆
生何以故或時演說衆生相故是故如來非
非衆生如來非法何以故諸法各各有別異
相如來不尒唯有一相是故非法亦非非法

BD05236號　大般涅槃經（北本）卷二二

（20–6）

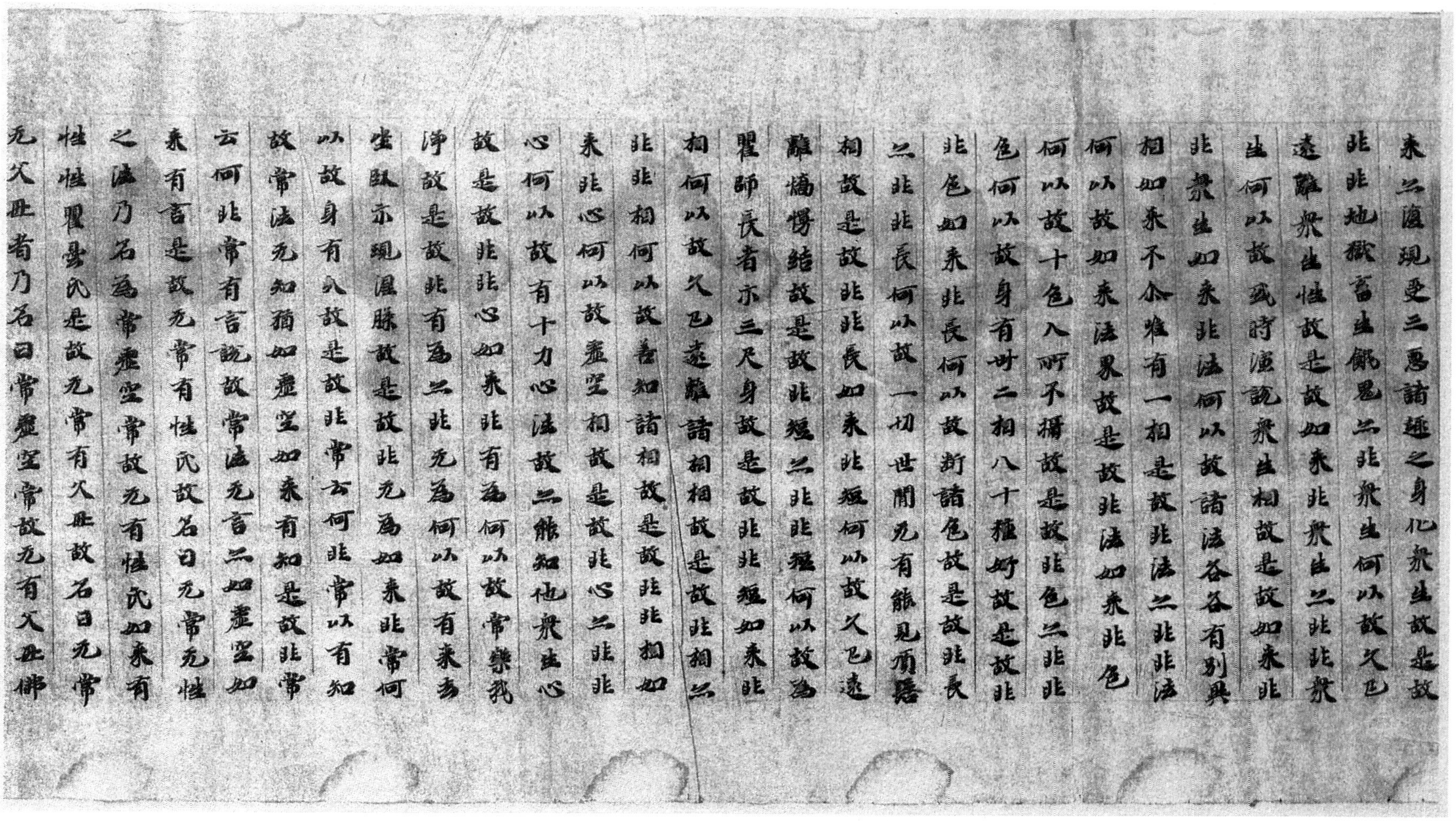
來亦復現受二惡諸趣之身化衆生故是故
非非地獄畜生餓鬼亦非衆生何以故久已
遠離衆生性故是故如來非非衆生亦非非衆
生何以故或時演說衆生相故是故如來非
非衆生如來非法何以故諸法各各有別異
相如來不尒唯有一相是故非法亦非非法
何以故如來法界故是故非法如來非色
何以故十色入所不攝故是故非色亦非非
色何以故身有卅二相八十種好故是故非
非色如來非長何以故斷諸色故是故非長
亦非非長何以故一切世間无有能見頂髻
相故是故非非長如來非短何以故久已遠
離憍慢結故是故非短亦非非短何以故為
瞿師長者示三尺身故是故非非短如來非
相何以故久已遠離諸相相故是故非相亦
非非相何以故善知諸相故是故非非相如
來非心何以故虛空相故是故非心亦非非
心何以故有十力心法故亦能知他衆生心
故是故非非心如來非有為何以故常樂我
淨故是故非有為亦非无為何以故有來去
坐臥示現涅槃故是故非无為如來非常何
以故身有分故是故非常云何非常以有知
故常法无知猶如虛空如來有知是故非常
云何非常有言說故常法无言亦如虛空如
來有言是故无常有姓氏故名曰无常无姓
之法乃名為常虛空常故无有姓氏如來有
姓姓瞿曇氏是故无常有父母故名曰无常
无父母者乃名曰常虛空常故无有父母佛

BD05236號　大般涅槃經（北本）卷二二　（20–7）

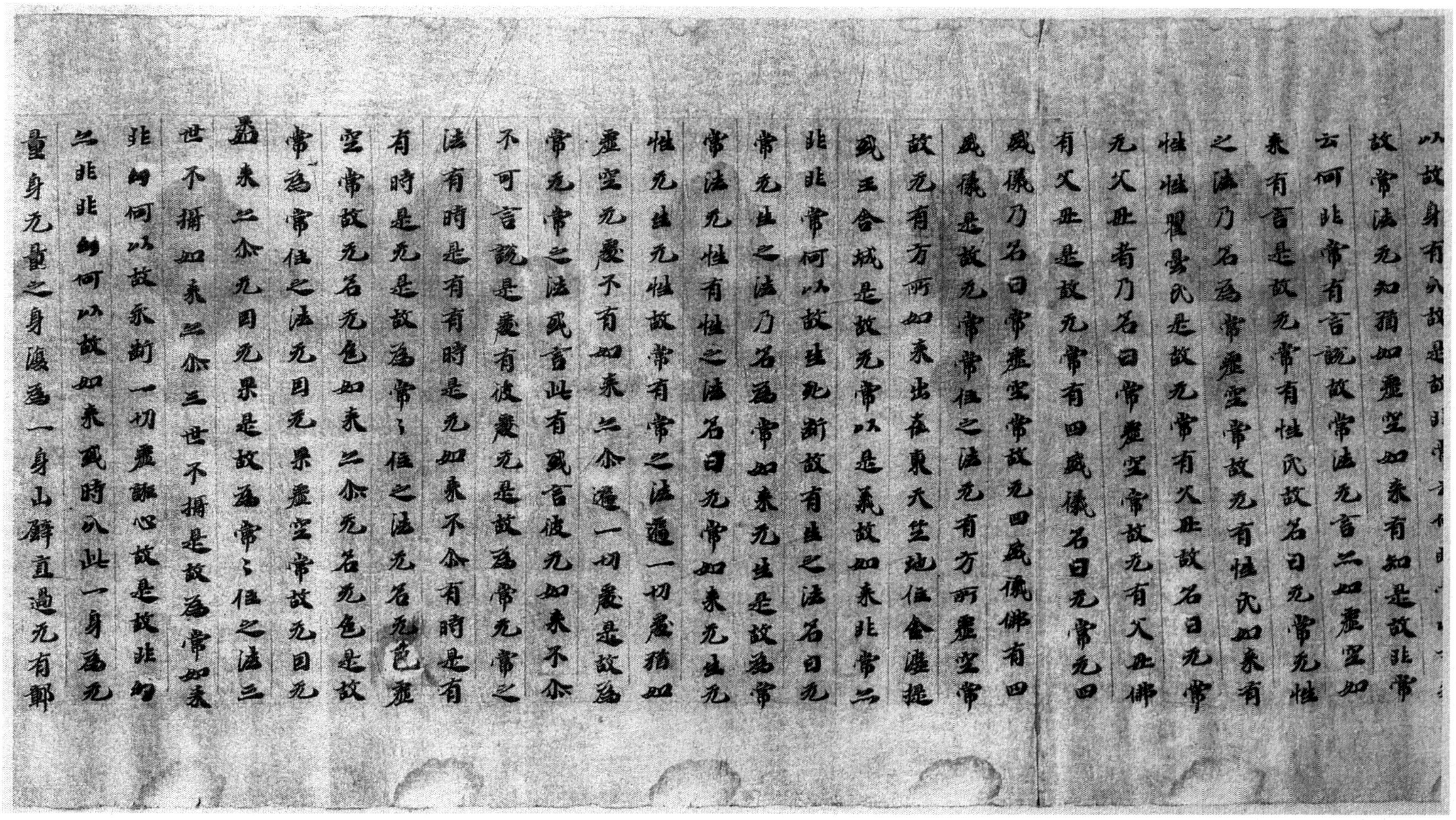
以故身有分故是故
故常法无知猶如虛空如來有知是故非常
云何非常有言說故常法无言亦如虛空如
來有言是故无常有姓氏故名曰无常无姓
之法乃名為常虛空常故无有姓氏如來有
姓姓瞿曇氏是故无常有父母故名曰无常
无父母者乃名曰常虛空常故无有父母佛
有父母是故无常有四威儀名曰无常无四
威儀乃名曰常虛空常故无四威儀佛有四
威儀是故无常常住之法无有方所虛空常
故无有方所如來出在東天竺地住舍婆提
或王舍城是故无常以是義故如來非常亦
非非常何以故生死斷故有生之法名曰无
常无生之法乃名為常如來无生是故為常
常法无性有性之法名曰无常如來无生无
性无生无性故常有常之法遍一切處猶如
虛空无處不有如來亦尒遍一切處是故為
常无常之法或言此有或言彼无如來不尒
不可言說是處有彼處无是故為常无常之
法有時是有有時是无如來不尒有時是有
有時是无是故為常常住之法无名无色虛
空常故无名无色如來亦尒无名无色是故
常為常住之法无因无果虛空常故无因无
為來亦尒无因无果是故為常常住之法三
世不攝如來亦尒三世不攝是故為常如來
非物何以故永斷一切虛誑心故是故非物
亦非非物何以故如來或時入此一身為无
量身无量之身復為一身山壁直過无有鄣

BD05236號　大般涅槃經（北本）卷二二　（20–8）

如來亦尒无因无果是故為常々住之法三
世不攝如來亦尒三世不攝是故為常如來
非物何以故永斷一切盡諸心故是故非物
亦非非物何以故如來或時入此一身為无
量身无量之身復為一身山壁直過无有鄣
导履水如地入地如水行空如地身出烟炎
如大火聚雲雷震動其聲可畏或為城邑聚
落舍宅山川樹木或作大身或作小身男身
女身童男女身是故如來亦非非物如來非
定何以故如來於此拘尸那城娑羅雙樹間
示現入於般涅槃是故非定亦非非定何
以故常樂我淨故是故如來亦非非定如來
非有漏何以故斷三漏故故非有漏三漏者
欲界一切煩惱除无明是名欲漏色无色界
一切煩惱除无明是名有漏三界无明名无
明漏如來永斷是故非漏復次一切凡夫不
見有漏云何凡夫不見有漏一切凡夫於未
來世悉有疑心未來世中當得身耶不得身
耶過去世中身本有耶為本无耶現在世中
是身有耶是身无耶若有我者是色耶非色
耶色非色耶非色非色耶想耶非想耶想
非想耶非想非想耶是身屬他耶不屬他
耶屬不屬耶非屬非不屬耶有命无身耶有
身无命耶有身有命耶无身无命耶身之與
命有常耶无常耶常无常耶非常非无常耶
身之與命自在作耶時節作耶无因作耶世
性作耶微塵作耶法非法作耶士夫作耶煩
惱作耶父母作耶我住心耶我住眼中耶遍滿

BD05236號　大般涅槃經（北本）卷二二　（20–9）

耶色非色耶非色非色耶想耶非想耶想
非想耶非想非想耶是身屬他耶不屬他
耶屬不屬耶非屬非不屬耶有命无身耶有
身无命耶有身有命耶无身无命耶身之與
命有常耶无常耶常无常耶非常非无常耶
身之與命自在作耶時節作耶无因作耶世
性作耶微塵作耶法非法作耶士夫作耶煩
惱作耶父母作耶我住心耶我住眼中耶遍滿
身中耶從何來耶去何至耶誰生耶誰死耶
我於過去是婆羅門姓耶是刹利姓耶是毗
舍姓耶是首陁羅姓耶當於未來得何姓耶
我此身者過去之時是男身耶是女身耶畜
生身耶若我殺生當有罪耶當无罪耶乃至
飲酒當有罪耶當无罪耶我自作耶為他作
耶我受報耶身受報耶如是疑見无量煩惱
覆衆生心因是疑見生六種心決定有我決
定无我我見我我見无我无我見我我作我
受我知是名耶見如來永拔如是无量見漏
根本是故非漏善男子菩薩摩訶薩於大涅
槃脩聖行者亦得永斷如是諸漏諸佛如來
常脩聖行是故无漏善男子凡夫不能善攝
五根則有三漏為惡所牽至不善處善男子
譬如惡馬其性佷悷能令乘者至嶮惡處不
能善攝此五根者亦復如是令人遠離涅槃
善道至諸惡處譬如惡象心未調順有人乘
之不隨意去遠離城邑至空野處不能善攝
此五根者亦復如是將人遠離涅槃城邑至
於生死曠野之處善男子譬如佞臣教王作

BD05236號　大般涅槃經（北本）卷二二　（20–10）

譬如惡馬其性佷戾能令乘者至嶮惡處不
能善攝此五根者亦復如是令人遠離涅槃
善道至諸惡處譬如惡象心未調順有人乘
之不隨意去遠離城邑至空野處不能善攝
此五根者亦復如是將人遠離涅槃城邑至
於生死曠野之處善男子譬如佞臣教王作
惡五根佞臣亦復如是常教衆生造无量惡
善男子譬如惡子不受師長父母教勑則无
惡不造不調五根亦復如是不受師長善言
教勑无惡不造善男子凡夫之人不攝五根
常為地獄畜生餓鬼之所賊害亦如怨盜竊
及善人善男子凡夫之人不攝五根馳騁五
塵譬如牧牛不善守護犯人苗稼凡夫之人
不攝五根常在諸有多受苦惱善男子菩薩
摩訶薩脩大涅槃行聖行時常能善攝守攝
五根怖畏貪欲瞋恚愚癡憍慢嫉妬為得一
切諸善法故善男子若能善守此五根者則
能攝心若能攝心則攝五根譬如有人擁護
於王則護國土護國土者則護於王菩薩摩
訶薩亦復如是若得聞是大涅槃經則得智
慧得智慧故則得專念五根若散念則能止
何以故是念慧故善男子如善牧者設牛東
西噉他苗稼則便遮止不令犯暴菩薩摩訶
薩亦復如是念慧因緣故守護五根不令馳
散菩薩摩訶薩有念慧者不見我相不見我
所相不見衆生及所受用見一切法同法性
相生於土石瓦礫之相譬如屋舍從衆緣生

何以故是念慧故善男子如善牧者設牛東
西噉他苗稼則便遮止不令犯暴菩薩摩訶
薩亦復如是念慧因緣故守護五根不令馳
散菩薩摩訶薩有念慧者不見我相不見我
所相不見衆生及所受用見一切法同法性
相生於土石瓦礫之相譬如屋舍從衆緣生
无有定性見諸衆生四大五陰之所成立推
无定性无定性故菩薩於中不生貪著一切
凡夫見有衆生故起煩惱菩薩摩訶薩脩大
涅槃有念慧故於諸衆生不生貪著復次菩
薩摩訶薩脩大涅槃經者不著衆生相作種
種法相善男子譬如畫師以衆雜彩畫作衆
像若男若女若牛若馬凡夫无智見之則生
男女等相畫師了知无有男女菩薩摩訶薩
亦復如是於法異相觀於一相終不生於衆
生之相何以故有念慧故菩薩摩訶薩脩大
涅槃或時觀見端政女人終不生於貪著之
心何以故善觀相故善男子菩薩摩訶薩知
五欲法无有歡樂不得暫停如犬嚙枯骨如
人持火逆風而行如篋毒虵夢中所得路首
菓樹多人所擲亦如段肉衆鳥競逐如水上
泡畫水之迹如織經盡如囚趣市猶如假借
勢不得久觀欲如是多諸過患復次菩薩摩
訶薩觀諸衆生為色香味觸因緣故從昔无
數无量劫來常受苦惱一一衆生一劫之中
所積身骨如王舍城毗富羅山所飲乳汁如
四海水身出所血多四海水父母兄弟妻子眷

勢不得久觀欲如是多諸過患復次菩薩摩
訶薩觀諸衆生為色香味觸因緣故從昔无
數无量劫來常受苦惱一一衆生一劫之中
所積身骨如王舍城毗富羅山所飲乳汁如
四海水身出所血多四海水父母兄弟妻子眷
屬命終哭泣所出目淚多四大海盡地草木
為四寸籌以數父母亦不能盡无量劫來或
在地獄畜生餓鬼所受苦行不可稱計摶此
大地猶如棗等易可窮極生死難盡菩薩摩
訶薩如是深觀一切衆生以是欲因緣故受
苦无量菩薩以是生死行苦故不失念慧善
男子譬如世間有諸大衆滿廿五里王勑一
臣持一鉢油經由中過莫令傾覆若棄一渧
當斷汝命復遣一人拔刀在後隨而怖之臣
受王教盡心堅持經歷尒所大衆之中雖見
可意五色欲等心常念言我若放逸著彼所
欲當棄所持命不全濟是人以是怖因緣故
乃至不棄一渧之油菩薩摩訶薩亦復如是
於生死中不失念慧以不失故雖見五欲心
不貪著若見淨色不生色相唯觀苦相乃至
識相亦復如是不作生相不作滅相不作因
相觀和合相菩薩尒時五根清淨根清淨故
護根戒具一切凡夫五根不淨不能善持名
日根漏菩薩永斷是故无漏如來拔出永斷
根本是故非漏復次善男子復有離漏菩薩
摩訶薩欲為无上甘露佛果故離諸惡漏云
何為離若能脩行大涅槃經書寫受持讀誦
解說思惟其義是名為離何以故善男子我

BD05236號　大般涅槃經（北本）卷二二　（20–13）

護根戒具一切凡夫五根不淨不能善持名
日根漏菩薩永斷是故无漏如來拔出永斷
根本是故非漏復次善男子復有離漏菩薩
摩訶薩欲為无上甘露佛果故離諸惡漏云
何為離若能脩行大涅槃經書寫受持讀誦
解說思惟其義是名為離何以故善男子我
都不見十二部經能離惡漏如此方等大涅
槃經善男子譬如良師教諸弟子弟子之中
有受教者心不受惡菩薩摩訶薩脩大涅槃
微妙經典亦復如是心不造惡善男子譬如
世間有善呪術若有一聞却後七年不為一
切毒藥所中蛇不能螫若有誦者乃至命盡
无有衆惡善男子大涅槃經亦復如是若有
衆生一逕耳者却後七劫不墮惡道若有書
寫讀誦解說思惟其義亦得阿耨多羅三藐
三菩提淨見佛性如彼聖王得甘露味善男
子是大涅槃有如是等无量功德善男子若
有人能書寫是經讀誦解說為他敷演思惟
其義當知是人真我弟子善受我教是我所
見我之所念是人諦知我不涅槃隨如是人
所住之處若城邑聚落山林曠野房舍田宅
樓閣殿堂我亦在中常住不移我於是人常
作受施或作比丘比丘尼優婆塞優婆夷婆
羅門梵志貧窮乞人云何當令是人得知如
來受其所施之物善男子是人或於夜臥夢
中夢見佛像或見天像沙門之像國王聖王
師子王像蓮花形像憂曇花像或見大山或

BD05236號　大般涅槃經（北本）卷二二　（20–14）

樓閣殿堂我亦在中常住不移我於是人常
作受施或作比丘比丘尼優婆塞優婆夷婆
羅門梵志貧窮乞人云何當令是人得知如
來受其所施之物善男子是人或於夜臥夢
中夢見佛像或見天像沙門之像國王聖王
師子王像蓮華像優曇華像或見大山或
大海水或見日月或見白象及白馬像或見
父母得華得菓金銀流離頗梨等寶五種牛
味尒時當知即是如來受其所施悟已喜樂
尋得種種所須之物心不念惡樂脩善法善
男子是大涅槃悉能成就如是无量阿僧祇
等不可思議无邊功德善男子汝今應當信
受我語若有善男子善女人欲見我者欲恭
敬我欲同法性而見於我欲得空定欲見實
相欲得脩集首楞嚴定師子王定欲破八魔
八魔者所謂四魔无常无樂无我无淨欲得
人中天上樂者見有受持大涅槃經書寫讀
誦為他解說思惟義者當往親近依附諮受
恭敬尊重讚歎為洗手足布置床座四事供
給令无所乏若從遠來應十由旬路次奉迎
為是經故所重之物應以奉獻如其无者應
自賣身何以故是經難遇過優曇華善男
子我念過去无量无邊那由他劫尒時世界
名曰娑婆有佛世尊號釋迦牟尼如來應正
遍知明行足善逝世間解无上士調御丈夫
天人師佛世尊為諸大眾宣說如是大涅槃
經我於尒時從善友所轉聞彼佛當為大眾

BD05236號 大般涅槃經（北本）卷二二 （20–15）

自賣身何以故是經難遇過優曇華善男
子我念過去无量无邊那由他劫尒時世界
名曰娑婆有佛世尊號釋迦牟尼如來應正
遍知明行足善逝世間解无上士調御丈夫
天人師佛世尊為諸大眾宣說如是大涅槃
經我於尒時從善友所轉聞彼佛當為大眾
說大涅槃我聞是已其心歡喜欲設供養居
貧无物欲自賣身薄福不售即欲還家路見
一人而便語言吾欲賣身君能買不其人答言
我家作業人无堪者汝設能為我當買汝我
即問言有何作業人无能堪其人見答吾有
惡病良醫處藥應當日服人肉三兩卿若能
以身肉三兩日日見給便當與汝金錢五枚
我時聞已心生歡喜我復語言汝與我錢假
我七日須我事訖便還相就其人見答七日
不可審能尒者當許一日善男子我於尒時
即取其錢還至佛所頭面礼足盡其所有而
以奉獻然後誠心聽受是經我時闇鈍雖得
聞經唯能受持一偈文句
如來證涅槃 永斷於生死 若有至心聽 常得无量樂
受是偈已即便還至彼病人家善男子我時
雖復日日與三兩肉以念偈因緣故不以為
痛日日不廢具滿一月善男子以是因緣其
病得差我身平復亦无瘡痍我時見身具足
完具即發阿耨多羅三藐三菩提心一偈之
力尚能如是何況具足受持讀誦我見此經
有如是利復倍發心願於未來成佛得道字

BD05236號 大般涅槃經（北本）卷二二 （20–16）

如来證涅槃　永斷於生死　若有至心聽　常得无量樂
受是偈已即便還至彼病人家善男子我時
雖復日日與三兩肉以念偈因緣故不以為
痛日日不廢具滿一月善男子以是因緣其
病得差我身平復亦无瘡痍我時見身具足
完具即發阿耨多羅三藐三菩提心一偈之
力尚能如是何況具足受持讀誦我見此經
有如是利復倍發心願於未来成佛得道字
釋迦牟尼善男子以是一偈因緣力故令我
今日於大衆中為諸天人具足宣說善男子
以是因緣是大涅槃不可思議成就无量无
邊功德乃是諸佛如来甚深祕密之藏以是
義故能受持者斷離惡漏所謂惡者惡象惡
馬惡牛惡狗毒蛇住處惡刺土地懸崖嶮岸
暴水洄澓惡人惡國惡城惡舍惡知識等如
是等輩若作漏因菩薩即離若不能作則不
遠離若增有漏則便離之若不增長則不遠
離若作惡法則便離之若能作善則不遠離
云何為離不持刀杖常以正慧方便而遠離
之是故名為正慧遠離為生善法則離惡法
菩薩摩訶薩自觀其身如病如瘡如癰如怨
如箭入體是大苦聚悉是一切善惡根本是
身雖復不淨如是菩薩猶故瞻視將養何以
故非為貪身為善法故為於涅槃不為生死
為常樂我淨不為无常无樂我淨為菩提道
不為有道為於一乘不為三乘為卅二相八
十種好微妙之身不為乃至非有想非无想

BD05236號　大般涅槃經（北本）卷二二

（20–17）

身雖復不淨如是菩薩猶故瞻視將養何以
故非為貪身為善法故為於涅槃不為生死
為常樂我淨不為无常无樂我淨為菩提道
不為有道為於一乘不為三乘為卅二相八
十種好微妙之身不為乃至非有想非无想
身為法輪王不為轉輪王善男子菩薩摩訶
薩常當護身何以故若不護身命則不全命
若不全則不能得書寫是經受持讀誦為他
廣說思惟其義是故菩薩應當善護身以是
義故菩薩得離一切惡漏善男子如欲渡者
應善護栰臨路之人善護良馬田夫種殖善
護糞穢如為差毒善護毒蛇如人為財護旃
陀羅為壞賊故將護健兒如寒人愛護於
火如癩病者求於毒藥菩薩摩訶薩亦復如
是雖見是身无量不淨具足充滿為欲受持
大涅槃經故猶好將養不令乏少菩薩摩訶
薩觀於惡象及惡知識等无有二何以故俱
壞身故菩薩摩訶薩於惡象等心无怖懼於
惡知識生畏懼心何以故是惡象等唯壞能
身不能壞心惡知識者二俱壞故是惡象等
唯壞一身惡知識者壞无量善身无量善心是
惡象等唯能破壞不淨臭身惡知識者能
壞淨身及以淨心是惡象等能壞肉身惡知
識者壞於法身為惡象煞不至三惡為惡友
煞必至三惡是惡象等但為身怨惡知識者
為善法怨是故菩薩常當遠離諸惡知識如
是等漏凡夫不離是故生漏菩薩離之則不
生漏菩薩如是尚无有漏況於如来是故非

BD05236號　大般涅槃經（北本）卷二二

（20–18）

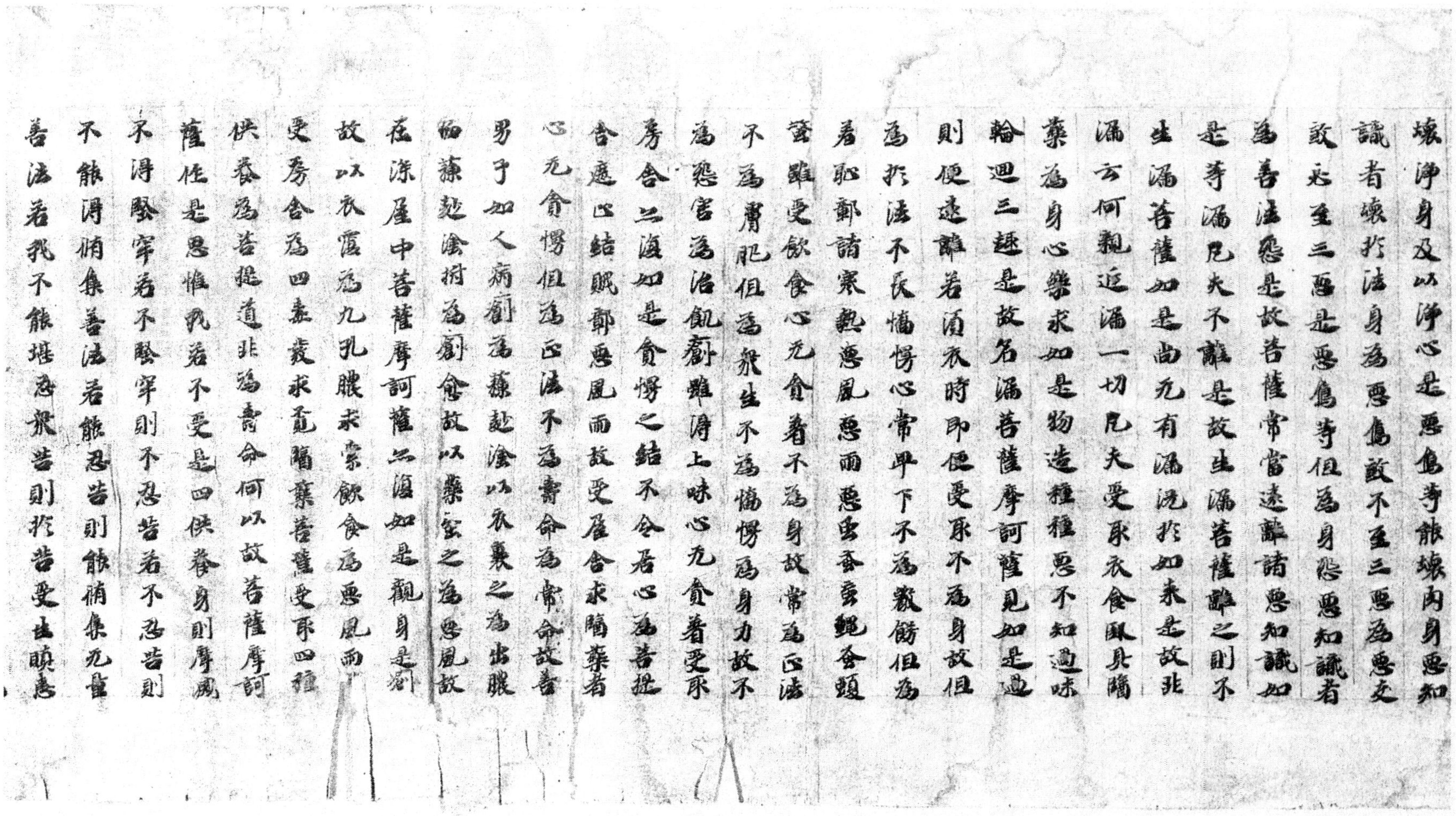
壞淨身及以淨心是惡知
識者壞於法身為惡象等能壞肉身惡知
識必至三惡是惡象等但為身怨惡知識者
為善法怨是故菩薩常當遠離諸惡知識如
是等漏凡夫不離是故生漏菩薩離之則不
生漏菩薩如是尚无有漏況於如來是故非
漏云何親近漏一切凡夫受取衣食臥具醫
藥為身心樂求如是物造種種惡不知過患
輪迴三趣是故名漏菩薩摩訶薩見如是過
則便遠離若須衣時即便受取不為身故但
為於法不長憍慢心常卑下不為嚴飾但為
羞恥鄣諸寒熱惡風惡雨惡虫蚊䖟蠅蚤
蝨雖受飲食心无貪著不為身故常為正法
不為膚肥但為衆生不為憍慢為身力故不
為怨害為治飢瘡雖得上味心无貪著受取
房舍亦復如是貪慢之結不令居心為菩提
舍遮正結賊鄣惡風雨故受屋舍求醫藥者
心无貪慢但為正法不為壽命為常命故善
男子如人病瘡為藥麨塗以衣裹之為出膿
血藥麨塗拊為瘡愈故以藥衣之為惡風故
在深屋中菩薩摩訶薩亦復如是觀身是瘡
故以衣覆為九孔膿求索飲食為惡風雨
受房舍為四毒發求覓醫藥菩薩受取四種
供養為菩提道非為壽命何以故菩薩摩訶
薩作是思惟我若不受是四供養身則羸瘦
不得堅牢若不堅牢則不忍苦若不忍苦則
不能得修集善法若能忍苦則能修集无量
善法若我不能堪忍衆苦則於苦受生瞋恚

BD05236號　大般涅槃經（北本）卷二二　（20–19）

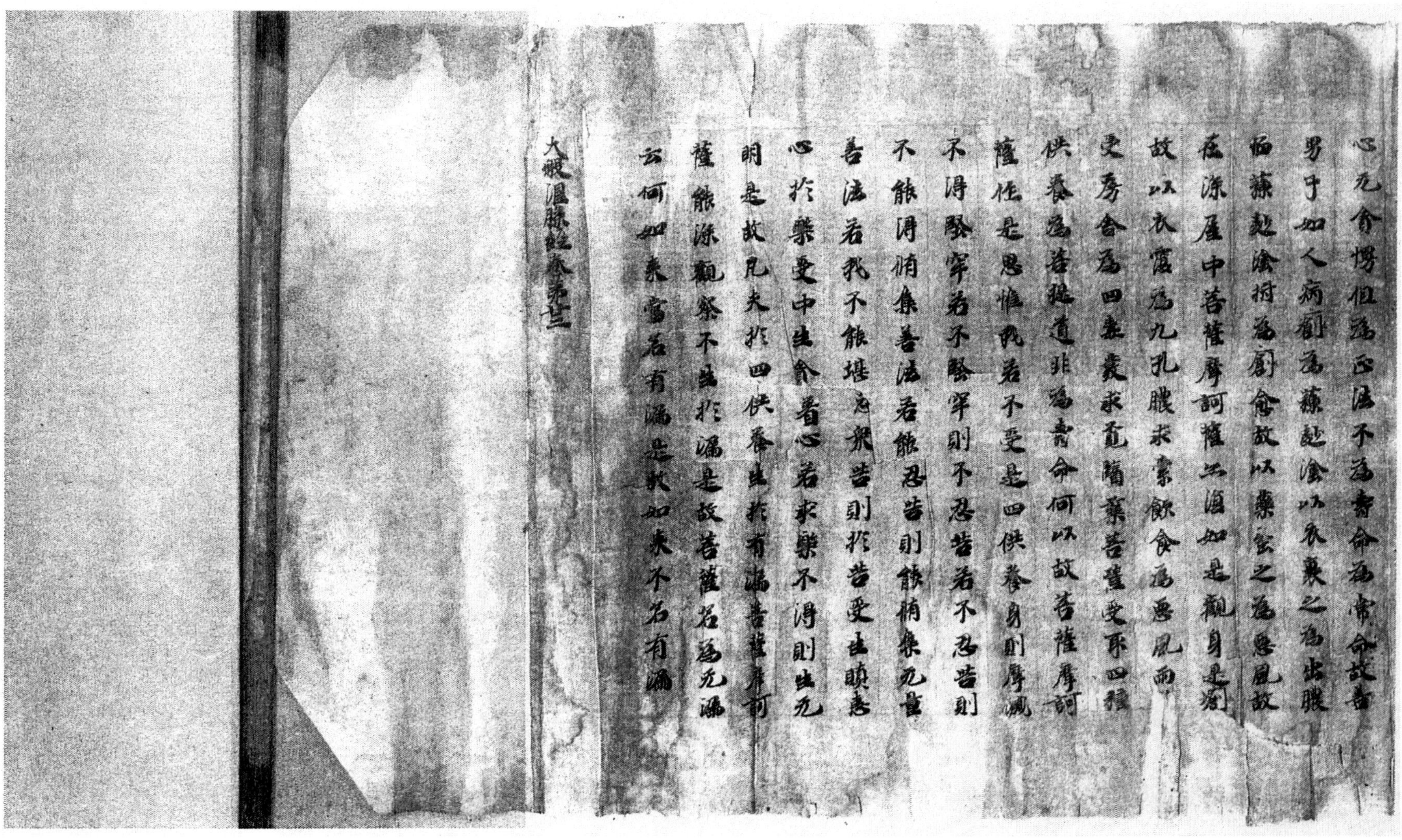
心无貪慢但為正法不為壽命為常命故善
男子如人病瘡為藥麨塗以衣裹之為出膿
血藥麨塗拊為瘡愈故以藥衣之為惡風故
在深屋中菩薩摩訶薩亦復如是觀身是瘡
故以衣覆為九孔膿求索飲食為惡風雨
受房舍為四毒發求覓醫藥菩薩受取四種
供養為菩提道非為壽命何以故菩薩摩訶
薩作是思惟我若不受是四供養身則羸瘦
不得堅牢若不堅牢則不忍苦若不忍苦則
不能得修集善法若能忍苦則能修集无量
善法若我不能堪忍衆苦則於苦受生瞋恚
心於樂受中生貪著心若求樂不得則生无
明是故凡夫於四供養生於有漏菩薩摩訶
薩能深觀察不生於漏是故菩薩名為无漏
云何如來當名有漏是故如來不名有漏

大般涅槃經卷第廿二

BD05236號　大般涅槃經（北本）卷二二　（20–20）

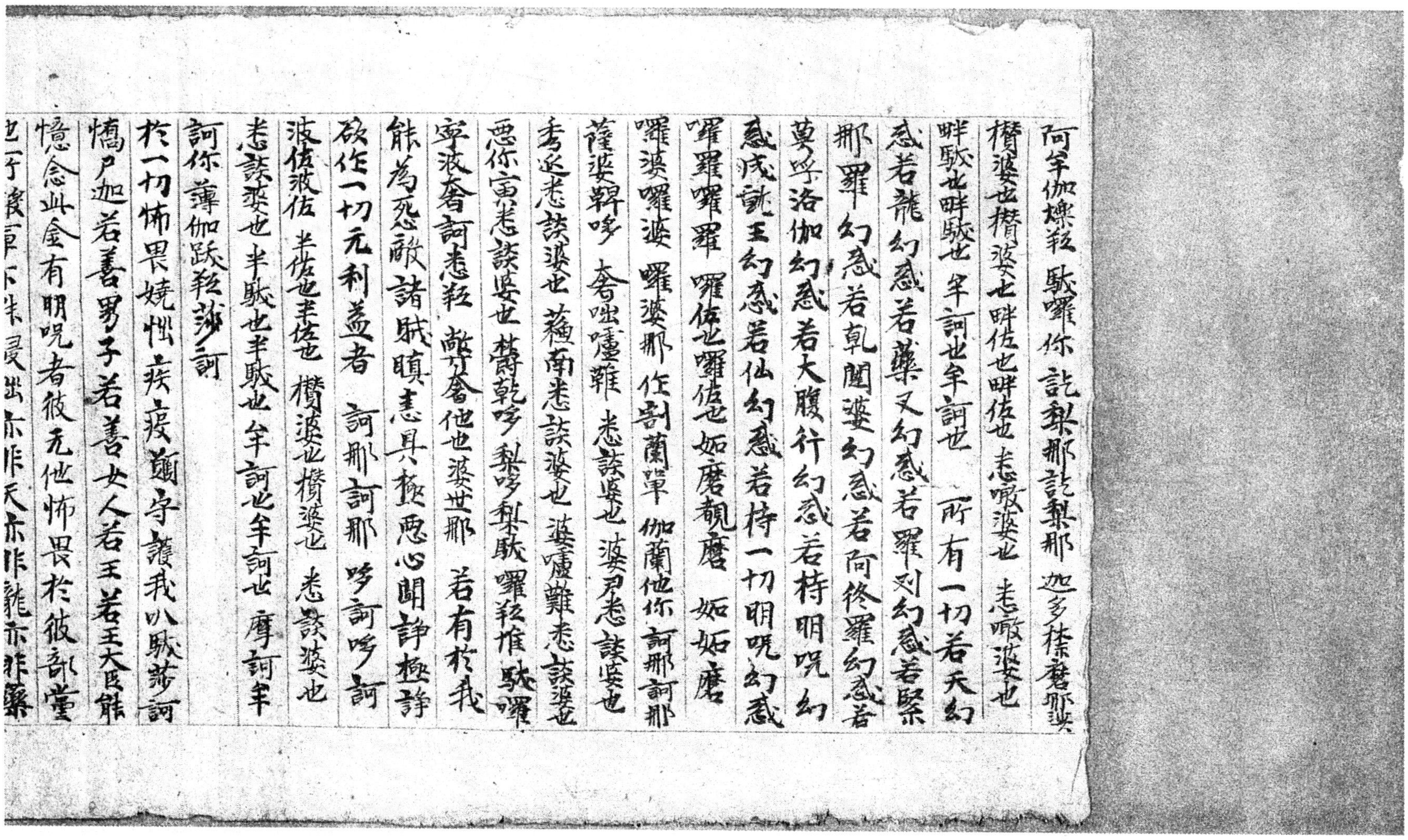

阿𤘽伽㮈羅 馱囉你 訖梨那訖梨那 迦多㮈磨㗚娑
攢婆也攢婆也 畔佐也畔佐也 悉曬婆也 悉曬婆也
畔馱也畔馱也 𤘽訶也𤘽訶也 所有一切若天幻
惑若龍幻惑若藥叉幻惑若羅刹幻惑若緊
那羅幻惑若乾闥婆幻惑若阿修羅幻惑若
莫呼洛伽幻惑若大腹行幻惑若持明呪幻
惑成就王幻惑若仙幻惑若持一切明呪幻惑
囉羅囉羅 囉佐也囉佐也 姤磨覩磨 姤姤磨
囉婆囉婆 囉婆耶 作割蘭單 伽蘭他你 訶耶訶耶
薩婆鞞哆 奢嗤嚧難 悉謨婆也 婆刃悉謨婆也
秀迦悉謨婆也 囊南悉謨婆也 婆嚧難悉謨婆也
悪你寅悉謨婆世 囍乾哆 梨哆梨馱囉羅 摧馱囉
寧波奢訶悉羅 斃奢他也婆世耶 若有於我
能為惡憨 諸賊瞋恚具起惡心聞靜極諍
砍作一切元利益者 訶耶訶耶 哆訶哆訶
波佉波佉 半佐也半佐也 攢婆也攢婆也 悉謨婆也
悉謨婆也 半馱也半馱也 𤘽訶也𤘽訶也 摩訶𤘽
訶你 薄伽跃羅莎訶
於一切怖畏嬈惱疾疫 願守護我 以馱莎訶
憍尸迦 若善男子若善女人若王若王大臣能
憶念此金有明呪者 彼无他怖畏於彼訖堂

BD05237 號　金有陀羅尼經　（3–1）

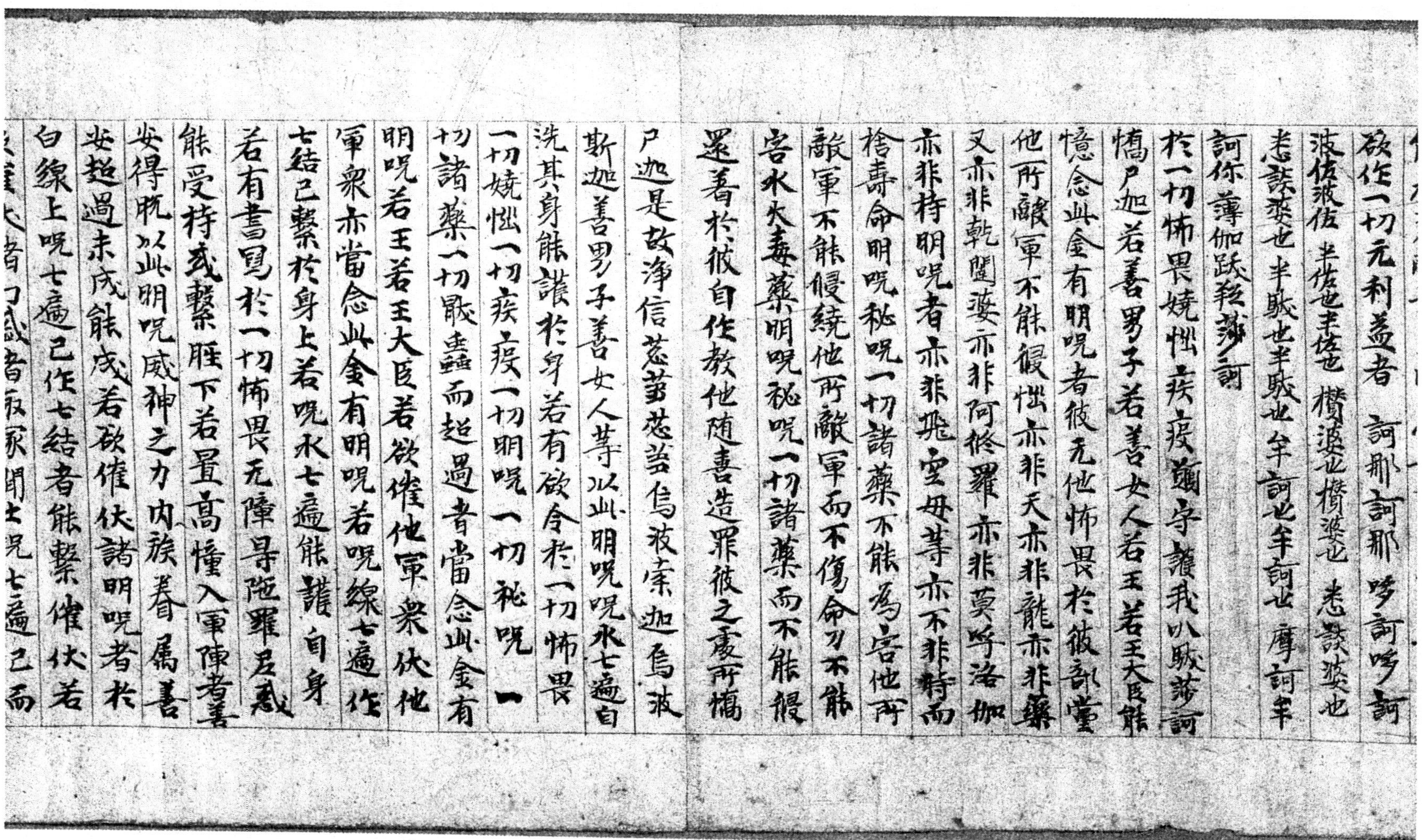

砍作一切元利益者 訶耶訶耶 哆訶哆訶
波佉波佉 半佐也半佐也 攢婆也攢婆也 悉謨婆也
悉謨婆也 半馱也半馱也 𤘽訶也𤘽訶也 摩訶𤘽
訶你 薄伽跃羅莎訶
於一切怖畏嬈惱疾疫 願守護我 以馱莎訶
憍尸迦 若善男子若善女人若王若王大臣能
憶念此金有明呪者 彼无他怖畏於彼訖堂
他所讎軍不能燒惱 亦非天亦非龍亦非藥
叉亦非乾闥婆亦非阿修羅亦非莫呼洛伽
亦非持明呪者亦非飛空毋等亦不非持而
捨壽命明呪秘呪 一切諸藥 不能為害 他所
讎軍不能燒繞 他所讎軍而不傷命 刀不能
害 水火毒藥 明呪秘呪 一切諸藥而不能燒
還著於彼自作教他隨喜造罪彼之處所 憍
尸迦是故淨信苾芻苾芻尼烏波索迦烏波
斯迦善男子善女人等 以此明呪 呪水七遍 自
洗其身能護於身 若有欲令於一切怖畏
一切嬈惱 一切疾疫 一切明呪 一切秘呪 一
切諸藥 一切厭蠱而超過者 當念此金有
明呪 若王若王大臣 若欲催他軍衆伏他
軍衆 亦當念此金有明呪 若呪線七遍 作
七結已 繫於身上 若呪水七遍 能護自身
若有書寫於一切怖畏无障导陀羅尼 及惑
能受持 或繫䏶下 若置高幢入軍陣者 善
安得軌 以此明呪威神之力 內族眷屬 善
安超過未成能成 若欲催伏諸明呪者 於
白線上呪七遍 已作七結者 能繫 催伏 若

BD05237 號　金有陀羅尼經　（3–2）

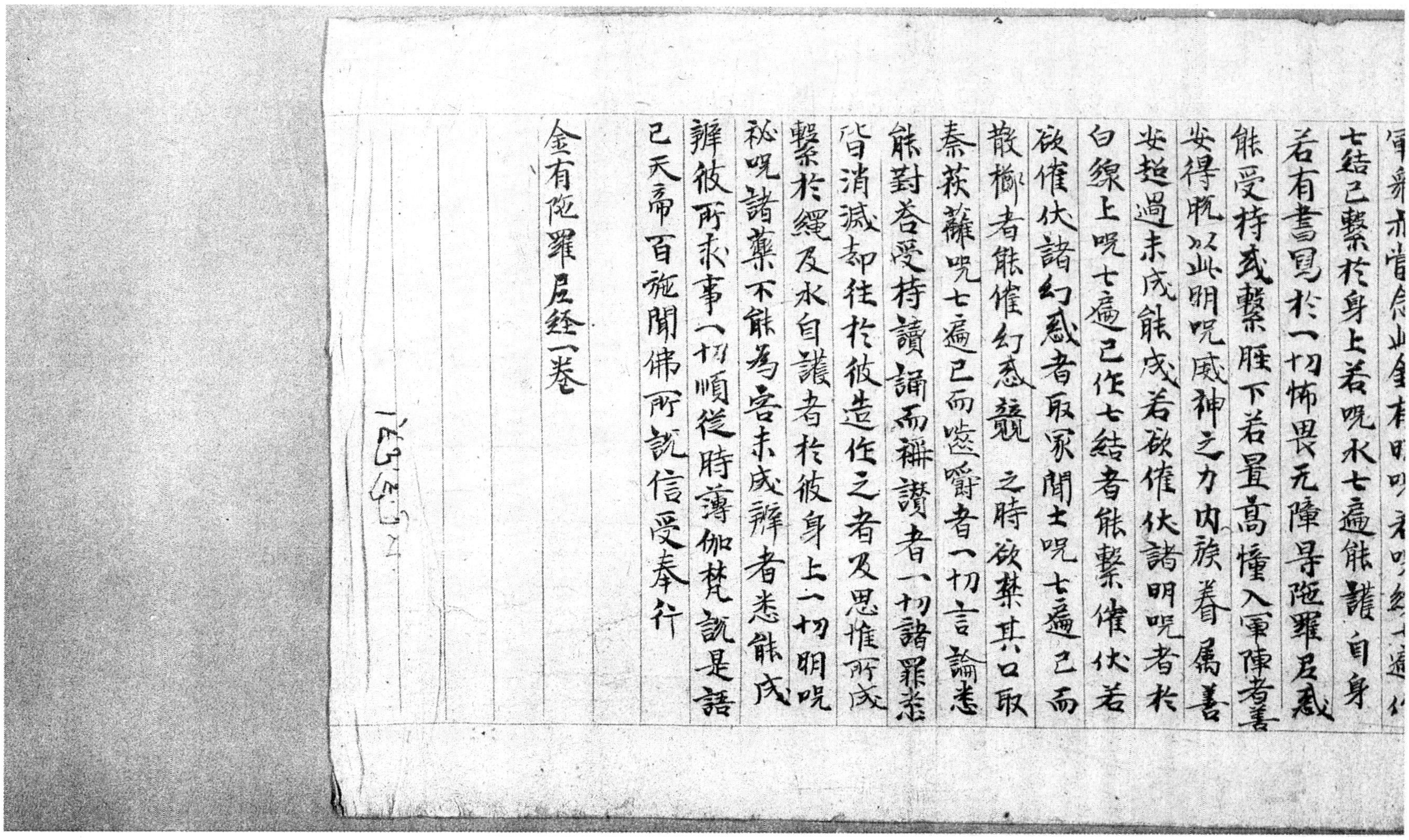

軍衆亦皆念此金有明呪若呪線七遍
七結已繫於身上若呪水七遍能護自身
若有書寫於一切怖畏无障㝵陀羅尼咸
能受持或繫腰下若置高幢入軍陣者善
安得瓶以此明呪威神之力內族眷屬善
安超過未成能成若欲催伏諸明呪者於
白線上呪七遍已作七結者能繫催伏若
欲催伏諸幻惑者取冢間土呪七遍已而
散擲者能催幻惑魑之時欲禁其口取
秦荻藋呪七遍已而嚙嚼者一切言論悉
能對荅受持讀誦而稱讚者一切諸罪悉
皆消滅却往於彼造作之者及思惟所成
繫於繩及水自護者於彼身上一切明呪
秘呪諸藥不能為害未成辦者悉能成
辦彼所求事一切順從時薄伽梵說是語
已天帝百施聞佛所說信受奉行

金有陀羅尼經一卷

BD05237號　金有陀羅尼經　（3-3）

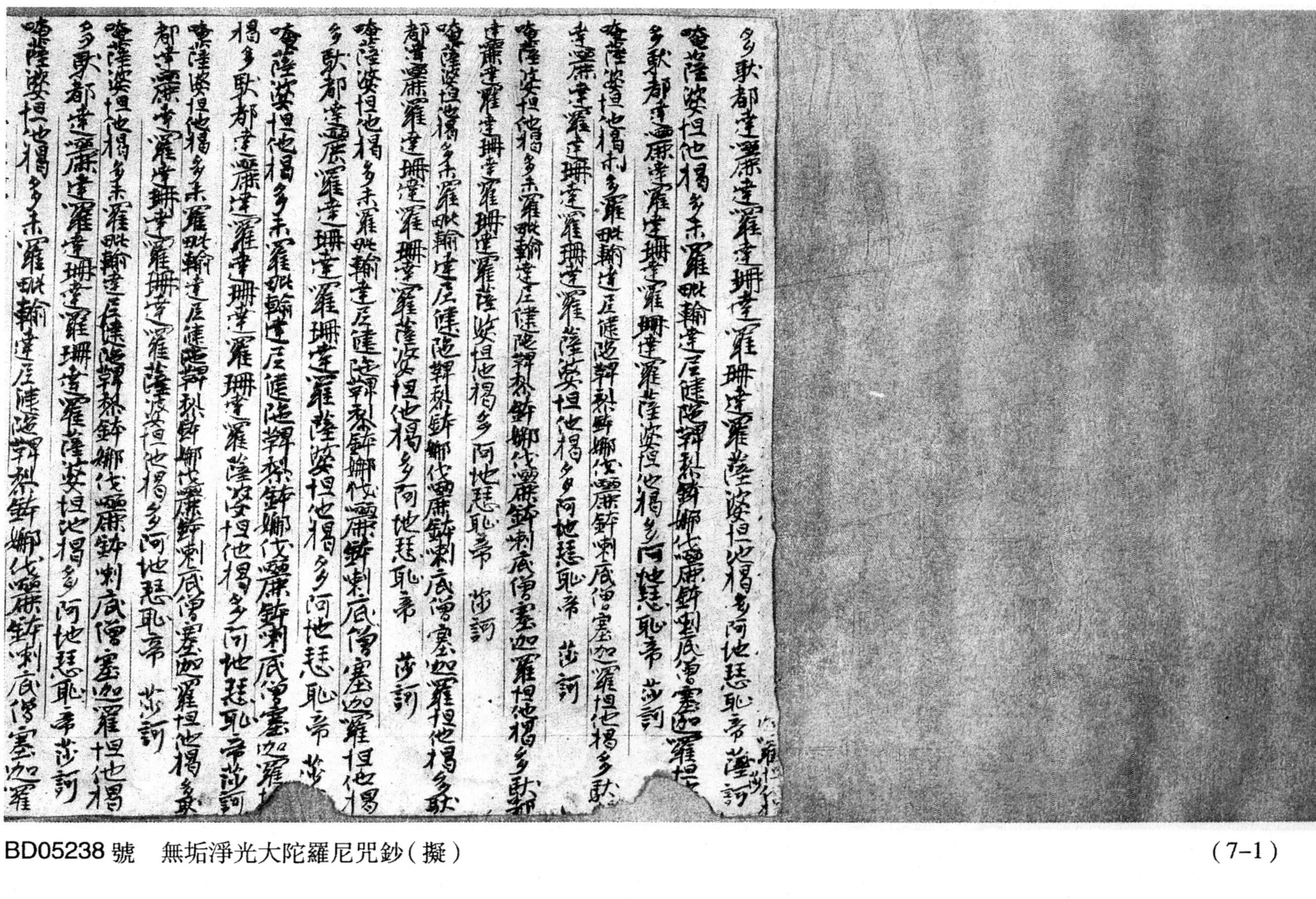

多馱都達麽麽達羅達珊達羅珊達羅薩婆怛他揭多阿地瑟恥帝莎訶
唵薩婆怛他揭多末羅毗輸達尼陡陀羿梨鉢娜代麽麽鉢喇底僧塞迦羅怛他
多馱都達麽麽達羅達珊達羅珊達羅薩婆怛他揭多阿地瑟恥帝莎訶
唵薩婆怛他揭刹多羅毗輸達尼陡陀羿梨鉢娜代麽麽鉢喇底僧塞迦羅怛他揭多馱
達麽麽達羅達珊達羅珊達羅薩婆怛他揭多阿地瑟恥帝莎訶
唵薩婆怛他揭多末羅毗輸達尼陡陀羿梨鉢娜代麽麽鉢喇底僧塞迦羅怛他揭多馱都
達麽麽達羅達珊達羅珊達羅薩婆怛他揭多阿地瑟恥帝莎訶
唵薩婆怛他揭多末羅毗輸達尼陡陀羿梨鉢娜代麽麽鉢喇底僧塞迦羅怛他揭多馱
都達麽麽達羅達珊達羅珊達羅薩婆怛他揭多阿地瑟恥帝莎訶
唵薩婆怛他揭多末羅毗輸達尼陡陀羿梨鉢娜代麽麽鉢喇底僧塞迦羅怛他揭多馱
揭多馱都達麽麽達羅達珊達羅珊達羅薩婆怛他揭多阿地瑟恥帝莎訶
唵薩婆怛他揭多末羅毗輸達尼陡陀羿梨鉢娜代麽麽鉢喇底僧塞迦羅怛他揭多馱
都達麽麽達羅達珊達羅珊達羅薩婆怛他揭多阿地瑟恥帝莎訶
唵薩婆怛他揭多末羅毗輸達尼陡陀羿梨鉢娜代麽麽鉢喇底僧塞迦羅怛他揭多馱
多馱都達麽麽達羅達珊達羅珊達羅薩婆怛他揭多阿地瑟恥帝莎訶
唵薩婆怛他揭多末羅毗輸達尼陡陀羿梨鉢娜代麽麽鉢喇底僧塞迦羅

BD05238號　無垢淨光大陀羅尼咒鈔（擬）　（7-1）

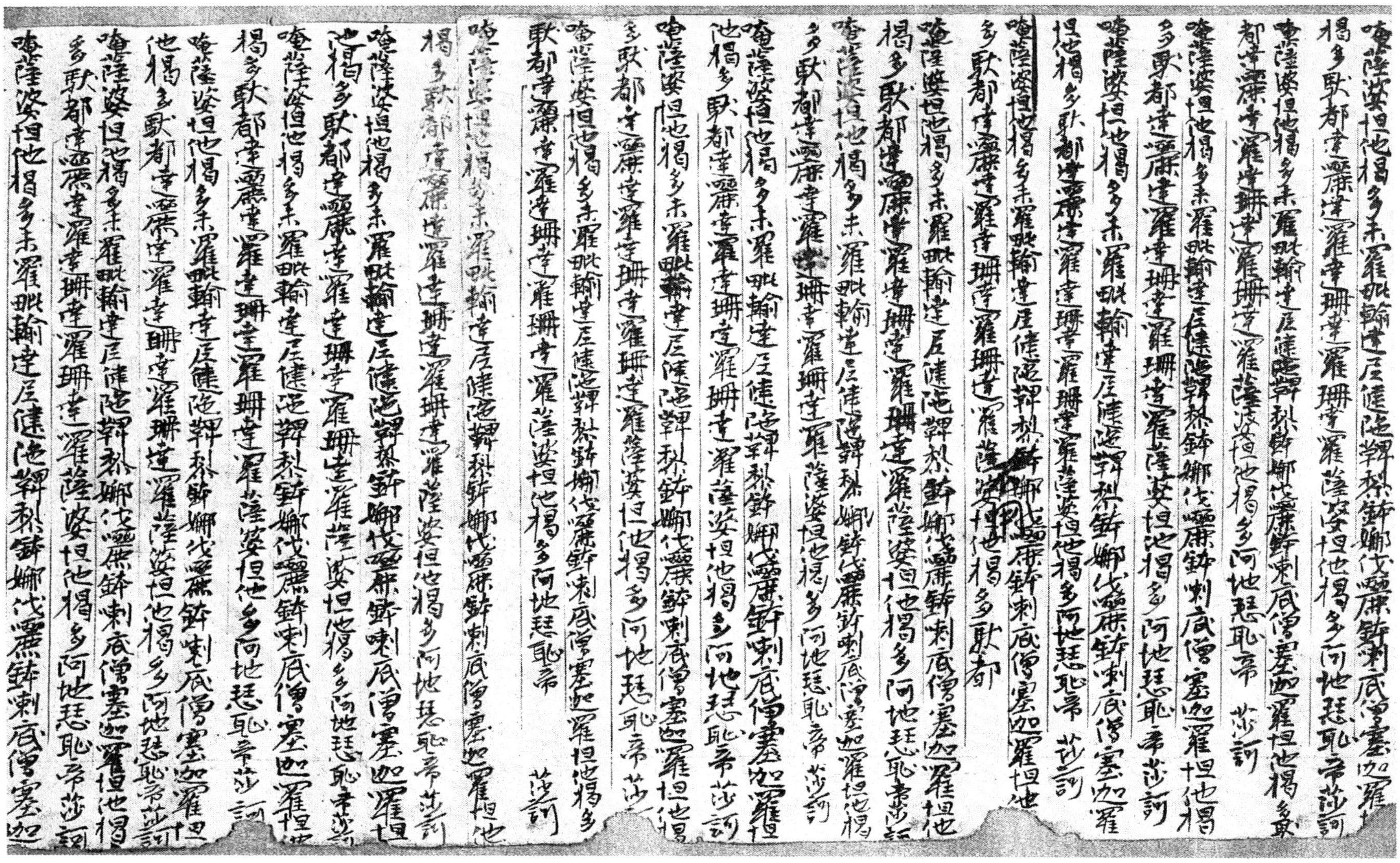

BD05238號　無垢淨光大陀羅尼咒鈔（擬）　（7–2）

BD05238號　無垢淨光大陀羅尼咒鈔（擬）　（7–3）

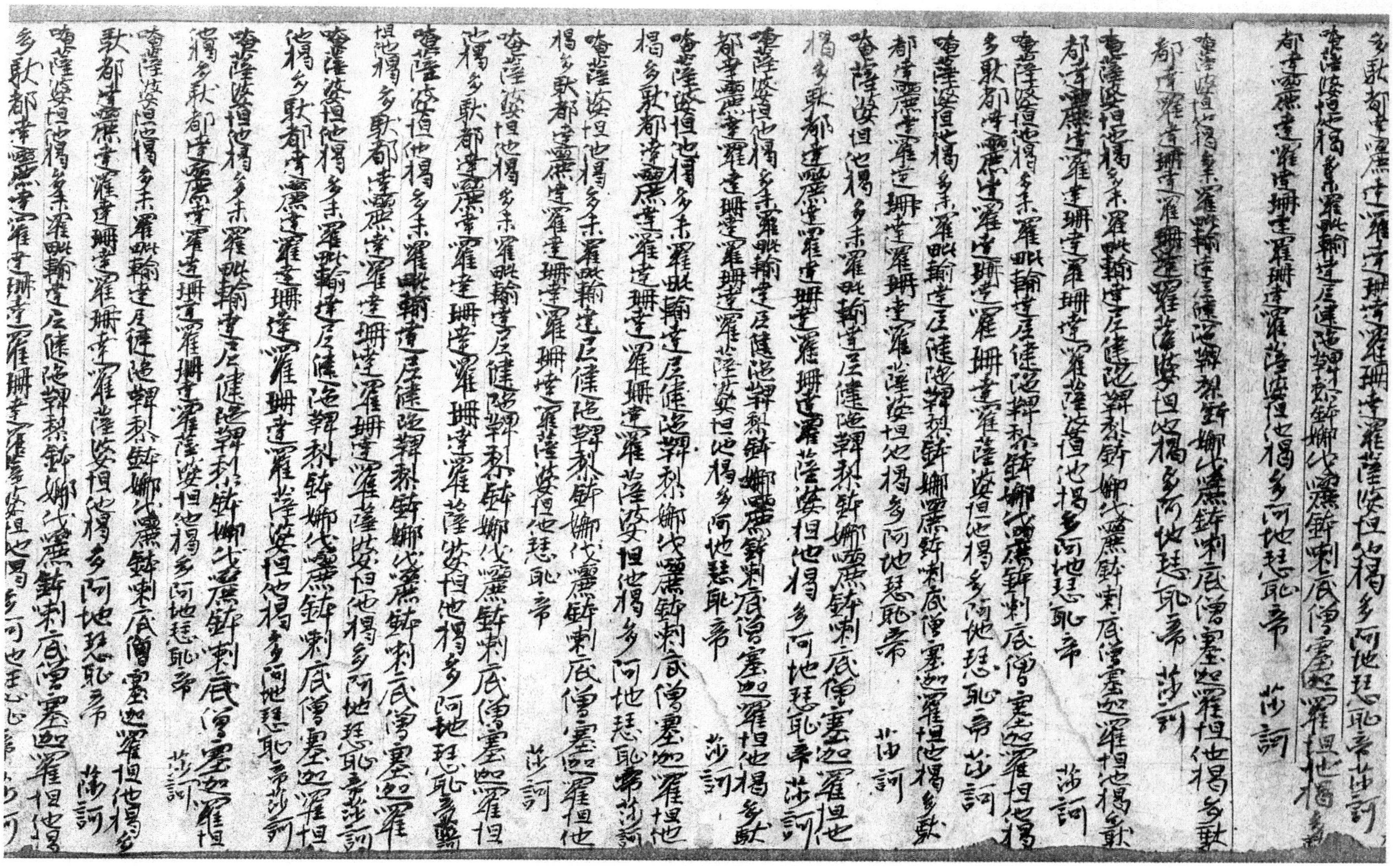

BD05238號　無垢淨光大陀羅尼咒鈔（擬）　（7–4）

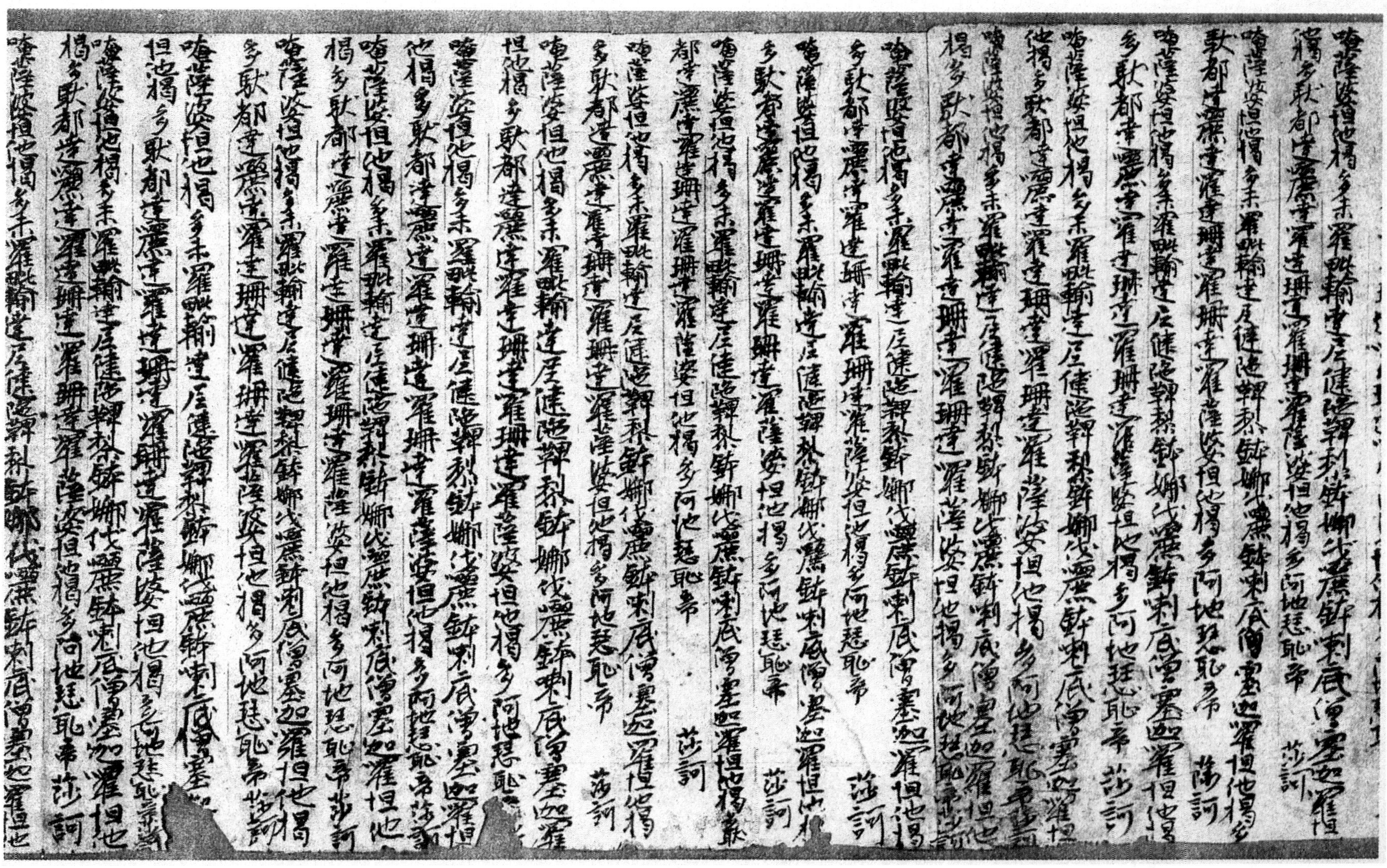

BD05238號　無垢淨光大陀羅尼咒鈔（擬）　（7–5）

BD05238 號　無垢淨光大陀羅尼咒鈔（擬）

（7–6）

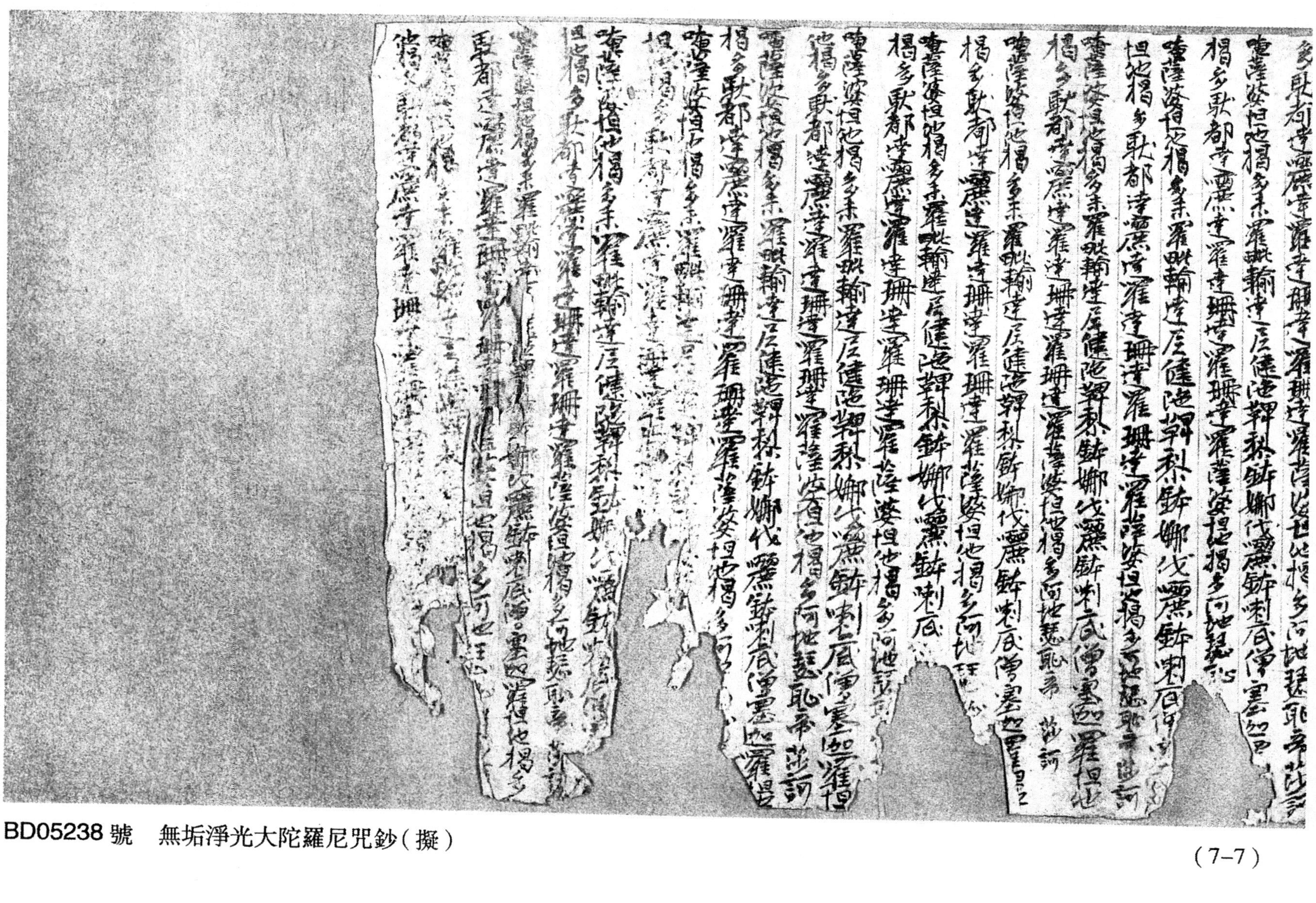

BD05238 號　無垢淨光大陀羅尼咒鈔（擬）

（7–7）

雲清淨雨王菩薩大雲花
薩大雲青蓮花香菩薩大雲寶旃檀
香清涼身菩薩大雲除闇菩薩大雲破翳
菩薩如是等无量大菩薩衆各於晡時從定
而起往詣佛所頂礼佛足右繞三匝退坐一面
復有利車毗童子五億八千其名曰師子光童
子師子慧童子法授童子因陁羅授童子
大光童子大猛童子佛護童子法護童子僧
護童子金剛護童子虛空護童子虛空吼童
子寶藏童子吉祥妙藏童子如是等人而為上
首悉皆安住无上菩提於大乘中深信歡喜
各於晡時往詣佛所頂礼佛足右繞三匝退
坐一面
復有四万二千天子其名曰喜見天子喜悅
天子日光天子月髻天子明慧天子虛空淨
慧天子除煩惱天子吉祥天子如是等天而
為上首皆發弘願護持大乘紹隆正法能使
不絕各於晡時往詣佛所頂礼佛足右繞三
匝退坐一面
復有二万八千龍王蓮花龍王翳羅葉龍王
大力龍王大吼龍王小波龍王持駃水龍王

BD05239號　金光明最勝王經卷一　（14–1）

復有四万二千天子其名曰喜見天子喜悅
天子日光天子月髻天子明慧天子虛空淨
慧天子除煩惱天子吉祥天子如是等天而
為上首皆發弘願護持大乘紹隆正法能使
不絕各於晡時往詣佛所頂礼佛足右繞三
匝退坐一面
復有二万八千龍王蓮花龍王翳羅葉龍王
大力龍王大吼龍王小波龍王持駃水龍王
金面龍王如意龍王是等龍王而為上首於
大乘法常樂受持發深信心稱揚擁護各於
晡時往詣佛所頂礼佛足右繞三匝退坐一面
復有三万六千諸藥叉衆毗沙門天王而為
上首其名曰菴婆藥叉持菴婆藥叉蓮花光
藏藥叉蓮花面藥叉顰眉藥叉現大怖藥叉
動地藥叉吞食藥叉是等藥叉悉皆愛樂如
来正法深心護持不生疲懈各於晡時往詣
佛所頂礼佛足右繞三匝退坐一面
復有四万九千揭路荼王香象勢力王而為
上首及餘乾闥婆阿蘇羅緊那羅莫呼洛伽
等山林河海一切神仙并諸大國所有　王衆
中宮后妃淨信男女人天大衆悉皆雲集咸
願擁護无上大乘讀誦受持書寫流布　各於
晡時往詣佛所頂礼佛足右繞三匝退坐一面
如是等聲聞菩薩人天大衆龍神八部既
雲集已各各至心合掌恭敬瞻仰尊容目未
曾捨願樂欲聞殊勝妙法尒時薄伽梵於日
晡時從定而起觀察大衆而說頌曰
金光明妙法　最勝諸經王　甚深難得聞　諸佛之境界
我當為大衆　宣說如是經　并四方四佛　威神共加護
東方阿閦尊　南方寶相佛　西方无量壽　北方天鼓音
我復演妙法　吉祥懺中勝　能滅一切罪　淨除諸惡業
及消衆苦患　常與无量樂　一切智根本　諸功德莊嚴

BD05239號　金光明最勝王經卷一　（14–2）

睛時從定而起觀察大衆而說頌曰
金光明妙法　最勝諸経王　甚深難得聞　諸佛之境界
我當為大衆　宣說如是経　并四方四佛　威神共加護
東方阿閦尊　南方寶相佛　西方无量壽　北方天鼓音
我復演妙法　吉祥懺中勝　能滅一切罪　淨除諸惡業
及消衆苦患　常與无量樂　一切智根本　諸功德莊嚴
衆生身不具　壽命將損減　諸惡相現前　天神皆捨離
親友懷瞋恨　眷屬悉分離　彼此共乖違　珍財皆散失
惡星為變怪　或被邪蠱侵　若復多憂愁　衆苦之所逼
睡眠見惡夢　因此生煩惱　是人當澡浴　應著鮮潔衣
於此妙経王　甚深佛所讚　專注心无亂　讀誦聽受持
由此経威力　能離諸災横　及餘衆苦難　无不皆除滅
護世四王衆　及大臣眷屬　无量諸藥叉　一心皆擁衛
大辯才天女　尼連河水神　訶利底母神　堅牢地神衆
梵王帝釋主　龍王緊那羅　及金翅鳥王　阿蘇羅天衆
如是天神等　并將其眷屬　皆來護是人　晝夜常不離
我當說是経　甚深佛行處　諸佛秘密教　千万劫難逢
若有聞是経　能為他演說　若心生隨喜　或設於供養
如是諸人等　當於无量劫　當為諸天人　龍神所恭敬
此福聚无量　數過於恒沙　讀誦是經者　當獲斯功德
亦於十方尊　深行諸菩薩　擁護持經者　令離諸苦難
供養是經者　如前澡浴身　飲食及香花　恒起慈悲意
若欲聽是經　令心淨无垢　常生歡喜心　能長諸功德
若以尊重心　聽聞是經者　善生於人趣　遠離諸苦難
彼人善根熟　諸佛之所讚　方得聞是經　及以懺悔法

金光明最勝王經如來壽量品第二

尒時王舍大城有一菩薩摩訶薩名曰妙幢
已於過去无量俱胝那庾多百千佛所承事
供養殖諸善根是時妙幢菩薩獨於静處
作是斯惟以何因緣釋迦牟尼如來壽命短促
[illegible]八十年復作是念如佛所說有二因緣得壽

BD05239號　金光明最勝王經卷一

（14–3）

若以尊重心　聽聞是經者　善生於人趣　遠離諸苦難
彼人善根熟　諸佛之所讚　方得聞是經　及以懺悔法

金光明最勝王經如來壽量品第二

尒時王舍大城有一菩薩摩訶薩名曰妙幢
已於過去无量俱胝那庾多百千佛所承事
供養殖諸善根是時妙幢菩薩獨於静處
作是斯惟以何因緣釋迦牟尼如來壽命短促
唯八十年復作是念如佛所說有二因緣得壽
命長云何為二一者不害生命二者施他飲食
然釋迦牟尼如來曾於无量百千万億无
數大劫不害生命行十善道常以飲食惠施
一切飢餓衆生乃至己身血肉骨髓亦持施與
令得飽滿況餘飲食時彼菩薩於世尊所
作是念時以佛威力其室忽然廣博嚴淨帝
青瑠璃種種衆寶雜彩間飾如佛淨土有
妙香氣過諸天香芬馥充滿於其四面各有
上妙師子之座四寶所成以天寶衣而敷其
上復於此座有妙蓮花種種珎寶以為嚴飾
量等如來自然顯現於蓮花上有四如來東
方不動南方寶相西方无量壽北方天鼓音是四
如來各於其座跏趺而坐放大光明周遍照
耀王舍大城及此三千大千世界乃至十方
恒河沙等諸佛國土雨諸天花奏諸天樂尒
時於此贍部洲中及三千大千世界所有衆
生以佛威力受勝妙樂无有乏少若身不具
皆蒙具足盲者能視聾者得聞瘂者能言愚
者得智若心亂者得本心若衣无者得衣服
被惡賤者人所敬有垢穢者身清潔於此
世間所有利益未曾有事悉皆顯現
尒時妙幢菩薩見四如來及喜有事歡喜
踊躍合掌一心瞻仰諸佛殊勝之相亦復思惟
釋迦牟尼如來无量功德唯於壽命生疑惑

BD05239號　金光明最勝王經卷一

（14–4）

被惡賤者人所敬有垢穢者身清潔 於此
世間所有利益未曾有事悉皆顯現
尒時妙幢菩薩見四如来及喜有事 歡喜
踊躍合掌一心瞻仰諸佛殊勝之相亦復思惟
釋迦牟尼如来无量功德唯於壽命生疑惑
心云何如来功德无量壽命短促唯八十年尒
時四佛告妙幢菩薩言善男子汝今不應思
忖如来壽命長短何以故善男子我等不見
諸天世間梵摩沙門婆羅門等人及非人
有能筭知佛之壽量知其限齊唯除无上正
遍知者時四如来欲說釋迦牟尼佛所有壽
量以佛威力欲色界天諸龍鬼神揵闥婆阿
蘇羅揭路荼緊那羅莫呼洛伽及无量百千
万億那庾多菩薩摩訶薩悉来集會入妙幢菩
薩淨妙室中尒時四佛於大衆中欲顯釋迦
牟尼如来所有壽命而說頌曰
一切諸海水　可知其渧數　无有能數知　釋迦之壽量
拆諸妙高山　如芥可知數　无有能數知　釋迦之壽量
一切大地土　可知其塵數　无有能筭知　釋迦之壽量
假使量虛空　可得盡邊際　无有能度知　釋迦之壽量
若人住億劫　盡力常筭數　亦復不能知　世尊之壽量
不害衆生命　及施於飲食　由斯二種因　得壽命長遠
是故大覺尊　壽命難筭數　如劫无邊際　壽量亦如是
妙幢汝當知　不應起疑惑　最勝壽无量　莫能知數者
尒時妙幢菩薩聞四如来說釋迦牟尼佛壽
量无限白言世尊云何如来示現如是短促
壽量時四世尊告妙幢菩薩言善男子彼釋
迦牟尼佛於五濁世出現之時人壽百年稟
性下劣善根微薄復无信解此諸衆生多有
我見人見衆生壽者養育邪見我我所見斷

BD05239號　金光明最勝王經卷一

（14–5）

量无限白言世尊云何如来示現如是短促
壽量時四世尊告妙幢菩薩言善男子彼釋
迦牟尼佛於五濁世出現之時人壽百年稟
性下劣善根微薄復无信解此諸衆生多有
我見人見衆生壽者養育邪見我我所見斷
常見等為欲利益此諸異生及衆外道如是
等類令生正解速得成就无上菩提是故釋
迦牟尼如来示現如是短促壽命善男子然
彼如来欲令衆生見涅槃已生難遭想憂苦
等想於佛世尊所說經教速當受持讀誦通
利為人解說不生謗毀是故如来現斯短壽
何以故彼諸衆生若見如来不般涅槃不生
恭敬難遭之想如来所說甚深經典亦不受
持讀誦通利為人宣說所以者何以常見佛
不尊重故善男子譬如有人見其父母多有
財產珎寶豐盈便於財物不生希有難遭
之想所以者何於父母財物生常想故善男子彼
諸衆生亦復如是若見如来不入涅槃不生希有
難遭之想所以者何由常見故善男子譬如
有人父母貧窮資財乏少然彼貧人或詣
王家或大臣舍見其倉庫種種珎財悉皆
盈滿生希有心難遭之想時彼貧人為欲求
財廣設方便策勤无怠所以者何為捨貧窮
受安樂故善男子彼諸衆生亦復如是若見
如来入於涅槃生難遭想乃至憂苦等想
復作是念於无量劫諸佛如来出現於世如
烏曇跋花時乃一現彼諸衆生發希有心起難
遭想若遇如来心生敬信聞說正法生實語
想所有經典悉皆受持不生毀謗善男子以
是因緣彼佛世尊不久住世速入涅槃善男
子是諸如来以如是等善巧方便成就衆生

BD05239號　金光明最勝王經卷一

（14–6）

復作是念於无量劫諸佛如来出現於世如
烏曇跋花時乃一現彼諸衆生發希有心起難
遭想若遇如来心生敬信聞說正法生實語
想所有經典悉皆受持不生毀謗善男子以
是因緣彼佛世尊不久住世速入涅槃善男
子是諸如来以如是等善巧方便成就衆生
尒時四佛說是語已忽然不現
尒時妙幢菩薩摩訶薩與无量百千菩薩
及无量億那庾多百千衆生俱共往詣鷲峯
山中釋迦牟尼如来正遍知所頂礼佛足在一面
立時妙幢菩薩以如上事具白世尊時四如来
亦詣鷲峯至釋迦牟尼佛所各隨本方就
座而坐告侍者菩薩言善男子汝今可詣
釋迦牟尼佛所為我致問少病少惱起居輕
利安樂行不復作是言善哉善哉釋迦牟尼
如来今可演說金光明經甚深法要為欲饒
益一切衆生除去飢饉令得安樂我當隨喜
時彼侍者各詣釋迦牟尼佛所頂礼雙足卻
住一面俱白佛言彼天人師致問无量少病少
惱起居輕利安樂行不復作是言善哉善
哉釋迦牟尼如来今可演說金光明經甚
深法要為欲利益一切衆生除去飢饉令得
安樂尒時釋迦牟尼如来應正等覺告彼侍
者諸菩薩言善哉善哉彼四如来乃能為諸
衆生饒益安樂勸請於我宣揚正法尒時
世尊而說頌曰
我常在鷲山　宣說此經寶　成就衆生故　示現般涅槃
凡夫起邪見　不信我所說　為成就彼故　示現般涅槃
時大會中有婆羅門姓憍陳如名曰法師授
記與无量百千婆羅門衆供養佛已聞世尊
說入般涅槃涕淚交流前礼佛足白言世尊若

BD05239號　金光明最勝王經卷一

（14-7）

世尊而說頌曰
我常在鷲山　宣說此經寶　成就衆生故　示現般涅槃
凡夫起邪見　不信我所說　為成就彼故　示現般涅槃
時大會中有婆羅門姓憍陳如名曰法師授
記與无量百千婆羅門衆供養佛已聞世尊
說入般涅槃涕淚交流前礼佛足白言世尊若
實如来於諸衆生有大慈悲憐愍利益令
得安樂猶如父母餘无等者能與世間作歸依
處如淨滿月以大智慧能為照明如日初出
普觀衆生愛无偏黨如羅怙羅唯願世尊
施我一願尒時世尊默然而止佛威力故於此
衆中有梨車毗童子名一切衆生喜見語
婆羅門憍陳如言大婆羅門汝今從佛欲乞
何願我能與汝婆羅門言童子我欲供養
无上世尊今從如来求請舍利如芥子許何以
故我曾聞說若善男子善女人得佛舍利
如芥子許恭敬供養是人當生三十三天而為
帝釋是時童子語婆羅門曰若欲願生三十
三天受勝報者應當至心聽是金光明最勝
王經於諸經中最為殊勝難解難入聲聞獨覺
所不能知此經能生无量无邊福德果報乃
至成辦无上菩提我今為汝略說其事婆羅
門言善哉童子此金光明甚深最上難解難
入聲聞獨覺尚不能知何況我等邊鄙之人
智慧微淺而能解了是故我今求佛舍利
如芥子許持還本處置寶函中恭敬供養命
終之後得為帝釋常受安樂云何汝今不能
為我從明行足求斯一願作是語已尒時童子
即為婆羅門而說頌曰
恒河駛流水　可生白蓮花　黃鳥作白形　黑烏變為赤
假使贍部樹　可生多羅菓　朅樹羅之中　能出菴羅菓

BD05239號　金光明最勝王經卷一

（14-8）

如芥子許持還本處置寶函中恭敬供養命
終之後得為帝釋常受安樂云何汝今不能
為我從明行足求斯一願作是語已尒時童子
即為婆羅門而說頌曰
恒河駛流水　可生白蓮花　黃鳥作白形　黑鳥變為赤
假使贍部樹　可生多羅菓　朅樹羅之中　能出菴羅菓
斯等希有物　或容可轉變　世尊之舍利　畢竟不可得
假使用龜毛　織成上妙服　寒時可被著　方求佛舍利
假使蚊蚋足　可使成樓觀　堅固不搖動　方求佛舍利
假使水蛭蟲　口中生白齒　長大利如鋒　方求佛舍利
假使持兔角　用成於梯隥　可昇上天宮　方求佛舍利
鼠緣此梯上　除去阿脩羅　能障空中月　方求佛舍利
若蠅飲酒醉　周行村邑中　廣造於舍宅　方求佛舍利
假使驢脣色　赤如頻婆菓　善作於歌舞　方求佛舍利
烏與鵂鶹鳥　同共一處遊　彼此相順從　方求佛舍利
假使波羅葉　可成於傘蓋　能遮於大雨　方求佛舍利
假令大船舶　盛滿諸財寶　能令陸地行　方求佛舍利
假令鷦鷯鳥　以嘴銜香山　隨處任遊行　方求佛舍利
尒時法師授記婆羅門聞此頌已亦以伽他
荅一切衆生喜見童子曰
善哉大童子　此衆中吉祥　善巧方便心　得佛无上記
如来大威德　能救護世間　仁可至心聽　我今次第說
諸佛境難思　世間无與等　法身性常住　脩行无差別
諸佛體皆同　所說法亦尒　諸佛无作者　亦復本无生
世尊金剛體　權現於化身　是故佛舍利　无如芥子許
佛非血肉身　云何有舍利　方便留身骨　為益諸衆生
法身是正覺　法界即如来　是佛真身　亦說如是法
尒時會中三万二千天子聞說如来壽命長
遠皆發阿耨多羅三藐三菩提心歡喜踊躍
得未曾有異口同音而說頌曰
佛不般涅槃　正法亦不滅　為利衆生故　示現有滅盡
世尊不思議　妙體无異相　為利衆生故　現種種莊嚴

BD05239號　金光明最勝王經卷一　（14–9）

尒時會中三万二千天子聞說如来壽命長
遠皆發阿耨多羅三藐三菩提心歡喜踊躍
得未曾有異口同音而說頌曰
佛不般涅槃　正法亦不滅　為利衆生故　示現有滅盡
世尊不思議　妙體无異相　為利衆生故　現種種莊嚴
尒時妙幢菩薩親於佛前及四如来并二大
士諸天子所聞說釋迦牟尼如来壽量事已
復從座起合掌恭敬白佛言世尊若實如是
諸佛如来不般涅槃无舍利者云何經中說
有涅槃及佛舍利令諸人天恭敬供養過去
諸佛現有身骨流布於世人天供養得福无
邊今復言无智生疑惑唯願世尊哀愍我等
廣為分別
尒時佛告妙幢菩薩及諸大衆汝等當知云
般涅槃有舍利者是密意說如是之義當一
心聽善男子菩薩摩訶薩如是應知有其十
法能解如来應正等覺真實理趣說有究
竟大般涅槃云何為十一者諸佛如来究竟斷
盡諸煩惱障所知障故名為涅槃二者諸佛
如来善能解了有情无性及法无性故名為
涅槃三者能轉身依及法依故名為涅槃四
者於諸有情任運休息化因緣故名為涅槃
五者證得真實无差別相平等法身故名為
涅槃六者了知生死及以涅槃无二性故名為
涅槃七者於一切法了其根本證清淨故名
為涅槃八者於一切法无生无滅善脩行故
名為涅槃九者真如法界實際平等得正
智故名為涅槃十者於諸法性及涅槃性得
无差別故名為涅槃是謂十法說有涅槃
復次善男子菩薩摩訶薩如是應知復有十
法能解如来應正等覺真實理趣說有究竟

BD05239號　金光明最勝王經卷一　（14–10）

涅槃七者於一切法了其根本證清淨故名
為涅槃八者於一切法无生无滅善脩行故
名為涅槃九者真如法界實際平等得正
智故名為涅槃十者於諸法性及涅槃性得
无差別故名為涅槃是謂十法說有涅槃
復次善男子菩薩摩訶薩如是應知復有十
法能解如來應正等覺真實理趣說有究竟
大般涅槃云何為十一者一切煩惱以樂欲為本
從樂欲生諸佛世尊斷樂欲故名為涅
槃二者以諸如來斷諸樂欲不取一法以不
取故无去无來无所取故名為涅槃三者以
无去來及无所取是則法身不生不滅无生
滅故名為涅槃四者此无生滅非言所宣言
語斷故名為涅般五者无有我人唯法生滅
得轉依故名為涅槃六者煩惱隨惑皆是客
塵法性是主无來无去佛了知故名為涅槃
七者真如是實餘皆虛妄實性體者即是
真如真如性者即是如來名為涅槃八者實際
之性无有戲論唯獨如來證實際法戲論永
斷名為涅槃九者无生是實生是虛妄愚癡
之人漂溺生死如來體實无有虛妄名為涅
槃十者不實之法是從緣生真實之法不
從緣起如來法身體是真實名為涅槃善
男子是謂十法說有涅槃
復次善男子菩薩摩訶薩如是應知復有十
法能解如來應正等覺真實理趣說有究竟
大般涅槃云何為十一者如來善知施及施
果无我我所此施及果不正分別永除滅故名
為涅槃二者如來善知戒及戒果无我我所
此戒及果不正分別永除滅故為為涅槃三者
如來善知忍及忍果无我我所此忍及果

法能解如來應正等覺真實趣說有究竟
大般涅槃云何為十一者如來善知施及施
果无我我所此施及果不正分別永除滅故名
為涅槃二者如來善知戒及戒果无我我所
此戒及果不正分別永除滅故為為涅槃三者
如來善知忍及忍果无我我所此忍及果
不正分別永除滅故名為涅槃四者如來善
知勤及勤果无我我所此勤及果不正分別
永除滅故名為涅槃五者如來善知定及
定果无我我所此定及果不正分別永除滅
故名為涅槃六者如來善知慧及慧果无我
我所此慧及果不正分別永除滅故名為涅槃
七者諸佛如來善能了知一切有情非有
情一切諸法皆无性不正分別永除滅故名
為涅槃八者若自愛著便起追求由追求故
受衆苦惱諸佛如來除自愛故永絕追求无
追求故是名為涅槃九者有為之法皆有數量
无為法者數量皆除佛離有為證无為法
无數量故名為涅槃十者如來了知有情及法
體性皆空非有空性即是真法身故名為涅
槃善男子是謂十法說有涅槃
復次善男子豈唯如來不般涅槃是為希有
復有十種希有之法是如來行云何為十一
者生死過失涅槃寂靜由於生死及以涅槃
證平等故不處流轉不住涅槃於諸有情
不生猒背是如來行二者佛於衆生不作是
念此諸愚夫行顛倒見為諸煩惱之所纏迫
我今開悟令得解脫然由往昔慈善根力於彼
有情隨其根性意樂勝解不起分別任運
濟度示教利喜盡未來際无有窮盡是如來
行三者佛无是念我今演說十二分教利益

[illegible]
證平等故不處流轉不住涅槃於諸有情
不生猒背是如来行二者佛於衆生不作是
念此諸愚夫行顛倒見為諸煩惱之所纏迫
我今開悟令得解脫然由往昔慈善根力於彼
有情隨其根性意樂勝解不起分別任運
濟度示教利喜盡未来際无有窮盡是如来
行三者佛无是念我今演說十二分教利益
有情然由往昔慈善根力於彼有情廣說乃
至盡未来際无有窮盡是如来行四者佛无
是念我今往彼城邑聚落王及大臣婆羅門剎
帝利薜舍戍達羅等舍從其乞食然由往
昔身語意行串習力故任運詣彼為利益事
而行乞食是如来行五者如来之身无有飢渴
亦无便利羸憊之相雖行乞食而无所食亦
无分別然為任運利益有情是有食相是如
来行六者佛无是念此諸衆生有上中下隨
彼機性而為說法然佛世尊无有分別隨其
器量善應機緣為彼說法是如来行七者佛
无是念此類有情不恭敬我常於我所出呵
罵言不能與彼共為言論彼類有情恭敬於
我常於我所共相讚歎我當與彼共為言說
然而如来起慈悲心平等无二是如来行八
者諸佛如来无有愛憎憍慢貪惜及諸煩
惱然而如来常樂寂靜讚歎少欲離諸諠鬧
是如来行九者如来无有一法不知不善通達
於一切處鏡智現前无有分別然而如来見
彼有情所作事業隨彼意轉方便誘引令得
出離是如来行十者如来若見一分有情得
富盛時不生歡喜見其衰損不起憂慼然而
如来見彼有情脩習正行无礙大悲自然救攝
[illegible]有情脩習邪行无礙大悲自然救攝

BD05239號　金光明最勝王經卷一　（14–13）

是如来行九者如来无有一法不知不善通達
於一切處鏡智現前无有分別然而如来見
彼有情所作事業隨彼意轉方便誘引令得
出離是如来行十者如来若見一分有情得
富盛時不生歡喜見其衰損不起憂慼然而
如来見彼有情脩習正行无礙大悲自然救
攝若見有情脩習邪行无礙大悲自然救攝
是如来行善男子如是當知如来應正等覺
說有如是无邊正行汝等當知是為涅槃
真實之相或時見有般涅槃者是權方便及
留舍利令諸有情恭敬供養皆是如来慈善
根力若供養者於未来世遠離八難逢事諸佛
遇善知識不失善心福報无邊速當出離
不為生死之所纏縛如是妙行汝等勤修勿為
放逸
爾時妙幢菩薩聞佛親說不般涅槃及甚深
行合掌恭敬白言我今始知如来大師不般
涅槃及留舍利普益衆生身心踊悅歎未曾
有說是如来壽量品時无量无數无邊衆生
皆發无等等阿耨多羅三藐三菩提心時四
如来忽然不現妙幢菩薩禮佛足已從座而
起還本處
金光明最勝王經卷第一
[illegible]
[illegible]

BD05239號　金光明最勝王經卷一　（14–14）

BD05239 號背　雜寫

(1–1)

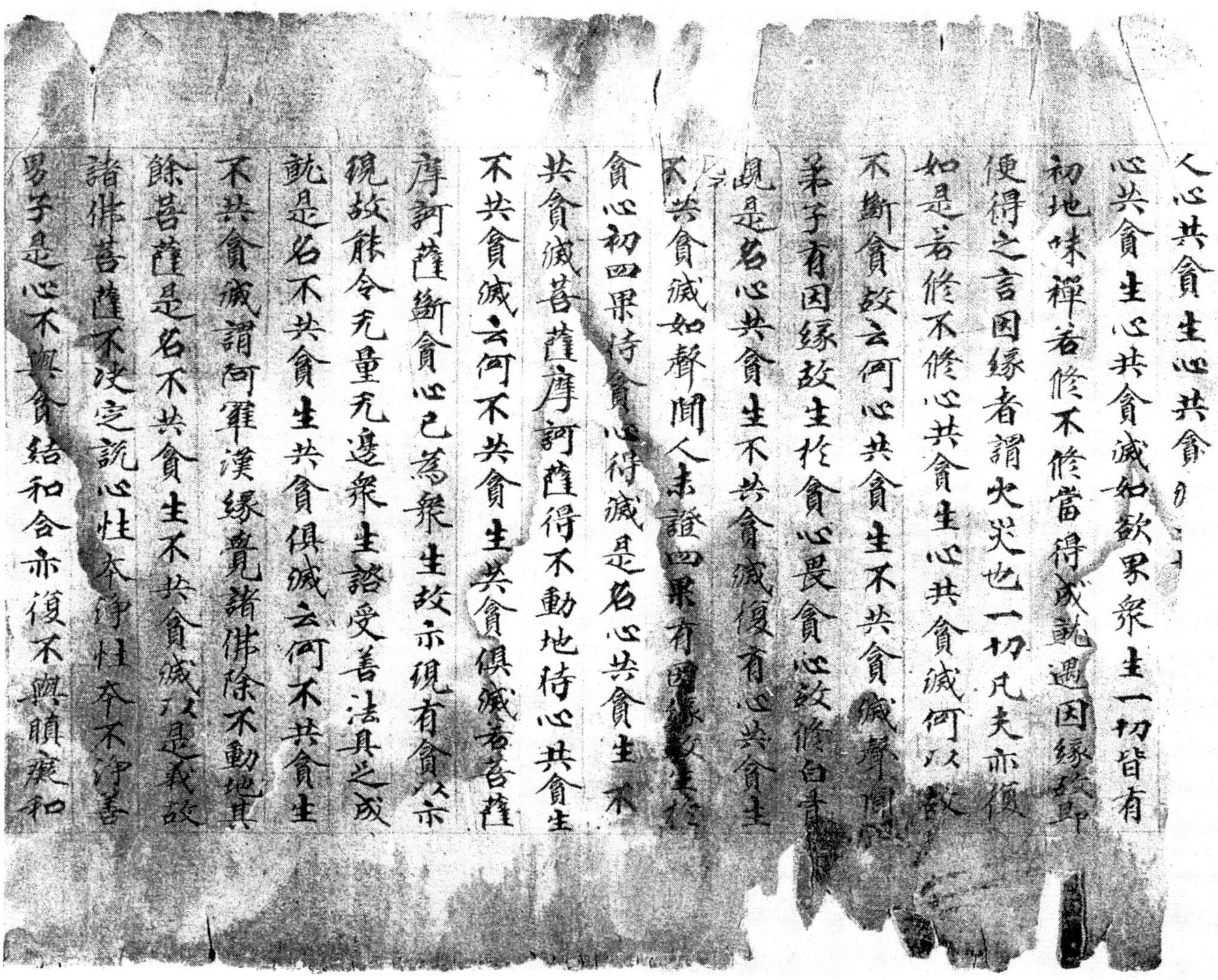
人心共貪生心共貪
心共貪生心共貪滅如欲界衆生一切皆有
初地味禪若修不修當得成就遇因緣故即
便得之言因緣者謂火災也一切凡夫亦復
如是若修不修心共貪生心共貪滅何以故
不斷貪故云何心共貪生不共貪滅聲聞
弟子有因緣故生於貪心畏貪心故修白骨
觀是名心共貪生不共貪滅復有心共貪生
不共貪滅如聲聞人未證四果有因緣故生於
貪心初四果時貪心得滅是名心共貪生不
共貪滅菩薩摩訶薩得不動地時心共貪生
不共貪滅云何不共貪生共貪俱滅若菩薩
摩訶薩斷貪心已爲衆生故示現有貪以示
現故能令無量無邊衆生諮受善法具足成
就是名不共貪生共貪俱滅云何不共貪生
不共貪滅謂阿羅漢緣覺諸佛除不動地其
餘菩薩是名不共貪生不共貪滅以是義故
諸佛菩薩不決定說心性本淨性本不淨善
男子是心不與貪結和合亦復不與瞋癡和

BD05240 號　大般涅槃經（北本　宮本）卷二六

(24–1)

現故能令无量无邊衆生諮受善法具足成
就是名不共貪生共貪俱滅云何不共貪生
不共貪滅謂阿羅漢緣覺諸佛除不動地其
餘菩薩是名不共貪生不共貪滅以是義故
諸佛菩薩不決定說心性本淨性本不淨善
男子是心不與貪結和合亦復不與瞋癡和
合善男子譬如日月雖為烟塵雲霧及羅
睺羅之所覆弊以是因緣令諸衆生不能得見
雖不可見日月之性終不與彼五翳和合心
亦如是以因緣故生於貪結衆生雖說心與
貪合而是心性實不與合若是貪心即是貪
性若是不貪即不貪性不貪之心不能為貪
貪結之心不能不貪善男子以是義故貪欲
之結不能汙心諸佛菩薩永破貪結是故說
言心得解脫一切衆生從因緣故生於貪結
從因緣故心得解脫善男子譬如雪山懸峻
之處人與獼猴俱不能行或復有處獼猴能
行人不能行或復有處人與獼猴二俱能行
善男子人與獼猴能行處者如諸獵師純以
黐膠置之案上用捕獼猴獼猴癡故往手觸
之觸已粘手欲脫手故以脚蹹之脚復隨著
欲脫脚故以口嚙之口復粘著如是五處悉
无得脫於是獵師以杖貫之負還歸家雪山
嶮處喻佛菩薩所得正道獼猴者喻諸凡夫
獵師者喻魔波旬黐膠者喻貪欲結人與獼

BD05240號　大般涅槃經（北本　宮本）卷二六　（24–2）

之觸已粘手欲脫手故以脚蹹之脚復隨著
欲脫脚故以口嚙之口復粘著如是五處悉
无得脫於是獵師以杖貫之負還歸家雪山
嶮處喻佛菩薩所得正道獼猴者喻諸凡夫
獵師者喻魔波旬黐膠者喻貪欲結人與獼
猴俱不能行者喻諸凡夫魔王波旬俱不能
行獼猴能行人不能者喻諸外道有智慧者
諸惡魔等雖以五欲不能繫縛人與獼猴俱
能行者一切凡夫及魔波旬常處生死不能
修行凡夫之人五欲所縛令魔波旬自在將
去如彼獵師黐捕獼猴擔負歸家善男子
譬如國王安住己界身心安樂若至他界則得
衆苦一切衆生亦復如是若能自住於己境
界則得安樂若至他界則遇惡魔受諸苦惱
自境界者謂四念處他境界者謂五欲也云
何名為繫屬於魔有諸衆生无常見常常
見无常苦見於樂樂見於苦不淨見淨淨見不
淨无我見我我見无我非實解脫橫見解脫
真實解脫見非解脫非乘見乘乘見非乘如
是之人名繫屬魔繫屬魔者心不清淨復次
善男子若見諸法真實是有總別定相當知
是人若見色時便作色相乃至見識亦作識
相見男男相見女女相見日日相見月月相見
歲歲相見陰陰相見入入相見界界相如
是見者名繫屬魔繫屬魔者心不清淨復次

BD05240號　大般涅槃經（北本　宮本）卷二六　（24–3）

善男子若見諸法真實是有揔別定相當知
是人若見色時便作色相乃至見識亦作識
相見男〻相見女〻相見日〻相見月〻相見
歲〻相見陰〻相見入〻相見界〻相如
是見者名繫屬魔繫屬魔者心不清淨復次
善男子若見我是色色中有我我中有色
色屬於我乃至見我是識識中有我我中有識
識屬於我如是見者繫屬於魔非我弟子善
男子我聲聞弟子遠離如來十二部經修習
種種外道典籍不修出家寂滅之業純營世
俗在家之事何等名為在家事也受畜一切
不淨之物奴婢田宅象馬車乘駝驢雞犬獮
猴豬羊種種穀麥遠離師僧親附白衣違反
聖教向諸白衣作如是言佛聽比丘受畜種
種不淨之物是名修習在家之事有諸弟子
不為涅槃但為利養親近聽受十二部經招
提僧物及僧鬘物衣著食噉如自己有慳惜
他家及以稱譽親近國王及諸王子卜筮吉
凶推步盈虛圍棊六博樗蒱投壺親比丘尼
及諸處女畜二沙彌常遊屠獵沽酒之家及
旃陀羅所住之處種種販賣手自作食受使
隣國通致信命如是之人當知即是魔之眷
屬非我弟子以是因緣心共貪生心共貪滅
乃至癡心共生共滅亦復如是善男子以是
因緣心性非淨亦非不淨是故我說心得解

BD05240號　大般涅槃經（北本　宮本）卷二六

（24–4）

旃陀羅所住之處種種販賣手自作食受使
隣國通致信命如是之人當知即是魔之眷
屬非我弟子以是因緣心共貪生心共貪滅
乃至癡心共生共滅亦復如是善男子以是
因緣心性非淨亦非不淨是故我說心得解
脫若有不受不畜一切不淨之物為大涅槃
受持讀誦十二部經書寫解說當知是等真
我弟子不行惡魔波旬境界即是修習三十
七品以修習故不共貪生不共貪滅是名菩
薩修大涅槃微妙經典具足成就第八功德
復次善男子云何菩薩摩訶薩修大涅槃微
妙經典具足成就第九功德善男子菩薩摩
訶薩修大涅槃微妙經典初發五事悉得成
就何等為五一者信二者直心三者戒四者
親近善友五者多聞云何為信菩薩摩訶薩
信於三寶施有果報信於二諦一乘之道更
无異趣為諸眾生速得解脫諸佛菩薩分別
為三信第一義諦信善方便是名為信如是
信者若諸沙門若婆羅門若天魔梵一切眾
生所不能壞因是信故得聖人性修行布施
若多若少悉得近於大般涅槃不墮生死戒
聞智慧亦復如是是名為信雖有是信而亦
不見是為菩薩修大涅槃成就初事云何直
心菩薩摩訶薩於諸眾生作質直心一切眾
生若遇因緣則生諂曲菩薩不尒何以故善

BD05240號　大般涅槃經（北本　宮本）卷二六

（24–5）

若多若少悉得近於大般涅槃不墮生死戒
聞智慧亦復如是是名為信雖有是信而亦
不見是為菩薩修大涅槃成就初事云何直
心菩薩摩訶薩於諸眾生作質直心一切眾
生若遇因緣則生諂曲菩薩不尒何以故善
解諸法悉因緣故菩薩摩訶薩雖見眾生諸
惡過咎終不說之何以故恐生煩惱若生煩惱
則墮惡趣如是菩薩若見眾生有少善事
則讚歎之云何為善所謂佛性讚佛性故令
諸眾生發阿耨多羅三藐三菩提心
尒時光明遍照高貴德王菩薩摩訶薩白佛
言世尊如佛所說菩薩摩訶薩讚歎佛性令
无量眾生發阿耨多羅三藐三菩提心是義
不然何以故如來初開涅槃經時說有三種
一者若有病人得良醫藥及瞻病者病則易
差如其不得則不可愈二者若得不得悉不
可差三者若得不得悉皆可差一切眾生亦
復如是若遇善友諸佛菩薩聞說妙法則得
發於阿耨多羅三藐三菩提心如其不遇則
不能發所謂須陁洹斯陁含阿那含阿羅漢
辟支佛二者雖遇善友諸佛菩薩聞說妙法
亦不能發若其不遇亦不能發謂一闡提三
者若遇不遇一切悉能發阿耨多羅三藐三
菩提心所謂菩薩若言遇與不遇悉發阿耨
多羅三藐三菩提心者如來今者云何說言

不能發所謂須陁洹斯陁含阿那含阿羅漢
辟支佛二者雖遇善友諸佛菩薩聞說妙法
亦不能發若其不遇亦不能發謂一闡提三
者若遇不遇一切悉能發阿耨多羅三藐三
菩提心所謂菩薩若言遇與不遇悉發阿耨
多羅三藐三菩提心者如來今者云何說言
因讚佛性令諸眾生發阿耨多羅三藐三菩
提心世尊若遇善友諸佛菩薩聞說妙法及
以不遇悉不能發阿耨多羅三藐三菩提心
當知是義亦復不然何以故如是之人當得
阿耨多羅三藐三菩提故一闡提輩以佛性
故若聞不聞悉亦當得阿耨多羅三藐三菩
提故世尊如佛所說何等名為一闡提也謂
斷善根如是之義亦復不然何以故不斷佛
性故如是佛性理不可斷云何佛說斷諸善
根如佛往昔說十二部經善有二種一者常
二者无常常者不斷无常者斷无常可斷故
墮地獄常不可斷何故不遮佛性不斷非一
闡提如來何故作如是說言一闡提世尊若
因佛性發阿耨多羅三藐三菩提何故如來
廣為眾生說十二部經世尊譬如四河從阿
那婆踏多池出若有天人諸佛世尊說言是
河不入大海當還本源无有是處菩提之心
亦復如是有佛性者若聞不聞若戒非戒若
施非施若修不修若智非智悉皆應得阿耨

廣為衆生說十二部經世尊譬如四河從阿
耨婆踏多池出若有天人諸佛世尊說言是
河不入大海當還本源无有是處菩提之心
亦復如是有佛性者若聞不聞若戒非戒若
施非施若修不修若智非智悉皆應得阿耨
多羅三藐三菩提世尊如優陀延山日從中
出至于正南日若念言我不至西還東方者
无有是處佛性亦尒若不聞不戒不施不修
不智不得阿耨多羅三藐三菩提者无有是
處世尊諸佛如來說因果性非有非无如是
之義是亦不然何以故如其乳中无酪性者
則无有酪尼拘陁子无五丈者則不能生五
丈之質若佛性中无阿耨多羅三藐三菩提
樹者云何能生阿耨多羅三藐三菩提樹以
是義故所說因果非有非无如是之義云何
相應
尒時世尊讚言善哉善哉善男子世有二人
甚為希有如優曇花一者不行惡法二者有
罪能悔如是之人甚為希有復有二人一者
作恩二者念恩復有二人一者諮受新法二
者憶故不忘復有二人一者造新二者修故
復有二人一樂聞法二樂說法復有二人一
善問難二能善答善問難者汝身是也善能
答者謂如來也善男子因是善問即得轉于
无上法輪能枯十二因緣大樹能度无邊生死

BD05240號　大般涅槃經（北本　宮本）卷二六　（24–8）

作恩二者念恩復有二人一者諮受新法二
者憶故不忘復有二人一者造新二者修故
復有二人一樂聞法二樂說法復有二人一
善問難二能善答善問難者汝身是也善能
答者謂如來也善男子因是善問即得轉于
无上法輪能枯十二因緣大樹能度无邊生死
大海能與魔王波旬共戰能摧波旬所立勝
幢善男子如我先說三種病人值遇良醫
瞻病好藥及以不遇病悉得差是義云何若
得不得謂定壽命所以者何是人已於无量
世中修三種善謂上中下以脩如是三種善
故得定壽命如欝單曰人壽命千年有遇病
者若得良醫好藥瞻病及以不得悉皆得差
何以故得定命故善男子如我所說若有病
人得遇良醫好藥瞻病病得除差若不遇者
則不得差是義云何善男子如是之人壽命
不定命雖未盡有九因緣能夭其壽何等為
九一者知食不安而反食之二者多食三者
宿食未消而復更食四者大小便利不隨時
節五者病時不隨醫教六者不隨瞻病教勑
七者强耐不吐八者夜行以夜行故惡鬼打
之九者房室過差以是緣故我說病者若遇
良醫好藥病則可差若不遇者則不可愈善男
子如我先說若遇不遇俱不差者是義云何有
人命盡若遇不遇悉不可差何以故以命盡
故以是義故我說病人若遇醫藥及以不遇

BD05240號　大般涅槃經（北本　宮本）卷二六　（24–9）

七者强耐不吐八者夜行以夜行故惡鬼打
之九者房室過差以是緣故我說病者若遇
良醫好藥病則可差若不遇者則不可愈善男
子如我先說若遇不遇俱不差者是義云何有
人命盡若遇不遇悉不可差何以故以命盡
故以是義故我說病人若遇醫藥及以不遇
悉不得差衆生亦尒發菩提心者若遇善友
諸佛菩薩諮受深法若不遇之皆悉當成何
以故以其能發菩提心故如欝單曰人得定
壽命如我所說從須陁洹至辟支佛若聞善
友諸佛菩薩所說深法則發阿耨多羅三藐
三菩提心若不值遇諸佛菩薩聞說深法則
不能發阿耨多羅三藐三菩提如不定命以
九因緣命則中夭如彼病人值遇醫藥病則
得差若不遇者病則不差是故我說遇佛菩
薩聞說深法則能發心若不值遇則不能發
如我先說若遇善友諸佛菩薩聞說深法若
不值遇俱不能發是義云何善男子一闡提
輩若遇善友諸佛菩薩聞說深法及以不遇
俱不得離一闡提心何以故斷善根故一闡
提輩亦能得阿耨多羅三藐三菩提所以者
何若能發於菩提之心則不復名一闡提也
善男子以何緣故說一闡提得阿耨多羅三
藐三菩提一闡提輩實不得阿耨多羅三藐
三菩提如命盡者雖遇良醫好藥瞻病不能

BD05240號　大般涅槃經（北本　宮本）卷二六　（24–10）

何若能發於菩提之心則不復名一闡提也
善男子以何緣故說一闡提得阿耨多羅三
藐三菩提一闡提輩實不得阿耨多羅三藐
三菩提如命盡者雖遇良醫好藥瞻病不能
得差何以故以命盡故善男子一闡名信提
名不具不具信故名一闡提佛性非信衆生
非具以不具故云何可斷一闡名善方便提
名不具修善方便不具足故名一闡提佛性
非是修善方便衆生非具以不具故云何可
斷一闡名進提名不具進不具故名一闡提
佛性非進衆生非具以不具故云何可斷一
闡名念提名不具念不具故名一闡提佛性
非念衆生非具以不具故云何可斷一闡名
定提名不具定不具故名一闡提佛性非定
衆生非具以不具故云何可斷一闡名慧提
名不具慧不具故名一闡提佛性非慧衆
生非具以不具故云何可斷一闡名无常菩提
名不具以无常善不具足故名一闡提佛性
是常非善非不善何以故善法要從方便而
得而是佛性非方便得是故非善何故復名
非不善也能得善果故善果即是阿耨多羅
三藐三菩提又善法者生已得故而是佛性
非生已得是故非善以斷生得諸善法故名
一闡提善男子如汝所言若一闡提有佛性
者云何不遮地獄之罪善男子一闡提中无

BD05240號　大般涅槃經（北本　宮本）卷二六　（24–11）

非不善也能得善果故善果即是阿耨多羅
三藐三菩提又善法者生已得故而是佛性
非生已得是故非善以斷生得諸善法故名
一闡提善男子如汝所言若一闡提有佛性
者云何不遮地獄之罪善男子一闡提中无
有佛性善男子譬如有王聞箜篌音其聲清
妙心即耽著喜樂愛念情无捨離即告大臣
如是妙音從何處出大臣荅王如是妙音從
箜篌出王復語言持是聲來尒時大臣即持
箜篌置於王前而作是言大王當知此即是
聲王語箜篌出聲出聲而是箜篌聲亦不出
尒時大王即斷其絃聲亦不出取其皮木悉
皆析裂推求其聲了不能得尒時大王即瞋
大臣云何乃作如是妄語大臣白王夫取聲
者法不如是應以衆緣善巧方便聲乃出耳
衆生佛性亦復如是无有住處以善方便故
得可見以可見故得阿耨多羅三藐三菩提
心一闡提輩不見佛性云何能遮三惡道罪
善男子若一闡提信有佛性當知是人不至
三惡是亦不名一闡提也以不自信有佛性
故即墮三惡墮三惡故名一闡提善男子如
汝所說若乳无酪性不應出酪尼拘陁子无
五丈性則不應有五丈之質愚癡之人作如
是說智者終不發如是言何以故以无性故
善男子如其乳中有酪性者不應復假衆緣

BD05240號　大般涅槃經（北本　宮本）卷二六　（24–12）

三惡是亦不名一闡提也以不自信有佛性
故即墮三惡墮三惡故名一闡提善男子如
汝所說若乳无酪性不應出酪尼拘陁子无
五丈性則不應有五丈之質愚癡之人作如
是說智者終不發如是言何以故以无性故
善男子如其乳中有酪性者不應復假衆緣
力也善男子如水乳雜卧至一月終不成酪
若以一渧頗求樹汁投之於中即便成酪若
本有酪何故待緣衆生佛性亦復如是假衆
緣故則便可見假衆緣故得成阿耨多羅三
藐三菩提若待衆緣然後成者即是无性以
无性故能得阿耨多羅三藐三菩提善男子
以是義故菩薩摩訶薩常讃人善不說彼缺
名質直心復次善男子云何菩薩質直心也
菩薩摩訶薩常不犯惡設有過失即時懺悔
於師同學終不覆藏慚愧自責不敢復作於
輕罪中生極重想若人詰問荅言實犯復問
是罪為好不好荅言不好復問是罪為善不
善荅言不善復問是罪是善果耶不善果乎
荅言是罪實非善果又問是罪誰之所造將
非諸佛法僧所作荅言非佛法僧我所作也
乃是煩惱之所攝集以直心故信有佛性信
佛性故則不得名一闡提也以直心故名佛
弟子若受衆生衣服飲食卧具醫藥種各
十万不足為多是名菩薩質直心也云何菩薩

BD05240號　大般涅槃經（北本　宮本）卷二六　（24–13）

乃是煩惱之所攝集以直心故信有佛性信
佛性故則不得名一闡提也以直心故名佛
弟子若受衆生衣服飲食臥具醫藥種各
十万不足爲多是名菩薩質直心也云何菩薩
修持於戒菩薩摩訶薩受持禁戒不爲生天
不爲恐怖乃至不受狗戒牛戒雉戒雞戒不
作破戒不作缺戒不作假戒不作雜戒不作
聲聞戒受持菩薩摩訶薩戒尸羅波羅蜜戒
得具足戒不生憍慢是名菩薩修大涅槃具
第三戒云何菩薩親近善友菩薩摩訶薩
常爲衆生說於善道不說惡道說於惡道非
善果報善男子我身即是一切衆生真善知識
是故能斷富伽羅婆羅門所有耶見善男子
若有衆生親近我者雖有生於地獄因緣即
得生天如須那剎多等應墮地獄以見我故
即得斷墮地獄因緣生於色天雖有舍利弗
目揵連等不名衆生真善知識何以故生一
闡提心因緣故善男子我昔住於波羅㮈國
時舍利弗教二弟子一觀白骨一令數息經
歷多年各不得定以是因緣即生邪見言无
涅槃无漏之法設其有者我應得之何以故
我能善持所受戒故我於尒時見是比丘生
此邪心喚舍利弗而呵責之汝不善教云何
乃爲是二弟子顛倒說法汝二弟子其性各
異一主浣衣一是金師金師之子應教數息

BD05240號　大般涅槃經（北本　宮本）卷二六　（24–14）

涅槃无漏之法設其有者我應得之何以故
我能善持所受戒故我於尒時見是比丘生
此邪心喚舍利弗而呵責之汝不善教云何
乃爲是二弟子顛倒說法汝二弟子其性各
異一主浣衣一是金師金師之子應教數息
浣衣之人應教骨觀以汝錯教令是二人生
於惡耶我於尒時爲是二人如應說法二人
聞已得阿羅漢果是故我爲一切衆生真善
知識非舍利弗目揵連等若使衆生有極重
結得遇我者我以方便即爲斷之如我弟難
陁有極重欲我以種種善巧方便而爲除斷
鴦掘魔羅有重瞋恚以見我故瞋恚即息阿
闍世王有重愚癡以見我故癡心即滅如婆
熙伽長者於无量劫修習成就極重煩惱以
見我故即便斷滅設有弊惡斯下之人親近
於我作弟子者以是因緣一切人天恭敬愛
念尸利毱多耶見熾盛因見我故邪見即滅
因見我故斷地獄因作生天緣如氣噓旃陁
羅命垂終時因見我故還得壽命如憍尸迦
狂心錯亂因見我故還得本心如瘦瞿曇彌
屠家之子常修惡業以見我故即便捨離如
闡提比丘因見我故寧捨身命不毀禁戒如
草繫比丘以是義故阿難比丘說半梵行名
善知識我言不尒具足梵行乃名善知識是
故菩薩修大涅槃具足第四親善知識云何

BD05240號　大般涅槃經（北本　宮本）卷二六　（24–15）

居家之子常修惡業以是我故即便捨離如
闡提比丘因見我故寧捨身命不毀禁戒如
草繫比丘以是義故阿難比丘說半梵行名
善知識我言不尒具足梵行乃名善知識是
故菩薩修大涅槃具足第四親善知識云何
菩薩具足多聞菩薩摩訶薩為大涅槃十二
部經書寫讀誦分別解說是名菩薩具足多
聞除十二部唯毗佛略受持讀誦書寫解說
亦名菩薩具足多聞除十二部經若能受持
是大涅槃微妙經典書寫讀誦分別解說是
名菩薩具足多聞除是經典具足全體若能
受持一四句偈復除是偈若能受持如來常
住性无變易是名菩薩具足多聞復除是事
若知如來常不說法亦名菩薩具足多聞何
以故法无性故如來雖說一切諸法常无所
說是名菩薩修大涅槃成就第五具足多聞
善男子若有善男子善女人為大涅槃具足
成就如是五事難作能作難忍能忍難施能
施云何菩薩難作能作若聞有人食一胡麻
得阿耨多羅三藐三菩提者信是語故乃至
无量阿僧祇劫常食一麻若聞入火得阿耨
多羅三藐三菩提者於无量劫在阿鼻獄入
熾火聚是名菩薩難作能作云何菩薩難忍
能忍若聞受苦手丈刀石斫打因緣得大涅
槃即於无量阿僧祇劫身具受之不以為苦

BD05240號　大般涅槃經（北本　宮本）卷二六　（24–16）

无量阿僧祇劫常食一麻若聞入火得阿耨
多羅三藐三菩提者於无量劫在阿鼻獄入
熾火聚是名菩薩難作能作云何菩薩難忍
能忍若聞受苦手丈刀石斫打因緣得大涅
槃即於无量阿僧祇劫身具受之不以為苦
是名菩薩難忍能忍云何菩薩難施能施若
聞能以國城妻子頭目髓腦惠施於人得阿
耨多羅三藐三菩提者即於无量阿僧祇劫
以其所有國城妻子頭目髓腦惠施於人是
名菩薩難施能施菩薩雖復難作能作終不
念言是我所作難忍難施亦復如是善男子
譬如父母唯有一子愛之甚重以好衣裳上
妙甘饍隨時將養令无所乏其子若於是父
母所生輕慢心惡口罵辱父母愛故不生瞋
恨亦不念言我與是兒衣服飲食菩薩摩訶
薩亦復如是視諸眾生猶如一子若子遇病
父母亦病為求醫藥勤而療之病既差已終
不生念我為是兒療治病苦菩薩亦尒見諸
眾生遇煩惱病生愛念心而為說法以聞法
故諸煩惱斷煩惱斷已終不念言我為眾生
斷諸煩惱若生此念終不得成阿耨多羅三
藐三菩提唯作是念无一眾生我為說法令
斷煩惱菩薩摩訶薩於諸眾生不瞋不喜何
以故善能修習空三昧故菩薩若修空三昧
者當於誰所生瞋生喜善男子譬如山林猛

BD05240號　大般涅槃經（北本　宮本）卷二六　（24–17）

[illegible]
斷諸煩惱若生此念終不得成阿耨多羅三
藐三菩提唯作是念无一衆生我爲說法令
斷煩惱菩薩摩訶薩於諸衆生不瞋不喜何
以故善能修習空三昧故菩薩若修空三昧
者當於誰所生瞋生喜善男子譬如山林猛
火所焚若人斫伐或爲水瀾而是林木當於
誰所生瞋生喜菩薩摩訶薩亦復如是於諸
衆生无瞋无喜何以故修空三昧故尒時光
明遍照高貴德王菩薩摩訶薩白佛言世尊
一切諸法性自空耶空故空若性自空者
不應修空然後見空云何如来言以修空而
見空也若性自不空雖復修空不能令空善
男子一切諸法性本自空何以故一切法性
不可得故善男子色性不可得云何色性色
者非地水火風不離地水火風非青黃赤白
不離青黃赤白非有非无云何當言色有自
性以性不可得故說爲空一切諸法亦復如
是以相似相續故凡夫見已說言諸法性不
空寂菩薩摩訶薩具足五事是故見法性本
空寂善男子若有沙門及婆羅門見一切法
性不空者當知是人非是沙門非婆羅門不
得修習般若波羅蜜不得入於大般涅槃不
得現見諸佛菩薩是魔眷屬善男子一切諸
法性本自空亦因菩薩修習空故見諸法空
善男子如一切法性无常故滅能滅之若非

[illegible]
性不空者當知是人非是沙門非婆羅門不
得修習般若波羅蜜不得入於大般涅槃不
得現見諸佛菩薩是魔眷屬善男子一切諸
法性本自空亦因菩薩修習空故見諸法空
善男子如一切法性无常故滅能滅之若非
无常滅不能滅有爲之法有生相故生能生
之有滅相故滅能滅之一切諸法有苦相故
苦能令苦善男子如塩鹹性能鹹異物石蜜
性甘能甘異物苦酒性酢能酢異物薑本性
辛能辛異物呵梨勒苦能苦異物菴羅菓
酢能酢異物毒性能害令異物害甘露之性令
人不死若合異物亦能不死菩薩修空亦復
如是以修空故見一切法性皆空寂无光明遍
照高貴德王菩薩復作是言世尊若塩能令
非鹹作鹹修空三昧若如是者當知是空非
善非妙其性顛倒若空三昧唯見空者空是
无法爲何所見善男子是空三昧見不空法
能令空寂然非顛倒如塩非鹹作鹹是空三
昧亦復如是不空作空善男子貪是有性非
是空性貪若是空衆生不應以是因緣墮於
地獄若墮地獄云何貪性當是空耶善男子
色性是有何等是性所謂顛倒以顛倒故衆
生生貪若是色性非顛倒者云何能令衆生
生貪以生貪故當知色性非不是有以是義
故修空三昧非顛倒也善男子一切凡夫若

是空性貪若是空衆生不應以是因緣隨於
地獄若隨地獄云何貪性當是空耶善男子
色性是有何等是性所謂顛倒以顛倒故衆
生生貪若是色性非顛倒者云何能令衆生
生貪以生貪故當知色性非不是有以是義
故修空三昧非顛倒也善男子一切凡夫若
見女人即生女相菩薩不尒雖見女人不生
女相以不生相貪則不生貪不生故非顛倒
也以世間人見有女故菩薩隨說言有女人
若見男時說言是女則是顛倒是故我爲闍
提說言汝婆羅門若以晝爲夜是即顛倒以
夜爲晝是亦顛倒晝爲晝相夜爲夜相云何
顛倒善男子一切菩薩住九地者見法有性
以是見故不見佛性若見佛性則不復見一
切法性以修如是空三昧故不見法性以不
見故則見佛性諸佛菩薩有二種說一者有
性二者无性爲衆生故說有法性爲諸賢聖
說无法性爲不空者見法空故修空三昧令
得見空无法性者亦修空故空以是義故修
空見空善男子汝言見空空是无法爲何所
見者善男子如是如是菩薩摩訶薩實无所
見无所見者即无所有无所有者即一切法
菩薩摩訶薩修大涅槃於一切法悉无所見
若有見者不見佛性不能修習般若波羅蜜
不得入於大般涅槃是故菩薩見一切法性无

空見空善男子汝言見空空是无法爲何所
見者善男子如是如是菩薩摩訶薩實无所
見无所見者即无所有无所有者即一切法
菩薩摩訶薩修大涅槃於一切法悉无所見
若有見者不見佛性不能修習般若波羅蜜
不得入於大般涅槃是故菩薩見一切法性无
所有善男子菩薩不但因是三昧而見空也
般若波羅蜜亦空禪波羅蜜亦空毗梨耶
波羅蜜亦空羼提波羅蜜亦空尸波羅蜜亦
空檀波羅蜜亦空色亦空眼亦空識亦空如
來亦空大般涅槃亦空是故菩薩見一切法
皆悉是空是故我在迦毗羅城告阿難言汝
莫愁惱悲泣啼哭阿難即言如來世尊我今
眷屬皆悉死喪云何當得不愁啼也如來與
我俱生此城俱同釋種親戚眷屬云何如來
獨不愁惱光顏更顯善男子我復告阿難
汝見迦毗羅城空寂无所有汝
見釋種悉是親戚我修空故悉无所見以是
因緣汝生愁苦我身容顏益更光顯諸佛菩
薩修習如是空三昧故不生愁惱是名菩薩
修大涅槃微妙經典成就具足第九功德
善男子云何菩薩修大涅槃微妙經典具足
最後第十功德善男子菩薩修習三十七品
入大涅槃常樂我淨爲諸衆生分別解說大
涅槃經顯示佛性若須陀洹斯陀含阿那含
阿羅漢[illegible]

修大涅槃微妙經典成就具足第九功德
善男子云何菩薩修大涅槃微妙經典具足
第十功德善男子菩薩修習三十七品
入大涅槃常樂我淨爲諸衆生分別解說大
涅槃經顯示佛性若須陁洹斯陁含阿那含
阿羅漢辟支佛菩薩信是語者悉得入於大
般涅槃若不信者輪迴生死尒時光明遍照
高貴德王菩薩白佛言世尊何等衆生於是
經中不生恭敬善男子我涅槃後有聲聞弟
子愚癡破戒喜生鬪諍捨十二部經讀誦種
種外道典籍文頌手筆受畜一切不淨之物
言是佛聽如是之人以好旃檀貿易凡木以
金易鍮石銀易白鑞絹易毼褐以甘露味易
於惡毒云何旃檀貿易凡木如我弟子爲供
養故向諸白衣演說經法白衣情逸不憙聽
聞白衣處高比丘在下兼以種種餚饍飲食
而供給之猶不肯聽是名旃檀貿易凡木云
何以金貿易鍮石鍮石喻色聲香味觸金喻
於戒我諸弟子以色因緣破所受戒是名以
金貿易鍮石云何以銀易於白鑞銀喻十善
白鑞喻十惡我諸弟子放捨十善行十惡法是
名以銀貿易白鑞云何以絹貿易毼褐毼褐
喻於无慚无愧絹喻慚愧我諸弟子放捨慚
愧習无慚愧是名以絹貿易毼褐云何甘露
貿易毒藥毒藥喻於種種供養甘露喻於

BD05240號　大般涅槃經（北本　宮本）卷二六　（24–22）

鑞喻十惡我諸弟子放捨十善行十惡法是
名以銀貿易白鑞云何以絹貿易毼褐毼褐
喻於无慚无愧絹喻慚愧我諸弟子放捨慚
愧習无慚愧是名以絹貿易毼褐云何甘露
貿易毒藥毒藥喻於種種供養甘露喻於
諸无漏法我諸弟子爲利養故向諸白衣自
稱讚言得无漏是名甘露貿易毒藥以如是
等惡比丘故是大涅槃微妙經典廣行流布
於閻浮提當是時也有諸弟子受持讀誦書
寫是經演說流布當爲如是諸惡比丘之所
殺害時惡比丘共相聚集立嚴峻制若有受
持大涅槃經書寫讀誦分別說者一切不得
共住共坐談論語言何以故涅槃經者非佛
所說邪見所造邪見之人即是六師六師經
典非佛經典所以者何一切諸佛悉說諸法
无常无我无樂无淨若言諸法常樂我淨云
何當是佛所說經諸佛菩薩聽諸比丘畜種
種物六師所說不聽弟子畜一切物如是之
義云何當是佛之所說諸佛菩薩不制弟子
斷牛五味及以食肉六師不聽食五種牛味
及以脂血若斷是者云何當是佛之正典諸
佛菩薩說於三乘而是經中純說一乘謂大
涅槃如此之言云何當是佛之正典諸佛畢
竟入於涅槃是經言佛常樂我淨不入涅槃
是經不在十二部數即是魔說非是佛說善

BD05240號　大般涅槃經（北本　宮本）卷二六　（24–23）

涅槃如此之言云何當是佛之正典諸佛畢
竟入於涅槃是經言佛常樂我淨不入涅槃
是經不在十二部數即是魔說非是佛說善
男子如是之人雖我弟子不能信順是涅槃
經善男子當尒之時若有衆生信此經典乃
至半句當知是人真我弟子因如是信即見
佛性入於涅槃尒時光明遍照高貴德王菩
薩白佛言世尊善哉善哉如來今日善能開
示大涅槃經世尊我因是事即得悟解大涅
槃經一句半句以解一句至半句故見少佛
性如佛所說我亦當得入大涅槃是名菩薩
修大涅槃微妙經典具足成就第十功德

大般涅槃經卷第廿六

BD05240號　大般涅槃經（北本　宮本）卷二六　　（24–24）

功德[illegible]
功德八百身功德千二百
意功德以是功德莊嚴六根皆令清淨是
善男子善女人父母所生清淨肉眼見於
三千大千世界內外所有山林河海下至阿
鼻地獄上至有頂亦見其中一切衆生及業
因緣果報生處悉見悉知尒時世尊欲重
[illegible]此義而說偈言
[illegible]以無所畏心　說是法華經　汝聽其功德
[illegible]以是莊嚴故　其目甚清淨
[illegible]三千界　內外彌樓山　須彌及鐵圍
[illegible]江河水　下至阿鼻獄　上至有頂處
其中諸衆生　一切皆悉見　雖未得天眼　肉眼力如是
復次常精進若善男子善女人受持此經若
讀若誦若解說若書寫得千二百耳功德以
是清淨耳聞三千大千世界下至阿鼻地獄
上至有頂其中內外種種語言音聲象聲
馬聲牛聲車聲啼哭聲愁歎聲螺聲鼓聲

BD05241號　妙法蓮華經卷六　　（26–1）

復次常精進若善男子善女人受持此經若
讀若誦若解說若書寫得千二百耳功德以
是清淨耳聞三千大千世界下至阿鼻地獄
上至有頂其中內外種種語言音聲象聲
馬聲牛聲車聲啼哭聲愁歎聲螺聲鼓聲
鍾聲鈴聲笑聲語聲男聲女聲童子聲童女聲
法聲非法聲苦聲樂聲凡夫聲聖人聲喜聲
不喜聲天聲龍聲夜叉聲乾闥婆聲阿修羅聲
迦樓羅聲緊那羅聲摩睺羅伽聲火聲水聲
風聲地獄聲畜生聲餓鬼聲比丘聲比丘尼聲
聲聞聲辟支佛聲菩薩聲佛聲以要言之三
千大千世界中一切內外所有諸聲雖未得
天耳以父母所生清淨常耳皆悉聞知如是分
別種種音聲而不壞耳根尒時世尊欲重宣
此義而說偈言

父母所生耳　清淨無濁穢　以此常耳聞　三千世界聲
象馬車牛聲　鍾鈴螺鼓聲　琴瑟箜篌聲　簫笛之音聲
清淨好歌聲　聽之而不著　無數種人聲　聞悉能解了
又聞諸天聲　微妙之歌音　及聞男女聲　童子童女聲
山川嶮谷中　迦陵頻伽聲　命命等諸鳥　悉聞其音聲
地獄眾苦痛　種種楚毒聲　餓鬼飢渴逼　求索飲食聲
諸阿修羅等　居在大海邊　自共語言時　出于大音聲
如是說法者　安住於此間　遙聞是眾聲　而不壞耳根
十方世界中　禽獸鳴相呼　其說法之人　於此悉聞之
其諸梵天上　光音及遍淨　乃至有頂天　言語之音聲

BD05241號　妙法蓮華經卷六　（26–2）

地獄眾苦痛　種種楚毒聲　餓鬼飢渴逼　求索飲食聲
諸阿修羅等　居在大海邊　自共語言時　出于大音聲
如是說法者　安住於此間　遙聞是眾聲　而不壞耳根
十方世界中　禽獸鳴相呼　其說法之人　於此悉聞之
其諸梵天上　光音及遍淨　乃至有頂天　言語之音聲
法師住於此　悉皆得聞之　一切比丘眾　及諸比丘尼
若讀誦經典　若為他人說　法師住於此　悉皆得聞之
復有諸菩薩　讀誦於經法　若為他人說　撰集解其義
如是諸音聲　悉皆得聞之　諸佛大聖尊　教化眾生者
於諸大眾中　演說微妙法　持此法華者　悉皆得聞之
三千大千界　內外諸音聲　下至阿鼻獄　上至有頂天
皆聞其音聲　而不壞耳根　其耳聰利故　悉能分別知
持是法華者　雖未得天耳　但用所生耳　功德已如是

復次常精進若善男子善女人受持是經若讀
若誦若解說若書寫成就八百鼻功德以是
清淨鼻根聞於三千大千世界上下內外種
種諸香須曼那華香闍提華香末利華香
瞻蔔華香波羅羅華香赤蓮華香青蓮華
香白蓮華香華樹香菓樹香栴檀香沈水香多
摩羅跋香多伽羅香及千万種和香若末若
丸若塗香持是經者於此間住悉能分別又復
別知眾生之香象香馬香牛羊等香男香女
香童子香童女香及草木叢林香若近若
遠所有諸香悉皆得聞分別不錯持是經者
雖住於此亦聞天上諸天之香波利質多羅

BD05241號　妙法蓮華經卷六　（26–3）

丸若塗香持是經者於此間住悉能分別又復
別知衆生之香象香馬香牛羊等香男香女
香童子香童女香及草木叢林香若近若
遠所有諸香悉皆得聞分別不錯持是經者
雖住於此亦聞天上諸天之香波利質多羅
拘鞞陀羅樹香及曼陀羅華香摩訶曼陀羅
華香曼殊沙華香摩訶曼殊沙華香栴檀沈
水種種末香諸雜華香如是等天香和合所
出之香無不聞知又聞諸天身香釋提桓因在
勝殿上五欲娛樂嬉戲時香若在妙法堂上
為忉利諸天說法時香若於諸園遊戲時香
及餘天等男女身香皆悉遙聞如是展轉乃
至梵世上至有頂諸天身香亦皆聞之并聞諸
天所燒之香及聲聞香辟支佛香菩薩香
諸佛身香亦皆遙聞知其所在雖聞此香
然於鼻根不壞不錯若欲分別為他人說憶
念不謬爾時世尊欲重宣此義而說偈言
是人鼻清淨　於此世界中　若香若臭物　種種悉聞知
須曼那闍提　多摩羅栴檀　沈水及桂香　種種華菓香
及知衆生香　男子女人香　說法者遠住　聞香知所在
大勢轉輪王　小轉輪及子　群臣諸宮人　聞香知所在
身所著珍寶　及地中寶藏　轉輪王寶女　聞香知所在
諸人嚴身具　衣服及瓔珞　種種所塗香　聞則知其身
諸天若行坐　遊戲及神變　持是法華者　聞香悉能知
諸樹華菓實　及蘇油香燈　持經者住此　悉知其所在

BD05241號　妙法蓮華經卷六　（26–4）

大勢轉輪王　小轉輪及子　群臣諸宮人　聞香知所在
身所著珍寶　及地中寶藏　轉輪王寶女　聞香知所在
諸人嚴身具　衣服及瓔珞　種種所塗香　聞則知其身
諸天若行坐　遊戲及神變　持是法華者　聞香悉能知
諸樹華菓實　及蘇油香燈　持經者住此　悉知其所在
諸山深嶮處　栴檀樹華敷　衆生在中者　聞香悉能知
鐵圍山大海　地中諸衆生　持經者聞香　悉知其所在
阿脩羅男女　及其諸眷屬　鬪諍遊戲時　聞香皆能知
曠野險隘處　師子象虎狼　野牛水牛等　聞香知所在
若有懷妊者　未辯其男女　無根及非人　聞香悉能知
以聞香力故　知其初懷妊　成就不成就　安樂產福子
以聞香力故　知男女所念　染欲癡恚心　亦知脩善者
地中衆伏藏　金銀諸珍寶　銅器之所盛　聞香悉能知
種種諸瓔珞　無能識其價　聞香知貴賤　出處及所在
天上諸華等　曼陀曼殊沙　波利質多樹　聞香悉能知
天上諸宮殿　上中下差別　衆寶華莊嚴　聞香悉能知
天園林勝殿　諸觀妙法堂　在中而娛樂　聞香悉能知
諸天若聽法　或受五欲時　來往行坐臥　聞香悉能知
天女所著衣　好華香莊嚴　周旋遊戲時　聞香悉能知
如是展轉上　乃至於梵世　入禪出禪者　聞香悉能知
光音遍淨天　乃至于有頂　初生及退沒　聞香悉能知
諸比丘衆等　於法常精進　若坐若經行　及讀誦經法
或在林樹下　專精而坐禪　持經者聞香　悉知其所在
菩薩志堅固　坐禪若讀誦　或為人說法　聞香悉能知

BD05241號　妙法蓮華經卷六　（26–5）

如是展轉上　乃至於梵世　入禪出禪者　聞香悉能知
光音遍淨天　乃至于有頂　初生及退沒　聞香悉能知
諸比丘衆等　於法常精進　若坐若經行　及讀誦經法
或在林樹下　專精而坐禪　持經者聞香　悉知其所在
菩薩志堅固　坐禪若讀誦　或為人說法　聞香悉能知
在在方世尊　一切所恭敬　愍衆而說法　聞香悉能知
衆生在佛前　聞經皆歡喜　如法而修行　聞香悉能知
雖未得菩薩　無漏法生鼻　而是持經者　先得此鼻相
復次常精進若善男子善女人受持是經若
讀若誦若解說若書寫得千二百舌功德若
好若醜若美若不美及諸苦澁物在其舌根
變成上味如天甘露无不美者若以舌根於
大衆中有所演說出深妙聲能入其心皆令
歡喜快樂又諸天子天女釋梵諸天聞是深
妙音聲有所演說言論次第皆悉來聽及諸
龍龍女夜叉夜叉女乾闥婆乾闥婆女阿脩羅阿
脩羅女迦樓羅迦樓羅女緊那羅緊那
羅女摩睺羅伽摩睺羅伽女為聽法故皆來
親近恭敬供養及比丘比丘尼優婆塞優婆
夷國王王子群臣眷屬小轉輪王大轉輪王
七寶千子內外眷屬乘其宮殿俱來聽法以
是菩薩善說法故婆羅門居士國內人民盡
其形壽隨侍供養又諸聲聞辟支佛菩薩
諸佛常樂見之是人所在方面諸佛皆向其處
說法悉能受持一切佛法又能出於深妙法

夷國王王子群臣眷屬小轉輪王大轉輪王
七寶千子內外眷屬乘其宮殿俱來聽法以
是菩薩善說法故婆羅門居士國內人民盡
其形壽隨侍供養又諸聲聞辟支佛菩薩
諸佛常樂見之是人所在方面諸佛皆向其處
說法悉能受持一切佛法又能出於深妙法
音尒時世尊欲重宣此義而說偈言
是人舌根淨　終不受惡味　其有所食噉　悉皆成甘露
以深淨妙音　於大衆說法　以諸因緣喻　引導衆生心
聞者皆歡喜　設諸上供養
諸天龍夜叉　及阿脩羅等　皆以恭敬心　而共來聽法
是說法之人　若欲以妙音　遍滿三千界　隨意即能至
大小轉輪王　及千子眷屬　合掌恭敬心　常來聽受法
諸天龍夜叉　羅剎毗舍闍　亦以歡喜心　常樂來供養
梵天王魔王　自在大自在　如是諸天衆　常來至其所
諸佛及弟子　聞其說法音　常念而守護　或時為現身
復次常精進若善男子善女人受持是經若
讀若誦若解說若書寫得八百身功德得清
淨身如淨琉璃衆生喜見其身淨故三千大千
世界衆生生時死時上下好醜生善處惡處
悉於中現及鐵圍山大鐵圍山彌樓山摩訶彌
樓山等諸山及其中衆生悉於中現下至阿鼻
地獄上至有頂所有及衆生悉於中現若
聲聞辟支佛菩薩諸佛說法皆於中現其色
像尒時世尊欲重宣此義而說偈言

樓山等諸山及其中衆生悉於中現下至阿鼻
地獄上至有頂所有及衆生悉於中現若
聲聞辟支佛菩薩諸佛說法皆於中現其色
像尒時世尊欲重宣此義而說偈言
若持法華者　其身甚清淨　如彼淨琉璃　衆生皆喜見
又如淨明鏡　悉見諸色像　菩薩於淨身　皆見世所有
唯獨自明了　餘人所不見　三千世界中　一切諸群萠
天人阿修羅　地獄鬼畜生　如是諸色像　皆於身中現
諸天等宮殿　乃至於有頂　鐵圍及彌樓　摩訶彌樓山
諸大海水等　皆於身中現　諸佛及聲聞　佛子菩薩等
若獨若在衆　說法悉皆現　雖未得无漏　法性之妙身
以清淨常體　一切於中現
復次常精進若善男子善女人如來滅後受
持是經若讀若誦若解說若書寫得千二百
意功德以是清淨意根乃至聞一偈一句通
達无量无邊之義解是義已能演說一句一
偈至於一月四月乃至一歲諸所說法隨其
義趣皆與實相不相違背若說俗間經書治世
語言資生業等皆順正法三千大千世界六
趣衆生心之所行心所動作心所戲論皆悉
知之雖未得无漏智慧而其意根清淨如
此是人有所思惟籌量言說皆是佛法无不
真實亦是先佛經中所說尒時世尊欲
重宣此義而說偈言
是人意清淨　明利无穢濁　以此妙意根　知上中下法

趣衆生心之所行心所動作心所戲論皆悉
知之雖未得无漏智慧而其意根清淨如
此是人有所思惟籌量言說皆是佛法无不
真實亦是先佛經中所說尒時世尊欲
重宣此義而說偈言
是人意清淨　明利无穢濁　以此妙意根　知上中下法
乃至聞一偈　通達无量義　次第如說法　月四月至歲
是世界內外　一切諸衆生　若天龍及人　夜叉鬼神等
其在六趣中　所念若干種　持法華之報　一時皆悉知
十方无數佛　百福莊嚴相　為衆生說法　悉聞能受持
思惟无量義　說法亦无量　終始不忘錯　以持法華故
悉知諸法相　隨義識次第　達名字語言　如所知演說
此人有所說　皆是先佛法　以演此法故　於衆无所畏
持法華經者　意根淨若斯　雖未得无漏　先有如是相
是人持此經　安住希有地　為一切衆生　歡喜而愛敬
能以千萬種　善巧之語言　分別而說法　持法華經故
妙法蓮華經常不輕菩薩品苐廿
尒時佛告得大勢菩薩摩訶薩汝今當知
若比丘比丘尼優婆塞優婆夷持法華經者
若有惡口罵詈誹謗獲大罪報如前所說其所
得功德如向所說眼耳鼻舌身意清淨得大勢
乃往古昔過无量无邊不可思議阿僧祇劫
有佛名威音王如來應供正遍知明行足
善逝世間解无上士調御丈夫天人師佛世
尊劫名離衰國名大城其威音王佛於彼世
中為天人阿修羅說法為求聲聞者說應四

乃往古昔過无量无邊不可思議阿僧祇劫
有佛名威音王如來應供正遍知明行足
善逝世間解无上士調御丈夫天人師佛世
尊劫名離衰國名大成其威音王佛於彼世
中為天人阿修羅說法為求聲聞者說應四
諦法度生老病死究竟涅槃為求辟支佛者
說應十二因緣法為諸菩薩因阿耨多羅三藐
三菩提說應六波羅蜜法究竟佛慧得大
勢是威音王佛壽卌万億那由他恒河沙劫正
法住世劫數如一閻浮提微塵像法住世劫數
如四天下微塵其佛饒益衆生已然後滅
度正法像法滅盡之後於此國土復有佛
出亦号威音王如來應正供遍知明行足善
逝世間解无上士調御丈夫天人師佛世尊
如是次第有二万億佛皆同一号最初威音
王如來既已滅度正法滅後於像法中增上
慢比丘有大勢力尒時有一菩薩比丘名常
不輕得大勢以何因緣名常不輕是比丘凡
有所見若比丘比丘尼優婆塞優婆夷皆悉
礼拜讚歎而作是言我深敬汝等不敢輕慢
所以者何汝等皆行菩薩道當得作佛而是
比丘不專讀誦經典但行礼拜乃至遠見四衆
亦復故往礼拜讚歎而作是言我不敢輕於
汝等汝等皆當作佛故四衆之中有生瞋恚
心不淨者惡口罵詈言是无智比丘從何所來
自言我不輕汝而與我等受記當得作佛

所以者何汝等皆行菩薩道當得作佛而是
比丘不專讀誦經典但行礼拜乃至遠見四衆
亦復故往礼拜讚歎而作是言我不敢輕於
汝等汝等皆當作佛故四衆之中有生瞋恚
心不淨者惡口罵詈言是无智比丘從何所來
自言我不輕汝而與我等受記當得作佛
我等不用如是虛妄受記如此經歷多年常
被罵詈不生瞋恚常作是言汝當作佛說是
語時衆人或以杖木瓦石而打擲之避走遠
住猶高聲唱言我不敢輕汝汝等皆當作佛
以其常作是語故增上慢比丘比丘尼優婆
塞優婆夷号之為常不輕是比丘臨欲終時
於虛空中具聞威音王佛先所說法華經廿千
万億偈悉能受持即得如上眼根清淨耳
鼻舌身意根清淨得是六根清淨已更增
壽命二百万億那由他歲廣為人說是法華
經於時增上慢四衆比丘比丘尼優婆塞優
婆夷輕賤是人為作不輕名者見其得大神
通力樂說辯力大善寂力聞其所說皆信伏
隨從是菩薩復化千万億衆令住阿耨多羅
三藐三菩提命終之後得值二千億佛皆号
日月燈明於其法中說是法華經以是因緣
復值二千億佛同号雲自在燈王於此諸佛
法中受持讀誦為諸四衆說此經典故得是
常眼清淨耳鼻舌身意諸根清淨於四衆中
說法心无所畏得大勢是常不輕菩薩摩訶

復值二千億佛同號雲自在燈王於此諸佛
法中受持讀誦為諸四衆說此經典故得是
常眼清淨耳鼻舌身意諸根清淨於四衆中
說法心無所畏得大勢是常不輕菩薩摩訶
薩供養如是若干諸佛恭敬尊重讚歎種諸
善根於後復值千万億佛亦於諸佛法中說
是經典功德成就當得作佛得大勢於意云
何尒時常不輕菩薩豈異人乎則我身是若
我於宿世不受持讀誦此經為他人說者不
能疾得阿耨多羅三藐三菩提我於先佛所
受持讀誦此經為人說故疾得阿耨多羅三藐
三菩提得大勢彼時四衆比丘比丘尼優婆
塞優婆夷以瞋恚意輕賤我故二百億劫
常不值佛不聞法不見僧千劫於阿鼻地獄
受大苦惱畢是罪已復遇常不輕菩薩教化
阿耨多羅三藐三菩提得大勢於汝意云何
尒時四衆常輕是菩薩者豈異人乎今此會
中䟦陁婆羅等五百菩薩師子月等五百比
丘尼思佛等五百優婆塞皆於阿耨多羅三藐
三菩提不退轉者是得大勢當知是法華
經大饒益諸菩薩摩訶薩能令至於阿耨多
羅三藐三菩提是故諸菩薩摩訶薩於如來
滅後常應受持讀誦解說書寫是經尒時
世尊欲重宣此義而說偈言
過去有佛　號威音王　神智無量　將導一切

BD05241號　妙法蓮華經卷六　（26–12）

經大饒益諸菩薩摩訶薩能令至於阿耨多
羅三藐三菩提是故諸菩薩摩訶薩於如來
滅後常應受持讀誦解說書寫是經尒時
世尊欲重宣此義而說偈言
過去有佛　號威音王　神智無量　將導一切
天人龍神　所共供養
是佛滅後　法欲盡時　有一菩薩　名常不輕
時諸四衆　計著於法　不輕菩薩　往到其所
而語之言　我不輕汝　汝等行道　皆當作佛
諸人聞已　輕毀罵詈　不輕菩薩　能忍受之
其罪畢已　臨命終時　得聞此經　六根清淨
神通力故　增益壽命　復為諸人　廣說是經
諸著法衆　皆蒙菩薩　教化成就　令住佛道
不輕命終　值無數佛　說是經故　得無量福
具功德　疾成佛道　時彼不輕　則我身是
時四部衆　著法之者　聞不輕言　汝當作佛
以是因緣　值無數佛　此會菩薩　五百之衆
并及四部　清信士女　今於我前　聽法者是
我於前世　勸是諸人　聽受斯經　第一之法
開示教化　令住涅槃　世世受持　如是經典
億億万劫　至不可議　時乃得聞　是法華經
億億万劫　至不可議　諸佛世尊　時說是經
是故行者　於佛滅後　聞如是經　勿生疑惑
應當一心　廣說此經　世世值佛　疾成佛道
妙法蓮華經如來神力品二十一
尒時千世界微塵等菩薩摩訶薩從地踊出

BD05241號　妙法蓮華經卷六　（26–13）

億億万劫　至不可議　諸佛世尊　時說是經
是故行者　於佛滅後　聞如是經　勿生疑惑
應當一心　廣說此經　世世值佛　疾成佛道
妙法蓮華經如來神力品第二十一
尒時千世界微塵等菩薩摩訶薩從地踊出
者皆於佛前一心合掌瞻仰尊顏而白佛言
世尊我等於佛滅後世尊分身所在國土滅
度之處當廣說此經所以者何我等亦自欲
得是真淨大法受持讀誦解說書寫而供養
之尒時世尊於文殊師利等无量百千万億
舊住娑婆世界菩薩摩訶薩及諸比丘比丘
尼優婆塞優婆夷天龍夜叉乾闥婆阿脩羅
迦樓羅緊那羅摩睺羅伽人非人等一切衆
前現大神力出廣長舌上至梵世一切毛孔
放於无量无數色光皆悉遍照十方世界衆
寶樹下師子坐上諸佛亦復如是出廣長舌
放无量光
釋迦牟尼佛及寶樹下諸佛現神力時滿百
千歲然後還攝舌相一時謦欬俱共彈指
是二音聲遍至十方諸佛世界地皆六種震
動其中衆生天龍夜叉乾闥婆阿脩羅迦樓羅
緊那羅摩睺羅伽人非人等以佛神力故皆
見此娑婆世界无量无邊百千万億衆寶
樹下師子座上諸佛及見釋迦牟尼佛共多寶
如來在寶塔中坐師子座又見无量无邊百千
万億菩薩摩訶薩及諸四衆恭敬圍遶釋迦

BD05241號　妙法蓮華經卷六　（26–14）

緊那羅摩睺羅伽人非人等以佛神力故皆
見此娑婆世界无量无邊百千万億衆寶
樹下師子座上諸佛及見釋迦牟尼佛共多寶
如來在寶塔中坐師子座又見无量无邊百千
万億菩薩摩訶薩及諸四衆恭敬圍遶釋迦
牟尼佛既見是已皆大歡喜得未曾有即
時諸天於虛空中高聲唱言過此无量无邊
百千万億阿僧祇世界有國名娑婆是中有
佛名釋迦牟尼今為諸菩薩摩訶薩說大乘
經名妙法蓮華教菩薩法佛所護念汝等當
深心隨喜亦當禮拜供養釋迦牟尼佛彼諸
衆生聞虛空中聲已合掌向娑婆世界作如
是言南无釋迦牟尼佛南无釋迦牟尼佛以
種種華香瓔珞幡蓋及諸嚴身之具珎寶妙
物皆共遙散娑婆世界所散諸物從十方來
譬如雲集變成寶帳遍覆此間諸佛之上于
時十方世界通達无㝵如一佛土
尒時佛告上行等菩薩大衆諸佛神力如是
无量无邊不可思議若我以是神力於无量无
邊百千万億阿僧祇劫為囑累故說此經
功德猶不能盡以要言之如來一切所有之
法如來一切自在神力如來一切秘要之藏如
來一切甚深之事皆於此經宣示顯說是
故汝等於如來滅後應一心受持讀誦解說
書寫如說脩行所在國土若有受持讀誦解
說書寫如說脩行若經卷所住之處若於園

BD05241號　妙法蓮華經卷六　（26–15）

法如來一切自在神力如來一切秘要之藏如
來一切甚深之事皆於此經宣示顯說是
故汝等於如來滅後應一心受持讀誦解說
書寫如說脩行所在國土若有受持讀誦解
說書寫如說脩行若經卷所住之處若於園
中若於林中若於樹下若於僧坊若白衣舍
若在殿堂若山谷曠野是中皆應起塔供
養所以者何當知是處即是道場諸佛於此得
阿耨多羅三藐三菩提諸佛於此轉于法輪諸
佛於此而般涅槃尒時世尊欲重宣此義而
說偈言
諸佛救世者　住於大神通　為悅眾生故　現无量神力
舌相至梵天　身放无數光　為求佛道者　現此希有事
諸佛謦欬聲　及彈指之聲　周聞十方國　地皆六種動
以佛滅度後　能持是經故　諸佛皆歡喜　現无量神力
囑累是經故　讚美受持者　於无量劫中　猶故不能盡
是人之功德　无邊无有窮　如十方虛空　不可得邊際
能持是經者　則為已見我　亦見多寶佛　及諸分身者
又見我今日　教化諸菩薩　能持是經者　令我及分身
滅度多寶佛　一切皆歡喜　十方現在佛　并過去未來
亦見亦供養　亦令得歡喜　諸佛坐道場　所得秘要法
能持是經者　不久亦當得　能持是經者　於諸法之義
名字及言辭　樂說无窮盡　如風於空中　一切无障㝵
於如來滅後　知佛所說經　因緣及次第　隨義如實說
如日月光明　能除諸幽冥　斯人行世間　能滅眾生闇
教无量菩薩　畢竟住一乘　是故有智者　聞此功德利

BD05241號　妙法蓮華經卷六　（26-16）

名字及言辭　樂說无窮盡　如風於空中　一切无障㝵
於如來滅後　知佛所說經　因緣及次第　隨義如實說
如日月光明　能除諸幽冥　斯人行世間　能滅眾生闇
教无量菩薩　畢竟住一乘　是故有智者　聞此功德利
於我滅度後　應受持斯經　是人於佛道　決定无有疑

妙法蓮華經囑累品第二十二

尒時釋迦牟尼佛從法座起現大神力以右
手摩无量菩薩摩訶薩頂而作是言我於无
量百千万億阿僧祇劫脩習是難得阿耨多
羅三藐三菩提法今以付囑汝等汝等應當
一心流布此法廣令增益如是三摩諸菩薩
摩訶薩頂而作是言我於无量百千万億阿
僧祇劫脩習是難得阿耨多羅三藐三菩提
法今以付囑汝等汝等當受持讀誦廣宣此法
令一切眾生普得聞知所以者何如來有大慈
悲无諸慳悋亦无所畏能與眾生佛之智慧
如來智慧自然智慧如來是一切眾生之大
施主汝等亦應隨學如來之法勿生慳悋於
未來世若有善男子善女人信如來智慧
者當為演說此法華經使得聞知為令其人
得佛慧故若有眾生不信受者當於如來餘
深妙法中示教利喜汝等若能如是則為已報
諸佛之恩時諸菩薩摩訶薩聞佛作是說已
皆大歡喜遍滿其身益加恭敬曲躬低頭合
掌向佛俱發聲言如世尊勅當具奉行唯
然世尊願不有慮諸菩薩摩訶薩眾如是

BD05241號　妙法蓮華經卷六　（26-17）

得佛慧故若有衆生不信受者當於如來餘
深妙法中示教利喜汝等若能如是則為已報
諸佛之恩時諸菩薩摩訶薩聞佛作是說已
皆大歡喜遍滿其身益加恭敬曲躬低頭合
掌向佛俱發聲言如世尊勅當具奉行唯
然世尊願不有慮諸菩薩摩訶薩衆如是
三反俱發聲言如世尊勅當具奉行唯然世
尊願不有慮尒時釋迦牟尼佛令十方來諸
分身佛各還本土而作是言諸佛各隨所安
多寶佛塔還可如故說是語時十方无量分
身諸佛坐寶樹下師子座上者及多寶佛并
上行等无邊阿僧祇菩薩大衆舍利弗等聲
聞四衆及一切世間天人阿脩羅等聞佛所說
皆大歡喜

妙法蓮華經藥王菩薩本事品第二十三

尒時宿王華菩薩白佛言世尊藥王菩薩云
何遊於娑婆世界世尊是藥王菩薩有若干
百千万億那由他難行苦行善哉世尊願少
解說諸天龍神夜叉乾闥婆阿脩羅迦樓羅
緊那羅摩睺羅伽人非人等又他方國土諸
來菩薩及此聲聞衆聞皆歡喜尒時佛告宿
王華菩薩乃往過去无量恒河沙劫有佛
号日月淨明德如來應供正遍知明行足善逝世
間解无上士調御丈夫天人師佛世尊其佛
有八十億大菩薩摩訶薩七十二恒河沙大
聲聞衆佛壽四万二千劫菩薩壽命亦等彼

BD05241號　妙法蓮華經卷六

(26–18)

王華菩薩乃往過去无量恒河沙劫有佛
号日月淨明德如來應供正遍知明行足善逝世
間解无上士調御丈夫天人師佛世尊其佛
有八十億大菩薩摩訶薩七十二恒河沙大
聲聞衆佛壽四万二千劫菩薩壽命亦等彼
國无有女人地獄餓鬼畜生阿脩羅等及以
諸難地平如掌琉璃所成寶樹莊嚴寶帳
覆上垂寶華幡寶瓶香爐周遍國界七寶為
臺一樹一臺其樹去臺盡一箭道此諸寶樹皆
有菩薩聲聞而坐其下諸寶臺上各有百億
諸天作天伎樂歌嘆於佛以為供養尒時彼
佛為一切衆生喜見菩薩及衆菩薩諸聲聞
衆說法華經是一切衆生喜見菩薩樂習苦
行於日月淨明德佛法中精進經行一心求
佛滿万二千歲已得現一切色身三昧得此
三昧已心大歡喜即作念言我得現一切色
身三昧皆是得聞法華經力我今當供養日
月淨明德佛及法華經即時入是三昧於虛
空中雨曼陁羅華摩訶曼陁羅華細末堅黑
栴檀滿虛空中如雲而下又雨海此岸栴檀之
香此香六銖價直娑婆世界以供養佛作是
供養已從三昧起而自念言我雖以神力供
養於佛不如以身供養即服諸香栴檀薰陸
兜樓婆畢力迦沉水膠香又飲瞻蔔諸華香
油滿千二百歲已香油塗身於日月淨明德
佛前以天寶衣而自纏身灌諸香油以神通

BD05241號　妙法蓮華經卷六

(26–19)

供養已從三昧起而自念言我雖以神力供
養於佛不如以身供養即服諸香栴檀薰陸
兜樓婆畢力迦沉水膠香又飲瞻蔔諸華香
油滿千二百歲已香油塗身於日月淨明德
佛前以天寶衣而自纏身灌諸香油以神通
力願而自然身光明遍照八十億恒河沙世
界其中諸佛同時讚言善哉善哉善男子是真
精進是名真法供養如來若以華香瓔珞
燒香末香塗香天繒幡蓋及海此岸栴檀之
香如是等種種諸物供養所不能及假使國城
妻子布施亦所不及善男子是名第一之施
於諸施中最尊最上以法供養諸如來故作是
語已而各嘿然其身火然千二百歲過是已
後其身乃盡一切眾生喜見菩薩作如是法
供養已命終之後復生日月淨明德佛國
中於淨德王家結加趺坐忽然化生即為其
父而說偈言
大王今當知　我經行彼處　即時得一切　現諸身三昧
懃行大精進　捨所愛之身
說是偈已而白父言日月淨明德佛今故現在
我先供養佛已得解一切眾生語言陀羅尼復
聞是法華經八百千万億那由他甄迦羅頻
婆羅阿閦婆等偈大王我今當還供養此
佛白已即坐七寶之臺上昇虛空高七多羅
樹往到佛所頭面禮足合十指爪以偈讚佛
容顏甚奇妙　光明照十方　我適曾供養　今復還親近

BD05241號　妙法蓮華經卷六

(26–20)

我先供養佛已得解一切眾生語言陀羅尼復
聞是法華經八百千万億那由他甄迦羅頻
婆羅阿閦婆等偈大王我今當還供養此
佛白已即坐七寶之臺上昇虛空高七多羅
樹往到佛所頭面禮足合十指爪以偈讚佛
容顏甚奇妙　光明照十方　我適曾供養　今復還親近
尒時一切眾生喜見菩薩說是偈已而白佛
言世尊世尊猶故在世尒時日月淨明德佛
告一切眾生喜見菩薩善男子我涅槃時到
滅盡時至汝可安施床座我於今夜當般涅
槃又勑一切眾生喜見菩薩善男子我以佛
法囑累於汝及諸菩薩大弟子并阿耨多
羅三藐三菩提法亦以三千大千七寶世界諸
寶樹寶臺及給侍諸天悉付於汝我滅度後
所有舍利亦付囑汝當令流布廣設供養應
起若干千塔如是日月淨明德佛勑一切眾生
喜見菩薩已於夜後分入於涅槃尒時一切眾
生喜見菩薩見佛滅度悲感懊惱戀慕於佛
即以海此岸栴檀為積供養佛身而以燒之
火滅已後收取舍利作八万四千寶瓶以起八
万四千塔高三世界表剎莊嚴垂諸幡蓋
懸眾寶鈴尒時一切眾生喜見菩薩復自
念言我雖作是供養心猶未足我今當更
供養舍利便語諸菩薩大弟子及天龍夜叉
等一切大眾汝等當一心念我今供養日月淨
明德佛舍利作是語已即於八万四千塔前
然百福莊嚴臂七万二千歲而以供養[illegible]

BD05241號　妙法蓮華經卷六

(26–21)

瓔珞寶鈴尒時一切衆生喜見菩薩復自
念言我雖作是供養心猶未足我今當更
供養舍利便語諸菩薩大弟子及天龍夜叉
等一切大衆汝等當一心念我今供養日月淨
明德佛舍利作是語已即於八万四千塔前
然百福莊嚴臂七万二千歲而以供養令无
數求聲聞衆无量阿僧祇人發阿耨多羅三
藐三菩提心皆使得住現一切色身三昧尒時
諸菩薩天人阿脩羅等見其无臂憂惱悲
哀而作是言此一切衆生喜見菩薩是我等
師教化我者而今燒臂身不具足于時一切
衆生喜見菩薩於大衆中立此誓言我捨
兩臂必當得佛金色之身若實不虛令我
兩臂還復如故作是誓已自然還復由斯菩薩
福德智慧淳厚所致當尒時之三千大千世
界六種震動天雨寶華一切人天得未曾有
佛告宿王華菩薩於汝意云何一切衆生喜見
菩薩豈異人乎今藥王菩薩是也其所捨身
布施如是无量百千万億那由他數宿王
華若有發心欲得阿耨多羅三藐三菩提
者能然手指乃至足一指供養佛塔勝以國城
妻子及三千大千國土山林河池諸珍寶物
而供養者若復有人以七寶滿三千大千世
界供養於佛及大菩薩辟支佛阿羅漢是
人所得功德不如受持此法華經乃至一四句
偈其福最多宿王華譬如一切川流江河諸

者能然手指乃至足一指供養佛塔勝以國城
妻子及三千大千國土山林河池諸珍寶物
而供養者若復有人以七寶滿三千大千世
界供養於佛及大菩薩辟支佛阿羅漢是
人所得功德不如受持此法華經乃至一四句
偈其福最多宿王華譬如一切川流江河諸
水之中海為苐一此法華經亦復如是於諸
如來所說經中最為深大又如土山黑山小
鐵圍山大鐵圍山及十寶山衆山之中須弥
山為苐一此法華經亦復如是於諸經中最
為其上又如衆星之中月天子最為苐一此
法華經亦復如是於千万億種諸經法中最
為照明又如日天子能除諸闇此經亦復如
是能破一切不善之闇又如諸小王中轉輪
聖王最為苐一此經亦復如是於衆經中最
為其尊又如帝釋於三十三天中王此經亦
復如是諸經中王又如大梵天王一切衆生之
父此經亦復如是一切賢聖學无學及發菩
薩心者之父又如一切凡夫人中須陁洹斯陁
含阿那含阿羅漢辟支佛為苐一此經亦
復如是一切如來所說若菩薩所說若聲
聞所說諸經法中最為苐一有能受持是
經典者亦復如是於一切衆生中亦為苐一一
切聲聞辟支佛中菩薩為苐一此經亦復如
是於一切諸經法中最為苐一如佛為諸
法王此經亦復如是諸經中王宿王華此經能

聞所說諸經法中最為第一有能受持是
經典者亦復如是於一切衆生中亦為第一
一切聲聞辟支佛中菩薩為第一此經亦復如
是於一切諸經法中最為第一如佛為諸
法王此經亦復如是諸經中王宿王華此經能
救一切衆生者此經能令一切衆生離諸苦
惱此經能大饒益一切衆生充滿其願如清
涼池能滿一切諸渴乏者如寒者得火如裸者
得衣如商人得主如子得母如渡得船如
病得醫如暗得燈如貧得寶如民得王如
賈客得海如炬除暗此法華經亦復如是能
令離一切苦一切病痛能解一切生死之縛若
人得聞此法華經若自書若使人書所得
功德以佛智慧籌量多少不得其邊若書
是經卷華香瓔珞燒香塗香幡蓋衣服
種種之燈蘇燈油燈諸香油燈瞻蔔油燈須
曼那油燈波羅羅油燈婆利師迦油燈那婆
摩利油燈供養所得功德亦復无量宿王華
若有人聞是藥王菩薩本事品者亦得无
量无邊功德若有女人聞是藥王菩薩本事
品能受持者盡是女身後不復受若如來滅
後後五百歲中若有女人聞是經典如說修行
於此命終即往安樂世界阿弥陀佛大菩薩衆
圍遶住處生蓮華中寶座之上不復為貪
欲所惱亦不復為瞋恚愚癡所惱亦復不為

BD05241 號　妙法蓮華經卷六

（26–24）

品能受持者盡是女身後不復受若如來滅
後後五百歲中若有女人聞是經典如說修行
於此命終即往安樂世界阿弥陀佛大菩薩衆
圍遶住處生蓮華中寶座之上不復為貪
欲所惱亦不復為瞋恚愚癡所惱亦復不為
憍慢嫉妬諸垢所惱得菩薩神通无生法忍
得是忍已眼根清淨以是清淨眼根見七百
万二千億那由他恒河沙等諸佛如來是時
諸佛遙共讚言善哉善哉善男子汝能於釋
迦牟尼佛法中受持讀誦思惟是經為他人
說所得福德无量无邊火不能焚水不能漂
汝之功德千佛共說不能令盡汝今已能破
諸魔賊壞生死軍諸餘怨敵皆悉摧滅善
男子百千諸佛以神通力共守護汝於一切
世間天人之中无如汝者唯除如來其諸聲
聞辟支佛乃至菩薩智慧禪定无有與汝等
者宿王華此菩薩成就如是功德智慧之力
若有人聞是藥王菩薩本事品能隨喜讚
善者是人現世口中常出青蓮華香身毛孔
中常出牛頭栴檀香等所得功德如上所說是
故宿王華以此藥王菩薩本事品囑累於汝
我滅度後後五百歲中廣宣流布於閻浮提
无令斷絕惡魔魔民諸天龍夜叉鳩槃荼
等得其便也宿王華汝當以神通之力守
護是經所以者何此經則為閻浮提人病之
良藥若人有病得聞是經病即消滅不老不

BD05241 號　妙法蓮華經卷六

（26–25）

我滅度後後五百歲中廣宣流布於閻浮提
无令斷絶惡魔魔民諸天龍夜叉鳩槃荼
等得其便也宿王華汝當以神通之力守
護是經所以者何此經則為閻浮提人病之
良藥若人有病得聞是經病即消滅不老不
死宿王華汝若見有受持是經者應以青
蓮華盛滿末香供養其上散已作是念言此
人不久必當取草坐於道場破諸魔軍當吹
法蠡擊大法鼓度脫一切衆生老病死海
是故求佛道者見有受持是經典人應當
如是生恭敬心說是藥王菩薩本事品時
八万四千菩薩得解一切衆生語言陀羅尼
多寶如來於寶塔中讚宿王華菩薩言
善哉善哉宿王華汝成就不可思議功德
乃能問釋迦牟尼佛如此之事利益无量
一切衆生

妙法蓮華經卷第六

BD05241 號　妙法蓮華經卷六　（26–26）

家是名婢婦
何等惡家婦見夫不歡恒[illegible]
得遠離雖為夫[illegible]
避不作生活養育兒[illegible]
入罪法毀辱親理夫婦相憎呪詛[illegible]
何等棄命婦晝夜不寐毒心伺之作何方便得遠離
之欲與毒藥恐人覺之心外情通願人害之復遣傍
人伺而賊之夫死更嫁適我之願是名為棄命婦
佛語玉耶其有五善婦者當有顯名宗親九族并
家其榮天龍鬼神擁護其名使不横枉財寶[illegible]生
万分之後願願不違上生天上宮濯浴池在[illegible]
天人樂之天上壽盡還生世間當為富貴侯
端政殊好人所奉尊其惡婦者當得惡名
身不得安寧數為鬼神在於家庭起病
及神明會當歸死不得長生惡夢恐怖[illegible]
多逢殃横水火日驚万分之後魂神壽形死入地[illegible]
餓鬼畜生其身痤短咽如針釘身卧鐵林數千万
劫受罪畢訖還生惡家貧窮倮露死系死麻茲茲急
惡共相鞭撾從生至死无有榮華作善得善作惡
自遮善惡如此非是虛耶

BD05242 號 1　玉耶經　（9–1）

及神明會當歸死不得長生惡夢恐怖
多逢殃横水火日驚万分之後魂神壽形死入地獄
餓鬼畜生其身座短咽如針釘身卧鐵牀數千万
劫受罪畢訖還生惡家貧窮倮露无衣无麻茲茲急
急共相鞭撾從生至死无有榮華作善得善作惡
自遮善惡如此非是虛耶
佛語玉耶是七輩婦汝欲何行玉耶流涕前白佛言
我本愚癡不順天尊自今已後當如婢婦盡我受
命不敢憍慢即前長跪求受十戒三自歸歸命佛
歸命法歸命比丘僧一不煞生二不偷盜三不耶婬四
不妄語五不飲酒六不惡罵七不无義語八不貪疾
九不瞋恚十不憍慢耶見信善得善是名十戒此優
婆夷所行道佛說經竟及諸弟子皆各欲還給孤
獨長者眷屬歡欣礼佛而退玉耶長跪重白佛言
我本愚癡憍慢夫聟今蒙世尊化道我等令心開
解佛語玉耶自今已後擁護汝家玉耶言諾受佛重
教不敢有違稽首礼足退還歸家
佛說玉耶經一卷
菩薩訶色欲經一卷
女色者世間之枷鎖凡夫戀着不能自拔女色者世
間之重患凡夫因之至死不免女色者世間之衰禍

BD05242 號 1　玉耶經

(9–2)

佛說玉耶經一卷
菩薩訶色欲經一卷
女色者世間之枷鎖凡夫戀着不能自拔女色者世
間之重患凡夫因之至死不免女色者世間之衰禍
凡夫遭之無厄不至行者既得捨之若後顧念是為
從獄得出還復思入從狂得正而復樂之從病得差
復思得病智者愍之知其狂而顛蹶死無日矣凡夫
重色甘為之僕終身馳騖為之辛苦雖復鈇質寸
斬鋒鏑交至甘心受之不以為患狂人樂狂不是過
也行者若能棄之不顧是則破枷脫瑣惡狂厭病離
於衰禍既安且吉得出牢獄永無患難女人之相其
言如蜜其心如毒譬如停淵澄鏡而蛟龍居之金山
窟而師子處之當知此害不可近也室家不和婦
人之曲毀宗敗族婦人之罪實是陰賊滅人慧命黑
是猶園貯得出者譬如高羅群鳥落之不能奮飛
又如密網衆魚投之刳腸俎肌亦如闇坑無目投之如
蛾赴火是以智者知而遠之不受其害惡而穢之不
為此物之所惑也復次菩薩觀欲種種不淨於諸
衰中女衰最重刀火雷電霹礰怨家毒蛇之屬猶
可暫近女人慳妒瞋諂妖穢鬪諍貪疾不可親近
何以故女子小人心淺智薄唯欲是親不覩富貴知
者名聞尊行欲惡破人善根桎梏枷鎖閑繫囹圄

BD05242 號 2　菩薩訶色欲經(異本)

(9–3)

爲此物之所惑也復次菩薩觀欲種種不淨於諸
衰中女衰最重刀火雷電霹靂怨家毒虵之屬猶
可暫近女人慳妬瞋諂妖穢鬪諍貪疾不可親近
何以故女子小人心淺智薄唯欲是觀不觀富貴知
者名聞尊行欲惡破人善根桎梏枷鎖閑繫囹圄
雖曰難解是猶易開女鎖繫人染著根深無智叉之
難可解脫衆病之中女病最重如佛所言曰
寧以赤鐵　婉轉眼中　不以散心　邪視女色　含嘆作姿
憍慢羞慚　迴面攝眼　美言妬瞋　行步妖穢　以惑於人
婬羅弥綱　人皆沒身　坐卧行立　迴眄巧媚　薄智愚人
為之心醉　執劒向敵　是猶可勝　女賊害人　是不可禁
虵虵含毒　猶可手捉　女情惑人　是不可觸　有智之人
所不應視　若欲觀之　如母姊妹　諦觀觀之　不淨煩積
婬火不除　為之燒滅
菩薩說是訶色欲經時有无量女人厭惡女身投佛
出家發弘誓願願弟子等百生千生不受女人身
不受凡夫身不受天女身不受婬女身常於世尊
邊親事供養恒聞世尊轉正法輪不受塵垢得法
眼淨百千天女色界諸天俱發菩提證无生忍
菩薩訶色欲經一卷
佛說慈教經一
尒時世尊厭離娑婆世界入於涅槃白言阿難我

BD05242 號 2　菩薩訶色欲經（異本）　（9–4）

菩薩訶色欲經一卷
佛說慈教經一
尒時世尊厭離娑婆世界入於涅槃白言阿難我
去之時未知迴日觀囑汝等令教衆生盡心勞流
尒時阿難白佛言世尊衆生先在苦海無有出期
尒時世尊復語阿難由汝等方便之力善化善育
令救拔苦海尒時阿難白佛言世尊衆生愚癡頑蔽
顛倒弃其貴妻逐他賤妾下濕一衆無有二殊衆生
心剎尒時世尊開其經藏演說妙言利益衆生若
衆生聞是經者心生歡喜當知是人頂上素有尒
時阿難白佛言世尊唯有閻提衆生難化難育尒時
世尊告言如牛耕田由人所遣称粮作佛由人所教造
罪衆生由人所勸尒時阿難白佛言世尊若有衆生
樂生西方國者繞我身向我口眼下不淨我亦不辭佛
語阿難此經大聖若有衆生憩循此經者得免三難
苦一業難因二難病人三難地獄苦尒時世尊白言阿難
我為閻浮衆生難化難育故開經藏出其殊妙制經
為演說若人見此經者不生清淨當知是人與我无業
我一切經典廣說妙言引度衆生一稱我名者我當
悉聞悉見隨身往救令身劫剎師僧者死墮寒冰地獄
又生蛋中為人責剝如此等罪以逕八万之劫餘受畜
生身以經五百劫蠢動衆生悉作遍後受人身痊殘

BD05242 號 3　無量大慈教經　（9–5）

為演說若人見此經者不生清淨當知是人與我元業
我一切經典廣說妙言引度衆生一稱我名者我當
悉聞悉見隨身往救令身刧剃師僧者死墮寒氷地獄
又生蠶中為人養剝如此等罪以逕八万之刧餘受畜
生身以經五百刧蠢動衆生悉作遍後受人身痤殘
青蹴五佰刧中恒受啞報尒時世尊荅言阿難汙淨尼
僧者死墮鑊窟地獄中八万刀輪一時來下斬截其身
尒時阿難白佛言世尊如佛恩惟此事趣越三界尒時
世尊白言阿難飲酒酔乱者死墮飲銅地獄尒時阿難
白佛言世尊酒之死命何故戒之尒時世尊我見振
旦國人有因酒婬母破其五戒是以禁之
尒時世尊白言阿難大衆諸菩薩等我成佛已來
於今五百餘刧經典披遍未聞是言未聞是說若
有衆生聞此經者宿種善根宿種善果恩尋此經
不可思議不可稱盡尒時如來語諸菩薩我所說
言重如太山衆生聞者輕如㲲塵此法難聞亦復
難見佛語阿難若有衆生聞此經者心生歡憙如此
之人盡心為說
尒時世尊復語阿難我見衆生墮落三塗喻若將
刀害我身體由斯可忍見於衆生處大苦惱酸悲
難忍我於身上演出光明遍照十方有我緣者得
見我身死我緣者不見我相尒時阿難白佛言世尊
如何有二種心一種衆生則有見者則無見者尒時

BD05242 號 3　無量大慈教經

（9–6）

刀害我身體由斯可忍見於衆生處大苦惱酸悲
難忍我於身上演出光明遍照十方有我緣者得
見我身死我緣者不見我相尒時阿難白佛言世尊
如何有二種心一種衆生則有見者則無見者尒時
如來復語阿難日月普照盲者不見尒時阿難重
白世尊云何是盲云何是明尒時世尊荅言阿難脩
福者是明不脩福者是者尒時阿難脩福不見者
云何尒時世尊白言阿難脩福不見我者先身障
閡佛光汙泥三寶是以不見我佛語阿難諸菩薩等
聞此經者心生歡憙如子見母遠行得歸如飢
得食如渴得漿如此之人盡心為說
佛語阿難食肉者如群猫爭骨各各貪多見其
豬羊常作煞想見其嗅肉如猫趣鼠專心用意令
身信解佛法者從人中來令身不信佛法者從畜
生中來造罪悔者如病得藥還復差損汙衣氷洗
還淨佛語普廣菩薩用我語者一偈成佛不信我
語者喻若海中求針枉費功力死有得日佛語
諸菩薩令身盜他物來生中與他作驟牛令他
苦打非時苦使受牛身以逕五百刧与他為奴婢
從他驅使心生逃避令被捉得苦形即面非理
苦打佛語諸菩薩伽藍中有二種心一者善
心二者惡心何名惡若有衆生入寺之時唯從
衆僧乞索惑求僧長短都無慙愧餅裹菜

BD05242 號 3　無量大慈教經

（9–7）

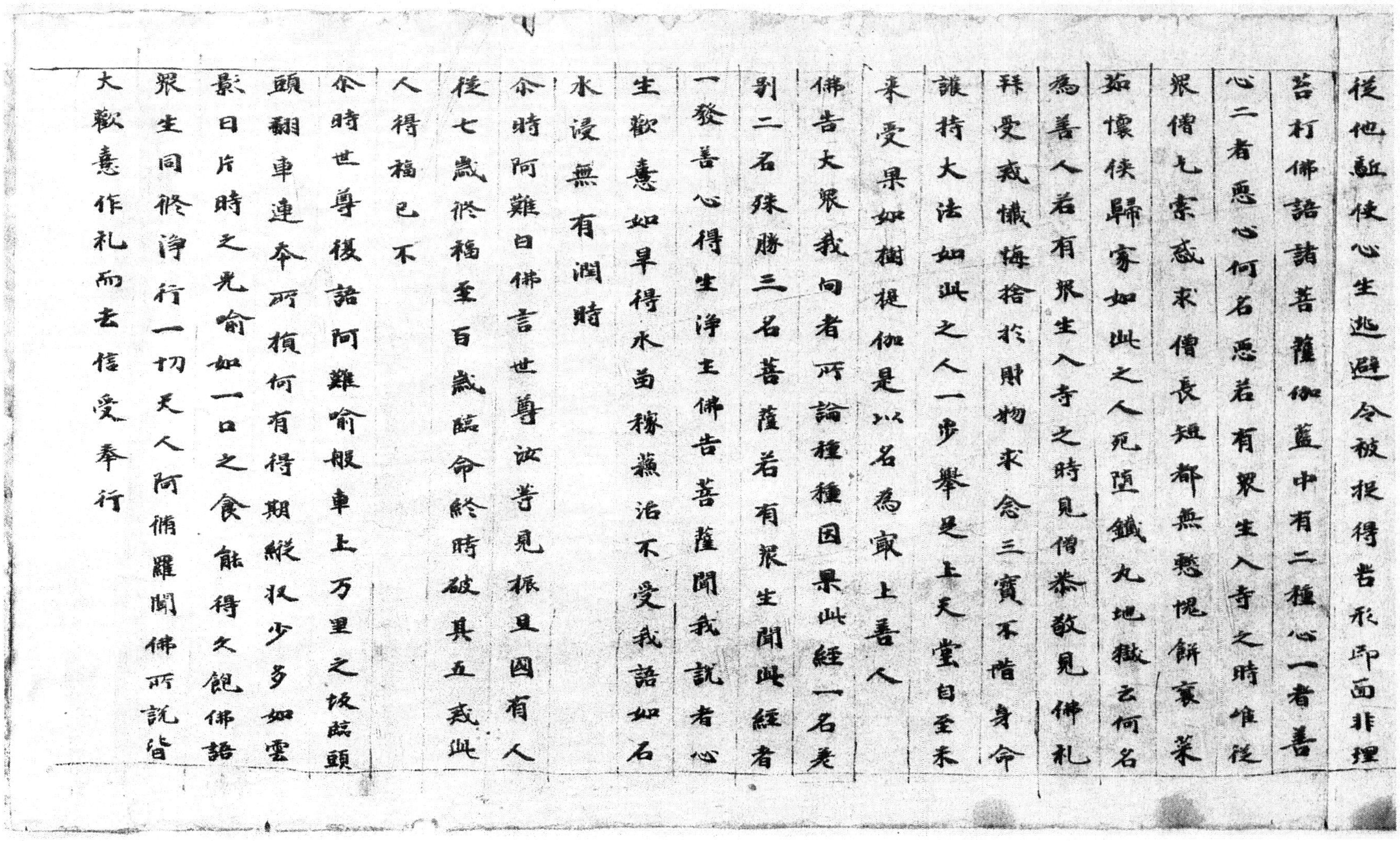
從他駈使心生逃避令被捉得告形卯面非理
苦打佛語諸菩薩伽藍中有二種心一者善
心二者惡心何名惡若有衆生入寺之時唯從
衆僧乞索或求僧長短都無慙愧餅裹菜
茹懷俠歸家如此之人死墮鐵丸地獄云何名
為善人若有衆生入寺之時見僧恭敬見佛礼
拜受戒懺悔捨於財物求念三寶不惜身命
護持大法如此之人一步舉足上天堂自至未
來受果如樹提伽是以名為最上善人
佛告大衆我向者所論種種因果此經一名差
別二名殊勝三名菩薩若有衆生聞此經者
一發善心得生淨土佛告菩薩聞我說者心
生歡憙如旱得水苗稼蘇治不受我語如石
水浸無有潤時
尒時阿難白佛言世尊汝普見振旦國有人
從七歲於福至百歲臨命終時破其五戒此
人得福已不
尒時世尊復語阿難喻般車上万里之坂臨頭
頭翻車連夲所積何有得期縱收少多如雲
影日片時之光喻如一口之食能得久飽佛語
衆生同於淨行一切天人阿脩羅聞佛所說皆
大歡憙作礼而去信受奉行

BD05242號3　無量大慈教經　（9–8）

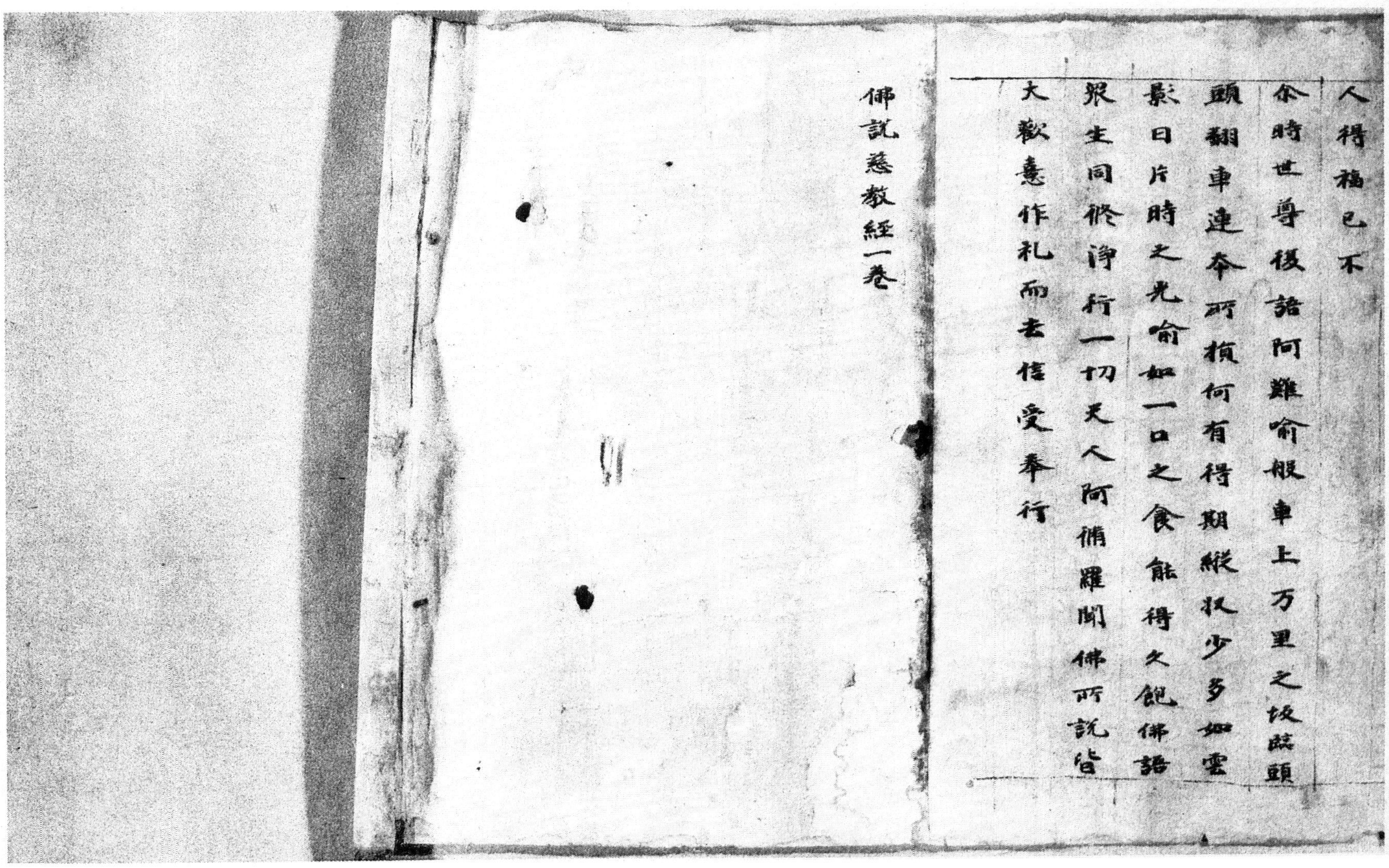
人得福已不
尒時世尊復語阿難喻般車上万里之坂臨頭
頭翻車連夲所積何有得期縱收少多如雲
影日片時之光喻如一口之食能得久飽佛語
衆生同於淨行一切天人阿脩羅聞佛所說皆
大歡憙作礼而去信受奉行
佛說慈教經一卷

BD05242號3　無量大慈教經　（9–9）

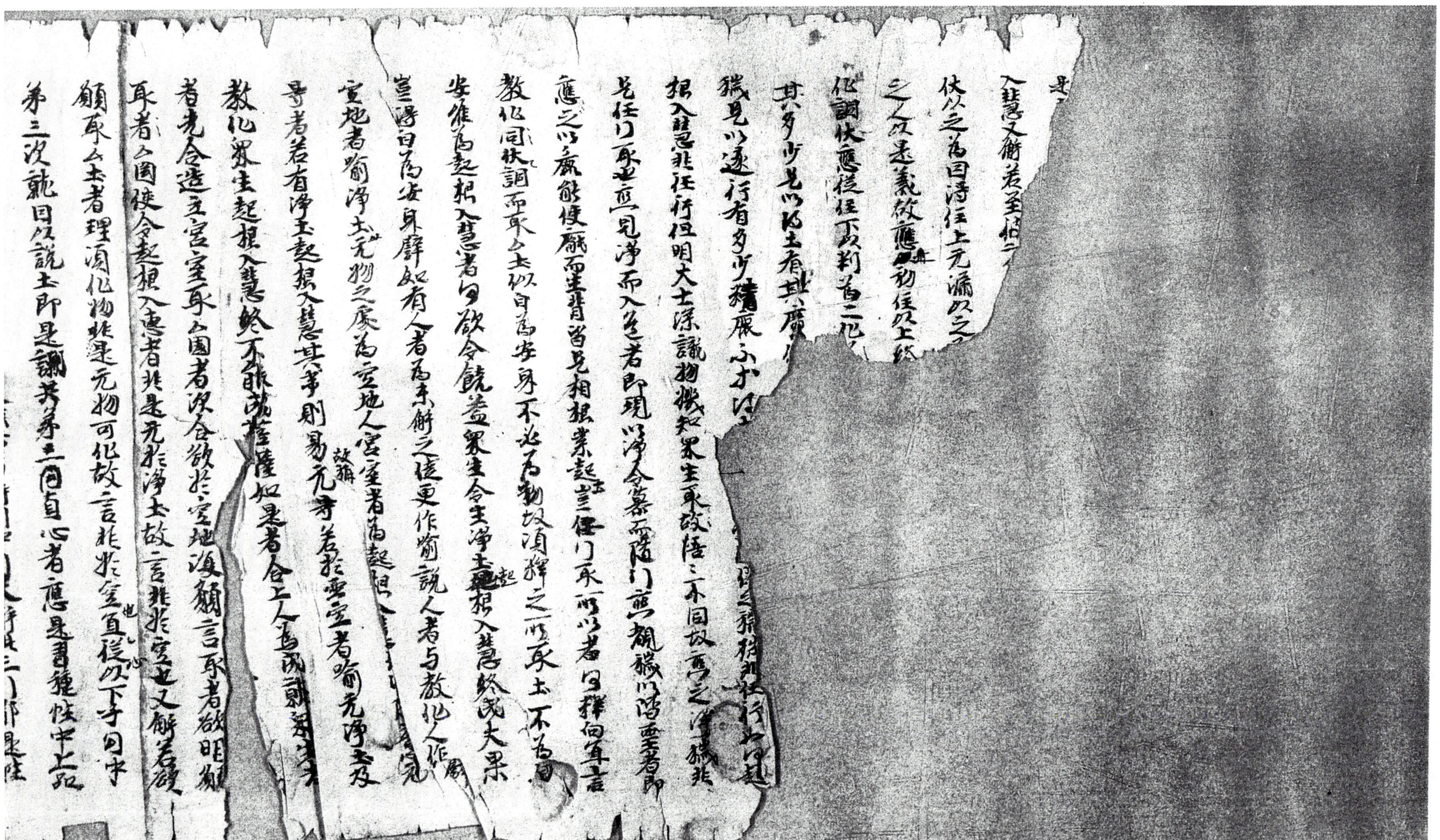

BD05243號　維摩詰經疏（擬）　（9–1）

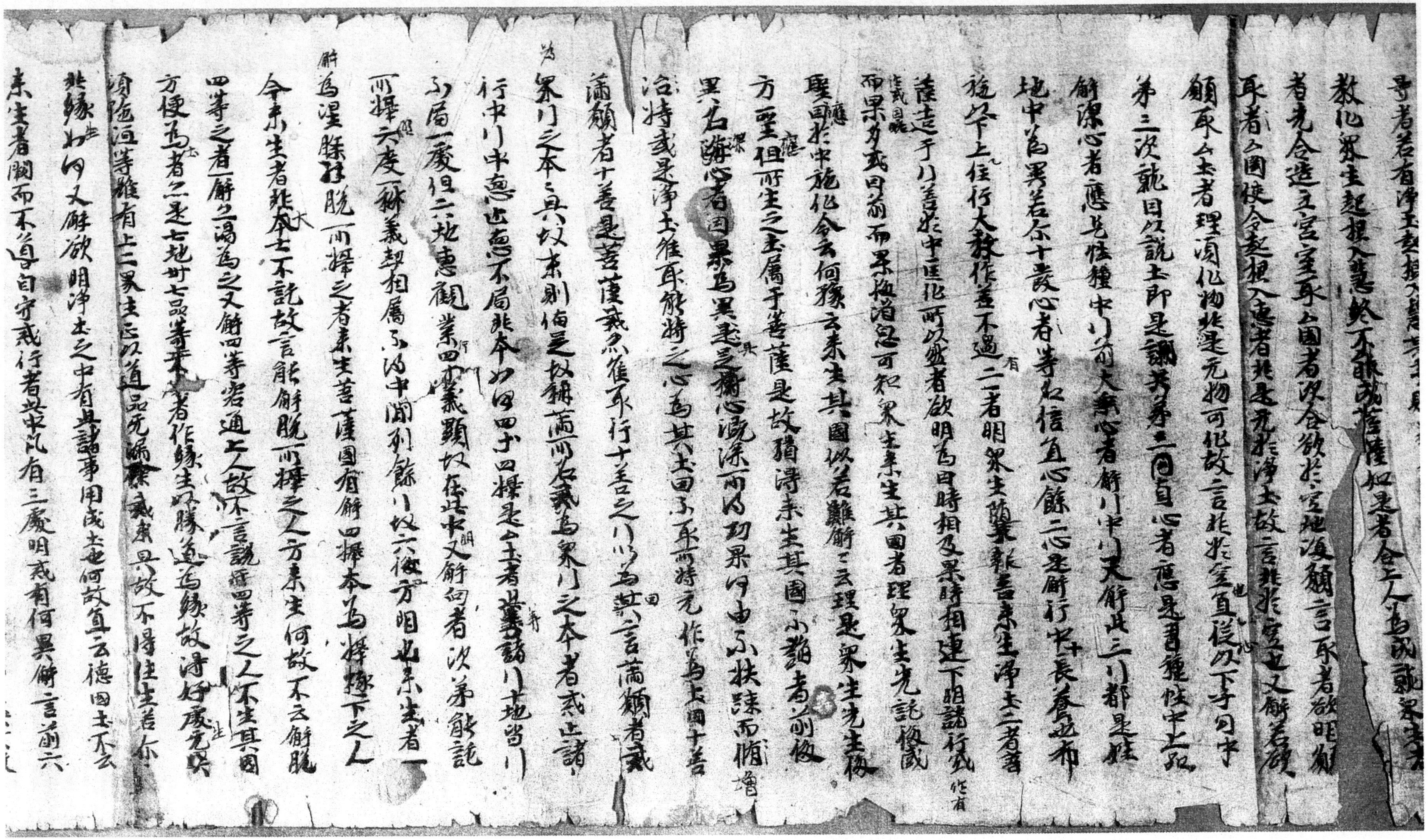

BD05243號　維摩詰經疏（擬）

（9–2）

[illegible]
四等之者，一解竺偈為之，又解四等若通上人，故除不言說，修四等之人，不生其國
方便為者，亦是七地廿七品等是者，作緣生以勝道為緣，故得好處无染
滑通通等，雖有上二果生，亦以道品无漏雜就，異故，不得往生若尔
其緣如何？又解：欲明淨土之中有其諸事，用成土也。何故直云德四土不云
來生者？闕而不道。自守戒行者，要求凡有三處明戒，有何異？解：言前六
度之中戒行之處一遍明也；今云自淨戒行者，凡為善薩事須白禁，不煞
他戒不譏彼過，欲明如此之戒，戒不局一處，後須明也；後言十善者，欲明攝
擇向來諸善不出三業，以十善總收，无住不盡，是以撮終復一遍明十善之
如依文可知，不須斷蘭。隨其消心則能發行者，乎自之中第四次明諸
行相須，從惑至向直言心淨土時，謂諸行若能獨感，是故次明行行相資
以感此方淨，寧能獨辨？直心者，信直之心，循習種姓之中，信直
之心便能發行；發行者，應是解行之中，若作此解，依准前文，雖
姓種姓中上行，名有解姓種，為直心，解行為發行，即淨；深心者，從
初住盡三，以來同斷見諦，而相皆為深心，即意調伏者，隨向
三地深心，則以四住為所循順，恐心如說循行者，隨有順忍，次以
第五難勝地迴向者，第六現前地言迴向者，二地寶惠現前，深識
萬行同歸一果，故置解迴向之稱，非發願迴向也。方便者，第七深遠
地，成就眾生者，第八不動地，既以大无生忍，便有无方神道，於化
物有力故，與成就之名。么土淨者，第九善慧地，久云法師地，何以第九
地中方云么國淨者？既體法師，便能淨土中說法，故明化處清淨，則
說法淨者處，既清淨一所說即為不淨，知惠淨者，第十地法雲地
此法分為二，品知惠，真為初心，淨撮終則其心淨者，金剛心一切種淨種
智欲明此淨土者，淨土中說法化物，當淨其心，隨其心淨者，久直舉前
正業來，但舉其末，始久可知，故但云隨其淨也。　　身手生念以
下第三四論義，以明土身乎生念人解不同，著曰言以生其念，因自淨心為
因獲其淨土，身乎既聞此唱，故竊生念，若依此解，明有可生之義，故能
阿
[illegible]

BD05243號　維摩詰經疏（擬）　　（9–3）

說法淨者處既清淨一所說可為不淨知慧淨者第十地法雲地
也法分為二品知慧真為初心據終則其心淨者金剛心而淨種
猶欲然明淨土者淨土中說法化物當淨其心隨其心淨者乃直舉前
正業未但舉其八末始之可知故但云隨其淨也身　身子生念以
下第三回論義以明土身子生念人解不同一者回言以生其念回自淨心為
回獲其淨土身子既聞此唱故竊生念若依此解明有可生之義故能
生念若介故承佛威神而生念解意欲表无自尋之隨故持盛
極方生有解身子不能直介生此疑念何以而然一解云以小大道殊淨
穢天解何由是身子生念之地而今所以生者佛威神使生何故而然一
欲明因於此念發起來問時眾覩之時能抑高下之心由此平等之心為見
淨土之回今為外緣韜時現淨以現淨故時眾悟道道之來乎由此念
是故以佛威神而生念也凡能見淨者必能觀穢穢之人不能觀淨以
下不能雖上日月者喻如來日有光明者喻如來有淨心等為回
光而照物說淨土旨不現者喻身子眾生罪者合身子不見能
如來者次合如來有淨心等為回而汝不見穢淨土者不但不見
看淨心之回亦復不見淨土果非如來者非如來有亦化眾生无淨
心不之處也梵王所以輒來呵者欲會身子之徒抑高下之心故輒來
呵也自在天宮此是穢土之稱故引來為況欲非淨土之妙實非而
汝心高下者呵有中慈行不等不依佛慧者汝觀空觀不明於一切
眾生皆平等者明菩薩有中慈下行不偏深心清淨者明非觀分
明既具此二何有不見淨者人淨心者一解即指向者慈心行不偏慧觀
分明以為淨心又解云是前金剛心者具足之而言應從直心眾至金剛
皆慧等之但不能慎文故略去淨心一事我此淨土者非謂即指穢
為淨而穢一耍不相離合體如承乳共和但漸時隱穢現淨故稱我淨
土也共居食者劫初之時欲知生天者福有多少故驗之共器便知
德貴賤汝但且觀者非伊等力故見但可斷之時都而生解故言且觀

[illegible]

明既具此二何有不見淨者人心淨者一解即指向者應心行不偏直心觀

公明以為淨心又解云是前金剛心者具之而言應從直心衆生至金剛

心意等之但不能順文故略去菩薩淨心一事我此淨土者非謂即指穢

為淨而穢一更不相離合體也衆生共知但漸時隱穢現淨故稱我淨

土也共居人者劫初之時欲知生天者福有多少故驗之共器境稱好

惡貴賤汝但且觀者非佛等力故見但可驗之時都而生解故言且觀

本所不見者本未生念以前不曾見也又不云從是指安地以前為本

也器者喻三千飯者況國土飯養者況二五回內合之中由養飯都飯

飯色方異喻若由道回不同故有淨穢之殊也得無生法忍以下第四

明時衆悟道此中始終凡回番現番說方得受悟初現者令上蓋中

見諸佛淨土者是第二現者回向者是指安地後淨見者是初說者回

上寶積諸其土行回即說行接回廣為解說者是第二說者回身子

生念後為說者是也得無生法忍者得住上真無生忍也七住菩薩別報

始見從無始亦悟道意三万二千[illegible]根機鈍故[illegible]時見[illegible]者還方

得道果故相投事在此也雖悟有前後會宣茂聖此義不殊也

方便品二　明淨土既竟次應即遺同庶而經家二所以先廣其

事為一品者為與下同庶之類故也此一品侍者自錄非是佛說若爾何

故言皆如是我聞解云雖付經之時口不付囑但今昔日從來恒嘆淨

名有无方之德故今嘆者亦是曾聞故能嘆也若今亦非我聞也

何也此品大判凡有四文第一總嘆淨名高德第二別嘆淨名身有化

第三次嘆身分化第四現疾明耶初三為前後一為中就總嘆之中始

嘆內德後嘆外化已曾供養者將嘆今果殊妙先嘆過因聽深一所以

然者欲明值因深久故果必是深先嘆因也善者八地以上真理之解因

為善也本者七地以還皆為本也又解善雖無量以度已六種故無

不攝盡故為本也得無生忍者得八地以上大無生忍也能與七地以還生

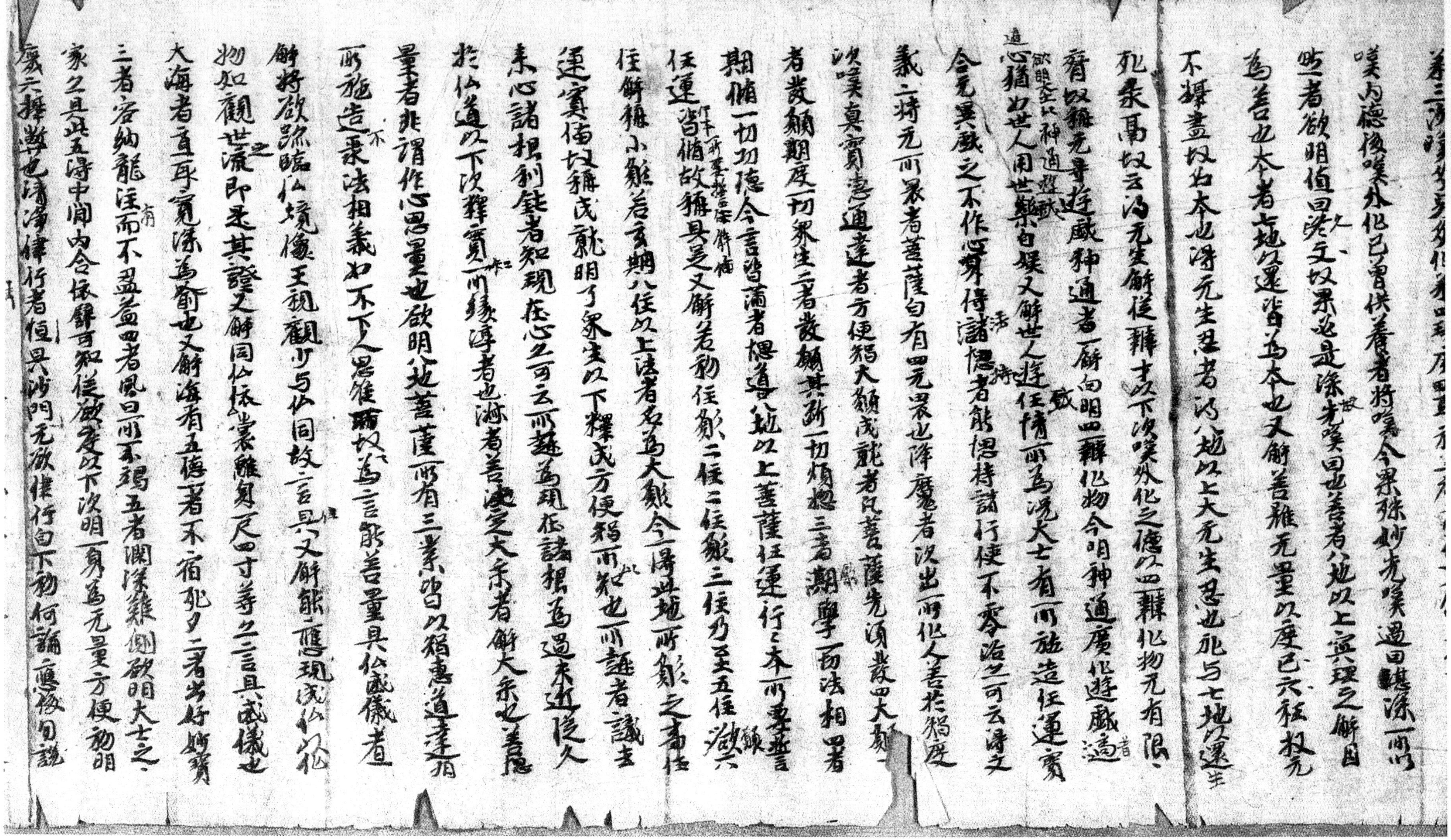

BD05243號　維摩詰經疏（擬）　　（9–6）

而示迹[illegible]

解將欲跡臨仏境像王親觀少与仏同故二言具又解能應現似仏化

物如觀世流之即是其證又解同仏根業雖身尺四寸等之言具威儀也

大海者直取寬深為喻也又解海有五德一者不宿死屍二者出好珍寶

三者容納龍注而不溢有四者風日所不竭五者淵深難測欲明大士之

家之具此五德中開内合根解可知從欲度以下次明一身為無量方便勸明

處處云擇數也清淨律行者恒具沙門無欲律行自下勸何論應後自說

莫難以度人此非方雜說試度人之處乃能以戲正戲故言難也受諸異道

者九十五種為異道也所異受者欲明因哉者而化異義者難信故須受

其道不毀正信者若毀正信即是異道故不毀也為供養中最者

一解合令抱識無不敬故稱為最也又解為佛所敬之人復來受奉故

言最也執持正法者現處卿臣親為三老以決長幼之諍也后生諮偈者

明大士豈可不能獨手成資得財用施何須方傳以濟物也解云若自現

財施於人二則荷恩處難若方便治生而得施者荷恩事重故現為

此入治正法者明輔衛之中恒以正法匡眾而不向枉方便入講論處者外國

有此法諍名之入其中論白為宣唱之道導之以大乘者勝人集處

宜還援以大道若在以下第三明多身化所以恒據尊貴者為成風靡

之化刹利中貴者刹利非番名乃明著勳初眾生皆食土味其後

眾生福德漸薄便有粳米乃至遂生皮覓取粳糧以用儲積故生

諍訟是以分持立此人處以量界名為國王曰剎相承今國王等是應

借

以國王正者剎利亦以事孝者事君言忠事父曰孝既以忠孝在心何

容有纂議之意内宮中貴者之可以左右照儀內司等為內官尊也

化正女者人女多以諂媚為懷故須正之道大臣尊者大臣輔弼時正 擬以多數者禪味不須勝法故化以正慧

多以諂曲事君故以須孝以正法示現無常者帝釋保為世樂親東

正西不寤無常故為說無常之事或現火燒或示劫盡等使其厭

方便以下第四明現疾於此配向來所為事皆是廣前事也回至長者

皆來問者此諸人等以昔來荷恩處重其人遇患皆悉來省也為說

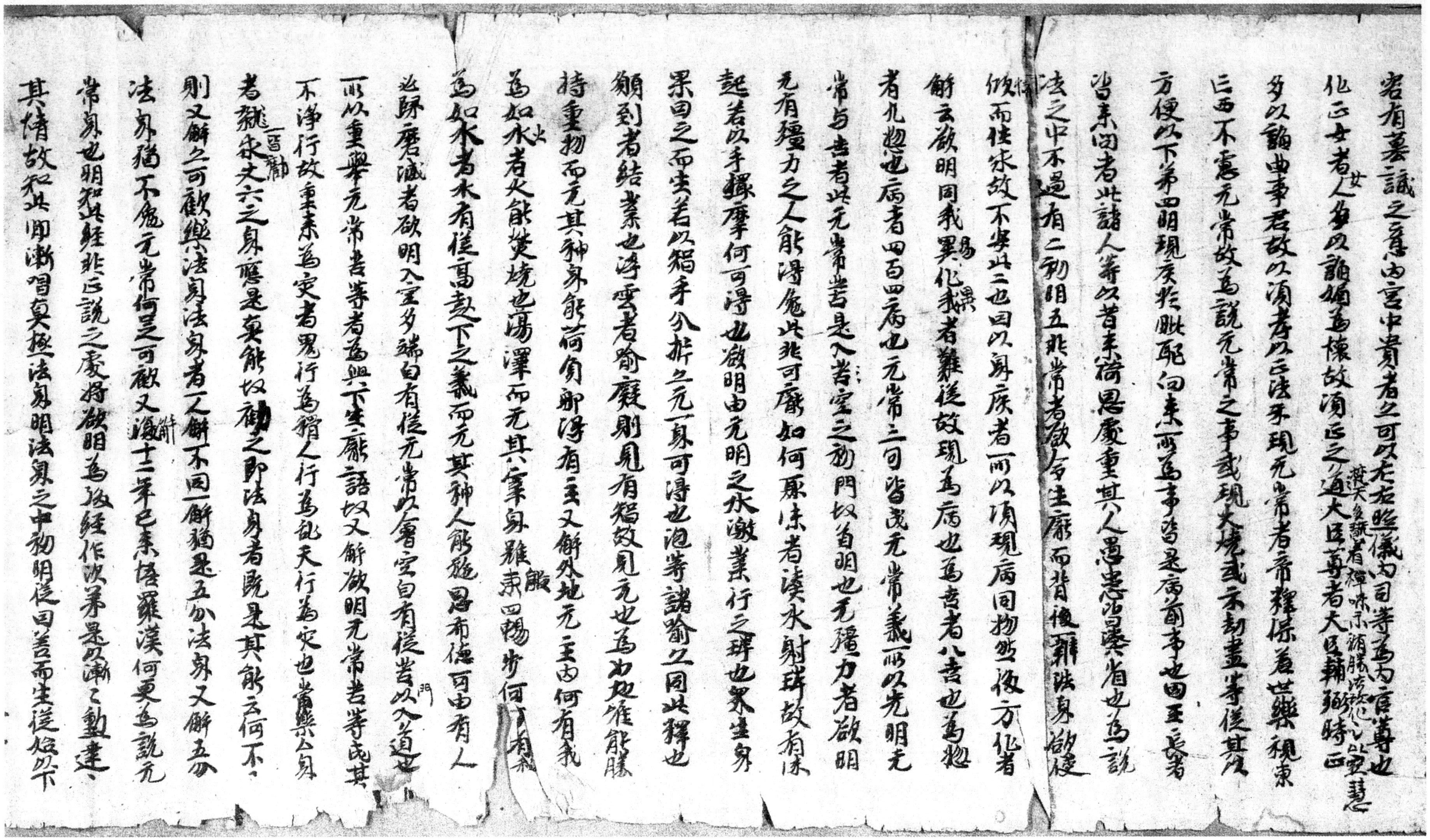

BD05243號　維摩詰經疏（擬）　　（9–8）

果因之而生若以稻手分析之无一身可得也泡等諸喻之同此釋也
類到者結業也浮雲者喻癡則見有稻故見无也爲如地雖能勝
持重物而无其神身能荷負亦得有主又解外地无主由何有我
爲如水（火）者火能焚境也蕩澤而无其宰身雖隸（骸）四陽步何有我
爲如水者水有從高趣下之義而无其神人能施召而德百由有人
此歸磨滅者欲明入室多端自有從无常以會空自有從苦（門）以入道也
所以重舉无常苦等者爲與下生厭語故又解欲明无常苦等是其
不淨行故重來爲災者鬼行爲獨人行爲亂天行爲災也當樂公身
者猒（一晉勸）來丈六之身應是莫能故勸之即法身者既是其能云何不〻
則又解之可歡樂法身法身者一人解不同一解猶是五分法身又解五分
法身猶不免无常何是之可歡又濕（解）十二年已來悟羅漢何更爲說无
常身也明知此經非正說之處將欲明爲後經作次第是以漸〻勤建
其情故知此即漸習真極法身明法身之中初明從因善而生從始以下
是後明從御覺八生從十力以下是真實者從二諦生也不放逸者、
二知生也
弟子品　次上從生目爲弟子非諸以絡甫之義解弟子也自念者、
此經始終凡有二人念一明念白庾之念二爲念空寶之念此一是爲白之〻

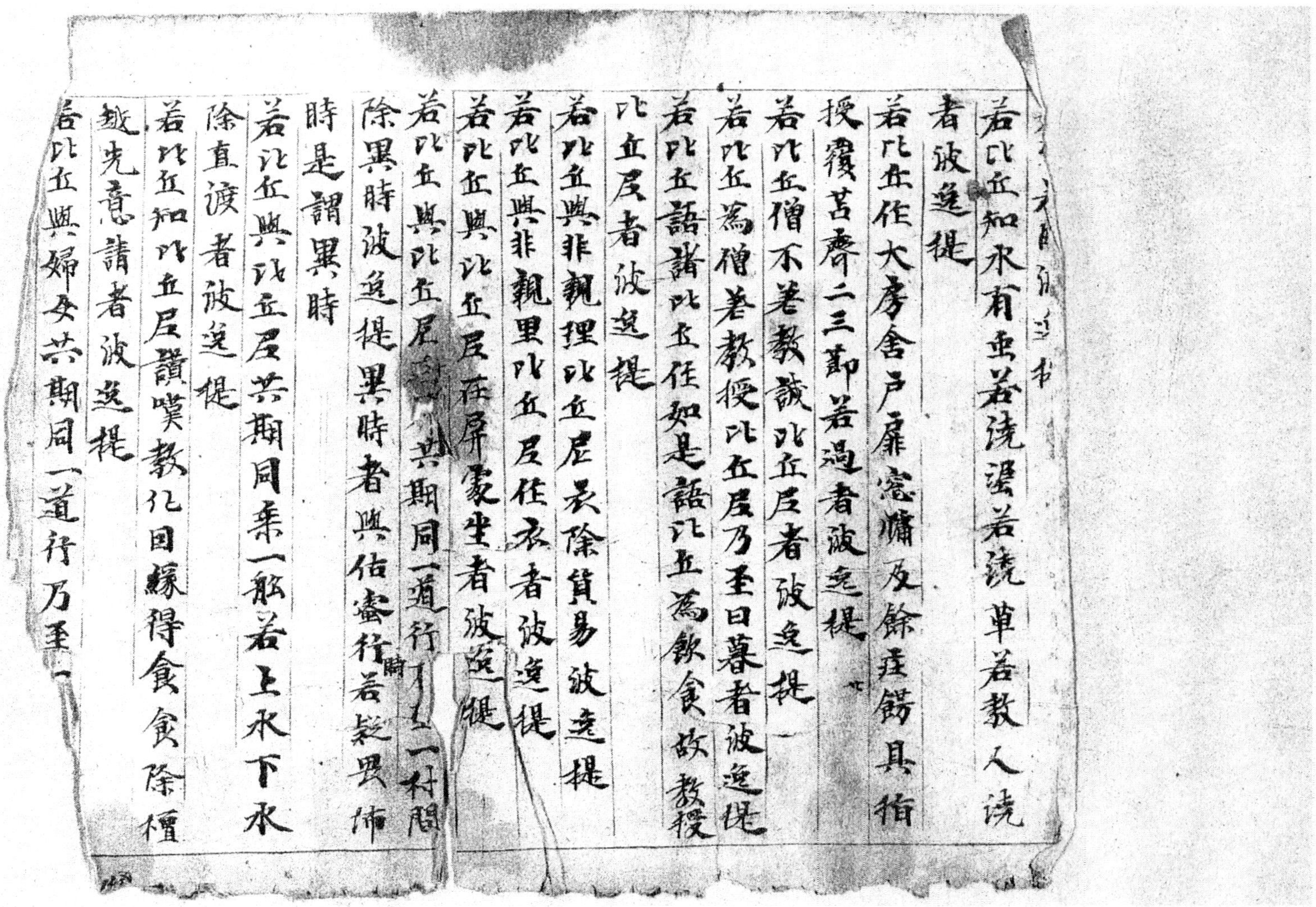

若比丘知水有虫若澆泥若澆草若教人澆
者波逸提
若比丘作大房舍戶扉窻牖及餘莊飾具指
授覆苫齊二三節若過者波逸提
若比丘僧不差教誡比丘尼者波逸提
若比丘為僧差教授比丘尼乃至日暮者波逸提
若比丘語諸比丘作如是語比丘為飲食故教授
比丘尼者波逸提
若比丘與非親里比丘尼衣除貿易波逸提
若比丘與非親里比丘尼作衣者波逸提
若比丘與比丘尼在屏處坐者波逸提
若比丘與比丘尼共期同一道行乃至一村間
除異時波逸提異時者與估客行若疑畏怖
時是謂異時
若比丘與比丘尼共期同乘一船若上水下水
除直渡者波逸提
若比丘知比丘尼讚嘆教化因緣得食食除檀
越先意請者波逸提
若比丘與婦女共期同一道行乃至一

BD05244 號　四分律比丘戒本　（1–1）

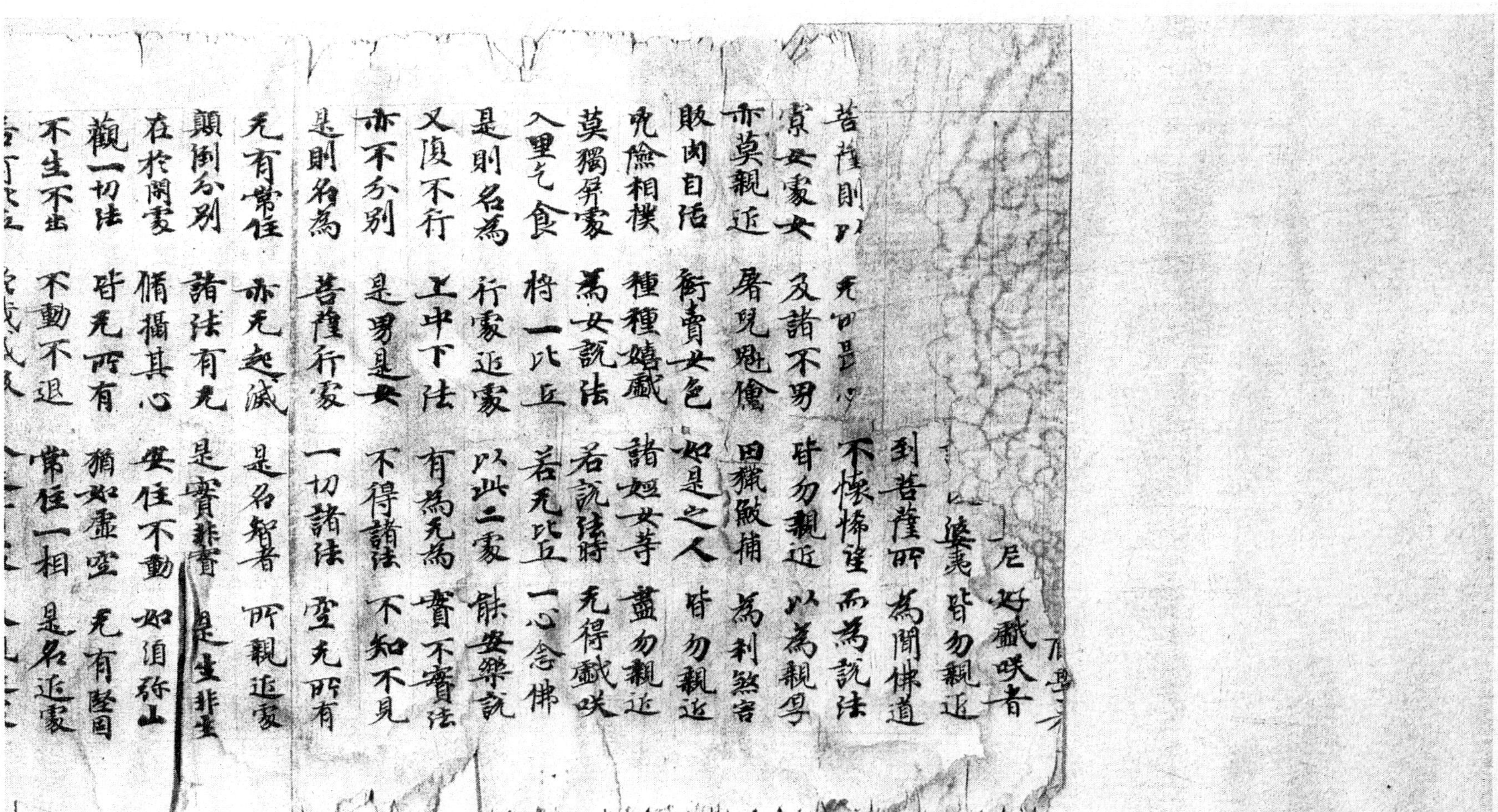

尼　好戲咲者
婆夷　皆勿親近
到菩薩所　為聞佛道
菩薩則以　无所畏心　不懷悕望　而為說法
寡女處女　及諸不男　皆勿親近　以為親厚
亦莫親近　屠兒魁膾　畋獵漁捕　為利殺害
販肉自活　衒賣女色　如是之人　皆勿親近
兇險相撲　種種嬉戲　諸婬女等　盡勿親近
莫獨屏處　為女說法　若說法時　无得戲咲
入里乞食　將一比丘　若无比丘　一心念佛
是則名為　行處近處　以此二處　能安樂說
又復不行　上中下法　有為无為　實不實法
亦不分別　是男是女　不得諸法　不知不見
是則名為　菩薩行處　一切諸法　空无所有
无有常住　亦无起滅　是名智者　所親近處
顛倒分別　諸法有无　是實非實　是生非生
在於閑處　脩攝其心　安住不動　如須弥山
觀一切法　皆无所有　猶如虛空　无有堅固
不生不出　不動不退　常住一相　是名近處

BD05245 號　妙法蓮華經卷五　（4–1）

又復不行　上中下法　有為無為　實不實法
亦不分別　是男是女　不得諸法　不知不見
是則名為　菩薩行處　一切諸法　空无所有
无有常住　亦无起滅　是名智者　所親近處
顛倒分別　諸法有无　是實非實　是生非生
在於閑處　脩攝其心　安住不動　如須弥山
觀一切法　皆无所有　猶如虛空　无有堅固
不生不出　不動不退　常住一相　是名近處
若有比丘　於我滅後　入是行處　及親近處
說斯經時　无有怯弱　菩薩有時　入於靜室
以正憶念　隨義觀法　從禪定起　為諸國王
王子臣民　婆羅門等　開化演暢　說斯經典
安住初法　能於後世　說法華經
又文殊師利　如來滅後　於末法中　欲說是經
應住安樂行　若口宣說　若讀經時　不樂說
人及經典過　亦不輕慢諸餘法師　不說他人
好惡長短　於聲聞人　亦不稱名說其過惡　亦
不稱名讚歎其美　又亦不生怨嫌之心　善脩
如是安樂心故　諸有聽者　不逆其意　有所難
問　不以小乘法答　但以大乘而為解說　令
得一切種智　爾時世尊　欲重宣此義　而
說偈言
菩薩常樂　安隱說法　於清淨地　而施床座
以油塗身　澡浴塵穢　著新淨衣　內外俱淨
安處法座　隨問為說　若有比丘　及比丘尼
諸優婆塞　及優婆夷　國王王子　群臣士民
以微妙義　和顏為說　若有難問　隨義而答
因緣譬喻　敷演分別　以是方便　皆使發心

BD05245號　妙法蓮華經卷五

（4–2）

菩薩常樂　安隱說法　於清淨地　而施床座
以油塗身　澡浴塵穢　著新淨衣　內外俱淨
安處法座　隨問為說　若有比丘　及比丘尼
諸優婆塞　及優婆夷　國王王子　群臣士民
以微妙義　和顏為說　若有難問　隨義而答
因緣譬喻　敷演分別　以是方便　皆使發心
漸漸增益　入於佛道　除嬾惰意　及懈怠想
離諸憂惱　慈心說法　晝夜常說　无上道教
以諸因緣　无量譬喻　開示衆生　咸令歡喜
衣服臥具　飲食醫藥　而於其中　无所悕望
但一心念　說法因緣　願成佛道　令衆亦爾
是則大利　安樂供養　我滅度後　若有比丘
能演說斯　妙法華經　心无嫉恚　諸惱障礙
亦无擯出　安住忍故　智者如是　善脩其心
能住安樂　如我上說　其人功德　千万億劫
算數譬喻　說不能盡
又文殊師利　菩薩摩訶薩　於後末世法欲
滅時　受持讀誦斯經典者　无懷嫉妬諂誑
之心　亦勿輕罵學佛道者　求其長短　若比丘
比丘尼　優婆塞　優婆夷　求聲聞者　求辟支佛
者　求菩薩道者　无得惱之　令其疑悔　語其人
言　汝等去道甚遠　終不能得一切種智　所以
者何　汝是放逸之人　於道懈怠故　又亦不應
戲論諸法　有所諍競　當於一切衆生起大
悲想　於諸如來起慈父想　於諸菩薩起大師
想　於十方諸大菩薩　常應深心恭敬禮拜　於一
切衆生平等說法　以順法故　不多不少　乃至深
愛法者　亦不為多說

BD05245號　妙法蓮華經卷五

（4–3）

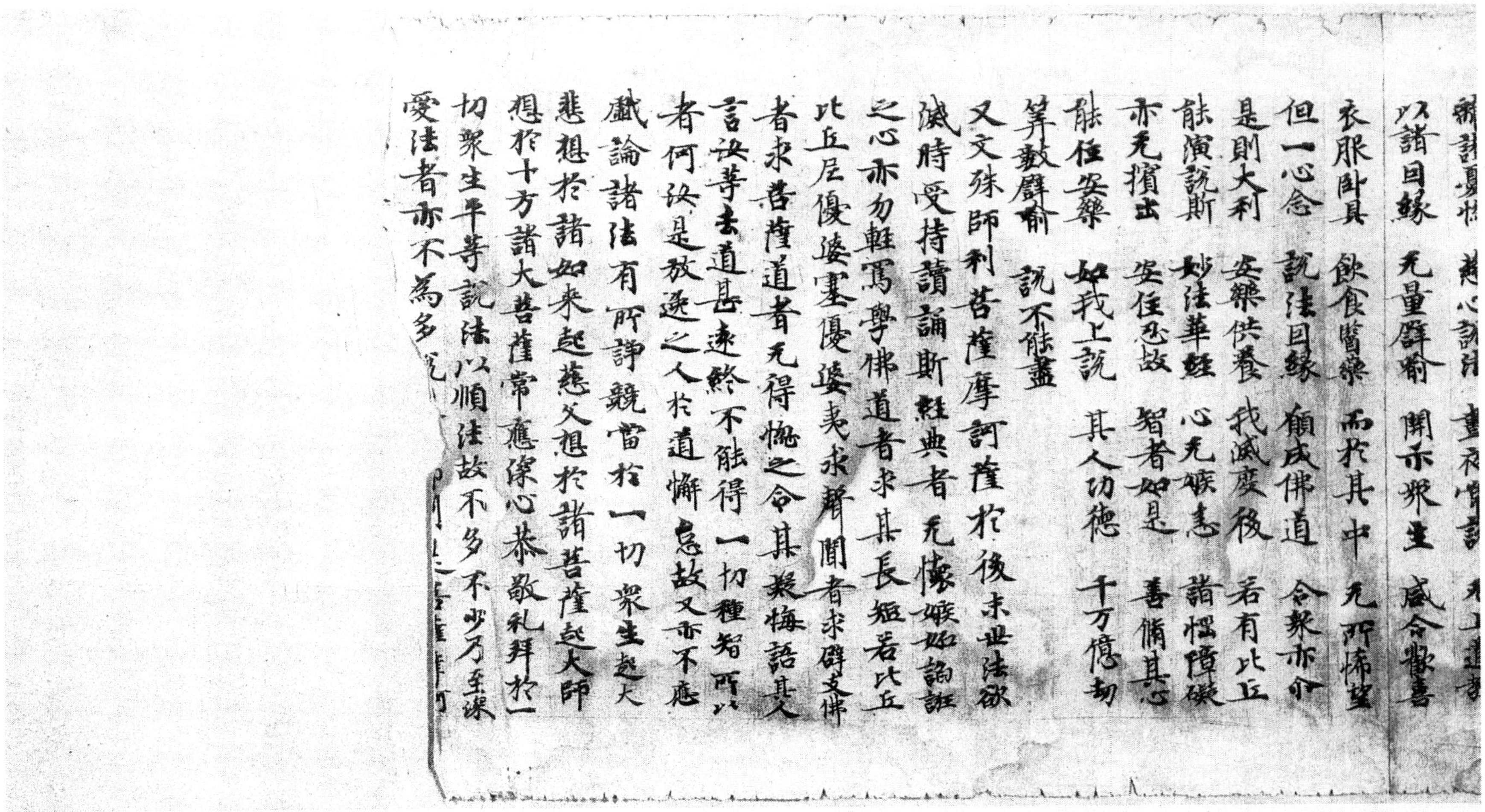

離諸憂惱　慈心說法　晝夜常說　无上道教
以諸因緣　无量譬喻　開示衆生　咸令歡喜
衣服卧具　飲食醫藥　而於其中　无所悕望
但一心念　說法因緣　願成佛道　令衆亦尔
是則大利　安樂供養　我滅度後　若有比丘
能演說斯　妙法華經　心无嫉恚　諸惱障礙
亦无擯出　安住忍故　智者如是　善脩其心
能住安樂　如我上說　其人功德　千万億劫
筭數譬喻　說不能盡
又文殊師利菩薩摩訶薩於後末世法欲
滅時受持讀誦斯經典者无懷嫉妬諂誑
之心亦勿輕罵學佛道者求其長短若比丘
比丘尼優婆塞優婆夷求聲聞者求辟支佛
者求菩薩道者无得惱之令其疑悔語其人
言汝等去道甚遠終不能得一切種智所以
者何汝是放逸之人於道懈怠故又亦不應
戲論諸法有所諍競當於一切衆生起大
悲想於諸如來起慈父想於諸菩薩起大師
想於十方諸大菩薩常應深心恭敬禮拜於一
切衆生平等說法以順法故不多不少乃至深
愛法者亦不為多說

BD05245 號　妙法蓮華經卷五　（4–4）

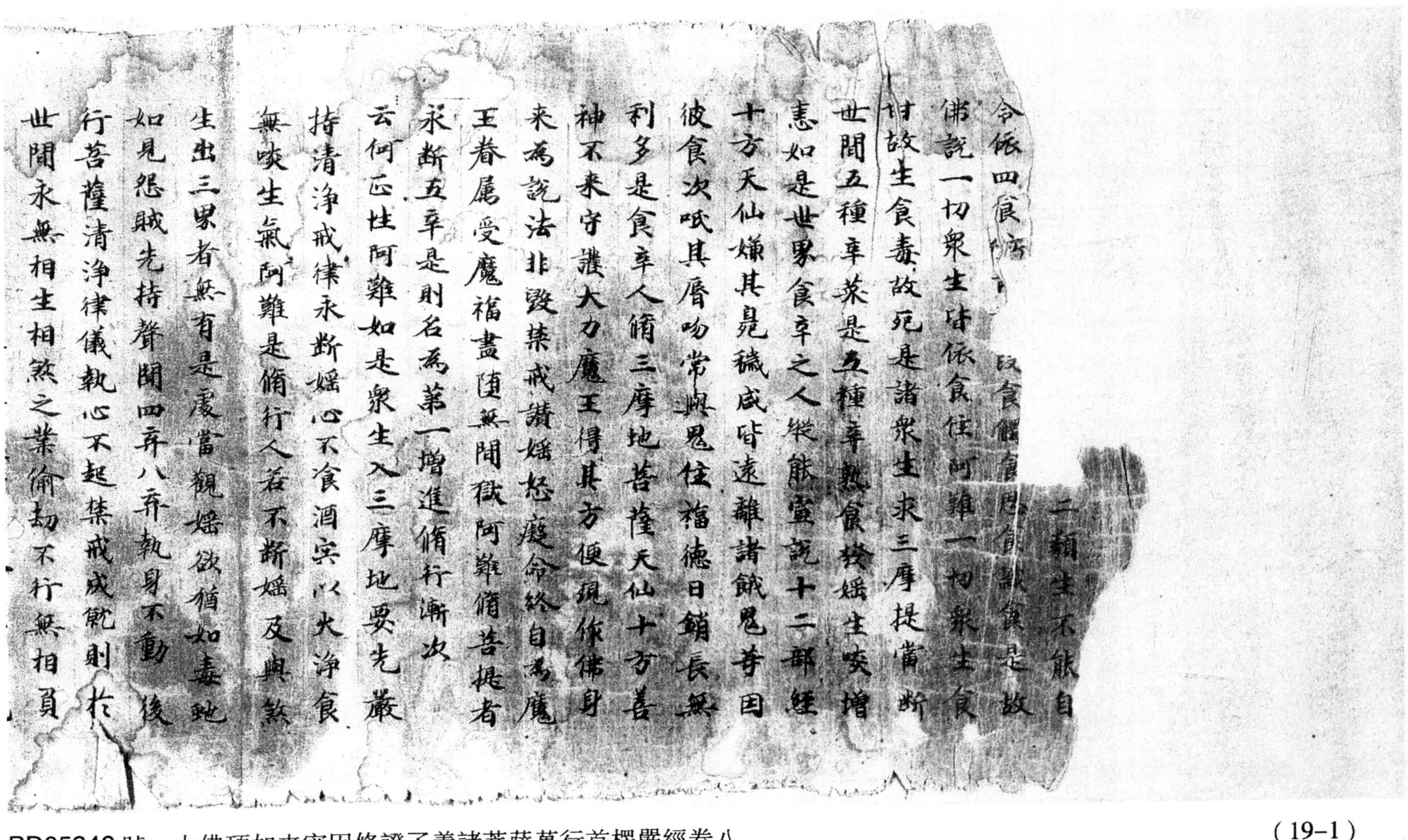

二類生不能自
令依四食住所謂段食觸食思食識食是故
佛說一切衆生皆依食住阿難一切衆生食
甘故生食毒故死是諸衆生求三摩提當斷
世間五種辛菜是五種辛熟食發婬生啖增
恚如是世界食辛之人縱能宣說十二部經
十方天仙嫌其臭穢咸皆遠離諸餓鬼等因
彼食次舐其脣吻常與鬼住福德日銷長無
利益是食辛人脩三摩地菩薩天仙十方善
神不來守護大力魔王得其方便現作佛身
來為說法非毀禁戒讚婬怒癡命終自為魔
王眷屬受魔福盡墮無間獄阿難脩菩提者
永斷五辛是則名為第一增進脩行漸次
云何正性阿難如是衆生入三摩地要先嚴
持清淨戒律永斷婬心不餐酒肉以火淨食
無啖生氣阿難是脩行人若不斷婬及與煞
生出三界者無有是處當觀婬欲猶如毒虵
如見怨賊先持聲聞四棄八棄執身不動後
行菩薩清淨律儀執心不起禁戒成就則於
世間永無相生相煞之業偷劫不行無相負

BD05246 號　大佛頂如來密因修證了義諸菩薩萬行首楞嚴經卷八　（19–1）

生出三界者無有是處當觀婬欲猶如毒虵
如見怨賊先持聲聞四弃八弃執身不動後
行菩薩清淨律儀執心不起禁戒成就則於
世間永無相生相煞之業偷劫不行無相負
累亦於世間不還宿債是清淨人脩三摩地
父母完身不須天眼自然觀見十方世界覩
佛聞法親奉聖旨得大神通遊十方界宿命
清淨得無艱險是則名爲第二增進脩行漸
次
云何現業阿難如是清淨持禁戒人心無貪
婬於外六塵不多流逸回不流逸旋元自歸
塵既不緣根無所偶反流全一六用不行十
方國土皎然清淨譬如瑠璃內懸明月身心
快然妙圓平等獲大安隱一切如來密圓淨
妙皆現其中是人即獲無生法忍從是漸脩
隨所發行安立聖位是則名爲第三增進脩
行漸次
阿難是善男子欲愛乾枯根境不偶現前殘
質不復續生執心虛明純是智慧慧性明圓
瑩十方界乾有其慧名乾慧地欲習初乾未
與如來法流水接即以此心中中流入圓妙
開敷從真妙圓重發真妙妙信常住一切妄
想滅盡無餘中道純真名信心住真信明了
一切圓通陰處界三不能爲礙如是乃至過
去未來無數劫中捨身受身一切習氣皆現
在前是善男子皆能憶念得無遺忘名念心

BD05246號　大佛頂如來密因修證了義諸菩薩萬行首楞嚴經卷八　（19–2）

開敷從真妙圓重發真妙妙信常住一切妄
想滅盡無餘中道純真名信心住真信明了
一切圓通陰處界三不能爲礙如是乃至過
去未來無數劫中捨身受身一切習氣皆現
在前是善男子皆能憶念得無遺忘名念心
住妙圓純真真精發化無始習氣通一精明
唯以精明進趣真淨名精進心心精現前純
以智慧名慧心住執持智明周遍寂湛寂妙
常凝名定心住定光發明明性深入唯進無
退名不退心心進安然保持不失十方如來
氣分交接名護法心覺明保持能以妙力迴
佛慈光向佛安住猶如雙鏡光明相對其中
妙影重重相入名迴向心心光密迴獲佛常
凝無上妙淨安住無爲得無遺失名戒心住
住戒自在能遊十方所去隨願名願心住
阿難是善男子以真方便發此十心心精發
揮十用涉入圓成一心名發心住心中發明
如淨瑠璃內現精金以前妙心履以成地名
治地住心地涉知俱得明了遊履十方得無
留礙名脩行住行與佛同受佛氣分如中陰
身自求父母陰信冥通入如來種名生貴住
既遊道胎親奉覺胤如胎已成人相不缺名
方便具足住容貌如佛心相亦同名正心住
身心合成日益增長名不退住十身靈相一
時具足名童真住形成出胎親爲佛子名法
王子住表以成人如國大王以諸國事分委
太子彼刹利王世子長成陳列灌頂名灌頂

BD05246號　大佛頂如來密因修證了義諸菩薩萬行首楞嚴經卷八　（19–3）

既遊道胎親奉覺胤如胎已成人相不缺名
方便具足住容皃如佛心相亦同名正心住
身心合成日益增長名不退住十身靈相一
時具足名童真住形成出胎親為佛子名法
王子住表以成人如國大王以諸國事分委
太子彼剎利王世子長成陳列灌頂名灌頂
住
阿難是善男子成佛子已具足無量如來妙
德十方隨順名歡喜行善能利益一切眾生
名饒益行自覺覺他得無違拒名無瞋恨行
種類出生窮未來際三世平等十方通達名
無盡行一切合同種種法門得無差誤名離
癡亂行則於同中顯群異相一一異相各各見
同名善現行如是乃至十方虛空滿足微塵
一一塵中現十方界現塵現界不相留礙名
無著行種種現前咸是第一波羅蜜多名尊
重行如是圓融能成十方諸佛軌則名善法
行一一皆是清淨無漏一真無為性本然故
名真實行
阿難是善男子滿足神通成佛事已純潔精真
遠諸留患當度眾生滅除度相迴無為心
向涅槃路名救護一切眾生離眾生相迴向
壞其可壞遠離諸離名不壞迴向本覺湛然
覺齊佛覺名等一切佛迴向精真發明地如
佛地名至一切處迴向世界如來互相涉入
得無罣礙名無盡功德藏迴向於同佛地地
中各各生清淨因依因發揮取涅槃道名隨

BD05246 號　大佛頂如來密因修證了義諸菩薩萬行首楞嚴經卷八　（19–4）

向涅槃路名救護一切眾生離眾生相迴向
壞其可壞遠離諸離名不壞迴向本覺湛然
覺齊佛覺名等一切佛迴向精真發明地如
佛地名至一切處迴向世界如來互相涉入
得無罣礙名無盡功德藏迴向於同佛地地
中各各生清淨因依因發揮取涅槃道名隨
順平等善根迴向真根既成十方眾生皆我
本性性圓成就不失眾生名隨順等觀一切
眾生迴向即一切法離一切相唯即與離二
無所著名如相迴向真得所如十方無礙名
無縛解脫迴向性德圓成法界量滅名法界
無量迴向
阿難是善男子盡是清淨卌一心次成四種
妙圓加行即以佛覺用為己心若出未出猶
如鑽火欲然其木名為煖地又以己心成佛
所履若依非依如登高山身入虛空下有微
礙名為頂地心佛二同善得中道如忍事人
非懷非出名為忍地數量銷滅迷覺中道二
無所目名世第一地
阿難是善男子於大菩提善得通達覺通如
來盡佛境界名歡喜地異性入同同性亦滅
名離垢地淨極明生名發光地明極覺滿名
焰慧地一切同異所不能至名難勝地無為
真如性淨明露名現前地盡真如際名遠行
地一真如心名不動地發真如用名善慧地
阿難是諸菩薩從此已往修習畢功功德圓
滿亦目此地名修習位慈陰妙雲覆涅槃海

BD05246 號　大佛頂如來密因修證了義諸菩薩萬行首楞嚴經卷八　（19–5）

發慧地一切同異所不能至名離勝地無為
真如性淨明露名現前地盡真如際名遠行
地一真如心名不動地發真如用名善慧地
阿難是諸菩薩從此已往修習畢功功德圓
滿亦目此地名修習位慈陰妙雲覆涅槃海
名法雲地如來逆流如是菩薩順行而至覺
際入交名為等覺阿難從乾慧心至等覺已
是覺始獲金剛心中初乾慧地如是重重禪
複十二方盡妙覺成無上道是種種地皆以
金剛觀察如幻十種深喻奢摩他中用諸如
來毗婆舍那清淨修證漸次深入阿難如是
皆以三增進故善能成就五十五位真菩提
路作是觀者名為正觀若他觀者名為邪觀
尒時文殊師利法王子在大眾中即從座起
頂礼佛足而白佛言當何名是經我及眾生
云何奉持佛告文殊師利是經名大佛頂悉
怛多般怛羅無上寶印十方如來清淨海眼
亦名救護親因度脫阿難及此會中性比丘
尼得菩提心入遍知海亦名如來密因修證
了義亦名大方廣妙蓮花王十方佛母陁羅
尼呪亦名灌頂章句諸菩薩萬行首楞嚴汝
當奉持
說是語已即時阿難及諸大眾得蒙如來開
示密印般怛羅義兼聞此經了義名目頓悟
禪那修進聖位增上妙理心慮虛凝斷除三
界修心六品微細煩惱即從座起頂礼佛足

BD05246號　大佛頂如來密因修證了義諸菩薩萬行首楞嚴經卷八　（19–6）

當奉持
說是語已即時阿難及諸大眾得蒙如來開
示密印般怛羅義兼聞此經了義名目頓悟
禪那修進聖位增上妙理心慮虛凝斷除三
界修心六品微細煩惱即從座起頂礼佛足
合掌恭敬而白佛言大威德世尊慈音無遮
善開眾生微細沉惑令我今日身意快然得
大饒益世尊若此妙明真淨妙心本來遍圓
如是乃至大地草木蠕動含靈本元真如即
是如來成佛真體佛體真實云何復有地獄
餓鬼畜生修羅人天等道世尊此道為復本
來自有為是眾生妄習生起世尊如寶蓮香
比丘尼持菩薩戒私行媱欲妄言行媱非煞
非盜無有業報發是語已先於女根生大猛
火後於節節猛火燒然墮無間獄瑠璃大王
善星比丘瑠璃為誅瞿曇族姓善星妄說一
切法空生身陷入阿鼻地獄此諸地獄為有
定處為復自然彼彼發業各各私受唯垂大
慈發開童蒙令諸一切持戒眾生聞決定義
歡喜頂戴謹潔無犯
佛告阿難快哉此問令諸眾生不入邪見汝今
諦聽當為汝說阿難一切眾生實本真淨因
彼妄見有妄習生因此分開內分外分阿難
內分即是眾生分內因諸愛染發起妄情情
積不休能生愛水是故眾生心憶珍羞口中
水出心憶前人或憐或恨目中淚盈貪求財

BD05246號　大佛頂如來密因修證了義諸菩薩萬行首楞嚴經卷八　（19–7）

諦聽當為汝說阿難一切衆生實本真淨因
彼妄見有妄習生因此分開內分外分阿難
內分即是衆生分內因諸愛染發起妄情情
積不休能生愛水是故衆生心憶珍羞口中
水出心憶前人或憐或恨目中淚盈貪求財
寶心發愛涎舉體光潤心著行婬男女二根
自然流液阿難諸愛雖別流結是同潤濕不
昇自然從墜此名內分阿難外分即是衆生
分外因諸渴仰發明虛想想積不休能生勝
氣是故衆生心持禁戒舉身輕清心持呪印
顧眄雄毅心欲生天夢想飛舉心存佛國聖
境現前事善知識自輕身命阿難諸想雖別
輕舉是同飛動不沉自然超越此名外分
阿難一切世間生死相續生從順習死從變
流臨命終時未捨煖觸一生善惡俱時頓現
死逆生順二習相交純想即飛必生天上若
飛心中兼福兼慧及與淨願自然心開見十
方佛一切淨土隨願往生情少想多輕舉非
遠即為飛仙大力鬼王飛行夜叉地行羅剎
遊於四天所去無礙其中若有善願善心護
持我法或護禁戒隨持戒人或護神呪隨持
呪者或護禪定保綏法忍是等親住如來坐
下情想均等不飛不墜生於人間想明斯聰
情幽斯鈍情多想少流入橫生重為毛群輕
為羽族七情三想沉下水輪生於火際受氣
猛火身為餓鬼常被焚燒水能害己無食無

呪者或護禪定保綏法忍是等親住如來坐
下情想均等不飛不墜生於人間想明斯聰
情幽斯鈍情多想少流入橫生重為毛群輕
為羽族七情三想沉下水輪生於火際受氣
猛火身為餓鬼常被焚燒水能害己無食無
飲經百千劫九情一想下洞火輪身入風火
二交過地輕生有間重生無間二種地獄純
情即沉入阿鼻獄若沉心中有謗大乘毀佛
禁戒狂妄說法虛貪信施濫膺恭敬五逆十
重更生十方阿鼻地獄循造惡業雖則自招
衆同分中兼有元地
阿難此等皆是彼諸衆生自業所感造十習
因受六交報云何十因阿難一者婬習交接
發於相磨研磨不休如是故有大猛火光於
中發動如人以手自相摩觸煖相現前二習
相然故有鐵床銅柱諸事是故十方一切如
來色目行婬同名欲火菩薩見欲如避火坑
二者貪習交計發於相吸吸攬不止如是故
有積寒堅冰於中凍冽如人以口吸縮風氣
有冷觸生二習相凌故有吒吒波波囉囉青
赤白蓮寒冰等事是故十方一切如來色目
多求同名貪水菩薩見貪如避瘴海
三者慢習交陵發於相恃馳流不息如是故
有騰逸奔波積波為水如人口舌自相綿味
因而水發二習相鼓故有血河灰河熱沙毒
海融銅灌吞諸事是故十方一切如來色目

多求同名貪水菩薩見貪如避瘴海
三者慢習交陵發於相恃馳流不息如是故
有騰逸奔波積波為水如人口舌自相綿味
因而水發二習相鼓故有血河灰河熱沙毒
海融銅灌呑諸事是故十方一切如來色目
我慢名飲癡水菩薩見慢如避巨溺
四者瞋習交衝發於相忤忤結不息心熱發
火鑄氣為金如是故有刀山鐵橛劍樹劍輪
斧鉞鎗鋸如人銜寃殺氣飛動二習相擊故
有宮割斬斫剉刺搥擊諸事是故十方一切
如來色目瞋恚名利刀劍菩薩見瞋如避誅
戮
五者詐習交誘發於相調引起不住如是故
有繩木絞校如水浸田草木生長二習相延
故有杻械枷鎖鞭杖檛棒諸事是故十方一
切如來色目姦偽同名讒賊菩薩見詐如畏
豺狼
六者誑習交欺發於相罔誣罔不止飛心造
姦如是故有塵土屎尿穢汙不淨如塵隨風
各無所見二習相加故有沒溺騰擲飛墜漂
淪諸事是故十方一切如來色目欺詐同名
劫殺菩薩見誑如踐蛇虺
七者怨習交嫌發于銜恨如是故有飛石投
礰匣貯車檻甕盛囊撲如陰毒人懷抱畜惡
二習相呑故有投擲擒捉擊射拋撮諸事是
故十方一切如來色目怨家名違害鬼菩薩

BD05246號　大佛頂如來密因修證了義諸菩薩萬行首楞嚴經卷八　（19–10）

淪諸事是故十方一切如來色目欺詐同名
劫殺菩薩見誑如踐蛇虺
七者怨習交嫌發于銜恨如是故有飛石投
礰匣貯車檻甕盛囊撲如陰毒人懷抱畜惡
二習相呑故有投擲擒捉擊射拋撮諸事是
故十方一切如來色目怨家名違害鬼菩薩
見怨如飲鴆酒
八者見習交明如薩迦耶見戒禁取邪悟諸
業發於違拒出生相返如是故有王使主吏
證執文籍如行路人來往相見二習相交故
有勘問權詐考訊推鞫察訪披究照明善惡
童子手執文簿辭辯諸事是故十方一切如
來色目惡見同名見坑菩薩見諸虛妄遍執
如入毒壑
九者枉習交加發於誣謗如是故有合山合
石碾磑耕磨如讒賊人逼枉良善二習相排
故有押捺搥按蹙漉衡度諸事是故十方一
切如來色目怨謗同名讒虎菩薩見枉如遭
霹靂
十者訟習交諠發於藏覆如是故有鑒見照
燭如於日中不能藏影故有惡友業鏡火珠
披露宿業對驗諸事是故十方一切如來色
目覆藏同名陰賊菩薩觀覆如戴高山履
於巨海
云何六報阿難一切衆生六識造業所招惡
報從六根出云何惡報從六根出一者見報
招引惡果此見業交則臨終時先見猛火滿

BD05246號　大佛頂如來密因修證了義諸菩薩萬行首楞嚴經卷八　（19–11）

目覆藏同名陰賊菩薩觀覆如戴高山履
於巨海
云何六報阿難一切衆生六識造業所招惡
報從六根出云何惡報從六根出一者見報
招引惡果此見業交則臨終時先見猛火滿
十方界亡者神識飛墜乘煙入無間獄發明
二相一者明見則能遍見種種惡物生無量
畏二者暗見寂然不見生無量恐如是見火
燒聽能為鑊湯洋銅燒息能為黑煙紫焰燒
味能為焦丸鐵糜燒觸能為熱灰爐炭燒心
能生星火迸灑煽鼓空界
二者聞報招引惡果此聞業交則臨終時先
見波濤沒溺天地亡者神識降注乘流入無
間獄發明二相一者開聽聽種種閙精神瞀
亂二者閉聽寂無所聞幽魄沉沒如是聞波
注聞則能為責為詰注見則能為雷為吼為
惡毒氣注息則能為雨為霧灑諸毒虫周滿
身體注味則能為膿為血種種雜穢注觸則
能為畜為鬼為糞為尿注意則能為電為雹
摧碎心魄
三者齅報招引惡果此齅業交則臨終時先
見毒氣充塞遠近亡者神識從地涌出入無
間獄發明二相一者通聞被諸毒氣熏極心
擾二者塞聞氣掩不通悶絕於地如是齅氣
衝息則能為質為履衝見則能為火為炬
衝聽則能為沒為溺為洋為沸衝味則能為
餒為爽衝觸則能為綻為爛為大肉山有百

間獄發明二相一者通聞被諸毒氣熏極心
擾二者塞聞氣掩不通悶絕於地如是齅氣
衝息則能為質為履衝見則能為火為炬
衝聽則能為沒為溺為洋為沸衝味則能為
餒為爽衝觸則能為綻為爛為大肉山有百
千眼無量咂食衝思則能為灰為瘴為飛沙
礰擊碎身體
四者味報招引惡果此味業交則臨終時先
見鐵網猛炎熾烈周覆世界亡者神識下透
挂網倒懸其頭入無間獄發明二相一者吸
氣結成寒冰凍裂身肉二者吐氣飛為猛火
焦爛骨髓如是嘗味歷嘗則能為承為忍歷
見則能為然金石歷聽則能為利兵刃歷息
則能為大鐵籠彌覆國土歷觸則能為弓為
箭為弩為射歷思則能為飛熱鐵從空雨下
五者觸報招引惡果此觸業交則臨終時先
見大山四面來合無復出路亡者神識見大
鐵城火蛇火狗虎狼師子牛頭獄卒馬頭羅
剎手執鎗矟驅入城門向無間獄發明二相
一者合觸合山逼體骨肉血潰二者離觸刀劒
觸身心肝屠裂如是合觸歷觸則能為道為
觀為廳為案歷見則能為燒為爇歷聽則能
為撞為擊為事為射歷息則能為括為袋為
考為縛歷嘗則能為耕為鉗為斬為截歷思
則能為墜為飛為煎為炙
六者思報招引惡果此思業交則臨終時先
見惡風吹壞國土亡者神識被吹上空旋落

[illegible]
為橦為擊為事為射為歷息則能為括為袋為
考為縛歷嘗則能為枡為嘗為斬為截歷思
則能為墜為飛為煎為炙
六者思報招引惡果此思業交則臨終時先
見惡風吹壞國土亡者神識被吹上空旋落
乘風墮無閒獄發明二相一者不覺迷極則
荒奔走不息二者不迷覺知則苦無量煎燒
痛深難忍如是邪思結思則能為方為所結
見則能為覽為證結聽則能為大合石為氷
為霜為土為霧結息則能為大火車火船火
檻結嘗則能為大叫喚為悔為泣結思則能
為大為小為一日中萬生萬死為偃為仰
阿難是名地獄十因六果皆是衆生迷妄所造
若諸衆生惡業同造入阿鼻獄受無量苦經
無量劫六根各造及彼所作兼境兼根是人
則入八無間獄身口意三作煞盜婬是人則
入十八地獄三業不兼中間或為一煞一盜
是人則入卅六地獄見見一根單犯一業是人
則入一百八地獄由是衆生別作別造於世
界中入同分地忘想發生非本來有
復次阿難是諸衆生非破律儀犯菩薩戒毀
佛涅槃諸餘雜業歷劫燒然後還罪畢受諸
鬼形若於本因貪物為罪是人罪畢遇物成
形名為怪鬼貪色為罪是人罪畢遇風成形
名為魃鬼貪惑為罪是人罪畢遇畜成形名
為魅鬼貪恨為罪是人罪畢遇蟲成形名蠱

BD05246號　大佛頂如來密因修證了義諸菩薩萬行首楞嚴經卷八　（19–14）

佛涅槃諸餘雜業歷劫燒然後還罪畢受諸
鬼形若於本因貪物為罪是人罪畢遇物成
形名為怪鬼貪色為罪是人罪畢遇風成形
名為魃鬼貪惑為罪是人罪畢遇畜成形名
為魅鬼貪恨為罪是人罪畢遇蟲成形名蠱
毒鬼貪憶為罪是人罪畢遇衰成形名為癘
鬼貪慠為罪是人罪畢遇氣成形名為餓鬼
貪罔為罪是人罪畢遇幽為形名為魘鬼貪
明為罪是人罪畢遇精為形名魍魎鬼貪成
為罪是人罪畢遇明為形名役使鬼貪黨為
罪是人罪畢遇人為形名傳送鬼
阿難是人皆以純情墜落業火燒乾上出為
鬼此等皆是自妄想業之所招引若悟菩提
則妙圓明本無所有
復次阿難鬼業既盡則情與想二俱成空方
於世間與元負人怨對相值身為畜生酬其
宿債物怪之鬼物銷報盡生於世間多為梟
類風魃之鬼風銷報盡生於世間多為咎徵
一切異類畜魅之鬼畜死報盡生於世間多
為狐類蟲蠱之鬼蠱滅報盡生於世間多為
毒類衰癘之鬼衰窮報盡生於世間多為蛔
類受氣之鬼氣銷報盡生於世間多為食類
綿幽之鬼幽銷報盡生於世間多為服類和
精之鬼和銷報盡生於世間多為應類明靈
之鬼明銷報盡生於世間多為休徵一切諸
類依人之鬼人亡報盡生於世間多於循類

BD05246號　大佛頂如來密因修證了義諸菩薩萬行首楞嚴經卷八　（19–15）

毒類衰癘之鬼衰窮報盡生於世間多為蛔
類受氣之鬼氣銷報盡生於世間多為食類
綿幽之鬼幽銷報盡生於世間多為服類和
精之鬼和銷報盡生於世間多為應類明靈
之鬼明銷報盡生於世間多為休徵一切諸
類依人之鬼人亡報盡生於世間多於循類
阿難是等皆以業火乾枯酬其宿債傍為畜
生此等亦皆自虛妄業之所招引若悟菩提
此則妄緣本無所有如汝所言寶蓮香等及
瑠璃王善星比丘如是惡業本自發明非從
天降亦非地出亦非人與自妄所招還自來
受菩提心中皆為浮妄虛想凝結
復次阿難從是畜生酬償先債若彼酬者分
越所酬此等眾生還復為人反徵其剩如彼
有力兼有福德則於人中不捨人身酬還彼
力若無福者還為畜生償彼餘直阿難當
知若用錢物或役其力償足自停如於中間殺
彼身命或食其肉如是乃至經微塵劫相食
相誅猶如轉輪互為高下無有休息除奢摩
他及佛出世不可停寢汝今應知彼梟倫者
酬足復形生人道中參合頑類彼咎徵者酬
足復形生人道中參合愚類彼狐倫者酬足
復形生人道中參於佷類彼毒倫者酬足復
形生人道中參合庸類彼蛔倫者酬足復形
生人道中參合微類彼食倫者酬足復形生
人道中參合柔類彼剩倫者酬足復形生人
道中參合勞類彼應倫者酬足復形生人道

足復形生人道中參合愚類彼狐倫者酬足
復形生人道中參於佷類彼毒倫者酬足復
形生人道中參合庸類彼蛔倫者酬足復形
生人道中參合微類彼食倫者酬足復形生
人道中參合柔類彼剩倫者酬足復形生人
道中參合勞類彼應倫者酬足復形生人道
中參於交類彼休徵者酬足復形生人道中
參合明類彼諸循倫酬足復形生人道中參
於達類阿難是等皆以宿債畢酬復形人道
皆無始來業計顛倒相生相殺不遇如來不
聞正法於塵勞中法爾輪轉此輩名為可憐
愍者阿難復有從人不依正覺修三摩地別
修妄念存想固形遊於山林人不及處有十
仙種阿難彼諸眾生堅固服餌而不休息食
道圓成名地行仙堅固草木而不休息藥道
圓成名飛行仙堅固金石而不休息化道圓
成名遊行仙堅固動止而不休息氣精圓成
名空行仙堅固津液而不休息潤德圓成名
天行仙堅固精色而不休息吸粹圓成名通
行仙堅固呪禁而不休息術法圓成名道行
仙堅固思念而不休息思憶圓成名照行仙
堅固交遘而不休息感應圓成名精行仙堅
固變化而不休息覺悟圓成名絕行仙阿難
是等皆於人中鍊心不循正覺別得生理壽
千萬歲休止深山或大海島絕於人境斯亦
輪迴妄想流轉不修三昧報盡還來散入諸

[illegible]
堅固交遘而不休息感應圓成名精行仙堅
固變化而不休息覺悟圓成名絶行仙阿難
是等皆於人中鍊心不循正覺别得生理壽
千萬歳休止深山或大海島絶於人境斯亦
輪迴妄想流轉不循三昧報盡還來散入諸
趣
阿難諸世間人不求常住未能捨諸妻妾恩
愛於邪婬中心不流逸澄瑩生明命終之後
鄰於日月如是一類名四天王天於己妻房
婬愛微薄於淨居時不得全味命終之後超
日月明居人間頂如是一類名忉利天逢欲
暫交去無思憶於人間世動少静多命終之
後於虛空中朗然安住日月光明上照不及
是諸人等自有光明如是一類名須夜摩天
一切時静有應觸來未能違戾命終之後上
昇精微不接下界諸人天境乃至劫壞三災
不及如是一類名兜率陀天我無欲心應汝
行事於横陳時味如嚼蠟命終之後生越化
地如是一類名樂變化天無世間心同世行
事於行事交了然超越命終之後遍能出超
化無化境如是一類名他化自在天阿難如
是六天形雖出動心跡尚交自此已還名為
欲界

大佛頂萬行首楞嚴經卷第八

BD05246號　大佛頂如來密因修證了義諸菩薩萬行首楞嚴經卷八　（19–18）

後於虛空中朗然安住日月光明上照不及
是諸人等自有光明如是一類名須夜摩天
一切時静有應觸來未能違戾命終之後上
昇精微不接下界諸人天境乃至劫壞三災
不及如是一類名兜率陀天我無欲心應汝
行事於横陳時味如嚼蠟命終之後生越化
地如是一類名樂變化天無世間心同世行
事於行事交了然超越命終之後遍能出超
化無化境如是一類名他化自在天阿難如
是六天形雖出動心跡尚交自此已還名為
欲界

大佛頂萬行首楞嚴經卷第八

BD05246號　大佛頂如來密因修證了義諸菩薩萬行首楞嚴經卷八　（19–19）

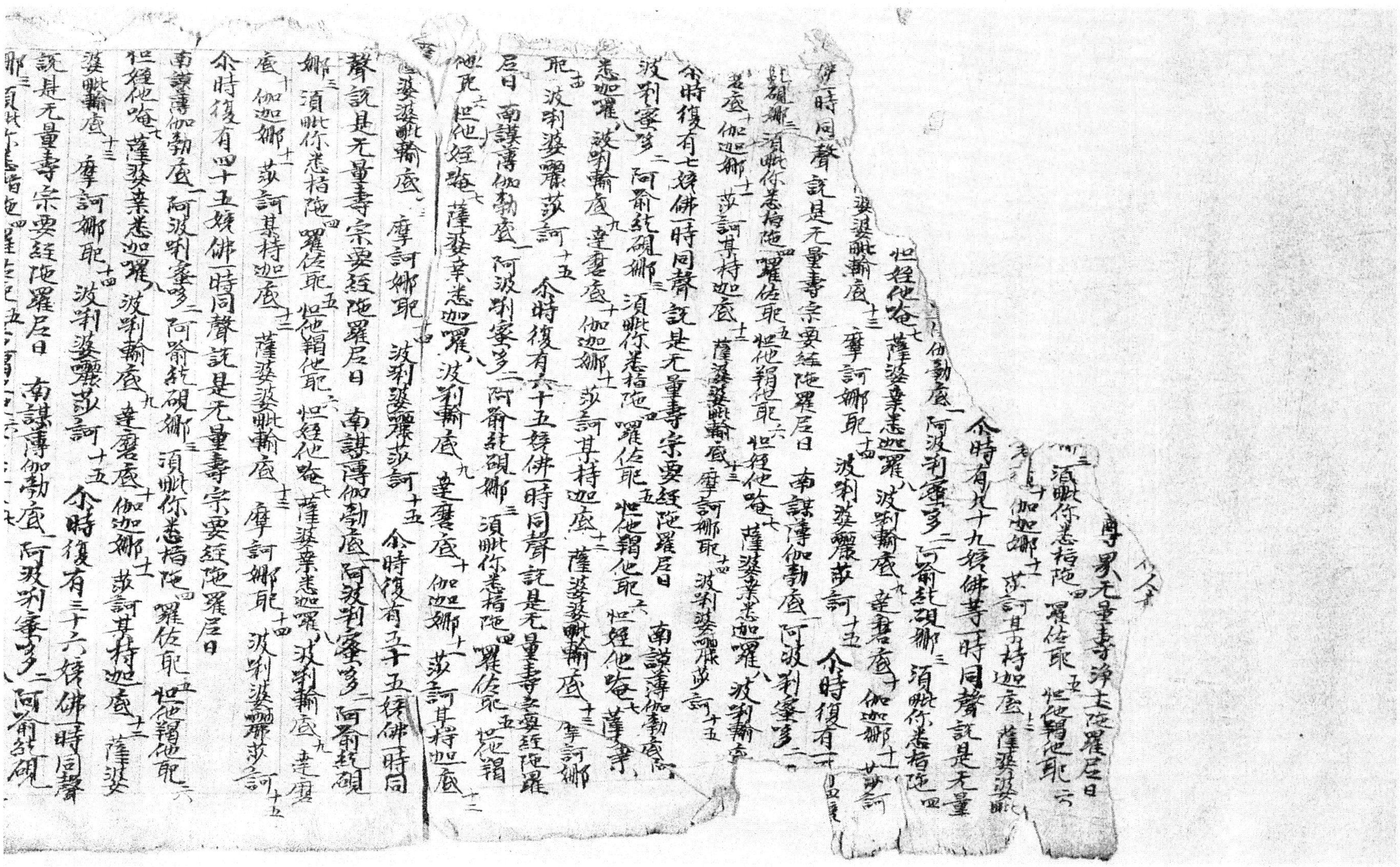

尊界无量壽淨土陁羅尼曰
娜三 須毗你悉指陁四 羅佐耶五 怛他羯他耶六
十伽迦娜十一 莎訶其持迦底十二 薩婆婆毗
尒時有九十九殑佛等一時同聲說是无量
伽勒底一 阿波唎蜜多二 阿俞紇硯娜三 須毗你悉指陁四
怛絰他唵七 薩婆桒悉迦囉八 波唎輸底九 達磨底十 伽迦娜十一 莎訶
婆婆毗輸底十三 摩訶娜耶十四 波唎婆囉莎訶十五 尒時復有十
伊時同聲說是无量壽宗要經陁羅尼曰 南謨薄伽勒底一 阿波唎蜜多二
紇硯娜三 須毗你悉指陁四 羅佐耶五 怛他羯他耶六 怛絰他唵七 薩婆桒悉迦囉八 波唎輸底
婆底十 伽迦娜十一 莎訶其持迦底十二 薩婆婆毗輸底十三 摩訶娜耶十四 波唎婆囉莎訶十五
尒時復有七殑佛一時同聲說是无量壽宗要經陁羅尼曰 南謨薄伽勒底
波唎蜜多二 阿俞紇硯娜三 須毗你悉指陁四 羅佐耶五 怛他羯他耶六 怛絰他唵七 薩婆桒
悉迦囉八 波唎輸底九 達磨底十 伽迦娜十一 莎訶其持迦底十二 薩婆婆毗輸底十三 摩訶娜
耶十四 波唎婆囉莎訶十五 尒時復有六十五殑佛一時同聲說是无量壽宗要經陁羅
尼曰 南謨薄伽勒底一 阿波唎蜜多二 阿俞紇硯娜三 須毗你悉指陁四 羅佐耶五 怛他羯
他耶六 怛他絰他唵七 薩婆桒悉迦囉八 波唎輸底九 達磨底十 伽迦娜十一 莎訶其持迦底十二
婆婆毗輸底十三 摩訶娜耶十四 波唎婆囉莎訶十五 尒時復有五十五殑佛一時同
聲說是无量壽宗要經陁羅尼曰 南謨薄伽勒底一 阿波唎蜜多二 阿俞紇硯
娜三 須毗你悉指陁四 羅佐耶五 怛他羯他耶六 怛絰他唵七 薩婆桒悉迦囉八 波唎輸底九 達磨
底十 伽迦娜十一 莎訶其持迦底十二 薩婆婆毗輸底十三 摩訶娜耶十四 波唎婆囉莎訶十五
尒時復有四十五殑佛一時同聲說是无量壽宗要經陁羅尼曰
南謨薄伽勒底一 阿波唎蜜多二 阿俞紇硯娜三 須毗你悉指陁四 羅佐耶五 怛他羯他耶六
怛絰他唵七 薩婆桒悉迦囉八 波唎輸底九 達磨底十 伽迦娜十一 莎訶其持迦底十二 薩婆
婆毗輸底十三 摩訶娜耶十四 波唎婆囉莎訶十五 尒時復有三十六殑佛一時同聲
說是无量壽宗要經陁羅尼曰 南謨薄伽勒底一 阿波唎蜜多二 阿俞紇硯
娜三 須毗你悉指陁四 羅佐耶五

BD05247 號　無量壽宗要經　（5–1）

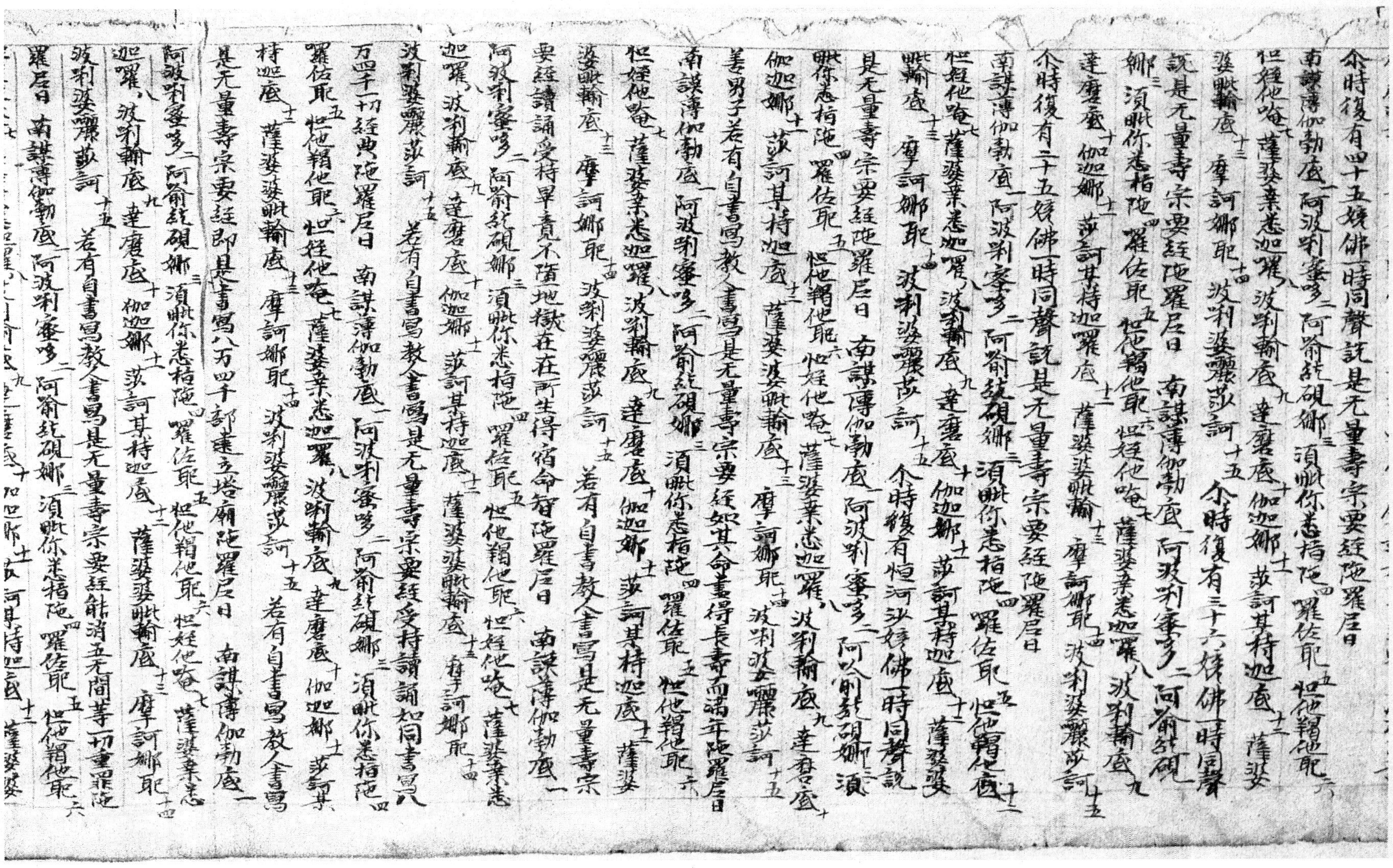

尒時復有四十五殑佛一時同聲說是无量壽宗要經陁羅尼曰
南謨薄伽勒底一 阿波唎蜜多二 阿俞紇硯娜三 須毗你悉指陁四 羅佐耶五 怛他羯他耶六
怛絰他唵七 薩婆桒悉迦囉八 波唎輸底九 達磨底十 伽迦娜十一 莎訶其持迦底十二 薩婆
婆毗輸底十三 摩訶娜耶十四 波唎婆囉莎訶十五 尒時復有三十六殑佛一時同聲
說是无量壽宗要經陁羅尼曰 南謨薄伽勒底一 阿波唎蜜多二 阿俞紇硯
娜三 須毗你悉指陁四 羅佐耶五 怛他羯他耶六 怛絰他唵七 薩婆桒悉迦囉八 波唎輸底九
達磨底十 伽迦娜十一 莎訶其持迦囉底十二 薩婆婆毗輸底十三 摩訶娜耶十四 波唎婆囉莎訶十五
尒時復有二十五殑佛一時同聲說是无量壽宗要經陁羅尼曰
南謨薄伽勒底一 阿波唎蜜多二 阿俞紇硯娜三 須毗你悉指陁四 羅佐耶五 怛他羯他底
怛絰他唵七 薩婆桒悉迦囉八 波唎輸底九 達磨底十 伽迦娜十一 莎訶其持迦底十二 薩婆婆婆
毗輸底十三 摩訶娜耶十四 波唎婆囉莎訶十五 尒時復有恒河沙殑佛一時同聲說
是无量壽宗要經陁羅尼曰 南謨薄伽勒底一 阿波唎蜜多二 阿俞紇硯娜三 須
毗你悉指陁四 羅佐耶五 怛他羯他耶六 怛絰他唵七 薩婆桒悉迦囉八 波唎輸底九 達磨底十
伽迦娜十一 莎訶其持迦底十二 薩婆婆毗輸底十三 摩訶娜耶十四 波唎婆囉莎訶十五
善男子若有自書寫教人書寫是无量壽宗要經如其命盡得長壽滿年陁羅尼曰
南謨薄伽勒底一 阿波唎蜜多二 阿俞紇硯娜三 須毗你悉指陁四 羅佐耶五 怛他羯他耶六
怛絰他唵七 薩婆桒悉迦囉八 波唎輸底九 達磨底十 伽迦娜十一 莎訶其持迦底十二 薩婆
婆毗輸底十三 摩訶娜耶十四 波唎婆囉莎訶十五 若有自書寫教人書寫是无量壽宗
要經讀誦受持畢竟不墮地獄在在所生得宿命智陁羅尼曰 南謨薄伽勒底一
阿波唎蜜多二 阿俞紇硯娜三 須毗你悉指陁四 羅佐耶五 怛他羯他耶六 怛絰他唵七 薩婆桒悉
迦囉八 波唎輸底九 達磨底十 伽迦娜十一 莎訶其持迦底十二 薩婆婆毗輸底十三 摩訶娜耶十四
波唎婆囉莎訶十五 若有自書寫教人書寫是无量壽宗要經受持讀誦如同書寫八
万四千一切經典陁羅尼曰 南謨薄伽勒底一 阿波唎蜜多二 阿俞紇硯娜三 須毗你悉指陁四
羅佐耶五 怛他羯他耶六 怛絰他唵七 薩婆桒悉迦囉八 波唎輸底九 達磨底十 伽迦娜十一 莎訶其
持迦底十二 薩婆婆毗輸底十三 摩訶娜耶十四 波唎婆囉莎訶十五 若有自書寫教人書寫
是无量壽宗要經即是書寫八万四千部建立塔廟陁羅尼曰 南謨薄伽勒底一
阿波唎蜜多二 阿俞紇硯娜三 須毗你悉指陁四 羅佐耶五 怛他羯他耶六 怛絰他唵七 薩婆桒悉
迦囉八 波唎輸底九 達磨底十 伽迦娜十一 莎訶其持迦底十二 薩婆婆毗輸底十三 摩訶娜耶十四
波唎婆囉莎訶十五 若有自書寫教人書寫是无量壽宗要經能消五无間等一切重罪陁
羅尼曰 南謨薄伽勒底一 阿波唎蜜多二 阿俞紇硯娜三 須毗你悉指陁四 羅佐耶五 怛他羯他耶六
薩婆桒悉迦囉八 波唎輸底九 達磨底十 伽迦娜十一 莎訶其持迦底十二 薩婆婆

BD05247 號　無量壽宗要經　（5–2）

持迦底 薩婆婆毗輸底 摩訶娜耶 波唎婆𠼐莎訶 若有自書寫教人書寫
是无量壽宗要經即是書寫八万四千部建立塔廟陁羅尼曰 南謨薄伽勃底一
阿波唎蜜多二阿喻紇硯娜三須毗你悉指陁四囉佐耶五怛他羯他耶六怛姪他唵七薩婆桒悉
迦囉八波唎輸底九達磨底十伽迦娜十一莎訶某持迦底十二薩婆婆毗輸底十三摩訶娜耶十四
波唎婆𠼐莎訶十五 若有自書寫教人書寫是无量壽宗要經能消五无間等一切重罪陁
羅尼曰 南謨薄伽勃底一阿波唎蜜多二阿喻紇硯娜三須毗你悉指陁四囉佐耶五怛他羯他耶六
怛姪他唵七薩婆桒悉迦囉八波唎輸底九達磨底十伽迦娜十一莎訶某持迦底十二薩婆婆
毗輸底十三摩訶娜耶十四波唎婆𠼐莎訶十五 若有自書寫教人書寫是无量壽宗要經
受持讀誦設有重罪猶如須弥盡能除滅陁羅尼曰 南謨薄伽勃底一阿波唎蜜多二
阿喻紇硯娜三須毗你悉指陁四囉佐耶五怛他羯他耶六怛姪他唵七薩婆桒悉迦囉八波唎輸底九
達磨底十伽迦娜十一莎訶某持迦底十二薩婆婆毗輸底十三摩訶娜耶十四波唎婆𠼐莎訶十五
若有自書寫教人書寫是无量壽宗要經受持讀誦若魔魔之眷屬夜叉羅剎不得
其便終无枉死陁羅尼曰 南謨薄伽勃底一阿波唎蜜多二阿喻紇硯娜三須毗你悉指陁四
囉佐耶五怛他羯他耶六怛姪他唵七薩婆桒悉迦囉八波唎輸底九達磨底十伽迦娜十一莎
訶某持迦底十二薩婆婆毗輸底十三摩訶娜耶十四波唎婆𠼐莎訶十五 若有自書教人書
寫是无量壽宗要經受持讀誦當命終時有九十九殑佛現其人前兼千佛授手
能遊一切佛剎莫於此經生於疑惑陁羅尼曰 南謨薄伽勃底一阿波唎蜜多二阿喻紇
硯娜三須毗你悉指陁四囉佐耶五怛他羯他耶六怛姪他唵七薩婆桒悉迦囉八波唎輸底九
達磨底十伽迦娜十一莎訶某持迦底十二薩婆婆毗輸底十三摩訶娜耶十四波唎婆𠼐莎訶十五
若有自書寫教人書寫是无量壽宗要經受持讀誦常得四天大王隨其衛護陁羅尼曰
南謨薄伽勃底一阿波唎蜜多二阿喻紇硯娜三須毗你悉指陁四囉佐耶五怛他羯他耶六怛姪
他唵七薩婆桒悉迦囉八波唎輸底九達磨底十伽迦娜十一莎訶某持迦底十二薩婆婆毗輸底十三
摩訶娜耶十四波唎婆𠼐莎訶十五 若有自書寫教人書寫是无量壽宗要經受持
讀誦當得往生西方極樂世界阿弥陁佛土陁羅尼曰 南謨薄伽勃底一阿波唎蜜
多二阿喻紇硯娜三須毗你悉指陁四囉佐耶五怛他羯他耶六怛姪他唵七薩婆桒悉迦囉八
波唎輸底九達磨底十伽迦娜十一莎訶某持迦底十二薩婆婆毗輸底十三摩訶娜耶十四波唎婆𠼐莎
訶十五 若有方所自書寫使人書寫是无量壽經典之處則為是塔皆應恭敬作
礼若是畜生或為鳥獸得聞是經如是等類皆當不久得成一切種智陁羅尼曰
南謨薄伽勃底一阿波唎蜜多二阿喻紇硯娜三須毗你悉指陁四囉佐耶五怛他羯他耶六
怛姪他唵七薩婆桒悉迦囉八波唎輸底九達磨底十伽迦娜十一莎訶某持迦底十二薩婆婆
毗輸底十三摩訶娜耶十四波唎婆𠼐莎訶十五 若有於是无量壽經自書寫使人書畢

BD05247號 無量壽宗要經

（5–3）

礼若是畜生或為鳥獸得聞是經如是等類皆當不久得成一切種智陁羅尼曰
南謨薄伽勃底一阿波唎蜜多二阿喻紇硯娜三須毗你悉指陁四囉佐耶五怛他羯他耶六
怛姪他唵七薩婆桒悉迦囉八波唎輸底九達磨底十伽迦娜十一莎訶某持迦底十二薩婆婆
毗輸底十三摩訶娜耶十四波唎婆𠼐莎訶十五 若有於是无量壽經自書寫使人書畢
竟不受女人身之陁羅尼曰 南謨薄伽勃底一阿波唎蜜多二阿喻紇硯娜三
須毗你悉指陁四囉佐耶五怛他羯他耶六怛姪他唵七薩婆桒悉迦囉八波唎輸底九
若有能於是經少分能惠施者等於三千大千世界諸中七寶布施陁羅尼曰
南謨薄伽勃底一阿波唎蜜多二阿喻紇硯娜三須毗你悉指陁四囉佐耶五怛他羯他耶六
怛姪他唵七薩婆桒悉迦囉八波唎輸底九達磨底十伽迦娜十一莎訶某持迦底十二薩婆
婆毗輸底十三摩訶娜耶十四波唎婆𠼐莎訶十五 若有能供養是經者則供養一切諸
經等无有異陁羅尼曰 南謨薄伽勃底一阿波唎蜜多二阿喻紇硯娜三須毗你悉指陁四
囉佐耶五怛他羯他耶六怛姪他唵七薩婆桒悉迦囉八波唎輸底九達磨底十伽迦娜十一莎訶某持
迦底十二薩婆婆毗輸底十三摩訶娜耶十四波唎婆𠼐莎訶十五 如是毗婆尸佛尸弃佛毗舍
浮佛俱留孫佛俱那含牟尼佛迦葉佛釋迦牟尼佛若有人以七寶供養如是七佛
其福有限書寫受持是无量壽經典所有功德不可限量陁羅尼曰 南謨薄伽勃底一
阿波唎蜜多二阿喻紇硯娜三須毗你悉指陁四囉佐耶五怛他羯他耶六怛姪他唵七薩婆桒悉迦囉八
波唎輸底九達磨底十伽迦娜十一莎訶某持迦底十二薩婆婆毗輸底十三摩訶娜耶十四波唎婆𠼐莎
訶十五 若有七寶等於須弥山用布施其福上能知其限量是无量壽經典其福不可知數陁羅
尼曰 南謨薄伽勃底一阿波唎蜜多二阿喻紇硯娜三須毗你悉指陁四囉佐耶五怛他羯他耶六
怛姪他唵七薩婆桒悉迦囉八波唎輸底九達磨底十伽迦娜十一莎訶某持迦底十二薩婆婆毗輸底十三
摩訶娜耶十四波唎婆𠼐莎訶十五 如是四大海水可知滴數是无量壽經典所生果報不可知
數量陁羅尼曰 南謨薄伽勃底一阿波唎蜜多二阿喻紇硯娜三須毗你悉指陁四囉佐耶五
怛他羯他耶六怛姪他唵七薩婆桒悉迦囉八波唎輸底九達磨底十伽迦娜十一莎訶某持迦底十二
薩婆婆毗輸底十三摩訶娜耶十四波唎婆𠼐莎訶十五 若有自書使人書寫是无量壽宗要
經典又能讚持供養即如恭敬供養一切十方佛土如來无有別異陁羅尼曰
南謨薄伽勃底一阿波唎蜜多二阿喻紇硯娜三須毗你悉指陁四囉佐耶五怛他羯他耶六怛姪
他唵七薩婆桒悉迦囉八波唎輸底九達磨底十伽迦娜十一莎訶某持迦底十二摩訶娜耶十四
薩婆婆毗輸底十三摩訶娜耶十四波唎婆𠼐莎訶十五
布施力能成正覺 悟布施力人師子 布施力能聲普聞 慈悲階漸最能入
持戒力能成正覺 悟持戒力人師子 布施力能聲普聞 慈悲階漸最能入
忍辱力能成正覺 悟忍辱力人師子 忍辱力能聲普聞 慈悲階漸最能入

BD05247號 無量壽宗要經

（5–4）

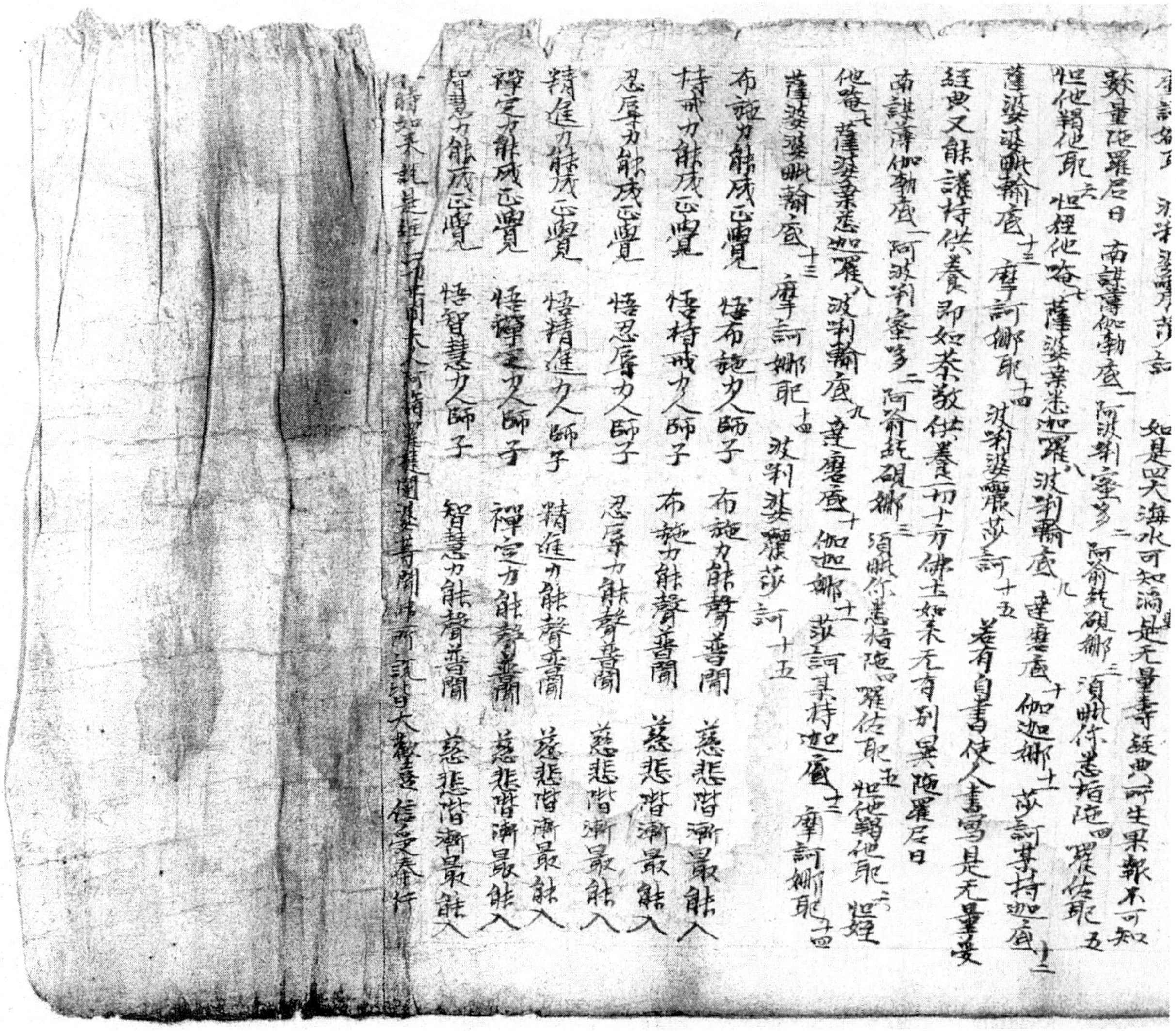
[illegible] 如是四大海水可知滴是无量壽經典所生果報不可知
數量陁羅尼曰 南謨薄伽勃底一 阿波唎蜜多二 阿俞紇硯娜三 須毗你悉指陁四 囉佐耶五
怛他羯他耶六 怛姪他唵七 薩婆桒悉迦囉八 波唎輸底九 達磨底十 伽迦娜十一 莎訶某持迦底十二
薩婆娑毗輸底十三 摩訶娜耶十四 波唎婆囉莎訶十五 若有自書使人書寫是无量壽
經典又能護持供養即如恭敬供養一切十方佛土如來无有別異陁羅尼曰
南謨薄伽勃底一 阿波唎蜜多二 阿俞紇硯娜三 須毗你悉指陁四 囉佐耶五 怛他羯他耶六 怛姪
他唵七 薩婆桒悉迦囉八 波唎輸底九 達磨底十 伽迦娜十一 莎訶某持迦底十二 摩訶娜耶十四
薩婆娑毗輸底十三 摩訶娜耶十四 波唎婆囉莎訶十五
布施力能成正覺 悟布施力人師子 布施力能聲普聞 慈悲皆漸最能入
持戒力能成正覺 悟持戒力人師子 布施力能聲普聞 慈悲皆漸最能入
忍辱力能成正覺 悟忍辱力人師子 忍辱力能聲普聞 慈悲皆漸最能入
精進力能成正覺 悟精進力人師子 精進力能聲普聞 慈悲皆漸最能入
禪定力能成正覺 悟禪定力人師子 禪定力能聲普聞 慈悲皆漸最能入
智慧力能成正覺 悟智慧力人師子 智慧力能聲普聞 慈悲皆漸最能入
時如來說是經已一切世間天人阿脩羅揵闥婆等聞佛所說皆大歡喜信受奉行

BD05247 號　無量壽宗要經　（5–5）

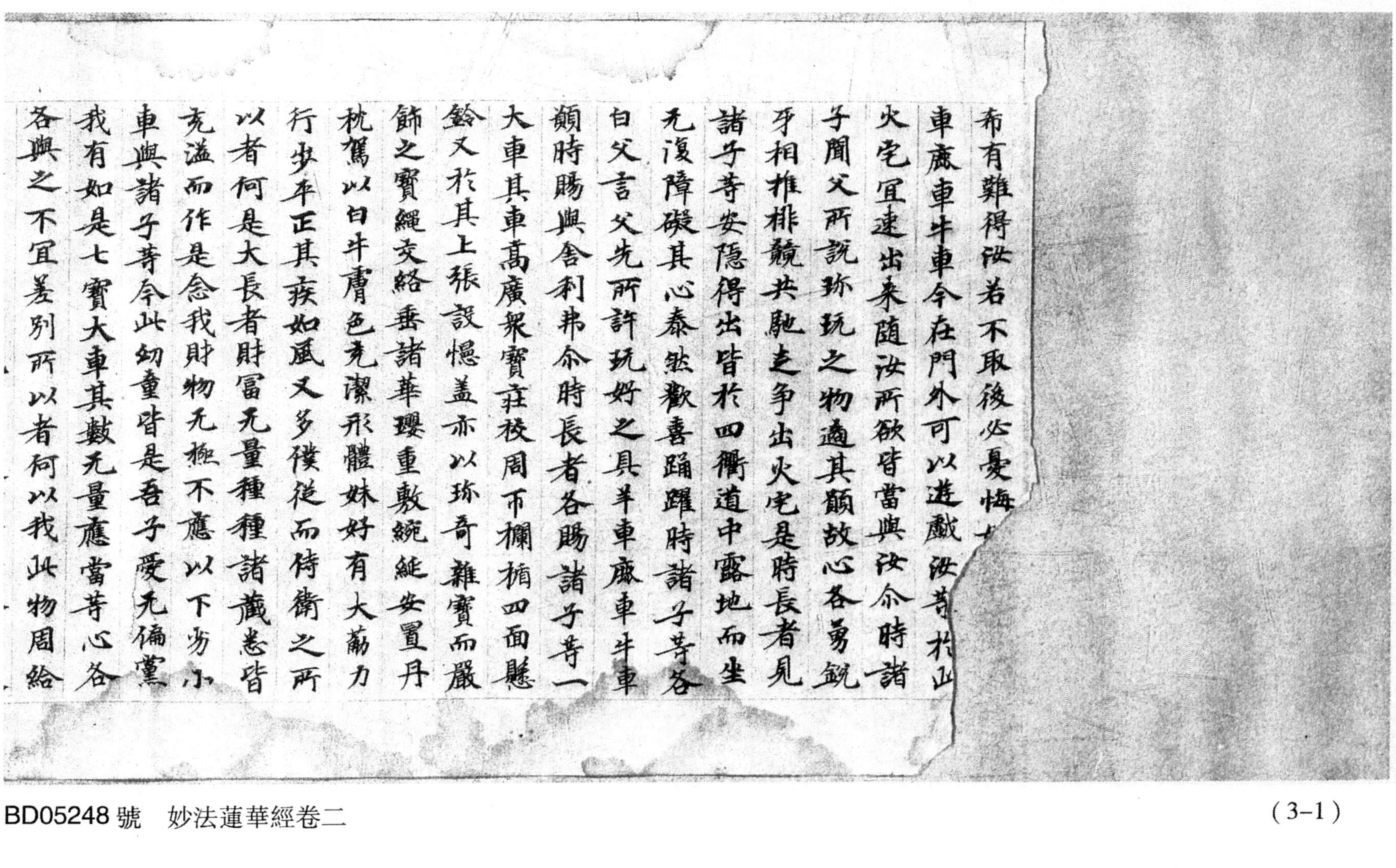
布有難得汝若不取後必憂悔
車鹿車牛車今在門外可以遊戲汝等於此
火宅宜速出來隨汝所欲皆當與汝尒時諸
子聞父所說珎玩之物適其願故心各勇鋭
互相推排競共馳走爭出火宅是時長者見
諸子等安隱得出皆於四衢道中露地而坐
无復障礙其心泰然歡喜踊躍時諸子等各
白父言父先所許玩好之具羊車鹿車牛車
願時賜與舍利弗尒時長者各賜諸子等一
大車其車高廣衆寶莊校周帀欄楯四面懸
鈴又於其上張設幰蓋亦以珎奇雜寶而嚴
飾之寶繩交絡垂諸華瓔重敷綩綖安置丹
枕駕以白牛膚色充潔形體姝好有大筋力
行步平正其疾如風又多僕從而侍衛之所
以者何是大長者財富无量種種諸藏悉皆
充溢而作是念我財物无極不應以下劣小
車與諸子等今此幼童皆是吾子愛无偏黨
我有如是七寶大車其數无量應當等心各
各與之不宜差別所以者何以我此物周給

BD05248 號　妙法蓮華經卷二　（3–1）

枕駕以白牛膚色充潔形體姝好有大筋力
行步平正其疾如風又多僕從而侍衛之所
以者何是大長者財富无量種種諸藏悉皆
充溢而作是念我財物无極不應以下劣小
車與諸子等今此幼童皆是吾子愛无偏黨
我有如是七寶大車其數无量應當等心各
各與之不宜差別所以者何以我此物周給
一國猶尚不匱何況諸子是時諸子各乘大
車得未曾有非本所望舍利弗於汝意云何
是長者等與諸子珎寶大車寧有虛妄不舍
利弗言不也世尊是長者但令諸子得免火
難全其軀命非為虛妄何以故若全身命便
為已得玩好之具況復方便於彼火宅而救
濟之世尊若是長者乃至不與冣小一車猶
不虛妄何以故是長者先作是意我以方便
令子得出以是因緣无虛妄也何況長者自
知財富无量欲饒益諸子等與大車佛告舍
利弗善哉善哉如汝所言舍利弗如來亦復
如是則為一切世間之父於諸怖畏衰惱憂
患无明闇蔽永盡无餘而悉成就无量知見
力无所畏有大神力及智慧力具足方便智
慧波羅蜜大慈大悲常无懈惓恒求善事利
益一切而生三界朽故火宅為度眾生生老
病死憂悲苦惱愚癡闇蔽三毒之火教化令
得阿耨多羅三藐三菩提見諸眾生為生老
病死憂悲苦惱之所燒煮亦以五欲財利故

BD05248號　妙法蓮華經卷二

（3-2）

力无所畏有大神力及智慧力具足方便智
慧波羅蜜大慈大悲常无懈惓恒求善事利
益一切而生三界朽故火宅為度眾生生老
病死憂悲苦惱愚癡闇蔽三毒之火教化令
得阿耨多羅三藐三菩提見諸眾生為生老
病死憂悲苦惱之所燒煮亦以五欲財利故
受種種苦又以貪著追求故現受眾苦後受
地獄畜生餓鬼之苦若生天上及在人間貧
窮困苦愛別離苦怨憎會苦如是等種種諸
苦眾生沒在其中歡喜遊戲不覺不知不驚
不怖亦不生猒不求解脫於此三界火宅東
西馳走雖遭大苦不以為患舍利弗佛見此
已便作是念我為眾生之父應拔其苦難與
无量无邊佛智慧樂令其遊戲舍利弗如來
復作是念若我但以神力及智慧力捨於方
便為諸眾生讚如來知見力无所畏者眾生
不能以是得度所以者何是諸眾生未免生
老病死憂悲苦惱而為三界火宅所燒何由
能解佛之智慧舍利弗如彼長者雖復身手
有力而不用之但以慇懃方便免濟諸子火
宅之難然後各與珎寶大車如來亦復如是
雖有力无所畏而不用之但以智慧方便於
三界火宅拔濟眾生為說三乘聲聞辟支佛
佛乘而作是言汝等莫得樂住三界火宅勿

BD05248號　妙法蓮華經卷二

（3-3）

燒汝速……三乘聲聞辟支佛佛乘
我今為汝保任此事終不虛也汝等但當勤
脩精進如來以是方便誘進衆生復作是言
汝等當知此三乘法皆是聖所稱歎自在无
繫无所依求乘是三乘以无漏根力覺道禪
定解脫三昧等而自娛樂便得无量安隱快
樂舍利弗若有衆生內有智性從佛世尊聞
法信受慇懃精進欲速出三界自求涅槃是
名聲聞乘如彼諸子為求羊車出於火宅若
有衆生從佛世尊聞法信受慇懃精進求自
然慧樂獨善寂深知諸法因緣是名辟支佛
乘如彼諸子為求鹿車出於火宅若有衆生
從佛世尊聞法信受勤脩精進求一切智佛
智自然智无師智如來知見力无所畏愍念
安樂无量衆生利益天人度脫一切是名大
乘菩薩求此乘故名為摩訶薩如彼諸子為
求牛車出於火宅舍利弗如彼長者見諸子

BD05249號　妙法蓮華經卷二　（21–1）

從佛世尊聞法信受勤脩精進求一切智佛
智自然智无師智如來知見力无所畏愍念
安樂无量衆生利益天人度脫一切是名大
乘菩薩求此乘故名為摩訶薩如彼諸子為
求牛車出於火宅舍利弗如彼長者見諸子
等安隱得出火宅到无畏處自惟財富无量
等以大車而賜諸子如來亦復如是為一切
衆生之父若見无量億千衆生以佛教門出
三界苦怖畏險道得涅槃樂如來尒時便作
是念我有无量无邊智慧力无畏等諸佛法
藏是諸衆生皆是我子等與大乘不令有人
獨得滅度皆以如來滅度而滅度之是諸衆
生脫三界者悉與諸佛禪定解脫等娛樂之
具皆是一相一種聖所稱歎能生淨妙第一
之樂舍利弗如彼長者初以三車誘引諸子
然後但與大車寶物莊嚴安隱第一然彼長
者无虛妄之咎如來亦復如是无有虛妄初
說三乘引導衆生然後但以大乘而度脫之
何以故如來有无量智慧力无所畏諸法之
藏能與一切衆生大乘之法但不盡能受舍
利弗以是因緣當知諸佛方便力故於一佛
乘分別說三佛欲重宣此義而說偈言
譬如長者　有一大宅　其宅久故　而復頓弊
堂舍高危　柱根摧朽　梁棟傾斜　基陛頹毀

BD05249號　妙法蓮華經卷二　（21–2）

藏能與一切衆生大乘之法但不盡能受舍
利弗以是因緣當知諸佛方便力故於一佛
乘分別說三佛欲重宣此義而說偈言
譬如長者　有一大宅　其宅久故　而復頓弊
堂舍高危　柱根摧朽　梁棟傾斜　基陛頹毀
墻壁圮坼　泥塗褫落　覆苫亂墜　椽梠差脫
周障屈曲　雜穢充遍　有五百人　止住其中
鵄梟鵰鷲　烏鵲鳩鴿　蚖蛇蝮蝎　蜈蚣蚰蜒
守宮百足　狖狸鼷鼠　諸惡蟲輩　交橫馳走
屎尿臭處　不淨流溢　蜣蜋諸蟲　而集其上
狐狼野干　咀嚼踐蹋　嚌齧死屍　骨肉狼藉
由是群狗　競來搏撮　飢羸慞惶　處處求食
鬪諍齟掣　啀喍嗥吠　其舍恐怖　變狀如是
處處皆有　魑魅魍魎　夜叉惡鬼　食噉人肉
毒蟲之屬　諸惡禽獸　孚乳產生　各自藏護
夜叉競來　爭取食之　食之既飽　惡心轉熾
鬪諍之聲　甚可怖畏　鳩槃荼鬼　蹲踞土埵
或時離地　一尺二尺　往返遊行　縱逸嬉戲
捉狗兩足　撲令失聲　以腳加頸　怖狗自樂
復有諸鬼　其身長大　裸形黑瘦　常住其中
發大惡聲　叫呼求食　復有諸鬼　其咽如針
復有諸鬼　首如牛頭　或食人肉　或復噉狗
頭髮蓬亂　殘害凶險　飢渴所逼　叫喚馳走
夜叉餓鬼　諸惡鳥獸　飢急四向　窺看窗牖
如是諸難　恐畏无量　是朽故宅　屬于一人

發大惡聲　叫呼求食　復有諸鬼　其咽如針
復有諸鬼　首如牛頭　或食人肉　或復噉狗
頭髮蓬亂　殘害凶險　飢渴所逼　叫喚馳走
夜叉餓鬼　諸惡鳥獸　飢急四向　窺看窗牖
如是諸難　恐畏无量　是朽故宅　屬于一人
其人近出　未久之間　於後舍宅　欻然火起
四面一時　其焰俱熾　棟梁椽柱　爆聲震裂
摧折墮落　墻壁崩倒　諸鬼神等　揚聲大叫
鵰鷲諸鳥　鳩槃荼等　周慞惶怖　不能自出
惡獸毒蟲　藏竄孔穴　毗舍闍鬼　亦住其中
薄福德故　為火所逼　共相殘害　飲血噉肉
野干之屬　並已前死　諸大惡獸　競來食噉
臭烟熢㶿　四面充塞　蜈蚣蚰蜒　毒蛇之類
為火所燒　爭走出穴　鳩槃荼鬼　隨取而食
又諸餓鬼　頭上火燃　飢渴熱惱　周慞悶走
其宅如是　甚可怖畏　毒害火災　衆難非一
是時宅主　在門外立　聞有人言　汝諸子等
先因遊戲　來入此宅　稚小无知　歡娛樂著
長者聞已　驚入火宅　方宜救濟　令无燒害
告喻諸子　說衆患難　惡鬼毒蟲　災火蔓莚
衆苦次第　相續不絕　毒蛇蚖蝮　及諸夜叉
鳩槃荼鬼　野干狐狗　鵰鷲鵄梟　百足之屬
飢渴惱急　甚可怖畏　此苦難處　況復大火
諸子无知　雖聞父誨　猶故樂著　嬉戲不已
是時長者　而作是念　諸子如此　益我愁惱

告喻諸子 說衆患難 惡鬼毒虫 災火蔓莚
衆苦次第 相續不絕 毒蛇蚖蝮 及諸夜叉
鳩槃荼鬼 野干狐狗 鵰鷲鵄梟 百足之屬
飢渴惱急 甚可怖畏 此苦難處 況復大火
諸子无知 雖聞父誨 猶故樂著 嬉戲不已
是時長者 而作是念 諸子如此 益我愁惱
今此舍宅 无一可樂 而諸子等 耽湎嬉戲
不受我教 將爲火害 即便思惟 設諸方便
告諸子等 我有種種 珎玩之具 妙寶好車
羊車鹿車 大牛之車 今在門外 汝等出來
吾爲汝等 造作此車 隨意所樂 可以遊戲
諸子聞說 如此諸車 即時奔競 馳走而出
到於空地 離諸苦難 長者見子 得出火宅
住於四衢 坐師子座 而自慶言 我今快樂
此諸子等 生育甚難 愚小无知 而入險宅
多諸毒虫 魑魅可畏 大火猛焰 四面俱起
而此諸子 貪樂嬉戲 我已救之 令得脫難
是故諸人 我今快樂 爾時諸子 知父安坐
皆詣父所 而白父言 願賜我等 三種寶車
如前所許 諸子出來 當以三車 隨汝所欲
今正是時 唯垂給與 長者大富 庫藏衆多
金銀瑠璃 車𤦲馬瑙 以衆寶物 造諸大車
莊挍嚴飾 周帀欄楯 四面懸鈴 金繩交絡
真珠羅網 張施其上 金華諸瓔 處處垂下
衆彩雜飾 周帀圍繞 柔軟繒纊 以爲茵蓐
上妙細氎 價直千億 鮮白淨潔 以覆其上

金銀瑠璃 車𤦲馬瑙 以衆寶物 造諸大車
莊挍嚴飾 周帀欄楯 四面懸鈴 金繩交絡
真珠羅網 張施其上 金華諸瓔 處處垂下
衆彩雜飾 周帀圍繞 柔軟繒纊 以爲茵蓐
上妙細氎 價直千億 鮮白淨潔 以覆其上
有大白牛 肥壯多力 形體姝好 以駕寶車
多諸儐從 而侍衛之 以是妙車 等賜諸子
諸子是時 歡喜踊躍 乘是寶車 遊於四方
嬉戲快樂 自在无礙 告舍利弗 我亦如是
衆聖中尊 世間之父 一切衆生 皆是吾子
深著世樂 无有慧心 三界无安 猶如火宅
衆苦充滿 甚可怖畏 常有生老 病死憂患
如是等火 熾然不息 如來已離 三界火宅
寂然閑居 安處林野 今此三界 皆是我有
其中衆生 悉是吾子 而今此處 多諸患難
唯我一人 能爲救護 雖復教詔 而不信受
於諸欲染 貪著深故 是以方便 爲說三乘
令諸衆生 知三界苦 開示演說 出世間道
是諸子等 若心決定 具足三明 及六神通
有得緣覺 不退菩薩 汝舍利弗 我爲衆生
以此譬喻 說一佛乘 汝等若能 信受是語
一切皆當 得成佛道 是乘微妙 清淨第一
於諸世間 爲无有上 佛所悅可 一切衆生
所應稱讚 供養禮拜 无量億千 諸力解脫
禪定智慧 及佛餘法 得如是乘 令諸子等

以此譬喻　說一佛乘　汝等若能　信受是語
一切皆當　得成佛道　是乘微妙　清淨第一
於諸世間　為无有上　佛所悅可　一切衆生
所應稱讚　供養礼拜　无量億千　諸力解脫
禪定智慧　及佛餘法　得如是乘　令諸子等
日夜劫數　常得遊戲　與諸菩薩　及聲聞衆
乘此寶乘　直至道場　以是因緣　十方諦求
更无餘乘　除佛方便　告舍利弗　汝諸人等
皆是吾子　我則是父　汝等累劫　衆苦所燒
我皆濟拔　令出三界　我雖先說　汝等滅度
但盡生死　而實不滅　今所應作　唯佛智慧
若有菩薩　於是衆中　能一心聽　諸佛實法
諸佛世尊　雖以方便　所化衆生　皆是菩薩
若人小智　深著愛欲　為此等故　說於苦諦
衆生心喜　得未曾有　佛說苦諦　真實无異
若有衆生　不知苦本　深著苦因　不能暫捨
為是等故　方便說道　諸苦所因　貪欲為本
若滅貪欲　无所依止　滅盡諸苦　名第三諦
為滅諦故　脩行於道　離諸苦縛　名得解脫
是人於何　而得解脫　但離虛妄　名為解脫
其實未得　一切解脫　佛說是人　未實滅度
斯人未得　无上道故　我意不欲　令至滅度
我為法王　於法自在　安隱衆生　故現於世
汝舍利弗　我此法印　為欲利益　世間故說

BD05249號　妙法蓮華經卷二　（21–7）

是人於何　而得解脫　但離虛妄　名為解脫
其實未得　一切解脫　佛說是人　未實滅度
斯人未得　无上道故　我意不欲　令至滅度
我為法王　於法自在　安隱衆生　故現於世
汝舍利弗　我此法印　為欲利益　世間故說
在所遊方　勿妄宣傳　若有聞者　隨喜頂受
當知是人　阿鞞跋致　若有信受　此經法者
是人已曾　見過去佛　恭敬供養　亦聞是法
若人有能　信汝所說　則為見我　亦見於汝
及比丘僧　并諸菩薩　斯法華經　為深智說
淺識聞之　迷惑不解　一切聲聞　及辟支佛
於此經中　力所不及　汝舍利弗　尚於此經
以信得入　況餘聲聞　其餘聲聞　信佛語故
隨順此經　非己智分　又舍利弗　憍慢懈怠
計我見者　莫說此經　凡夫淺識　深著五欲
聞不能解　亦勿為說　若人不信　毀謗此經
則斷一切　世間佛種　或復嚬蹙　而懷疑惑
汝當聽說　此人罪報　若佛在世　若滅度後
其有誹謗　如斯經典　見有讀誦　書持經者
輕賤憎嫉　而懷結恨　此人罪報　汝今復聽
其人命終　入阿鼻獄　具足一劫　劫盡更生
如是展轉　至无數劫　從地獄出　當墮畜生
若狗野干　其形頗瘦　梨黮疥癩　人所觸嬈
又復為人　之所惡賤　常困飢渴　骨肉枯竭
生受楚毒　死被瓦石　斷佛種故　受斯罪報

BD05249號　妙法蓮華經卷二　（21–8）

輕賤憎嫉 而懷結恨 此人罪報 汝今復聽
其人命終 入阿鼻獄 具足一劫 劫盡更生
如是展轉 至无數劫 從地獄出 當墮畜生
若狗野干 其形頓瘦 黧黮疥癩 人所觸嬈
又復為人 之所惡賤 常困飢渴 骨肉枯竭
生受楚毒 死被瓦石 斷佛種故 受斯罪報
若作駱駝 或生驢中 身常負重 加諸杖捶
但念水草 餘无所知 謗斯經故 獲罪如是
有作野干 來入聚落 身體疥癩 又无一目
為諸童子 之所打擲 受諸苦痛 或時致死
於此死已 更受蟒身 其形長大 五百由旬
聾騃无足 宛轉腹行 為諸小虫 之所唼食
晝夜受苦 无有休息 謗斯經故 獲罪如是
若得為人 諸根暗鈍 矬陋攣躄 盲聾背傴
有所言說 人不信受 口氣常臭 鬼魅所著
貧窮下賤 為人所使 多病痟瘦 无所依怙
雖親附人 人不在意 若有所得 尋復忘失
若脩醫道 順方治病 更增他疾 或復致死
若自有病 无人救療 設服良藥 而復增劇
若人反逆 抄劫竊盜 如是等罪 橫羅其殃
如斯罪人 永不見佛 衆聖之王 說法教化
如斯罪人 常生難處 狂聾心亂 永不聞法
於无數劫 如恒河沙 生輒聾瘂 諸根不具
常處地獄 如遊園觀 在餘惡道 如己舍宅

如斯罪人 永不見佛 衆聖之王 說法教化
如斯罪人 常生難處 狂聾心亂 永不聞法
於无數劫 如恒河沙 生輒聾瘂 諸根不具
常處地獄 如遊園觀 在餘惡道 如己舍宅
駝驢猪狗 是其行處 謗斯經故 獲罪如是
若得為人 聾盲瘖瘂 貧窮諸衰 以自莊嚴
水腫乾痟 疥癩癰疽 如是等病 以為衣服
身常臭處 垢穢不淨 深著我見 增益瞋恚
婬欲熾盛 不擇禽獸 謗斯經故 獲罪如是
告舍利弗 謗斯經者 若說其罪 窮劫不盡
以是因緣 我故語汝 无智人中 莫說此經
若有利根 智慧明了 多聞強識 求佛道者
如是之人 乃可為說 若人曾見 億百千佛
殖諸善本 深心堅固 如是之人 乃可為說
若人精進 常脩慈心 不惜身命 乃可為說
若人恭敬 无有異心 離諸凡愚 獨處山澤
如是之人 乃可為說 又舍利弗 若見有人
捨惡知識 親近善友 如是之人 乃可為說
若見佛子 持戒清潔 如淨明珠 求大乘經
如是之人 乃可為說 若人无瞋 質直柔軟
常愍一切 恭敬諸佛 如是之人 乃可為說
復有佛子 於大衆中 以清淨心 種種因緣
譬喻言辭 說法无礙 如是之人 乃可為說
若有比丘 為一切智 四方求法 合掌頂受
但樂受持 大乘經典 乃至不受 餘經一偈

常愍一切　恭敬諸佛　如是之人　乃可為說
復有佛子　於大衆中　以清淨心　種種因緣
辟喻言辭　說法无礙　如是之人　乃可為說
若有比丘　為一切智　四方求法　合掌頂受
但樂受持　大乘經典　乃至不受　餘經一偈
如是之人　乃可為說　如人至心　求佛舍利
如是求經　得已頂受　其人不復　志求餘經
亦未曾念　外道典籍　如是之人　乃可為說
告舍利弗　我說是相　求佛道者　窮劫不盡
如是等人　則能信解　汝當為說　妙法華經

妙法蓮華經信解品第四

尒時慧命須菩提摩訶迦旃延摩訶迦葉摩
訶目揵連從佛所聞未曾有法世尊授舍利
弗阿耨多羅三藐三菩提記發希有心歡喜
踊躍即從座起整衣服偏袒右肩右膝著地
一心合掌曲躬恭敬瞻仰尊顏而白佛言我
等居僧之首年並朽邁自謂已得涅槃无所
堪任不復進求阿耨多羅三藐三菩提世尊
往昔說法既久我時在座身體疲懈但念空
无相无作於菩薩法遊戲神通淨佛國土成
就衆生心不憙樂所以者何世尊令我等出
於三界得涅槃證又今我等年已朽邁於佛
教化菩薩阿耨多羅三藐三菩提不生一心
好樂之心我等今於佛前聞授聲聞阿耨多
羅三藐三菩提記心甚歡喜得未曾有不謂

BD05249號　妙法蓮華經卷二　（21–11）

就衆生心不憙樂所以者何世尊令我等出
於三界得涅槃證又今我等年已朽邁於佛
教化菩薩阿耨多羅三藐三菩提不生一心
好樂之心我等今於佛前聞授聲聞阿耨多
羅三藐三菩提記心甚歡喜得未曾有不謂
於今忽然得聞希有之法深自慶幸獲大善
利无量珎寶不求自得世尊我等今者樂說
譬喻以明斯義譬若有人年既幼稚捨父逃
逝久住他國或十二十至五十歲年既長大
加復窮困馳騁四方以求衣食漸漸遊行遇
向本國其父先來求子不得中止一城其家
大富財寶无量金銀瑠璃珊瑚虎珀頗梨珠
等其諸倉庫悉皆盈溢多有僮僕臣佐吏民
象馬車乘牛羊无數出入息利乃遍他國商
估賈客亦甚衆多時貧窮子遊諸聚落經歷
國邑遂到其父所止之城父每念子與子離
別五十餘年而未曾向人說如此事但自思
惟心懷悔恨自念老朽多有財物金銀珎寶
倉庫盈溢无有子息一旦終沒財物散失无
所委付是以慇勤每憶其子復作是念我若
得子委付財物坦然快樂无復憂慮世尊尒
時窮子傭賃展轉遇到父舍住立門側遥見
其父踞師子床寶几承足諸婆羅門剎利居
士皆恭敬圍繞以真珠瓔珞價直千万莊嚴
其身吏民僮僕手執白拂侍立左右

BD05249號　妙法蓮華經卷二　（21–12）

所委付是以慇懃每憶其子復作是念我若
得子委付財物坦然快樂無復憂慮世尊爾
時窮子傭賃展轉遇到父舍住立門側遥見
其父踞師子床寶几承足諸婆羅門剎利居
士皆恭敬圍繞以真珠瓔珞價直千万莊嚴
其身吏民僮僕手執白拂侍立左右覆以寶
帳垂諸華幡香水灑地散衆名華羅列寶物
出内取與有如是等種種嚴飾威德特尊窮
子見父有大力勢即懷恐怖悔來至此竊作
是念此或是王或是王等非我傭力得物之
處不如往至貧里肆力有地衣食易得若久
住此或見逼迫強使我作作是念已疾走而
去時富長者於師子座見子便識心大歡喜
即作是念我財物庫藏今有所付我常思念
此子無由見之而忽自來甚適我願我雖年
朽猶故貪惜即遣傍人急追將還爾時使者
疾走往捉窮子驚愕稱怨大喚我不相犯何
為見捉使者執之愈急強牽將還于時窮子
自念無罪而被囚執此必定死轉更惶怖悶
絶躄地父遥見之而語使言不須此人勿強
將來以冷水灑面令得醒悟莫復與語所以
者何父知其子志意下劣自知豪貴為子所
難審知是子而以方便不語他人云是我子
使者語之我今放汝隨意所趣窮子歡喜得
未曾有從地而起往至貧里以求衣食爾時

絶躄地父遥見之而語使言不須此人勿強
將來以冷水灑面令得醒悟莫復與語所以
者何父知其子志意下劣自知豪貴為子所
難審知是子而以方便不語他人云是我子
使者語之我今放汝隨意所趣窮子歡喜得
未曾有從地而起往至貧里以求衣食爾時
長者將欲誘引其子而設方便密遣二人形
色憔悴無威德者汝可詣彼徐語窮子此有
作處倍與汝直窮子若許將來使作若言欲
何所作便可語之雇汝除糞我等二人亦共
汝作時二使人即求窮子既已得之具陳上
事爾時窮子先取其價尋與除糞其父見子
愍而怪之又以他日於窗牖中遥見子身羸
瘦憔悴糞土塵坌汙穢不淨即脫瓔珞細軟
上服嚴飾之具更著麁弊垢膩之衣塵土坌
身右手執持除糞之器狀有所畏語諸作人
汝等勤作勿得懈息以方便故得近其子後
復告言咄男子汝常此作勿復餘去當加汝
價諸有所須瓫器米麵鹽酢之屬莫自疑難
亦有老弊使人須者相給好自安意我如汝
父勿復憂慮所以者何我年老大而汝少壯
汝常作時無有欺怠瞋恨怨言都不見汝有
此諸惡如餘作人自今已後如所生子即時
長者更與作字名之為兒爾時窮子雖欣此
遇猶故自謂客作賤人由是之故於二十年

又勿復憂慮所以者何我年老大而汝少壯
汝常作時无有欺怠瞋恨怨言都不見汝有
此諸惡如餘作人自今已後如所生子即時
長者更與作字名之為兒尒時窮子雖欣此
遇猶故自謂客作賤人由是之故於二十年
中常令除糞過是已後心相體信入出无難
然其所止猶在本處世尊尒時長者有疾自
知將死不久語窮子言我今多有金銀珎寶
倉庫盈溢其中多少所應取與汝悉知之我
心如是當體此意所以者何今我與汝便為
不異宜加用心无令漏失尒時窮子即受教
勑領知衆物金銀珎寶及諸庫藏而无悕取
一飡之意然其所止故在本處下劣之心亦
未能捨復經少時父知子意漸已通泰成就
大志自鄙先心臨欲終時而命其子并會親
族國王大臣剎利居士皆悉已集即自宣言
諸君當知此是我子我之所生於某城中捨
吾逃走跉跰辛苦五十餘年其本字某我名
某甲昔在本城懷憂推覓忽於此間遇會得
之此實我子我實其父今我所有一切財物
皆是子有先所出内是子所知世尊是時窮
子聞父此言即大歡喜得未曾有而作是念
我本无心有所悕求今此寶藏自然而至世
尊大富長者則是如來我等皆似佛子如來
常說我等為子世尊我等以三苦故於生死

子聞父此言即大歡喜得未曾有而作是念
我本无心有所悕求今此寶藏自然而至世
尊大富長者則是如來我等皆似佛子如來
常說我等為子世尊我等以三苦故於生死
中受諸熱惱迷惑无知樂著小法今日世尊
令我等思惟蠲除諸法戲論之糞我等於中
勤加精進得至涅槃一日之價既得此已心
大歡喜自以為足便自謂於佛法中勤精進
故所得弘多然世尊先知我等心著弊欲樂
於小法便見縱捨不為分別汝等當有如來
知見寶藏之分世尊以方便力說如來智慧
我等從佛得涅槃一日之價以為大得於此
大乘无有志求我等又因如來智慧為諸菩
薩開示演說而自於此无有志願所以者何
佛知我等心樂小法以方便力隨我等說而
我等不知真是佛子今我等方知世尊於佛
智慧无所悋惜所以者何我等昔來真是佛
子而但樂小法若我等有樂大之心佛則為
我說大乘法此經中唯說一乘而昔於菩薩
前毀呰聲聞樂小法者然佛實以大乘教化
是故我等說本无心有所悕求今法王大寶
自然而至如佛子所應得者皆已得之尒時
摩訶迦葉欲重宣此義而說偈言
我等今日　聞佛音教　歡喜踊躍　得未曾有
佛說聲聞　當得作佛　无上寶聚　不求自得

前毀呰聲聞樂小法者然佛實以大乘教化
是故我等說本无心有所悕求今法王大寶
自然而至如佛子所應得者皆已得之尒時
摩訶迦葉欲重宣此義而說偈言
我等今日　聞佛音教　歡喜踊躍　得未曾有
佛說聲聞　當得作佛　无上寶聚　不求自得
譬如童子　幼稚无識　捨父逃逝　遠到他土
周流諸國　五十餘年　其父憂念　四方推求
求之既疲　頓止一城　造立舍宅　五欲自娛
其家巨富　多諸金銀　車璖馬瑙　真珠瑠璃
象馬牛羊　輦轝車乘　田業僮僕　人民衆多
出入息利　乃遍他國　商估賈人　无處不有
千万億衆　圍繞恭敬　常為王者　之所愛念
羣臣豪族　皆共宗重　以諸緣故　往來者衆
豪冨如是　有大力勢　而年朽邁　益憂念子
夙夜惟念　死時將至　癡子捨我　五十餘年
庫藏諸物　當如之何　尒時窮子　求索衣食
從邑至邑　從國至國　或有所得　或无所得
飢餓羸瘦　體生瘡癬　漸次經歷　到父住城
傭賃展轉　遂至父舍　尒時長者　於其門內
施大寶帳　處師子座　眷屬圍繞　諸人侍衛
或有計算　金銀寶物　出內財產　注記券疏
窮子見父　豪貴尊嚴　謂是國王　若是王等
驚怖自怪　何故至此　覆自念言　我若久住
或見逼迫　強驅使作　思惟是已　馳走而去

BD05249號　妙法蓮華經卷二　（21–17）

施大寶帳　處師子座　眷屬圍繞　諸人侍衛
或有計算　金銀寶物　出內財產　注記券疏
窮子見父　豪貴尊嚴　謂是國王　若是王等
驚怖自怪　何故至此　覆自念言　我若久住
或見逼迫　強驅使作　思惟是已　馳走而去
借問貧里　欲往傭作　長者是時　在師子座
遙見其子　嘿而識之　即勅使者　追捉將來
窮子驚喚　迷悶躃地　是人執我　必當見殺
何用衣食　使我至此　長者知子　愚癡狹劣
不信我言　不信是父　即以方便　更遣餘人
眇目矬陋　无威德者　汝可語之　云當相雇
除諸糞穢　倍與汝價　窮子聞之　歡喜隨來
為除糞穢　淨諸房舍　長者於牖　常見其子
念子愚劣　樂為鄙事　於是長者　著弊垢衣
執除糞器　往到子所　方便附近　語令勤作
既益汝價　并塗足油　飲食充足　薦席厚暖
如是苦言　汝當勤作　又以軟語　若如我子
長者有智　漸令入出　經二十年　執作家事
示其金銀　真珠頗梨　諸物出入　皆使令知
猶處門外　止宿草菴　自念貧事　我无此物
父知子心　漸已曠大　欲與財物　即聚親族
國王大臣　剎利居士　於此大衆　說是我子
捨我他行　經五十歲　自見子來　已二十年
昔於某城　而失是子　周行求索　遂來至此
[illegible]

BD05249號　妙法蓮華經卷二　（21–18）

又知子心 漸已曠大 欲與財物 即聚親族
國王大臣 刹利居士 於此大衆 説是我子
捨我他行 經五十歲 自見子来 已二十年
昔於某城 而失是子 周行求索 遂来至此
凡我所有 舍宅人民 悉以付之 恣其所用
子念昔貧 志意下劣 今於父所 大獲珍寶
并及舍宅 一切財物 甚大歡喜 得未曾有
佛亦如是 知我樂小 未曾説言 汝等作佛
而説我等 得諸无漏 成就小乘 聲聞弟子
佛勑我等 説最上道 脩習此者 當得成佛
我承佛教 為大菩薩 以諸因緣 種種譬喻
若干言辭 説无上道 諸佛子等 從我聞法
日夜思惟 精勤脩習 是時諸佛 即授其記
汝於来世 當得作佛 一切諸佛 祕藏之法
但為菩薩 演其實事 而不為我 説斯真要
如彼窮子 得近其父 雖知諸物 心不悕取
我等雖説 佛法寶藏 自无志願 亦復如是
我等内滅 自謂為足 唯了此事 更无餘事
我等若聞 淨佛國土 教化衆生 都无欣樂
所以者何 一切諸法 皆悉空寂 无生无滅
无大无小 无漏无為 如是思惟 不生喜樂
我等長夜 於佛智慧 无貪无著 无復志願
而自於法 謂是究竟 我等長夜 脩習空法
得脱三界 苦惱之患 住最後身 有餘涅槃
佛所教化 得道不虚 則為已得 報佛之恩

BD05249號 妙法蓮華經卷二 (21–19)

所以者何 一切諸法 皆悉空寂 无生无滅
无大无小 无漏无為 如是思惟 不生喜樂
我等長夜 於佛智慧 无貪无著 无復志願
而自於法 謂是究竟 我等長夜 脩習空法
得脱三界 苦惱之患 住最後身 有餘涅槃
佛所教化 得道不虚 則為已得 報佛之恩
我等雖為 諸佛子等 説菩薩法 以求佛道
而於是法 永无願樂 導師見捨 觀我心故
初不勸進 説有實利 如富長者 知子志劣
以方便力 柔伏其心 然後乃付 一切財物
佛亦如是 現希有事 知樂小者 以方便力
調伏其心 乃教大智 我等今日 得未曾有
非先所望 而今自得 如彼窮子 得无量寶
世尊我今 得道得果 於无漏法 得清淨眼
我等長夜 持佛淨戒 始於今日 得其果報
法王法中 久脩梵行 今得无漏 无上大果
我等今者 真是聲聞 以佛道聲 令一切聞
我等今者 真阿羅漢 於諸世間 天人魔梵
普於其中 應受供養 世尊大恩 以希有事
憐愍教化 利益我等 无量億劫 誰能報者
手足供給 頭頂礼敬 一切供養 皆不能報
若以頂戴 兩肩荷負 於恒沙劫 盡心恭敬
又以美饍 无量寶衣 及諸卧具 種種湯藥
牛頭栴檀 及諸珍寶 以起塔廟 寶衣布地
如斯等事 以用供養 於恒沙劫 亦不能報

BD05249號 妙法蓮華經卷二 (21–20)

曾於其中　應受供養　世尊大恩　以希有事
憐愍教化　利益我等　无量億劫　誰能報者
手足供給　頭頂礼敬　一切供養　皆不能報
若以頂戴　兩肩荷負　於恒沙劫　盡心恭敬
又以美饍　无量寶衣　及諸卧具　種種湯藥
牛頭栴檀　及諸珍寶　以起塔廟　寶衣布地
如斯等事　以用供養　於恒沙劫　亦不能報
諸佛希有　无量无邊　不可思議　大神通力
无漏无為　諸法之王　能為下劣　忍于斯事
取相凡夫　隨宜為說　諸佛於法　得最自在
知諸衆生　種種欲樂　及其志力　隨所堪任
以无量喻　而為說法　隨諸衆生　宿世善根
又知成熟　未成熟者　種種籌量　分別知已
於一乘道　隨宜說三

妙法蓮華經卷第二

BD05249號　妙法蓮華經卷二　（21–21）

金光明最勝王經四天王護國品第十二　六
尒時世尊聞四天王恭敬供養
能擁護諸持經者讚言善哉善哉汝等四王
已於過去无量百千万億佛所恭敬供養尊
重讚歎植諸善根修行正法常說正法以法
化世汝等長夜於諸衆生常思利益起大慈
心願與安樂以是因緣能令汝等現受勝報
若有人王恭敬供養此金光明最勝經典汝
等應當勤加守護令得安隱汝諸四王及餘
眷屬无量无數百千藥叉護是經者即是護
持去來現在諸佛正法汝等四王及餘天衆
并諸藥叉與阿蘇羅共闘戰時常得勝利汝
等若能護持是經由經力故能除衆苦怨賊
飢饉及諸疾疫是故汝等若見四衆受持讀
誦此經王者亦應勤心共加守護為除衰惱
施與安樂
尒時四天王即從座起偏袒右肩右膝著地
合掌恭敬白佛言世尊此金光明最勝經王
[illegible]

BD05250號　金光明最勝王經卷六　（3–1）

等若能誦持是經由經力故能除衆苦怨賊
飢饉及諸疾疫是故汝等若見四衆受持讀
誦此經王者亦應勤心共加守護為除衰惱
施與安樂
尒時四天王即從座起偏袒右肩右膝著地
合掌恭敬白佛言世尊此金光明最勝經王
於未來世若有國土城邑聚落山林曠野隨
所至處流布之時若彼國王於此經典至心聽
受稱歎供養并復供給受持是經四部之
衆深心擁護令離衰惱以是因緣我護彼王
及諸人衆皆令安隱遠離憂苦增益壽命威
德具足世尊若彼國王見於四衆受持經者
恭敬守護猶如父母一切所須悉皆供給我
等四王常為守護令諸有情无不尊敬是故
我等并與无量藥叉諸神隨此經王所流布
處潛身擁護令无留難亦當護念聽是經人
諸國王等除其衰患悉令安隱他方怨賊皆
使退散若有人王聽是經時隣國怨敵興如
是念當具四兵壞彼國土世尊以是經王威
神力故是時隣敵更有異怨而來侵擾於其
境界多諸災變疫病流行時王見已即嚴四
兵發向彼國欲為討罰我等尒時當與眷屬
无量无邊藥叉諸神各自隱形為作護助令
彼怨敵自然降伏尚不敢來至其國界豈復
得有兵戈相罰
尒時佛告四天王善哉善哉汝等四王乃能
擁護如是經典我於過去百千俱胝那庾多
劫修諸苦行得阿耨多羅三藐三菩提證一

BD05250號　金光明最勝王經卷六

（3–2）

兵發向彼國欲為討罰我等尒時當與眷屬
无量无邊藥叉諸神各自隱形為作護助令
彼怨敵自然降伏尚不敢來至其國界豈復
得有兵戈相罰
尒時佛告四天王善哉善哉汝等四王乃能
擁護如是經典我於過去百千俱胝那庾多
劫修諸苦行得阿耨多羅三藐三菩提證一
切智今說是法若有人王受持是經恭敬供
養者為消衰患令其安隱亦復擁護城邑聚
落乃至怨賊悉令退散亦令一切贍部洲內
所有諸王永无衰惱鬪諍之事四王當知此
贍部洲八万四千城邑聚落八万四千諸人
王等各於其國受諸快樂皆得自在所有財
寶豐足受用不相侵奪隨彼宿因而受其報
不起惡念貪求他國咸生少欲利樂之心无
有鬪戰繫縛等苦其土人民自然受樂上下
和穆猶如水乳情相愛重歡喜遊戲慈悲謙
讓增長善根以是因緣此贍部洲安隱豐樂
人民熾盛大地沃壤寒暑調和時不乖序日
月星宿常度无虧風雨隨時離諸災橫資產
財寶皆悉豐盈心无慳鄙常行慧施具十善
人命終多生天上增益天衆大王若未

BD05250號　金光明最勝王經卷六

（3–3）

轉不退轉諸佛
所殖衆德本常爲諸佛之所稱嘆以
善入佛慧通達大智到於彼岸名稱
量世界能度无數百千衆生其名
利菩薩觀世音菩薩得大勢
薩不休息菩薩寶掌菩薩藥
薩寶月菩薩月光菩薩滿月菩
无量力菩薩越三界菩薩跋陁
勒菩薩寶積菩薩導師菩薩如是
訶薩八万人俱尒時釋提桓因與其眷屬二
万天子俱復有名月天子普香天子寶光天
子四大天王與其眷屬万天子俱自在天子
大自在天子與其眷屬三万天子俱娑婆世
界主梵天王尸棄大梵光明大梵等與其眷
屬万二千天子俱有八龍王難陁龍王跋難
陁龍王娑伽羅龍王和脩吉龍王德叉迦龍
王阿那婆達多龍王摩那斯龍王優鉢羅龍
王等各與若干百千眷屬俱有四緊那羅王
法緊那羅王妙法緊那羅王大法緊那羅王
持法緊那羅王各與若干百千眷屬俱有四
乹闥婆王樂乹闥婆王樂音乹闥婆王美
乹闥婆王美音乹闥婆王各與若干百千眷
屬俱有四阿脩羅王婆稚阿脩羅王佉羅騫
大阿脩羅王毗摩質多羅阿脩羅王羅睺阿脩
羅王各與若干百千眷屬俱有四迦樓羅王

王等各與若干百千眷屬俱有四緊那羅王
法緊那羅王妙法緊那羅王大法緊那羅王
持法緊那羅王各與若干百千眷屬俱有四
乹闥婆王樂乹闥婆王樂音乹闥婆王美
乹闥婆王美音乹闥婆王各與若干百千眷
屬俱有四阿脩羅王婆稚阿脩羅王佉羅騫
大阿脩羅王毗摩質多羅阿脩羅王羅睺阿脩
羅王各與若干百千眷屬俱有四迦樓羅王
大威德迦樓羅王大身迦樓羅王大滿迦樓
羅王如意迦樓羅王各與若干百千眷屬各
礼佛足退坐一面
尒時世尊四衆圍繞供養恭敬尊重讚嘆爲
諸菩薩說大乘經名无量義教菩薩法佛所
護念佛說此經已結跏趺坐入於无量義處
三昧身心不動是時天雨曼陁羅華摩訶曼
陁羅華曼殊沙華摩訶曼殊沙華而散佛上
及諸大衆普佛世界六種震動尒時會中比
丘比丘尼優婆塞優婆夷天龍夜叉乹闥婆
阿脩羅迦樓羅緊那羅摩睺羅伽人非人及諸
小王轉輪聖王是諸大衆得未曾有歡喜合
掌一心觀佛尒時佛放眉間白豪相光照東
方万八千世界靡不周遍下至阿鼻地獄
之
大自在天子與其眷屬三万天子俱娑婆世
界主梵天王尸棄大梵光明大梵等與其眷
屬万二千天子俱有八龍王難陁龍王跋難
陁龍王娑伽羅龍王和脩吉龍王德叉迦龍
王阿那婆達多龍王摩那斯龍王優鉢羅龍
王等各與若干百千眷屬俱有四緊那羅王
法緊那羅王妙法緊那羅王大法緊那羅王
持法緊那羅王各與若干百千眷屬俱有四

大自在天子與其眷屬三万天子俱娑婆世
界主梵天王尸棄大梵光明大梵等與其眷
屬万二千天子俱有八龍王難陁龍王跋難
陁龍王娑伽羅龍王和脩吉龍王德叉迦龍
王阿那婆達多龍王摩那斯龍王優鉢羅龍
王等各與若干百千眷屬俱有四緊那羅王
法緊那羅王妙法緊那羅王大法緊那羅王
持法緊那羅王各與若干百千眷屬俱有四
乾闥婆王樂乾闥婆王樂音乾闥婆王美乾
闥婆王美音乾闥婆王各與若干百千眷屬
俱有四阿脩羅王婆稚阿脩羅王佉羅騫䭾
阿脩羅王毗摩質多羅阿脩羅王羅睺阿脩
羅王各與若干百千眷屬俱有四迦樓羅王
大威德迦樓羅王大身迦樓羅王大滿迦樓
羅王如意迦樓羅王各與若干百千眷屬俱
韋提希子阿闍世王與若干百千眷屬俱各
礼佛足退坐一面
尒時世尊四衆圍繞供養恭敬尊重讚歎為
諸菩薩說大乘經名无量義教菩薩法佛所
護念佛說此經已結跏趺坐入於无量義處
三昧身心不動是時天雨曼陁羅華摩訶曼
陁羅華曼殊沙華摩訶曼殊沙華而散佛上
及諸大衆普佛世界六種震動尒時會中比
丘比丘尼優婆塞優婆夷天龍夜叉乾闥婆
阿脩羅迦樓羅緊那羅摩睺羅伽人非人及
諸小王轉輪聖王是諸大衆得未曾有歡喜
合掌一心觀佛尒時佛放眉間白豪相光照
東方万八千世界靡不周遍下至阿鼻地獄
上至阿迦尼吒天於此世界盡見彼土六趣
衆生又見彼土現在諸佛及聞諸佛所說經

阿脩羅迦樓羅緊那羅摩睺羅伽人非人及
諸小王轉輪聖王是諸大衆得未曾有歡喜
合掌一心觀佛尒時佛放眉間白豪相光照
東方万八千世界靡不周遍下至阿鼻地獄
上至阿迦尼吒天於此世界盡見彼土六趣
衆生又見彼土現在諸佛及聞諸佛所說經
法并見彼諸比丘比丘尼優婆塞優婆夷諸
脩行得道者復見諸菩薩摩訶薩種種因緣
種種信解種種相貌行菩薩道復見諸佛般
涅槃者復見諸佛般涅槃後以佛舍利起七
寶塔尒時弥勒菩薩作是念今世尊　現神
變相以何因緣而有此瑞今佛世尊入于三
昧是不可思議現希有事當以問誰誰能荅
者復作此念是文殊師利法王之子已曾親
近供養過去无量諸佛必應見此希有之相
我今當問尒時比丘比丘尼優婆塞優婆夷
及諸天龍鬼神等咸作此念是佛光明神通
之相今當問誰尒時弥勒菩薩欲自決疑又
觀四衆比丘比丘尼優婆塞優婆夷及諸天
龍鬼神等衆會之心而問文殊師利言以何
因緣而有此瑞神通之相放大光明照于東
方万八千土悉見彼佛國界莊嚴於是弥勒
菩薩欲重宣此義以偈問曰
文殊師利　導師何故　眉間白豪　大光普照
雨曼陁羅　曼殊沙華　旃檀香風　悅可衆心
以是因緣　地皆嚴淨　而此世界　六種震動
時四部衆　咸皆歡喜　身意快樂　得未曾有
眉間光明　照于東方　万八千土　皆如金色
從阿鼻獄　上至有頂　諸世界中　六道衆生
生死所趣　善惡業緣　受報好醜　於此悉見

菩薩欲重宣此義以偈問曰
文殊師利　導師何故　眉間白豪　大光普照
雨曼陁羅　曼殊沙華　旃檀香風　悅可衆心
以是因緣　地皆嚴淨　而此世界　六種震動
時四部衆　咸皆歡喜　身意快樂　得未曾有
眉間光明　照于東方　万八千土　皆如金色
從阿鼻獄　上至有頂　諸世界中　六道衆生
生死所趣　善惡業緣　受報好醜　於此悉見
又覩諸佛　聖主師子　演說經典　微妙第一
其聲清淨　出柔軟音　教諸菩薩　无數億万
梵音深妙　令人樂聞　各於世界　講說正法
種種因緣　以无量喻　照明佛法　開悟衆生
若人遭苦　厭老病死　為說涅槃　盡諸苦際
若人有福　曾供養佛　志求勝法　為說緣覺
若有佛子　脩種種行　求无上慧　為說淨道
文殊師利　我住於此　見聞若斯　及千億事
如是衆多　今當略說　我見彼土　恒沙菩薩
種種因緣　而求佛道　或有行施　金銀珊瑚
真珠摩尼　車𤦲馬瑙　金剛諸珎　奴婢車乘
寶飾輦輿　歡喜布施　迴向佛道　願得是乘
三界第一　諸佛所嘆　或有菩薩　駟馬寶車
闌楯華蓋　軒飾布施　復見菩薩　身肉手足
及妻子施　求无上道　又見菩薩　頭目身體
欣樂施與　求佛智慧　文殊師利　我見諸王
往詣佛所　問无上道　便捨樂土　宮殿臣妾
剃除鬚髮　而被法服　或見菩薩　而作比丘
獨處閑靜　樂誦經典　又見菩薩　勇猛精進
入於深山　思惟佛道　又見離欲　常處空閑
深脩禪定　得五神通　又見菩薩　安禪合掌
以千万偈　讚諸法王　復見菩薩　智深志固
能問諸佛　聞悉受持　又見佛子　定慧具足

BD05251 號　妙法蓮華經卷一　　（23–5）

往詣佛所　問无上道　便捨樂土　宮殿臣妾
剃除鬚髮　而被法服　或見菩薩　而作比丘
獨處閑靜　樂誦經典　又見菩薩　勇猛精進
入於深山　思惟佛道　又見離欲　常處空閑
深脩禪定　得五神通　又見菩薩　安禪合掌
以千万偈　讚諸法王　復見菩薩　智深志固
能問諸佛　聞悉受持　又見佛子　定慧具足
以无量喻　為衆講法　欣樂說法　化諸菩薩
破魔兵衆　而擊法鼓　又見菩薩　寂然宴默
天龍恭敬　不以為喜　又見菩薩　處林放光
濟地獄苦　令入佛道　又見佛子　未嘗睡眠
經行林中　勤求佛道　又見具戒　威儀无缺
淨如寶珠　以求佛道　又見佛子　住忍辱力
增上慢人　惡罵捶打　皆悉能忍　以求佛道
又見菩薩　離諸戲咲　及癡眷屬　親近智者
一心除亂　攝念山林　億千万歲　以求佛道
或見菩薩　餚饍飲食　百種湯藥　施佛及僧
名衣上服　價直千万　或无價衣　施佛及僧
千万億種　栴檀寶舍　衆妙卧具　施佛及僧
清淨園林　華菓茂盛　流泉浴池　施佛及僧
如是等施　種種微妙　歡喜无猒　求无上道
或有菩薩　說寂滅法　種種教詔　无數衆生
或見菩薩　觀諸法性　无有二相　猶如虛空
又見佛子　心无所著　以此妙慧　求无上道
文殊師利　又有菩薩　佛滅度後　供養舍利
又見佛子　造諸塔廟　无數恒沙　嚴飾國界
寶塔高妙　五千由旬　從廣正等　二千由旬
一一塔廟　各千幢幡　珠交露幔　寶鈴和鳴
諸天龍神　人及非人　香華伎樂　常以供養
文殊師利　諸佛子等　為供舍利　嚴飾塔廟
國界自然　殊特妙好　如天樹王　其華開敷

BD05251 號　妙法蓮華經卷一　　（23–6）

文殊師利　又有菩薩　佛滅度後　供養舍利
又見佛子　造諸塔廟　无數恒沙　嚴飾國界
寶塔高妙　五千由旬　從廣正等　二千由旬
一一塔廟　各千幢幡　珠交露幔　寶鈴和鳴
諸天龍神　人及非人　香華伎樂　常以供養
文殊師利　諸佛子等　為供舍利　嚴飾塔廟
國界自然　殊特妙好　如天樹王　其華開敷
佛放一光　我及衆會　見此國界　種種殊妙
諸佛神力　智慧希有　放一淨光　照无量國
我等見此　得未曾有　佛子文殊　願決衆疑
四衆欣仰　瞻仁及我　世尊何故　放斯光明
佛子時荅　決疑令喜　何所饒益　演斯光明
佛坐道場　所得妙法　為欲說此　為當授記
示諸佛土　衆寶嚴淨　及見諸佛　此非小緣
文殊當知　四衆龍神　瞻察仁者　為說何等
尒時文殊師利語彌勒菩薩摩訶薩及諸大
士善男子等如我惟忖今佛世尊欲說大法
雨大法雨吹大法螺擊大法鼓演大法義諸
善男子我於過去諸佛曾見此瑞放斯光已
即說大法是故當知今佛現光亦復如是欲
令衆生咸得聞知一切世間難信之法故現
斯瑞諸善男子如過去无量无邊不可思議
阿僧祇劫尒時有佛号日月燈明如來應供
正遍知明行足善逝世間解无上士調御丈
夫天人師佛世尊演說正法初善中善後善
其義深遠其語巧妙純一无雜具足清白梵行
之相為求聲聞者說應四諦法度生老病死
究竟涅槃為求辟支佛者說應十二因緣法
為諸菩薩說應六波羅蜜令得阿耨多羅三
藐三菩提成一切種智次復有佛亦名日月燈

夫天人師佛世尊演說正法初善中善後善
其義深遠其語巧妙純一无雜具足清白梵行
之相為求聲聞者說應四諦法度生老病死
究竟涅槃為求辟支佛者說應十二因緣法
為諸菩薩說應六波羅蜜令得阿耨多羅三
藐三菩提成一切種智次復有佛亦名日月燈
明次復有佛亦名日月燈明如是二万佛皆
同一字号日月燈明又同一姓姓頗羅墮彌
勒當知初佛後佛皆同一字名日月燈明
十号具足所可說法初中後善其最後佛未
出家時有八王子一名有意二名善意三名
无量意四名寶意五名增意六名除疑意
七名響意八名法意是八王子威德自在
各領四天下是諸王子聞父出家得阿耨多
羅三藐三菩提悉捨王位亦隨出家發大乘
意常脩梵行皆為法師已於千万佛所殖諸
善本是時日月燈明佛說大乘經名无量義
教菩薩法佛所護念說是經已即於大衆中
結加趺坐入於无量義處三昧身心不動是
時天雨曼陁羅華摩訶曼陁羅華曼殊沙華
摩訶曼殊沙華而散佛上及諸大衆普佛世
界六種震動尒時會中比丘比丘尼優婆塞
優婆夷天龍夜叉乾闥婆阿脩羅迦樓羅緊
那羅摩睺羅伽人非人及諸小王轉輪聖王
等是諸大衆得未曾有歡喜合掌一心觀佛
尒時如來放眉間白毫相光照東方万八千
佛土靡不周遍如今所見是諸佛土彌勒當
知尒時會中有二十億菩薩樂欲聽法是諸
菩薩見此光明普照佛土得未曾有欲知此
光所為因緣時有菩薩名曰妙光有八百弟

等是諸大衆得未曾有歡喜合掌一心觀佛
尒時如來放眉間白豪相光照東方万八千
佛土靡不周遍如今所見是諸佛土弥勒當
知尒時會中有二十億菩薩樂欲聽法是諸
菩薩見此光明普照佛土得未曾有欲知此
光所爲因緣時有菩薩名曰妙光有八百弟
子是時日月燈明佛從三昧起因妙光菩薩
說大乘經名妙法蓮華教菩薩法佛所護念
六十小劫不起于座時會聽者亦坐一處六十小
劫身心不動聽佛所說謂如食頃是時衆中
无有一人若身若心而生懈惓日月燈明佛
於六十小劫說是經已即於梵魔沙門婆羅
門及天人阿脩羅衆中而宣此言如來於今
日中夜當入无餘涅槃時有菩薩名曰德藏
日月燈明佛即授其記告諸比丘是德藏菩
薩次當作佛号曰淨身多陀阿伽度阿羅訶
三藐三佛陀佛授記已便於中夜入无餘涅
槃佛滅度後妙光菩薩持妙法蓮華經滿八
十小劫爲人演說日月燈明佛八子皆師妙
光妙光教化令其堅固阿耨多羅三藐三菩
提是諸王子供養无量百千万億佛已皆成
佛道其最後成佛者名曰然燈八百弟子中
有一人号曰求名貪著利養雖復讀誦衆經
而不通利多所忘失故号求名是人亦以種
諸善根因緣故得值无量百千万億諸佛供
養恭敬尊重讚歎弥勒當知尒時妙光菩薩
豈異人乎我身是也求名菩薩汝身是也今
見此瑞與本无異是故惟忖今日如來當說
大乘經名妙法蓮華教菩薩法佛所護念尒
時文殊師利於大衆中欲重宣此義而說偈言
我念過去世　无量无數劫　有佛人中尊　号日月燈明

養恭敬尊重讚歎弥勒當知尒時妙光菩薩
豈異人乎我身是也求名菩薩汝身是也今
見此瑞與本无異是故惟忖今日如來當說
大乘經名妙法蓮華教菩薩法佛所護念尒
時文殊師利於大衆中欲重宣此義而說偈言
我念過去世　无量无數劫　有佛人中尊　号日月燈明
世尊演說法　度无量衆生　无數億菩薩　令入佛智慧
佛未出家時　所生八王子　見大聖出家　亦隨脩梵行
時佛說大乘　經名无量義　於諸大衆中　而爲廣分別
佛說此經已　即於法座上　跏趺坐三昧　名无量義處
天雨曼陁華　天鼓自然鳴　諸天龍鬼神　供養人中尊
一切諸佛土　即時大震動　佛放眉間光　現諸希有事
此光照東方　万八千佛土　示一切衆生　生死業報處
有見諸佛土　以衆寶莊嚴　琉璃頗梨色　斯由佛光照
及見諸天人　龍神夜叉衆　乹闥緊那羅　各供養其佛
又見諸如來　自然成佛道　身色如金山　端嚴甚微妙
如淨琉璃中　内現真金像　世尊在大衆　敷演深法義
一一諸佛土　聲聞衆无數　因佛光所照　悉見彼大衆
或有諸比丘　在於山林中　精進持淨戒　猶如護明珠
又見諸菩薩　行施忍辱等　其數如恒沙　斯由佛光照
又見諸菩薩　深入諸禪定　身心寂不動　以求无上道
又見諸菩薩　知法寂滅相　各於其國土　說法求佛道
尒時四部衆　見日月燈佛　現大神通力　其心皆歡喜
各各自相問　是事何因緣
天人所奉尊　適從三昧起　讚妙光菩薩　汝爲世間眼
一切所歸信　能奉持法藏　如我所說法　唯汝能證知
世尊既讚歎　令妙光歡喜　說是法華經　滿六十小劫
不起於此座　所說上妙法　是妙光法師　悉皆能受持
佛說是法華　令衆歡喜已　尋即於是日　告於天人衆
諸法實相義　已爲汝等說　我今於中夜　當入於涅槃

天人所奉尊　適從三昧起　讚妙光菩薩　汝為世間眼
一切所歸信　能奉持法藏　如我所說法　唯汝能證知
世尊既讚歎　令妙光歡喜　說是法華經　滿六十小劫
不起於此座　所說上妙法　是妙光法師　悉皆能受持
佛說是法華　令衆歡喜已　尋即於是日　告於天人衆
諸法實相義　已為汝等說　我今於中夜　當入於涅槃
汝一心精進　當離於放逸　諸佛甚難值　億劫時一遇
世尊諸子等　聞佛入涅槃　各各懷悲惱　佛滅一何速
聖主法之王　安慰无量衆　我若滅度時　汝等勿憂怖
是德藏菩薩　於无漏實相　心已得通達　其次當作佛
号曰為淨身　亦度无量衆
佛此夜滅度　如薪盡火滅　分布諸舍利　而起无量塔
比丘比丘尼　其數如恒沙　倍復加精進　以求无上道
是妙光法師　奉持佛法藏　八十小劫中　廣宣法華經
是諸八王子　妙光所開化　堅固无上道　當見无數佛
供養諸佛已　隨順行大道　相繼得成佛　轉次而授記
冣後天中天　号曰然燈佛　諸仙之導師　度脫无量衆
是妙光法師　時有一弟子　心常懷懈怠　貪著於名利
求名利无猒　多遊族姓家　棄捨所習誦　廢忘不通利
以是因緣故　号之為求名　亦行衆善業　得見无數佛
供養於諸佛　隨順行大道　具六波羅蜜　今見釋師子
其後當作佛　号名曰弥勒　廣度諸衆生　其數无有量
彼佛滅度後　懈怠者汝是　妙光法師者　今則我身是
我見燈明佛　本光瑞如此　以是知今佛　欲說法華經
今相如本瑞　是諸佛方便　今佛放光明　助發實相義
諸人今當知　合掌一心待　佛當雨法雨　充足求道者
諸求三乘人　若有疑悔者　佛當為除斷　令盡无有餘

妙法蓮華經方便品第二

尒時世尊從三昧安詳而起告舍利弗諸佛
智慧甚深无量其智慧門難解難入一切聲

BD05251號　妙法蓮華經卷一

(23–11)

諸人今當知　合掌一心待　佛當雨法雨　充足求道者
諸求三乘人　若有疑悔者　佛當為除斷　令盡无有餘

妙法蓮華經方便品第二

尒時世尊從三昧安詳而起告舍利弗諸佛
智慧甚深无量其智慧門難解難入一切聲
聞辟支佛所不能知所以者何佛曾親近百
千万億无數諸佛盡行諸佛无量道法勇猛
精進名稱普聞成就甚深未曾有法隨宜所
說意趣難解舍利弗吾從成佛已來種種因
緣種種辟喻廣演言教无數方便引導衆生
令離諸著所以者何如來方便知見波羅蜜
皆已具足舍利弗如來知見廣大深遠无量
无导力无所畏禪定解脫三昧深入无際成
就一切未曾有法舍利弗如來能種種分別
巧說諸法言辝柔軟悅可衆心舍利弗取要
言之无量无邊未曾有法佛悉成就止舍利弗
不須復說所以者何佛所成就第一希有難
解之法唯佛與佛乃能究盡諸法實相所
謂諸法如是相如是性如是體如是力如是
作如是因如是緣如是果如是報如是本末
究竟等尒時世尊欲重宣此義而說偈言
世雄不可量　諸天及世人　一切衆生類　无能智佛者
佛力无所畏　解脫諸三昧　及佛諸餘法　无能測量者
本從无數佛　具足行諸道　甚深微妙法　難見難可了
於无量億劫　行此諸道已　道場得成果　我已悉知見
如是大果報　種種性相義　我及十方佛　乃能知是事
是法不可示　言辝相寂滅　諸餘衆生類　无有能得解
除諸菩薩衆　信力堅固者　諸佛弟子衆　曾供養諸佛
一切漏已盡　住是冣後身　如是諸人等　其力所不堪
假使滿世間　皆如舍利弗　盡思共度量　不能測佛智

BD05251號　妙法蓮華經卷一

(23–12)

於无量億劫　行此諸道已　道場得成果　我已悉知見
如是大果報　種種性相義　我及十方佛　乃能知是事
是法不可示　言辞相寂滅　諸餘衆生類　无有能得解
除諸菩薩衆　信力堅固者　諸佛弟子衆　曾供養諸佛
一切漏已盡　住是最後身　如是諸人等　其力所不堪
假使滿世間　皆如舍利弗　盡思共度量　不能測佛智
正使滿十方　皆如舍利弗　及餘諸弟子　亦滿十方剎
盡思共度量　亦復不能知　辟支佛利智　无漏最後身
亦滿十方界　其數如竹林　斯等共一心　於億无量劫
欲思佛實智　莫能知少分　新發意菩薩　供養无數佛
了達諸義趣　又能善說法　如稻麻竹葦　充滿十方剎
一心以妙智　於恒河沙劫　咸皆共思量　不能知佛智
不退諸菩薩　其數如恒沙　一心共思求　亦復不能知
又告舍利弗　无漏不思議　甚深微妙法　我今已具得
唯我知是相　十方佛亦然　舍利弗當知　諸佛語无異
於佛所說法　當生大信力　世尊法久後　要當說真實
告諸聲聞衆　及求緣覺乘　我令脫苦縛　逮得涅槃者
佛以方便力　示以三乘教　衆生處處著　引之令得出
尒時大衆中有諸聲聞漏盡阿羅漢阿若憍
陳如等千二百人及發聲聞辟支佛心比丘比丘
尼優婆塞優婆夷各作是念今者世尊何故
殷勤稱歎方便而作是言佛所得法甚深難
解有所言說意趣難知一切聲聞辟支佛所
不能及佛說一解脫義我等亦得此法到於
涅槃而今不知是義所趣尒時舍利弗知四
衆心疑自亦未了而白佛言世尊何因何
緣殷勤稱歎諸佛第一方便甚深微妙難解
之法我自昔來未曾從佛聞如是說今者四
衆咸皆有疑唯願世尊敷演斯事世尊何故
殷勤稱歎甚深微妙難解之法尒時舍利弗

涅槃而今不知是義所趣尒時舍利弗知四
衆心疑自亦未了而白佛言世尊何因何
緣殷勤稱歎諸佛第一方便甚深微妙難解
之法我自昔來未曾從佛聞如是說今者四
衆咸皆有疑唯願世尊敷演斯事世尊何故
殷勤稱歎甚深微妙難解之法尒時舍利弗
欲重宣此義而說偈言
慧日大聖尊　久乃說是法　自說得如是　力无畏三昧
禪定解脫等　不可思議法　道場所得法　无能發問者
我意難可測　亦无能問者　无問而自說　稱歎所行道
智慧甚微妙　諸佛之所得　无漏諸羅漢　及求涅槃者
今皆墮疑網　佛何故說是　其求緣覺者　比丘比丘尼
諸天龍鬼神　及乾闥婆等　相視懷猶豫　瞻仰兩足尊
是事為云何　願佛為解說　於諸聲聞衆　佛說我第一
我今自於智　疑惑不能了　為是究竟法　為是所行道
佛口所生子　合掌瞻仰待　願出微妙音　時為如實說
諸天龍神等　其數如恒沙　求佛諸菩薩　大數有八萬
又諸万億國　轉輪聖王至　合掌以敬心　欲聞具足道
尒時佛告舍利弗止止不須復說若說是事
一切世間諸天及人皆當驚疑舍利弗重白佛
言世尊唯願說之唯願說之所以者何是
會无數百千万億阿僧祇衆生曾見諸佛
諸根猛利智慧明了聞佛所說則能敬信尒
時舍利弗欲重宣此義而說偈言
法王无上尊　唯說願勿慮　是會无量衆　有能敬信者
佛復止舍利弗若說是事一切世間天人阿
脩羅皆當驚疑增上慢比丘將墜於大坑尒
時世尊重說偈言
止止不須說　我法妙難思　諸增上慢者　聞必不敬信
尒時舍利弗重白佛言世尊唯願說之唯願

時舍利弗欲重宣此義而說偈言
法王无上尊　唯說願勿慮　是會无量衆　有能敬信者
佛復止舍利弗若說是事一切世間天人阿
脩羅皆當驚疑增上慢比丘將墜於大坑尒
時世尊重說偈言
止止不須說　我法妙難思　諸增上慢者　聞必不敬信
尒時舍利弗重白佛言世尊唯願說之唯願
說之今此會中如我等比百千万億世世已
曾從佛受化如此人等必能敬信長夜安隱
多所饒益尒時舍利弗欲重宣此義而說偈
言
无上兩足尊　願說第一法　我為佛長子　唯垂分別說
是會无量衆　能敬信此法　佛已曾世世　教化如是等
皆一心合掌　欲聽受佛語　我等千二百　及餘求佛者
願為此衆故　唯垂分別說　是等聞此法　則生大歡喜
尒時世尊告舍利弗汝已慇勤三請豈得不
說汝今諦聽善思念之吾當為汝分別解說說
此語時會中有比丘比丘尼優婆塞優婆夷
五千人等即從座起礼佛而退所以者何此
輩罪根深重及增上慢未得謂得未證謂
證有如此失是以不住世尊嘿然而不制止
尒時佛告舍利弗我今此衆无復枝葉純有
貞實舍利弗如是增上慢人退亦佳矣汝今
善聽當為汝說舍利弗言唯然世尊願樂欲
聞佛告舍利弗如是妙法諸佛如來時乃說
之如優曇鉢華時一現耳舍利弗汝等當信
佛之所說言不虛妄舍利弗諸佛隨宜說法
意趣難解所以者何我以无數方便種種因
緣譬喻言辭演說諸法是法非思量分別之
所能解唯有諸佛乃能知之所以者何諸佛
世尊唯以一大事因緣故出現於世舍利弗

BD05251號　妙法蓮華經卷一　（23–15）

之如優曇鉢華時一現耳舍利弗汝等當信
佛之所說言不虛妄舍利弗諸佛隨宜說法
意趣難解所以者何我以无數方便種種因
緣譬喻言辭演說諸法是法非思量分別之
所能解唯有諸佛乃能知之所以者何諸佛
世尊唯以一大事因緣故出現於世舍利弗
云何名諸佛世尊唯以一大事因緣故出現
於世諸佛世尊欲令衆生開佛知見使得清
淨故出現於世欲示衆生佛之知見故出現
於世欲令衆生悟佛知見故出現於世欲令
衆生入佛知見道故出現於世舍利弗是為
諸佛唯以一大事因緣故出現於世佛告舍利
弗諸佛如來但教化菩薩諸有所作常為一事
唯以佛之知見示悟衆生舍利弗如來但以
一佛乘故為衆生說法无有餘乘若二若三
舍利弗一切十方諸佛法亦如是舍利弗過
去諸佛以无量无數方便種種因緣譬喻言
辭而為衆生演說諸法是法皆為一佛乘故
是諸衆生從諸佛聞法究竟皆得一切種智
舍利弗未來諸佛當出於世亦以无量无數
方便種種因緣譬喻言辭而為衆生演說諸
法是法皆為一佛乘故是諸衆生從佛聞法
究竟皆得一切種智舍利弗現在十方无量
百千万億佛土中諸佛世尊多所饒益安樂
衆生是諸佛亦以无量无數方便種種因緣
譬喻言辭而為衆生演說諸法是法皆為一
佛乘故是諸衆生從佛聞法究竟皆得一切
種智舍利弗是諸佛但教化菩薩欲以佛之
知見示衆生故欲以佛之知見悟衆生故欲
令衆生入佛知見故舍利弗我今亦復如是

BD05251號　妙法蓮華經卷一　（23–16）

衆生是諸佛亦以无量无數方便種種因緣
辟喻言辞而爲衆生演說諸法是法皆爲一
佛乘故是諸衆生從佛聞法究竟皆得一切
種智舍利弗是諸佛但教化菩薩欲以佛之
知見示衆生故欲以佛之知見悟衆生故欲
令衆生入佛知見故舍利弗我今亦復如是
知諸衆生有種種欲深心所著隨其本性以
種種因緣辟喻言辞方便力而爲說法舍利
弗如此皆爲得一佛乘一切種智故舍利弗
十方世界中尚无二乘何况有三舍利弗諸
佛出於五濁惡世所謂劫濁煩惱濁衆生濁
見濁命濁如是舍利弗劫濁亂時衆生垢重
慳貪嫉妬成就諸不善根故諸佛以方便力
於一佛乘分別說三舍利弗若我弟子自謂
阿羅漢辟支佛者不聞不知諸佛如来但教
化菩薩事此非佛弟子非阿羅漢非辟支佛
又舍利弗是諸比丘比丘尼自謂已得阿羅
漢是最後身究竟涅槃便不復志求阿耨
多羅三藐三菩提當知此輩皆是增上慢人
所以者何若有比丘實得阿羅漢若不信此
法无有是處除佛滅度後現前无佛所以者
何佛滅度後如是等經受持讀誦解其義
者是人難得若遇餘佛於此法中便得決了舍
利弗汝等當一心信解受持佛語諸佛如来
言无虛妄无有餘乘唯一佛乘尒時世尊欲重
宣此義而說偈言
比丘比丘尼　有懷增上慢　優婆塞我慢　優婆夷不信
如是四衆等　其數有五千　不自見其過　於戒有缺漏
護惜其瑕疵　是小智已出　衆中之糟糠　佛威德故去
斯人尠福德　不堪受是法　此衆无枝葉　唯有諸貞實

BD05251號　妙法蓮華經卷一　（23–17）

言无虛妄无有餘乘唯一佛乘尒時世尊欲重
宣此義而說偈言
比丘比丘尼　有懷增上慢　優婆塞我慢　優婆夷不信
如是四衆等　其數有五千　不自見其過　於戒有缺漏
護惜其瑕疵　是小智已出　衆中之糟糠　佛威德故去
斯人尠福德　不堪受是法　此衆无枝葉　唯有諸貞實
舍利弗善聽　諸佛所得法　无量方便力　而爲衆生說
衆生心所念　種種所行道　若干諸欲性　先世善惡業
佛悉知是已　以諸緣辟喻　言辞方便力　令一切歡喜
或說脩多羅　伽陁及本事　本生未曾有　亦說於因緣
辟喻并祇夜　優波提舍經
鈍根樂小法　貪著於生死　於諸无量佛　不行深妙道
衆苦所惱亂　爲是說涅槃
我設是方便　令得入佛慧　未曾說汝等　當得成佛道
所以未曾說　說時未至故　今正是其時　決定說大乘
我此九部法　隨順衆生說　入大乘爲本　以故說是經
有佛子心淨　柔軟亦利根　无量諸佛所　而行深妙道
爲此諸佛子　說是大乘經　我記如是人　来世成佛道
以深心念佛　脩持淨戒故　此等聞得佛　大喜充遍身
佛知彼心行　故爲說大乘　聲聞若菩薩　聞我所說法
乃至於一偈　皆成佛无疑　十方佛土中　唯有一乘法
无二亦无三　除佛方便說　但以假名字　引導於衆生
說佛智慧故　諸佛出於世　唯此一事實　餘二則非真
終不以小乘　濟度於衆生　佛自住大乘　如其所得法
定慧力莊嚴　以此度衆生　自證无上道　大乘平等法
若以小乘化　乃至於一人　我則墮慳貪　此事爲不可
若人信歸佛　如来不欺誑　亦无貪嫉意　斷諸法中惡
故佛於十方　而獨无所畏　我以相嚴身　光明照世間
无量衆所尊　爲說實相印　舍利弗當知　我本立誓願
欲令一切衆　如我等无異　如我昔所願　今者已滿足

BD05251號　妙法蓮華經卷一　（23–18）

定慧力莊嚴　以此度衆生　自證无上道　大乘平等法
若以小乘化　乃至於一人　我則墮慳貪　此事為不可
若人信歸佛　如来不欺誑　亦无貪嫉意　斷諸法中惡
故佛於十方　而獨无所畏　我以相嚴身　光明照世間
无量衆所尊　為說實相印　舍利弗當知　我本立誓願
欲令一切衆　如我等无異　如我昔所願　今者已滿足
化一切衆生　皆令入佛道　若我遇衆生　盡教以佛道
无智者錯亂　迷惑不受教　我知此衆生　未曾脩善本
堅著於五欲　癡愛故生惱　以諸欲因緣　墜墮三惡道
輪迴六趣中　備受諸苦毒　受胎之微形　世世常增長
薄德少福人　衆苦所逼迫　入邪見稠林　若有若无等
依止此諸見　具足六十二　深著虛妄法　堅受不可捨
我慢自矜高　諂曲心不實　於千万億劫　不聞佛名字
亦不聞正法　如是人難度　是故舍利弗　我為設方便
說諸盡苦道　示之以涅槃　我雖說涅槃　是亦非真滅
諸法從本来　常自寂滅相　佛子行道已　来世得作佛
我有方便力　開示三乘法　一切諸世尊　皆說一乘道
今此諸大衆　皆應除疑惑　諸佛語无異　唯一无二乘
過去无數劫　无量滅度佛　百千万億種　其數不可量
如是諸世尊　種種緣譬喻　无數方便力　演說諸法相
是諸世尊等　皆說一乘法　化无量衆生　令入於佛道
又諸大聖主　知一切世間　天人群生類　深心之所欲
更以異方便　助顯第一義　若有衆生類　值諸過去佛
若聞法布施　或持戒忍辱　精進禪智等　種種脩福慧
如是諸人等　皆已成佛道　諸佛滅度已　若人善軟心
如是諸衆生　皆已成佛道　諸佛滅度已　供養舍利者
起万億種塔　金銀及頗梨　車𤦲與馬瑙　玫瑰琉璃珠
清淨廣嚴飾　莊校於諸塔　或有起石廟　栴檀及沈水
木櫁并餘材　塼瓦泥土等　若於曠野中　積土成佛廟
乃至童子戲　聚沙為佛塔　如是諸人等　皆已成佛道
若人為佛故　建立諸形像　刻雕成衆相　皆已成佛道

BD05251號　妙法蓮華經卷一　（23–19）

如是諸衆生　皆已成佛道　諸佛滅度已　供養舍利者
起万億種塔　金銀及頗梨　車𤦲與馬瑙　玫瑰琉璃珠
清淨廣嚴飾　莊校於諸塔　或有起石廟　栴檀及沈水
木櫁并餘材　塼瓦泥土等　若於曠野中　積土成佛廟
乃至童子戲　聚沙為佛塔　如是諸人等　皆已成佛道
若人為佛故　建立諸形像　刻雕成衆相　皆已成佛道
或以七寶成　鍮鉐赤白銅　白鑞及鉛錫　鐵木及與泥
或以膠漆布　嚴飾作佛像　如是諸人等　皆已成佛道
綵畫作佛像　百福莊嚴相　自作若使人　皆已成佛道
乃至童子戲　若草木及筆　或以指爪甲　而畫作佛像
如是諸人等　漸漸積功德　具足大悲心　皆已成佛道
但化諸菩薩　度脫无量衆　若人於塔廟　寶像及畫像
以華香幡蓋　敬心而供養　若使人作樂　擊鼓吹角貝
簫笛琴箜篌　琵琶鐃銅鈸　如是衆妙音　盡持以供養
或以歡喜心　歌唄頌佛德　乃至一小音　皆已成佛道
若人散亂心　乃至以一華　供養於畫像　漸見无數佛
或有人禮拜　或復但合掌　乃至舉一手　或復小低頭
以此供養像　漸見无量佛　自成无上道　廣度无數衆
入无餘涅槃　如薪盡火滅　若人散亂心　入於塔廟中
一稱南无佛　皆已成佛道　於諸過去佛　在世或滅後
若有聞是法　皆已成佛道　未来諸世尊　其數无有量
是諸如来等　亦方便說法　一切諸如来　以无量方便
度脫諸衆生　入佛无漏智　若有聞法者　无一不成佛
諸佛本誓願　我所行佛道　普欲令衆生　亦同得此道
未来世諸佛　雖說百千億　无數諸法門　其實為一乘
諸佛兩足尊　知法常无性　佛種從緣起　是故說一乘
是法住法位　世間相常住　於道場知已　導師方便說
天人所供養　現在十方佛　其數如恒沙　出現於世間
安隱衆生故　亦說如是法　知第一寂滅　以方便力故
雖示種種道　其實為佛乘　知衆生諸行　深心之所念

BD05251號　妙法蓮華經卷一　（23–20）

[illegible]
未来世諸佛　雖說百千億　无數諸法門　其實為一乘
諸佛兩足尊　知法常无性　佛種從緣起　是故說一乘
是法住法位　世間相常住　於道場知已　導師方便說
天人所供養　現在十方佛　其數如恒沙　出現於世間
安隱衆生故　亦說如是法　知第一寂滅　以方便力故
雖示種種道　其實為佛乘　知衆生諸行　深心之所念
過去所習業　欲性精進力　及諸根利鈍　以種種因緣
辟喻亦言辞　隨應方便說　今我亦如是　安隱衆生故
以種種法門　宣示於佛道　我以智慧力　知衆生性欲
方便說諸法　皆令得歡喜　舍利弗當知　我以佛眼觀
見六道衆生　貧窮无福慧　入生死險道　相續苦不斷
深著於五欲　如犛牛愛尾　以貪愛自蔽　盲冥无所見
不求大勢佛　及與斷苦法　深入諸耶見　以苦欲捨苦
為是衆生故　而起大悲心　我始坐道場　觀樹亦經行
於三七日中　思惟如是事　我所得智慧　微妙最第一
衆生諸根鈍　著樂癡所盲　如斯之等類　云何而可度
尒時諸梵王　及諸天帝釋　護世四天王　及大自在天
并餘諸天衆　眷属百千万　恭敬合掌礼　請我轉法輪
我即自思惟　若但讚佛乘　衆生沒在苦　不能信是法
破法不信故　墮於三惡道　我寧不說法　疾入於涅槃
尋念過去佛　所行方便力　我今所得道　亦應說三乘
作是思惟時　十方佛皆現　梵音慰喻我　善哉釋迦文
第一之導師　得是无上法　隨諸一切佛　而用方便力
我等亦皆得　最妙第一法　為諸衆生類　分別說三乘
少智樂小法　不自信作佛　是故以方便　分別說諸果
雖復說三乘　但為教菩薩　舍利弗當知　我聞聖師子
深淨微妙音　稱南无諸佛　復作如是念　我出濁惡世
如諸佛所說　我亦隨順行　思惟是事已　即趣波羅柰
諸法寂滅相　不可以言宣　以方便力故　為五比丘說
是名轉法輪　便有涅槃音　及以阿羅漢　法僧差別名

我等亦皆得　最妙第一法　為諸衆生類　分別說三乘
少智樂小法　不自信作佛　是故以方便　分別說諸果
雖復說三乘　但為教菩薩　舍利弗當知　我聞聖師子
深淨微妙音　稱南无諸佛　復作如是念　我出濁惡世
如諸佛所說　我亦隨順行　思惟是事已　即趣波羅柰
諸法寂滅相　不可以言宣　以方便力故　為五比丘說
是名轉法輪　便有涅槃音　及以阿羅漢　法僧差別名
從久遠劫来　讃示涅槃法　生死苦永盡　我常如是說
舍利弗當知　我見佛子等　志求佛道者　无量千万億
咸以恭敬心　皆来至佛所　曾從諸佛聞　方便所說法
我即作是念　如来所以出　為說佛慧故　今正是其時
舍利弗當知　鈍根小智人　著相憍慢者　不能信是法
今我喜无畏　於諸菩薩中　正直捨方便　但說无上道
菩薩聞是法　疑網皆已除　千二百羅漢　悉亦當作佛
如三世諸佛　說法之儀式　我今亦如是　說无分別法
諸佛興出世　懸遠值遇難　正使出于世　說是法復難
无量无數劫　聞是法亦難　能聽是法者　斯人亦復難
譬如優曇華　一切皆愛樂　天人所希有　時時乃一出
聞法歡喜讃　乃至發一言　則為已供養　一切三世佛
是人甚希有　過於優曇華　汝等勿有疑　我為諸法王
普告諸大衆　但以一乘道　教化諸菩薩　无聲聞弟子
汝等舍利弗　聲聞及菩薩　當知是妙法　諸佛之秘要
以五濁惡世　但樂著諸欲　如是等衆生　終不求佛道
當来世惡人　聞佛說一乘　迷惑不信受　破法墮惡道
有慚愧清淨　志求佛道者　當為如是等　廣讃一乘道
舍利弗當知　諸佛法如是　以万億方便　隨宜而說法
其不習學者　不能曉了此　汝等既已知　諸佛世之師　隨宜方便事　无復諸疑惑
心生大歡喜　自知當作佛

无量无數劫 聞是法亦難 能聽是法者 斯人亦復難
譬如優曇華 一切皆愛樂 天人所希有 時時乃一出
聞法歡喜讚 乃至發一言 則為已供養 一切三世佛
是人甚希有 過於優曇華 汝等勿有疑 我為諸法王
普告諸大衆 但以一乘道 教化諸菩薩 无聲聞弟子
汝等舍利弗 聲聞及菩薩 當知是妙法 諸佛之秘要
以五濁惡世 但樂著諸欲 如是等衆生 終不求佛道
當來世惡人 聞佛說一乘 迷惑不信受 破法墮惡道
有慚愧清淨 志求佛道者 當為如是等 廣讚一乘道
舍利弗當知 諸佛法如是 以万億方便 隨宜而說法
其不習學者 不能曉了此
汝等既已知 諸佛世之師 隨宜方便事 无復諸疑惑
心生大歡喜 自知當作佛

妙法蓮華經卷第一

BD05251號　妙法蓮華經卷一

(23–23)

我之如是衆善根 為備普賢行迴向
若我當於命終時 蠲除一切諸翳障
目所親覩彌陁已 遊彼極樂剎土中
既到彼已如是願 普得一切皆現前
令我此皆極圓滿 盡於世界離群生
秀麗極樂佛道場 生於上妙蓮華上
親向彌陁世尊所 願我於此得授記
我得宋勝授記已 變化衆多百俱胝
令以惠力於十方 於諸有情作饒益

普賢菩薩行願王經

佛說稻芉經

如是我聞一時佛住王舍城耆闍崛山中與
大比丘衆千二百五十人俱及大菩薩摩訶
薩衆尒時尊者舍利弗往至彌勒經行處彌
勒舍利弗俱坐石上尒時尊者舍利弗問彌
勒言今日世尊覩見稻芉而作是說汝等比

BD05252號 1　普賢菩薩行願王經

(9–1)

佛說稻芉經
如是我聞一時佛住王舍城耆闍崛山中與
大比丘衆千二百五十人俱及大菩薩摩訶
薩衆尒時尊者舍利弗往至彌勒經行處彌
勒舍利弗俱坐石上尒時尊者舍利弗問彌
勒言今日世尊覩見稻芉而作是說汝等比
丘見十二因緣即是見法即是見佛
尒時世尊作是說已嘿然而住彌勒世尊何
故說是脩多羅復以何義說其十二因緣即
是見法見法即是見佛皆以何義作如是說
云何是十二因緣云何見因緣即是見法云何
見法即是見佛尒時彌勒語舍利弗言佛世
尊常說見十二因緣即是見法見法即是見
佛十二因緣者无明緣行行緣識識緣名色
名色緣六入六入緣觸觸緣受受緣愛愛緣取
取緣有有緣生生緣老死憂悲苦惱衆苦聚
集爲大苦陰作因是佛說十二因緣云何是
法八正道分及涅槃果如來略說是法云何
是佛能覺一切法故名爲佛若以慧眼見
真法身能成菩提所覺之法云何見十二因
緣即是見法即是見佛佛作是說十二因緣
常相續起无生如實見不顛倒无生无作非
有爲无住无爲非心境界寂滅无相以是故
見十二因緣即是見法常相續起无生如實
見不顛倒无生无作非有爲无住无爲非心
境界寂滅无相以是故見十二因緣即是見

真法身能成菩提所覺之法云何見十二因
緣即是見法即是見佛佛作是說十二因緣
常相續起无生如實見不顛倒无生无作非
有爲无住无爲非心境界寂滅无相以是故
見十二因緣即是見法常相續起无生如實
見不顛倒无生无作非有爲无住无爲非心
境界寂滅无相以是故見十二因緣即是見
无上道具足法身
尊者舍利弗問彌勒言云何名十二因緣彌勒
荅言有因有緣是名因緣法此是佛略說因
緣相以此因能生是果如來出世因緣生法
如來不出世亦因緣生法性相常住无諸煩惱
究竟如實非不如實是真實離顛倒法次
復十二因緣法從二種生云何爲二一者因二者
果因緣生法復有二種有內因緣有外因緣外
因緣法從何而生如似種能生牙從牙生葉從
葉生節從節生莖從莖生穗從穗生華從華
生實无種故无牙乃至无有華實有種故牙
生乃至有華故果生而種不念我能生牙牙亦
不作念我從種生乃至華亦不作念我能生
實實亦不作念我從華生而實種能生牙如
是名爲外因生法云何名外緣生法所謂地水
火風空時地種堅持水種濕潤火種成熟風
種發起空種不作鄣礙又假於時節氣和變
如是六緣具足便生若六緣不具則不生地
水火風空時六緣調和不增減故物則得生地
亦不言我能持水亦不言我能潤火亦不言

是名爲外因生法云何名外緣生法所謂地水
火風空時地種堅持水種濕潤火種成熟風
種發起空種不作鄣礙又假於時節氣和變
如是六緣具足便生若六緣不具物則不生地
水火風空時六緣調和不增減故物則得生地
亦不言我能持水亦不言我能潤火亦不言
我能成熟風亦不言我能發起空亦不言我
能不作鄣礙時亦不言我不能令生種亦不言
我不從六緣而得牙牙亦不言我從數緣生雖
不作念從尒數緣生而實從衆緣和合得生牙
亦不從自生亦不從他生亦不從自他合生亦不
從自在天生亦不從時方生亦不從本性生亦
不從无因生是名生法次第如是外緣生法以五
事故當知不斷亦非常亦不從此至彼如牙種少
果則衆多相似相續不生異物云何不斷從種
牙根莖次第相續故不斷云何非常牙莖葉果
各自别故非常亦不種滅而後牙生亦非不滅
而牙便生而因緣法牙起種謝次第生故非常
種牙名相各異故不從此至彼種少果多故當
知不一是名種少果多如種子不生異果故名相
似相續以此五種外緣諸法得生内因緣法從
二種生云何爲因從无明乃至老死无明滅耶
行滅乃至生滅故則老死滅因无明故有行乃至
因有生故則老死无明不言我能生行行亦不
言我從无明生乃至老病死亦不言我從生生而
實有无明則有行有生則有老死是名内因次第
生法云何名内緣生法所謂六界地界水界火界

二種生云何爲因從无明乃至老死无明滅耶
行滅乃至生滅故則老死滅因无明故有行乃至
因有生故則老死无明不言我能生行行亦不
言我從无明生乃至老病死亦不言我從生生而
實有无明則有行有生則有老死是名内因次第
生法云何名内緣生法所謂六界地界水界火界
風界空界識界何謂爲地能堅持者名爲地界
何謂爲水能潤漬者名爲水界何謂爲火能
成熟者名爲火界何謂爲風能出入息者名
爲風界何謂爲空能无鄣礙者名爲空界何謂
爲識四陰五識亦言爲名亦名爲識如是衆法
和合名爲身有漏心名爲識如是四陰爲五情根
名爲色如是等六緣名爲身若六緣具足无損
減者則便成身是緣若減身則不成地亦不念
我能堅持水亦不念我能濕潤火亦不念我
能成熟風亦不念我能出入息空亦不念我
能无鄣礙識亦不念我能生長身亦不念我從
數緣生若无此六緣身亦不生地亦无我无人
无衆生无壽命非男非女亦非非男非非女
非此非彼水火風乃至識等亦皆无我无衆生
无壽命乃至亦非此非彼云何名无明无明者
於六界中生一相聚想常想不動想不壞想内
生樂想衆生想壽命想人想我想我所想生
如是種種衆多想是名无明如是五情中生
貪欲瞋恚想行亦如是隨著一切假名法名爲
識四陰爲名色陰爲色是名名色名色增長
生六入六入增長生觸觸增長生受受增長

於六界中生一相聚想常想不動想不壞想內
生樂想衆生想壽命想人想我想我所想生
如是種種衆多想是名无明如是五情中生
貪欲瞋恚想行亦如是隨著一切假名法名為
識四陰為名色陰為色是名名色名色增長
生六入六入增長生觸觸增長生受受增長
生愛愛增長生趣取增長生有有增長故能
生後陰為生生增長變名為老愛陰敗壞故
名為死能生嬈熱故名憂悲苦惱五情違害名
為身苦意不和適名為心苦如是等衆苦聚
集常在闇冥名為无明造集諸業名為行
分別諸法名為識有所建立名為名色六根
開張名為六入對緣取塵故名為觸受覺苦樂
故名為受如渴求飲故名為愛能有所取故名
為取起造諸業故名為有假陰始起故名為生
住世衰變故名為老衆後敗壞故名為死追感
往事言聲哀慼名為憂苦事來逼身是名苦
惱追思相續故名為悲煩惱纏縛故名為惱
耶見妄解名為无明以此耶解起於三業故名
為行善惡等能受果報故名為識從汙穢无
記業生汙穢无記識不動業生不動識從識
生名色從名色生六入從六入生觸從觸生受從
受生愛從愛生趣從取生有從有生生從生
有老死憂悲苦惱彌勒語尊者舍利弗十二因緣
各各有果非常非斷非有為不離有為非盡法
非離欲法非滅法有佛无佛相續不斷如河駃流
聞无絕時尒時彌勒重語尊者舍利弗十二因

受生愛從愛生趣從取生有從有生生從生
有老死憂悲苦惱彌勒語尊者舍利弗十二因緣
各各有果非常非斷非有為不離有為非盡法
非離欲法非滅法有佛无佛相續不斷如河駃流
聞无絕時尒時彌勒重語尊者舍利弗十二因
緣各各有因各各有緣非常非斷非有為不離
有為非盡法離欲法非滅法有佛无佛相續不
斷如河駃流間則无絕能以四絕增長十二緣
何等為四无明愛業識識為種體業為田體
无明愛是煩惱體能生長識業為識田愛為
潤漬无明覆植識種子業不作念我能生識
覆植識種亦不作念我從尒所因緣復次業為
識田无明為糞愛水為潤便生名色等牙而名
色牙亦不從自生亦不從他生亦不從自他合生
亦不從自在天生亦不從時方生亦不從體生亦
不无因緣生復次欲樂父母精氣衆緣和合故生
色牙无主无我无造无壽者猶如虛空如幻從衆
因緣和合而生復次尊者舍利弗眼識從五因緣
生云何為五眼色明空作意識便得生眼識依
眼根以色為境界緣明以為照虛空不作鄣礙
作意起發故生眼識如是衆緣若不和合眼識
則不生而眼識亦不作念我能作體想色亦不
作念我能作境界明亦不作念我能照了空亦
不作念我能无礙作意亦不作念我能發起眼
識眼識亦不作念我從數緣生如此眼識實假
衆緣和合而生如是次第諸根生識亦如是說

[illegible]
則不生而眼識亦不作念我能作體想色亦不
作念我能作境界明亦不作念我能照了空亦
不作念我能无礙作意亦不作念我能發起眼
識眼識亦不作念我從數緣生如此眼識實假
眾緣和合而生如是次第諸根生識亦如是說
復次舍利弗无有法從此世至他世但業果在
嚴眾緣和合生又復舍利弗譬如明鏡能現
面像鏡面各在異所而无往來物見同處又復舍
利弗如月麗天去地四万二千由旬水流在下月
曜於上去處雖一影現眾水月體不降水質不
昇如是舍利弗眾生不從此世至於後世不從
後世復至於此然有業果因緣報應不可損滅
復次尊者舍利弗如火得薪便然薪盡則止如
是業結生識周遍諸趣能起名色果无我无主
亦无受者如虛空如熱時炎如幻如夢无有實法
而其善惡因緣果報隨業不亡又復尊者舍利
弗十二因緣亦從五因緣生非常非斷不來不去
因少果多亦相似相續次第而生云何非常一陰
滅一陰生滅非即生生非即滅故名非常云何
不斷如稱高下此滅彼生故名不斷如實知見云
何不來不去无有子去而至於牙亦无牙來而趣
子所以是緣故无有從此至彼然實以少種能生
多果云何相似而生如不善因生不善果如善因
生善果以是故名相似相續而生又復舍利弗如
佛所說能觀十二因緣是名正見若正觀十二因
緣者於過去身中不生有想於未來身中亦不
生无想眾生為從何來去何所至若沙門婆羅

BD05252號2　稻芉經

（9–8）

因少果多亦相似相續次第而生云何非常一陰
滅一陰生滅非即生生非即滅故名非常云何
不斷如稱高下此滅彼生故名不斷如實知見云
何不來不去无有子去而至於牙亦无牙來而趣
子所以是緣故无有從此至彼然實以少種能生
多果云何相似而生如不善因生不善果如善因
生善果以是故名相似相續而生又復舍利弗如
佛所說能觀十二因緣是名正見若正觀十二因
緣者於過去身中不生有想於未來身中亦不
生无想眾生為從何來去何所至若沙門婆羅
門及世間人成就諸見我見眾生見命見丈夫
見吉不吉見如是十二因緣如多羅樹剪滅其首
更不得生我見則除若人正見十二因緣若得如
是忍心尊者舍利弗若有眾生能忍是法此多
陀阿伽度阿羅呵三藐三佛陀善逝世間解調御
丈夫天人師佛世尊為授阿耨多羅三藐三菩
提記尊者舍利弗聞彌勒作是說已歡喜而去
天龍夜叉乾闥婆阿脩羅及諸大眾頂礼彌勒
歡喜奉行

BD05252號2　稻芉經

（9–9）

讃歎
阿耨多羅三藐
持此呪者隨其所
聰慧无病長壽獲福甚
不遂意善住持是呪者乃至
菩提常与金城山菩薩慈氏菩薩大
薩觀自在菩薩妙吉祥菩薩大氷伽羅菩
等而共居心為諸菩薩之所擁護善住當
知持此呪時作如是法先應誦持滿一万八遍
為前方便次於閑室莊嚴道場黑月一日清
淨洗浴著鮮潔衣燒香散花種種供養并諸
飲食入道場中先當稱礼如前所說諸佛菩
薩至心慇重悔先罪已右膝著地可誦前呪
滿一千八遍端坐思惟念其所願日未出時於
道場中食淨黑食日唯一食至十五日方出
道場能令此人福德威力不可思議隨所
願求无不圓滿若不遂意重入道場既稱心
已常持莫忘

金光明最勝王經顯空性品第九

尒時世尊說此呪已為欲利益菩薩摩訶薩人

BD05253號　金光明最勝王經卷五　（14–1）

道場能令此人福德威力不可[illegible]
願求无不圓滿若不遂意重入道場既稱心
已常持莫忘

金光明最勝王經顯空性品第九

尒時世尊說此呪已為欲利益菩薩摩訶薩人
天大衆令得悟解甚深真實第一義故重明
空性而說頌曰

我已於餘甚深經　廣說真空微妙法
今復於此經王内　略說空法不思議
於諸廣大甚深經　有情无智不解故
故我於斯重敷演　令於空法得開悟
大悲哀愍有情故　以善方便勝因緣
我今於此大衆中　演說令彼明空義
當知此身如空聚　六賊依止不相知
六塵諸賊別依根　各不相知亦如是
眼根常觀於色處　耳根聽聲不斷絕
鼻根恒齅於香境　舌根鎮嘗於美味
身根受於輕軟觸　意根了法不知厭
此等六根隨事起　各於自境生分別
識如幻化非真實　依止根處妄貪求
如人奔走空聚中　六識依根亦如是
心遍馳求隨處轉　託根緣境了諸事
常愛色聲香味觸　於法尋思无暫停
隨緣遍行於六根　如鳥飛空无障礙
藉此諸根作依處　方能了別於外境
此身無知無作者　體不堅固託緣成
皆從虛妄分別生　譬如機關由業轉
地水火風共成身　隨彼因緣招異果
同在一處相違害　如四毒蛇居一篋

BD05253號　金光明最勝王經卷五　（14–2）

隨緣為行於六根　如鳥飛空无障礙
藉此諸根作依處　方能了別於外境
此身無知無作者　體不堅固託緣成
皆從虛妄分別生　譬如機關由業轉
地水火風共成身　隨彼因緣招異果
同在一處相違害　如四毒蛇居一篋
此四大蛇性各異　雖居一處有昇沉
或上或下遍於身　斯等終歸於滅法
於此四種毒蛇中　地水二蛇多沉下
風火二蛇性輕舉　由此乖違眾病生
心識依止於此身　造作種種善惡業
當往人天三惡趣　隨其業力受身形
遭諸疾病身死後　大小便利悉盈流
膿爛蟲蛆不可樂　棄在屍林如朽木
汝等當觀法如是　云何執有我眾生
一切諸法盡无常　悉從无明緣力起
彼諸大種咸虛妄　本非實有體无生
故說大種性皆空　知此浮虛非實有
无明自性本是无　藉眾緣力和合有
於一切時失正慧　故我說彼為无明
行識為緣有名色　六處及觸受隨生
愛取有緣生老死　憂悲苦惱恒隨逐
眾苦惡業常纏迫　生死輪迴无息時
本來非有體是空　由不如理生分別
我斷一切諸煩惱　常以正智現前行
了五蘊宅悉皆空　求證菩提真實處
我開甘露大城門　示現甘露微妙器
既得甘露真實味　常以甘露施群生

BD05253號　金光明最勝王經卷五　（14–3）

眾苦惡業常纏迫　生死輪迴无息時
本來非有體是空　由不如理生分別
我斷一切諸煩惱　常以正智現前行
了五蘊宅悉皆空　求證菩提真實處
我開甘露大城門　示現甘露微妙器
既得甘露真實味　常以甘露施群生
我擊最勝大法鼓　我吹最勝大法螺
我然最勝大明燈　我降最勝大法雨
降伏煩惱諸怨結　建立无上大法幢
於生死海濟群迷　我當關閉三惡趣
煩惱熾火燒眾生　無有救護无依止
清涼甘露充足彼　身心熱惱並皆除
由是我於无量劫　恭敬供養諸如來
堅持禁戒趣菩提　求證法身安樂處
施他眼耳及手足　妻子僮僕心无悋
財寶七珍莊嚴具　隨來求者咸供給
忍等諸度皆遍修　十地圓滿成正覺
故我得稱一切智　无有眾生度量者
假使三千大千界　盡此土地生長物
所有叢林諸樹木　稻麻竹葦及枝條
此等諸物皆伐取　並悉細末作微塵
隨處積集量難知　乃至充滿虛空界
一切十方諸剎土　所有三千大千界
地土皆悉作微塵　此微塵量不可數
假使一切眾生智　以此智慧與一人
如是智者量无邊　容可知彼微塵數
牟尼世尊一念智　令彼智人共度量

BD05253號　金光明最勝王經卷五　（14–4）

一切十方諸剎土　所有三千大千界
地土皆悉作為塵　此微塵量不可數
假使一切衆生智　以此智慧与一人
如是智者量无邊　容可知彼微塵數
牟尼世尊一念智　令彼智人共度量
扵多俱胝劫數中　不能筭知其少分

時諸大衆聞佛說此甚深空性，有无量衆生悉能了達四大五蘊體性俱空，六根六境妄生繫縛，捨離輪迴，正脩出離，深心慶喜，如說奉持。

金光明最勝王經依空滿願品第十

尒時如意寶光耀天女扵大衆中聞說深法，歡喜踊躍，從座而起，偏袒右肩，右膝著地，合掌恭敬白佛言：世尊！唯願為說扵甚深理脩行之法，而說頌曰：

我問照世界　兩足最勝尊　菩薩正行法　唯願慈聽許

佛言善女天　若有疑惑者　隨汝意所問　吾當分別說

是時天女請世尊曰：云何諸菩薩行菩提正行，離生死涅槃，饒益自他故？佛告善女天：依扵法界行菩提法，脩平等行。云何依扵法界行菩提法脩平等行？謂扵五蘊能現法界，法界即是五蘊，五蘊不可說非五蘊，亦不可說。何以故？若法界是五蘊，即是斷見；若離五蘊，即是常見。離扵二相，不著二邊，不可見過所見，无名无相，是則名為說扵法界。善女天！云何五蘊能現法界？如是五蘊不從因緣生。何以故？若從因緣生者，為已生故

BD05253號　金光明最勝王經卷五　（14–5）

蘊能現法界，法界即是五蘊，五蘊不可說非五蘊，亦不可說。何以故？若法界是五蘊，即是斷見；若離五蘊，即是常見。離扵二相，不著二邊，不可見過所見，无名无相，是則名為說扵法界。善女天！云何五蘊能現法界？如是五蘊不從因緣生。何以故？若從因緣生者，為已生故生，為未生故生？若已生生者，何用因緣？若未生生者，不可得生。何以故？未生諸法，即是非有，无名无相，非校量譬喻之所能及，非是因緣之所生故。善女天！譬如鼓聲，依木依皮及桴手等，故得出聲。如是鼓聲，過去亦空，未來亦空，現在亦空。何以故？是鼓音聲不從木生，不從皮生及桴手生，不扵三世生，是不生。若不可生，則不可滅；若不可滅，无所從來；若无所從來，亦无所去；若无所去，則非常非斷；若非常非斷，則不一不異。何以故？此若是一，則不異法界；若如是者，凡夫之人應見真諦，得扵无上安樂涅槃。既不如是，故知不一。若言異者，一切諸佛菩薩行相即是執著，未得解脫煩惱繫縛，即不證阿耨多羅三藐三菩提。何以故？一切聖人扵行非行同真實性，是故不異。故知五蘊非有非无，不從因緣生，非无因緣生，是聖所知，非餘境故，亦非言說之所能及，无名无相，无因无緣，亦无譬喻，始終寂靜，本來自空，是故五蘊能現法界。善女天！若善男子、善女人欲求阿耨多羅三藐三菩提，異真異俗，難可思量，扵凡聖境，體非一異，

BD05253號　金光明最勝王經卷五　（14–6）

是故不異故知五蘊非有非无不從因緣生
非无因緣生是聖所知非餘境故亦非言說
之所能及无名无相无因无緣亦无譬喻始終
寂靜本來自空是故五蘊能現法界善女天
若善男子善女人欲求阿耨多羅三藐三菩
提異真異俗難可思量於凡聖境體非一異
不捨於俗不離於真依於法界行菩提行
尒時世尊作是語已時善女天踊躍歡喜即
從座起偏袒右肩右膝著地合掌恭敬一心
頂禮而白佛言世尊如上所說菩提正行我
今當學是時索訶世界主大梵天王於大衆
中問如意寶光耀善女天曰此菩提行難可
脩行汝今云何於菩提行而得自在尒時善
女天答梵王曰大梵王如佛所說實是甚深一
切異生不解其義是聖境界微妙難知若
使我今依於此世安樂住是實語者願令一
切五濁惡世无量无數无邊衆生皆得金
色卅二相非男非女坐寶蓮花受无量樂雨
天妙花諸天音樂不皷自鳴一切供養皆悉
具足時善女天說是語已一切五濁惡世所
有衆生皆悉金色具大人相非男非女坐寶
蓮花受无量樂猶如他化自在天宮无諸惡
道寶樹行列七寶蓮花遍滿世界又雨七
寶上妙天花作天伎樂如意寶光耀善女天
即轉女身作梵天身時大梵王問如意寶光
耀菩薩言仁者如何行菩提行答言梵王若
水中月行菩提行我亦行菩提行若夢中行

BD05253號　金光明最勝王經卷五

（14–7）

蓮花受无量樂猶如他化自在天宮无諸惡
道寶樹行列七寶蓮花遍滿世界又雨七
寶上妙天花作天伎樂如意寶光耀善女天
即轉女身作梵天身時大梵王問如意寶光
耀菩薩言仁者如何行菩提行答言梵王若
水中月行菩提行我亦行菩提行若夢中行
菩提行我亦行菩提行若陽炎行菩提行
我亦行菩提行若谷響行菩提行我亦行
菩提行時大梵王聞此說已白菩薩言仁依
何義而說此語答言梵王无有一法是實相者
但由因緣而得成故梵王言若如是者諸凡夫
人皆悉應得阿耨多羅三藐三菩提答言仁
以何意而作是說愚癡人異智慧人異菩提異
非菩提異解脫異非解脫異梵王如是諸法
平等无異於此法界真如不異无有中間而可
執著无增无減梵王譬如幻師及幻弟子
善解幻術於四衢道取諸沙土草木葉等
聚在一處作諸幻術使人覩見象衆馬衆車
兵等衆七寶之聚種種倉庫若有衆生愚癡
无智不能思惟不知幻本若見若聞作是思惟
我所見聞象馬等衆此是實有餘皆虛妄
於後更不審察思惟有智之人則不如是了
於幻本若見若聞作如是念如我所見象馬等
衆非是真實唯有幻事惑人眼目妄謂象等
及諸倉庫有名无實如我見聞不執為實後
時思惟知其虛妄是故智者了一切法皆无實
體但隨世俗如見如聞表宣其事思惟諦

BD05253號　金光明最勝王經卷五

（14–8）

於後更不審察思惟有智之人則不如是了
於幻本若見若聞作如是念如我所見象馬等
衆非是真實唯有幻事惑人眼目妄謂象等
及諸倉庫有名无實如我見聞不執為實後
時思惟知其虛妄是故智者了一切法皆无實
體但隨世俗如見如聞表宣其事思惟諦
理則不如是復由假說顯實義故梵王愚癡
異生未得出世聖慧之眼未知一切諸法真
如不可說故是諸凡愚若見若聞行非行法
如是思惟便生執著謂以為實於第一義不
能了知謂法真如是不可說是諸聖人若見
若聞行非行法隨其力能不生執著以為實
有了知一切无實行法无實非行法但妄思量
行非行相唯有名字无有實體是諸聖人隨
世俗說為欲令他知真實義如是梵王是諸
聖人以聖智見了法真如不可說故行非行
法亦復如是令他證智故說種種世俗名時
大梵王問如意寶光耀菩薩言有幾衆生
能解如是甚深正法菩言梵王有衆幻人心
心數法能解如是甚深正法梵王曰此幻化
人體是非有此之心數從何而生菩曰若知
法界不有不无如是衆生能解深義
尒時梵王白佛言世尊是如意寶光耀菩薩
不可思議通達如是甚深之義佛言如是如
是梵王如汝所言此如意寶光耀已教汝等
發心修學无生忍法是時大梵天王与諸梵
衆從座而起偏袒右肩合掌恭敬頂礼如意

法界不有不无如是衆生能解深義
尒時梵王白佛言世尊是如意寶光耀菩薩
不可思議通達如是甚深之義佛言如是如
是梵王如汝所言此如意寶光耀已教汝等
發心修學无生忍法是時大梵天王与諸梵
衆從座而起偏袒右肩合掌恭敬頂礼如意
寶光耀菩薩足作如是言希有希有我等
今日幸遇大士得聞正法
尒時世尊告梵王言是如意寶光耀於未來
世當得作佛号寶餤吉祥藏如來應正遍
知明行圓滿善逝世間解无上士調御丈夫
天人師佛世尊說是品時有三千億菩薩於
阿耨多羅三藐三菩提得不退轉八千億天
子无量无數國王臣民遠塵離垢得法眼淨
尒時會中有五十億苾蒭行菩薩行欲退
菩提心聞如意寶光耀菩薩說是法時皆
得堅固不可思議滿足上願更復發起菩提
之心各自脫衣供養菩薩重發无上勝進之心
作如是願願令我等功德善根悉皆不退迴向
阿耨多羅三藐三菩提梵王是諸苾蒭依此
功德如說修行過九十大劫當得解悟出離
生死尒時世尊即為授記汝諸苾蒭過卅阿
僧祇劫當得作佛劫名難勝光王國名无垢
光同時皆得阿耨多羅三藐三菩提皆同一
号名願莊嚴間飾王十号具足梵王是金光
明微妙經典若正聞持有大威力假使有人
於百千大劫行六波羅蜜无有方便若有善

僧祇劫當得作佛劫名難勝光王國名无垢
光同時皆得阿耨多羅三藐三菩提皆同一
号名願莊嚴間飾王十号具足梵王是金光
明微妙經典若正聞持有大威力假使有人
於百千大劫行六波羅蜜无有方便若有善
男子善女人書寫如是金光明經半月半月
專心讀誦是功德聚於前功德百分不及一
乃至算數譬喻所不能及梵王是故我今令
汝脩學憶念受持為他廣說何以故我於往
昔行菩薩道時猶如勇士入於戰陣不惜身
命流通如是微妙經王受持讀誦為他解說
梵王譬如轉輪聖王若王在世七寶不滅王
若命終所有七寶自然滅盡梵王是金光明
微妙經王若現在世无上法寶悉皆不滅若
无是經隨處隱沒是故應當於此經王專心
聽聞受持讀誦為他解說勸令書寫行精進
波羅蜜不惜身命不憚疲勞功德中勝我諸
弟子應當如是精勤脩學
尒時大梵天王与无量梵眾帝釋四王及諸
藥叉俱從座起偏袒右肩右膝著地合掌恭
敬而白佛言世尊我等皆願守護流通是金
光明微妙經典及說法師若有諸難我當除
遣令具眾善色力充足辯才无礙身意泰然
時會聽者皆受安樂所在國土若有飢饉怨
賊非人為惱害者我等天眾皆為擁護使
其人民安隱豐樂无諸枉橫皆是我等天眾
之力若有供養是經典者我等之當恭敬供

BD05253號　金光明最勝王經卷五　（14–11）

光明微妙經典及說法師若有諸難我當除
遣令具眾善色力充足辯才无礙身意泰然
時會聽者皆受安樂所在國土若有飢饉怨
賊非人為惱害者我等天眾皆為擁護使
其人民安隱豐樂无諸枉橫皆是我等天眾
之力若有供養是經典者我等之當恭敬供
養如佛不異
尒時佛告大梵天王及諸梵眾乃至四王諸藥
叉等善哉善哉汝等得聞甚深妙法復能於
此微妙經王發心擁護及持經者當獲无邊
殊勝之福速成无上正等菩提時梵王等聞
佛語已歡喜頂受
金光明最勝王經四天王觀察人天品第十一
尒時多聞天王持國天王增長天王廣目天王
俱從座起偏袒右肩右膝著地合掌向佛禮
佛足已白言世尊是金光明最勝王經一切
諸佛常念觀察一切菩薩之所恭敬一切天龍
常所供養及諸天眾常生歡喜一切護世
稱揚讚歎聲聞獨覺皆共受持悉能明照
諸天宮殿能与一切眾生殊勝安樂止息地
獄餓鬼傍生諸趣苦惱一切怖畏悉能除殄
所有怨敵尋即退散飢饉惡時能令豐稔
疾疫病苦皆令蠲愈一切災變百千苦惱咸悉
消滅世尊是金光明最勝王經能為如是安
隱利樂饒益我等唯願世尊於大眾中廣為
宣說我等四王并諸眷屬聞此甘露无上法
味氣力充實增益威光精進勇猛神通倍勝

BD05253號　金光明最勝王經卷五　（14–12）

所有怨敵尋即退散飢饉惡時能令豐稔疾
疫病苦皆令蠲愈一切災變百千苦惱咸悉
消滅世尊是金光明最勝王經能為如是安
隱利樂饒益我等唯願世尊於大衆中廣為
宣說我等四王并諸眷屬聞此甘露无上法
味氣力充實增益威光精進勇猛神通倍勝
世尊我等四王修行正法常說正法以法化世
我等令彼天龍藥叉健闥婆阿蘇羅揭路荼
俱槃荼緊那羅莫呼羅伽及諸人王常以正
法而化於世遮去諸惡所有鬼神吸人精氣
无慈悲者悉令遠去世尊我等四王与二十
八部藥叉大將并与无量百千藥叉以淨天
眼過於世王觀察擁護此贍部洲世尊以
此因緣我等諸王名護世者又復於此洲中
若有國王被他怨賊常來侵擾及多飢饉疾
疫流行无量百千災厄之事世尊我等四王
於此金光明最勝王經恭敬供養若有苾芻
法師受持讀誦我等四王共往覺悟勸請其
人時彼法師由我神通覺悟力故往彼國界
廣宣流布是金光明微妙經典由經力故令
彼无量百千衰惱災厄之事悉皆除遣世尊
若諸人王於其國內有持是經苾芻法師至
彼國時當知此經亦至其國世尊時彼國王
應往法師處聽其所說聞已歡喜於彼法師
恭敬供養深心擁護令无憂惱演說此經利
益一切世尊以是因緣我等四王皆共一心護
是人王及國人民令離災患常得安隱世尊

BD05253號　金光明最勝王經卷五

（14–13）

人時彼法師由我神通覺悟力故往彼國界
廣宣流布是金光明微妙經典由經力故令
彼无量百千衰惱災厄之事悉皆除遣世尊
若諸人王於其國內有持是經苾芻法師至
彼國時當知此經亦至其國世尊時彼國王
應往法師處聽其所說聞已歡喜於彼法師
恭敬供養深心擁護令无憂惱演說此經利
益一切世尊以是因緣我等四王皆共一心護
是人王及國人民令離災患常得安隱世尊
若有苾芻苾芻尼鄔波索迦鄔波斯迦持
是經者時彼人王隨其所須供給供養令无
乏少我等四王令彼國主及以國人悉皆安隱
遠離災患世尊若有受持讀誦是經典者
人王於此供養恭敬尊重讚嘆我等當令彼
王於諸王中恭敬尊重最為第一諸餘國王
共所稱歎大衆聞已歡喜受持

金光明最勝王經卷第五

BD05253號　金光明最勝王經卷五

（14–14）

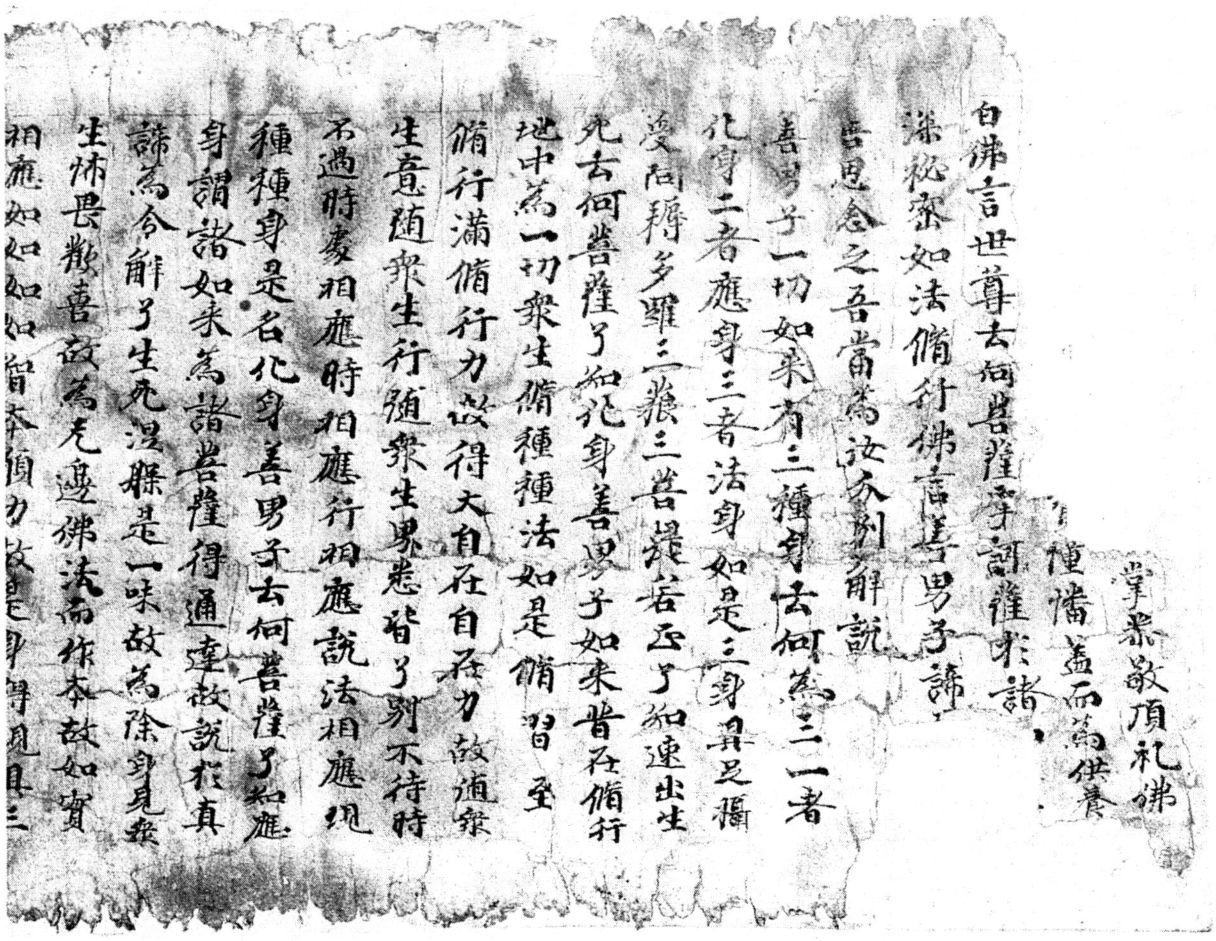

掌恭敬頂禮佛
種幢幡蓋而爲供養
白佛言世尊云何菩薩摩訶薩於諸
深秘密如法修行佛言善男子諦
善思念之吾當爲汝分別解說
善男子一切如來有三種身云何爲三一者
化身二者應身三者法身如是三身具足攝
受阿耨多羅三藐三菩提若正了知速出生
死云何菩薩了知化身善男子如來昔在修行
地中爲一切衆生修種種法如是修習至
修行滿修行力故得大自在自在力故隨衆
生意隨衆生行隨衆生界悉皆了別不待時
不過時處相應時相應行相應說法相應現
種種身是名化身善男子云何菩薩了知應
身謂諸如來爲諸菩薩得通達故說於真
諦爲令解了生死涅槃是一味故爲除身見衆
生怖畏歡喜故爲無邊佛法而作本故如實
相應如如如如智本願力故是身得現具三

BD05254號　金光明最勝王經卷二　（21–1）

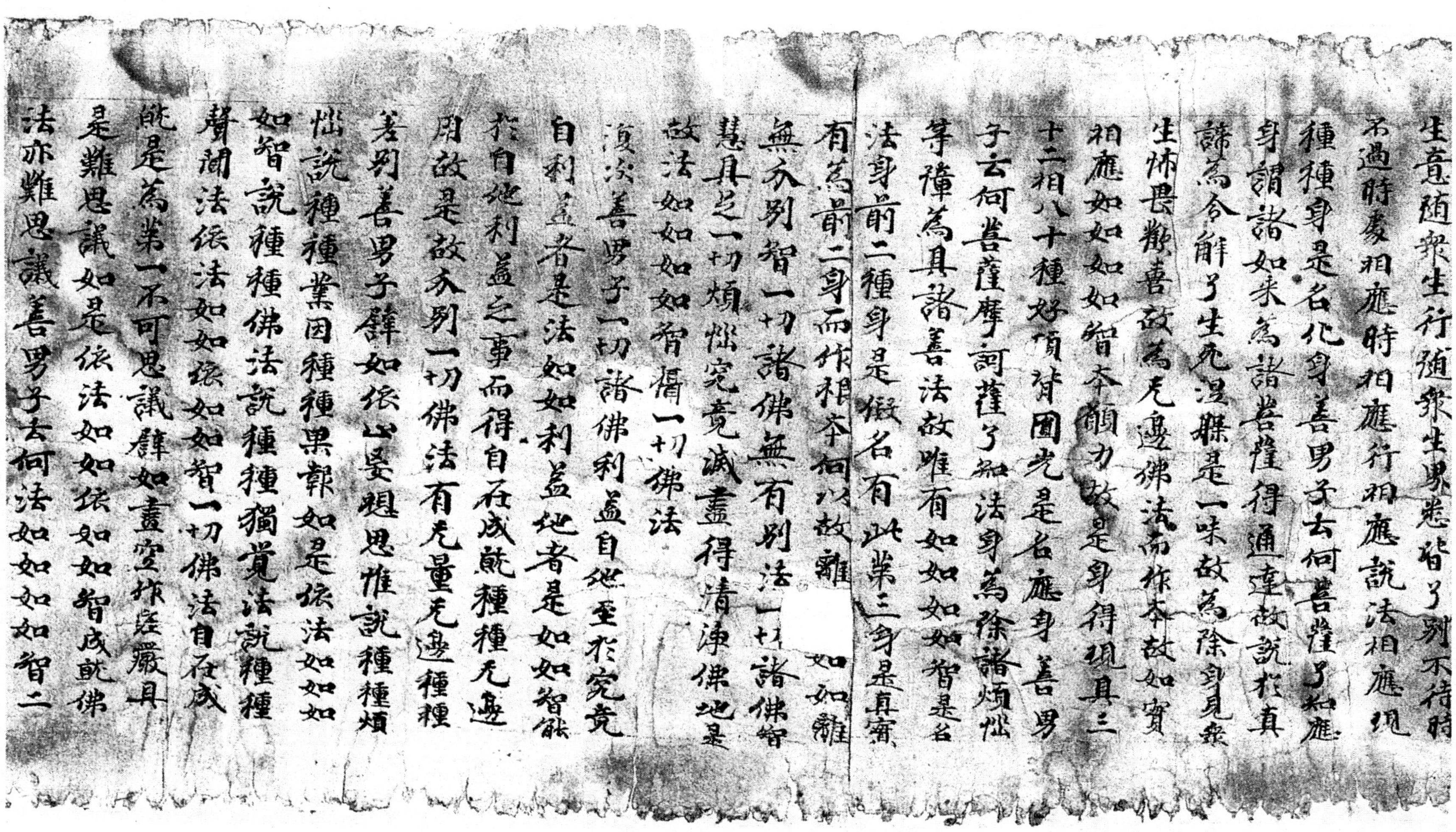

生意隨衆生行隨衆生界悉皆了別不待時
不過時處相應時相應行相應說法相應現
種種身是名化身善男子云何菩薩了知應
身謂諸如來爲諸菩薩得通達故說於真
諦爲令解了生死涅槃是一味故爲除身見衆
生怖畏歡喜故爲無邊佛法而作本故如實
相應如如如如智本願力故是身得現具三
十二相八十種好項背圓光是名應身善男
子云何菩薩摩訶薩了知法身爲除諸煩惱
等障爲具諸善法故唯有如如如如智是名
法身前二種身是假名有此第三身是真實
有爲前二身而作根本何以故離□如如離
無分別智一切諸佛無有別法一切諸佛智
慧具足一切煩惱究竟滅盡得清淨佛地是
故法如如如如智攝一切佛法
復次善男子一切諸佛利益自他至於究竟
自利益者是法如如利益他者是如如智能
於自他利益之事而得自在成就種種無邊
用故是故分別一切佛法有無量無邊種種
差別善男子譬如依心妄想思惟說種種煩
惱說種種業因種種果報如是依法如如依如
如智說種種佛法說種種獨覺法說種種
聲聞法依法如如依如如智一切佛法自在成
就是爲第一不可思議譬如畫空作莊嚴具
是難思議如是依法如如依如如智成就佛
法亦難思議善男子云何法如如如如智二

BD05254號　金光明最勝王經卷二　（21–2）

如智說種種佛法說種種獨覺法說種種
聲聞法依法如如依如如智一切佛法自在成
就是為第一不可思議譬如畫空作莊嚴具
是難思議如是依法如如依如如智成就佛
法亦難思議善男子云何法如如如如智二
無分別而得自在事業成就善男子譬如如
來入於涅槃願自在故種種事業皆得成就
法如如如如智自在事成亦復如是
復次菩薩摩訶薩入無心定依前願力從禪
定起作衆事業如是二法無有分別自在事
成善男子譬如日月無有分別亦如水鏡無
有分別光明亦無分別三種和合得有影生
如是法如如如如智亦無分別以願自在故
衆生有感現應化身如日月影和合出現
復次善男子譬如無量無邊水鏡依於光故
空影得現種種異相空者即是無相善男子
如是受化諸弟子等是法身影以願力故於
二種身現種種相於法身地無有異相善男
子依此二身一切諸佛說有餘涅槃依此法
身說無餘涅槃何以故一切餘法究竟盡故
依此三身一切諸佛說無住處涅槃為二身
故不住涅槃離於法身無有別佛何故二身
不住涅槃二身假名不實念念生滅不定住
故數數出現以不定故法身不爾是故二身
不住涅槃法身不二是故不住涅槃故依三

BD05254號　金光明最勝王經卷二

(21–3)

依此三身一切諸佛說無住處涅槃為二身
故不住涅槃離於法身無有別佛何故二身
不住涅槃二身假名不實念念生滅不定住
故數數出現以不定故法身不爾是故二身
不住涅槃法身不二是故不住涅槃故依三
身說無住涅槃
善男子一切凡夫為三相故有縛有障遠離
三身不至三身何者為三一者遍計所執相
二者依他起相三者成就相如是諸相不能
解故不能滅故不能淨故是故不得至於三
身如是三相能解能滅能淨故是故諸佛具
足三身善男子諸凡夫人未能除遣此三心
故遠離三身不能得至何者為三一者起事
心二者依根本心三者根本心依諸伏道起
事心盡依法斷道依根本心盡依最勝道
根本心盡起事心滅故得現化身依根本心
滅故得顯應身根本心滅故得至法身是故
一切如來具足三身
善男子一切諸佛於第一身與諸佛同事於
第二身與諸佛同意於第三身與諸佛同體
善男子是初佛身隨衆生意有多種故現
種種相是故說多第二佛身弟子一意故現
一相是故說一第三佛身過一切種相非執相
境界是故說名不一不二善男子是第一身
依於應身得顯現故是第二身依於法身

BD05254號　金光明最勝王經卷二

(21–4)

善男子是初佛身隨衆生意有多種故現
種種相是故說多第二佛身弟子一意故現
一相是故說一第三佛身過一切種相非執相
境界是故說名不一不二善男子是第一身
依於應身得顯現故是第二身依於法身
得顯現故是法身者是真實有无依處故善
男子如是三身以有義故而說於常以有義
故說於无常化身者恒轉法輪處處隨緣方
便相續不斷絕故是故說常非是本故具足
大用不顯現故說爲无常應身者從无始來
相續不斷一切諸佛不共之法能攝持故衆
生无盡用亦无盡是故說常非是本故以具足
用不顯現故說爲无常法身者非是行法无
有異相是根本故猶如虛空是故說常善男
子離无分別智更无勝智離法如如无勝境
界是法如如是慧如如是二種如如如如不
一不異是故法身慧清淨故滅清淨故是二
清淨是故法身具足清淨
復次善男子分別三身有四種異有化身非
應身有應身非化身有化身亦應身有非化
身亦非應身何者化身非應身謂諸如來般
涅槃後以願自在故隨緣利益是名化身何
者應身非化身是地前身何者化身亦應身
謂住有餘涅槃之身何者非化身非應是謂
是法身善男子是法身者二无所有所顯現

BD05254號　金光明最勝王經卷二

（21–5）

應身有應身非化身有化身亦應身有非化
身亦非應身何者化身非應身謂諸如來般
涅槃後以願自在故隨緣利益是名化身何
者應身非化身是地前身何者化身亦應身
謂住有餘涅槃之身何者非化身非應是謂
是法身善男子是法身者二无所有所顯現
故何者名爲二无所有於此法身相及相處
二皆是无非有非无非一非異非數非非數
非明非闇如是如如智不見相及相處不見
非有非无不見非一非異不見非數非非數
不見非明非闇是故當知境界清淨智慧
清淨不可分別无有中間爲滅道本故於此
法身能顯如來種種事業
善男子是身因緣境界處所果依於本難思
議故若了此義是身即是大乘是如來性是
如來藏依於此身得發初心修行地心而得
顯現不退地心亦皆得現一生補處心金剛
之心如來之心而悉顯現无量无邊如來妙
法皆悉顯現依此法身不可思議摩訶三昧
而得顯現依此法身得現一切大智是故二
身依於三昧依於智慧而得顯現如此法身
依於自體說常說我依大三昧故說於樂依
於大智故說清淨是故如來常住自在安樂
清淨依大三昧一切禪定首楞嚴等一切念處
大法念等大慈大悲一切陀羅尼一切神通

BD05254號　金光明最勝王經卷二

（21–6）

身依於三昧依於智慧而得顯現如此法身
依於自體說常說我依大三昧故說於樂依
於大智故說清淨是故如來常住自在安樂
清淨依大三昧一切禪定首楞嚴等一切念處
大法念等大慈大悲一切陀羅尼一切神通
一切自在一切法平等攝受如是佛法悉
皆出現依此大智十力四无所畏四无礙辯
一百八十不共之法一切希有不可思議法
悉皆顯現譬如依如意寶珠无量无邊種種
珎寶悉皆得現如是依大三昧寶依大智
慧寶能出種種无量无邊諸佛妙法善男
子如是法身三昧智慧過一切相不著於相
不可分別非常非斷是名中道雖有分別體
无分別雖有三數而无三體不增不減猶如
夢幻亦无所執亦无能執法體如如是解脫處
過死王境越生死闇一切衆生不能脩行所不
能至一切諸佛菩薩之所住處善男子譬如
有人願欲得金處處求覓遂得金礦既得
礦已即便碎之擇取精者爐中銷鍊得清淨
金隨意迴轉作諸鐶釧種種嚴具雖有諸
用金性不改
復次善男子若善男子善女人求勝解脫脩
行世善得見如來及弟子衆得親近已白佛
言世尊何者為善何者不善何者正脩得清
淨行諸佛如來及弟子衆見彼問時如是思

金隨意迴轉作諸鐶釧種種嚴具雖有諸
用金性不改
復次善男子若善男子善女人求勝解脫脩
行世善得見如來及弟子衆得親近已白佛
言世尊何者為善何者不善何者正脩得清
淨行諸佛如來及弟子衆見彼問時如是思
惟是善男子善女人欲求清淨欲聽正法即
便為說令其開悟彼既聞已正念憶持發心
脩行得精進力除嬾惰障滅一切罪於諸學
處離不尊重息掉悔心入於初地依初地心
除利有情障得入二地於此地中除不逼惱
障入於三地於此地中除心軟淨障入於四地
於此地中除善方便障入於五地於此地中
中除見真俗障入於六地於此地中除見行
相障入於七地於此地中除不見滅相障入
於八地於此地中除不見生相障入於九地
於此地中除六通障入於十地於此地中除
所知障除根本心入如來地如來地者由三
淨故名極清淨云何為三一者煩惱淨二者
苦淨三者相淨譬如真金鎔銷冶鍊既燒
打已无復塵垢為顯金性本清淨故金體清
淨非謂无金譬如濁水澄渟清淨无復滓
穢為顯水性本清淨故非謂无水如是法身
与煩惱雜苦集除已无復餘習為顯佛性本清
淨故非謂无體譬如虛空烟雲塵霧之所障
蔽若除屏已是空界淨非謂无空如是法身

於已无復塵垢為顯金性本清淨故金體清
淨非謂无金譬如濁水澄渟清淨无復滓
穢為顯水性本清淨故非謂无水如是法身
與煩惱雜苦集除已无復餘習為顯佛性本清
淨故非謂无體譬如虛空烟雲塵霧之所障
蔽若除屏已是空界淨非謂无空如是法身
一切衆苦悉皆盡故說為清淨非謂无體譬
如有人於睡夢中見大河水漂泛其身運手
動足截流而渡得至彼岸由彼身心不懈退
故從夢覺已不見有水彼此岸別非謂无心
生死妄想既滅盡已是覺清淨非謂无覺如
是法界一切妄想不復生故說為清淨非是
諸佛无其實體
復次善男子是法身者惑障清淨能現應身
業障清淨能現化身智障清淨能現法身
譬如依空出電依電出光如是依法身故能現
應身依應身故能現化身由性淨故能現法
身智慧清淨能現應身三昧清淨能現化
身此三清淨是法如如不異如如一味如如解
脫如如究竟如如是故諸佛體无有異善男
子若有善男子善女人說於如來是我大師
若作如是決定信者此人即應深心解了如
來之身无有別異善男子以是義故於諸境
界不正思惟悉皆除斷即知彼法无有二相
亦无分別聖所脩行如如於彼无有二相正
脩行故如是如是一切諸障悉皆除滅如如

BD05254 號　金光明最勝王經卷二

（21–9）

若作如是決定信者此人即應深心解了如
來之身无有別異善男子以是義故於諸境
界不正思惟悉皆除斷即知彼法无有二相
亦无分別聖所脩行如如於彼无有二相正
脩行故如是如是一切諸障悉皆除滅如如
一切障滅如是如是法如如如智得最清
淨如如法界正智清淨如是如是一切自在
具足攝受皆得成就一切諸障悉皆除滅
切諸障得清淨故是名真如正智真實之相
如是見者是名聖見是則名為真實見佛何
以故如實得見法真如故是故諸佛悉能普
見一切如來何以故聲聞獨覺已出三界求
真實境不能知見如是聖人所不知見一切
凡夫皆生疑惑顛倒分別不能得度如兔浮
海必不能過所以者何力微劣故凡夫之人
亦復如是不能通達法如如故然諸如來无
分別心於一切法得大自在具足清淨深智
慧故是自境界不共他故是故諸佛如來於
无量无邊阿僧祇劫不惜身命難行苦行方
得此身最上无比不可思議過言說境是妙
寂靜離諸怖畏
善男子如是知見法真如者无生老死壽命
无限无有睡眠亦无飢渴心常在定无有散
動若於如來起諍論心是則不能見於如來
諸佛所說皆能利益有聽聞者无不解脫

BD05254 號　金光明最勝王經卷二

（21–10）

寂靜離諸怖畏
善男子如是知見法真如者无生无老无壽命
无限无有睡眠亦无飢渴心常在定无有散
動若於如來起諍論心是則不能見於如來
諸佛所說皆能利益有聽聞者无不解脫
諸惡禽獸惡人惡鬼不相逢值由聞法故果報
无盡然諸如來无有記事一切境界无欲知
心生无涅槃无有異想如來所說无不決定
諸佛如來四威儀中无非智攝一切諸法无
有不為慈悲所攝无有不為利益安樂諸衆
生者善男子若有善男子善女人於此金光
明經聽聞信解不墮地獄餓鬼傍生阿蘇
羅道常處人天不生下賤恒得親近諸佛
如來聽受正法常生諸佛清淨國土所以
者何由得聞此甚深法故是善男子善女
人則為如來之知己記當得不退阿耨
多羅三藐三菩提若善男子善女人於此
甚深微妙之法一經耳者當知是不謗如
來不毀正法不輕聖衆一切衆生未種善根
令得種故已種善根令增長成熟故一切
世界所有衆生皆勸脩行六波羅蜜多
尒時虛空藏菩薩梵釋四王諸天衆等即
從座起偏袒右肩合掌恭敬頂礼佛足白佛
言世尊若所在處講說如是金光明王微妙
經典於其國土有四種利益何等為四者

令得種故已種善根令增長成熟故一切
世界所有衆生皆勸脩行六波羅蜜多
尒時虛空藏菩薩梵釋四王諸天衆等即
從座起偏袒右肩合掌恭敬頂礼佛足白佛
言世尊若所在處講說如是金光明王微妙
經典於其國土有四種利益何等為四者
國王軍衆强盛无諸怨敵離於疾病壽命延
長吉祥安樂正法興顯二者中宮妃后王子諸
臣和悅无諍離於諂佞王所愛重三者沙門
婆羅門及諸國人脩行正法无病安樂无枉
死者於諸福田悉皆脩立四者於三時中四
大調適常為諸天增加守護慈悲平等无
傷害心令諸衆生歸敬三寶皆願脩習菩
提之行是為四種利益之事世尊我等亦常
為弘經故隨逐如是持經之人所在住處為作利
益佛言善哉善哉善男子如是如是汝等應
當勤心流布此妙經王則令正法久住於世
金光明最勝王經夢見懺悔品第四
尒時妙幢菩薩親於佛前聞妙法已歡喜踊
躍一心思惟還至本處於夜夢中見大金鼓
光明晃耀猶如日輪於此光中得見十方无
量諸佛於寶樹下坐瑠璃座无量百千大衆
圍遶而為說法見一婆羅門桴擊金鼓出大
音聲聲中演說微妙伽他明懺悔法妙幢聞
已皆悉憶持繫念而住至天曉已与无量百
千大衆圍遶[illegible]

光明晃耀猶如日輪於此光中得見十方无
量諸佛於寶樹下坐瑠璃座无量百千大衆
圍遶而為說法見一婆羅門桴擊金鼓出大
音聲聲中演說微妙伽他明懴悔法妙幢聞
已皆悉憶持繫念而住至天曉已与无量百
千大衆圍遶持諸供具出王舍城詣鷲峯山
至世尊所礼佛足已布設香花右遶三帀退坐
一面合掌恭敬瞻仰尊顏白佛言世尊我
於夢中見婆羅門以手執桴擊妙金鼓出大
音聲聲中演說微妙伽他明懴悔法我皆憶
持唯願世尊降大慈悲聽我所說即於佛前
而說頌曰

我於昨夜中　夢見大金鼓　其形極姝妙　周遍有金光
猶如盛日輪　光明皆普耀　充滿十方界　咸見於諸佛
在於寶樹下　各處瑠璃座　无量百千衆　恭敬而圍遶
有一婆羅門　以桴擊金鼓　於其鼓聲內　說此妙伽他
金光明鼓出妙聲　遍至三千大千界
能滅三塗極重罪　及以人中諸苦厄
由此金鼓聲威力　永滅一切煩惱障
斷除怖畏令安隱　譬如自在牟尼尊
佛於生死大海中　積行修成一切智
能令衆生覺品具　究竟咸歸功德海
由此金鼓出妙聲　普令聞者獲梵響
證得无上菩提果　常轉清淨妙法輪
住壽不可思議劫　隨機說法利群生

佛於生死大海中　積行修成一切智
能令衆生覺品具　究竟咸歸功德海
由此金鼓出妙聲　普令聞者獲梵響
證得无上菩提果　常轉清淨妙法輪
住壽不可思議劫　隨機說法利群生
能斷煩惱衆苦流　貪瞋癡等皆除滅
若有衆生處惡趣　大火猛焰周遍身
若得聞是妙鼓音　即能離苦歸依佛
皆得成就宿命智　能憶過去百千生
悉皆正念牟尼尊　得聞如來甚深教
由聞金鼓勝妙音　常得親近於諸佛
悉能捨離諸惡業　純修清淨諸善品
一切天人有情類　慇重至誠祈願者
得聞金鼓妙音聲　能令所求皆滿足
衆生墮在无間獄　猛火炎熾苦焚身
无有救護處輪迴　聞者能令苦除滅
人天餓鬼傍生中　所有現受諸苦難
得聞金鼓發妙響　皆蒙離苦得解脫
現在十方界　常住兩足尊　願以大悲心　哀愍憶念我
衆生无歸依　亦无有救護　為如是等類　能作大歸依
我先所作罪　極重諸惡業　今對十力前　至心皆懴悔
我不信諸佛　亦不敬尊親　不務修衆善　常造諸惡業
或自恃尊高　種姓及財位　盛年行放逸　常造諸惡業
心恒起邪念　口陳於惡言　不見於過罪　常造諸惡業
恒作愚夫行　无明闇覆心　隨順不善友　常造諸惡業

衆生无歸依　亦无有救護　爲如是等類　能作大歸依
我先所作罪　極重諸惡業　今對十力前　至心皆懺悔
我不信諸佛　亦不敬尊親　不務修衆善　常造諸惡業
或自恃尊高　種姓及財位　盛年行放逸　常造諸惡業
心恒起邪念　口陳於惡言　不見於過罪　常造諸惡業
恒作愚夫行　无明闇覆心　隨順不善友　常造諸惡業
或因諸戲樂　或復懷憂惱　爲貪瞋所纏　故我造諸惡
親近不善人　及由慳嫉意　貧窮行諂誑　故我造諸惡
雖不樂衆過　由有怖畏故　及不得自在　故我造諸惡
或爲躁動心　或因瞋恚恨　及以飢渴惱　故我造諸惡
由飲食衣服　及貪愛女人　煩惱火所燒　故我造諸惡
於佛法僧衆　不生恭敬心　作如是衆罪　我今悉懺悔
於獨覺菩薩　亦无恭敬心　作如是衆罪　我今悉懺悔
无知謗正法　不孝於父母　作如是衆罪　我今悉懺悔
由愚癡憍慢　及以貪瞋力　作如是衆罪　我今悉懺悔
我於十方界　供養无數佛　當願拔衆生　令離諸苦難
願一切有情　皆令住十地　福智圓滿已　成佛導群迷
我爲諸衆生　苦行百千劫　以大智慧力　皆令出苦海
我爲諸含識　演說甚深經　最勝金光明　能除諸惡業
若人百千劫　造諸極重罪　暫時能發露　衆惡盡消除
依此金光明　作如是懺悔　由斯能速盡　一切諸苦業
勝定百千種　不思議總持　根力覺道支　修習常无倦
我當至十地　具足珍寶處　圓滿佛功德　濟度生死流
我於諸佛海　甚深功德藏　妙智難思議　皆令得具足

依此金光明　作如是懺悔　由斯能速盡　一切諸苦業
勝定百千種　不思議總持　根力覺道支　修習常无倦
我當至十地　具足珍寶處　圓滿佛功德　濟度生死流
我於諸佛海　甚深功德藏　妙智難思議　皆令得具足
唯願十方佛　觀察護念我　皆以大悲心　哀受我懺悔
我於多劫中　所造諸惡業　由斯生苦惱　哀愍願消除
我造諸惡業　常生憂怖心　於四威儀中　曾无歡樂想
諸佛具大悲　能除衆生怖　願受我懺悔　令得離憂苦
我有煩惱障　及以諸報業　願以大悲水　洗濯令清淨
我先作諸罪　及現造惡業　至心皆發露　咸願得蠲除
未來諸惡業　防護令不起　設令有違者　終不敢覆藏
身三語四種　意業復有三　繫縛諸有情　无始恒相續
由斯三種行　造作十惡業　如是衆多罪　我今皆懺悔
我造諸惡業　苦報當自受　今於諸佛前　至誠皆懺悔
於此贍部洲　及他方世界　所有諸善業　今我皆隨喜
願離十惡業　修行十善道　安住十地中　常見十方佛
我以身語意　所修福智業　願以此善根　速成无上慧
我今親對十力前　發露衆多苦難事
凡愚迷惑三有難　恒造極重惡業難
我所積集欲邪難　常起貪愛流轉難
於此世間耽著難　一切愚夫煩惱難
狂心散動顛倒難　及以親近惡友難
於生死中貪染難　瞋癡闇鈍造罪難
生八无暇惡處難　未曾積集功德難

於此世間執著難　一切愚夫煩惱難
狂心散動顛倒難　及以親近惡友難
於生死中貪染難　瞋癡闇鈍造罪難
生八无暇惡處難　未曾積集功德難
我今皆於最勝前　懺悔无邊罪惡業
我今歸依諸善逝　我禮德海无上尊
如大金山照十方　唯願慈悲哀攝受
身色金光淨无垢　目如清淨紺瑠璃
吉祥威德名稱尊　大悲慧日除衆闇
佛日光明常普遍　善淨无垢離諸塵
牟尼月照極清涼　能除衆生煩惱熱
三十二相遍莊嚴　八十隨好皆圓滿
福德難思无與等　如日流光照世間
色如瑠璃淨无垢　猶如滿月處虛空
妙頗梨網映金軀　種種光明以嚴飾
於生死苦瀑流內　老病憂愁水所漂
如是苦海難堪忍　佛日舒光令永竭
我今稽首一切智　三千世界希有尊
光明晃耀紫金身　種種妙好皆嚴飾
如大海水量難知　大地微塵不可數
如妙高山叵稱量　亦如虛空无有際
諸佛功德亦如是　一切有情不能知
於无量劫諦思惟　无有能知德海岸
盡此大地諸山岳　析如微塵能算知
毛端渧海尚可量　佛之功德无能數

如妙高山叵稱量　亦如虛空无有際
諸佛功德亦如是　一切有情不能知
於无量劫諦思惟　无有能知德海岸
盡此大地諸山岳　析如微塵能算知
毛端渧海尚可量　佛之功德无能數
一切有情皆共讚　世尊名稱諸功德
清淨相好妙莊嚴　不可稱量知分齊
我之所有衆善業　願得速成无上尊
廣說正法利群生　悉令解脫於衆苦
降伏大力魔軍衆　當轉无上正法輪
久住劫數難思議　充足衆生甘露味
猶如過去諸最勝　六波羅蜜皆圓滿
滅諸貪欲及瞋癡　降伏煩惱除衆苦
願我常得宿命智　能憶過去百千生
亦常憶念牟尼尊　得聞諸佛甚深法
願我以斯諸善業　奉事无邊最勝尊
遠離一切不善因　恒得修行真妙法
一切世界諸衆生　悉皆離苦得安樂
所有諸根不具足　令彼身相皆圓滿
若有衆生遭病苦　身形羸瘦无所依
咸令病苦得消除　諸根色力皆充滿
若犯王法當刑戮　衆苦逼迫生憂惱
彼受如斯極苦時　无有歸依能救護
若受鞭杖枷鎖繫　種種苦具切其身

若有衆生遭病苦　身形羸瘦无所依
咸令病苦得消除　諸根色力皆充滿
若犯王法當刑戮　衆苦逼迫生憂惱
彼受如斯極苦時　无有歸依能救護
若受鞭杖枷鎖繫　種種苦具切其身
无量百千憂惱時　逼迫身心无暫樂
皆令得免於繫縛　及以鞭杖苦楚事
將臨刑者得命全　衆苦皆令永除盡
若有衆生飢渴逼　令得種種殊勝味
盲者得視聾者聞　跛者能行瘂能語
貧窮衆生獲寶藏　倉庫盈溢无所乏
皆令得受上妙樂　无一衆生受苦惱
一切人天皆樂見　容儀溫雅甚端嚴
悉皆現受无量樂　受用豐饒福德具
隨彼衆生念伎樂　衆妙音聲皆現前
念水即現清涼池　金色蓮花泛其上
隨彼衆生心所念　飲食衣服及牀敷
金銀珍寶妙琉璃　瓔珞莊嚴皆具足
勿令衆生聞惡響　亦復不見有相違
所受容貌悉端嚴　各各慈心相愛樂
世間資生諸樂具　隨心念時皆滿足
所得珍財无悋惜　分布施與諸衆生
燒香末香及塗香　衆妙雜花非一色
每日三時從樹墮　隨心受用生歡喜
普願衆生咸供養　十方一切最勝尊
三乘清淨妙法門　菩薩獨覺聲聞衆
常願勿處於卑賤　不墮无暇八難中

燒香末香及塗香　衆妙雜花非一色
每日三時從樹墮　隨心受用生歡喜
普願衆生咸供養　十方一切最勝尊
三乘清淨妙法門　菩薩獨覺聲聞衆
常願勿處於卑賤　不墮无暇八難中
生在有暇人中尊　恒得親承十方佛
願得常生富貴家　財寶倉庫皆盈滿
顏貌名稱无與等　壽命延長經劫數
悉願女人變為男　勇健聰明多智慧
一切常行菩薩道　勤修六度到彼岸
常見十方无量佛　寶王樹下而安處
處妙琉璃師子座　恒得親承轉法輪
若於過去及現在　輪迴三有造諸業
能招可厭不善趣　願得消滅永无餘
一切衆生於有海　生死羂網堅牢縛
願以智劍為斷除　離苦速證菩提處
衆生於此贍部內　或於他方世界中
所作種種勝福因　我今皆悉生隨喜
以此隨喜福德事　及身語意造衆善
願此勝業常增長　速證无上大菩提
所有禮讚佛功德　深心清淨无瑕穢
迴向發願福无邊　當超惡趣六十劫
若有男子及女人　婆羅門等諸勝族
合掌一心讚歎佛　生生常憶宿世事
諸根清淨身圓滿　殊勝功德皆成就
願於未來所生處　常得人天共瞻仰
非於一佛十佛所　修諸善根今得聞
百千佛所種善根　方得聞斯懺悔法
尒時世尊聞此說已讚妙幢菩薩言善哉

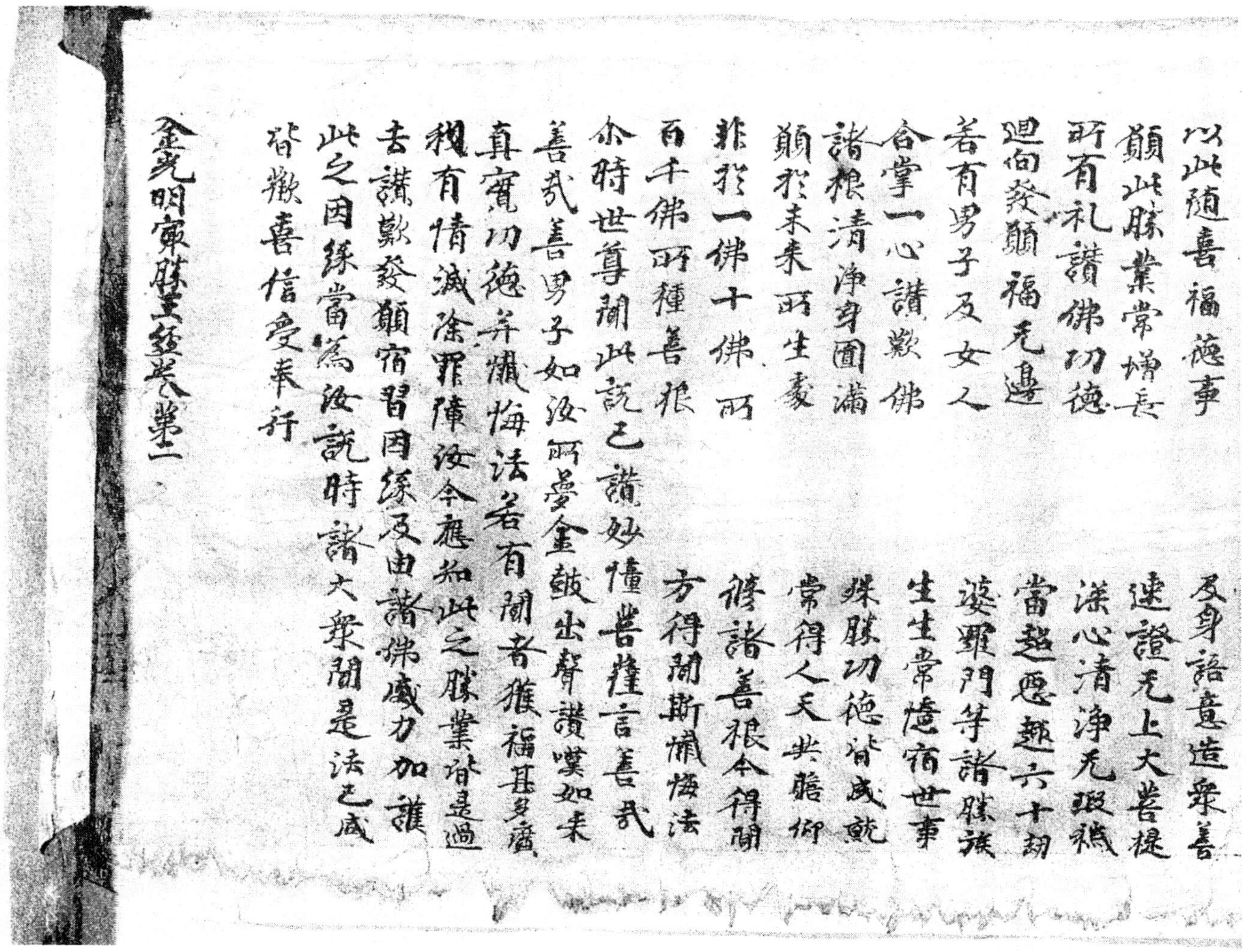
以此隨喜福德事　及身語意造衆善
願此勝業常增長　速證无上大菩提
所有礼讚佛功德　深心清淨无瑕穢
迴向發願福无邊　當超惡趣六十劫
若有男子及女人　婆羅門等諸勝族
合掌一心讚歎佛　生生常憶宿世事
諸根清淨身圓滿　殊勝功德皆成就
願於未來所生處　常得人天共瞻仰
非於一佛十佛所　修諸善根今得聞
百千佛所種善根　方得聞斯懺悔法
尒時世尊聞此說已讚妙幢菩薩言善哉
善哉善男子如汝所夢金鼓出聲讚嘆如來
真實功德并懺悔法若有聞者獲福甚多廣
利有情滅除罪障汝今應知此之勝業皆是過
去讚歎發願宿習因緣及由諸佛威力加護
此之因緣當為汝說時諸大衆聞是法已咸
皆歡喜信受奉行
金光明最勝王經卷第二

BD05254 號　金光明最勝王經卷二　（21–21）

BD05254 號背　藏文、雜寫　（3–1）

BD05254 號背　藏文　　（3–2）

BD05254 號背　雜寫　　（3–3）

无智獅
境界佛
境界佛
无善住……　南境界勝王佛
南无起智功德佛　南无成就佛寶功德佛
南无佛境界清淨佛　南无一切功德佛
南无成就波頭摩王佛　南无宿起光明威德積聚佛
南无奉月光明佛　南无第一境界佛
南无成就波頭摩功德佛　南无香像佛
南无寶山佛　南无積種功德佛
南无能作无畏佛　南无點慧行佛
南无光明難現佛　南无无邊功德藏佛
南无光明住邊功德佛
南无成就一切勝功德佛　南无住持……佛
南无勝敵對佛　南无勝王佛
南无星宿王佛　南无无邊山佛
南无作空輪清淨王佛　南无无邊聲佛
南无无邊光明佛　南无寶彌留佛
南无種種寶佛　南无拘俏摩教佛
南无上首佛　南无无垢離發修行光明佛

BD05255號　佛名經（十六卷本）卷一五　（28–1）

南无成……
南无勝敵對佛　南无勝王佛
南无星宿王佛　南无无邊山佛
南无作空輪清淨王佛　南无无邊聲佛
南无无邊光明佛　南无寶彌留佛
南无種種寶佛　南无拘俏摩教佛
南无上首佛　南无无垢離發修行光明佛
南无金色華佛　南无寶窟佛
南无種種華成就佛　南无放光明佛
南无成就華佛　南无華蓋佛
南无不空發修行佛　南无勝力王佛
南无淨聲王佛　南无无邊上王佛
南无无障明佛　南无破諸趣佛
南无離疑佛　南无无相聲佛
南无雖齊成就无邊功德佛　南无寶成就勝佛
南无波頭摩得勝功德佛　南无寶妙佛
南无三世无㝵發修行佛　南无无邊照佛
南无寶彌留佛　南无然燈王佛
南无成就智德佛　南无炬然燈佛
南无无上光明佛　南无功德王光明佛
南无沸沙佛　南无梵聲佛
從此以上一万一千五百佛十二部經一切賢聖
南无功德輪佛　南无十方燈佛
南无佛華成就德佛　南无娑羅自在王佛
南无華嶺佛　南无寶積佛
南无見種種佛　南无藥王佛

BD05255號　佛名經（十六卷本）卷一五　（28–2）

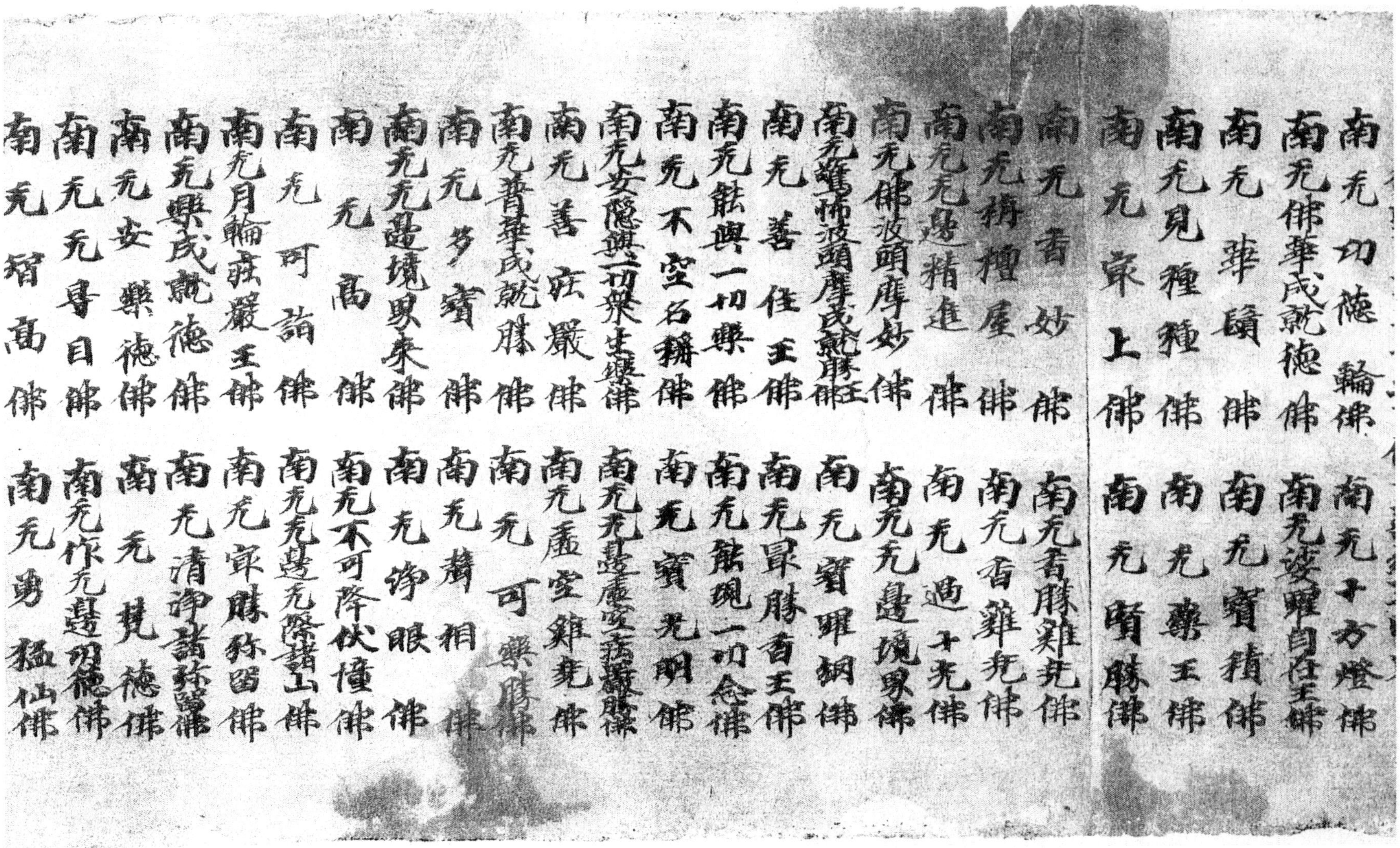
南无切德輪佛
南无十方燈佛
南无佛華成就德佛
南无婆羅自在王佛
南无華齒佛
南无寶積佛
南无見種種佛
南无藥王佛
南无最上佛
南无賢勝佛
南无香妙佛
南无香勝難光佛
南无栴檀屋佛
南无香難光佛
南无无邊精進佛
南无過十光佛
南无佛波頭摩妙佛
南无无邊境界佛
南无蓮華波頭摩成就勝王佛
南无寶羅網佛
南无善住王佛
南无最勝香王佛
南无能與一切樂佛
南无能現一切念佛
南无不空名稱佛
南无寶光明佛
南无安隱與一切衆生樂佛
南无无邊虛空莊嚴勝佛
南无善莊嚴佛
南无虛空難光佛
南无普華成就勝佛
南无可樂勝佛
南无多寶佛
南无贊相佛
南无无邊境界來佛
南无淨眼佛
南无高佛
南无不可降伏幢佛
南无可諂佛
南无无邊无際諸山佛
南无月輪莊嚴王佛
南无寂勝弥留佛
南无樂成就德佛
南无清淨諸弥留佛
南无安樂德佛
南无梵德佛
南无无尋目佛
南无作无邊功德佛
南无智高佛
南无勇猛仙佛

BD05255號　佛名經（十六卷本）卷一五　　（28–3）

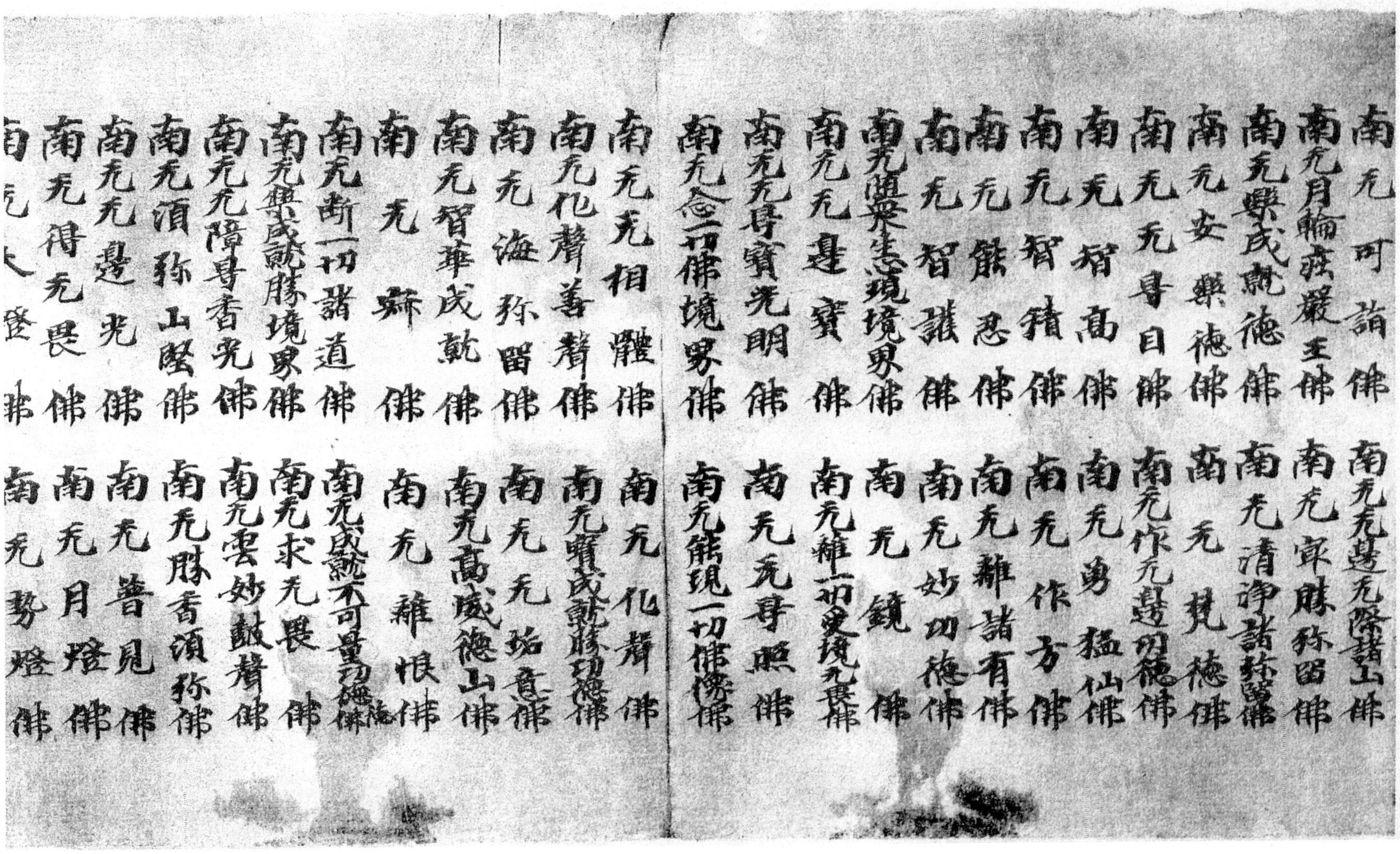
南无可諂佛
南无无邊无際諸山佛
南无月輪莊嚴王佛
南无寂勝弥留佛
南无樂成就德佛
南无清淨諸弥留佛
南无安樂德佛
南无梵德佛
南无无尋目佛
南无作无邊功德佛
南无智高佛
南无勇猛仙佛
南无智積佛
南无作方佛
南无能忍佛
南无離諸有佛
南无智讃佛
南无妙功德佛
南无道與衆生念境界佛
南无離一切憂境无畏佛
南无无邊寶佛
南无鏡佛
南无无尋寶光明佛
南无无尋照佛
南无念一切佛境界佛
南无能現一切佛像佛
南无无相離佛
南无化聲佛
南无化聲善聲佛
南无寶成就勝功德佛
南无海弥留佛
南无无垢意佛
南无智華成就佛
南无高威德山佛
南无獅佛
南无離恨佛
南无斷一切諸道佛
南无成就不可量功德佛
南无樂成就勝境界佛
南无求无畏佛
南无无障尋香光佛
南无雲妙鼓聲佛
南无須弥山堅佛
南无勝香須弥佛
南无无邊光佛
南无普見佛
南无得无畏佛
南无月燈佛
南无大登佛
南无勢燈佛

BD05255號　佛名經（十六卷本）卷一五　　（28–4）

南无无障导香光佛　南无雲妙鼓聲佛
南无須弥山堅佛　南无勝香須弥佛
南无无邊光佛　南无普見佛
南无得无畏佛　南无月燈佛
南无大燈佛　南无勢燈佛
南无高脩佛　南无金剛生佛
南无智自在王佛　南无智力稱佛
南无无畏上佛　南无功德王佛
南无波婆婆佛　南无善眼佛
南无妙莊嚴佛　南无寶蓋佛
從此以上一千六百佛十二部經一切賢聖
南无香雪佛　南无无邊境界不空稱佛
南无不可思議功德王光明佛　南无種種華佛
南无无畏王佛　南无常歡香佛
南无妙藥樹王佛　南无常求安樂佛
南无无邊意行佛　南无无邊境界佛
南无无邊光佛　南无无邊日佛
南无无邊虛空境界佛　南无聲色境界佛
南无香上勝佛　南无虛空勝佛
南无勝功德佛　南无現諸方佛
南无妙弥留佛　南无无障眼佛
南无沙伽羅佛　南无庭燎佛
南无然難見佛　南无无垢月威德光佛
南无智山佛　南无稱力王佛
南无功德王光明佛　南无智見佛

南无妙弥留佛　南无无障眼佛
南无沙伽羅佛　南无庭燎佛
南无然難見佛　南无无垢月威德光佛
南无智山佛　南无稱力王佛
南无功德王光明佛　南无智見佛
南无波頭勝成就佛　南无寶大佛
南无寶蓮華勝佛　南无斷諸疑佛
南无領勝衆佛　南无難見王佛
南无華勝佛　南无放光明佛
南无照波頭摩光明佛
南无方王法難見佛　南无无邊步佛
南无娑伽羅山佛　南无阿荷見佛
南无无障导吼聲佛　南无无邊功德稱光明佛
南无普聞浸勝无差別脩行佛　南无无邊照佛
南无善眼佛　南无一蓋藏佛
南无放光明佛　南无過去未來現在發精行佛
南无无邊華佛　南无无邊淨佛
南无无邊光佛　南无无邊照佛
南无无邊明佛　南无妙明佛
南无无邊境界佛　南无无邊步佛
南无普蓋行佛　南无寶蓋佛
南无星宿王佛　南无蓋星宿佛
南无光明輪佛　南无光明王佛
南无勝光明功德佛　南无不可量光佛
南无勝佛　南无不可量境界步佛
南无无导聲吼佛　南无大雲光佛

南无普蓋行佛　南无寶蓋佛
南无星宿王佛　南无蓋星宿佛
南无光明輪佛　南无光明王佛
南无勝光明功德佛　南无不可量光佛
南无勝佛　南无不可量境界步佛
南无无㝵聲吼佛　南无天雲光佛
南无闍梨庄山佛　南无佛華光明佛
南无波頭摩勝華皇佛　南无星宿上首佛
南无放光明佛　南无三闍那[illegible]佛
南无不空見佛　南无須勝功德佛
南无波頭須勝功德佛　南无无疑佛
南无能度佛　南无无迷步佛
南无離愚境界佛　南无无闇光明佛
南无无邊精進佛　南无婆羅自在王佛
南无寶婆羅佛　南无一蓋佛
南无蓋莊嚴佛　南无寶聚佛
南无栴檀聚香佛　南无栴檀屋佛
南无无邊光明佛　南无光輪佛
南无山莊嚴佛　南无无障眼佛
南无善眼佛　南无寶成佛
從此以上二万一千七百佛十二部經一切賢聖
南无一切功德勝佛　南无成就佛華功德佛
南无善住意佛　南无无邊方便佛
南无不空功德佛　南无寶勢佛
南无无邊脩行佛　南无嚴无邊功德佛
南无虛空輪光佛　南无无相聲佛
南无藥王佛　南无不怯弱佛

南无一切功德勝佛　南无成就佛華功德佛
南无善住意佛　南无无邊方便佛
南无不空功德佛　南无寶勢佛
南无无邊脩行佛　南无嚴无邊功德佛
南无虛空輪光佛　南无无相聲佛
南无藥王佛　南无不怯弱佛
南无離諸畏毛豎佛　南无功德王光明佛
南无觀智起華佛　南无虛空旁佛
南无虛空聲佛　南无虛空莊嚴佛
南无大眼佛　南无勝功德佛
南无成佛　南无佛波頭摩德佛
南无成功德佛　南无師子勝佛
南无成就義佛　南无師子護佛
南无善住王佛　南无梵山佛
南无淨自佛　南无不盡跡步佛
南无香[illegible]佛　南无香德佛
南无香彌留佛　南无无邊眼佛
南无財屋佛　南无香山佛
南无寶師子佛　南无堅固衆生佛
南无妙勝住王佛　南无无邊境界勝王佛
南无勝精進王佛　南无无疑佛
南无善星宿王佛　南无然燈佛
南无能作光明佛　南无光明山佛
南无光明輪佛　南无妙蓋佛
南无香蓋佛　南无寶蓋佛
南无香去蓋佛　南无栴檀勝佛
南无須彌山積聚佛　南无種種寶光明佛

南无善星宿王佛　南无燃燈佛
南无能作光明佛　南无光明山佛
南无光明輪佛　南无妙蓋佛
南无香蓋佛　南无寶蓋佛
南无香去蓋佛　南无旃檀勝佛
南无須弥山積聚佛　南无種種寶光明佛
南无堅固自在王佛　南无淨勝佛
南无淨眼佛　南无不弱佛
南无寶勝佛　南无施羅王佛
南无發脩行轉女根佛　南无无邊脩行佛
南无最妙光佛　南无閻浮檀光明山佛
南无因王佛　南无梵勝佛
南无彌身佛　南无華山佛
南无轉胎佛　南无轉難佛
南无斷諸念佛　南无發起諸念佛
南无常脩行佛　南无善住佛
南无一藏佛　南无一山佛
南无无邊身佛　南无无邊精進佛
南无光明輪佛　南无无邊功德王光明佛
南无降伏一切諸怨佛　南无過一切魔境界佛
南无不可量華佛　南无不可量香佛
南无不可量聲佛　南无光明頂佛
南无光明勝佛　南无不離二佛
次礼十二部尊經大藏法輪
南无梵聲經　南无須陁洹四功德經
南无持戒而人煞王經　南无蓮華女經

BD05255號　佛名經（十六卷本）卷一五

(28–9)

南无不可量華佛　南无不可量香佛
南无不可量聲佛　南无光明頂佛
南无光明勝佛　南无不離二佛
次礼十二部尊經大藏法輪
南无梵聲經　南无須陁洹四功德經
南无持戒而人煞王經　南无蓮華女經
南无國王薩經　南无阿毗曇經
南无金剛蜜經　南无持世經
南无阿那律八念經　南无菩集經
南无迦羅越經　南无阿難問錄持戒經
從此以上一万一千八百佛十二部尊經一切賢聖
南无薩和達王經　南无阿難邠邸四時施經
南无阿闍世王經　南无阿閦佛經
南无德光太子經　南无而向闍經
南无阿陁三昧經　南无胞藏經
南无阿鳩鳩留經　南无漸備一切智經
次礼十方諸大菩薩
南无滅惡世界儀意菩薩　南无音樂世界華莊嚴菩薩
南无音樂世界大智菩薩　南无安樂世界賢日光明菩薩
南无安樂世界師子吼菩薩　南无蓮華樹世界寶首菩薩
南无安樂世界大勢至菩薩　南无天氣世界法首菩薩
南无天氣世界法英菩薩　南无妙樂世界香首菩薩
南无妙樂世界樂香首菩薩　南无照明世界師子意菩薩
南无照明世界師子菩薩　南无不眴世界道御菩薩
南无光曜世界寶場菩薩　南无樂御世界慧步菩薩
南无樂御世界慧見菩薩　南无光察世界雨王菩薩
南无□□世界法王菩薩　南无愛見世界退魔菩薩

BD05255號　佛名經（十六卷本）卷一五

(28–10)

南无安宗世界法頭菩薩　南无妙…世界…自在菩薩
南无妙樂世界衆香自菩薩　南无照明世界師子意菩薩
南无照明世界師子菩薩　南无不眴世界道御菩薩
南无光曜世界寶場菩薩　南无樂御世界慧步菩薩
南无樂御世界慧光菩薩　南无光察世界雨王菩薩
南无光察世界法王菩薩　南无愛見世界退魔菩薩
南无愛見世界右魔菩薩　南无照曜世界頭音執菩薩
南无寶燈須彌山幢世界无上普妙德王菩薩
南无一切香集世界乘藏菩薩　次礼獨覺緣覺一切賢聖
南无復波羅辟支佛　南无波頭摩辟支佛
南无善賢辟支佛　南无賢德辟支佛
南无須摩辟支佛　南无鞞那辟支佛
南无留闍辟支佛　南无復留闍辟支佛
南无弗沙辟支佛　南无牛齒辟支佛
南无漏盡辟支佛　南无最後身辟支佛
歸命如是等无量无邊辟支佛　礼三寶已次復懺悔
衆等相與即今身心寂靜无諂无僞正是生善
滅惡之時復應各起四種觀行以為滅罪作前
方便何等為四一者觀於因緣二者觀於果報三
者觀我自身四者觀如來身
第一觀因緣者知我此罪藉以无明不善思惟无正
觀力不識其過遠離善友諸佛菩薩隨逐魔道
行邪嶮逕如魚吞鉤不知其患如蠶作繭自縈
自縛如蛾赴火自燒自爛以是因緣不能自出
第二觀於果報者所有諸惡不善之業三世流轉苦
果无窮沈溺无邊巨夜不悔為諸煩惱羅剎所

觀力不識其過遠離善友諸佛菩薩隨逐魔道
行邪嶮逕如魚吞鉤不知其患如蠶作繭自縈
自縛如蛾赴火自燒自爛以是因緣不能自出
第二觀於果報者所有諸惡不善之業三世流轉苦
果无窮沈溺无邊巨夜不悔為諸煩惱羅剎所
食未來生死冥然无邊設使報得轉輪聖王王
四天下飛行自在七寶具足命終之後不免惡趣四
空果報三界尊極福盡還作牛領中虫况復其
餘无福德者而復懈怠不惑懺悔此亦譬如抱石沈
淵求出良難
第三觀我自身雖有正因靈覺之性而為煩惱黑
闇叢林之所覆蔽无了因力不能得顯我今應當
發起勝心破裂无明顛倒重鄣斷滅生死虛偽因
緣顯發如來大明覺慧建立无上涅槃妙果
第四觀如來身无為寂照離四句絕百非衆德具
足湛然常住雖復方便入於滅度慈悲接引未
曾暫捨如是等心可謂滅罪之良津除障之要術
是故弟子今日至到稽首歸依佛
南无東方勝藏珠光佛　南无南方寶精手現佛
南无西方法界智燈佛　南无北方最勝除伏佛
南无東南方龍自在佛　南无西南方轉一切生死佛
南无西北方无邊智自在佛　南无東北方无邊功德自佛
南无下方海智神通佛　南无上方一切勝王佛
如是十方盡虛空界一切三寶慈悲歸命常住三寶
弟子等无始以來至於今日長養煩惱日深日厚
日滋日茂覆蓋慧眼令无所見斷障衆善不得

南无西北方无邊智自在佛　南无東北方无邊功德月佛
南无下方海智神通　佛　南无上方一切勝王　佛
如是十方盡虛空界一切三寶　至心歸命常住三寶
弟子等无始以來至於今日長養煩惱日深日厚
日滋日茂覆蓋慧眼令无所見斷除衆善不得
續起障不得見佛不聞正法不值聖僧煩惱起障不
見過去未來一切世中善惡業行之煩惱障受人天
尊貴之煩惱障生色无色界禪定福樂之煩惱不
得自在神通飛騰隱顯遍至十方諸佛淨土聽
法之煩惱障學安那般那數息不淨觀諸煩惱障
學慈悲喜捨因緣煩惱障學七方便三觀義
煩惱障學四念處煖頂忍煩惱障學聞思脩第
一法煩惱障學空平等中道解煩惱障學七正
道示相之煩惱障學七覺支不亦相煩惱障學於
道品因緣觀煩惱障學八解脫九空之煩惱障學
於十智三三昧煩惱障學三明六通四无㝵煩惱障
學六度四等煩惱障學四攝法廣化之煩惱障學
大乘心四弘誓願煩惱障學十明十行之煩惱障學
十迴向十願之煩惱障初地二地三地四地明解之煩
惱障五地六地七地諸知見煩惱障學八地九地
十地雙照之煩惱障如是乃至障學佛果百万阿僧
祇諸行上煩惱如是行障无量无邊弟子今日至到
稽首歸向十方佛尊法聖衆慚愧懺悔願皆消
滅　至心歸命常住三寶　願藉此懺悔障於諸行
一切煩惱願弟子在在處處自在受生不為結業之
所迴轉以如意通於一念頃遍至十方等諸佛土攝

十地雙照之煩惱障如是乃至障學佛果百万阿僧
祇諸行上煩惱如是行障无量无邊弟子今日至到
稽首歸向十方佛尊法聖衆慚愧懺悔願皆消
滅　至心歸命常住三寶　願藉此懺悔障於諸行
一切煩惱願弟子在在處處自在受生不為結業之
所迴轉以如意通於一念頃遍至十方等諸佛土攝
化衆生於諸禪定甚深境界及諸知見通達无
㝵心懷普周一切諸法樂說无窮而不染著得心自
在得法自在智慧自在方便自在令此煩惱及无
智結習畢竟永斷不復相續无漏聖道朗然
明白　至心歸命常住三寶
佛說罪業報應教化地獄經
復有衆生吃啞瘖瘂口不能言若有所說不能
明了何罪所致佛言以前世時坐誹謗三尊輕
毀聖道論他好惡求人長短誣良善憎嫉賢人故
獲斯罪
復有衆生腹大頸細不能下食若有所食變為膿
血何罪所致佛言以前世時偷盜僧食或為大會
施設餚饍故取麻米屏處食之慳惜己物但貪他
有常行惡心與人毒藥氣息不通故獲斯罪
復有衆生常為獄卒燒熱鐵丁釘之百節釘之
以訖自然火生焚燒其身悉皆燋爛何罪所致佛
言以前世時坐為針師傷人身體不能差痛誑他
取物徒令苦痛故獲斯罪
南无輪　佛　南无不可量佛華光明佛
南无可量聲佛　南无山明山佛
南无安羅自在王佛　南无□白□佛

言以前世時坐為針師傷人身體不能差痛誑他
取物從今苦業故獲斯罪
南无輪佛　南无不可量佛華光明佛
南无可量聲佛　南无山明山佛
南无娑羅自在王佛　南无日面佛
南无善月佛　南无虛空佛
南无寶華佛　南无寶成佛
南无月華佛　南无發諸行佛
南无斷諸世間佛　南无无邊樂說佛
南无離諸覺畏佛　南无樂說一切境界佛
南无普香光明佛　南无香光佛
南无香弥留佛　南无香勝佛
南无香烏佛　南无香林佛
南无香王佛　南无波頭摩勝王佛
南无佛境界佛　南无最妙佛
南无妙勝佛　南无散華佛
南无華蓋驕佛　南无華庄佛
南无金色華佛　南无香華佛
南无弥留王佛　南无尊師佛
南无發諸衆生佛　南无斷阿叉那佛
南无發善行佛　南无善華佛
南无无邊香佛　南无普散香光明佛
南无普散香佛　南无普散佛
從此以上二万二千九百佛十二部經一切賢聖

南无發善行佛　南无善華佛
南无无邊香佛　南无普散香光明佛
南无普散香佛　南无普散佛
從此以上二万二千九百佛十二部經一切賢聖
南无普散波頭摩勝佛　南无寶闍梨庄手佛
南无起王佛　南无普佛國土蓋佛
南无善住王佛　南无妙香佛
南无无邊智境界佛　南无不空發佛
南无不空見佛　南无无障目佛
南无不動佛　南无發生菩提佛
南无无量眼佛　南无有燈佛
南无普照佛　南无光明佛
南无一切佛國土佛　南无不斷慈一切衆生樂說佛
南无无垢步佛　南无无跡步佛
南无離一切憂惱佛　南无能讓一切衆育佛
南无勝山佛　南无香面佛
南无俱隣佛　南无大力勝佛
南无寶優波頭羅勝佛　南无拘牟頭成佛
南无高聲眼佛　南无上首佛
南无華成佛　南无无邊光明佛
南无月出光佛　南无十方稱佛
南无多羅歌王增上佛　南无无邊光明佛
南无最勝香山佛　南无无畏佛
南无成就无畏德佛　南无成就見邊顧隱佛
南无一切功德莊嚴佛　南无華王佛

[illegible]
南无月出光佛　南无十方稱佛
南无多羅歌王增上佛　南无无邊光明佛
南无最勝香山佛　南无无畏佛
南无成就无畏德佛　南无成就見邊顏忍德佛
南无一切功德莊嚴佛　南无華王佛
南无不可降伏幢佛　南无增上謙光佛
南无鷲怖波頭摩勝王佛　南无不異心成就勝佛
南无一切上佛　南无虛空輪清淨王佛
南无无相聲吼佛　南无寶起功德佛
南无梵勝佛　南无无障㝵香手佛
南无弥留山光明佛　南无波頭摩勝光佛
南无能作稱名佛　南无稱親佛
南无堅固自在王佛　南无過去如是等无量无邊佛
南无現在積聚无畏佛　南无寶功德光明佛
南无普讚佛　南无寶光明佛
南无月莊嚴寶光明智威德聲王佛
南无枸橁摩樹提不謌王通佛　南无清淨月輪佛
南无寂靜月聲佛　南无阿僧祇住功德精進佛
南无善稱名勝佛　南无因陀羅難光幢星宿王佛
南无普光明莊嚴勝佛　南无降伏敵對安佛
南无无㝵藥王樹勝佛　南无普功德光明莊嚴勝佛
南无波頭摩勝佛　南无師子佛
南无寶波頭摩善住娑羅王佛
南无白光佛　南无大光佛
南无无邊光佛　南无波頭摩王佛
南无阿偶多羅佛　南无波頭摩勝佛

BD05255號　佛名經（十六卷本）卷一五

（28–17）

[illegible]
南无无㝵藥王樹勝佛　南无普功德光明莊嚴勝佛
南无波頭摩勝佛　南无師子佛
南无寶波頭摩善住娑羅王佛
南无白光佛　南无大光佛
南无无邊光佛　南无波頭摩王佛
南无阿偶多羅佛　南无波頭摩勝佛
南无善華佛　南无寶心佛
南无无㝵光佛　南无山幢佛
南无寶幢佛　南无寶炎佛
南无大炎聚佛　南无旃檀香佛
南无善刹光佛　南无波頭摩敎身佛
南无依止无邊功德佛　南无寶體法決定聲王佛
南无阿僧祇精進聚集勝佛　南无智通佛
南无弥留山積佛　南无然燈佛
南无大威德力佛　南无日月佛
從此以上一万二千佛十二部經一切賢聖
南无旃檀佛　南无須弥劫佛
南无月色佛　南无不染佛
南无降伏龍佛　南无龍天佛
南无金色境像佛　南无山聲自在王佛
南无山積佛　南无須弥藏佛
南无供養光佛　南无勝覺佛
南无地山佛　南无瑠璃華佛
南无妙瑠璃金示像佛　南无降伏月佛
南无日聲佛　南无散華莊嚴佛
南无海山智奮迅通佛　南无水光佛

BD05255號　佛名經（十六卷本）卷一五

（28–18）

南无山積[illegible]佛　南无清[illegible]稱佛
南无供養光佛　南无勝覺佛
南无地山佛　南无瑠璃華佛
南无妙瑠璃金形像佛　南无降伏月佛
南无日聲佛　南无散華莊嚴佛
南无海山智奮迅通佛　南无水光佛
南无香鏡像佛　南无不動山佛
南无寶集佛　南无勝山佛
南无勇猛山佛　南无多功德精住持得通佛
南无日月瑠璃光佛　南无勝瑠璃光佛
南无心聞智多枸蘇摩勝佛　南无栴檀月光佛
南无破无明闇佛　南无善蓋波婆羅佛
南无星宿佛　南无弗沙佛
南无法慧增長佛　南无師子鵰王山吼佛
南无梵聲龍奮迅佛　南无世間因陁羅佛
南无世間自在王佛　南无可得報佛
南无甘露聲佛　南无樹提光佛
南无那延首龍佛　南无力天佛
南无師子佛　南无毗羅闍光佛
南无世間尊上佛　南无山岳佛
南无人自在王佛　南无寶勝威德王劫佛
南无不可嫌身佛　南无稱讚佛
南无稱威德佛　南无稱名聲佛
南无稱聲供養佛　南无勇猛稱佛
南无聲分清淨佛　南无智善點慧佛

BD05255號　佛名經（十六卷本）卷一五　（28–19）

南无人自在王佛　南无寶勝威德王劫佛
南无不可嫌身佛　南无稱讚佛
南无稱威德佛　南无稱名聲佛
南无稱聲供養佛　南无勇猛稱佛
南无聲分清淨佛　南无智善點慧佛
南无智勝成就佛　南无智炎佛
南无妙智佛　南无智炎聚佛
南无智勇猛佛　南无梵聲佛
南无梵勝佛　南无淨天佛
南无善群佛　南无華勝佛
南无得四无畏佛　南无善淨天佛
南无梵聲佛　南无淨自在佛
南无淨善眼佛　南无淨聲自在王佛
南无善淨德佛　南无威德力增上佛
南无善勢自在佛　南无威德大勢力佛
南无勝威德佛　南无毗摩勝佛
南无毗摩勝佛　南无善毗摩佛
南无毗摩面佛　南无毗摩成就佛
南无毗摩妙佛　南无見寶佛
南无須庄多佛　南无善眼清淨佛
南无无邊眼佛　南无普眼佛
南无无等眼佛　南无勝眼佛
南无不可降伏眼佛　南无不動眼佛
南无莊勝佛　南无善莊佛
南无善稱諸根佛

BD05255號　佛名經（十六卷本）卷一五　（28–20）

南无无邊眼佛　南无普眼佛
南无无等眼佛　南无勝眼佛
南无不可降伏眼佛　南无不動眼佛
南无無量勝佛　南无善量佛
南无善滅諸根佛
從此以上一万二千一百佛十二部經一切賢聖
南无無量勝佛　南无無量功德佛
南无無量彼岸佛　南无善住佛
南无無量心佛　南无無量意佛
南无寂靜然佛　南无自在王佛
南无衆勝佛　南无寂王佛
南无大衆自在勇佛　南无衆勝辯能佛
南无法幢佛　南无法雜光佛
南无法起佛　南无法體勝佛
南无法自在勝佛　南无法勇猛佛
南无樂說山佛　南无寶火佛
南无樂說莊嚴吼佛　南无勝聲佛
南无好眼佛　南无成就意佛
南无清淨面勝藏威德佛　南无滿足心佛
南无无比慧佛　南无淨那羅迦友足威德佛
南无无邊精進佛　南无甘露光佛
南无大威德佛　南无月光佛
南无栴檀香佛　南无須弥劫佛
南无山積佛　南无无垢色佛
南无无漈佛　南无龍勝佛
南无金色佛　南无山吼自在王佛

南无无邊精進佛　南无甘露光佛
南无大威德佛　南无月光佛
南无栴檀香佛　南无須弥劫佛
南无山積佛　南无无垢色佛
南无无漈佛　南无龍勝佛
南无金色佛　南无山吼自在王佛
南无金藏佛　南无大光佛
南无火自在佛　南无瑠璃華佛
南无月勝佛　南无月聲佛
南无散華莊嚴光佛　南无大香去照明佛
南无離一切染意王佛　南无衆集寶佛
南无德山佛　南无勇猛山佛
南无梵聲龍奮迅佛　南无世間勝上佛
南无師子奮迅吼佛　南无華勝佛
南无山勝佛　南无成就婆羅自在王佛
南无吼聲佛　南无普光明佛
南无等蓋佛　南无无憂佛
南无智王佛　南无智山佛
南无月光佛　南无普光佛
南无聲德佛　南无无物成就佛
南无大幢佛　南无智自在佛
南无大自在佛　南无梵聲佛
次礼十二部尊經大藏法輪
南无菩薩悔過經　南无阿闍世女經
南无曉所諍不解者經　南无菩薩十謳和經
南[illegible]經　南[illegible]

南无大自在佛　南无梵聲佛
次礼十二部尊經大藏法輪
南无菩薩悔過經　南无阿闍世女經
南无曉所諍不解者經　南无菩薩十喻和經
南无阿拔經　南无恩人經
南无菩薩等行分歎經　南无阿毗九十八結經
南无趣度世道經　南无惟摧經
南无五十五法戒經　南无受欲聲經
南无惟明經　南无五蓋雜疑經
南无一切義要經　南无慧行經
南无五陰喻經　南无恩道經
南无王舍城靈鷲山經　南无賢劫五百佛經
南无五百弟子本起經　南无摧變經
次礼十方諸大菩薩
南无寶須弥山幢世界盖海天子菩薩
南无光明莊嚴世界淨眼菩薩　南无光明世界淨藏菩薩
南无光明莊嚴世界莊嚴王菩薩
從此以上一万二千二百佛十二部經一切賢聖
南无淨世界光頂菩薩　南无淨世界慧聚菩薩
南无淨世界具足四无閡智菩薩　南无金色世界文殊師利菩薩
南无樂色世界覺首菩薩　南无華色世界財首菩薩
南无青蓮華色世界德首菩薩　南无瞻蔔華色世界寶首菩薩
南无金色世界目首菩薩　南无寶色世界進首菩薩　首
南无金剛色世界法首菩薩　南无頗梨色世界智首菩薩

南无淨世界光頂菩薩　南无淨世界慧聚菩薩
南无淨世界具足四无閡智菩薩　南无金色世界文殊師利菩薩
南无樂色世界覺首菩薩　南无華色世界財首菩薩
南无青蓮華色世界德首菩薩　南无瞻蔔華色世界寶首菩薩
南无金色世界目首菩薩　南无寶色世界進首菩薩　首
南无金剛色世界法首菩薩　南无頗梨色世界智首菩薩
南无如寶色世界脩首菩薩　南无无量慧世界功德林菩薩
南无幢慧世界林慧菩薩　南无地慧世界勝林菩薩
南无勝慧世界无畏林菩薩　南无燈慧世界慚愧林菩薩
南无金剛慧世界精進林菩薩　南无安樂世界力成就林菩薩
次礼聲聞緣覺一切賢聖
南无阿利多辟支佛　南无婆利多辟支佛
南无多伽樓辟支佛　南无稱辟支佛
南无見辟支佛　南无愛見辟支佛
南无覺辟支佛　南无乹隨羅辟支佛
南无无妻辟支佛　南无梨沙婆辟支佛
南无闍辟支佛　南无身辟支佛
南无毗耶歛辟支佛　南无俱薩羅辟支佛
南无波藪隨辟支佛　南无无妻淨心辟支佛
南无寶无垢辟支佛　南无福德辟支佛
南无黑辟支佛　南无唯黑辟支佛
南无直福德辟支佛　南无識辟支佛
礼三寶已次復懺悔
弟子等略懺煩惱障竟今當次第懺悔業障
夫業能莊飾世趣在在處處是以思惟求離
出世解脫所以六道果報種種不同形類各

南无黑辟支佛　南无[illegible]黑辟支佛

南无直福德辟支佛　南无識辟支佛

礼三寶已次復懺悔

弟子等略懺煩惱障竟今當次第懺悔業障
夫業能莊飾世趣在在處處是以思惟求離
出世解脫所以六道果報種種不同形類各
異當知皆各業力所作以十力中業力甚深凡
夫之人多於此中好起疑惑何以故今現見世
間行善之者觸向轗軻為惡之者是事諧偶
謂言天下善惡无分如此計者皆是不能深達
業理何以故介經中說言有三種業何等為三
一者現報二者生報三者後報現報者現在作
善作惡現身受報生報業者此生作善作惡
來生受報後報業者或是過去无量生中作
善作惡或於此生中受或在未來无量生中方
受其報向惡之人現在見好此是過去生報後
報善業熟故所以現在有此樂果豈關現在作
善而招惡報何以故知然現在世間為善之者為
人所讚嘆人所尊重故知未來必招樂果過去
既有如此惡業所以諸佛菩薩教令親近善友
共有懺悔善知識者於得道中則為舍利是故
弟子等今日至誠歸依佛

南无東方无量離垢佛　南无南方樹根花王佛
南无西方蓮華自在佛　南无北方金剛能破佛
南无東南方志種義勝佛　南无西南方金海自在王佛
南无西北方无勝法自在王佛　南无東北方无哥香鳥王佛

弟子等今日至誠歸依佛

南无東方无量離垢佛　南无南方樹根花王佛
南无西方蓮華自在佛　南无北方金剛能破佛
南无東南方志種義勝佛　南无西南方金海自在王佛
南无西北方无邊法自在王佛　南无東北方无哥香鳥王佛
南无下方无哥慧幢佛　南无上方甘露上王佛

如是十方盡虛空界一切三寶悉歸命常住三寶

弟子等无始以來至於今日積惡如恒沙造罪滿
天地捨身與受身不覺亦不知或作五逆深厚濁
纏无[illegible]間罪業或造一闡提斷善根業輕誣
佛語謗方等業破滅三寶毀正法業不信罪福
起十惡業迷真返正癡或之業不孝二親返戾
之業朋友无信不義之業或作四重六重八重障聖
道業毀犯五戒破八齋業五篇七聚多毀犯業
優婆塞戒輕重垢業或菩薩戒不能清淨如
說行業前後方便汙梵行業月无六齋懈怠
之業年三長齋不常脩業三千威儀不如法業八
万律儀微細罪業不脩身戒心慧之業春秋八王
造眾罪業行十六種惡律儀業於善衆生无
慈傷業不矜不念无愍之業不拔不濟无救護業
心懷嫉忌无度彼業於怨親境不平等業耽荒
五欲不猒離業或因衣食園林池沼生蕩逸業或以
盛年放逸恣情造衆罪業或善有漏迴向三
有障出世業如是等業无量无邊今日發露向十
方佛尊法聖衆皆悉懺悔悉歸命常住三寶
願弟子等承是懺悔无間等諸業所生福善願生

心懷嫉忌无度於業於怨親境不平等業虧荒
五欲不猒離業或因衣食園林池沼生蕩逸業或以
盛年放逸恣情造衆罪業或善有漏迴向三
有障出世業如是等業无量无邊今日發露向十
方佛尊法聖衆皆悉懺悔悉歸命常住三寶
願弟子等承是懺悔无間等諸業所生福善願生
生世世滅五逆罪除一闡提或如是輕重諸罪從今以
去乃至道場誓不更犯恒脩出世清淨善法精持
律行守護威儀如渡海者愛惜浮囊六度四等
常摽行者戒定慧品轉得增明速成如來卅二相八
十種好十力无畏大悲三念常樂妙智八自在我[illegible]
歸命常住三寶

佛說罪業報應教化地獄經

復有衆生常在鑊中牛頭阿傍手捉鐵叉擎
著鑊中清之令爛還即吹活而復煮之何罪所致佛
言以前世時屠殺衆生湯灑湯滅毛不可限量故獲
斯罪
復有衆生在火城中蹈壞燒心四門雖開到則
閉之東西馳走不能自免為火燒盡何罪所
致佛言以前世時焚燒山澤決瀉陂池使諸衆生
沒溺而死故獲斯罪
復有衆生常在雪山寒風所吹皮肉剝裂求死
不得何罪所致佛言以前世時橫道作賊剝脫人衣
冬月降寒令他凍死剝牛羊苦痛難堪故獲
斯罪
復有衆生常在刀山劍樹之上若有所捉即便傷
[illegible]以前世時屠殺為業

BD05255號　佛名經（十六卷本）卷一五　（28–27）

[illegible]
復有衆生常在雪山寒風所吹皮肉剝裂求死
不得何罪所致佛言以前世時橫道作賊剝脫人衣
冬月降寒令他凍死剝牛羊苦痛難堪故獲
斯罪
復有衆生常在刀山劍樹之上若有所捉即便傷
割皮肉斷壞何罪所致佛言以前世時屠殺為業
烹害衆生刀割剝刺骨肉分離頭脚星散懸
於高格稱量而賣或生苦痛不可堪忍故獲斯
罪

佛名經卷第十五

BD05255號　佛名經（十六卷本）卷一五　（28–28）

有諸衆生不識善惡唯懷貪悋不知布施及
施果報愚癡无智闕於信根多聚財寶勤
加守護見乞者來其心不喜設不獲已而行
施時如割身肉深生痛惜復有无量慳貪
有情積集資財於其自身尚不受用何況
能與父母妻子奴婢作使及來乞者彼諸有
情從此命終生餓鬼界或傍生趣由昔人
閒曾得蹔聞藥師瑠璃光如來名故今在惡
趣蹔得憶念彼如來名即於念時從彼處沒
還生人中得宿命念畏惡趣苦不樂欲樂好
行惠施讚歎施者一切所有悉无貪惜漸次尚
能以頭目手足血肉身分施來求者況餘財物
復次曼殊室利若諸有情雖於如來受諸學
處而破尸羅有雖不破尸羅而破軌則有於
尸羅軌則雖得不壞然毀正見有雖不毀正
見而棄多聞於佛所說契經深義不能解
了有雖多聞而增上慢由增上慢覆蔽心故
自是非他嫌謗正法為魔伴黨如是愚人自

BD05256 號　藥師琉璃光如來本願功德經　（10–1）

處而破尸羅有雖不破尸羅而破軌則有於
尸羅軌則雖得不壞然毀正見有雖不毀正
見而棄多聞於佛所說契經深義不能解
了有雖多聞而增上慢由增上慢覆蔽心故
自是非他嫌謗正法為魔伴黨如是愚人自
行邪見復令无量俱胝有情墮大險坑此諸
有情應於地獄傍生鬼趣流轉无窮若得聞
此藥師瑠璃光如來名號便捨惡行脩諸善
法不墮惡趣設有不能捨諸惡行脩行善法墮
惡趣者以彼如來本願威力令其現前蹔聞名
号從彼命終還生人趣得正見精進善調意
樂便能捨家趣於非家如來法中受持學
處无有毀犯正見多聞解甚深義離增上慢
不謗正法不為魔伴漸次脩行諸菩薩行
速得圓滿
復次曼殊室利若諸有情慳貪嫉妬自讚毀
他當墮三惡趣中无量千歲受諸劇苦受劇
苦已從彼命終還生人閒作牛馬駝驢恒被
鞭撻飢渴逼惱又常負重隨路而行或得為
人生居下賤作人奴婢受他駈役恒不自在若
昔人中曾聞世尊藥師瑠璃光如來名号
由此善因今復憶念至心歸依以佛神力衆
苦解脫諸根聡利智慧多聞恒求勝法常遇
善友永斷魔羂破无明㲉竭煩惱河解脫一
切生老病死憂悲苦惱
復次曼殊室利若諸有情好喜乖離更相
鬪訟惱亂自他以身語意造作增長種種惡
業展轉常為不饒益事互相謀害告召山林

BD05256 號　藥師琉璃光如來本願功德經　（10–2）

善安永斷魔羂破无明㲉竭煩惱河解脫一
切生老病死憂悲苦惱
復次曼殊室利若諸有情好憙乖離更相
鬪訟惱亂自他以身語意造作增長種種惡
業展轉常為不饒益事互相謀害告召山林
樹塚等神殺諸衆生取其血宍祭祀藥叉羅剎
娑等書怨人名作其形像以惡呪術而呪咀
之厭媚蠱道呪起屍鬼令斷彼命及壞其身
是諸有情若得聞此藥師瑠璃光如来名号
彼諸惡事悉不能害一切展轉皆起慈心利
益安樂无損惱意及嫌恨心各各歡悅於自
所受生於喜足不相侵凌互為饒益
復次曼殊室利若有四衆苾蒭苾蒭尼鄔波
索迦鄔波斯迦及餘淨信善男子善女人等
有能受持八分齋戒或經一年或復三月受
持學處以此善根願生西方極樂世界无量
壽佛所聽聞正法而未定者若聞世尊藥師
瑠璃光如来名号臨命終時有八菩薩乘神
通来示其道路即於彼界種種雜色衆寶華
中自然化生或有因此生於天上雖生天中而
本善根亦未窮盡不復更生諸餘惡趣天
上壽盡還生人間或為輪王統攝四洲威德
自在安立无量百千有情於十善道或生剎
帝利婆羅門居士大家多饒財寶倉庫盈溢
形相端嚴眷屬具足聰明智慧勇健威猛
如大力士若是女人得聞世尊藥師瑠璃光如
来名号至心受持於後不復更受女身
尒時曼殊室利童子白佛言世尊我當誓

BD05256號　藥師琉璃光如來本願功德經　（10–3）

帝利婆羅門居士大家多饒財寶倉庫盈溢
形相端嚴眷屬具足聰明智慧勇健威猛
如大力士若是女人得聞世尊藥師瑠璃光如
来名号至心受持於後不復更受女身
尒時曼殊室利童子白佛言世尊我當誓於
像法轉時以種種方便令諸淨信善男子善
女人等得聞世尊藥師瑠璃光如来名号乃
至睡中亦以佛名覺悟其耳世尊若於此經
受持讀誦或復為他演說開示若自書若使
人書恭敬尊重以種種華香塗香末香燒香
花鬘瓔珞幡蓋伎樂而為供養以五色綵
作囊盛之掃灑淨處敷設高座而用安處尒
時四大天王與其眷屬及餘无量百千天衆皆
詣其所供養守護世尊若此經寶流行之處
有能受持以彼世尊藥師瑠璃光如来本願
功德及聞名号當知是處无復橫死亦復不為
諸惡鬼神奪其精氣設已奪者還得如故身
心安樂
佛告曼殊室利如是如是如汝所說曼殊室
利若有淨信善男子善女人等欲供養彼世
尊藥師瑠璃光如来者應先造立彼佛形像
敷清淨座而安處之散種種花燒種種香以
種種幢幡莊嚴其處七日七夜受八分齋戒
食清淨食澡浴香潔著新淨衣應生无垢
濁心无怒害心於一切有情起利益安樂慈悲
喜捨平等之心鼓樂歌讚右遶佛像復應
念彼如来本願功德讀誦此經思惟其義
演說開示隨所樂願一切皆遂求長壽得長

BD05256號　藥師琉璃光如來本願功德經　（10–4）

濁心无怒害心於一切有情起利益安樂慈悲
喜捨平等之心鼓樂歌讚右遶佛像復應
念彼如来本願功德讀誦此經思惟其義
演說開示隨所樂願一切皆遂求長壽得長
壽求富饒得富饒求官位得官位求男女
得男女若復有人忽得惡夢見諸惡相或怪
鳥来集或於住處百怪出現此人若以衆妙
資具恭敬供養彼世尊藥師瑠璃光如来者
惡夢惡相諸不吉祥皆悉隱沒不能為患或有
水火刀毒懸嶮惡象師子虎狼熊羆毒虵惡
蝎蜈蚣蚰蜒蚉等怖若能至心憶念彼佛恭
敬供養一切怖畏皆得解脫若他國侵擾盜
賊反亂憶念恭敬彼如来者亦皆解脫
復次曼殊室利若有淨信善男子善女人等
乃至盡形不事餘天唯當一心歸佛法僧受
持禁戒若五戒十戒菩薩四百戒苾芻二
百五十戒苾芻尼五百戒於所受中或有毀犯
怖墮惡趣若能專念彼佛名号恭敬供養者
必定不受三惡趣生或有女人臨當產時受
於極苦若能至心稱名礼讚恭敬供養彼如
来者衆苦皆除所生之子身分具足形色端
正見者歡喜利根聰明安隱少病无有非人
奪其精氣
尒時世尊告阿難言如我稱揚彼佛世尊藥
師瑠璃光如来所有功德此是諸佛甚深行
處難可解了汝為信不阿難白言大德世尊
我於如来所說契經不生疑惑所以者何一切
如来身語意業无不清淨世尊此日月輪可

BD05256號　藥師琉璃光如來本願功德經　（10–5）

尒時世尊告阿難言如我稱揚彼佛世尊藥
師瑠璃光如来所有功德此是諸佛甚深行
處難可解了汝為信不阿難白言大德世尊
我於如来所說契經不生疑惑所以者何一切
如来身語意業无不清淨世尊此日月輪可
令墮落妙高山王可使傾動諸佛所言无有
異也世尊有諸衆生信根不具聞說諸佛
甚深行處作是思惟云何但念藥師瑠璃
光如来一佛名号便獲尒所功德勝利由此不信
返生誹謗彼於長夜失大利樂墮諸惡趣流
轉无窮佛告阿難是諸有情若聞世尊藥
師瑠璃光如来名号至心受持不生疑惑墮惡
趣者无有是處阿難此是諸佛甚深所行
難可信解汝今能受當知皆是如来威力阿
難一切聲聞獨覺及未登地諸菩薩等皆悉
不能如實信解唯除一生所繫菩薩阿難人
身難得於三寶中信敬尊重亦難可得得聞
世尊藥師瑠璃光如来名号復難於是阿難
彼藥師瑠璃光如来无量菩薩行无量巧方
便无量廣大願我若一劫若一劫餘而廣
說者劫可速盡彼佛行願善巧方便无有盡
也尒時衆中有一菩薩摩訶薩名曰救脫即
從座起偏袒一肩右膝著地曲躬合掌而白
佛言大德世尊像法轉時有諸衆生為種種
患之所困厄長病羸瘦不能飲食喉脣乾燥
見諸方暗死相現前父母親屬朋友知識啼泣
圍遶然彼自身卧在本處見琰魔使引其神
識至于琰魔法王之前然諸有情有俱生神隨

BD05256號　藥師琉璃光如來本願功德經　（10–6）

佛言大德世尊像法轉時有諸衆生為種
患之所困長病羸瘦不能飲食喉脣乾燥
見諸方暗死相現前父母親屬朋友知識啼泣
圍遶然彼自身卧在本處見琰魔使引其神
識至于琰魔法王之前然諸有情有俱生神隨
其所作若罪若福皆具書之盡持授與琰魔
法王尒時彼王推問其人筭計所作隨其罪
福而處斷之時彼病人親屬知識若能為彼
歸依世尊藥師瑠璃光如来請衆僧轉讀
此經然七層之燈懸五色續命神幡或有
是處神識得還如在夢中明了自見或經七
日或二十一日或三十五日或四十九日彼識還
時如從夢覺皆自憶知善不善業所得果
報由自證見業果報故乃至本命難亦不
造作諸惡之業是故淨信善男子善女人等
皆應受持藥師琉璃光如来名号隨力所能
恭敬供養
尒時阿難問救脫菩薩曰善男子應云何恭
敬供養彼世尊藥師瑠璃光如来續命幡
燈復云何造救脫菩薩言大德若有病人欲
脫病苦當為其人七日七夜受持八分齋戒
應以飲食及餘資具隨力所辦供養苾蒭僧
晝夜六時礼拜供養彼世尊藥師瑠璃光如
来讀誦此經四十九遍然四十九燈造彼如
来形像七軀一一像前各置七燈一一燈量大
如車輪乃至四十九日光明不絶造五色綵
幡長四十九𢪛手應放雜類衆生至四十九
可得過度危厄之難不為諸横惡鬼所持
復次阿難若刹帝利灌頂王等災難起時所

来形像七軀一一像前各置七燈一一燈量大
如車輪乃至四十九日光明不絶造五色綵
幡長四十九𢪛手應放雜類衆生至四十九
可得過度危厄之難不為諸横惡鬼所持
復次阿難若刹帝利灌頂王等災難起時所
謂人衆疾疫難他國侵逼難自界叛逆難
星宿變怪難日月薄蝕難非時風雨難過
時不雨難彼刹帝利灌頂王等尒時應於一
切有情起慈悲心赦諸繫閉依前所說供養之
法供養彼世尊藥師瑠璃光如来由此善根
及彼如来本願力故令其國界即得安隱風
雨順時穀稼成熟一切有情无病歡樂於其
國中无有暴惡藥叉等神惱有情者一切
惡相皆即隱沒而刹帝利灌頂王等壽命
色力无病自在皆得增益阿難若帝后妃
主儲君王子大臣輔相中宮綵女百官黎庶
為病所苦及餘厄難亦應造立五色神幡然
燈續明放諸生命散雜色華燒衆名香病
得除愈衆難解脫
尒時阿難問救脫菩薩言善男子云何已盡
之命而可增益救脫菩薩言大德汝豈不聞
如来說有九横死耶是故勸造續命幡燈
脩諸福德以脩福故盡其壽命不經苦患阿
難問言九横云何救脫菩薩言若諸有情得
病雖輕然无醫藥及看病者設得遇醫授以
非藥實不應死而便横死又信世間邪魔
外道妖𡟎之師妄說禍福便生恐動心不自

脩諸福德以脩福故盡其壽命不經苦患阿
難問言九橫云何救脫菩薩言若諸有情得
病雖輕然无醫藥及看病者設得遇醫授以
非藥實不應死而便橫死又信世間邪魔
外道妖孽之師妄說禍福便生恐動心不自
正卜問覓禍殺種種衆生解奏神明呼諸魍
魎請乞福祐欲冀延年終不能得愚癡迷
惑信邪倒見遂令橫死入於地獄无有出期
是名初橫二者橫被王法之所誅戮三者畋
獵嬉戲耽婬嗜酒放逸无度橫為非人奪其
精氣四者橫為火焚五者橫為水溺六者橫
為種種惡獸所噉七者橫墮山崖八者橫為
毒藥厭禱呪咀起屍鬼等之所中害九者飢
渴所困不得飲食而便橫死是為如來略說橫
死有此九種其餘復有无量諸橫難可具說
復次阿難彼琰魔王主領世間名籍之記若
諸有情不孝五逆破辱三寶壞君臣法毀於
信戒琰魔法王隨罪輕重考而罰之是故我
今勸諸有情然燈造幡放生脩福令度苦
厄不遭衆難
尒時衆中有十二藥叉大將俱在會坐所謂
宮毗羅大將　伐折羅大將　迷企羅大將　安底羅大將
頞你羅大將　珊底羅大將　因達羅大將　波夷羅大將
摩虎羅大將　真達羅大將　招杜羅大將　毗羯羅大將
此十二藥叉大將一一各有七千藥叉以為眷
屬同時舉聲白佛言世尊我等今者蒙佛
威力得聞世尊藥師瑠璃光如來名号不復
更有惡趣之怖我等相率皆同一心乃至盡

BD05256號　藥師琉璃光如來本願功德經

（10–9）

摩虎羅大將　真達羅大將　招杜羅大將　毗羯羅大將
此十二藥叉大將一一各有七千藥叉以為眷
屬同時舉聲白佛言世尊我等今者蒙佛
威力得聞世尊藥師瑠璃光如來名号不復
更有惡趣之怖我等相率皆同一心乃至盡
形歸佛法僧誓當荷負一切有情為作義
利饒益安樂隨於何等村城國邑空閑林中
若有流布此經或復受持藥師瑠璃光如來
名号恭敬供養者我等眷屬衛護是人皆
使解脫一切苦難諸有願求悉令滿足或
有疾厄求度脫者亦應讀誦此經以五色縷
結我名字得如願已然後解結
尒時世尊讚諸藥叉大將言善哉善哉大藥
叉將汝等念報世尊藥師瑠璃光如來恩
德者常應如是利益安樂一切有情
尒時阿難白佛言世尊當何名此法門我等
云何奉持佛告阿難此法門名說藥師瑠璃
光如來本願功德亦名說十二神將饒益有
情結願神呪亦名拔除一切業鄣應如是持
時薄伽梵說是語已諸菩薩摩訶薩及大
聲聞國王大臣婆羅門居士天龍藥叉健
達縛阿素洛揭路荼緊捺落莫呼洛伽人
非人等一切大衆聞佛所說皆大歡喜信受奉行

藥師經

BD05256號　藥師琉璃光如來本願功德經

（10–10）

……佛　……莊嚴无邊……
……佛　南无无相聲佛
南无尊□王佛　南无不怯弱佛
南无離諸畏毛竪佛　南无切德王光明佛
南无觀智起華佛　南无虛空富佛
南无虛空聲佛　南无虛空莊嚴佛
南无大眼佛　南无勝切德佛
南无成佛　南无佛波頭摩德佛
南无成就切德佛　南无師子勝佛
南无成就義佛　南无師子讓佛
南无善住王佛　南无梵山佛
南无淨目佛　南无不空跡步佛
南无香烏佛　南无香德佛
南无香弥留佛　南无无邊眼佛
南无財屋佛　南无香山佛
南无寶師子佛　南无堅固衆生佛
南无妙勝住王佛　南无无邊境界勝王佛
南无勝精進王佛　南无无疑佛
南无善星宿王佛　南无燃燈佛
……佛　……佛

BD05257號　佛名經（十六卷本）卷一五　（24–1）

南无財屋佛　南无香山佛
南无寶師子佛　南无堅固衆生佛
南无妙勝住王佛　南无无邊境界勝王佛
南无勝精進王佛　南无无疑佛
南无善星宿王佛　南无燃燈佛
南无能作光明佛　南无光明山佛
南无光明輪佛　南无妙蓋佛
南无香蓋佛　南无寶蓋佛
南无香去蓋佛　南无旃檀勝佛
南无須弥山精聚佛　南无種種寶光明佛
南无堅固自在王佛　南无淨勝佛
南无淨眼佛　南无不弱佛
南无寶勝佛　南无施羅王佛
南无發脩行轉女根佛　南无无邊脩行佛
南无衆妙光佛　南无閻梨反光明山佛
南无日王佛　南无梵勝佛
南无稱身佛　南无華山佛
南无轉胎佛　南无轉難佛
南无斷諸念佛　南无發起諸念佛
南无常脩行佛　南无善住佛
南无一藏佛　南无一山佛
南无无邊身佛　南无无邊精進佛
南无光明輪佛　南无无邊切德王光佛
南无降伏一切諸惡佛　南无過一切魔境界佛
南无不可量□佛　南无……佛

BD05257號　佛名經（十六卷本）卷一五　（24–2）

南无常脩行佛　南无善住佛
南无一藏佛　南无一山佛
南无无邊身佛　南无无邊精進佛
南无光明輪佛　南无无邊功德王光佛
南无降伏一切諸惡佛　南无過一切魔境界佛
南无不可量華佛　南无不可量香佛
南无不可量聲佛　南无光明頂佛
南无光明勝佛　南无不離二佛
次礼十二部尊經大藏法輪
南无梵聲經　南无須陁洹四功德經
南无持戒而人慈王經　南无蓮華女經
南无國王薩經　南无阿毗曇經
南无金剛奞經　南无持世經
南无阿那律八念經　南无菩集經
南无迦羅越經　南无阿難問因緣持戒經
從此以上二万一千八百佛十二部經一切賢聖
南无薩和達王經　南无阿難邠邸四時施經
南无阿闍世王經　南无阿閦佛經
南无德光太子經　南无小阿闍經
南无阿陁三昧經　南无胞藏經
南无阿鳩鳩留經　南无衞倫一切智經
次礼十方諸大菩薩
南无滅惡世界儀意菩薩
南无普樂世界華莊嚴菩薩
南无普樂世界大智菩薩

BD05257號　佛名經（十六卷本）卷一五　（24-3）

南无阿陁三昧經　南无胞藏經
南无阿鳩鳩留經　南无衞倫一切智經
次礼十方諸大菩薩
南无滅惡世界儀意菩薩
南无普樂世界華莊嚴菩薩
南无普樂世界大智菩薩
南无安樂世界賢日光明菩薩
南无安樂世界師子吼身菩薩
南无蓮華樹世界寶首菩薩
南无安樂世界大勢至菩薩
南无芙氣世界法首菩薩
南无妙樂世界香首菩薩
南无妙樂世界衆香首菩薩
南无照明世界師子意菩薩
南无照明世界師子菩薩
南无不眴世界道御菩薩
南无光曜世界寶塲菩薩
南无樂御世界慧步菩薩
南无樂御世界慧見菩薩
南无光察世界雨王菩薩
南无光察世界法王菩薩
南无憂見世界退魔菩薩
南无憂見世界右魔王菩薩
南无照曜世界顯音熱王菩薩

BD05257號　佛名經（十六卷本）卷一五　（24-4）

南无光密世界法王菩薩
南无愛見世界退魔菩薩
南无愛見世界右魔王菩薩
南无照曜世界顯音熱王菩薩
南无寶燈須弥山幢世界无上普妙德王菩薩
南无一切香集世界虛空藏菩薩
次礼聲聞緣覺一切賢聖
南无優婆羅辟支佛　南无波頭辟支佛
南无善賢辟支佛　南无賢德辟支佛
南无須摩辟支佛　南无輪那辟支佛
南无留闍辟支佛　南无優留闍辟支佛
南无菲沙辟支佛　南无牛盛辟支佛
南无漏盡辟支佛　南无最後身辟支佛
歸命如是等无量无邊辟支佛
礼三寶已次復懺悔
衆等相與即今身心齋靜无諂无障正是
生善滅惡之時復應各起四種觀行以爲
滅罪作前方便何等爲四一者觀於因
緣二者觀於果報三者觀我自身四者
觀如來身
第一觀因緣者知我此罪藉以无明不善思
惟无正觀力不識其過遠離善友諸佛菩
薩隨逐魔道行邪嶮逕如魚吞鉤不知其
患如蠶作繭自縈自縛如蛾赴火自燒自
爛以是因緣不能自出

第一觀因緣者知我此罪藉以无明不善思
惟无正觀力不識其過遠離善友諸佛菩
薩隨逐魔道行邪嶮逕如魚吞鉤不知其
患如蠶作繭自縈自縛如蛾赴火自燒自
爛以是因緣不能自出
第二觀於果報者所有諸惡不善之業三
世流轉苦果无窮沉溺无邊巨夜大海爲
諸煩惱羅剎所食未來生死實然无崖設
使報得轉輪聖王王四天下飛行自在七
寶具足命終之後不免惡趣四空果報三界
尊極福盡還作牛領中虫況復其餘无福
德者而復懈怠不勤懺悔此亦譬如抱石
沉淵求出良難
第三觀我自身雖有正因靈覺之性而爲
煩惱黑暗叢林之所覆蔽无了因力不能
得顯我今應當發起勝心破裂无明顛倒
重障斷滅生死虛僞苦因顯發如來大明
覺慧建立无上涅槃妙果
第四觀如來身无爲寂照離四句絕百
非衆德具足湛然常住雖復方便入於滅
度慈悲救攝未曾暫捨如是等心可謂滅
罪之良津除障之要行是故弟子今日
至心歸依於佛
南无東方勝藏珠光佛　南无南方寶積示現佛

非衆德具足湛然常住雖復方便入於滅
度慈悲救接未曾暫捨如是等心可謂滅
罪之良津除障之要行是故弟子今日
至心歸依於佛
南无東方勝藏珠光佛　南无南方寶積示現佛
南无西方法界智燈佛　南无北方衆勝降伏佛
南无東南方龍自在佛　南无西南方轉一切生光佛
南无西北方无邊智自在佛　南无東北方无邊功德月佛
南无上方一切勝王佛　南无下方海智神通佛
如是十方盡虛空界一切三寶至心歸命
常住三寶
弟子等无始以來至於今日長養煩惱日深
日厚日滋日茂覆蓋慧眼令无所見斷障
衆善不得相續起障不得見佛不聞正法
不值聖僧煩惱起障不見過去未來一切世
中善惡業行之煩惱障受人天尊貴之
煩惱障生色无色界禪定福樂之煩惱不
得自在神通飛騰隱顯遍至十方諸佛淨
土聽法之煩惱障學安那般那數息不淨觀
諸煩惱障學慈悲喜捨因緣煩惱障學
七方便三觀義煩惱障學四念處煖頂忍
煩惱障學聞思脩第一法煩惱障學空
平等中道解煩惱障學八正道示相之煩
惱障學七覺枝不示相煩惱障學於道品
因緣觀

諸煩惱障學慈悲喜捨因緣煩惱障學
七方便三觀義煩惱障學四念處煖頂忍
煩惱障學聞思脩第一法煩惱障學空
平等中道解煩惱障學八正道示相之煩
惱障學七覺枝不示相煩惱障學於道品
因緣觀煩惱障學八解脫九空之煩惱障
學於十智三三昧煩惱障學三明六通四无
㝵煩惱障學六度四等煩惱障學四攝法
廣化之煩惱障學大乘心四弘誓願煩惱學
十明十行之煩惱障學十迴向十願之煩惱
障學初地二地三地四地明解之煩惱障五
地六地七地諸知見煩惱障學八地九地十地雙
照之煩惱障如是乃至障學佛果百万阿
僧祇諸行上煩惱如是行障无量无邊弟
子今日至到稽顙向十方佛尊法聖衆慚
愧懺悔願皆消滅至心歸命常住三寶
願藉此懺悔障於諸行一切煩惱願弟子在
在處處自在受生不為結業之所迴轉以
如意通於一念頃遍至十方淨諸佛土攝
化衆生於諸禪定甚深境界及諸知見通
達无㝵心能普周一切諸法樂說无窮而
不染著得心自在得法自在智慧自在方
便自在令此煩惱及无智結習畢竟永斷不
復相續无漏聖道朗然如日至心歸命
常住三寶

不染著得心自在得法自在智慧自在方
便自在令此煩惱及无智結習畢竟永斷不
復相續无漏聖道朗然如日至心歸命
常住三寶
佛說罪業報應教化地獄經
復有衆生唵啞瘖瘂口不能言若有所說
不能明了何罪所致佛言已前世時坐誹
謗三尊輕毀聖道論他好惡求人長短強
誣良善憎嫉賢人故獲斯罪
復有衆生腹大頸細不能下食若有所
食變爲膿血何罪所致佛言已前世時偷
盜僧食或爲大會施設餚饍故取麻米屛
處食之恡惜己物但貪他有常行惡心與
人毒藥氣息不通故獲斯罪
復有衆生常爲獄卒燒熱鐵丁貫之百
節針之以訖自然火生樊燒其身悉皆燋
爛何罪所致佛言以前世時坐爲針師
傷人身體不能差病誑他取物徒令辛
苦故獲斯罪
南无輪　佛　南无不可量佛華光明佛
南无不可量聲佛　南无光明山佛
南无娑羅自在王佛　南无日面佛
南无善目佛　南无靈巠佛
南无寶華佛　南无寶成佛
南无月華佛　南无發諸行佛

BD05257號　佛名經(十六卷本)卷一五　(24–9)

南无不可量聲佛　南无光明山佛
南无娑羅自在王佛　南无日面佛
南无善目佛　南无靈巠佛
南无寶華佛　南无寶成佛
南无月華佛　南无發諸行佛
南无斷諸世間佛　南无无邊樂說佛
南无離諸覺畏佛　南无樂說一切境界佛
南无普香光明佛　南无香光佛
南无香弥留佛　南无香勝佛
南无香鳥佛　南无香林佛
南无香王佛　南无波頭摩勝王佛
南无佛境界佛　南无家妙佛
南无妙勝佛　南无散華佛
南无華蓋髻佛　南无華庄佛
南无金色華佛　南无香華佛
南无弥留王佛　南无導師佛
南无勝諸衆生佛　南无斷阿叉那佛
南无發善行佛　南无善華佛
南无无邊香佛　南无普散香光明佛
南无普散香佛　南无普散佛
從此以上一万一千九百佛十二部經一切賢聖
南无普散波頭摩勝佛　南无寶闍梨庄手佛
南无起王佛　南无普佛國土一蓋佛
南无善住王佛　南无妙香佛
南无无邊智境界佛　南无不空發佛

BD05257號　佛名經(十六卷本)卷一五　(24–10)

從此以上一万一千九百佛十二部經一切賢聖

南无普散波頭摩勝佛　南无寶闍梨屋手佛
南无起王佛　南无普佛國土一蓋佛
南无善住王佛　南无妙香佛
南无无邊智境界佛　南无不空發佛
南无不空見佛　南无无障目佛
南无不動佛　南无發生菩提佛
南无无量眼佛　南无有燈佛
南无普照佛　南无光明佛
南无一切佛國土佛
南无不斷慈一切眾生樂說佛
南无无垢步佛　南无无跡步佛
南无離一切憂佛　南无能離一切眾生有佛
南无勝山佛　南无香面佛
南无俱隣佛　南无大力勝佛
南无寶優波頭摩勝佛　南无拘手頭成佛
南无高聲眼佛　南无上首佛
南无華成佛　南无无邊光明佛
南无月出光佛　南无十方稱佛
南无多羅歌王增上佛　南无无邊光明佛
南无眾勝香山佛　南无无畏佛
南无成就无畏德佛　南无成就見邊顧切德佛
南无一切功德莊嚴佛　南无華王佛
南无不可降伏幢佛　南无增上讃光佛
南无鬱怖波頭摩勝王佛　南无不異心成就勝佛

BD05257號　佛名經（十六卷本）卷一五

（24–11）

南无眾勝香山佛　南无无畏佛
南无成就无畏德佛　南无成就見邊顧切德佛
南无一切功德莊嚴佛　南无華王佛
南无不可降伏幢佛　南无增上讃光佛
南无鬱怖波頭摩勝王佛　南无不異心成就勝佛
南无一切上佛　南无虛空輪清淨王佛
南无无相聲吼佛　南无寶起功德佛
南无梵聲佛　南无韋尋香手佛
南无弥留山光明佛　南无波頭摩勝光佛
南无能作稱名佛　南无稱飄佛
南无堅固自在王佛
南无過去如是等无量无邊佛
南无現在積聚无畏佛　南无寶功德光明佛
南无普讃佛　南无寶光明佛
南无月莊嚴寶光明智威德聲王佛
南无拘蘇摩樹提不誅王通佛
南无清淨月輪佛　南无寂靜月聲佛
南无阿僧祇住功德精進勝佛
南无善稱名勝佛
南无囙陁羅雞兜幢星宿王佛
南无善光明莊嚴勝佛　南无降伏敵對步佛
南无无㝵藥王樹勝佛　南无普功德光明莊嚴勝佛
南无波頭摩步佛　南无師子佛
南无寶波頭摩善住娑羅王佛
南无日光佛　南无大光佛

BD05257號　佛名經（十六卷本）卷一五

（24–12）

南无无㝵尊王樹勝佛　南无普功德光明莊嚴勝佛
南无波頭摩步佛　南无師子佛
南无寶波頭摩善住娑羅王佛
南无日光佛　南无大光佛
南无无邊光佛　南无波頭摩王佛
南无阿偶多羅佛　南无波頭摩勝佛
南无善華佛　南无寶心佛
南无无㝵光佛　南无山幢佛
南无寶幢佛　南无寶炎佛
南无大炎聚佛　南无旃檀香佛
南无善利光佛　南无波頭摩敷身佛
南无依止无邊功德佛　南无寶體法決定聲王佛
南无阿僧精進聚集勝佛　南无智通佛
南无弥留山積佛　南无然燈佛
南无大威德力佛　南无日月佛
從此以上一万二千佛十二部經一切賢聖
南无旃檀佛　南无須弥劫佛
南无月色佛　南无不染佛
南无降伏龍佛　南无龍天佛
南无金色鏡像佛　南无山聲自在王佛
南无山積佛　南无須弥藏佛
南无供養光佛　南无勝覺佛
南无地山佛　南无瑠璃華佛
南无妙瑠璃金形像佛　南无降伏月佛

BD05257 號　佛名經（十六卷本）卷一五　（24–13）

南无山積佛　南无須弥藏佛
南无供養光佛　南无勝覺佛
南无地山佛　南无瑠璃華佛
南无妙瑠璃金形像佛　南无降伏月佛
南无日聲佛　南无散華莊嚴佛
南无山海智奮迅通王佛
南无水光佛　南无大香鏡像佛
南无不動山佛　南无寶集佛
南无勝山佛　南无勇猛山佛
南无多功德法住持得通佛
南无日月瑠璃光佛　南无勝瑠璃光佛
南无心聞智多枸蘇摩勝佛
南无月光佛　南无日光佛
南无散華王枸蘇通佛
南无栴檀月光佛　南无破无明闇佛
南无善蓋波婆羅佛　南无星宿佛
南无非沙佛　南无法慧增長佛
南无師子鵰王山吼佛　南无梵聲龍奮迅佛
南无世間因陁羅佛　南无世間自在王佛
南无可得報佛　南无甘露聲佛
南无樹提光佛　南无那延首龍佛
南无力天佛　南无師子佛
南无毗羅闍光佛　南无世間最上佛
南无山岳佛　南无人自在王佛

BD05257 號　佛名經（十六卷本）卷一五　（24–14）

南无樹提光佛　南无耶延首龍佛
南无力天佛　南无師子佛
南无毗羅闍光佛　南无世間最上佛
南无山岳佛　南无人自在王佛
南无寶勝威德王劫佛　南无不可燃身佛
南无彌讃佛　南无彌威德佛
南无彌名聲佛　南无彌聲供養佛
南无勇猛彌佛　南无聲分清淨佛
南无智勝善點慧佛　南无智勝成就佛
南无散華王拘蘇通佛
南无智奕佛　南无妙智佛
南无智夾聚佛　南无智勇猛佛
南无梵聲佛　南无梵勝佛
南无淨天佛　南无善辯佛
南无華勝佛　南无得四无畏佛
南无善淨天佛　南无梵聲佛
南无淨自在佛　南无淨善眼佛
南无淨聲自在王佛　南无善淨德佛
南无威德力增上佛　南无善勢自在佛
南无威德大勢力佛　南无勝威德佛
南无毗摩勝佛　南无毗摩意佛
南无善毗摩佛　南无毗摩面佛
南无毗摩成就佛　南无毗摩妙佛
南无見寶佛　南无須尼多佛
南无善眼青淨佛　南无无邊眼佛

BD05257號　佛名經（十六卷本）卷一五　（24–15）

南无毗摩勝佛　南无毗摩意佛
南无善毗摩佛　南无毗摩面佛
南无毗摩成就佛　南无毗摩妙佛
南无見寶佛　南无須尼多佛
南无善眼清淨佛　南无无邊眼佛
南无普眼佛　南无无等眼佛
南无勝眼佛　南无不可降伏眼佛
南无不動眼佛　南无齊勝佛
南无善齊佛　南无善齊諸根佛
從此以上一万二千一百佛十二部經一切賢聖
南无齊勝佛　南无齊功德佛
南无齊彼岸佛　南无善住佛
南无齊心佛　南无齊意佛
南无齊靜然佛　南无自在王佛
南无衆勝佛　南无齊王佛
南无大衆自在勇猛佛　南无衆勝解脫佛
南无法幢佛　南无法離免佛
南无法起佛　南无法體勝佛
南无法力自在勝佛　南无法勇猛佛
南无樂說山佛　南无寶火佛
南无樂說莊嚴雲吼佛　南无勝聲佛
南无妙眼佛　南无成就意佛
南无清淨面月勝藏威德佛
南无滿足心佛　南无无比慧佛
南无淨加羅加決之威德佛

BD05257號　佛名經（十六卷本）卷一五　（24–16）

南无樂說莊嚴雲吼佛　南无勝聲佛
南无妙眼佛　南无成就意佛
南无清淨面月勝藏威德佛
南无滿足心佛　南无无比慧佛
南无淨迦羅迦決定威德佛
南无无邊精進佛　南无甘露光佛
南无大威德佛　南无月光佛
南无旃檀香佛　南无須弥劫佛
南无山積佛　南无无垢色佛
南无无染佛　南无龍勝佛
南无金色佛　南无山吼自在王佛
南无金藏佛　南无火光佛
南无火自在佛　南无瑠璃華佛
南无月勝佛　南无月聲佛
南无散華莊嚴光佛　南无大雲照明佛
南无離一切染意王佛　南无聚集寶佛
南无德山佛　南无勇猛山佛
南无梵聲龍奮迅佛　南无世間勝上佛
南无師子奮迅吼佛　南无華勝佛
南无山勝佛　南无成就娑羅自在王佛
南无吼聲佛　南无普光明佛
南无等蓋佛　南无无憂佛
南无智王佛　南无智山佛
南无月光佛　南无普光佛

南无吼聲佛　南无普光明佛
南无等蓋佛　南无无憂佛
南无智王佛　南无智山佛
南无月光佛　南无普光佛
南无聲德佛　南无无勿成就佛
南无火幢佛　南无智自在佛
南无大自在佛　南无梵聲佛
次礼十二部尊經大藏法輪
南无菩薩悔過經　南无阿闍世女經
南无曉所諍不解者經　南无菩薩十濡和經
南无阿拔經　南无惡人經
南无菩薩善行分然國經　南无阿毗曇九十八結經
南无趣度世道經　南无推權經
南无五十五法戒經　南无受欲聲經
南无惟明經　南无五蓋離疑經
南无一切義要經　南无慧行經
南无五陰喻經　南无思道經
南无王舍城靈鷲山經　南无賢劫五百佛經
南无五百弟子本起經　南无權變經
次礼十方諸大菩薩
南无寶燈須弥山幢世界蓋海天子菩薩
南无光明莊嚴世界淨眼菩薩
南无光明世界淨藏菩薩
南无光明莊嚴世界妙莊嚴王菩薩

南无寶燈須彌山幢世界蓋海天子菩薩
南无无明莊世界淨眼菩薩
南无无明世界淨藏菩薩
南无无明莊嚴世界妙莊嚴菩薩
從此以上一万二千二百佛十二部經一切賢聖
南无淨世界光頂菩薩　南无淨世界慧聚菩薩
南无淨世界具足四无閡智菩薩
南无金色世界文殊師利菩薩
南无樂色世界覺首菩薩　南无華色世界財首菩薩
南无青蓮華色世界德首菩薩
南无瞻蔔華色世界寶首菩薩
南无金色世界目首菩薩　南无寶色世界進首菩薩
南无金剛色世界法首菩薩　南无頗梨色世界智首菩薩
南无幢慧世界林慧菩薩　南无地慧世界勝林菩薩
南无无量慧世界功德林菩薩
南无如寶色世界賢首菩薩
南无勝慧世界无畏林菩薩
南无燈慧世界慚愧林菩薩
南无金剛慧世界精進林菩薩
南无安樂慧世界力成就林菩薩
次礼聲聞緣覺一切賢聖
南无阿利多辟支佛　南无婆梨多辟支佛
南无多伽樓辟支佛　南无稱辟支佛
南无見辟支佛　南无愛見辟支佛
南无覺辟支佛　南无乹陁羅辟支佛

次礼聲聞緣覺一切賢聖
南无阿利多辟支佛　南无婆梨多辟支佛
南无多伽樓辟支佛　南无稱辟支佛
南无見辟支佛　南无愛見辟支佛
南无覺辟支佛　南无乹陁羅辟支佛
南无无妻辟支佛　南无利沙婆辟支佛
南无聞辟支佛　南无身辟支佛
南无毗耶梨辟支佛　南无俱薩羅辟支佛
南无波藪陁羅辟支佛　南无无毒淨心辟支佛
南无寶无垢辟支佛　南无福德辟支佛
南无黑辟支佛　南无唯黑辟支佛
南无直福德辟支佛　南无識辟支佛
礼三寶已次復懺悔
弟子等略懺煩惱障竟今當次第懺悔
業障夫業能莊餝世趣在在處處是以思
惟求離世解脫所以六道果報種種不同形
類各異當知皆各業力所作所以佛十力中
業力甚深凡夫之人多於此中好起疑惑何
以故今現見世閒行善之者觸向轗軻為惡
之者是事諧偶謂言天下善惡无分如此計
者皆是不能深達業理何以故今經中說言有
三種業何等為三一者現報二者生報三者
後報現報業者現在作善作惡現身受
報生報業者此生作善作惡來生受報後
報業者或是過去无量生中作善作惡或

者皆是不能深達業理何以故余經中說言有
三種業何等為三一者現報二者生報三者
後報現報業者現在作善作惡現身受
報生報業者此生作善作惡来生受報後
報業者或是過去无量生中作善作惡或
於此生中受或在未来无量生中方受其報
向者行惡之人現在見好此是過去生報後
報善業熟故所以現在有此樂果豈関現在
作諸惡業而得好報後報惡業熟故現在善
根力弱不能排遣是故得此苦報豈関現
在作善而招惡報何以故知然現見世間為
善之者為人所讃嘆人所尊重故知未来必
招樂果過去既有如此惡業所以諸佛菩薩
教令親近善友共行懺悔善知識者於得道
中則為全利是故弟子等今日至誠歸依佛
南无東方无量離垢佛　南无南方樹根花王佛
南无西方蓮華自在佛　南无北方金剛能破佛
南无東南方悲檀義勝佛　南无西南方金海自在王佛
南无西北方无邊法自在王佛　南无東北方无㝵香烏王佛
南无上方甘露上王佛　南无下方无㝵慧幢佛
如是十方盡虛空界一切三寶至心歸命常住三寶
弟子等无始以来至於今日積惡如恒沙造罪
滿天地捨身與受身不覺亦不知或作五逆
深厚濁纏无間罪業或造一闡提斷善根
業輕誣佛語謗方等經破滅三寶毀正法業

如是十方盡虛空界一切三寶至心歸命常住三寶
弟子等无始以来至於今日積惡如恒沙造罪
滿天地捨身與受身不覺亦不知或作五逆
深厚濁纏无間罪業或造一闡提斷善根
業輕誣佛語謗方等經破滅三寶毀正法業
不信罪福起十惡業迷真返正癡或之業不
孝二親返戾之業輕慢師長无禮敬業朋
友无信不義之業或作四重六重八重障聖
道業毀犯五戒破八齋業五篇七聚多缺犯
業優婆塞戒輕重垢業或菩薩戒不能清淨如說
行業前後方便汙梵行業月无六齋懈怠
之業年三長齋不常脩業三千威儀不如
法業八万律儀微細罪業不脩身戒心慧之
業春秋八王造衆罪業行十六種惡律儀業
於苦衆生无慈傷業不矜不念无怜愍業不
拔不濟无救護業心懷嫉忌无度彼業於怨
親境不平等業耽荒五欲不厭離業或因
衣食園林池沼生蕩逸業或以盛年放恣情
欲造衆罪業或善有漏迴向三有障出世
業如是等業无量无邊今日發露向十方佛
尊法聖衆皆悉懺悔至心歸命常住三寶
願弟子等承是懺悔无間等諸業所生福
善願生生世世滅五逆罪除闡提惑如是輕
重諸罪從今以去乃至道場誓更不犯恒
脩出世清淨善法精持律行守護威儀

尊法聖衆皆悉懺悔至心歸命常住三寶
願弟子等承是懺悔无間等諸業所生福
善願生生世世滅五逆罪除闡提惑如是輕
重諸罪從今以去乃至道場誓更不犯恒
脩出世清淨善法精持律行守護威儀如
渡海者愛惜浮囊六度四等常摽行首戒
定慧品轉得增明速成如來三十二相八十
種好十力无畏大悲三念常樂妙智八自
在我至心歸命常住三寶
佛說罪業報應教化地獄經
復有衆生常在鑊中牛頭阿傍手捉鐵
叉舂著鑊中湯之令爛還即吹活而復湯
之何罪所致佛言以前世時屠煞衆生湯
灌㓕毛不可限量故獲斯罪
復有衆生在火城中熚熇齊心四門雖開
到則閉之東西馳走不能自勉為火燒盡
何罪所致佛言以前世時焚燒山澤決亢
陂池使諸衆生沒溺而死故獲斯罪
復有衆生常在雪山中寒風所吹皮肉剝
裂求死不得何罪所致佛言以前世時橫
道作賊剝脫人衣冬月降塞令他凍死剝
剝牛羊苦痛難堪故獲斯罪
復有衆生常在刀山劍樹之上若有所捉
即便傷割皮即斷壞何罪所致佛言以前
世時屠煞為業……

道作賊剝脫人衣冬月降塞令他凍死㓨
剝牛羊苦痛難堪故獲斯罪
復有衆生常在刀山劍樹之上若有所捉
即便傷割皮即斷壞何罪所致佛言以前
世時屠煞為業亨害衆生刀割剝刻骨
肉分離頭脚星散任於高格稱量而賣
或復生懸痛不可堪故獲斯罪

佛名經卷第十五

BD05257號背　勘記　　（1–1）

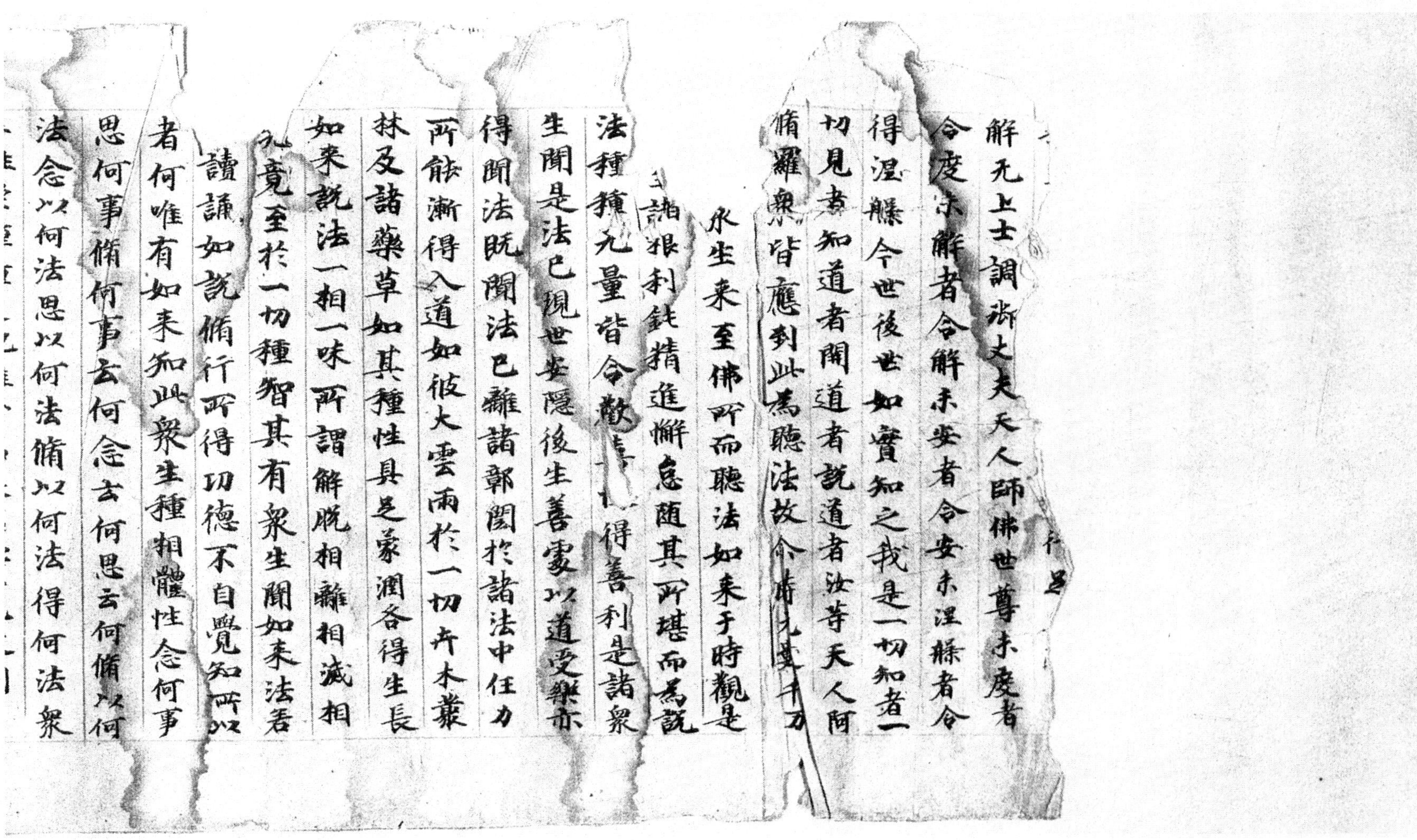

解无上士調御丈夫天人師佛世尊未度者
令度未解者令解未安者令安未涅槃者令
得涅槃今世後世如實知之我是一切知者一
切見者知道者開道者說道者汝等天人阿
脩羅衆皆應到此為聽法故爾時无數千万
衆生来至佛所而聽法如来于時觀是
諸根利鈍精進懈怠隨其所堪而為說
法種種无量皆令歡喜快得善利是諸衆
生聞是法已現世安隱後生善處以道受樂亦
得聞法既聞法已離諸障閡於諸法中任力
所能漸得入道如彼大雲雨於一切卉木叢
林及諸藥草如其種性具足蒙潤各得生長
如来說法一相一味所謂解脫相離相滅相
究竟至於一切種智其有衆生聞如来法若
讀誦如說脩行所得功德不自覺知所以
者何唯有如来知此衆生種相體性念何事
思何事脩何事云何念云何思云何脩以何
法念以何法思以何法脩以何法得何法衆

BD05258號　妙法蓮華經卷三　　（27–1）

如来說法一相一味所謂解脫相離相滅相
究竟至於一切種智其有衆生聞如来法若
讀誦如說脩行所得功德不自覺知所以
者何唯有如来知此衆生種相體性念何事
思何事脩何事云何念云何思云何脩以何
法念以何法思以何法脩以何法得何法衆
生住於種種之地唯有如来如實見之明了
无閡如彼卉木叢林諸藥草等而不自知上
中下性如来知是一相一味之法所謂解脫相
離相滅相究竟涅槃常寂滅相終歸於空
佛知是已觀衆生心欲而將護之是故不即
爲說一切種智汝等迦葉甚爲希有能知如
来隨宜說法能信能受所以者何諸佛世尊
隨宜說法難解難知尒時世尊欲重宣此
義而說偈言
破有法王　出現世間　隨衆生欲　種種說法
如来尊重　智慧深遠　久嘿斯要　不務速說
有智若聞　則能信解　无智疑悔　則爲永失
是故迦葉　隨力爲說　以種種緣　令得正見
迦葉當知　譬如大雲　起於世間　遍覆一切
慧雲含潤　電光晃曜　雷聲遠震　令衆悅豫
日光掩蔽　地上清涼　靉靆垂布　如可承攬
其雨普等　四方俱下　流澍无量　率土充洽
山川嶮谷　幽邃所生　卉木藥草　大小諸樹
百穀苗稼　甘蔗蒲蔔　雨之所潤　无不豐足

慧雲含潤　電光晃曜　雷聲遠震　令衆悅豫
日光掩蔽　地上清涼　靉靆垂布　如可承攬
其雨普等　四方俱下　流澍无量　率土充洽
山川嶮谷　幽邃所生　卉木藥草　大小諸樹
百穀苗稼　甘蔗蒲蔔　雨之所潤　无不豐足
乾地普洽　藥木並茂
其雲所出　一味之水　草木叢林　隨分受潤
一切諸樹　上中下等　稱其大小　各得生長
根莖枝葉　華果光色　一雨所及　皆得鮮澤
如其體相　性分大小　所潤是一　而各滋茂
佛亦如是　出現於世　譬如大雲　普覆一切
既出于世　爲諸衆生　分別演說　諸法之實
大聖世尊　於諸天人　一切衆中　而宣是言
我爲如来　兩足之尊　出于世間　猶如大雲
充潤一切　枯槁衆生　皆令離苦　得安隱樂
世間之樂　及涅槃樂
諸天人衆　一心善聽　皆應到此　覲无上尊
我爲世尊　无能及者　安隱衆生　故現於世
爲大衆說　甘露淨法　其法一味　解脫涅槃
以一妙音　演暢斯義　常爲大乘　而作因緣
我觀一切　普皆平等　无有彼此　愛憎之心
我无貪著　亦无限閡　恒爲一切　平等說法
如爲一人　衆多亦然
常演說法　曾无他事　去来坐立　終不疲猒
充足世間　如雨普潤　貴賤上下　持戒毀戒
威儀具足　及不具足　正見邪見　利根鈍根

我无貪著　亦无限閡　恒為一切　平等說法
如為一人　衆多亦然
常演說法　曾无他事　去來坐立　終不疲猒
充足世間　如雨普潤　貴賤上下　持戒毀戒
威儀具足　及不具足　正見邪見　利根鈍根
等雨法雨　而无懈惓
一切衆生　聞我法者　隨力所受　住於諸地
或處人天　轉輪聖王　釋梵諸王　是小藥草
知无漏法　能得涅槃　起六神通　及得三明
獨處山林　常行禪定　得緣覺證　是中藥草
求世尊處　我當作佛　行精進定　是上藥草
又諸佛子　專心佛道　常行慈悲　自知作佛
決定无疑　是名小樹
安住神通　轉不退輪　度无量億　百千衆生
如是菩薩　名為大樹
佛平等說　如一味雨　隨衆生性　所受不同
如彼草木　所稟各異
佛以此喻　方便開示　種種言辭　演說一法
於佛智慧　如海一渧
我雨法雨　充滿世間　一味之法　隨力脩行
如彼藂林　藥草諸樹　隨其大小　漸增茂好
諸佛之法　常以一味　令諸世間　普得具足
漸次脩行　皆得道果　聲聞緣覺　處於山林
住最後身　聞法得果　是名藥草　各得增長
若諸菩薩　智慧堅固　了達三界　求最上乘

BD05258號　妙法蓮華經卷三　（27–4）

我雨法雨　充滿世間　一味之法　隨力脩行
如彼藂林　藥草諸樹　隨其大小　漸增茂好
諸佛之法　常以一味　令諸世間　普得具足
漸次脩行　皆得道果　聲聞緣覺　處於山林
住最後身　聞法得果　是名藥草　各得增長
若諸菩薩　智慧堅固　了達三界　求最上乘
是名小樹　而得增長
復有住禪　得神通力　聞諸法空　心大歡喜
放无數光　度諸衆生　是名大樹　而得增長
如是迦葉　佛所說法　譬如大雲　以一味雨
潤於人華　各得成實　迦葉當知　以諸因緣
種種譬喻　開示佛道　是我方便　諸佛亦然
今為汝等　說最實事　諸聲聞衆　皆非滅度
汝等所行　是菩薩道　漸漸脩學　悉當成佛

妙法蓮華經授記品第六

尒時世尊說是偈已告諸大衆唱如是言我
此弟子摩訶迦葉於未來世當得奉覲三百
万億諸佛世尊供養恭敬尊重讚歎廣宣諸
佛无量大法於最後身得成為佛名曰光明
如來應供正遍知明行足善逝世間解无上
士調御丈夫天人師佛世尊國名光德劫名
大莊嚴佛壽十二小劫正法住世二十小劫
像法亦住二十小劫國界嚴飾无諸穢惡瓦
礫荊棘便利不淨其土平正无有高下坑坎
堆阜瑠璃為地寶樹行列黃金為繩以界道

BD05258號　妙法蓮華經卷三　（27–5）

如來應供正遍知明行足善逝世間解无上
士調御丈夫天人師佛世尊國名光德劫名
大莊嚴佛壽十二小劫正法住世二十小劫
像法亦住二十小劫國界嚴飾无諸穢惡瓦
礫荊棘便利不淨其土平正无有高下坑坎
堆阜瑠璃為地寶樹行列黃金為繩以界道
側散諸寶華周遍清淨其國菩薩无數千億
諸聲聞衆亦復无數无有魔事雖有魔及魔
民皆護佛法尒時世尊欲重宣此義而說偈言
告諸比丘　我以佛眼　見是迦葉　於未來世
過无數劫　當得作佛　而於來世　供養奉覲
三百万億　諸佛世尊　為佛智慧　淨脩梵行
供養冣上　兩足尊已　脩集一切　无上之慧
於冣後身　得成為佛　其土清淨　瑠璃為地
多諸寶樹　行列道側　金繩界道　見者歡喜
常出好香　散衆名華　種種奇妙　以為莊嚴
其地平正　无有丘坑　諸菩薩衆　不可稱計
其心調柔　逮大神通　奉持諸佛　大乘經典
諸聲聞衆　无漏後身　法王之子　亦不可計
乃以天眼　不能數知　其佛當壽　十二小劫
正法住世　二十小劫　像法亦住　二十小劫
光明世尊　其事如是
尒時大目揵連須菩提摩訶迦旃延等皆悉
悚慄一心合掌瞻仰世尊目不蹔捨即共同
聲而說偈言

BD05258號　妙法蓮華經卷三

（27–6）

光明世尊　其事如是
尒時大目揵連須菩提摩訶迦旃延等皆悉
悚慄一心合掌瞻仰世尊目不蹔捨即共同
聲而說偈言
大雄猛世尊　諸釋之法王　哀愍我等故　而賜佛音聲
若知我深心　見為授記者　如以甘露灑　除熱得清涼
如從飢國來　忽遇大王饍　心猶懷疑懼　未敢即便食
若須得王教　然後乃敢食　我等亦如是　每惟小乘過
不知當云何　得佛无上慧　雖聞佛音聲　言我等作佛
心尚懷憂懼　如未敢便食　若蒙佛授記　尒乃快安樂
大雄猛世尊　常欲安世間　願賜我等記　如飢須教食
尒時世尊知諸大弟子心之所念告諸比丘
是須菩提於當來世奉覲三百万億那由他
佛供養恭敬尊重讚歎常脩梵行具菩薩道
於冣後身得成為佛号曰名相如來應供正
遍知明行足善逝世間解无上士調御丈夫
天人師佛世尊劫名有寶國名寶生其土
平正頗梨為地寶樹莊嚴无諸丘坑沙礫荊棘
便利之穢寶華覆地周遍清淨其土人民皆
處寶臺珎妙樓閣聲聞弟子无量无邊算
數譬喻所不能知諸菩薩衆无數千万億那由
他佛壽十二小劫正法住世二十小劫像法
亦住二十小劫其佛常處虛空為衆說法度
脫无量菩薩及聲聞衆尒時世尊欲重宣
此義而說偈言

BD05258號　妙法蓮華經卷三

（27–7）

數譬喻所不能知諸菩薩衆无數千万億那由
他佛壽十二小劫正法住世二十小劫像法
亦住二十小劫其佛常處虛空為衆說法度
脫无量菩薩及聲聞衆尒時世尊欲重宣
此義而說偈言
諸比丘衆 今告汝等 皆當一心 聽我所說
我大弟子 須菩提者 當得作佛 号曰名相
當供无數 万億諸佛 隨佛所行 漸具大道
最後身得 三十二相 端正姝妙 猶如寶山
其佛國土 嚴淨第一 衆生見者 无不愛樂
佛於其中 度无量衆 其佛法中 多諸菩薩
皆悉利根 轉不退輪 彼國常以 菩薩莊嚴
諸聲聞衆 不可稱數 皆得三明 具六神通
住八解脫 有大威德 其佛說法 現於无量
神通變化 不可思議 諸天人民 數如恒沙
皆共合掌 聽受佛語 其佛當壽 十二小劫
正法住世 二十小劫 像法亦住 二十小劫
尒時世尊復告諸比丘衆我今語汝是大迦
旃延於當來世以諸供具供養奉事八千億
佛恭敬尊重諸佛滅後各起塔廟高千由旬
縱廣正等五百由旬皆以金銀琉璃車渠馬
瑙真珠玫瑰七寶合成衆華瓔珞塗香末香
燒香繒蓋幢幡供養塔廟過是已後當復供
養二万億佛亦復如是供養是諸佛已具菩
薩道當得作佛号曰閻浮那提金光如來應

BD05258號　妙法蓮華經卷三　（27--8）

瑙真珠玫瑰七寶合成衆華瓔珞塗香末香
燒香繒蓋幢幡供養塔廟過是已後當復供
養二万億佛亦復如是供養是諸佛已具菩
薩道當得作佛号曰閻浮那提金光如來應
供正遍知明行足善逝世間解无上士調御丈
夫天人師佛世尊其土平正頗梨為地寶
樹莊嚴黃金為繩以界道側妙華覆地周遍
清淨見者歡喜无四惡道地獄餓鬼畜生阿
脩羅道多有天人諸聲聞衆及諸菩薩无量
万億莊嚴其國佛壽十二小劫正法住世二十小
劫像法亦住二十小劫尒時世尊欲重宣此義而
說偈言
諸比丘衆 皆一心聽 如我所說 真實无異
是迦旃延 當以種種 妙好供具 供養諸佛
諸佛滅後 起七寶塔 亦以華香 供養舍利
其最後身 得佛智慧 成等正覺 國土清淨
度脫无量 万億衆生 皆為十方 之所供養
佛之光明 无能勝者 其佛号曰 閻浮金光
菩薩聲聞 斷一切有 无量无數 莊嚴其國
尒時世尊復告大衆我今語汝是大目揵連
當以種種供具供養八千諸佛恭敬尊重諸
佛滅後各起塔廟高千由旬縱廣正等五百
由旬以金銀琉璃車渠馬瑙真珠玫瑰七寶
合成衆華瓔珞塗香末香燒香繒蓋幢幡
以用供養過是已後當復供養二百万億諸佛

BD05258號　妙法蓮華經卷三　（27–9）

佛滅後各起塔廟高千由旬縱廣正等五百
由旬以金銀瑠璃車𤦲馬瑙真珠玫瑰七寶
合成衆華瓔珞塗香末香燒香繒蓋幢幡
以用供養過是已後當復供養二百万億諸佛
亦復如是當得成佛号曰多摩羅跋栴檀香
如來應供正遍知明行足善逝世間解无上
士調御丈夫天人師佛世尊劫名喜滿國名
意樂其土平正頗梨為地寶樹莊嚴散真珠
華周遍清淨見者歡喜多諸天人菩薩聲聞
其數无量佛壽二十四小劫正法住世四十小
劫像法亦住四十小劫尒時世尊欲重宣此
義而說偈言
我此弟子　大目揵連　捨此身已　得見八千
二百万億　諸佛世尊　為佛道故　供養恭敬
於諸佛所　常脩梵行　於无量劫　奉持佛法
諸佛滅後　起七寶塔　長表金剎　華香伎樂
而以供養　諸佛塔廟　漸漸具足　菩薩道已
於意樂國　而得作佛　号多摩羅　栴檀之香
其佛壽命　二十四劫　常為天人　演說佛道
聲聞无量　如恒河沙　三明六通　有大威德
菩薩无數　志固精進　於佛智慧　皆不退轉
佛滅度後　正法當住　四十小劫　像法亦尒
我諸弟子　威德具足　其數五百　皆當授記
於未來世　咸得成佛

BD05258號　妙法蓮華經卷三

（27–10）

聲聞无量　如恒河沙　三明六通　有大威德
菩薩无數　志固精進　於佛智慧　皆不退轉
佛滅度後　正法當住　四十小劫　像法亦尒
我諸弟子　威德具足　其數五百　皆當授記
於未來世　咸得成佛
我及汝等　宿世因緣　吾今當說　汝等善聽

妙法蓮華經化城喻品第七

佛告諸比丘乃往過去无量无邊不可思議
阿僧祇劫尒時有佛名大通智勝如來應供
正遍知明行足善逝世間解无上士調御丈
夫天人師佛世尊其國名好成劫名大相諸
比丘彼佛滅度已來甚大久遠譬如三千大
千世界所有地種假使有人磨以為墨過於
東方千國土乃下一點大如微塵又過千國
土復下一點如是展轉盡地種墨於汝等意
云何是諸國土若筭師若筭師弟子能得邊
際知其數不不也世尊諸比丘是人所經國
土若點不點盡末為塵一塵一劫彼佛滅度
已來復過是數无量无邊百千万億阿僧祇
劫我以如來知見力故觀彼久遠猶若今日
尒時世尊欲重宣此義而說偈言
我念過去世　无量无邊劫　有佛兩足尊　名大通智勝
如人以力磨　三千大千土　盡此諸地種　皆悉以為墨
過於千國土　乃下一塵點　如是展轉點　盡此諸塵墨
如是諸國土　點與不點等　復盡末為塵　一塵為一劫

BD05258號　妙法蓮華經卷三

（27–11）

尒時世尊欲重宣此義而説偈言
我念過去世 无量无邊刧 有佛兩足尊 名大通智勝
如人以力磨 三千大千土 盡此諸地種 皆悉以爲墨
過於千國土 乃下一塵點 如是展轉點 盡此諸塵墨
如是諸國土 點與不點等 復盡末爲塵 一塵爲一刧
此諸微塵數 其刧復過是 彼佛滅度來 如是无量刧
如來无閡智 知彼佛滅度 及聲聞菩薩 如見今滅度
諸比丘當知 佛智淨微妙 无漏无所閡 通達无量刧
佛告諸比丘大通智勝佛壽五百四十万億那
由他刧其佛本坐道場破魔軍已垂得阿耨
多羅三藐三菩提而諸佛法不現在前如是
一小刧乃至十小刧結加趺坐身心不動而
諸佛法猶不在前尒時忉利諸天先爲彼佛
於菩提樹下敷師子座高一由旬佛於此座
當得阿耨多羅三藐三菩提適坐此座時諸
梵天王雨衆天華面百由旬香風時來吹去萎
華更雨新者如是不絶滿十小刧供養於佛
乃至滅度常雨此華四王諸天爲供養佛
常擊天鼓其餘諸天作天伎樂滿十小刧至
于滅度亦復如是諸比丘大通智勝佛過十
小刧諸佛之法乃現在前成阿耨多羅三藐
三菩提其佛未出家時有十六子其第一者
名曰智積諸子各有種種珎異玩好之具聞
父得成阿耨多羅三藐三菩提皆捨所珎往
詣佛所諸母涕泣而隨送之其祖轉輪聖王

三菩提其佛未出家時有十六子其第一者
名曰智積諸子各有種種珎異玩好之具聞
父得成阿耨多羅三藐三菩提皆捨所珎往
詣佛所諸母涕泣而隨送之其祖轉輪聖王
與一百大臣及餘百千万億人民皆共圍繞
隨至道場咸欲親近大通智勝如來供養恭
敬尊重讚歎到已頭面礼足繞佛畢已一心
合掌瞻仰世尊以偈頌曰
大威德世尊 爲度衆生故 於无量億歳 尒乃得成佛
諸願已具足 善哉吉无上 世尊甚希有 一坐十小刧
身體及手足 靜然安不動 其心常惔怕 未曾有散亂
究竟永寂滅 安住无漏法 今者見世尊 安隱成佛道
我等得善利 稱慶大歡喜 衆生常苦惱 盲冥无導師
不識苦盡道 不知求解脱 長夜增惡趣 減損諸天衆
從冥入於冥 永不聞佛名 今佛得最上 安隱无漏道
我等及天人 爲得最大利 是故咸稽首 歸命无上尊
尒時十六王子偈讚佛已勸請世尊轉於法
輪咸作是言世尊説法多所安隱憐愍饒益
諸天人民重説偈言
世雄无等倫 百福自莊嚴 得无上智慧 願爲世間説
度脱於我等 及諸衆生類 爲分別顯示 令得是智慧
若我等得佛 衆生亦復然 世尊知衆生 深心之所念
亦知所行道 又知智慧力 欲樂及脩福 宿命所行業
世尊悉知已 當轉无上輪
佛告諸比丘大通智勝佛得阿耨多羅三藐

度脱於我等　及諸衆生類　爲分別顯示　令得是智慧
若我等得佛　衆生亦復然　世尊知衆生　深心之所念
亦知所行道　又知智慧力　欲樂及脩福　宿命所行業
世尊悉知已　當轉無上輪
佛告諸比丘大通智勝佛得阿耨多羅三藐
三菩提時十方各五百万億諸佛世界六種
震動其國中間幽冥之處日月威光所不能
照而皆大明其中衆生各得相見咸作是言
此中云何忽生衆生又其國界諸天宮殿乃
至梵宮六種震動大光普照遍滿世界勝諸
天光尒時東方五百万億諸國土中梵天宮
殿光明照曜倍於常明諸梵天王各作是念
今者宮殿光明昔所未有以何因緣而現此
相是時諸梵天王即各相詣共議此事而彼
衆中有一大梵天王名救一切爲諸梵衆而說
偈言
我等諸宮殿　光明昔未有　此是何因緣　宜各共求之
爲大德天生　爲佛出世間　而此大光明　遍照於十方
尒時五百万億國土諸梵天王與宮殿俱各
以衣裓盛諸天華共詣西方推尋是相見大
通智勝如來處于道場菩提樹下坐師子座
諸天龍王乾闥婆緊那羅摩睺羅伽人非
人等恭敬圍繞及見十六王子請佛轉法輪即
時諸梵天王頭面礼佛繞百千帀即以天華
而散佛上其所散華如須弥山幷以供養佛

諸天龍王乾闥婆緊那羅摩睺羅伽人非
人等恭敬圍繞及見十六王子請佛轉法輪即
時諸梵天王頭面礼佛繞百千帀即以天華
而散佛上其所散華如須弥山幷以供養佛
菩提樹其菩提樹高十由旬華供養已各以
宮殿奉上彼佛而作是言唯見哀愍饒益我等
所獻宮殿願垂納處尒時諸梵天王即於佛
前一心同聲以偈頌曰
世尊甚希有　難可得值遇　具無量功德　能救護一切
天人之大師　哀愍於世間　十方諸衆生　普皆蒙饒益
我等所從來　五百万億國　捨深禪定樂　爲供養佛故
我等先世福　宮殿甚嚴飾　今以奉世尊　唯願哀納受
尒時諸梵天王偈讚佛已各作是言唯願世
尊轉於法輪度脱衆生開涅槃道時諸梵天
王一心同聲而說偈言
世雄兩足尊　唯願演說法　以大慈悲力　度苦惱衆生
尒時大通智勝如來嘿然許之又諸比丘東南
方五百万億國土諸大梵王各自見宮殿光
明照曜昔所未有歡喜踊躍生希有心即
各相詣共議此事而彼衆中有一大梵天王名
曰大悲爲諸梵衆而說偈言
是事何因緣　而現如此相　我等諸宮殿　光明昔未有
爲大德天生　爲佛出世間　未曾見此相　當共一心求
過千万億土　尋光共推之　多是佛出世　度脱苦衆生
尒時五百万億諸梵天王與宮殿俱各以衣
裓盛諸天華共詣西北方推尋是相見大通

是事何因緣　而現如此相　我等諸宮殿　光明昔未有
為大德天生　為佛出世間　未曾見此相　當共一心求
過千万億土　尋光共推之　多是佛出世　度脫苦衆生
尒時五百万億諸梵天王與宮殿俱各以衣
裓盛諸天華共詣西北方推尋是相見大通
智勝如來處于道場菩提樹下坐師子座諸
天龍王乾闥婆緊那羅摩睺羅伽人非人等
恭敬圍繞及見十六王子請佛轉法輪時諸
梵天王頭面礼佛繞百千帀即以天華而散
佛上所散之華如須弥山并以供養佛菩提
樹華供養已各以宮殿奉上彼佛而作是言
唯見哀愍饒益我等所獻宮殿願垂納處尒
時諸梵天王即於佛前一心同聲以偈頌曰
聖主天中王　迦陵頻伽聲　哀愍衆生者　我等今敬礼
世尊甚希有　久遠乃一現　一百八十劫　空過无有佛
三惡道充滿　諸天衆減少　今佛出於世　為衆生作眼
世間所歸趣　救護於一切　為衆生之父　哀愍饒益者
我等宿福慶　今得值世尊
尒時諸梵天王偈讃佛已各作是言唯願世
尊哀愍一切轉於法輪度脫衆生時諸梵天
王一心同聲而說偈言
大聖轉法輪　顯示諸法相　度苦惱衆生　令得大歡喜
衆生聞是法　得道若生天　諸惡道減少　忍善者增益
尒時大通智勝如來嘿然許之
又諸比丘南方五百万億國土諸大梵王各

大聖轉法輪　顯示諸法相　度苦惱衆生　令得大歡喜
衆生聞是法　得道若生天　諸惡道減少　忍善者增益
尒時大通智勝如來嘿然許之
又諸比丘南方五百万億國土諸大梵王各
自見宮殿光明照曜昔所未有歡喜踊躍生
希有心即各相詣共議此事以何因緣我等
宮殿有此光曜而彼衆中有一大梵天王名
曰妙法為諸梵衆而說偈言
我等諸宮殿　光明甚威曜　此非无因緣　是相宜求之
過於百千劫　未曾見是相　為大德天生　為佛出世間
尒時五百万億諸梵天王與宮殿俱各以衣
裓盛諸天華共詣北方推尋是相見大通智
勝如來處于道場菩提樹下坐師子座諸天
龍王乾闥婆緊那羅摩睺羅伽人非人等恭
敬圍繞及見十六王子請佛轉法輪即時諸
梵天王頭面礼佛繞百千帀即以天華而散
佛上所散之華如須弥山并以供養佛菩提
樹華供養已各以宮殿奉上彼佛而作是言
唯見哀愍饒益我等所獻宮殿願垂納處尒
時諸梵天王即於佛前一心同聲以偈頌曰
世尊甚難見　破諸煩惱者　過百三十劫　今乃得一見
諸飢渴衆生　以法雨充滿　昔所未曾覩　无量智慧者
如優曇鉢華　今日乃值遇　我等諸宮殿　蒙光故嚴飾
世尊大慈愍　唯願垂納受
尒時諸梵天王偈讃佛已各作是言唯願世

時諸梵天王即於佛前一心同聲以偈頌曰
世尊甚難見　破諸煩惱者　過百三十劫　今乃得一見
諸飢渴衆生　以法雨充滿　昔所未曾覩　无量智慧者
如優曇鉢華　今日乃值遇　我等諸宮殿　蒙光故嚴飾
世尊大慈愍　唯願垂納受
尒時諸梵天王偈讚佛已各作是言唯願世
尊轉於法輪令一切世間諸天魔梵沙門婆
羅門皆獲安隱而得度脫時諸天王一心同
聲以偈頌曰
唯願天人尊　轉无上法輪　擊于大法鼓　而吹大法螺
普雨大法雨　度无量衆生　我等咸歸請　當演深遠音
尒時大通智勝如來嘿然許之西南方乃至
下方亦復如是
尒時上方五百万億國土諸大梵王皆悉自
覩所止宮殿光明威曜昔所未有歡喜踊躍
生希有心即各相詣共議此事以何因緣我
等宮殿有斯光明而彼衆中有一大梵天王
名曰尸棄為諸梵衆而說偈言
今以何因緣　我等諸宮殿　威德光明曜　嚴飾未曾有
如是之妙相　昔所不聞見　為大德天生　為佛出世間
尒時五百万億諸梵天王與宮殿俱各以衣
裓盛諸天華共詣下方推尋是相見大通智
勝如來處于道場菩提樹下坐師子座諸天
龍王乾闥婆緊那羅摩睺羅伽人非人等恭
敬圍繞及見十六王子請佛轉法輪時諸梵天
王頭面礼佛繞百千帀即以天華而散佛上

BD05258號　妙法蓮華經卷三

(27–18)

裓盛諸天華共詣下方推尋是相見大通智
勝如來處于道場菩提樹下坐師子座諸天
龍王乾闥婆緊那羅摩睺羅伽人非人等恭
敬圍繞及見十六王子請佛轉法輪時諸梵天
王頭面礼佛繞百千帀即以天華而散佛上
所散之華如須弥山并以供養佛菩提樹
華供養已各以宮殿奉上彼佛而作是言唯
見哀愍饒益我等所獻宮殿願垂納處尒時
諸梵天王即於佛前一心同聲以偈頌曰
善哉見諸佛　救世之聖尊　能於三界獄　勉出諸衆生
普智天人尊　哀愍群萠類　能開甘露門　廣度於一切
於昔无量劫　空過无有佛　世尊未出時　十方常闇冥
三惡道增長　阿脩羅亦盛　諸天衆轉減　死多墮惡道
不從佛聞法　常行不善事　色力及智慧　斯等皆減少
罪業因緣故　失樂及樂想
住於邪見法　不識善儀則　不蒙佛所化　常墮於惡道
佛為世間眼　久遠時乃出　哀愍諸衆生　故現於世間
超出成正覺　我等甚欣慶　及餘一切衆　喜歎未曾有
我等諸宮殿　蒙光故嚴飾　今以奉世尊　唯垂哀納受
願以此功德　普及於一切　我等與衆生　皆共成佛道
尒時五百万億諸梵天王偈讚佛已各白佛
言唯願世尊轉於法輪多所安隱多所度脫
時諸梵天王而說偈言
世尊轉法輪　擊甘露法鼓　度苦惱衆生　開示涅槃道
唯願受我請　以大微妙音　哀愍而敷演　无量劫集法

BD05258號　妙法蓮華經卷三

(27–19)

尒時五百万億諸梵天王偈讚佛已各白佛
言唯願世尊轉於法輪多所安隱多所度脫
時諸梵天王而說偈言
世尊轉法輪　擊甘露法鼓　度苦惱衆生　開示涅槃道
唯願受我請　以大微妙音　哀愍而敷演　无量劫集法
尒時大通智勝如來受十方諸梵天王及十
六王子請即時三轉十二行法輪若沙門婆
羅門若天魔梵及餘世間所不能轉謂是苦
是苦集是苦滅是苦滅道及廣說十二因緣
法无明緣行行緣識識緣名色名色緣六入
六入緣觸觸緣受受緣愛愛緣取取緣有有
緣生生緣老死憂悲苦惱无明滅則行滅行
滅則識滅識滅則名色滅名色滅則六入滅
六入滅則觸滅觸滅則受滅受滅則愛滅愛滅
則取滅取滅則有滅有滅則生滅生滅則
老死憂悲苦惱滅佛於天人大衆之中說是
法時六百万億那由他人以不受一切法故
而於諸漏心得解脫皆得深妙禪定三明六
通具八解脫第二第三第四說法時千万億
恒河沙那由他等衆生亦以不受一切法故而
於諸漏心得解脫從是已後諸聲聞衆无
量无邊不可稱數尒時十六王子皆以童子
出家而為沙弥諸根通利智慧明了已曾供
養百千万億諸佛淨脩梵行求阿耨多羅三
藐三菩提俱白佛言世尊是諸无量千万億

法

於諸漏心得解脫從是已後諸聲聞衆无
量无邊不可稱數尒時十六王子皆以童子
出家而為沙弥諸根通利智慧明了已曾供
養百千万億諸佛淨脩梵行求阿耨多羅三
藐三菩提俱白佛言世尊是諸无量千万億
大德聲聞皆已成就世尊亦當為我等說阿
耨多羅三藐三菩提法我等聞已皆共脩學
世尊我等志願如來知見深心所念佛自證
知尒時轉輪聖王所將衆中八万億人見十
六王子出家亦求出家王即聽許尒時彼佛
受沙弥請過二万劫已乃於四衆之中說是
大乘經名妙法蓮華教菩薩法佛所護念說
是經已十六沙弥為阿耨多羅三藐三菩提
故皆共受持諷誦通利說是經時十六菩薩
沙弥皆悉信受聲聞衆中亦有信解其餘衆
生千万億種皆生疑惑佛說是經於八千劫
未曾休廢說此經已即入靜室住於禪定八
万四千劫是時十六菩薩沙弥知佛入室寂
然禪定各昇法座亦於八万四千劫為四部
衆廣說分別妙法華經一一皆度六百万億
那由他恒河沙等衆生示教利喜令發阿耨
多羅三藐三菩提心大通智勝佛過八万四
千劫已從三昧起往詣法座安詳而坐普告
大衆是十六菩薩沙弥甚為希有諸根通利
智慧明了已曾供養无量千万億數諸佛於
諸佛所常脩梵行受持佛智開示衆生令入

多羅三藐三菩提心大通智勝佛過八万四
千劫已從三昧起往詣法座安詳而坐普告
大衆是十六菩薩沙弥甚爲希有諸根通利
智慧明了已曾供養无量千万億數諸佛於
諸佛所常脩梵行受持佛智開示衆生令入
其中汝等皆當數數親近而供養之所以者
何若聲聞辟支佛及諸菩薩能信是十六菩
薩所說經法受持不毀者是人皆當得阿耨
多羅三藐三菩提如來之慧佛告諸比丘是
十六菩薩常樂說是妙法華經一一菩薩所
化六百万億那由他恒河沙等衆生世世所
生與菩薩俱從其聞法悉皆信解以此因緣
得值四万億諸佛世尊于今不盡諸比丘我
今語汝彼佛弟子十六沙弥今皆得阿耨多
羅三藐三菩提於十方國土現在說法有无
量百千万億菩薩聲聞以爲眷屬其二沙弥
東方作佛一名阿閦在歡喜國二名須弥頂東
南方二佛一名師子音二名師子相南方
二佛一名虛空住二名常滅西南方二佛一
名帝相二名梵相西方二佛一名阿弥陁二名
度一切世間苦惱西北方二佛一名多摩羅
跋栴檀香神通二名須弥相北方二佛一
名雲自在二名雲自在王東北方佛名壞一
切世間怖畏第十六我釋迦牟尼佛於娑婆
國土成阿耨多羅三藐三菩提諸比丘我等

度一切世間苦惱西北方二佛一名多摩羅
跋栴檀香神通二名須弥相北方二佛一
名雲自在二名雲自在王東北方佛名壞一
切世間怖畏第十六我釋迦牟尼佛於娑婆
國土成阿耨多羅三藐三菩提諸比丘我等
爲沙弥時各各教化无量百千万億恒河沙
等衆生從我聞法爲阿耨多羅三藐三菩提
此諸衆生于今有住聲聞地者我常教化阿
耨多羅三藐三菩提是諸人等應以是法漸
入佛道所以者何如來智慧難信難解尒時
所化无量恒河沙等衆生者汝等諸比丘及
我滅度後未來世中聲聞弟子是也我滅度
後復有弟子不聞是經不知不覺菩薩所行
自於所得功德生滅度想當入涅槃我於餘
國作佛更有異名是人雖生滅度之想入於
涅槃而於彼土求佛智慧得聞是經唯以佛
乘而得滅度更无餘乘除諸如來方便說法
諸比丘若如來自知涅槃時到衆又清淨信
解堅固了達空法深入禪定便集諸菩薩及
聲聞衆爲說是經世間无有二乘而得滅度
唯一佛乘得滅度耳比丘當知如來方便深
入衆生之性知其志樂小法深著五欲爲是
等故說於涅槃是人若聞則便信受譬如五
百由旬險難惡道曠絶无人怖畏之處若有
多衆欲過此道至珍寶處有一導師聰慧明
知險道通塞之相將導衆人欲過此難

入衆生之性知其志樂小法深著五欲爲是
等故說於涅槃是人若聞則便信受譬如五
百由旬險難惡道曠絕无人怖畏之處若有
多衆欲過此道至珎寶處有一導師聰慧明
達善知險道通塞之相將導衆人欲過此難
所將人衆中路懈退白導師言我等疲極而
復怖畏不能復進前路猶遠今欲退還導師
多諸方便而作是念此等可愍云何捨大珎
寶而欲退還作是念已以方便力於險道中
過三百由旬化作一城告衆人言汝等勿怖
莫得退還今是大城可於中止隨意所作若
入是城快得安隱若能前至寶所亦可得去
是時疲極之衆心大歡喜歎未曾有我等今
者免斯惡道快得安隱於是衆人前入化城
生已度想生安隱想尒時導師知此人衆既
得止息无復疲惓即滅化城語衆人言汝等
去來寶處在近向者大城我所化作爲止息
耳諸比丘如來亦復如是今爲汝等作大導
師知諸生死煩惱惡道險難長遠應去應度
若衆生但聞一佛乘者則不欲見佛不欲親
近便作是念佛道長遠久受勤苦乃可得成
佛知是心性弱下劣以方便力而於中道爲
止息故說二涅槃若衆生住於二地如來尒
時即便爲說汝等所作未辦汝所住地近於
佛慧當觀察籌量所得涅槃非真實也但是
如來方便之力於一佛乘分別說三如彼導

止息故說二涅槃若衆生住於二地如來尒
時即便爲說汝等所作未辦汝所住地近於
佛慧當觀察籌量所得涅槃非真實也但是
如來方便之力於一佛乘分別說三如彼導
師爲止息故化作大城既知息已而告之言
寶處在近此城非實我化作耳尒時世尊
欲重宣義而說偈言
大通智勝佛　十劫坐道場　佛法不現前　不得成佛道
諸天龍神王　阿修羅衆等　常雨於天華　以供養彼佛
諸天擊天鼓　并作衆伎樂　香風吹萎華　更雨新好者
過十小劫已　乃得成佛道　諸天及世人　心皆懷踊躍
彼佛十六子　皆與其眷屬　千万億圍繞　俱行至佛所
頭面礼佛足　而請轉法輪　聖師子法雨　充我及一切
世尊甚難值　久遠時一見　爲覺悟羣生　震動於一切
東方諸世界　五百万億國　梵宮殿光曜　昔所未曾有
諸梵見此相　尋來至佛所　散華以供養　并奉上宮殿
請佛轉法輪　以偈而讚歎　佛知時未至　受請嘿然坐
三方及四維　上下亦復尒　散華奉宮殿　請佛轉法輪
世尊甚難值　願以大慈悲　廣開甘露門　轉无上法輪
无量慧世尊　受彼衆人請　爲宣種種法　四諦十二緣
无明至老死　皆從生緣有　如是衆過患　汝等應當知
宣暢是法時　六百万億姟　得盡諸苦際　皆成阿羅漢
第二說法時　千万恒沙衆　於諸法不受　亦得阿羅漢
從是後得道　其數无有量　万億劫筭數　不能得其邊
時十六王子　出家作沙弥　皆共請彼佛　演說大乘法
我等及營從　皆當成佛道　願得如世尊　慧眼第一淨

第二說法時　千万恒沙衆　於諸法不受　亦得阿羅漢
從是後得道　其數无有量　万億劫筭數　不能得其邊
時十六王子　出家作沙弥　皆共請彼佛　演說大乘法
我等及營從　皆當成佛道　願得如世尊　慧眼第一淨
佛知童子心　宿世之所行　以无量因緣　種種諸譬喻
說六波羅蜜　及諸神通事　分別真實法　菩薩所行道
說是法華經　如恒河沙偈　彼佛說經已　靜室入禪定
一心一處坐　八万四千劫
是諸沙弥等　知佛禪未出　為无量億衆　說佛无上慧
各各坐法座　說是大乘經　於佛宴寂後　宣揚助法化
一一沙弥等　所度諸衆生　有六百万億　恒河沙等衆
彼佛滅度後　是諸聞法者　在在諸佛土　常與師俱生
是十六沙弥　具足行佛道　今現在十方　各得成正覺
尒時聞法者　各在諸佛所　其有住聲聞　漸教以佛道
我在十六數　曾亦為汝說　是故以方便　引汝趣佛慧
以是本因緣　今說法華經　令汝入佛道　慎勿懷驚懼
譬如險惡道　迥絕多毒獸　又復无水草　人所怖畏處
无數千万衆　欲過此險道　其路甚曠遠　經五百由旬
時有一導師　強識有智慧　明了心決定　在險濟衆難
衆人皆疲倦　而白導師言　我等今頓乏　於此欲退還
導師作是念　此輩甚可愍　如何欲退還　而失大珎寶
尋時思方便　當設神通力　化作大城郭　莊嚴諸舍宅
周帀有園林　渠流及浴池　重門高樓閣　男女皆充滿
即作是化已　慰衆言勿懼　汝等入此城　各可隨所樂
諸人既入城　心皆大歡喜　皆生安隱想　自謂已得度
導師知息已　集衆而告言　汝等當前進　此是化城耳
我見汝疲極　中道欲退還　故以方便力　權化作此城

BD05258號　妙法蓮華經卷三

(27–26)

周帀有園林　渠流及浴池　重門高樓閣　男女皆充滿
即作是化已　慰衆言勿懼　汝等入此城　各可隨所樂
諸人既入城　心皆大歡喜　皆生安隱想　自謂已得度
導師知息已　集衆而告言　汝等當前進　此是化城耳
我見汝疲極　中道欲退還　故以方便力　權化作此城
汝今勤精進　當共至寶所　我亦復如是　為一切導師
見諸求道者　中路而懈廢　不能度生死　煩惱諸險道
故以方便力　為息說涅槃　言汝等苦滅　所作皆已辦
既知到涅槃　皆得阿羅漢　尒乃集大衆　為說真實法
諸佛方便力　分別說三乘　唯有一佛乘　息處故說二
今為汝說實　汝所得非滅　為佛一切智　當發大精進
汝證一切智　十力等佛法　具三十二相　乃是真實滅
諸佛之導師　為息說涅槃　既知是息已　引入於佛慧

妙法蓮華經卷第三

BD05258號　妙法蓮華經卷三

(27–27)

大乘无量壽經

如是我聞一時薄伽梵在舍衛國祇樹給孤獨園與大苾芻僧千二百五
十人菩薩摩訶薩衆俱同會坐介時世尊告曼殊室利童子曼殊上方有
世界名无量功德聚彼土佛号无量智決定王如來阿羅訶三藐三菩提現
為衆生開示說法曼殊諦聽南閻浮提人皆短壽大限百年於中死枉横
死者衆曼殊如是无量壽如來功德名稱法要若有衆生得聞名号若自
書或使人書能為經卷受持讀誦若於舍宅所住之處以種種花鬘瓔珞
塗香末香而為供養如其命盡復得延年滿足百歲如是曼殊若有衆
生得聞是无量壽智決定王如來一百八名号者益其長壽若有衆生
大命將盡憶念是如來名号更得增壽如是曼殊若有善男子善女人
欲求長壽於是无量壽如來一百八名号有得聞者或自書若使人書受持
讀誦得如是等果報福德具足陁羅尼曰
南謨薄伽勃底一 阿波唎蜜哆二 阿喻紇硯娜三 酒毗你悉指陁四 囉佐耶五 怛他揭
他耶六 怛姪他唵七 薩婆桒悉迦囉八 波唎輸底九 達磨底十 伽伽娜十一 莎訶某特迦
底十二 薩婆婆毗輸底十三 摩訶娜耶十四 波唎婆囉莎訶十五
世尊復告曼殊室利如是如來一百八名号若有自書或使人書為經卷受持讀誦
如壽命盡復滿百年壽終此身復得往生无量福智世界无量壽淨土陁羅尼曰
南謨薄伽勃底一 阿波唎蜜哆二 阿喻紇硯娜三 酒毗你悉指陁四 囉佐耶五 怛他揭
他耶六 怛姪他唵七 薩婆桒悉迦囉八 鉢唎輸底九 達磨底十 伽伽娜十一 莎訶某
特迦底十二 薩婆婆毗輸底十三 摩訶娜耶十四 波唎婆囉莎訶十五
介時有九十九殑伽佛等一時同聲說是无量壽宗要經陁羅尼曰
南謨薄伽勃底一 阿波唎蜜哆二 阿喻紇硯娜三 酒毗你悉指陁四 囉佐耶五 怛他揭
他耶六 怛姪他唵七 薩婆桒悉迦囉八 鉢唎輸底九 達磨底十 伽伽娜十一 莎訶某

BD05259號 無量壽宗要經 （7–1）

如壽命盡復滿百年壽終此身復得往生无量福智世界无量壽淨土陁羅尼曰
南謨薄伽勃底一 阿波唎蜜哆二 阿喻紇硯娜三 酒毗你悉指陁四 囉佐耶五 怛他揭
他耶六 怛姪他唵七 薩婆桒悉迦囉八 鉢唎輸底九 達磨底十 伽伽娜十一 莎訶某
特迦底十二 薩婆婆毗輸底十三 摩訶娜耶十四 波唎婆囉莎訶十五
介時有九十九殑伽佛等一時同聲說是无量壽宗要經陁羅尼曰
南謨薄伽勃底一 阿波唎蜜哆二 阿喻紇硯娜三 酒毗你悉指陁四 囉佐耶五 怛他揭
他耶六 怛姪他唵七 薩婆桒悉迦囉八 鉢唎輸底九 達磨底十 伽伽娜十一 莎訶某
特迦底十二 薩婆婆毗輸底十三 摩訶娜耶十四 波唎婆囉莎訶十五
介時復有一百四殑伽佛同聲說是无量壽宗要經陁羅尼曰
南謨薄伽勃底一 阿波唎蜜哆二 阿喻紇硯娜三 酒毗你悉指陁四 囉佐耶五 怛他揭
他耶六 怛姪他唵七 薩婆桒悉迦囉八 鉢唎輸底九 達磨底十 伽伽娜十一 莎訶某特迦
底十二 薩婆婆毗輸底十三 摩訶娜耶十四 波唎婆囉莎訶十五
介時復有七殑伽佛一時同聲說是无量壽宗要經陁羅尼曰
南謨薄伽勃底一 阿波唎蜜哆二 阿喻紇硯娜三 酒毗你悉指陁四 囉佐耶五 怛
他揭他耶六 怛姪他唵七 薩婆桒悉迦囉八 鉢唎輸底九 達磨底十 伽伽娜十一 莎
訶某特迦底十二 薩婆婆毗輸底十三 摩訶娜耶十四 波唎婆囉莎訶十五
介時復有六十殑伽佛一時同聲說是无量壽宗要經陁羅尼曰
南謨薄伽勃底一 阿波唎蜜哆二 阿喻紇硯娜三 酒毗你悉指陁四 囉佐耶五 怛他
揭他耶六 怛姪他唵七 薩婆桒悉迦囉八 鉢唎輸底九 達磨底十 伽伽娜十一 莎
訶某特迦底十二 薩婆婆毗輸底十三 摩訶娜耶十四 波唎婆囉莎訶十五
介時復有五十殑伽佛一時同聲說是无量壽宗要經陁羅尼曰
南謨薄伽勃底一 阿波唎蜜哆二 阿喻紇硯娜三 酒毗你悉指陁四 囉佐耶五
怛他揭他耶六 怛姪他唵七 薩婆桒悉迦囉八 波唎輸底九 達磨底十 伽伽娜十一
莎訶某特迦底十二 薩婆婆毗輸底十三 摩訶娜耶十四 波唎婆囉莎訶十五
介時復有四十五殑伽佛一時同聲說是无量壽宗要經陁羅尼曰
南謨薄伽勃底一 阿波唎蜜哆二 阿喻紇硯娜三 酒毗你悉指陁四 囉佐耶五 怛他揭
他耶六 怛姪他唵七 薩婆桒悉迦囉八 波唎輸底九 達磨底十 伽伽娜十一 莎訶
某特迦底十二 薩婆婆毗輸底十三 摩訶娜耶十四 波唎婆囉莎訶十五
介時復有三十六殑伽佛一時同聲說是无量壽宗要經陁羅尼曰

BD05259號 無量壽宗要經 （7–2）

尒時復有四十五殑佛一時同聲說是无量壽宗要經陁羅尼曰
南謨薄伽勃底一阿波唎蜜哆二阿喻紇硯娜三須毗你悉指陁四囉佐耶五怛他羯
他耶六怛姪他唵七薩婆桒悉迦囉八波唎輸底九達磨底十伽迦娜十一莎訶
某特迦底十二薩婆婆毗輸底十三摩訶娜耶十四波唎婆囉莎訶十五
尒時復有三十六殑佛一時同聲說是无量壽宗要經陁羅尼曰
南謨薄伽勃底一阿波唎蜜哆二阿喻紇硯娜三須毗你悉指陁四囉佐耶五怛
他羯他耶六怛姪他唵七薩婆桒悉迦囉八波唎輸底九達磨底十伽迦娜十一
莎訶某特迦底十二薩婆婆毗輸底十三摩訶娜耶十四波唎婆囉莎訶十五
尒時復有二十五殑佛一時同聲說是无量壽宗要經陁羅尼曰
南謨薄伽勃底一阿波唎蜜哆二阿喻紇硯娜三須毗你悉指陁四囉佐耶五
怛他羯他耶六怛姪他唵七薩婆桒悉迦囉八鉢唎輸底九達磨底十伽迦娜十一
莎訶某特迦底十二薩婆婆毗輸底十三摩訶娜耶十四波唎婆囉莎訶十五
尒時復有恒河沙殑佛一時同聲說是无量壽宗要經陁羅尼曰
南謨薄伽勃底一阿波唎蜜哆二阿喻紇硯娜三須毗你悉指陁四囉佐耶五怛他
羯他耶六怛姪他唵七薩婆桒悉迦囉八鉢唎輸底九達磨底十伽迦娜十一莎
訶某特迦底十二薩婆婆毗輸底十三摩訶娜耶十四波唎婆囉莎訶十五
善男子若有自書寫教人書寫是无量壽宗要經其人命盡復得長壽而滿百年陁羅尼曰
南謨薄伽勃底一阿波唎蜜哆二阿喻紇硯娜三須毗你悉指陁四囉佐耶五怛他羯
他耶六怛姪他唵七薩婆桒悉迦囉八波唎輸底九達磨底十伽迦娜十一莎訶某
特迦底十二薩婆婆毗輸底十三摩訶娜耶十四波唎婆囉莎訶十五
若有自書寫教人書寫是无量壽宗要經讀誦受持畢竟不墮地獄在所生得宿命智陁羅尼曰
南謨薄伽勃底一阿波唎蜜哆二阿喻紇硯娜三須毗你悉指陁四囉佐耶五怛
他羯他耶六怛姪他唵七薩婆桒悉迦囉八鉢唎輸底九達磨底十伽迦娜十一
莎訶某特迦底十二薩婆婆毗輸底十三摩訶娜耶十四波唎婆囉莎訶十五
若有自書寫教人書寫是无量壽宗要經受持讀誦如同書寫八万四千一切經典陁羅尼曰
南謨薄伽勃底一阿波唎蜜哆二阿喻紇硯娜三須毗你悉指陁四囉佐耶五
怛他羯他耶六怛姪他唵七薩婆桒悉迦囉八鉢唎輸底九達磨底十伽迦
娜十一莎訶某特迦底十二薩婆婆毗輸底十三摩訶娜耶十四波唎婆囉莎訶十五
若有自書寫教人書寫是无量壽宗要經即是書寫八万四千部建立塔廟陁羅尼曰
南謨薄伽勃底一阿波唎蜜哆二阿喻紇硯娜三須毗你悉指陁四囉佐耶五

BD05259號　無量壽宗要經

（7–3）

娜十一莎訶某特迦底十二薩婆婆毗輸底十三摩訶娜耶十四波唎婆囉莎訶十五
若有自書寫教人書寫是无量壽宗要經即是書寫八万四千部建立塔廟陁羅尼曰
南謨薄伽勃底一阿波唎蜜哆二阿喻紇硯娜三須毗你悉指陁四囉佐耶五
怛他羯他耶六怛姪他唵七薩婆桒悉迦囉八波唎輸底九達磨底十伽迦娜
十一莎訶某特迦底十二薩婆婆毗輸底十三摩訶娜耶十四波唎婆囉莎訶十五
若有自書寫教人書寫是无量壽宗要經能消五无間等一切重罪陁羅尼曰
南謨薄伽勃底一阿波唎蜜哆二阿喻紇硯娜三須毗你悉指陁四囉佐耶五怛他羯
他耶六怛姪他唵七薩婆桒悉迦囉八波唎輸底九達磨底十伽迦娜十一莎訶某
特迦底十二薩婆婆毗輸底十三摩訶娜耶十四波唎婆囉莎訶十五
若有自書寫教人書寫是无量壽宗要經受持讀誦設有重罪猶如須弥盡能除滅陁羅尼曰
南謨薄伽勃底一阿波唎蜜哆二阿喻紇硯娜三須毗你悉指陁四囉佐耶五怛他
羯他耶六怛姪他唵七薩婆桒悉迦囉八波唎輸底九達磨底十伽迦娜十一莎訶某
特迦底十二薩婆婆毗輸底十三摩訶娜耶十四波唎婆囉莎訶十五
若有自書寫教人書寫是无量壽宗要經受持讀誦者魔魔之眷屬夜叉羅剎不得其便終无枉
死陁羅尼曰　南謨薄伽勃底一阿波唎蜜哆二阿喻紇硯娜三須毗你悉指陁四囉佐耶五怛他
羯他耶六怛姪他唵七薩婆桒悉迦囉八鉢唎輸底九達磨底十伽迦娜十一莎訶某特
迦底十二薩婆婆毗輸底十三摩訶娜耶十四波唎婆囉莎訶十五
若有自書寫教人書寫是无量壽宗要經受持讀誦當命終時有九十九殑佛現其
前蒙千佛授手能遊一切佛剎莫於此經生於疑惑陁羅尼曰
南謨薄伽勃底一阿波唎蜜哆二阿喻紇硯娜三須毗你悉指陁四囉佐耶五怛他羯
他耶六怛姪他唵七薩婆桒悉迦囉八波唎輸底九達磨底十伽迦娜十一莎訶某
特迦底十二薩婆婆毗輸底十三摩訶娜耶十四波唎婆囉莎訶十五
若有自書寫教人書寫是无量壽宗要經受持讀誦常得四天大王隨其衛護陁羅尼曰
南謨薄伽勃底一阿波唎蜜哆二阿喻紇硯娜三須毗你悉指陁四囉佐耶五怛他羯
他耶六怛姪他唵七薩婆桒悉迦囉八鉢唎輸底九達磨底十伽迦娜十一莎訶某
特迦底十二薩婆婆毗輸底十三摩訶娜耶十四波唎婆囉莎訶十五
若有自書寫教人書寫是无量壽宗要經受持讀誦當得往生西方極樂世界阿弥陁淨土陁羅尼曰
南謨薄伽勃底一阿波唎蜜哆二阿喻紇硯娜三須毗你悉指陁四囉佐耶五怛他
羯他耶六怛姪他唵七薩婆桒悉迦囉八鉢唎輸底九達磨底十伽迦娜十一莎
訶某特迦底十二薩婆婆毗輸底十三摩訶娜耶十四波唎婆囉莎訶十五

BD05259號　無量壽宗要經

（7–4）

南謨薄伽勃底一阿波唎蜜哆二阿喻紇硯娜三須毗你悉指陁四囉佐耶五怛他羯
他耶六怛姪他唵七薩婆桒悉迦羅八鉢唎輸底九達磨底十伽迦娜十一莎訶某
特迦底十二薩婆婆毗輸底十三摩訶娜耶十四波唎婆囉莎訶十五
若有自書寫教人書寫是无量壽宗要經受持讀誦當得往生西方極樂世界阿彌陀淨土佛國
南謨薄伽勃底一阿波唎蜜哆二阿喻紇硯娜三須毗你悉指陁四囉佐耶五怛他
羯他耶六怛姪他唵七薩婆桒悉迦羅八鉢唎輸底九達磨底十伽迦娜十一莎
訶某特迦底十二薩婆婆毗輸底十三摩訶娜耶十四波唎婆囉莎訶十五
若有万所自書寫使人書寫是无量壽經典之處則為是塔皆應恭敬作礼若是
畜生飛鳥獸得聞是經如是等類皆當不久得成一切種智陁羅尼日
南謨薄伽勃底一阿波唎蜜哆二阿喻紇硯娜三須毗你悉指陁四囉佐耶五怛他羯
耶六怛姪他唵七薩婆桒悉迦羅八波唎輸底九達磨底十伽迦娜十一莎訶某
特迦底十二薩婆婆毗輸底十三摩訶娜耶十四波唎婆囉莎訶十五
若有於是无量壽經自書寫若使人書畢竟不受女人之身陁羅尼日
南謨薄伽勃底一阿波唎蜜哆二阿喻紇硯娜三須毗你悉指陁四囉佐耶五怛他羯
他耶六怛姪他唵七薩婆桒悉迦羅八鉢唎輸底九達磨底十伽迦娜十一莎訶
某特迦底十二薩婆婆毗輸底十三摩訶娜耶十四波唎婆囉莎訶十五
若有能於是經少分能惠施者等於三千大千世界滿中七寶布施陁羅尼日
南謨薄伽勃底一阿波唎蜜哆二阿喻紇硯娜三須毗你悉指陁四囉佐耶五怛他羯
他耶六怛姪他唵七薩婆桒悉迦羅八波唎輸底九達磨底十伽迦娜十一莎訶某
特迦底十二薩婆婆毗輸底十三摩訶娜耶十四波唎婆囉莎訶十五
若有能供養是經者則是供養一切諸經等无有異陁羅尼日
南謨薄伽勃底一阿波唎蜜哆二阿喻紇硯娜三須毗你悉指陁四囉佐耶五怛他
羯他耶六怛姪他唵七薩婆桒悉迦羅八鉢唎輸底九達磨底十伽迦娜十一莎訶
某特迦底十二薩婆婆毗輸底十三摩訶娜耶十四波唎婆囉莎訶十五
如是毗婆尸佛　尸棄佛　毗舍浮佛　俱留孫佛　俱那含牟尼佛　迦葉佛　釋迦牟尼佛
若有人以七寶供養如是七佛其福有限書寫受持是无量經典所有功德不
可限量陁羅尼日　南謨薄伽勃底一阿波唎蜜哆二阿喻紇硯娜三須毗你悉指
陁四囉佐耶五怛他羯他耶六怛姪他唵七薩婆桒悉迦羅八鉢唎輸底九達磨
底十伽迦娜十一莎訶某特迦底十二薩婆婆毗輸底十三摩訶娜耶十四波唎婆囉莎訶十五

BD05259號　無量壽宗要經　（7–5）

如是毗婆尸佛　尸棄佛　毗舍浮佛　俱留孫佛　俱那含牟尼佛　迦葉佛　釋迦牟尼佛
若有人以七寶供養如是七佛其福有限書寫受持是无量經典所有功德不
可限量陁羅尼日　南謨薄伽勃底一阿波唎蜜哆二阿喻紇硯娜三須毗你悉指
陁四囉佐耶五怛他羯他耶六怛姪他唵七薩婆桒悉迦羅八鉢唎輸底九達磨
底十伽迦娜十一莎訶某特迦底十二薩婆婆毗輸底十三摩訶娜耶十四波唎婆囉莎訶十五
若有七寶等於須彌以用布施其福上能知其限量是无量壽經典其福不可知數量陁羅尼日
南謨薄伽勃底一阿波唎蜜哆二阿喻紇硯娜三須毗你悉指陁四囉佐耶五怛他羯他
耶六怛姪他唵七薩婆桒悉迦羅八鉢唎輸底九達磨底十伽迦娜十一莎訶某特
迦底十二薩婆婆毗輸底十三摩訶娜耶十四波唎婆囉莎訶十五
如是四大海水可知滴數是无量壽經典所生果報不可數量陁羅尼日
南謨薄伽勃底一阿波唎蜜哆二阿喻紇硯娜三須毗你悉指陁四囉佐耶五怛他
羯他耶六怛姪他唵七薩婆桒悉迦羅八鉢唎輸底九達磨底十伽迦娜十一莎訶
某特迦底十二薩婆婆毗輸底十三摩訶娜耶十四波唎婆囉莎訶十五
若有自書使人書寫是无量壽經典又能護持供養即如恭敬供養一切
十方佛土如來无有別異陁羅尼日
南謨薄伽勃底一阿波唎蜜哆二阿喻紇硯娜三須毗你悉指陁四囉佐耶五
怛他羯他耶六怛姪他唵七薩婆桒悉迦羅八鉢唎輸底九達磨底十伽
迦娜十一莎訶某特迦底十二薩婆婆毗輸底十三摩訶娜耶十四波唎婆囉莎訶十五
布施力能成正覺　悟布施力人師子　布施力能聲普聞　慈悲門漸衆能入
持戒力能成正覺　悟持戒力人師子　持戒力能聲普聞　慈悲門漸衆能入
忍辱力能成正覺　悟忍辱力人師子　忍辱力能聲普聞　慈悲門漸衆能入
精進力能成正覺　悟精進力人師子　精進力能聲普聞　慈悲門漸衆能入
禪定力能成正覺　悟禪定力人師子　禪定力能聲普聞　慈悲門漸衆能入
智慧力能成正覺　悟智慧力人師子　智慧力能聲普聞　慈悲門漸衆能入
尒時如來說是經已一切世間天人阿脩羅揵闥婆等聞佛所說
皆大歡喜信受奉行
佛說无量壽宗要經

BD05259號　無量壽宗要經　（7–6）

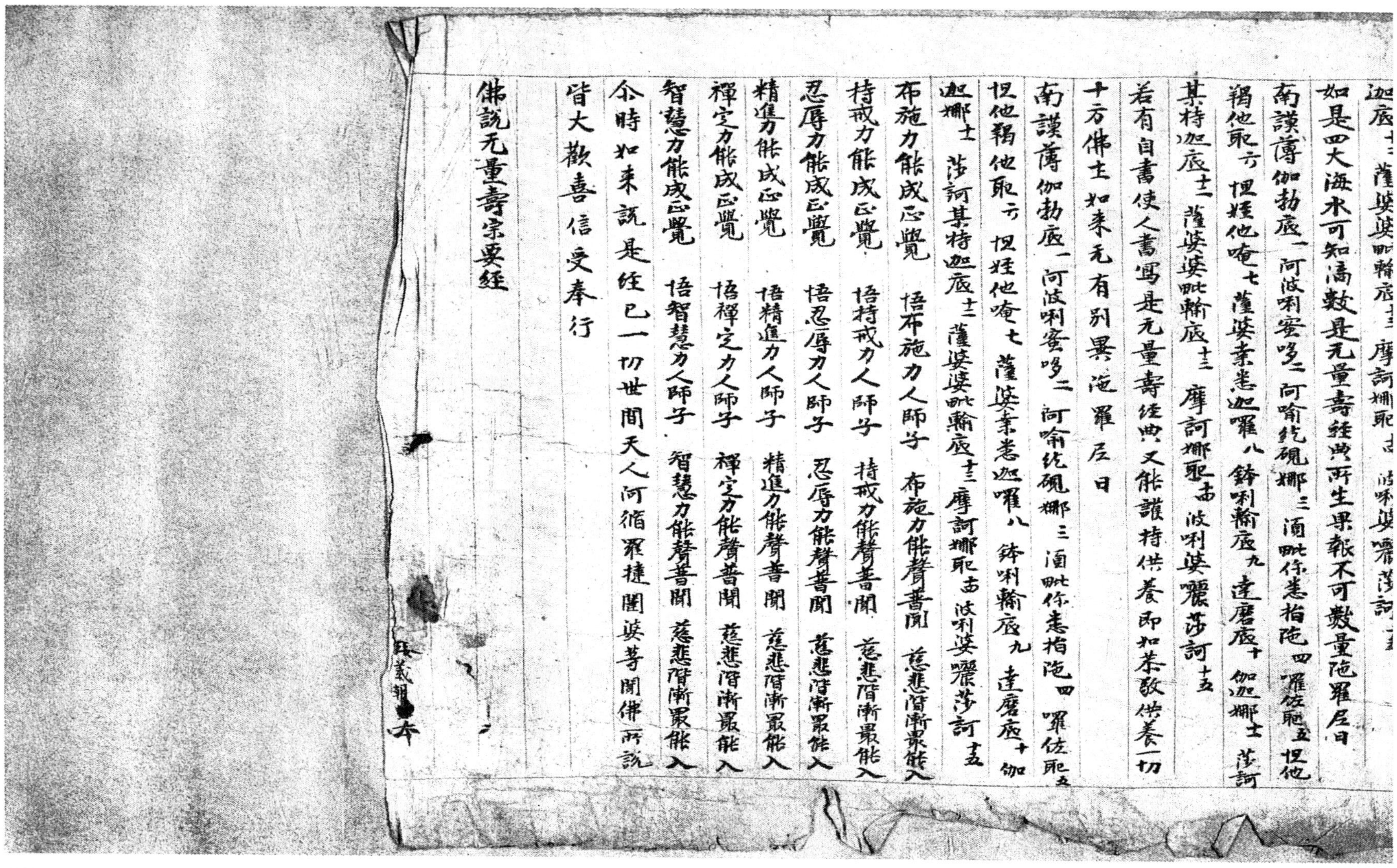

迦底十二 薩婆娑毗輸底十三 摩訶捺耶十四 波唎婆囉莎訶十五
如是四大海水可知滴數 是无量壽經典所生果報不可數量陁羅尼曰
南謨薄伽勃底一 阿波唎蜜哆二 阿喻紇硯娜三 須毗你悉指陁四 囉佐耶五 怛他
羯他耶六 怛姪他唵七 薩婆桒悉迦囉八 鉢唎輸底九 達磨底十 伽迦娜十一 莎訶
其持迦底十二 薩婆娑毗輸底十三 摩訶娜耶十四 波唎婆囉莎訶十五
若有自書使人書寫是无量壽經典 又能護持供養即如恭敬供養一切
十方佛土 如来无有別異 陁羅尼曰
南謨薄伽勃底一 阿波唎蜜哆二 阿喻紇硯娜三 須毗你悉指陁四 囉佐耶五
怛他羯他耶六 怛姪他唵七 薩婆桒悉迦囉八 鉢唎輸底九 達磨底十 伽
迦娜十一 莎訶其持迦底十二 薩婆娑毗輸底十三 摩訶娜耶十四 波唎婆囉莎訶十五
布施力能成正覺 悟布施力人師子 布施力能聲普聞 慈悲潛漸衆能入
持戒力能成正覺 悟持戒力人師子 持戒力能聲普聞 慈悲潛漸衆能入
忍辱力能成正覺 悟忍辱力人師子 忍辱力能聲普聞 慈悲潛漸衆能入
精進力能成正覺 悟精進力人師子 精進力能聲普聞 慈悲潛漸衆能入
禪定力能成正覺 悟禪定力人師子 禪定力能聲普聞 慈悲潛漸衆能入
智慧力能成正覺 悟智慧力人師子 智慧力能聲普聞 慈悲潛漸衆能入
尒時如来說是經已 一切世間天人阿循羅揵闥婆等 聞佛所說
皆大歡喜 信受奉行
佛說无量壽宗要經

氾義朝本

BD05259 號　無量壽宗要經　　（7–7）

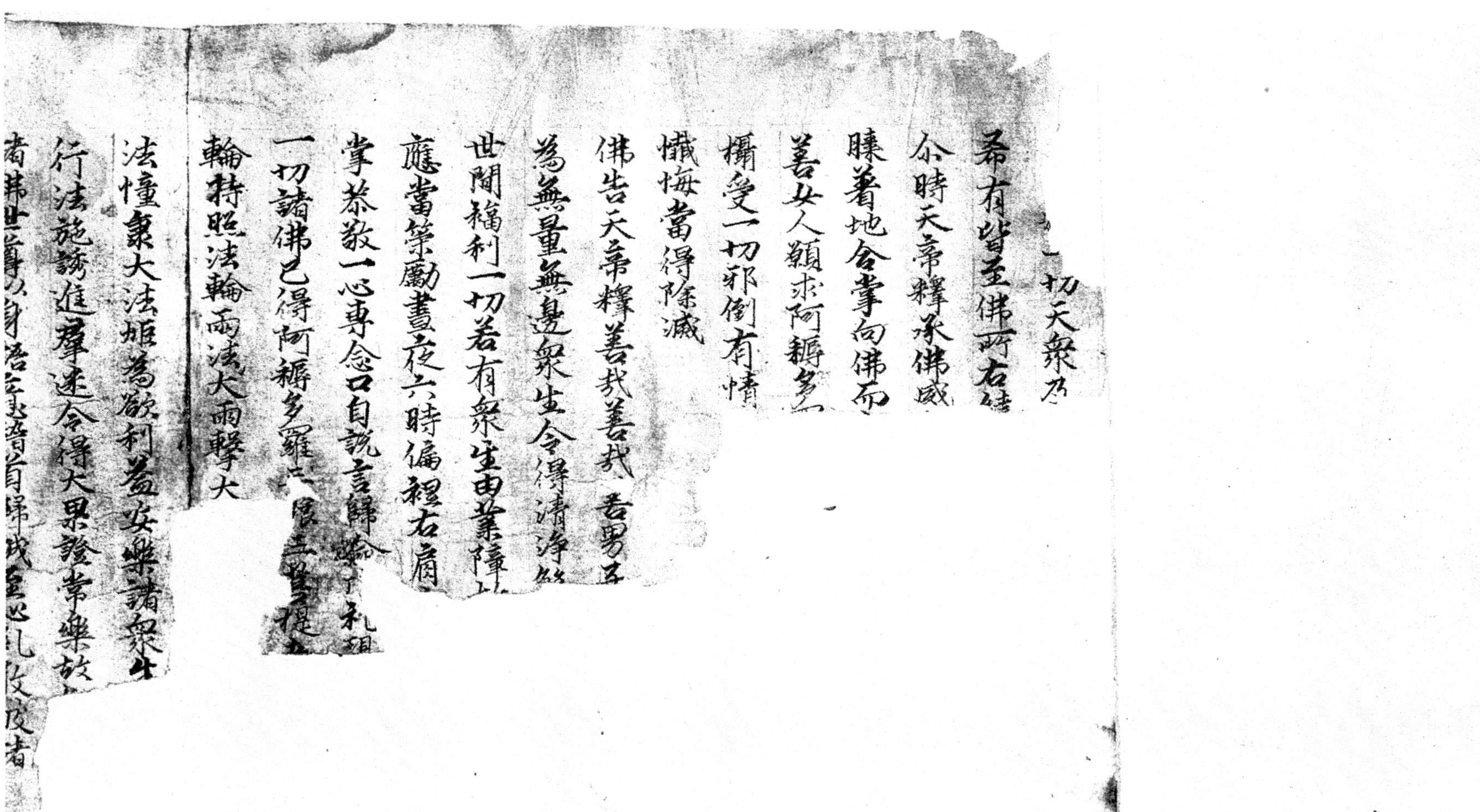

一切天衆及
希有皆至佛所右繞
尒時天帝釋承佛威
膝着地合掌向佛而
善女人願求阿耨多
攝受一切邪倒有情
懺悔當得除滅
佛告天帝釋 善哉善哉 善男子
爲無量無邊衆生令得清淨解
世間福利一切若有衆生由業障
應當策勵晝夜六時偏袒右肩
掌恭敬一心專念口自說言歸命頂禮
一切諸佛已得阿耨多羅三藐三菩提
輪持照法輪雨法大雨擊大
法幢秉大法炬爲欲利益安樂諸衆生
行法施誘進群迷令得大果證常樂故
諸佛世尊以身語意稽首歸誠至心禮
者

BD05260 號　金光明最勝王經卷三　　（18–1）

一切諸佛已得阿耨多羅三藐三菩提
輪持照法輪雨法大雨擊大
法憧秉大法炬為欲利益安樂諸眾生
行法施誘進群迷令得大果證常樂故
諸佛世尊以身語意稽首歸誠至心禮敬彼諸
世尊以真實慧以真實眼真實證明真實
平等悉知悉見一切眾生以善惡之業我從無始
生死以來隨惡流轉共諸眾生造業障罪
貪瞋癡之所纏縛未識佛時未識法時未識僧
時未識善惡由身語意造無間罪惡心出
佛身血誹謗正法破和合僧殺阿羅漢殺害父
母身三語四意三種行造十惡業自作教他見
作隨喜於諸善人橫生毀謗斗秤欺誑以偽為
真不淨飲食施與一切於六道中所有父母更
相惱害或盜窣覩波物四方僧物現前僧物自在
而用世尊法律不樂奉行師長教示不相隨順
見行聲聞獨覺大乘行者喜生罵辱令諸行
人心生悔惱見有勝己便懷嫉妒法施財施常生
慳惜無明所覆邪見惑心不修善因令惡增長
於諸佛所而起誹謗法說非法非法說法如是眾罪
佛以真實慧真實眼真實證明真實平等
悉知悉見我今歸命對諸佛前皆悉發露不敢
覆藏未作之罪更不復作已作之罪今皆懺悔

BD05260號　金光明最勝王經卷三　（18–2）

慳惜無明所覆邪見惑心不修善因令惡增長
於諸佛所而起誹謗法說非法非法說法如是眾罪
佛以真實慧真實眼真實證明真實平等
悉知悉見我今歸命對諸佛前皆悉發露不敢
覆藏未作之罪更不復作已作之罪今皆懺悔
所作業障應墮惡道地獄傍生餓鬼之中阿
蘇羅眾及八難處願我此生所有業障皆得
消滅所有惡報未來不受亦如過去諸大菩薩
脩菩提行所有業障悉已懺悔我之業障今亦
懺悔皆悉發露不敢覆藏已作之罪願得除
滅未來之惡更不敢造亦如未來諸大菩薩脩
菩提行所有業障悉已懺悔我之業障今亦懺
悔皆悉發露不敢覆藏已作之罪願得除滅未
來之惡更不敢造亦如現在十方世界諸大菩
薩脩菩提行所有業障悉已懺悔我之業障
今亦懺悔皆悉發露不敢覆藏已作之罪願
得除滅未來之惡更不敢造
善男子以是因緣若有造罪一剎那中不得
覆藏何況一日一夜乃至多時若有犯罪欲
求清淨心懷慚恥信於未來必有惡報生大恐
怖應如是懺如人被火燒頭燒衣救令速滅火
若未滅心不得安若人犯罪亦復如是即應懺悔

BD05260號　金光明最勝王經卷三　（18–3）

善男子以是因緣若有造罪一刹那中不得
覆藏何況一日一夜乃至多時若有犯罪欲
求清淨心懷愧恥信於未來必有惡報生大怖
怖應如是懺如人被火燒頭燒衣救令速滅火
若未滅心不得安若人犯罪亦復如是即應懺悔
令速除滅若有願生富樂之家多饒財寶復
欲發意脩習大乘亦應懺悔滅除業障欲生
豪貴婆羅門種刹帝利家及轉輪王七寶具
足亦應懺悔滅障業障
善男子若有欲生四大天王衆三十三天夜摩
天覩史多天樂變化天他化自在天亦應懺悔
滅除業障若欲生梵衆梵輔大梵天少光天
無量光極光淨天少淨天無量淨天遍淨天無雲
福生廣果無煩無熱善現天善見色究竟天
亦應懺悔滅除業障若欲求預流果一來果
不還果阿羅漢果亦應懺悔滅除業障若欲願
求三明六通聲聞獨覺自在菩提至究竟地
求一切智淨智不思議智不動智三藐三菩
提正遍智者亦應懺悔滅除業障何以故善
男子一切諸法從因緣生如來所說異相生異
相滅因緣異故如是過去諸法皆已滅盡所有
業障無復遺餘是諸行法未得現生而今得
生未來業障更不復起何以故善男子一切

提正遍智者亦應懺悔滅除業障何以故善
男子一切諸法從因緣生如來所說異相生異
相滅因緣異故如是過去諸法皆已滅盡所有
業障無復遺餘是諸行法未得現生而今得
生未來業障更不復起何以故善男子一切
法空如來所說無有我人衆生壽者亦無生
滅亦無行法善男子一切諸法皆依於本亦
不可說何以故過一切相故若有善男子善女
女人如是入於微妙真理生信敬心是名無衆
生而有於本以是義故說於懺悔滅除業障
善男子若人成就四法能除業障永得清淨云
何為四一者不起邪心正念成就二者於甚深理
不生誹謗三者於初行菩薩起一切智心四者
於諸衆生起慈無量是謂為四尒時世尊而
說頌言
專心護三業　不誹謗深法　作一切智想　慈心淨善根
善男子有四業障難可滅除云何為四一者
於菩薩律儀犯極重惡二者於大乘經心生
誹謗三者於自善根不能增長四者貪著三
有無出離心復有四種對治業障云何為四一
者於十方世界一切如來至心親近說一切罪二
者為一切衆生勸請諸佛說深妙法三者隨
喜一切衆生所有功德四者所有一切功德善根

誹謗三者於自善根不能增長四者貪著三
有無出離心復有四種對治業障云何為四一
者於十方世界一切如來至心親近說一切罪二
者為一切眾生勸請諸佛說深妙法三者隨
喜一切眾生所有功德四者所有一切功德善根
悉皆迴向阿耨多羅三藐三菩提尒時天帝釋
白佛言世尊世間所有男子女人於大乘行有
能行者有不行者云何能得隨喜一切眾生
功德善根佛言善男子若有眾生雖於大乘
未能修習然於晝夜六時偏袒右肩右膝著地
合掌恭敬一心專念作隨喜時得福無量應作
是言十方世界一切眾生現在修行施戒心慧我
今皆悉深生隨喜由作如是隨喜福故必當獲
得尊重殊勝無上無等最妙之果如是過去
未來一切眾生所有善根皆悉隨喜又於現
在初行菩薩發菩提心所有功德過百大劫行
菩薩行有大功德獲無生忍至不退轉一生補
處如是一切功德之蘊皆悉至心隨喜讚歎過去
未來一切菩薩所有功德隨喜讚歎亦復如是
復於現在十方世界一切諸佛應正遍知證妙
菩提為度無邊諸眾生故轉無上法輪行無
礙法施擊法鼓吹法螺建法幢雨法雨哀愍勸
化一切眾生咸令信受皆蒙法施悉得充足無

BD05260號　金光明最勝王經卷三　（18-6）

處如是一切功德之蘊皆悉至心隨喜讚歎過去
未來一切菩薩所有功德隨喜讚歎亦復如是
復於現在十方世界一切諸佛應正遍知證妙
菩提為度無邊諸眾生故轉無上法輪行無
礙法施擊法鼓吹法螺建法幢雨法雨哀愍勸
化一切眾生咸令信受皆蒙法施悉得充足無
盡安樂又復所有菩薩聲聞獨覺功德積集
善根若有眾生未具如是諸功德者悉令具
足我皆隨喜如是過去未來諸佛菩薩聲聞獨
覺所有功德亦皆至心隨喜讚歎善男子如是
隨喜當得無量功德之聚如恒河沙三千大千
世界所有眾生皆斷煩惱成阿羅漢若有善
男子善女人盡其形壽常以上妙衣服飲食臥
具醫藥而為供養如是功德不及如前隨喜功德
千分之一何以故供養功德有數有量不攝一切
諸功德故隨喜功德無量無數能攝三世一切
功德是故若人欲求增長勝善根者應當修
如是隨喜功德若有女人願轉女身為男子者
亦應修習隨喜功德必得隨心現成男子尒時帝
釋白佛言世尊已知隨喜功德勸請功德願
為說欲令未來一切菩薩當轉法輪現在菩
薩正修行故佛告帝釋若有善男子善女人
願求阿耨多羅三藐三菩提者應修行聲聞

BD05260號　金光明最勝王經卷三　（18-7）

亦應脩習隨喜功德必得隨心現成男子介時帝
釋白佛言世尊已知隨喜功德勸請功德願為
為說欲令未來一切菩薩當轉法輪現在菩
薩正脩行故佛告帝釋若有善男子善女人
願求阿耨多羅三藐三菩提者應脩行聲聞
獨覺大乘之道是人當於晝夜六時如前威儀
心專念作如是言我今歸依十方一切諸佛世尊已
得阿耨多羅三藐三菩提未轉無上法輪欲捨
報身入涅槃者我皆至誠頂礼勸請轉大法輪
雨大法雨然大法燈照明理趣施無礙法莫般涅
槃久住於世度脫安樂一切眾生如前所說乃至
無盡安樂我今以此勸請功德迴向阿耨多羅三藐
三菩提如是勸請功德迴向無上正等菩提善
男子假使有人以三千大千世界滿中七寶供養
如來若復有人勸請如來轉大法輪所得功德其
福勝彼何以故彼是財施此是法施善男子且
置三千大千世界七寶布施若人以滿恒河沙
數大千世界七寶供養一切諸佛勸請功德亦
勝於彼由其法施有五勝利云何為五一者法施兼
利自他財施不尒二者法施能令眾生出於三界
財施之福不出欲界三者法施能淨法身財施但
唯增長於色四者法施無窮財施有盡五者法
施能斷無明財施唯伏貪愛是故善男子勸請

勝於彼由其法施有五勝利云何為五一者法施兼
利自他財施不尒二者法施能令眾生出於三界
財施之福不出欲界三者法施能淨法身財施但
唯增長於色四者法施無窮財施有盡五者法
施能斷無明財施唯伏貪愛是故善男子勸請
功德無量無邊難可譬喻如我昔行菩薩道
時勸請諸佛轉大法輪由彼善根是故今日一切
帝釋諸梵王等勸請於我轉大法輪善男子請
轉法輪為欲度脫安樂諸眾生故我於往昔為
菩提行勸請如來久住於世莫般涅槃依此
善根我得十力四無所畏四無礙辯大慈大悲
得無數不共之法我當入於無餘涅槃我之正
法久住於世我法身者清淨無比種種妙相無量
智慧無量自在無量功德難可思議一切眾生
皆蒙利益百千萬劫說不能盡法身攝藏一
切諸法一切諸法不攝法身法身常住不墮常
見雖復斷滅亦非斷見能破眾生種種異見能
生眾生種種真見能解一切眾生之縛無縛
可解能植眾生諸善根本未成熟者令其成
已成熟者令解脫無作無動遠離閙亂寂靜
無為自在安樂過於三世能現三世出於聲
聞獨覺之境諸大菩薩之所脩行一切如來

可解脫種衆生說善根未成熟者令成
已成熟者令解脫無作無動遠離憒閙寂靜
無為自在安樂過於三世能現三世出於聲
聞獨覺之境諸大菩薩之所脩行一切如來
體無有異此等皆由勸請功德善根力故如
是法身我今已得是故若有欲得阿耨多羅
三藐三菩提者於諸經中一句一頌為人解說
功德善根尚無限量何況勸請如來轉大法輪
久住於世莫般涅槃
時天帝釋復白佛言世尊若善男子善女人
為求阿耨多羅三藐三菩提故脩三乘道所有
善根云何迴向一切智智佛告天帝善男子
若有衆生欲求菩提脩三乘道所有善根
願迴向者當於晝夜六時慇重至心作如是
說我從無始生死以來於三寶所脩行成就所有
善根乃至施與傍生一摶之食或以善言和解
諍訟或受三歸及諸學處或復懺悔勸請隨喜
所有善根我今作意悉皆攝取迴施一切衆生
無悔悋心是解脫分善根所攝如佛世尊之所知
見不可稱量無礙清淨如是所有功德善根悉以
迴施一切衆生不住相心不捨心相我亦如是功德
悉以迴施一切衆生願皆獲得如意之手搖空出
寶滿衆生願富樂無盡智慧無窮妙法辯

BD05260號　金光明最勝王經卷三　(18–10)

見不可稱量無礙清淨如是所有功德善根悉以
迴施一切衆生不住相心不捨心相我亦如是功德
悉以迴施一切衆生願皆獲得如意之手搖空出
寶滿衆生願富樂無盡智慧無窮妙法辯
才悉皆無滯共諸衆生同證阿耨多羅三藐三
菩提得一切智因此善根更復出生無量善法
亦皆迴向無上菩提又如過去諸大菩薩脩行
之時功德善根悉皆迴向一切種智現在未來亦
復如是然我所有功德善根亦皆迴向阿耨多羅
三藐三菩提是諸善根願共一切衆生俱成正覺
如餘諸佛坐於道場菩提樹下不可思議無礙清
淨住於無盡法藏陁羅尼首楞嚴定破魔波旬
無量兵衆應見覺知應可通達如是一切一剎那
中悉皆照了於後夜中獲甘露法證甘露義我及
衆生願皆同證如是妙覺猶如
無量壽佛　勝光佛　妙光佛　阿閦佛　功德善光佛
師子光明佛　百光明佛　網光明佛　寶相佛　寶焰佛
焰明佛　焰盛光明佛　吉祥上王佛　微妙聲佛　妙莊嚴佛
法幢佛　上勝身佛　可愛色身佛　光明遍照佛
梵淨王佛　上性佛
如是等如來應正遍知過去未來及以現在亦現
應化得阿耨多羅三藐三菩提轉無上法輪為
度衆生我亦如是廣說如上

BD05260號　金光明最勝王經卷三　(18–11)

法幢佛　上勝身佛　可愛色身佛　光明遍照佛
梵淨王佛　上性佛
如是等如來應正遍知過去未來及以現在示現
應化得阿耨多羅三藐三菩提轉無上法輪為
度衆生我亦如是廣說如上
善男子若有淨信男子女人於此金光明最勝
經王滅業障品受持讀誦憶念不忘為他廣說
得無量無邊大功德聚譬如三千大千世界
所有衆生一時皆得成就人身得人身已成獨覺
道若有男子女人盡其形壽恭敬尊重四事供
養一一獨覺各施七寶如須弥山此諸獨覺入涅
槃後皆以珍寶起塔供養其塔高廣十二踰繕
那以諸花香寶幢幡蓋常為供養善男子
於意云何是人所獲功德寧為多不天帝釋言
甚多世尊善男子若復有人於此金光明微
妙經典衆經之王滅業障品受持讀誦憶念不
忘為他廣說所獲功德於前所說供養功德百分
不及一百千萬億分乃至校量譬喻所不能及何
以故是善男子善女人住正行中勸請十方一切
諸佛轉無上輪皆為諸佛歡喜讚歎善男子
如我所說一切施中法施為勝是故善男子於三
寶所設諸供養不可為比勸受三歸持一切戒
無有毀犯三業不空不可為比一切世界一切衆

BD05260號　金光明最勝王經卷三

（18–12）

[illegible]
以故是善男子善女人住正行中勸請十方一切
諸佛轉無上輪皆為諸佛歡喜讚歎善男子
如我所說一切施中法施為勝是故善男子於三
寶所設諸供養不可為比勸受三歸持一切戒
無有毀犯三業不空不可為比一切世界一切衆
生隨力隨能隨所願樂於三乘中勸發菩提
心不可為比於三世中一切世界所有衆生皆得
無礙速令成就無量功德不可為比三世刹土
一切衆生令無障礙得三菩提不可為比三世刹
土一切衆生勸令速出四惡道苦不可為比三世
刹土一切衆生勸令除滅極重惡業不可為比一
切苦惱勸令解脫不可為比一切怖畏苦惱逼切
皆令得解不可為比三世佛前一切衆生所有功
德勸令隨喜發菩提願不可為比勸除惡行
罵辱之業一切功德皆願成就所在生中勸請供
養尊重讚歎一切三寶勸請衆生修備福行
成滿菩提不可為比是故當知勸請一切世界三
世三寶勸請滿足六波羅蜜勸請轉於無上法
輪勸請住世經無量劫演說無量甚深妙法
功德甚深無能比者
爾時天帝釋及恒河女神無量梵王四大天
衆從座而起偏袒右肩右膝著地合掌禮
[illegible]

BD05260號　金光明最勝王經卷三

（18–13）

輪勸請住世經無量劫演說無量甚深妙法
功德甚深無能比者
尒時天帝釋及恒河女神無量梵王四大天
衆從座而起偏袒右肩右膝著地合掌頂禮
白佛言世尊我等皆得聞是金光明最勝王
經今悉受持讀誦通利為他廣說依此法住
何以故世尊我等欲求阿耨多羅三藐三菩提
隨順此義種種勝相如法行故尒時梵王及天帝
釋等於說法處皆以種種曼陁羅花而散佛上
三千大千世界地皆大動一切天鼓及諸音樂不
鼓自鳴放金色光遍滿世界出妙音聲時天
帝釋白佛言世尊此等皆是金光明經威神之
力慈悲普救種種利益種種增長菩薩善
根滅諸業障佛言如是如是如汝所說何以故善
男子我念往昔過無量百千阿僧祇劫有佛名
寶王大光照如來應正遍知出現於世住世六
百八十億劫尒時寶王大光照如來為欲度脫人
天釋梵沙門婆羅門一切衆生令安樂故當出
現時初會說法度百千億億万衆皆得阿羅漢
果諸漏已盡三明六通自在無礙於第二會復
度九十千億億萬衆皆得阿羅漢果諸漏已盡
三明六通自在無礙於第三會復度九十八千
億億万衆亦皆得阿羅漢果圓滿如上

BD05260號　金光明最勝王經卷三　（18–14）

現時初會說法度百千億億万衆皆得阿羅漢
果諸漏已盡三明六通自在無礙於第二會復
度九十千億億萬衆皆得阿羅漢果諸漏已盡
三明六通自在無礙於第三會復度九十八千
億億万衆皆得阿羅漢果圓滿如上
善男子我於尒時作女人身名福寶光明於第
三會親近世尊受持讀誦是金光明經為他
廣說求阿耨多羅三藐三菩提故時彼世尊為
我授記此福寶光明女於未來世當得作佛号
釋迦牟尼如來應供正遍知明行足善逝世間解
無上士調御丈夫天人師佛世尊捨女身後從
是以來越四惡道生人天中受上妙樂八十四百
千生作轉輪王至于今日得成正覺名稱普
聞遍滿世界時會大衆忽然皆見寶王大光
照如來轉無上法輪說微妙法善男子去此索
訶世界東方過百千恒河沙數佛土有世界名
寶莊嚴其寶王大光照如來今現在彼未般涅
槃說微妙法廣化羣生汝等見者即是彼佛
善男子若有善男子善女人聞是寶王大光
照如來名号者於菩薩地得不退轉至大涅槃
若有女人聞是佛名者臨命終時得見彼佛來至
其所既見佛已究竟不復更受女身善男子是
金光明微妙經典種種利益種種增長菩薩善

BD05260號　金光明最勝王經卷三　（18–15）

善男子若有善男子善女人聞是寶王大光
照如来名号者於菩薩地得不退轉至大涅槃
若有女人聞是佛名者臨命終時得見彼佛来至
其所既見佛已究竟不復更受女身善男子是
金光明微妙經典種種利益種種增長菩薩善
根滅諸業障善男子若有苾芻苾芻尼鄔波索
迦鄔波斯迦隨在何處為人講說是金光明微妙經
典於其國土皆獲四種福利善根云何為四一者國
王無病離諸災厄二者壽命長遠無有障礙
三者無諸怨敵兵衆勇健四者安隱豐樂正
法流通何以故如是人王常為釋梵四王藥叉
之衆共守護故
尒時世尊告天衆曰善男子是事實不是時
無量釋梵四王及藥叉衆俱時同聲答世尊言
如是如是若有國土講宣讀誦此妙經王是諸國
主我等四王常来擁護行住共俱其王若有一
切災障及諸怨敵我等四王皆使消殄憂愁疾
疫亦令除差增益壽命感應禎祥所願遂心恒
生歡喜我等亦能令其國中所有軍兵悉皆勇
健佛言善哉善哉善男子如汝所說汝當脩行
何以故是諸國主如法行時一切人民隨王脩習如法
行者汝等皆蒙色力勝利宮殿光明眷屬强盛
時天帝釋梵王等白佛言如是世尊佛言若有講

BD05260號　金光明最勝王經卷三

（18–16）

健佛言善哉善哉善男子如汝所說汝當脩行
何以故是諸國主如法行時一切人民隨王脩習如法
行者汝等皆蒙色力勝利宮殿光明眷屬强盛
時天帝釋梵王等白佛言如是世尊佛言若有講
讀此妙經典流通之處於其國中大臣輔相有
四種利益云何為四一者更相親穆尊重愛念
二者常為人王心所愛重亦為沙門婆羅門大
國小國之所遵敬三者輕財重法不求世利嘉名
普賢衆所欽仰四者壽命延長安隱快樂是名
四益若有國土宣說是經沙門婆羅門得四種勝
利云何為四一者衣服飲食卧具醫藥無所乏少
二者皆得安心思惟讀誦三者依於山林得安樂住
四者隨心所願皆得滿足是名四種勝利若有國土
宣說是經一切人民皆得豐樂無諸疾疫商估往
還多獲寶貨具足勝福是名種種功德利益
尒時梵釋四天王及諸大衆白佛言世尊如是經
典甚深之義若現在者當知如来卅七種助菩提
心住世未滅若是經典滅盡之時正法亦滅佛言
如是如是善男子是故汝等於此金光明經一句
一頌一品一部皆當一心正讀誦正聞持正思惟正脩
習為諸衆生廣宣流布長夜安樂福利無邊
時諸大衆聞佛說已咸蒙勝益歡喜受持

BD05260號　金光明最勝王經卷三

（18–17）

尒時梵釋四天王及諸大衆白佛言世尊如是經
典甚深之義若現在者當知如來卅七種助菩提
心住世未滅若是經典滅盡之時正法亦滅佛言
如是如是善男子是故汝等於此金光明經一句
一頌一品一部皆當一心正讀誦正聞持正思惟正脩
習為諸衆生廣宣流布長夜安樂福利無邊
時諸大衆聞佛說已咸蒙勝益歡喜受持
金光明經卷第三
闅 胡對 穇 蘇六 蹔 其器

BD05260 號　金光明最勝王經卷三　（18–18）

……如是備無……
是大般涅槃亦除諸經所有滋味悉皆永
斷是大涅槃能令衆生度諸有流善男子如
諸跡中象跡為最此經如是於諸經三昧最
為第一善男子譬如耕田秋耕為勝此經如
是諸經中勝善男子如諸藥中醍醐第一善
治衆生熱惱乱心是大涅槃為最第一善男
子譬如甜蘇八味具足……
八味具足云何為八一者常二者恒三者安
四者清涼五者不老六者不死七者无垢八
者快樂是為八味具足八味是故名為大般
涅槃若諸菩薩摩訶薩等安住是中復能處
處示現涅槃是故名為大般涅槃迦葉善男
子善女人若欲於此大般涅槃而涅槃者當
如是學如來常住法僧亦然迦葉菩薩復白
佛言甚奇世尊如來……
尒不可思議是大涅槃亦不可思議若有脩
學是經典者得正法門能為良醫若未學者
當知是人盲无慧眼无明所覆
大般涅槃經如來性品第四
佛復告迦葉善男子菩薩摩訶薩分別開示
大般涅槃有四相義何等為四一者自正二
者正他三者能隨問答四者善解因緣義云

BD05261 號　大般涅槃經（北本　思溪本）卷四　（20–1）

尒不可思議是大涅槃亦不可思議若有佛
學是經典者得正法門能為良醫若未學者
當知是人盲无慧眼无明所覆

大般涅槃經如來性品第四

佛復告迦葉善男子菩薩摩訶薩分別開示
大般涅槃有四相義何等為四一者自正二
者正他三者能隨問荅四者善解因緣義云
何自正若佛如來見諸[illegible]有所說辟如
比丘見大火聚便作是言我寧抱是熾然大
聚終不敢於如來所說十二部經及秘密藏
謗言云是波旬所說若言如來法僧无常如
是說者為自侵欺亦欺於人寧以利刀自斷
其舌終不說言如來法僧是无常也若聞他
說亦不信受於此說者應生憐愍如來法僧
不可思議應如是持自觀己身[illegible]如火聚是
名自正云何正他佛說法時有一女人乳養
嬰兒來詣佛所稽首佛足有所顧念心自思
惟便坐一面尒時世尊知而故問汝以愛念
多含兒蘇不知籌量消與不消尒時女人即
白佛言甚奇世尊善能知我心中所念唯願
如來教我多少世尊我於今朝多與兒蘇恐
不能消將无夭壽唯願如來為我[illegible]說佛言
汝兒所食尋即消化增益壽命女人聞已心
大踊躍復作是言如來實說故我歡喜世尊
如是為欲調伏諸衆生故善能分別說消不
消亦說諸法无我无常若佛世尊先說常者
受化之徒當言此法與外道同即便捨去復
告女人若兒長大能自行來凡所食噉能消
難消本所与蘇則不供足我之所有聲聞弟

BD05261號　大般涅槃經（北本　思溪本）卷四　（20–2）

汝兒所食尋即消化增益壽命女人聞已心
大踊躍復作是言如來實說故我歡喜世尊
如是為欲調伏諸衆生故善能分別說消不
消亦說諸法无我无常若佛世尊先說常者
受化之徒當言此法與外道同即便捨去復
告女人若兒長大能自行來凡所食噉能消
難消本所与蘇則不供足我之所有聲聞弟
子亦復如是如汝嬰兒不能[illegible]是常住之法
是故我先說若无常若我聲聞諸弟子等功
德已備堪任修習大乘經典我於是經為說
六味云何六味說苦酢味无常鹹味无我苦
味樂如甜味我如辛味常如淡味彼世間中
有三種味所謂无常无我无樂煩惱為薪智
慧為火以是因緣成涅槃飯謂常樂我淨令
諸弟子悉皆甘嗜復[illegible]緣欲至
他處應驅惡子令出其舍悉以寶藏付示善
子女人白佛實如聖教珎寶之藏應示善子
不示惡子我亦如是般涅槃時如來微密无
上法藏不與聲聞諸弟子等如汝寶藏不示
惡子要當付囑諸菩薩等如汝寶藏委付善
子何以故聲聞弟子生變異想謂佛如來真
實滅度然我真實不滅度[illegible]行未還
之頃汝之惡子便言汝死汝實不死諸菩薩
等說言如來常不變易如汝善子不言汝死
以是義故我以无上秘密之藏付諸菩薩善
男子若有衆生謂佛常住不變異者當知是
家則為有佛是名正他能隨問荅者若有人
來問佛世尊我當云何不捨錢財而得名為
大施檀越佛言若有沙門[illegible]少欲知

BD05261號　大般涅槃經（北本　思溪本）卷四　（20–3）

[illegible]
等說言如來常不變易如汝善子不言從死
以是義故我以无上秘密之藏付諸菩薩善
男子若有衆生謂佛常住不變異者當知是
家則為有佛是名正他能隨問荅者若有人
来問佛世尊我當云何不捨錢財而得名為
大施檀越佛言若有沙門婆羅門少欲知
足不受不畜不淨物者當施其人奴婢僕使
脩梵行者施与女人斷酒肉者施以酒肉不
過中食施過中食不著華香施以華香如是
施者施名流布遍至他方財寶之費不失豪
氂是則名為能隨問荅尒時迦葉菩薩白佛
言世尊食肉之人不應施肉何以故我見不
食宍者有大功德佛讚迦葉善哉善哉汝今
乃能善知我意護法菩薩應當如是善男子
從今日始不聽聲聞弟子食宍若受檀越信
施之時應觀是食如子肉想迦葉菩薩復白
佛言世尊云何如來不聽食肉善男子夫食
肉者斷大慈種迦葉又言如來何故先聽比
丘食三種淨肉迦葉是三種淨肉隨事漸制
迦葉菩薩復白佛言世尊何因緣故十種不
淨乃至九種清淨而復不聽佛告迦葉亦是
因事漸次而制當知即是現斷肉義迦葉菩
薩復白佛言云何如來稱讚魚肉為美食耶
善男子我亦不說魚宍之屬為美食也我說
甘蔗粳米石蜜一切穀麦及黑石蜜乳酪蘇
油以為美食雖說應畜種種衣服所應畜者
要是壞色何況貪著是魚肉味迦葉復言如
来若制不食宍者彼五種味乳酪酪漿生蘇

BD05261號　大般涅槃經（北本　思溪本）卷四　（20-4）

善男子我亦不說魚宍之屬為美食也我說
甘蔗粳米石蜜一切穀麦及黑石蜜乳酪蘇
油以為美食雖說應畜種種衣服所應畜者
要是壞色何況貪著是魚肉味迦葉復言如
来若制不食宍者彼五種味乳酪酪漿生蘇
熟蘇胡麻油等及諸衣服憍奢耶衣珂貝皮
革金銀盂器如是等物亦不應受善男子不
應同彼尼乾所見如來所制一切禁戒各有
異意異意故聽食三種淨肉異想故斷十種
肉異想故一切悉斷及自死者迦葉我從今
日制諸弟子不得復食一切宍也迦葉其食
宍者若行若住若坐若卧一切衆生聞其宍
氣悉生恐怖譬如有人近師子已衆人見之
聞師子臭亦生恐怖善男子如人噉蒜臭穢
可惡餘人見之聞臭捨去設遠見者猶不欲
視況當近之諸食肉者亦復如是一切衆生
聞其宍氣皆悉恐怖生畏死想水陸空行有
命之類悉捨之走咸言此人是我等怨是故
菩薩不習食宍為度衆生示現食宍雖現食
之其實不食善男子如是菩薩清淨之食猶
尚不食況當食宍善男子我涅槃後无量百
歲四道聖人悉復涅槃正法滅後像法之中
當有比丘似像持律少讀誦經貪嗜飲食長
養其身身所被服麁陋醜惡形容憔悴无有
威德放畜牛羊擔負薪草頭鬚髮爪悉皆長
利雖服袈裟猶如獵師細視徐行如猫伺鼠
常唱是言我得羅漢多諸病苦眠卧糞穢外
現賢善內懷貪嫉如受瘂法婆羅門等實非

BD05261號　大般涅槃經（北本　思溪本）卷四　（20-5）

當有比丘似像持律少讀誦經貪嗜飲食長
養其身身所被服麁陋醜惡形容憔悴无有
威德放畜牛羊擔負薪草頭須髮爪悉皆長
利雖服袈裟猶如獵師細視徐行如猫伺鼠
常唱是言我得羅漢多諸病苦眠卧糞穢外
現賢善内懷貪嫉如受瘂法婆羅門等實非
沙門現沙門像邪見熾盛誹謗正法如是等
人破壞如來所制戒律正行威儀說解脫果
離不淨法及壞甚深秘密之教各自隨意反
說經律而作是言如來皆聽我等食肉自生
此論言是佛說互共諍訟各自稱是沙門釋
子善男子尒時復有諸沙門等貯聚生穀受
取魚肉手自作食執持油瓶寶蓋革屣親近
國王大臣長者占相星宿勤脩醫道畜養奴
婢金銀琉璃車𤦲馬瑙頗梨真珠珊瑚虎珀
璧玉珂貝種種菓蓏學諸伎藝畫師泥作造
書教學種植根栽蠱道呪幻和合諸藥作倡
伎樂香華治身樗蒲圍碁學諸工巧若有比
丘能離如是諸惡事者當說是人真我弟子
尒時迦葉復白佛言世尊諸比丘比丘尼優
婆塞優婆夷因他而活若乞食時得雜肉食
云何得食應清淨法佛言迦葉當以水洗令
與肉別然後乃食若其食器為肉所汙但使
无味聽用无罪若見食中多有肉者則不應
受一切現肉悉不應食食者得罪我今唱是
斷肉之制若廣說者則不可盡涅槃時到是
故略說是則名為能隨問荅迦葉云何善解
因緣義如有四部之衆來問我言世尊如是

BD05261號　大般涅槃經（北本　思溪本）卷四　（20–6）

與肉別然後乃食若其食器為肉所汙但使
无味聽用无罪若見食中多有肉者則不應
受一切現肉悉不應食食者得罪我今唱是
斷肉之制若廣說者則不可盡涅槃時到是
故略說是則名為能隨問荅迦葉云何善解
因緣義如有四部之衆來問我言世尊如是
之義如來初出何故不為波斯匿王說是法
門深妙之義或時說深或時說淺或名為犯
或名不犯云何名墮云何名律云何名波羅
提木叉義佛言波羅提木叉者名為知足成
就威儀无所受畜亦名淨命墮者名四惡趣
又復墮者墮於地獄乃至阿鼻論其遲速過
於暴雨聞者驚怖堅持禁戒不犯威儀脩習
知足不受一切不淨之物又復墮者長養地
獄畜生餓鬼以是諸義故名曰墮波羅提木
叉者離身口意不善邪業律者入戒威儀深
經善義遮受一切不淨之物及不淨因緣亦
遮四重十三僧殘二不定法三十捨墮九十
一墮四悔過法衆多學法七滅諍等或有人
盡破一切戒云何一切謂四重法乃至七滅
諍法或復有人誹謗正法甚深經典及一闡
提具足成就盡一切相无有因緣如是等人
自言我是聡明利智輕重之罪悉皆覆藏覆
藏諸惡如龜藏六如是衆罪長夜不悔以不
悔故日夜增長是諸比丘所犯衆罪終不發
露是使所犯遂復滋蔓是故如來知是事已
漸次而制不得一時尒時有善男子善女人
白佛言世尊如來久知如是之事何不先制
將无世尊欲令衆生入阿鼻獄辟如多人欲

BD05261號　大般涅槃經（北本　思溪本）卷四　（20–7）

藏諸惡如龜藏六如是衆罪長夜不悔以不
悔故日夜增長是諸比丘所犯衆罪終不發
露是使所犯遂復滋蔓是故如來知是事已
漸次而制不得一時尒時有善男子善女人
白佛言世尊如來久知如是之事何不先制
將无世尊欲令衆生入阿鼻獄譬如多人欲
至他方迷失正道隨逐耶道是諸人等不知
迷故皆謂是道復不見人可問是非衆生如
是迷於佛法不見正真如來應爲先說正道
勑諸比丘此是犯戒此是持戒當如是制何
以故如來正覺是真實者知見正道唯有如
來天中之天能說十善增上功德及其義味
是故啓請應先制戒佛言善男子若言如來
能爲衆生宣說十善增上功德是則如來視
諸衆生如羅睺羅云何難言將无世尊欲令
衆生入於地獄我見一人有墮阿鼻地獄因
緣尚爲是人住世一劫若减一劫我於衆生
有大慈悲何緣當誑如子想者令入地獄善
男子如王國內有納衣者見衣有孔然後方
補如來亦尒見諸衆生有入阿鼻地獄因緣
即以戒善而爲補之善男子譬如轉輪聖王
先爲衆生說十善法其後漸漸有行惡者王
即隨事漸漸而斷斷諸惡已然後自行聖王
之法善男子我亦如是雖有所說不得先制
要因比丘漸行非法然後方乃隨事制之樂
法衆生隨教脩行如是等衆乃能得見如來
法身如轉輪王所有輪寶不可思議如來亦
尒不可思議法僧二寶亦不可思議能說法者

BD05261號　大般涅槃經（北本　思溪本）卷四　　（20–8）

之法善男子我亦如是雖有所說不得先制
要因比丘漸行非法然後方乃隨事制之樂
法衆生隨教脩行如是等衆乃能得見如來
法身如轉輪王所有輪寶不可思議如來亦
尒不可思議法僧二寶亦不可思議能說法者
及聞法者皆不可議是名善解因緣義也菩
薩如是分別開示四種相義是名大乘大涅
槃中因緣義也復次自正者所謂得是大般
涅槃正他者我爲比丘說言如來常存不變
隨問荅者迦葉因汝所問故得廣爲菩薩摩
訶薩比丘比丘尼優婆塞優婆夷說是甚深
微妙義理因緣義者聲聞緣覺不解如是甚
深之義不聞伊字三點而成解脫涅槃摩訶
般若成秘密藏我今於此闡揚分別爲諸聲
聞開發慧眼假使有人作如是言如是四事
云何爲一非虛妄耶即應反質是虛空无所
有不動无㝵如是四事有何等異是豈得名
爲虛妄乎不也世尊如是諸句即是一義所
謂空義自正正他能隨問荅解因緣義亦復
如是即大涅槃等无有異佛告迦葉若有善
男子善女人作如是言如來无常云何當知
是无常耶如佛所言滅諸煩惱名爲涅槃猶
如火滅悉无所有滅諸煩惱亦復如是故名
涅槃云何如來爲常住法不變易耶如佛言
曰離諸有者乃名涅槃是涅槃中无有諸有
云何如來爲常住法不變易耶如衣壞盡不
名爲物涅槃亦尒滅諸煩惱不名爲物云何
如來爲常住法不變易耶如佛言曰離欲寂

BD05261號　大般涅槃經（北本　思溪本）卷四　　（20–9）

涅槃云何如來為常住法不變易耶如佛言
曰離諸有者乃名涅槃是涅槃中无有諸有
云何如來為常住法不變易耶如衣壞盡不
名為物涅槃亦尒滅諸煩惱不名為物云何
如來為常住法不變易耶如佛言曰離欲寂
滅名曰涅槃如人斬首則无有首離欲寂滅
亦復如是空无所有故名涅槃云何如來為
常住法不變易耶如佛言曰
譬如熱鐵　搥打星流　散已尋滅　莫知所在
得正解脫　亦復如是　已度婬欲　諸有淤泥
得无動處　不知所至
云何如來為常住法不變易耶迦葉若有人
作如是難者名為耶難迦葉汝亦不應作是
憶想謂如來性是滅盡也迦葉滅煩惱者不
名為物何以故永畢竟故是故名常是句寂
靜為无有上滅盡諸相无有遺餘是句鮮白
是住无退是故涅槃名為常住如來亦尒常
住无變言星流者謂煩惱也散已尋滅莫知
所在者謂諸如來煩惱滅已不在五趣是故
如來是常住法无有變易復次迦葉諸佛所
師所謂法也是故如來恭敬供養以法常住
諸佛亦常迦葉菩薩復白佛言若煩惱火滅
如來亦滅是則如來无常住處如彼迸鐵赤
色滅已莫知所至如來煩惱亦復如是滅无
所至又如彼鐵熱與赤色滅已无有如來亦
尒滅已无常滅煩惱火便入涅槃當知如來
即是无常善男子所鐵者名諸凡夫凡夫
之人雖滅煩惱滅已復生故名无常如來不

BD05261 號　大般涅槃經（北本　思溪本）卷四　（20–10）

如來亦滅是則如來无常住處如彼迸鐵赤
色滅已莫知所至如來煩惱亦復如是滅无
所至又如彼鐵熱與赤色滅已无有如來亦
尒滅已无常滅煩惱火便入涅槃當知如來
即是无常善男子所鐵者名諸凡夫凡夫
之人雖滅煩惱滅已復生故名无常如來不
尒滅已不生是故名為常迦葉復言如鐵色滅
已還置火中赤色復生如來若尒應還生結
若結還生即是无常佛言迦葉汝今不應作
如是言如來无常何以故如來是常善男子
如彼燃木滅已有灰煩惱滅已便有涅槃壞
衣斬首破瓶等喻亦復如是如是等物各有
名字名曰壞衣斬首破瓶迦葉如鐵冷已可
使還熱如來不尒斷煩惱已畢竟清涼煩惱
熾火更不復生迦葉當知无量衆生猶如彼
鐵我以无漏智慧熾火燒彼衆生諸煩惱結
迦葉復言善哉善哉我今諦知如來所說諸
佛是常佛言迦葉譬如聖王素在後宮或時
遊觀在於後園王雖不在諸婇女中亦不得言
聖王命終善男子如來亦尒雖不現於閻浮
提界入涅槃中不名无常如來出於无量
煩惱入乎涅槃安樂之處遊諸覺華歡娛受
樂迦葉復問如佛言曰我已久度煩惱大海
若佛已度煩惱海者何緣復共耶輸陀羅生
羅睺羅以是因緣當知如來未度煩惱諸結
大海唯願如來說其因緣佛言迦葉汝不應
言如來久度煩惱大海何緣復共耶輸陀羅

BD05261 號　大般涅槃經（北本　思溪本）卷四　（20–11）

煩惱乃至涅槃安樂之處遊諸覺華歡娛受
樂迦葉復問如佛言曰我已久度煩惱大海
若佛已度煩惱海者何緣復共耶輸陁羅生
羅睺羅以是因緣當知如來未度煩惱諸結
大海唯願如來說其因緣佛言迦葉汝不應
言如來久度煩惱大海何緣復共耶輸陁羅
生羅睺羅以是因緣當知如來未度煩惱諸
結大海善男子是大涅槃能建大義汝等今
當至心諦聽廣為人說莫生驚疑若有菩薩
摩訶薩住大涅槃須弥山王如是高廣悉能
令入亭歷子稽其諸衆生依須弥者亦不迫
迮无來往想如來不異唯應度者見是菩薩
以須弥山內亭歷稽復還安止本所住處善
男子復有菩薩摩訶薩住大涅槃能以三千
大千世界置亭歷稽其中衆生亦无迫迮及
往來想如本不異唯應度者見是菩薩以此
三千大千世界置亭歷稽還復安止本所住
處善男子復有菩薩摩訶薩住大涅槃能以
三千大千世界內一毛孔乃至本處亦復　如
是善男子復有菩薩摩訶薩住大涅槃斷取
十方三千大千諸佛世界置於針鋒如貫棗
葉擲著他方異佛世界其中所有一切衆生
不覺往反為在何處唯應度者乃能見之乃
至本處亦復如是善男子復有菩薩摩訶薩
住大涅槃斷取十方三千大千諸佛世界置
於右掌如陶家輪擲置他方微塵世界无一
衆生有往來想唯應度者乃見之耳乃至本
處亦復如是善男子復有菩薩摩訶薩住大
[illegible]

至本處亦復如是善男子復有菩薩摩訶薩
住大涅槃斷取十方三千大千諸佛世界置
於右掌如陶家輪擲置他方微塵世界无一
衆生有往來想唯應度者乃見之耳乃至本
處亦復如是善男子復有菩薩摩訶薩住大
涅槃斷取一切十方无量諸佛世界悉內已
身其中衆生悉无迫迮亦无往反及住處想
唯應度者乃能見之乃至本處亦復如是善
男子復有菩薩摩訶薩住大涅槃以十方世
界內一塵中其中衆生亦无迫迮往反之想
唯應度者乃能見之乃至本處亦復如是善
男子是菩薩摩訶薩住大涅槃則能示現種
種无量神通變化是故名曰大般涅槃是菩
薩摩訶薩所可示現如是无量神通變化一
切衆生无能測量汝今云何能知如來習近
婬欲生羅睺羅善男子我已久住是大涅槃
種種示現神通變化於此三千大千世界百
億日月百億閻浮提種種示現如首楞嚴經
中廣說我於三千大千世界或閻浮提示現
涅槃亦不畢竟取於涅槃或閻浮提示入母
胎令其父母生我子想而我此身畢竟不從
婬欲和合而得生也我已久從无量劫來離
於愛欲我今此身即是法身隨順世間示現
入胎善男子此閻浮提林微尼園示現從母
摩耶而生生已即能東行七步唱如是言我
於天人阿脩羅中最尊最上父母人天見已
驚喜生希有心而諸人等謂是嬰兒而我此
身无量劫來久離是法如來身者即是法身

入胎善男子此閻浮提林微尼園示現從母
摩耶而生生已即能東行七步唱如是言我
於天人阿脩羅中最尊最上父母人天見已
驚喜生希有心而諸人等謂是嬰兒而我此
身无量劫來久離是法如來身者即是法身
非是肉血筋脉骨髓之所成立隨順世間衆
生法故示為嬰兒南行七步示現欲為无量
衆生作上福田西行七步示現生盡永斷老
死是最後身北行七步示現已度諸有生死
東行七步示為衆生而作導首四維七步示
現斷滅種種煩惱四魔種姓成於如來應正
遍知上行七步示現不為不淨之物之所染
汙猶如虛空下行七步示現法雨滅地獄火
令彼衆生受安隱樂毀禁戒者示作霜雹於
閻浮提生七日已又示剃髮諸人皆謂我是
嬰兒初始剃髮一切人天魔王波旬沙門婆
羅門无有能見我頂相者况有持刀臨之剃
髮若有持刀至我頂者无有是處我久已於
无量劫中剃除鬚髮為欲隨順世間法故示
現剃髮我既生已父母將我入天祠中以我
示於摩醯首羅摩醯首羅即見我時合掌恭
敬立在一面我已久於无量劫中捨離如是
入天祠法為欲隨順世間法故示現如是我
於閻浮提示現穿耳一切衆生實无有能穿
我耳者隨順世間衆生法故示現如是復以
諸寶作師子璫用莊嚴耳然我已於无量劫
中離莊嚴具為欲隨順世間法故作是示現
示入學堂脩學書疏然我已於无量劫中具

入天祠法為欲隨順世間法故示現如是我
於閻浮提示現穿耳一切衆生實无有能穿
我耳者隨順世間衆生法故示現如是復以
諸寶作師子璫用莊嚴耳然我已於无量劫
中離莊嚴具為欲隨順世間法故作是示現
示入學堂脩學書疏然我已於无量劫中具
足成就遍觀三界所有衆生无有堪任為我
師者為欲隨順世間法故示入學堂故名如
來應正遍知習學乘象騎馬角力種種伎藝
亦復如是於閻浮提而復示現為王太子衆
生皆見我為太子於五欲中歡娛受樂然我
已於无量劫中捨離如是五欲之樂為欲隨
順世間法故示如是相相師占我若不出家
當為轉輪聖王王閻浮提一切衆生皆信是
言然我已於无量劫中捨轉輪王位為法輪
王於閻浮提現離婇女五欲之樂見老病死
及沙門已出家脩道衆生皆謂悉達太子初
始出家然我已於无量劫中出家脩道隨順世
法故示現如是我於閻浮提示現出家受具
足戒精勤脩道得須陁洹果斯陁含果阿那
含果阿羅漢果衆人皆謂阿羅漢果易得不
難然我已於无量劫中成阿羅漢果為欲度
脫諸衆生故坐於道場菩提樹下以草為坐
摧伏衆魔衆皆謂我始於道場菩提樹下降
伏魔官然我已於无量劫中久降伏已為欲
降伏剛強衆生故現是化我又示現大小便
利出息入息衆皆謂我有大小便利出息入
息然我是身所得果報悉无如是大小便利

伏魔官然我已於无量劫中久降伏已為欲
降伏剛强衆生故現是化我又示現大小便
利出息入息衆皆謂我有大小便利出息入
息然我是身所得果報悉无如是大小便利
出入息等隨順世間故示如是我又示現受
人信施然我是身都无飢渴隨順世法故示
如是我又示同諸衆生故現有睡眠然我已
於无量劫中具足无上深妙智慧遠離三有
進止威儀頭痛腹痛背痛木鎗洗足洗手洗
面潄口嚼楊枝等衆皆謂我有如是事然我
此身都无此事我足清淨猶如蓮華口氣淨
潔如優鉢羅香一切衆生謂我是人我實非
人我又示現受糞掃衣浣濯縫打然我久已
不須是衣衆人皆謂羅睺羅者是我之子輸
頭檀王是我之父摩耶夫人是我之母處在
世間受諸快樂離如是事出家學道衆人復
言是王太子瞿曇大姓遠離世樂求出世法
然我久離世間婬欲如是等事悉是示現一
切衆生咸謂是人然我實非善男子我雖在
此閻浮提中數數示現入於涅槃然我實不
畢竟涅槃而諸衆生皆謂如來真實滅盡而
如来性實不永滅是故當知是常住法不變
易法善男子大涅槃者即是諸佛如来法界
我又示現閻浮提中出於世間衆生皆謂我
始成佛然我已於无量劫中所作已辦隨順
世法故復示現於閻浮提初出成佛我又示
現於閻浮提不持禁戒犯四重罪衆人皆見

BD05261號　大般涅槃經（北本　思溪本）卷四　（20–16）

易法善男子大涅槃者即是諸佛如来法界
我又示現閻浮提中出於世間衆生皆謂我
始成佛然我已於无量劫中所作已辦隨順
世法故復示現於閻浮提初出成佛我又示
現於閻浮提不持禁戒犯四重罪衆人皆見
謂我實犯然我已於无量劫中堅持禁戒无
有漏缺我又示現於閻浮提為一闡提衆人
皆見是一闡提然我實非一闡提也一闡提者
云何能成阿耨多羅三藐三菩提我又示現
於閻浮提破和合僧衆生皆謂我是破僧我
觀人天无有能破和合僧者我又示現於閻
浮提護持正法衆人皆謂我是護法悉生驚
怪諸佛法尒不應驚怪我又示現於閻浮提
為魔波旬衆人皆謂我是波旬然我久於无
量劫中離於魔事清淨无染猶如蓮華我又
示現於閻浮提女身成佛衆人皆言甚奇女
人能成阿耨多羅三藐三菩提如来畢竟不
受女身為欲調伏无量衆生故現女像憐愍
一切諸衆生故而復示現種種色像我又示
現閻浮提中生於四趣然我久已斷諸趣因
以業因故墮乎四趣為度衆生故生是中我
又示現閻浮提中作梵天王令事梵者安住
正法然我實非而諸衆生咸皆謂我為真梵
天示現天像遍諸天廟亦復如是我又示現
於閻浮提入婬女舍然我實无貪欲之想清
淨不汙猶如蓮華為諸貪婬嗜色衆生於四
衢道宣說妙法然我實无欲穢之心衆人謂
我守護女人我又示現於閻浮提入青衣舍

BD05261號　大般涅槃經（北本　思溪本）卷四　（20–17）

正法然我實非而諸衆生咸皆謂我為真梵
天亦現天像遍諸天廟亦復如是我又示現
於閻浮提入婬女舍然我實无貪欲之想清
淨不汙猶如蓮華為諸貪婬嗜色衆生於四
衢道宣說妙法然我實无欲穢之心衆人謂
我守護女人我又示現於閻浮提入青衣舍
為教諸婢令住正法然我實无如是惡業墮
在青衣我又示現閻浮提中而作博士為教
童矇令住正法我又示現於閻浮提入諸酒
會博弈之處示受種種勝負鬪諍為欲拔濟
彼諸衆生而我實无如是惡業而諸衆生皆
謂我作如是之業我又示現久住冢間作大
鷲身度諸飛鳥而諸衆生皆謂我是真實鷲
身然我久已離於是業為欲度彼諸鳥鷲故
示如是耳我又示現閻浮提中作大長者為
欲安立无量衆生住於正法又復示作諸王
大臣王子輔相於是時中各為第一為脩正
法故住王位我又示現閻浮提中疫病劫起
多有衆生為病所惱先施醫藥然後為說微
妙正法令其安住无上菩提衆人皆謂是病
劫起又復示現閻浮提中飢餓劫起隨其所
須供給飲食然後為說微妙正法令其安住
无上菩提又復示現閻浮提中刀兵劫起即
為說法令離怨害使得安住无上菩提又復
示現為計常者說无常想計樂想者為說苦
想計我想者說无我想計淨想者說不淨想
若有衆生貪著三界即為說法令離是處度
衆生故為說无上微妙法藥為斷一切煩惱

為說法令離怨害使得安住无上菩提又復
示現為計常者說无常想計樂想者為說苦
想計我想者說无我想計淨想者說不淨想
若有衆生貪著三界即為說法令離是處度
衆生故為說无上微妙法藥為斷一切煩惱
樹故種殖无上法藥之樹為欲拔濟諸外道
故說於正法雖復示現為衆生師而心初无
衆生師想欲為拔濟諸下賤故現入其中而
為說法非是惡業受是身也如來正覺如是
安住於大涅槃是故名為常住无變如閻浮
提東弗婆提西瞿耶尼北欝單曰亦復如是
如四天下三千世界亦尒二十五有如首楞
嚴經中廣說以是故名大般涅槃若有菩薩
摩訶薩安住如是大般涅槃能示如是神通
變化而无所畏迦葉以是緣故汝不應言羅
睺羅者是佛之子何以故我於往昔无量劫
中已離欲有是故如來名曰常住无有變易
迦葉復言如來云何名曰常住如佛言曰如
燈滅已无有方所如來亦尒既滅度已亦无
方所佛言迦葉善男子汝今不應作如是言
燈滅盡已无有方所如來亦尒既滅度已无
有方所善男子譬如男女然燈之時燈爐大
小悉滿中油隨有油在其明猶存若油盡已
明亦俱盡其明滅者喻煩惱滅明雖滅盡燈
爐猶存如來亦尒煩惱雖滅法身常存善男
子於意云何明與燈爐為俱滅不迦葉答言
不也世尊雖不俱滅然是无常若以法身喻
燈爐者燈爐无常法身亦尒應是无常善男
難如世間言器如來世

小悉消中油隨有消若其明猶存若油盡已
明亦俱盡其明滅者喻煩惱滅明雖滅盡燈
爐猶存如來亦尒煩惱雖滅法身常存善男
子於意云何明與燈爐為俱滅不迦葉荅言
不也世尊雖不俱滅然是无常若以法身喻
燈爐者燈爐无常法身亦尒應是无常善男
子汝今不應作如是難如世間言器如來世
尊无上法器而器无常非如來也一切法中
涅槃為常如來體之故名為常復次善男子
言燈滅者即阿羅漢所證涅槃以滅貪愛諸
煩惱故喻之燈滅阿那含者名曰有貪以有
貪故不得說言同於燈滅是故我昔覆相說
言喻如燈滅非大涅槃同於燈滅阿那含者
非數數來又不還來二十五有更不受於臭
身虫身食身毒身是則名為阿那含也若更
受身名為那含不受身者名阿那含有去來
者名曰那含无去來者名阿那含

大般涅槃經卷第四

BD05261號　大般涅槃經（北本　思溪本）卷四　　（20–20）

清淨與……清淨
无二分无別无斷故善現……相淨即四念
住清淨即作者清淨何以故是
作者清淨與四念住清淨无二无二分无別
无斷故作者清淨即四正斷四神足五根五
力七等覺支八聖道支清淨四正斷乃至八
聖道支清淨即作者清淨何以故是作者清
淨與四正斷乃至八聖道支清淨无二无二分
无別无斷故善現作者清淨即空解脫門清
淨空解脫門清淨即作者清淨何以故是
作者清淨與空解脫門清淨无二无二分无
別无斷故作者清淨即无相无願解脫門清
淨无相无願解脫門清淨即作者清淨何以
故是作者清淨與无相无願解脫門清淨无
二无二分无別无斷故善現作者清淨即菩
薩十地清淨菩薩十地清淨即作者清淨何
以故是作者清淨與菩薩十地清淨无二无
二分无別无斷故
善現作者清淨即五眼清淨五眼清淨即作
者清淨何以故是作者清淨與五眼清淨
无二无二分无別无斷故作者清淨即六神

BD05262號　大般若波羅蜜多經卷一九四　　（19–1）

二无二分无別无斷故善現作者清淨即菩
薩十地清淨菩薩十地清淨即作者清淨何
以故是作者清淨與菩薩十地清淨无二无
二分无別无斷故
善現作者清淨即五眼清淨五眼清淨即作
者清淨何以故是作者清淨與五眼清淨
无二无二分无別无斷故作者清淨即六神
通清淨六神通清淨即作者清淨何以故是
作者清淨與六神通清淨无二无二分无別无
斷故善現作者清淨即佛十力清淨佛十力
清淨即作者清淨何以故是作者清淨與佛
十力清淨无二无二分无別无斷故作者清
淨四无所畏四无礙解大慈大悲大喜大捨
十八佛不共法清淨四无所畏乃至十八佛不
共法清淨即作者清淨何以故是作者清淨
與四无所畏乃至十八佛不共法清淨无二
无二分无別无斷故善現作者清淨即无忘
失法清淨无忘失法清淨即作者清淨何
以故是作者清淨與无忘失法清淨无二无
二分无別无斷故作者清淨即恒住捨性
清淨恒住捨性清淨即作者清淨何以故
是作者清淨與恒住捨性清淨无二无二分
无別无斷故善現作者清淨即一切智清淨
一切智清淨即作者清淨何以故是作者
清淨與一切智清淨无二无二分无別无斷故
作者清淨即道相智一切相智清淨道相

是作者清淨與恒住捨性清淨无二无二分
无別无斷故善現作者清淨即一切智清淨
一切智清淨即作者清淨何以故是作者
清淨與一切智清淨无二无二分无別无斷故
作者清淨即道相智一切相智清淨道相
智一切相智清淨即作者清淨何以故是作
者清淨與道相智一切相智清淨无二无二
分无別无斷故善現作者清淨即一切陀
羅尼門清淨一切陀羅尼門清淨即作者清
淨何以故是作者清淨與一切陀羅尼門清
淨无二无二分无別无斷故作者清淨即一
切三摩地門清淨一切三摩地門清淨即作
者清淨何以故是作者清淨與一切三摩地
門清淨无二无二分无別无斷故
善現作者清淨即預流果清淨預流果清
淨即作者清淨何以故是作者清淨與預
流果清淨无二无二分无別无斷故作者清
淨即一來不還阿羅漢果清淨一來不還阿
羅漢果清淨即作者清淨何以故是作者
清淨與一來不還阿羅漢果清淨无二无二分
无別无斷故善現作者清淨即獨覺菩提清
淨獨覺菩提清淨即作者清淨何以故是作
者清淨與獨覺菩提清淨无二无二分无別
无斷故善現作者清淨即一切菩薩摩訶
薩行清淨一切菩薩摩訶薩行清淨即作
者清淨何以故是作者清淨與一切菩薩摩

淨獨覺菩提清淨即作者清淨何以故是作
者清淨與獨覺菩提清淨无二无二分无別
无斷故善現作者清淨即一切菩薩摩訶
薩行清淨一切菩薩摩訶薩行清淨即作
者清淨何以故是作者清淨與一切菩薩摩
訶薩行清淨无二无二分无別无斷故善現
作者清淨即諸佛无上正等菩提清淨諸
佛无上正等菩提清淨即作者清淨何以故是
作者清淨與諸佛无上正等菩提清淨无二无
二分无別无斷故
復次善現受者清淨即色清淨色清淨即
受者清淨何以故是受者清淨與色清淨无二
无二分无別无斷故受者清淨即受想行識
清淨受想行識清淨即受者清淨何以故
是受者清淨與受想行識清淨无二无二分
无別无斷故善現受者清淨即眼處清淨眼
處清淨即受者清淨何以故是受者清淨與
眼處清淨无二无二分无別无斷故受者清
淨即耳鼻舌身意處清淨耳鼻舌身意處
清淨即受者清淨何以故是受者清淨與
耳鼻舌身意處清淨无二无二分无別无斷
故善現受者清淨即色處清淨色處清淨
即受者清淨何以故是受者清淨與色處
清淨无二无二分无別无斷故受者清淨即
聲香味觸法處清淨聲香味觸法處清淨
即受者清淨何以故是受者清淨與聲香味

耳鼻舌身意處清淨无二无二分无別无斷
故善現受者清淨即色處清淨色處清淨
即受者清淨何以故是受者清淨與色處
清淨无二无二分无別无斷故受者清淨即
聲香味觸法處清淨聲香味觸法處清淨
即受者清淨何以故是受者清淨與聲香味
觸法處清淨无二无二分无別无斷故
善現受者清淨即眼界清淨眼界清淨即
受者清淨何以故是受者清淨與眼界清淨
无二无二分无別无斷故受者清淨即色界眼
識界及眼觸眼觸為緣所生諸受清淨色界
乃至眼觸為緣所生諸受清淨即受者清
淨何以故是受者清淨與色界乃至眼觸為
緣所生諸受清淨无二无二分无別无斷故善
現受者清淨即耳界清淨耳界清淨即受者
清淨何以故是受者清淨與耳界清淨无二
无二分无別无斷故受者清淨即聲界耳識
界及耳觸耳觸為緣所生諸受清淨聲界乃
至耳觸為緣所生諸受清淨即受者清淨何
以故是受者清淨與聲界乃至耳觸為緣所
生諸受清淨无二无二分无別无斷故善現
受者清淨即鼻界清淨鼻界清淨即受者
清淨何以故是受者清淨與鼻界清淨无二无
二分无別无斷故受者清淨即香界鼻識界
及鼻觸鼻觸為緣所生諸受清淨香界乃
至鼻觸為緣所生諸受清淨即受者清淨何
以故是受者清淨與香界乃至鼻觸為緣所

生諸受清淨无二无二分无別无斷故善現
受者清淨即鼻界清淨鼻界清淨即受者
清淨何以故是受者清淨與鼻界清淨无二无
二分无別无斷故受者清淨即香界鼻識界
及鼻觸鼻觸爲緣所生諸受清淨香界乃
至鼻觸爲緣所生諸受清淨即受者清淨何
以故是受者清淨與香界乃至鼻觸爲緣所
生諸受清淨无二无二分无別无斷故善現受
者清淨即舌界清淨舌界清淨即受者清淨
何以故是受者清淨與舌界清淨无二无二分
无別无斷故受者清淨即味界舌識界及舌
觸舌觸爲緣所生諸受清淨味界乃至舌觸
爲緣所生諸受清淨即受者清淨何以故
是受者清淨與味界乃至舌觸爲緣所生諸
受清淨无二无二分无別无斷故善現受
者清淨即身界清淨身界清淨即受者清
淨何以故是受者清淨與身界清淨无二无二
分无別无斷故受者清淨即觸界身識界
及身觸身觸爲緣所生諸受清淨觸界乃至
身觸爲緣所生諸受清淨即受者清淨何以
故是受者清淨與觸界乃至身觸爲緣所生
諸受清淨无二无二分无別无斷故善現受
者清淨即意界清淨意界清淨即受者清
淨何以故是受者清淨與意界清淨无二无二
分无別无斷故受者清淨即法界意識界及
意觸意觸爲緣所生諸受清淨法界乃至意
觸爲緣所生諸受清淨即受者清淨何以故是

故是受者清淨與法界乃至意觸爲緣所生
諸受清淨无二无二分无別无斷故善現受
者清淨即意界清淨意界清淨即受者清
淨何以故是受者清淨與意界清淨无二无二
分无別无斷故受者清淨即法界意識界及
意觸意觸爲緣所生諸受清淨法界乃至意
觸爲緣所生諸受清淨即受者清淨何以故是
受者清淨與法界乃至意觸爲緣所生諸受
清淨无二无二分无別无斷故善現受者清淨
即地界清淨地界清淨即受者清淨何以故
是受者清淨與地界清淨无二无二分无別
无斷故受者清淨即水火風空識界清淨水
火風空識界清淨即受者清淨何以故是受
者清淨與水火風空識界清淨无二无二分无
別无斷故善現受者清淨即无明清淨无明
清淨即受者清淨何以故是受者清淨與无
明清淨无二无二分无別无斷故受者清淨
即行識名色六處觸受愛取有生老死愁歎
苦憂惱清淨行乃至老死愁歎苦憂惱清淨
即受者清淨何以故是受者清淨與行乃
至老死愁歎苦憂惱清淨无二无二分无別
无斷故善現受者清淨即布施波羅蜜多
清淨布施波羅蜜多清淨即受者清淨何以
故是受者清淨與布施波羅蜜多清淨无二
无二分无別无斷故受者清淨即淨戒安忍精
進靜慮般若波羅蜜多清淨淨戒乃至般若
波羅蜜多清淨即受者清淨何以故是受者

清淨布施波羅蜜多清淨即受者清淨何以
故是受者清淨與布施波羅蜜多清淨无二
无二分无別无斷故受者清淨即淨戒安忍精
進靜慮般若波羅蜜多清淨淨戒乃至般若
波羅蜜多清淨即受者清淨何以故是受者
清淨與淨戒乃至般若波羅蜜多清淨无二无
二分无別无斷故善現受者清淨即內空清
淨內空清淨即受者清淨何以故是受者清
淨與內空清淨无二无二分无別无斷故受
者清淨即外空內外空空空大空勝義空有
為空无為空畢竟空无際空散空无變異空
本性空自相空共相空一切法空不可得空
无性空自性空无性自性空清淨外空乃至
无性自性空清淨即受者清淨何以故是受
者清淨與外空乃至无性自性空清淨无二
无二分无別无斷故善現受者清淨即真如
清淨真如清淨即受者清淨何以故是受
者清淨與真如清淨无二无二分无別无斷故
受者清淨即法界法性不虛妄性不變異
性平等性離生性法定法住實際虛空界不思
議界清淨法界乃至不思議界清淨即受
者清淨何以故是受者清淨與法界乃至不
思議界清淨无二无二分无別无斷故善現受
者清淨即苦聖諦清淨苦聖諦清淨即受
者清淨何以故是受者清淨與苦聖諦清淨
无二无二分无別无斷故受者清淨即集滅道

BD05262號　大般若波羅蜜多經卷一九四　（19–8）

議界清淨法界乃至不思議界清淨即受
者清淨何以故是受者清淨與法界乃至不
思議界清淨无二无二分无別无斷故善現受
者清淨即苦聖諦清淨苦聖諦清淨即受
者清淨何以故是受者清淨與苦聖諦清淨
无二无二分无別无斷故受者清淨即集滅道
聖諦清淨集滅道聖諦清淨即受者清淨何
以故是受者清淨與集滅道聖諦清淨无无
二分无別无斷故
善現受者清淨即四靜慮清淨四靜慮清
淨即受者清淨何以故是受者清淨與四靜
慮清淨无二无二分无別无斷故受者清淨即
四无量四无色定清淨四无量四无色定清淨
即受者清淨何以故是受者清淨與四无量
四无色定清淨无二无二分无別无斷故善
現受者清淨即八解脫清淨八解脫清淨
即受者清淨何以故是受者清淨與八解
脫清淨无二无二分无別无斷故受者清淨即
八勝處九次第定十遍處清淨八勝處九次
第定十遍處清淨即受者清淨何以故是
受者清淨與八勝處九次第定十遍處清淨无
二无二分无別无斷故善現受者清淨即四
念住清淨四念住清淨即受者清淨何以故
是受者清淨與四念住清淨无二无二分无
別无斷故受者清淨即四正斷四神足五根
五力七等覺支八聖道支清淨四正斷乃至
八聖道支清淨即受者清淨何以故是受者

BD05262號　大般若波羅蜜多經卷一九四　（19–9）

二无二分无别无斷故善現處者清淨即四
念住清淨四念住清淨即處者清淨何以故
是處者清淨與四念住清淨无二无二分无
别无斷故處者清淨即四正斷四神足五根
五力七等覺支八聖道支清淨四正斷乃至
八聖道支清淨即處者清淨何以故是處者
清淨與四正斷乃至八聖道支清淨无二无
二分无别无斷故善現處者清淨即空解脫
門清淨空解脫門清淨即處者清淨何以
故是處者清淨與空解脫門清淨无二无二
分无别无斷故處者清淨即无相无願解脫門
清淨无相无願解脫門清淨即處者清淨何
以故是處者清淨與无相无願解脫門清淨
无二无二分无别无斷故善現處者清淨即
菩薩十地清淨菩薩十地清淨即處者清
淨何以故是處者清淨與菩薩十地清淨无
二无二分无别无斷故
善現處者清淨即五眼清淨五眼清淨即處
者清淨何以故是處者清淨與五眼清淨无
二无二分无别无斷故處者清淨即六神通
清淨六神通清淨即處者清淨何以故是處
者清淨與六神通清淨无二无二分无别无斷
故善現處者清淨即佛十力清淨佛十力清淨
即處者清淨何以故是處者清淨與佛十力
清淨无二无二分无别无斷故處者清淨即
四无所畏四无礙解大慈大悲大喜大捨十八佛
不共法清淨四无所畏乃至十八佛不共法清

者清淨與六神通清淨无二无二分无别无斷
故善現處者清淨即佛十力清淨佛十力清淨
即處者清淨何以故是處者清淨與佛十力
清淨无二无二分无别无斷故處者清淨即
四无所畏四无礙解大慈大悲大喜大捨十八佛
不共法清淨四无所畏乃至十八佛不共法清
淨即處者清淨何以故是處者清淨與四无所
畏乃至十八佛不共法清淨无二无二分无别无
斷故善現處者清淨即无忘失法清淨无忘
失法清淨即處者清淨何以故是處者清淨
與无忘失法清淨无二无二分无别无斷故處
者清淨即恒住捨性清淨恒住捨性清淨即
處者清淨何以故是處者清淨與恒住捨性
清淨无二无二分无别无斷故善現處者清淨即
一切智清淨一切智清淨即處者清淨何以
故是處者清淨與一切智清淨无二无二分无
别无斷故處者清淨即道相智一切相智清
淨道相智一切相智清淨即處者清淨何以故
是處者清淨與道相智一切相智清淨无二
无二分无别无斷故善現處者清淨即一切
陁羅尼門清淨一切陁羅尼門清淨即處者
清淨何以故是處者清淨與一切陁羅尼門清
淨何以故是處者清淨與一切陁羅尼門清
淨无二无二分无别无斷故處者清淨即一
切三摩地門清淨一切三摩地門清淨即
處者清淨何以故是處者清淨與一切三摩
地門清淨无二无二分无别无斷故

淨何以故是受者清淨與一切陁羅尼門清
淨无二无二分无別无斷故受者清淨即一
切三摩地門清淨一切三摩地門清淨即
受者清淨何以故是受者清淨與一切三摩
地門清淨无二无二分无別无斷故
善現受者清淨即預流果清淨預流果清淨
即受者清淨何以故是受者清淨與預流果
清淨无二无二分无別无斷故受者清淨即
一來不還阿羅漢果清淨一來不還阿羅漢
果清淨即受者清淨何以故是受者清淨與
一來不還阿羅漢果清淨无二无二分无別
无斷故善現受者清淨即獨覺菩提清淨獨
覺菩提清淨即受者清淨何以故是受者清
淨與獨覺菩提清淨无二无二分无別无斷
故善現受者清淨即一切菩薩摩訶薩行
清淨一切菩薩摩訶薩行清淨即受者清淨
何以故是受者清淨與一切菩薩摩訶薩行清
淨无二无二分无別无斷故善現受者清淨
即諸佛无上正等菩提清淨諸佛无上正等
菩提清淨即受者清淨何以故是受者清淨
與諸佛无上正等菩提清淨无二无二分无
別无斷故
復次善現知者清淨即色清淨色清淨即知
者清淨何以故是知者清淨與色清淨无
二无二分无別无斷故知者清淨即受想行
識清淨受想行識清淨即知者清淨何以

BD05262 號　大般若波羅蜜多經卷一九四　（19–12）

別无斷故
復次善現知者清淨即色清淨色清淨即知
者清淨何以故是知者清淨與色清淨无
二无二分无別无斷故知者清淨即受想行
識清淨受想行識清淨即知者清淨何以
故是知者清淨與受想行識清淨无二无二
分无別无斷故善現知者清淨即眼處清淨眼
處清淨即知者清淨何以故是知者清淨與
眼處清淨无二无二分无別无斷故知者清淨
即耳鼻舌身意處清淨耳鼻舌身意處
清淨即知者清淨何以故是知者清淨與
耳鼻舌身意處清淨无二无二分无別无斷故
善現知者清淨即色處清淨色處清淨即知
者清淨何以故是知者清淨與色處清淨无
二无二分无別无斷故知者清淨即聲香味
觸法處清淨聲香味觸法處清淨即知者
清淨何以故是知者清淨與聲香味觸法處
清淨无二无二分无別无斷故善現知者清
淨即眼界清淨眼界清淨即知者清淨何
以故是知者清淨與眼界清淨无二无二分无
別无斷故知者清淨即色界眼識界及眼觸
眼觸為緣所生諸受清淨色界乃至眼觸為
緣所生諸受清淨即知者清淨何以故是知
者清淨與色界乃至眼觸為緣所生諸受
清淨无二无二分无別无斷故善現知者清
淨即耳界清淨耳界清淨即知者清淨

BD05262 號　大般若波羅蜜多經卷一九四　（19–13）

眼觸為緣所生諸受清淨色界乃至眼觸為
緣所生諸受清淨即知者清淨何以故是知
者清淨與色界乃至眼觸為緣所生諸受
清淨无二无二分无別无斷故善現知者清
淨即耳界清淨耳界清淨即知者清淨
何以故是知者清淨與耳界清淨无二无二分
无別无斷故知者清淨即聲界耳識界及耳
觸耳觸為緣所生諸受清淨聲界乃至耳觸
為緣所生諸受清淨即知者清淨何以故是
知者清淨與聲界乃至耳觸為緣所生諸受
清淨无二无二分无別无斷故善現知者清
淨即鼻界清淨鼻界清淨即知者清淨何
以故是知者清淨與鼻界清淨无二无二分
无別无斷故知者清淨即香界鼻識界及
鼻觸鼻觸為緣所生諸受清淨香界乃至
鼻觸為緣所生諸受清淨即知者清淨何以故
是知者清淨與香界乃至鼻觸為緣所生諸
受清淨无二无二分无別无斷故善現知者清
淨即舌界清淨舌界清淨即知者清淨何以
故是知者清淨與舌界清淨无二无二分无別
无斷故知者清淨即味界舌識界及舌觸舌
觸為緣所生諸受清淨味界乃至舌觸為緣
所生諸受清淨即知者清淨何以故是知者
清淨與味界乃至舌觸為緣所生諸受清淨
无二无二分无別无斷故善現知者清淨即身
界清淨身界清淨即知者清淨何以故是知

BD05262號　大般若波羅蜜多經卷一九四　（19–14）

觸為緣所生諸受清淨味界乃至舌觸為緣
所生諸受清淨即知者清淨何以故是知者
清淨與味界乃至舌觸為緣所生諸受清淨
无二无二分无別无斷故善現知者清淨即身
界清淨身界清淨即知者清淨何以故是知
者清淨與身界清淨无二无二分无別无斷
故知者清淨即觸界身識界及身觸身觸為
緣所生諸受清淨觸界乃至身觸為緣所生
諸受清淨即知者清淨何以故是知者清淨
與觸界乃至身觸為緣所生諸受清淨无二
无二分无別无斷故善現知者清淨即意
界清淨意界清淨即知者清淨何以故是知
者清淨與意界清淨无二无二分无別无斷
故知者清淨即法界意識界及意觸意觸
為緣所生諸受清淨法界乃至意觸為緣
所生諸受清淨即知者清淨何以故是知者
清淨與法界乃至意觸為緣所生諸受清淨
无二无二分无別无斷故善現知者清淨即
地界清淨地界清淨即知者清淨何以故是
知者清淨與地界清淨无二无二分无別无斷故
知者清淨即水火風空識界清淨水火風空
識界清淨即知者清淨何以故是知者清淨
與水火風空識界清淨无二无二分无別无斷
故善現知者清淨即无明清淨无明清淨即
知者清淨何以故是知者清淨與无明清淨
无二无二分无別无斷故知者清淨即行識

BD05262號　大般若波羅蜜多經卷一九四　（19–15）

知者清淨即水火風空識界清淨水火風空
識界清淨即知者清淨何以故是知者清淨
與水火風空識界清淨无二无二分无別无斷
故善現知者清淨即无明清淨无明清淨即
知者清淨何以故是知者清淨與无明清淨
无二无二分无別无斷故知者清淨即行識
名色六處觸受愛取有生老死愁歎苦憂惱
清淨行乃至老死愁歎苦憂惱清淨即知者
清淨何以故是知者清淨與行乃至老死愁
歎苦憂惱清淨无二无二分无別无斷故
善現知者清淨即布施波羅蜜多清淨布施
波羅蜜多清淨即知者清淨何以故是知
者清淨與布施波羅蜜多清淨无二无二分
无別无斷故知者清淨即淨戒安忍精進靜
慮般若波羅蜜多清淨淨戒乃至般若波
羅蜜多清淨即知者清淨何以故是知者
清淨與淨戒乃至般若波羅蜜多清淨无二
无二分无別无斷故善現知者清淨即內空
清淨內空清淨即知者清淨何以故是知者
清淨與內空清淨无二无二分无別无斷故知
者清淨即外空內外空空空大空勝義空有
為空无為空畢竟空无際空散空无變異空
本性空自相空共相空一切法空不可得空
无性空自性空无性自性空清淨外空乃至
无性自性空清淨即知者清淨何以故是知
者清淨與外空乃至无性自性空清淨无二无

者清淨即外空內外空空空大空勝義空有
為空无為空畢竟空无際空散空无變異空
本性空自相空共相空一切法空不可得空
无性空自性空无性自性空清淨外空乃至
无性自性空清淨即知者清淨何以故是知
者清淨與外空乃至无性自性空清淨无二无
二分无別无斷故善現知者清淨即真如清淨
真如清淨即知者清淨何以故是知者清淨
與真如清淨无二无二分无別无斷故知者清淨
即法界法性不虛妄性不變異性平等性離
生性法定法住實際虛空界不思議界清淨
法界乃至不思議界清淨即知者清淨何以
故是知者清淨與法界乃至不思議界清淨无
二无二分无別无斷故善現知者清淨即苦聖諦
清淨苦聖諦清淨即知者清淨何以故是知
者清淨與苦聖諦清淨无二无二分无別无
斷故知者清淨即集滅道聖諦清淨集滅
道聖諦清淨即知者清淨何以故是知者清
淨與集滅道聖諦清淨无二无二分无別无
斷故
善現知者清淨即四靜慮清淨四靜慮清
淨即知者清淨何以故是知者清淨與四靜慮
清淨无二无二分无別无斷故知者清淨即
四无量四无色定清淨四无量四无色定清
淨即知者清淨何以故是知者清淨與四无
量四无色定清淨无二无二分无別无斷故

淨即知者清淨何以故是知者清淨與四靜慮
清淨无二无二分无別无斷故知者清淨即
四无量四无色定清淨四无量四无色定清
淨即知者清淨何以故是知者清淨與四无
量四无色定清淨无二无二分无別无斷故
善現知者清淨即八解脫清淨八解脫清
清即知者清淨何以故是知者清淨與八解
脫清淨无二无二分无別无斷故知者清淨
即八勝處九次第定十遍處清淨八勝處九
次第定十遍處清淨即知者清淨何以故是
知者清淨與八勝處九次第定十遍處清淨
无二无二分无別无斷故善現知者清淨即
四念住清淨四念住清淨即知者清淨何以
故是知者清淨與四念住清淨无二无二分
无別无斷故知者清淨即四正斷四神足五根
五力七等覺支八聖道支清淨四正斷乃至
八聖道支清淨即知者清淨何以故是知者
清淨與四正斷乃至八聖道支清淨无二无
二分无別无斷故善現知者清淨即空解脫
門清淨空解脫門清淨即知者清淨何以故
是知者清淨與空解脫門清淨无二无二
分无別无斷故知者清淨即无相无願解脫
門清淨无相无願解脫門清淨即知者
淨何以故是知者清淨與无相无願解
清淨无二无二分无別无斷故善現知
清淨即菩薩十地清淨菩薩十地清
即知者清淨何以故是知者清淨與菩

故是知者清淨與四念住清淨无二无二分
无別无斷故知者清淨即四正斷四神足五根
五力七等覺支八聖道支清淨四正斷乃至
八聖道支清淨即知者清淨何以故是知者
清淨與四正斷乃至八聖道支清淨无二无
二分无別无斷故善現知者清淨即空解脫
門清淨空解脫門清淨即知者清淨何以故
是知者清淨與空解脫門清淨无二无二
分无別无斷故知者清淨即无相无願解脫
門清淨无相无願解脫門清淨即知者
淨何以故是知者清淨與无相无願解
清淨无二无二分无別无斷故善現知
清淨即菩薩十地清淨菩薩十地清
即知者清淨何以故是知者清淨與菩
十地清淨无二无二分无別无斷故

大般若波羅……卷第一百九十四

一百六十四
廿[illegible]

BD05262號背　勘記　（1–1）

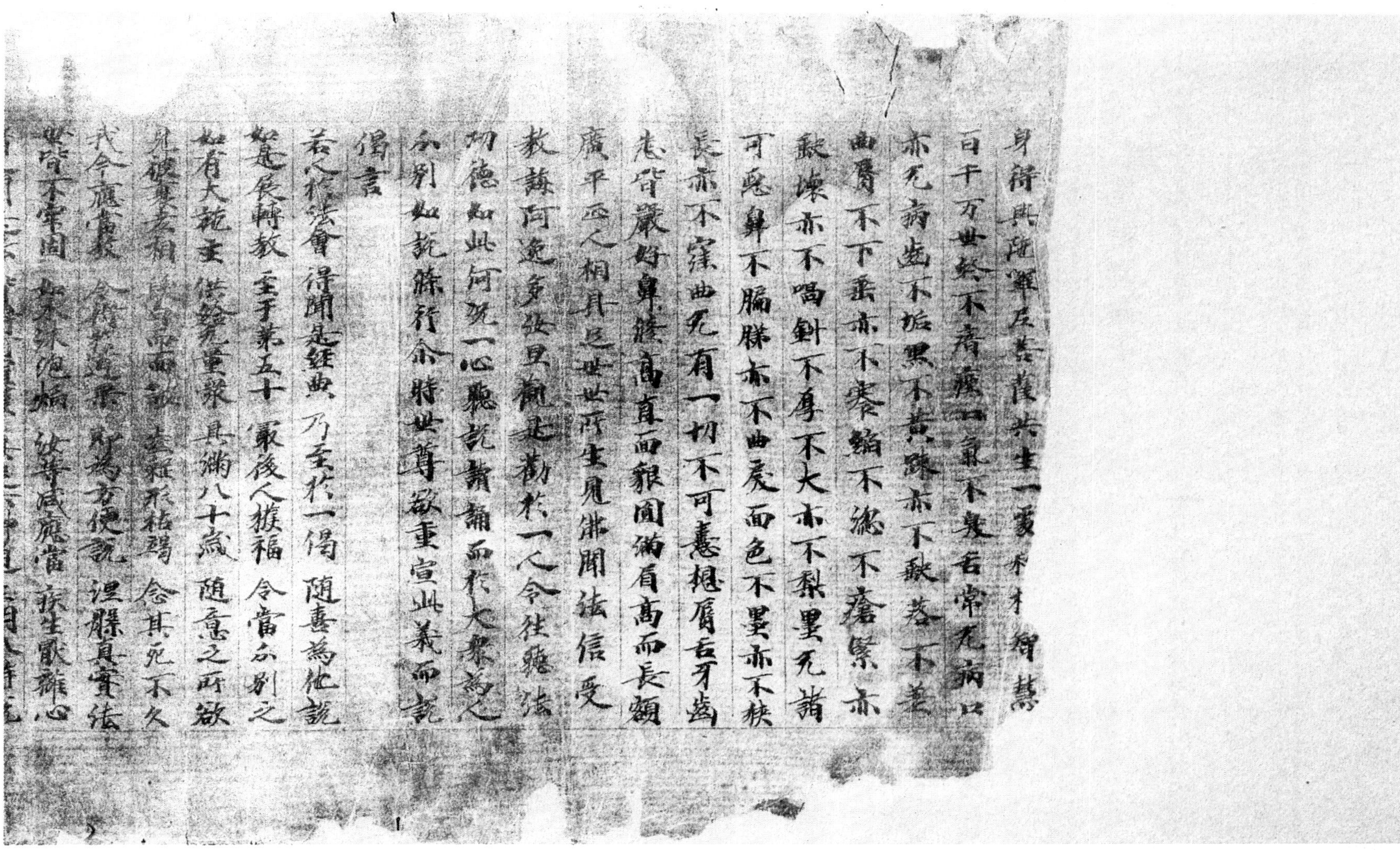
身得與陀羅尼菩薩共生一處利根智慧
百千万世終不瘖瘂口氣不臭舌常无病口
亦无病齒不垢黑不黃疏亦不缺落不差
不曲脣不下垂亦不褰縮不麁澀不瘡胗亦
不缺壞亦不喎斜不厚不大亦不黧黑无諸
可惡鼻不匾㔸亦不曲戾面色不黑亦不狹
長亦不窊曲无有一切不可喜相脣舌牙齒
悉皆嚴好鼻修高直面貌圓滿眉高而長額
廣平正人相具足世世所生見佛聞法信受
教誨阿逸多汝且觀是勸於一人令往聽法
功德如此何況一心聽說讀誦而於大衆為人
分別如說修行尒時世尊欲重宣此義而說
偈言
若人於法會　得聞是經典　乃至於一偈　隨喜為他說
如是展轉教　至于第五十　最後人獲福　今當分別之
如有大施主　供給无量衆　具滿八十歲　隨意之所欲
見彼衰老相　髮白而面皺　齒疏形枯竭　念其死不久
我今應當教　令得於道果　即為方便說　涅槃真實法
世皆不牢固　如水沫泡焰　汝等咸應當　疾生厭離心

BD05263號　妙法蓮華經卷六　（27–1）

若人於法會　得聞是經典　乃至於一偈　隨喜為他說
如是展轉教　至于第五十　最後人獲福　今當分別之
如有大施主　供給無量眾　具滿八十歲　隨意之所欲
見彼衰老相　髮白而面皺　齒疏形枯竭　念其死不久
我今應當教　令得於道果　即為方便說　涅槃真實法
世皆不牢固　如水沫泡焰　汝等咸應當　疾生厭離心
諸人聞是法　皆得阿羅漢　具足六神通　三明八解脫
最後第五十　聞一偈隨喜　是人福勝彼　不可為譬喻
如是展轉聞　其福尚無量　何況於法會　初聞隨喜者
若有勸一人　將引聽法華　言此經深妙　千万劫難遇
即受教往聽　乃至須臾聞　斯人之福報　今當分別說
世世無口患　齒不疏黃黑　脣不厚褰缺　無有可惡相
舌不乾黑短　鼻高脩且直　額廣而平正　面目悉端嚴
為人所憙見　口氣無臭穢　優鉢華之香　常從其口出
若故詣僧房　欲聽法華經　須臾聞歡喜　今當說其福
後生天人中　得妙象馬車　珍寶之輦輿　及乘天宮殿
若於講法處　勸人坐聽經　是福因緣得　釋梵轉輪座
何況一心聽　解說其義趣　如說而修行　其福不可限

妙法蓮華經法師功德品第十九

尒時佛告常精進菩薩摩訶薩　若善男子
善女人受持是法華經　若讀若誦若解說若
書寫　是人當得八百眼功德　千二百耳功德　八百
鼻功德　千二百舌功德　八百身功德　千二百
意功德　以是功德莊嚴六根　皆令清淨　是
善男子善女人　父母所生清淨肉眼　見於三
千大千世界內外所有山林河海　下至阿鼻

書寫是人當得八百眼功德千二百耳功德八百
鼻功德千二百舌功德八百身功德千二百
意功德以是功德莊嚴六根皆令清淨是
善男子善女人父母所生清淨肉眼見於三
千大千世界內外所有山林河海下至阿鼻
地獄上至有頂　亦見其中一切眾生　及業因
緣果報生處　悉見悉知　尒時世尊欲重宣
此義而說偈言
若於大眾中　以無所畏心　說是法華經　汝聽其功德
是人得八百　功德殊勝眼　以是莊嚴故　其目甚清淨
父母所生眼　悉見三千界　內外弥樓山　須弥及鐵圍
并諸餘山林　大海江河水　下至阿鼻獄　上至有頂處
其中諸眾生　一切皆悉見　雖未得天眼　肉眼力如是
復次常精進　若善男子善女人受持此經　若
讀若誦若解說若書寫　得千二百耳功德　以
是清淨耳　聞三千大千世界　下至阿鼻地獄
上至有頂　其中內外種種語言音聲　象聲馬
聲牛聲車聲　啼哭聲　愁歎聲　螺聲鼓聲鍾聲
鈴聲　笑聲語聲　男聲女聲　童子聲童女聲　法
聲非法聲　苦聲樂聲　凡夫聲聖人聲　喜聲不
喜聲　天聲龍聲夜叉聲乾闥婆聲阿脩羅聲
迦樓羅聲緊那羅聲摩睺羅伽聲　火聲水聲
風聲　地獄聲畜生聲餓鬼聲　比丘聲比丘尼聲
聲聞聲辟支佛聲　菩薩聲佛聲　以要言之
三千大千世界中一切內外所有諸聲　雖未
得天耳　以父母所生清淨常耳　皆悉聞知　如是
分別種種音聲而不壞耳根　尒時世尊欲重宣

迦樓羅聲緊那羅聲摩睺羅伽聲火聲水聲
風聲地獄聲畜生聲餓鬼聲比丘聲比丘尼聲
聲聞聲辟支佛聲菩薩聲佛聲以要言之
三千大千世界中一切內外所有諸聲雖未
得天耳以父母所生清淨常耳皆悉聞知如是
分別種種音聲而不壞耳根尒時世尊欲重
宣此義而說偈言
父母所生耳　清淨无濁穢　以此常耳聞　三千世界聲
象馬車牛聲　鍾鈴螺鼓聲　琴瑟箜篌聲　簫笛之音聲
清淨好歌聲　聽之而不著　无數種人聲　聞悉能解了
又聞諸天聲　微妙之歌聲　及聞男女聲　童男童女聲
山川險谷中　迦陵頻伽聲　命命等諸鳥　悉聞其音聲
地獄衆苦痛　種種楚毒聲　餓鬼飢渴逼　求索飲食聲
諸阿脩羅等　居在大海邊　自共語言時　出于大音聲
如是說法者　安住於此間　遙聞是衆聲　而不壞耳根
十方世界中　禽獸鳴相呼　其說法之人　於此悉聞之
其諸梵天上　光音及遍淨　乃至有頂天　言語之音聲
法師住於此　悉皆得聞之　一切比丘衆　及諸比丘尼
若讀誦經典　若為他人說　法師住於此　悉皆得聞之
復有諸菩薩　讀誦於經法　若為他人說　撰集解其義
如是諸音聲　悉皆得聞之　諸佛大聖尊　教化衆生者
於諸大衆中　演說微妙法　持此法華者　悉皆得聞之
三千大千界　內外諸音聲　下至阿鼻獄　上至有頂天
皆聞其音聲　而不壞耳根　其耳聰利故　悉能分別知
持是法華者　雖未得天耳　但用所生耳　功德已如是
復次常精進若善男子善女人受持是經若
讀若誦若解說若書寫成就八百鼻功德以

於諸大衆中　演說微妙法　持此法華者　悉皆得聞之
三千大千界　內外諸音聲　下至阿鼻獄　上至有頂天
皆聞其音聲　而不壞耳根　其耳聰利故　悉能分別知
持是法華者　雖未得天耳　但用所生耳　功德已如是
復次常精進若善男子善女人受持是經若
讀若誦若解說若書寫成就八百鼻功德以
是清淨鼻根聞於三千大千世界上下內外
種種諸香須曼那華香闍提華香末利華香
瞻蔔華香波羅羅華香赤蓮華香青蓮華
香白蓮華香華樹香菓樹香栴檀香沉水香
多摩羅跋香多伽羅香及千万種和香若末
若丸若塗香持是經者於此間住悉能分別
又復別知衆生之香象香馬香牛羊等香男香
女香童子香童女香及草木叢林香若近若
遠所有諸香悉皆得聞分別不錯持是經者
雖住於此亦聞天上諸天之香波利質多羅
拘鞞陀羅樹香及曼陀羅華香摩訶曼陀
羅華香曼殊沙華香摩訶曼殊沙華香栴
檀沉水種種末香諸雜華香如是等天香和合
所出之香无不聞知又聞諸天身香釋提桓因
在勝殿上五欲娛樂嬉戲時香若在妙法堂上為
忉利諸天說法時香若於諸園遊戲時香及
餘天等男女身香皆悉遙聞如是展轉乃至
梵世上至有頂諸天身香亦皆聞之并聞諸
天所燒之香及聲聞香辟支佛香菩薩香
諸佛身香亦皆遙聞知其所在雖聞此香然

忉利諸天說法時香 若於諸園遊戲時香 及
餘天等男女身香 皆悉遙聞 如是展轉乃至
梵世 上至有頂諸天身香 亦皆聞之 并聞諸
天所燒之香 及聲聞香 辟支佛香 菩薩香
諸佛身香 亦皆遙聞 知其所在 雖聞此香 然
於鼻根不壞不錯 若欲分別為他人說 憶念
不謬 尒時世尊欲重宣此義 而說偈言
是人鼻清淨 於此世界中 若香若臭物 種種悉聞知
須曼那闍提 多摩羅栴檀 沈水及桂香 種種華菓香
及知眾生香 男子女人香 說法者遠住 聞香知所在
大勢轉輪王 小轉輪及子 群臣諸宮人 聞香知所在
身所著珎寶 及地中寶藏 轉輪王寶女 聞香知所在
諸人嚴身具 衣服及瓔珞 種種所塗香 聞則知其身
諸天若行坐 遊戲及神變 持是法華者 聞香悉能知
諸樹華菓實 及蘇油香氣 持經者住此 悉知其所在
諸山深險處 栴檀樹華敷 眾生在中者 聞香皆能知
鐵圍山大海 地中諸眾生 持經者聞香 悉知其所在
阿脩羅男女 及其諸眷屬 鬪諍遊戲時 聞香皆能知
曠野險隘處 師子象虎狼 野牛水牛等 聞香知所在
若有懷妊者 未辯其男女 无根及非人 聞香悉能知
以聞香力故 知其初懷妊 成就不成就 安樂產福子
以聞香力故 知男女所念 染欲癡恚心 亦知脩善者
地中眾伏藏 金銀諸珎寶 銅器之所盛 聞香悉能知
種種諸瓔珞 无能識其價 聞香知貴賤 出處及所在
天上諸華等 曼陀曼殊沙 波利質多樹 聞香悉能知
天上諸宮殿 上中下差別 眾寶華莊嚴 聞香悉能知

以聞香力故 知其初懷妊 成就不成就 安樂產福子
以聞香力故 知男女所念 染欲癡恚心 亦知脩善者
地中眾伏藏 金銀諸珎寶 銅器之所盛 聞香悉能知
種種諸瓔珞 无能識其價 聞香知貴賤 出處及所在
天上諸華等 曼陀曼殊沙 波利質多樹 聞香悉能知
天上諸宮殿 上中下差別 眾寶華莊嚴 聞香悉能知
天園林勝殿 諸觀妙法堂 在中而娛樂 聞香悉能知
諸天若聽法 或受五欲時 來往行坐臥 聞香悉能知
天女所著衣 好華香莊嚴 周旋遊戲時 聞香悉能知
如是展轉上 乃至於梵世 入禪出禪者 聞香悉能知
光音遍淨天 乃至于有頂 初生及退沒 聞香悉能知
諸比丘眾等 於法常精進 若坐若經行 及讀誦經法
或在林樹下 專精而坐禪 持經者聞香 悉知其所在
菩薩志堅固 坐禪若讀誦 或為人說法 聞香悉能知
在在方世尊 一切所恭敬 愍眾而說法 聞香悉能知
眾生在佛前 聞經皆歡喜 如法而脩行 聞香悉能知
雖未得菩薩 无漏法生鼻 而是持經者 先得此鼻相
復次常精進 若善男子善女人 受持是經 若
讀若誦若解說若書寫 得千二百舌功德 若
好若醜 若美不美 及諸苦惱物 在其舌根 皆
變成上味 如天甘露 无不美者 若以舌根 於
大眾中有所演說 出深妙聲 能入其心 皆令
歡喜快樂 又諸天子天女 釋梵諸天 聞是深
妙音聲 有所演說言論次第 皆悉來聽 及諸
龍龍女 夜叉夜叉女 乾闥婆乾闥婆女 阿脩羅
阿脩羅女 迦樓羅迦樓羅女 緊那羅緊那羅女
摩睺羅伽摩睺羅伽女 為聽法故 皆來親

大衆中有所演說出深妙聲能入其心皆令
歡喜快樂又諸天子天女釋梵諸天聞是深
妙音聲有所演說言論次第皆悉來聽及諸
龍龍女夜叉夜叉女乾闥婆乾闥婆女阿脩羅
阿脩羅女迦樓羅迦樓羅女緊那羅緊那羅女
摩睺羅伽摩睺羅伽女為聽法故皆來親
近恭敬供養及比丘比丘尼優婆塞優婆夷
國王王子群臣眷屬小轉輪王大轉輪王七
寶千子內外眷屬乘其宮殿俱來聽法以
是菩薩善說法故婆羅門居士國內人民盡
其形壽隨侍供養又諸聲聞辟支佛菩薩諸
佛常樂見之是人所在方面諸佛皆向其處
說法悉能受持一切佛法又能出於深妙法音
尒時世尊欲重宣此義而說偈言
是人舌根淨　終不受惡味　其有所食噉　悉皆成甘露
以深淨妙音　於大衆說法　以諸因緣喻　引導衆生心
聞者皆歡喜　設諸上供養　諸天龍夜叉　及阿脩羅等
皆以恭敬心　而共來聽法　是說法之人　若欲以妙音
遍滿三千界　隨意即能至　大小轉輪王　及千子眷屬
合掌恭敬心　常來聽受法　諸天龍夜叉　羅剎毗舍闍
亦以歡喜心　常樂來供養　梵天王魔王　自在大自在
如是諸天衆　常來至其所　諸佛及弟子　聞其說法音
常念而守護　或時為現身
復次常精進若善男子善女人受持是經若
讀若誦若解說若書寫得八百身功德得清
淨身如淨琉璃衆生憙見其身淨故三千大

如是諸天衆　常來至其所　諸佛及弟子　聞其說法音
常念而守護　或時為現身
復次常精進若善男子善女人受持是經若
讀若誦若解說若書寫得八百身功德得清
淨身如淨琉璃衆生憙見其身淨故三千大
千世界衆生生時死時上下好醜生善處惡
處悉於中現及鐵圍山大鐵圍山彌樓山摩
訶彌樓山等諸山及其中衆生悉於中現下
至阿鼻地獄上至有頂所有及衆生悉於中
現若聲聞辟支佛菩薩諸佛說法皆於身
中現其色像尒時世尊欲重宣此義而說
偈言
若持法華者　其身甚清淨　如彼淨琉璃　衆生皆憙見
又如淨明鏡　悉見諸色像　菩薩於淨身　皆見世所有
唯獨自明了　餘人所不見　三千世界中　一切諸群萌
天人阿脩羅　地獄鬼畜生　如是諸色像　皆於身中現
諸天等宮殿　乃至於有頂　鐵圍及彌樓　摩訶彌樓山
諸大海水等　皆於身中現　諸佛及聲聞　佛子菩薩等
若獨若在衆　說法悉皆現　雖未得無漏　法性之妙身
以清淨常體　一切於中現
復次常精進若善男子善女人如來滅後受
持是經若讀若誦若解說若書寫得千二百
意功德以是清淨意根乃至聞一偈一句通
達无量无邊之義解是義已能演說一句一
偈至於一月四月乃至一歲諸所說法隨其

以清淨常體　一切於中現
復次常精進若善男子善女人如來滅後受
持是經若讀若誦若解說若書寫得千二百
意功德以是清淨意根乃至聞一偈一句通
達无量无邊之義解是義已能演說一句一
偈至於一月四月乃至一歲諸所說法隨其
義趣皆與實相不相違背若說俗間經書
治世語言資生業等皆順正法三千大千世界
六趣衆生心之所行心所動作心所戲論皆悉
知之雖未得无漏智慧而其意根清淨如此
是人有所思惟籌量言說皆是佛法无不真
實亦是先佛經中所說尒時世尊欲重宣此
義而說偈言
是人意清淨　明利无穢濁　以此妙意根　知上中下法
乃至聞一偈　通達无量義　次第如法說　月四月至歲
是世界內外　一切諸衆生　若天龍及人　夜叉鬼神等
其在六趣中　所念若干種　持法華之報　一時皆悉知
十方无數佛　百福莊嚴相　為衆生說法　悉聞能受持
思惟无量義　說法亦无量　終始不忘錯　以持法華故
悉知諸法相　隨義識次第　達名字語言　如所知演說
此人有所說　皆是先佛法　以演此法故　於衆无所畏
持法華經者　意根淨若斯　雖未得无漏　先有如是相
是人持此經　安住希有地　為一切衆生　歡喜而愛敬
能以千万種　善巧之語言　分別而說法　持法華經故
妙法蓮華經常不輕菩薩品第二十
尒時佛告得大勢菩薩摩訶薩汝今當知若
比丘比丘尼優婆塞優婆夷持法華經者若

BD05263號　妙法蓮華經卷六　（27-10）

持法華經者　意根淨若斯　雖未得无漏　先有如是相
是人持此經　安住希有地　為一切衆生　歡喜而愛敬
能以千万種　善巧之語言　分別而說法　持法華經故
妙法蓮華經常不輕菩薩品第二十
尒時佛告得大勢菩薩摩訶薩汝今當知若
比丘比丘尼優婆塞優婆夷持法華經者若
有惡口罵詈誹謗獲大罪報如前所說其所
得功德如向所說眼耳鼻舌身意清淨得大
勢乃往古昔過无量无邊不可思議阿僧祇
劫有佛名威音王如來應供正遍知明行足善
逝世間解无上士調御丈夫天人師佛世尊
劫名離衰國名大成其威音王佛於彼世
中為天人阿脩羅說法為求聲聞者說應四
諦法度生老病死究竟涅槃為求辟支佛
說應十二因緣法為諸菩薩因阿耨多羅三
藐三菩提說應六波羅蜜法究竟佛慧得大
勢是威音王佛壽四十万億那由他恒河沙劫
正法住世劫數如一閻浮提微塵像法住世劫
數如四天下微塵其佛饒益衆生已然後
滅度正法像法滅盡之後於此國土復有佛
出亦号威音王如來應供正遍知明行足善
逝世間解无上士調御丈夫天人師佛世尊
如是次第有二万億佛皆同一号最初威音
王如來既已滅度正法滅後於像法中增
上慢比丘有大勢力尒時有一菩薩比丘名
常不輕得大勢以何因緣名常不輕是比丘

BD05263號　妙法蓮華經卷六　（27-11）

出號威音王如來應供正遍知明行足善
逝世間解无上士調御丈夫天人師佛世尊
如是次第有二万億佛皆同一号最初威音
王如來既已滅度正法滅後於像法中增
上慢比丘有大勢力尒時有一菩薩比丘名
常不輕得大勢以何因緣名常不輕是比丘
凡有所見若比丘比丘尼優婆塞優婆夷皆
悉礼拜讚嘆而作是言我深敬汝等不敢輕
慢所以者何汝等皆行菩薩道當得作佛而
是比丘不專讀誦經典但行礼拜乃至遠見
四衆亦復故往礼拜讚嘆而作是言我不敢
輕於汝等汝等皆當作佛故四衆之中有生
瞋恚心不淨者惡口罵詈言是无智比丘從
何所來自言我不輕汝而與我等受記當得
作佛我等不用如是虛妄受記如此經歷多
年常被罵詈不生瞋恚常作是言汝當作佛
說是語時衆人或以杖木瓦石而打擲之避
走遠住猶高聲唱言我不敢輕於汝等汝等
皆當作佛以其常作是語故增上慢比丘比
丘尼優婆塞優婆夷号之為常不輕是比丘
臨欲終時於虛空中具聞威音王佛先所說
法華經二十千万億偈悉能受持即得如上
眼根清淨耳鼻舌身意根清淨得是六根清
淨已更增壽命二百万億那由他歲廣為人
說是法華經於時增上慢四衆比丘比丘尼
優婆塞優婆夷輕賤是人為作不輕名者見
其得大神通力樂說辯力大善寂力聞其所

BD05263號　妙法蓮華經卷六　（27–12）

法華經二十千万億偈悉能受持即得如上
眼根清淨耳鼻舌身意根清淨得是六根清
淨已更增壽命二百万億那由他歲廣為人
說是法華經於時增上慢四衆比丘比丘尼
優婆塞優婆夷輕賤是人為作不輕名者見
其得大神通力樂說辯力大善寂力聞其所
說皆信伏隨從是菩薩復化千万億衆令住
阿耨多羅三藐三菩提命終之後得值二千
億佛皆号日月燈明於其法中說是法華經
以是因緣復值二千億佛同号雲自在燈王
於此諸佛法中受持讀誦為諸四衆說此經
典故得是常眼清淨耳鼻舌身意諸根清
淨於四衆中說法心无所畏得大勢是常不
輕菩薩摩訶薩供養如是若干諸佛恭敬尊重
讚嘆種諸善根於後復值千万億佛亦於諸
佛法中說是經典功德成就當得作佛得大
勢於意云何尒時常不輕菩薩豈異人乎則
我身是若我於宿世不受持讀誦此經為他
人說者不能疾得阿耨多羅三藐三菩提我
於先佛所受持讀誦此經為人說故疾得阿
耨多羅三藐三菩提得大勢彼時四衆比丘
比丘尼優婆塞優婆夷以瞋恚意輕賤我故
二百億劫常不值佛不聞法不見僧千劫於
阿鼻地獄受大苦惱畢是罪已復遇常不輕
菩薩教化阿耨多羅三藐三菩提得大勢於
汝意云何尒時四衆常輕是菩薩者豈異人

BD05263號　妙法蓮華經卷六　（27–13）

二百億劫常不值佛不聞法不見僧千劫於
阿鼻地獄受大苦惱畢是罪已復遇常不輕
菩薩教化阿耨多羅三藐三菩提得大勢於
汝意云何尒時四衆常輕是菩薩者豈異人
乎今此會中跋陀婆羅等五百菩薩師子月
等五百比丘尼思佛等五百優婆塞皆於阿
耨多羅三藐三菩提不退轉者是得大勢當
知是法華經大饒益諸菩薩摩訶薩能令至
於阿耨多羅三藐三菩提是故諸菩薩摩訶
薩於如來滅後常應受持讀誦解說書寫
是經尒時世尊欲重宣此義而說偈言
過去有佛 号威音王 神智无量 將導一切
天人龍神 所共供養 是佛滅後 法欲盡時
有一菩薩 名常不輕 時諸四衆 計著於法
不輕菩薩 往到其所 而語之言 我不輕汝
汝等行道 皆當作佛 諸人聞已 輕毀罵詈
不輕菩薩 能忍受之 其罪畢已 臨命終時
得聞此經 六根清淨 神通力故 增益壽命
復為諸人 廣說是經 諸著法衆 皆蒙菩薩
教化成就 令住佛道 不輕命終 值无數佛
說是經故 得无量福 漸具功德 疾成佛道
彼時不輕 則我身是 時四部衆 著法之者
聞不輕言 汝當作佛 以是因緣 值无數佛
此會菩薩 五百之衆 并及四部 清信士女
今於我前 聽法者是 我於前世 勸是諸人
聽受斯經 第一之法 開示教人 令住涅槃

BD05263 號　妙法蓮華經卷六　（27–14）

彼時不輕 則我身是 時四部衆 著法之者
聞不輕言 汝當作佛 以是因緣 值无數佛
此會菩薩 五百之衆 并及四部 清信士女
今於我前 聽法者是 我於前世 勸是諸人
聽受斯經 第一之法 開示教人 令住涅槃
世世受持 如是經典 億億万劫 至不可議
時乃得聞 是法華經 億億万劫 至不可議
諸佛世尊 時說是經 是故行者 於佛滅後
聞如是經 勿生疑惑 應當一心 廣說此經
世世值佛 疾成佛道

妙法蓮華經如來神力品第二十一

尒時千世界微塵等菩薩摩訶薩從地踊出
者皆於佛前一心合掌瞻仰尊顏而白佛言
世尊我等於佛滅後世尊分身所在國土滅
度之處當廣說此經所以者何我等亦自欲
得是真淨大法受持讀誦解說書寫而供
養之尒時世尊於文殊師利等无量百千万億
舊住娑婆世界菩薩摩訶薩及諸比丘比丘
尼優婆塞優婆夷天龍夜叉乾闥婆阿脩羅
迦樓羅緊那羅摩睺羅伽人非人等一切衆
前現大神力出廣長舌上至梵世一切毛孔
放於无量无數色光皆悉遍照十方世界衆
寶樹下師子座上諸佛亦復如是出廣長舌
放无量光釋迦牟尼佛及寶樹下諸佛現神
力時滿百千歲然後還攝舌相一時謦欬俱
共彈指是二音聲遍至十方諸佛世界地皆

BD05263 號　妙法蓮華經卷六　（27–15）

放於无量无數色光皆悉遍照十方世界衆
寶樹下師子座上諸佛亦復如是出廣長舌
放无量光釋迦牟尼佛及寶樹下諸佛現神
力時滿百千歲然後還攝舌相一時謦欬俱
共彈指是二音聲遍至十方諸佛世界地皆
六種震動其中衆生天龍夜叉乾闥婆阿脩
羅迦樓羅緊那羅摩睺羅伽人非人等以佛
神力故皆見此娑婆世界无量无邊百千万
億衆寶樹下師子座上諸佛及見釋迦牟尼
佛共多寶如來在寶塔中坐師子座又見无
量无邊百千万億菩薩摩訶薩及諸四衆恭
敬圍繞釋迦牟尼佛既見是已皆大歡喜得
未曾有即時諸天於虛空中高聲唱言過此
无量无邊百千万億阿僧祇世界有國名娑
婆是中有佛名釋迦牟尼今為諸菩薩摩訶
薩說大乘經名妙法蓮華教菩薩法佛所護
念汝等當深心隨喜亦當禮拜供養釋迦牟
尼佛彼諸衆生聞虛空中聲已合掌向娑婆
世界作如是言南无釋迦牟尼佛南无釋迦
牟尼佛以種種華香瓔珞幡蓋及諸嚴身之
具珎寶妙物皆共遙散娑婆世界所散諸物
從十方來譬如雲集變成寶帳遍覆此間諸
佛之上于時十方世界通達无㝵如一佛土尒
時佛告上行等菩薩大衆諸佛神力如是
无量无邊不可思議若我以是神力於无量
无邊百千万億阿僧祇劫為囑累故說此經

BD05263號　妙法蓮華經卷六　（27-16）

從十方來譬如雲集變成寶帳遍覆此間諸
佛之上于時十方世界通達无㝵如一佛土尒
時佛告上行等菩薩大衆諸佛神力如是
无量无邊不可思議若我以是神力於无量
无邊百千万億阿僧祇劫為囑累故說此經
功德猶不能盡以要言之如來一切所有之
法如來一切自在神力如來一切秘要之藏如
來一切甚深之事皆於此經宣示顯說是故
汝等於如來滅後應當一心受持讀誦解
說書寫如說脩行所在國土若有受持讀誦
解說書寫如說脩行若經卷所住之處若於
園中若於林中若於樹下若於僧房若白衣
舍若在殿堂若山谷曠野是中皆應起塔供
養所以者何當知是處即是道場諸佛於此
得阿耨多羅三藐三菩提諸佛於此轉于法輪
諸佛於此而般涅槃尒時世尊欲重宣此義
而說偈言
諸佛救世者　住於大神通　為悅衆生故　現无量神力
舌相至梵天　身放无數光　為求佛道者　現此希有事
諸佛謦欬聲　及彈指之聲　周聞十方國　地皆六種動
以佛滅度後　能持是經故　諸佛皆歡喜　現无量神力
囑累是經故　讚美受持者　於无量劫中　猶故不能盡
是人之功德　无邊无有窮　如十方虛空　不可得邊際
能持是經者　則為已見我　亦見多寶佛　及諸分身佛
又見我今日　教化諸菩薩　能持是經者　令我及分身
滅度多寶佛　一切皆歡喜　十方現在佛　并過去未來

BD05263號　妙法蓮華經卷六　（27-17）

囑累是經故　讚美受持者　於无量劫中　猶故不能盡
是人之功德　无邊无有窮　如十方虛空　不可得邊際
能持是經者　則為已見我　亦見多寶佛　及諸分身佛
又見我今日　教化諸菩薩　能持是經者　令我及分身
滅度多寶佛　一切皆歡喜　十方現在佛　并過去未來
亦見亦供養　亦令得歡喜　諸佛坐道場　所得秘要法
能持是經者　不久亦當得　能持是經者　於諸法之義
名字及言辭　樂說无窮盡　如風於空中　一切无障礙
於如來滅後　知佛所說經　因緣及次第　隨義如實說
如日月光明　能除諸幽冥　斯人行世間　能滅眾生闇
教无量菩薩　畢竟住一乘　是故有智者　聞此功德利
於我滅度後　應受持斯經　是人於佛道　決定无有疑

妙法蓮華經囑累品第二十二

尒時釋迦牟尼佛從法座起現大神力以右手
摩无量菩薩摩訶薩頂而作是言我於无
量百千万億阿僧祇劫修習是難得阿耨多
羅三藐三菩提法今以付囑汝等汝等應當
一心流布此法廣令增益如是三摩諸菩薩
摩訶薩頂而作是言我於无量百千万億阿
僧祇劫修習是難得阿耨多羅三藐三菩提
法今以付囑汝等汝等當受持讀誦廣宣此
法令一切眾生普得聞知所以者何如來有大
慈悲无諸慳悋亦无所畏能與眾生佛之智
慧如來智慧自然智慧如來是一切眾生之
大施主汝等亦應隨學如來之法勿生慳悋
於未來世若有善男子善女人信如來智慧

法令一切眾生普得聞知所以者何如來有大
慈悲无諸慳悋亦无所畏能與眾生佛之智
慧如來智慧自然智慧如來是一切眾生之
大施主汝等亦應隨學如來之法勿生慳悋
於未來世若有善男子善女人信如來智慧
者當為演說此法華經使得聞知為令其
人得佛慧故若有眾生不信受者當於如
來餘深法中示教利喜汝等若能如是則為已
報諸佛之恩時諸菩薩摩訶薩聞佛作是說
已皆大歡喜遍滿其身益加恭敬曲躬低頭合
掌向佛俱發聲言如世尊勑當具奉行唯然
世尊願不有慮諸菩薩摩訶薩眾如是三
反俱發聲言如世尊勑當具奉行唯然世尊
願不有慮尒時釋迦牟尼佛令十方來諸分
身佛各還本土而作是言諸佛各隨所安多
寶佛塔還可如故說是語時十方无量分身
諸佛坐寶樹下師子座上者及多寶佛并上
行等无邊阿僧祇菩薩大眾舍利弗等聲
聞四眾及一切世間天人阿脩羅等聞佛所
說皆大歡喜

妙法蓮華經藥王菩薩本事品第二十三

尒時宿王華菩薩白佛言世尊藥王菩薩云
何遊於娑婆世界世尊是藥王菩薩有若干
百千万億那由他難行苦行善哉世尊願少
解說諸天龍神夜叉乾闥婆阿脩羅迦樓羅
緊那羅摩睺羅伽人非人等又他國土諸來

尒時宿王華菩薩白佛言世尊藥王菩薩云
何遊於娑婆世界世尊是藥王菩薩有若干
百千万億那由他難行苦行善哉世尊願少
解說諸天龍神夜叉乾闥婆阿脩羅迦樓羅
緊那羅摩睺羅伽人非人等又他國土諸來
菩薩及此聲聞衆聞皆歡喜尒時佛告宿王
華菩薩乃往過去无量恒河沙劫有佛号日
月淨明德如來應供正遍知明行足善逝世
間解无上士調御丈夫天人師佛世尊其佛有
八十億大菩薩摩訶薩七十二恒河沙大聲
聞衆佛壽四万二千劫菩薩壽命亦等彼
國无有女人地獄餓鬼畜生阿脩羅等及以
諸難地平如掌瑠璃所成寶樹莊嚴寶帳覆
上垂寶華幡寶瓶香爐周遍國界七寶為
臺一樹一臺其樹去臺盡一箭道此諸寶樹
皆有菩薩聲聞而坐其下諸寶臺上各有百
億諸天作天伎樂歌歎於佛以為供養尒時彼
佛為一切衆生喜見菩薩及衆菩薩諸聲聞
衆說法華經是一切衆生喜見菩薩樂習苦
行於日月淨明德佛法中精進經行一心求佛
滿万二千歲已得現一切色身三昧得此三
昧已心大歡喜即作念言我得現一切色
身三昧皆是得聞法華經力我今當供養日
月淨明德佛及法華經即時入是三昧於虛
空中雨曼陀羅華摩訶曼陀羅華細末堅黑
栴檀滿虛空中如雲而下又雨海此岸栴檀

BD05263號　妙法蓮華經卷六　（27–20）

昧已心大歡喜即作念言我得現一切色
身三昧皆是得聞法華經力我今當供養日
月淨明德佛及法華經即時入是三昧於虛
空中雨曼陀羅華摩訶曼陀羅華細末堅黑
栴檀滿虛空中如雲而下又雨海此岸栴檀
之香此香六銖價直娑婆世界以供養佛作
是供養已從三昧起而自念言我雖以神力
供養於佛不如以身供養即服諸香栴檀薰
陸兜樓婆畢力迦沉水膠香又飲瞻蔔諸華
香油滿千二百歲已香油塗身於日月淨明
德佛前以天寶衣而自纏身灌諸香油以神
通力願而自然身光明遍照八十億恒河沙
世界其中諸佛同時讚言善哉善哉善男子
是真精進是名真法供養如來若以華香瓔
珞燒香末香塗香天繒幡蓋及海此岸栴檀
之香如是等種種諸物供養所不能及假使
國城妻子布施亦所不及善男子是名第一
之施於諸施中最尊最上以法供養諸如來
故作是語已而各嘿然其身火然千二百歲
過是已後其身乃盡一切衆生喜見菩薩作
如是法供養已命終之後復生日月淨明德
佛國中於淨德王家結加趺坐忽然化生即
為其父而說偈言
大王今當知　我經行彼處　即時得一切　現諸身三昧
懃行大精進　捨所愛之身
說是偈已而白父言日月淨明德佛今故現

BD05263號　妙法蓮華經卷六　（27–21）

佛國中於淨德王家結跏趺坐忽然化生即
為其父而說偈言
大王今當知 我經行彼處 即時得一切 現諸身三昧
勤行大精進 捨所愛之身
說是偈已而白父言日月淨明德佛今故現
在我先供養佛已得解一切衆生語言陀羅
尼復聞是法華經八百千万億那由他甄迦
羅頻婆羅阿閦婆等偈大王我今當還供養
此佛白已即坐七寶之臺上昇虛空高七多
羅樹往到佛所頭面礼足合十指爪以偈讚佛
容顏甚奇妙 光明照十方 我適曾供養 今復還親近
尒時一切衆生憙見菩薩說是偈已而白佛
言世尊世尊猶故在世尒時日月淨明德佛
告一切衆生憙見菩薩善男子我涅槃時到
滅盡時至汝可安施床座我於今夜當般涅
槃又勑一切衆生憙見菩薩善男子我以佛
法囑累於汝及諸菩薩大弟子并阿耨多羅
三藐三菩提法亦以三千大千七寶世界諸
寶樹寶臺及給侍諸天悉付於汝我滅度
後所有舍利亦付囑汝當令流布廣設供養應
起若干千塔如是日月淨明德佛勑一切衆
生憙見菩薩已於夜後分入於涅槃尒時一
切衆生憙見菩薩見佛滅度悲感懊惱戀慕
於佛即以海此岸栴檀為𧂐供養佛身而以
燒之火滅已後收取舍利作八万四千寶瓶以
起八万四千塔高三世界表刹莊嚴垂諸幡

BD05263號 妙法蓮華經卷六 (27–22)

生憙見菩薩已於夜後分入於涅槃尒時一
切衆生憙見菩薩見佛滅度悲感懊惱戀慕
於佛即以海此岸栴檀為𧂐供養佛身而以
燒之火滅已後收取舍利作八万四千寶瓶以
起八万四千塔高三世界表刹莊嚴垂諸幡
蓋懸衆寶鈴尒時一切衆生憙見菩薩復
自念言我雖作是供養心猶未足我今當更
供養舍利便語諸菩薩大弟子及天龍夜叉
等一切大衆汝等當一心念我今供養日月
淨明德佛舍利作是語已即於八万四千塔
前然百福莊嚴臂七万二千歲而以供養令
无數求聲聞衆无量阿僧祇人發阿耨多羅
三藐三菩提心皆使得住現一切色身三昧
尒時諸菩薩天人阿脩羅等見其无臂憂惱
悲哀而作是言此一切衆生憙見菩薩是我
等師教化我者而今燒臂身不具足于時一
切衆生憙見菩薩於大衆中立此誓言我捨
兩臂必當得佛金色之身若實不虛令我兩
臂還復如故作是誓已自然還復由斯菩薩
福德智慧淳厚所致當尒時三千大千世
界六種震動天雨寶華一切人天得未曾有
佛告宿王華菩薩於汝意云何一切衆生憙
見菩薩豈異人乎今藥王菩薩是也其所捨
身布施如是无量百千万億那由他數宿王
華若有發心欲得阿耨多羅三藐三菩提
者能燃手指乃至足一指供養佛塔勝以國

BD05263號 妙法蓮華經卷六 (27–23)

佛告宿王華菩薩於汝意云何一切衆生憙
見菩薩豈異人乎今藥王菩薩是也其所捨
身布施如是无量百千万億那由他數宿王
華若有發心欲得阿耨多羅三藐三菩提
者能燃手指乃至足一指供養佛塔勝以國
城妻子及三千大千國土山林河池諸珎寶物
而供養者若復有人以七寶滿三千大千世
界供養於佛及大菩薩辟支佛阿羅漢是人
所得功德不如受持此法華經乃至一四句偈
其福最多宿王華譬如一切川流江河諸
水之中海為第一此法華經亦復如是於諸
如來所說經中最為深大又如土山黑山小鐵
圍山大鐵圍山及十寶山衆山之中須弥山
為第一此法華經亦復如是於諸經中最
為其上又如衆星之中月天子最為第一此
法華經亦復如是於千万億種諸經法中最
為照明又如日天子能除諸闇此經亦復如
是能破一切不善之闇又如諸小王中轉輪聖
王最為第一此經亦復如是於衆經中最為其
尊又如帝釋於三十三天中王此經亦復
如是諸經中王又如大梵天王一切衆生之
父此經亦復如是一切賢聖學无學及發
菩薩心者之父又如一切凡夫人中須陀洹
斯陀含阿那含阿羅漢辟支佛為第一此經
亦復如是一切如來所說若菩薩所說若聲
聞所說諸經法中最為第一有能受持是經

如是諸經中王又如大梵天王一切衆生之
父此經亦復如是一切賢聖學无學及發
菩薩心者之父又如一切凡夫人中須陀洹
斯陀含阿那含阿羅漢辟支佛為第一此經
亦復如是一切如來所說若菩薩所說若聲
聞所說諸經法中最為第一有能受持是經
典者亦復如是於一切衆生中亦為第一
切聲聞辟支佛中菩薩為第一此經亦復如
是於一切諸經法中最為第一如佛為諸法
王此經亦復如是諸經中王宿王華此經能
救一切衆生者此經能令一切衆生離諸苦
惱此經能大饒益一切衆生充滿其願如清
涼池能滿一切諸渴乏者如寒者得火如裸
者得衣如商人得主如子得母如渡得船如
病得醫如闇得燈如貧得寶如民得王如賈
客得海如炬除闇此法華經亦復如是能令
衆生離一切苦一切病痛能解一切生死之
縛若人得聞此法華經若自書若使人書所
得功德以佛智慧籌量多少不得其邊若
書是經卷華香瓔珞燒香末香塗香幡蓋衣
服種種之燈蘇燈油燈諸香油燈瞻蔔油燈
須曼油燈波羅羅油燈婆利師迦油燈那婆
摩利油燈供養所得功德亦復无量宿王華若
有人聞是藥王菩薩本事品者亦得无量无
邊功德若有女人聞是藥王菩薩本事品能
受持者盡是女身後不復受若如來滅後後

須曼油燈波羅羅油燈婆利師迦油燈那婆
摩利油燈供養所得功德亦復无量宿王華若
有人聞是藥王菩薩本事品者亦得无量无
邊功德若有女人聞是藥王菩薩本事品能
受持者盡是女身後不復受若如來滅後後
五百歲中若有女人聞是經典如說修行於
此命終即往安樂世界阿弥陁佛大菩薩衆
圍繞住處生蓮華中寶座之上不復為貪欲
所惱亦復不為瞋恚愚癡所惱亦復不為憍
慢嫉妬諸垢所惱得菩薩神通无生法忍得是
忍已眼根清淨以是清淨眼根見七百万二
千億那由他恒河沙等諸佛如來是時諸佛
遥共讚言善哉善哉善男子汝能於釋迦
牟尼佛法中受持讀誦思惟是經為他人說
所得福德无量无邊火不能燒水不能漂汝之
功德千佛共說不能令盡汝今已能破諸
魔賊壞生死軍諸餘怨敵皆悉摧滅善男
子百千諸佛以神通力共守護汝於一切世間
天人之中无如汝者唯除如來其諸聲聞辟
支佛乃至菩薩智慧禪定无有與汝等者
宿王華此菩薩成就如是功德智慧之力若
有人聞是藥王菩薩本事品能隨喜讚善
者是人現世口中常出青蓮華香身毛孔中
出牛頭栴檀之香所得功德如上所說是故
宿王華以此藥王菩薩本事品囑累於汝我
滅度後五百歲中廣宣流布於閻浮提无令

BD05263號　妙法蓮華經卷六　（27–26）

者是人現世口中常出青蓮華香身毛孔中
出牛頭栴檀之香所得功德如上所說是故
宿王華以此藥王菩薩本事品囑累於汝我
滅度後五百歲中廣宣流布於閻浮提无令
斷絕惡魔民諸天龍夜叉鳩槃荼等得其便
也宿王華汝當以神通之力守護是經所以者
何此經則為閻浮提人病之良藥若人有病
得聞是經病即消滅不老不死宿王華汝
若見有受持是經者應以青蓮華香盛滿末
香供養其上散已作是念言此人不久必當取
草坐於道場破諸魔軍當吹法螺擊大法鼓
度脫一切衆生老病死海是故求佛道者見
有受持是經典人應當如是生恭敬心說是
藥王菩薩本事品時八万四千菩薩得解一
切衆生語言陁羅尼多寶如來於寶塔中讚
宿王華菩薩言善哉善哉宿王華汝成就不
可思議功德乃能問釋迦牟尼佛如此之事
利益无量一切衆生

妙法蓮華經卷第六

BD05263號　妙法蓮華經卷六　（27–27）

著録凡例

本目録採用條目式著録法。諸條目意義如下：

1.1　著録編號。用漢語拼音首字“BD”表示，意為“北京圖書館藏敦煌遺書”，簡稱“北敦號”。文獻寫在背面者，標註為“背”。一件遺書上抄有多個文獻者，用數字1、2、3等標示小號。一號中包括幾件遺書，且遺書形態各自獨立者，用字母A、B、C等區別。

1.2　著録分類號。本條記目録暫不分類，該項空缺。

1.3　著録文獻的名稱、卷本、卷次。

1.4　著録千字文編號。

1.5　著録縮微膠卷號。

2.1　著録遺書的總體數據。包括長度、寬度、紙數、正面抄寫總行數與每行字數、背面抄寫總行數與每行字數。如該遺書首尾有殘破，則對殘破部分單獨度量，用加號加在總長度上。凡屬這種情況，長度用括弧標註。

2.2　著録每紙數據。包括每紙長度及抄寫行數或界欄數。

2.3　著録遺書的外觀。包括：（1）裝幀形式。（2）首尾存況。（3）護首、軸、軸頭、天竿、縹帶，經名是書寫還是貼簽，有無經名號，扉頁、扉畫。（4）卷面殘破情況及其位置。（5）尾部情況。（6）有無附加物（蟲繭、油污、線繩及其他）。（7）有無裱補及其年代。（8）界欄。（9）修整。（10）其他需要交待的問題。

2.4　著録一件遺書抄寫多個文獻的情況。

3.1　著録文獻首部文字與對照本核對的結果。

3.2　著録文獻尾部文字與對照本核對的結果。

3.3　著録録文。

3.4　著録對文獻的説明。

4.1　著録文獻首題。

4.2　著録文獻尾題。

5　著録本文獻與對照本的不同之處。

6.1　著録本遺書首部可與另一遺書綴接的編號。

6.2　著録本遺書尾部可與另一遺書綴接的編號。

7.1　著録題記、題名、勘記等。

7.2　著録印章。

7.3　著録雜寫。

7.4　著録護首及扉頁的内容。

8　著録年代。

9.1　著録字體。如有武周新字、合體字、避諱字等，予以説明。

9.2　著録卷面二次加工的情況。包括句讀、點標、科分、間隔號、行間加行、行間加字、硃筆、墨塗、倒乙、刪除、兑廢等。

10　著録敦煌遺書發現後，近現代人所加内容，裝裱、題記、印章等。

11　備註。著録揭裱互見、圖版本出處及其他需要説明的問題。

上述諸條，有則著録，無則空缺。

為避文繁，上述著録中出現的各種參考、對照文獻，暫且不列版本説明。全目結束時，將統一編制本條記目録出現的各種參考書目。

本條記目録為農曆年份標註其公曆紀年時，未進行歲頭年末之换算，請讀者使用時注意自行换算。

條 記 目 錄

BD05201—BD05263

1.1 BD05201號
1.3 妙法蓮華經卷七
1.4 夜001
1.5 105:5917
2.1 141×25.5厘米；3紙；84行，行17字。
2.2 01：47.0，28；　02：47.0，28；　03：47.0，28。
2.3 卷軸裝。首尾均脫。經黃紙。首紙有破裂，卷面有水漬。有烏絲欄。
3.1 首殘→大正262，9/55B14。
3.2 尾殘→9/56B18。
7.3 第2紙背尾上部有雜寫“佛說”。
8 7～8世紀。唐寫本。
9.1 楷書。
11 圖版：《敦煌寶藏》，96/37B～39B。

1.1 BD05202號
1.3 大般若波羅蜜多經卷一五三
1.4 夜002
1.5 084:2402
2.1 （16+316.4）×26厘米；7紙；194行，行17字。
2.2 01：16+29.5，26；　02：48.5，28；　03：48.7，28；
04：48.7，28；　05：47.0，28；　06：47.0，28；
07：47.0，28。
2.3 卷軸裝。首全尾脫。卷首殘破嚴重，第2紙下邊有殘缺，第2、3紙接縫處下開裂。有烏絲欄。
3.1 首9行下殘→大正220，5/825B20～C2。
3.2 尾殘→5/827C13。
4.1 大般若波羅蜜多［經卷］第一百五十□…□，/初分校量功德品第卅之五十一，三藏□…□/（首）。
8 8～9世紀。吐蕃統治時期寫本。
9.1 楷書。
9.2 有刮改。有行間校加字。
11 圖版：《敦煌寶藏》，73/169B～173B。

1.1 BD05203號
1.3 大般若波羅蜜多經卷二五九
1.4 夜003
1.5 084:2685
2.1 135.6×25.2厘米；3紙；正面58行，行17字。
2.2 01：45.6，28；　02：45.0，28；　03：45.0，02。
2.3 卷軸裝。首脫尾殘。第1、2紙有破裂，卷面有油污，上邊下邊殘破。有烏絲欄。
3.1 首殘→大正220，6/312B1。
3.2 尾2行上殘→6/312C27～29。
6.1 首→BD04879號。
6.2 尾→BD04923號。
7.3 背有雜寫3行“放光明佛/開蒙要訓一卷，乾坤覆載/月光明四來往八節相弔春花開/”。
8 8～9世紀。吐蕃統治時期寫本。
9.1 楷書。
9.2 有行間校加字。
11 圖版：《敦煌寶藏》，74/420B～422A。

1.1 BD05204號
1.3 摩訶般若波羅蜜經卷五
1.4 夜004
1.5 088:3431
2.1 （353.7+3）×26.7厘米；11紙；205行，行17字。
2.2 01：27.7，16；　02：35.8，21；　03：36.0，21；
04：36.3，21；　05：36.3，21；　06：36.2，20；
07：36.5，21；　08：35.9，21；　09：35.4，21；
10：33.8，19；　11：3.8+3，03。
2.3 卷軸裝。首尾均殘。卷中有殘洞及破裂，接縫處有開裂。背有古代裱補。有烏絲欄。已修整。
3.1 首殘→大正223，8/254B10。
3.2 尾全→8/256B28。

8　7～8 世紀。唐寫本。
9.1　楷書。
9.2　有刮改。有行間加行。
11　圖版：《敦煌寶藏》，77/598A～602B。

1.1　BD05205 號
1.3　維摩詰所說經卷中
1.4　夜 005
1.5　070:1171
2.1　（2+408.5+2.5）×27.8 厘米；10 紙；231 行，行 17 字。
2.2　01：2+42.5，25；　02：44.5，25；　03：44.5，25；
04：45.0，25；　05：44.5，25；　06：44.5，25；
07：44.5，25；　08：44.5，25；　09：44.5，25；
10：9.5+2.5，06。
2.3　卷軸裝。首脫尾殘。卷首殘缺，卷面有黴爛殘洞及破裂殘缺。有烏絲欄。
3.1　首行中下殘→大正 475，14/548B23～24。
3.2　尾行下殘→14/551C24。
7.3　硃筆加行處有一藏文字。
8　8～9 世紀。吐蕃統治時期寫本。
9.1　楷書。
9.2　有硃筆行間加行。
11　圖版：《敦煌寶藏》，65/576B～582A。

1.1　BD05206 號
1.3　金剛般若波羅蜜經
1.4　夜 006
1.5　094:3665
2.1　（1.8+485.5）×25.5 厘米；11 紙；281 行，行 18～19 字。
2.2　01：1.8+46.5，28；　02：48.0，28；　03：48.0，28；
04：48.0，28；　05：48.6，28；　06：48.8，28；
07：48.8，28；　08：48.9，28；　09：48.7，28；
10：48.4，28；　11：02.8，01。
2.3　卷軸裝。首脫尾全。背有古代裱補。卷背多鳥糞。有烏絲欄。
3.1　首 1 行中殘→大正 235，8/749A17～18。
3.2　尾全→8/752C3。
4.2　金剛般若波羅蜜經一卷（尾）。
5　與《大正藏》本相比，本卷經文無冥司偈，參見《大正藏》，8/751C16～19。
8　8～9 世紀。吐蕃統治時期寫本。
9.1　楷書。
9.2　有行間校加字。
11　圖版：《敦煌寶藏》，79/419B～425B。

1.1　BD05207 號
1.3　金剛般若波羅蜜經
1.4　夜 007
1.5　094:3676
2.1　523.6×27.5 厘米；11 紙；284 行，行 17 字。
2.2　01：45.5，28；　02：46.0，28；　03：20.5，11；
04：52.0，28；　05：52.3，28；　06：52.2，27；
07：52.3，28；　08：52.0，28；　09：52.3，28；
10：52.5，28；　11：46.0，22。
2.3　卷軸裝。首脫尾全，經黄打紙。第 1、2 紙間接縫處開裂，卷上邊有等距離水漬及殘破。尾有原軸，兩端塗黑漆，頂端點硃漆。有烏絲欄。前 2 紙係後補，相接處經文有 1 行重複。
3.1　首殘→大正 235，8/749A18。
3.2　尾全→8/752C3。
4.2　金剛般若波羅蜜經（尾）。
5　與《大正藏》本相比，本卷經文無冥司偈，參見《大正藏》，8/751C16～19。
7.1　背面紙張邊緣有殘字 3 處，應為勘記。
8　7～8 世紀。唐寫本。
9.1　楷書。
9.2　有刮改。
11　圖版：《敦煌寶藏》，79/467B～474B。

1.1　BD05208 號
1.3　無量壽宗要經
1.4　夜 008
1.5　275:8033
2.1　（5+189）×31 厘米；5 紙；127 行，行 30 餘字。
2.2　01：5+19，16；　02：42.5，29；　03：42.5，29；
04：42.5，28；　05：42.5，25。
2.3　卷軸裝。首殘尾全。紙張黴爛變色。第 1 紙上下邊破裂殘缺，第 3、4 紙有殘洞，接縫處有開裂。卷背有鳥糞。有烏絲欄。
3.1　首殘→大正 936，19/82A27～B3。
3.2　尾全→19/84C29。
4.2　佛說無量壽宗要經（尾）。
7.1　第 5 紙末有題名“唐文英”。
8　8～9 世紀。吐蕃統治時期寫本。
9.1　行楷。
11　圖版：《敦煌寶藏》，108/565A～567B。

1.1　BD05209 號
1.3　大般若波羅蜜多經卷一三六
1.4　夜 009
1.5　084:2366
2.1　（16.5+33）×25.2 厘米；2 紙；29 行，行 17 字。
2.2　01：03.5，01；　02：13+33，28。
2.3　卷軸裝。首殘尾脫。有烏絲欄。
3.1　首 9 行下殘→大正 220，5/738C11～19。
3.2　尾殘→5/739A10。

7.1　第2紙背面有勘記“一百卌六”（本文獻卷次）。
8　8～9世紀。吐蕃統治時期寫本。
9.1　楷書。
11　圖版：《敦煌寶藏》，73/87A～88A。

1.1　BD05210號
1.3　涅槃經義記（擬）
1.4　夜010
1.5　121:6622
2.1　(109.5+6)×26厘米；4紙；77行，行30字左右。
2.2　01：35.5，23；　02：35.5，23；　03：35.5，23；
04：3+6，08。
2.3　卷軸裝。首脫尾殘。前2紙殘破。有烏絲欄。已修整。
3.4　說明：
本文獻首殘，尾4行中下殘。為中國人所撰對《大般涅槃經》的註疏，未為歷代大藏經所收。
8　5～6世紀。南北朝寫本。
9.1　行楷。
9.2　有硃筆點標。有行間校加字。有科分及刪節號。有校改。
11　圖版：《敦煌寶藏》，100/658A～659B。

1.1　BD05211號
1.3　妙法蓮華經卷六
1.4　夜011
1.5　105:5768
2.1　(1.7+98.1)×26厘米；3紙；61行，行17字。
2.2　01：1.7+6.5，05；　02：45.8，28；　03：45.8，28。
2.3　卷軸裝。首殘尾脫。尾紙上邊有破裂，卷尾脫落一塊殘片，文可綴接。有烏絲欄。
3.1　首行下殘→大正262，9/48B25～26。
3.2　尾殘→9/49C2。
8　7～8世紀。唐寫本。
9.1　楷書。
11　圖版：《敦煌寶藏》，94/651B～652B。

1.1　BD05212號
1.3　金剛般若波羅蜜經
1.4　夜012
1.5　094:3605
2.1　(6.5+67)×26厘米；2紙；44行，行17字。
2.2　01：6.5+19.5，16；　02：47.5，28。
2.3　卷軸裝。首殘尾脫。經黃紙。上下邊多有破裂。有烏絲欄。已修整。
3.1　首4行下殘→大正235，8/749A1～5。
3.2　尾殘→8/749B20。
8　7～8世紀。唐寫本。
9.1　楷書。
11　圖版：《敦煌寶藏》，79/101A～B。

1.1　BD05213號
1.3　金光明最勝王經卷四
1.4　夜013
1.5　083:1678
2.1　(102.3+5.3)×25.3厘米；3紙；66行，行17字。
2.2　01：33.5，21；　02：45.8，28；　03：23+5.3，17。
2.3　卷軸裝。首尾均殘。第1、3紙斷裂，全卷殘碎嚴重。背有多處古代裱補。有烏絲欄。已修整。
3.1　首殘→大正665，16/418B28。
3.2　尾4行下殘→16/419B8～11。
7.3　3塊裱補紙上有字。一塊似為社會經濟文書，有殘字“麵十”；一塊似為佛經，存3行，可辨字跡有“口用”；另一塊字跡不清。
8　8～9世紀。吐蕃統治時期寫本。
9.1　楷書。
11　圖版：《敦煌寶藏》，69/244A～245A。

1.1　BD05214號
1.3　大般若波羅蜜多經卷九一
1.4　夜014
1.5　084:2258
2.1　282.5×25.8厘米；6紙；168行，行17字。
2.2　01：47.5，28；　02：47.0，28；　03：47.0，28；
04：47.0，28；　05：47.0，28；　06：47.0，28。
2.3　卷軸裝。首尾均脫。第3、4紙接縫處上開裂。有烏絲欄。
3.1　首殘→大正220，5/506B23。
3.2　尾殘→5/508B16。
6.1　首→BD04813號。
6.2　尾→BD04861號。
8　8～9世紀。吐蕃統治時期寫本。
9.1　楷書。
9.2　有行間校加字。
11　圖版：《敦煌寶藏》，72/465A～468B。

1.1　BD05215號
1.3　金光明最勝王經卷四
1.4　夜015
1.5　083:1672
2.1　40.5×25厘米；2紙；24行，行17字。
2.2　01：29.0，17；　02：11.5，07。
2.3　卷軸裝。首尾均殘。通卷油污碎損。背有古代裱補。有烏絲欄。已修整。
3.1　首殘→大正665，16/418B3。
3.2　尾3行下殘→16/418B25～28。
8　8～9世紀。吐蕃統治時期寫本。

9.1　楷書。
9.2　有行間校加字。
11　圖版:《敦煌寶藏》, 69/223B。

1.1　BD05216 號
1.3　金光明最勝王經卷五
1.4　夜 016
1.5　083:1748
2.1　144.2×25.7 厘米; 3 紙; 83 行, 行 17 字。
2.2　01: 48.0, 27;　02: 48.0, 28;　03: 48.2, 28。
2.3　卷軸裝。首尾均脱。卷中有燒灼殘洞, 下邊有破裂。有烏絲欄。
3.1　首殘→大正 665, 16/424C20。
3.2　尾殘→16/425C23。
8　8~9 世紀。吐蕃統治時期寫本。
9.1　楷書。
9.2　有行間校加字。
11　圖版:《敦煌寶藏》, 69/583A~584B。

1.1　BD05217 號
1.3　金剛般若波羅蜜經
1.4　夜 017
1.5　094:3811
2.1　45.5×26 厘米; 1 紙; 28 行, 行 17 字。
2.3　卷軸裝。首尾均脱。經黄打紙。卷首有破裂, 卷面有水漬。卷背有鳥糞。有烏絲欄。
3.1　首殘→大正 235, 8/749B19。
3.2　尾殘→8/749C19。
6.2　尾→BD05218 號。
8　7~8 世紀。唐寫本。
9.1　楷書。
11　圖版:《敦煌寶藏》, 80/428A~B。

1.1　BD05218 號
1.3　金剛般若波羅蜜經
1.4　夜 018
1.5　094:3926
2.1　373.1×26 厘米; 9 紙; 223 行, 行 17 字。
2.2　01: 46.0, 28;　02: 45.5, 28;　03: 45.7, 28;
04: 45.8, 28;　05: 45.6, 28;　06: 46.0, 28;
07: 46.0, 28;　08: 44.0, 27;　09: 08.5, 拖尾。
2.3　卷軸裝。首脱尾全。經黄打紙。第 5、6 紙間接縫處開裂, 尾有蟲繭。有燕尾。有烏絲欄。
3.1　首殘→大正 235, 8/749C19。
3.2　尾全→8/752C2。
5　與《大正藏》本相比, 本卷經文無冥司偈, 參見《大正藏》, 8/751C16~19。
6.1　首→BD05217 號。
8　7~8 世紀。唐寫本。
9.1　楷書。
11　圖版:《敦煌寶藏》, 81/222A~226B。

1.1　BD05219 號
1.3　維摩詰所說經卷上
1.4　夜 019
1.5　070:0932
2.1　(3+51)×23.5 厘米; 2 紙; 33 行, 行 17 字。
2.2　01: 3+17, 12;　02: 34.0, 21。
2.3　卷軸裝。首殘尾斷。經黄紙。通卷殘破。背有古代裱補, 裱補紙上有字, 朝内粘貼, 難以辨認。有烏絲欄。
3.1　首 2 行下殘→大正 475, 14/537B20~22。
3.2　尾殘→14/537C23。
8　7~8 世紀。唐寫本。
9.1　楷書。
11　圖版:《敦煌寶藏》, 64/49。

1.1　BD05220 號
1.3　大般若波羅蜜多經卷一三八
1.4　夜 020
1.5　084:2367
2.1　(30.3+69.5)×25.5 厘米; 3 紙; 54 行, 行 17 字。
2.2　01: 10, 護首;　02: 20.3+23.3, 26;　03: 46.2, 28。
2.3　卷軸裝。首殘尾脱。有護首, 下邊殘缺。後 2 紙有破裂及下邊殘缺。有烏絲欄。
3.1　首 12 行下殘→大正 220, 5/748B18~C3。
3.2　尾殘→5/749A16。
4.1　大般若波羅蜜多經卷第一百卌八, /初分校量功德品第卌之卌六, 三藏法師玄奘奉［詔譯］/(首)。
8　8~9 世紀。吐蕃統治時期寫本。
9.1　楷書。
11　圖版:《敦煌寶藏》, 73/88B~89B。

1.1　BD05221 號
1.3　大般若波羅蜜多經卷一三九
1.4　夜 021
1.5　084:2368
2.1　(61.5+60.2)×25.7 厘米; 3 紙; 68 行, 行 17 字。
2.2　01: 30.0, 12;　02: 31.5+15.2, 28;　03: 45+1.7, 28。
2.3　卷軸裝。首尾均殘。前 2 紙有殘洞及破裂, 下邊殘缺。有烏絲欄。已修整。
3.1　首 31 行下殘→大正 220, 5/753B25~C26。
3.2　尾行中下殘→5/754B5。
7.1　第 2 紙背面有勘記"一百卌九 (本文獻卷次)"。
8　7~8 世紀。唐寫本。

9.1 楷書。
11 圖版：《敦煌寶藏》，73/90A～91A。

1.1 BD05222 號
1.3 金剛般若波羅蜜經（十二分本）
1.4 夜 022
1.5 094:3597
2.1 557.3×27.5 厘米；12 紙；289 行，行 17 字。
2.2 01：24.8，13； 02：49.0，26； 03：49.3，27；
04：47.0，25； 05：47.5，25； 06：48.6，26；
07：48.6，26； 08：48.6，25； 09：48.5，25；
10：48.5，25； 11：48.5，26； 12：48.4，20。
2.3 卷軸裝。首斷尾全。卷面多處破裂，第 9、10 紙接縫開裂。有燕尾。背有蟲繭。背有古代裱補。有烏絲欄。已修整。
3.1 首行上殘→大正 235，8/749A2～3。
3.2 尾全→8/752C3。
4.2 金剛般若波羅蜜經（尾）。
5 與《大正藏》本相比，本卷經文無冥司偈，參見《大正藏》，8/751C16～19。
又，本號將《金剛經》分爲十二分。現殘存第五分到第十二分之名稱，具錄如下：
如來非有爲相分第五；
我空法空分第六；
具足功德校量分第七；
真如分第八；
利益分第八；（按："八" 應為 "九" 之誤。）
斷疑分第十；
不住道分第十一；
流通分第十二。
8 8 世紀。唐寫本。
9.1 楷書。
11 圖版：《敦煌寶藏》，79/56A～63A。

1.1 BD05223 號
1.3 妙法蓮華經卷七
1.4 夜 023
1.5 105:6092
2.1 （1.5＋403）×26.5 厘米；9 紙；216 行，行 17 字。
2.2 01：1.5＋28.5，17； 02：50.0，28； 03：50.0，28；
04：50.0，28； 05：50.0，28； 06：50.0，28；
07：50.0，28； 08：50.0，28； 09：24.5，03。
2.3 卷軸裝。首殘尾全。首紙上下殘缺，卷面多水漬。有燕尾。有烏絲欄。
3.1 首行上下殘→大正 262，9/59B14～15。
3.2 尾全→9/62B1。
4.2 妙法蓮華經卷第七（尾）。
8 8 世紀。唐寫本。
9.1 楷書。
11 圖版：《敦煌寶藏》，96/643A～648B。

1.1 BD05224 號
1.3 妙法蓮華經卷五
1.4 夜 024
1.5 105:5646
2.1 （2.4＋170.8＋3.7）×25.8 厘米；4 紙；108 行，行 17 字。
2.2 01：2.4＋44，28； 02：46.7，28； 03：46.5，28；
04：33.6＋3.7，24。
2.3 卷軸裝。首尾均殘。第 1 紙有殘洞及破裂，第 4 紙有殘洞，卷面多水漬及黴斑。背有古代裱補。有烏絲欄。
3.1 首行下殘→大正 262，9/44B8～9。
3.2 尾 3 行下殘→9/46A21～24。
8 7～8 世紀。唐寫本。
9.1 楷書。
11 圖版：《敦煌寶藏》，93/491A～493B。

1.1 BD05225 號
1.3 妙法蓮華經卷六
1.4 夜 025
1.5 105:5680
2.1 （4＋913.5）×24.5 厘米；20 紙；540 行，行 17 字。
2.2 01：4＋31.7，21； 02：47.2，28； 03：47.3，28；
04：47.0，28； 05：47.0，28； 06：47.1，28；
07：47.4，28； 08：47.2，28； 09：47.5，28；
10：47.1，28； 11：47.0，28； 12：47.4，28；
13：46.2，27； 14：47.3，28； 15：46.4，27；
16：47.4，28； 17：47.2，28； 18：47.5，28；
19：47.1，28； 20：33.5，17。
2.3 卷軸裝。首殘尾全。尾有原軸，兩端鑲蓮蓬形軸頭。有烏絲欄。
3.1 首 2 行上中殘→大正 262，9/47B2～3。
3.2 尾全→9/55A9。
4.2 妙法蓮華經卷第六（尾）。
8 7～8 世紀。唐寫本。
9.1 楷書。
11 圖版：《敦煌寶藏》，94/210A～223B。

1.1 BD05226 號
1.3 大般若波羅蜜多經卷五三四
1.4 夜 026
1.5 084:3302
2.1 143.9×25.9 厘米；3 紙；84 行，行 17 字。
2.2 01：48.1，28； 02：48.0，28； 03：47.8，28。
2.3 卷軸裝。首尾均脫。有烏絲欄。
3.1 首殘→大正 220，7/742C16。

3.2　尾殘→7/743C13。
6.1　首→BD04848 號。
6.2　尾→BD05012 號。
8　8 世紀。唐寫本。
9.1　楷書。
11　圖版:《敦煌寶藏》，77/164B～166A。

1.1　BD05227 號
1.3　大般若波羅蜜多經卷三三九
1.4　夜 027
1.5　084:2916
2.1　193×25.5 厘米；4 紙；112 行，行 17 字。
2.2　01：46.0，28；　02：49.0，28；　03：49.0，28；
04：49.0，28。
2.3　卷軸裝。首尾均脫。有烏絲欄。
3.1　首殘→大正 220，6/738C29。
3.2　尾殘→6/740A24。
6.1　首→BD05083 號。
6.2　尾→BD05017 號。
8　9～10 世紀。歸義軍時期寫本。
9.1　楷書。
11　圖版:《敦煌寶藏》，75/464A～466B。

1.1　BD05228 號
1.3　妙法蓮華經卷五
1.4　夜 028
1.5　105:5500
2.1　235.9×26.4 厘米；5 紙；140 行，行 17 字。
2.2　01：46.8，28；　02：47.0，28；　03：47.3，28；
04：47.4，28；　05：47.4，28。
2.3　卷軸裝。首尾均脫。第 1、2 紙，3、4 紙及 4、5 紙接縫處脫開。卷面油污，多黴點及黴爛。背有古代裱補。有烏絲欄。
3.1　首殘→大正 262，9/39A26。
3.2　尾殘→9/41B5。
8　7～8 世紀。唐寫本。
9.1　楷書。
11　圖版:《敦煌寶藏》，92/573B～577A。

1.1　BD05229 號
1.3　大般若波羅蜜多經卷五七〇
1.4　夜 029
1.5　084:3366
2.1　45.9×26.2 厘米；1 紙；26 行，行 17 字。
2.3　卷軸裝。首全尾脫。卷面有殘洞，多破裂。有烏絲欄。
3.1　首全→大正 220，7/942B2。
3.2　尾殘→7/942C1。
4.1　大般若波羅蜜多經卷第五百七十，/第六分平等品第七，三藏法師玄奘奉詔譯/（首）。
8　8～9 世紀。吐蕃統治時期寫本。
9.1　楷書。
11　圖版:《敦煌寶藏》，77/414B。

1.1　BD05230 號
1.3　金剛般若波羅蜜經
1.4　夜 030
1.5　094:4283
2.1　148.5×25.9 厘米，3 紙；87 行，行 22～24 字。
2.2　01：50.7，32；　02：50.3，33；　03：47.5，22。
2.3　卷軸裝。首脫尾全。下邊有等距離殘缺。尾有芨芨草軸，已斷爲兩段。有烏絲欄，上下為刻畫欄。
3.1　首殘→大正 235，8/751B8。
3.2　尾全→8/752C3。
4.2　金剛般若經一卷（尾）。
5　與《大正藏》本相比，本卷經文無冥司偈，參見《大正藏》，8/751C16～19。
7.1　首紙背面上端有勘記“頭無”。
7.3　首 3 行爲《金剛經》經文雜寫。
8　9～10 世紀。歸義軍時期寫本。
9.1　楷書。
11　圖版:《敦煌寶藏》，82/580A～581B。

1.1　BD05231 號
1.3　妙法蓮華經卷六
1.4　夜 031
1.5　105:5769
2.1　200.7×26 厘米；4 紙；112 行，行 17 字。
2.2　01：49.5，28；　02：50.4，28；　03：50.4，28；
04：50.4，28。
2.3　卷軸裝。首殘尾脫。經黄紙。卷下部有水漬，前 2 紙下邊有殘缺破裂。背有古代裱補。有烏絲欄。
3.1　首殘→大正 262，9/48A17。
3.2　尾殘→9/50A17。
8　7～8 世紀。唐寫本。
9.1　楷書。
11　圖版:《敦煌寶藏》，94/653A～655B。

1.1　BD05232 號
1.3　觀世音經
1.4　夜 032
1.5　105:6024
2.1　(7.5+122.5)×26 厘米；4 紙；80 行，行 17 字。
2.2　01：7.5+22.5，19；　02：45.5，28；　03：44.5，28；
04：10.0，05。
2.3　卷軸裝。首殘尾全。卷上部有油污，上下邊有破裂；卷中

脱落一塊殘片，文可綴接。有烏絲欄。卷尾有殘筆痕。
3.1 首5行上下殘→大正262，9/57A15～18。
3.2 尾全→9/58B7。
4.2 觀音經一卷（尾）。
8 8～9世紀。吐蕃統治時期寫本。
9.1 楷書。
11 圖版：《敦煌寶藏》，96/341B～343A。

1.1 BD05233號
1.3 金有陀羅尼經
1.4 夜033
1.5 254:7592
2.1 65.4×26.8厘米；2紙；39行，行17字。
2.2 01：35.2，21； 02：30.2，18。
2.3 卷軸裝。首全尾脱。尾有餘空。卷面有油污，卷背有鳥糞。有烏絲欄。
3.1 首全→大正2910，85/1455C16。
3.2 尾殘→85/1456A28。
4.1 金有陀羅尼經（首）。
5 與《大正藏》本相比，第2～3行有缺文，參見85/1455C9。
8 8～9世紀。吐蕃統治時期寫本。
9.1 楷書。
9.2 有刪除號。有行間校加字。
11 圖版：《敦煌寶藏》，107/64B～65A。

1.1 BD05234號
1.3 金光明最勝王經卷九
1.4 夜034
1.5 083:1947
2.1 87.5×25.2厘米；2紙；56行，行17字。
2.2 01：45.0，28； 02：42.5，28。
2.3 卷軸裝。首尾均脱。卷面油污變脆。背有古代裱補。有烏絲欄。已修整。
3.1 首殘→大正665，16/448C17。
3.2 尾殘→16/449B20。
6.2 尾→BD04996號。
8 8～9世紀。吐蕃統治時期寫本。
9.1 楷書。
11 圖版：《敦煌寶藏》，71/78B～79B。

1.1 BD05235號
1.3 大般若波羅蜜多經卷一一六
1.4 夜035
1.5 084:2317
2.1 207.7×25.9厘米；5紙；116行，行17字。
2.2 01：47.7，28； 02：47.2，28； 03：47.0，28；
04：47.0，28； 05：18.8，04。
2.3 卷軸裝。首脱尾全。有燕尾。有烏絲欄。
3.1 首殘→大正220，5/639B22。
3.2 尾全→5/640C21。
4.2 大般若波羅蜜多經卷第一百一十六（尾）。
6.1 首→BD05109號。
8 8～9世紀。吐蕃統治時期寫本。
9.1 楷書。
11 圖版：《敦煌寶藏》，72/634A～636B。

1.1 BD05236號
1.3 大般涅槃經（北本）卷二二
1.4 夜036
1.5 115:6421
2.1 （4.5+683.8）×25.4厘米；19紙；414行，行17字。
2.2 01：4.5+31，22； 02：36.3，22； 03：36.3，22；
04：36.3，22； 05：36.3，22； 06：36.3，22；
07：36.2，22； 08：36.3，22； 09：36.3，22；
10：36.3，22； 11：36.3，22； 12：36.3，22；
13：36.3，22； 14：32.0，20； 15：34.5，21；
16：36.3，22； 17：36.0，22； 18：36.0，22；
19：42.5，21。
2.3 卷軸裝。首殘尾全。首紙殘缺，第4紙下部破裂，第15紙上下斷開，尾紙多破裂。背有近代裱補。尾有原軸，兩端塗黑漆，頂端點硃漆。有烏絲欄。有劃界欄針孔。
3.1 首3行上下殘→大正374，12/493B19～21。
3.2 尾全→12/498A29。
4.2 大般涅槃經卷第廿二（尾）。
8 5～6世紀。南北朝寫本。
9.1 楷書。制式抄寫。
9.2 有硃筆點標。有白色塗抹修改。
11 圖版：《敦煌寶藏》，99/105A～114A。

1.1 BD05237號
1.3 金有陀羅尼經
1.4 夜037
1.5 254:7606
2.1 90×26.6厘米；2紙；51行，行16字。
2.2 01：45.0，28； 02：45.0，23。
2.3 卷軸裝。首脱尾全。卷尾有藏文，有烏絲欄。
3.1 首殘→大正2910，85/1456A15。
3.2 尾全→85/1456C10。
4.2 金有陀羅尼經一卷（尾）。
7.1 卷尾有藏文題記“dzevu－ju－bris（是居寫）”。
8 8～9世紀。吐蕃統治時期寫本。
9.1 楷書。
11 圖版：《敦煌寶藏》，107/83A～84A。

1.1　BD05238 號
1.3　無垢淨光大陀羅尼咒鈔（擬）
1.4　夜 038
1.5　236:7385
2.1　215.9×27.9 厘米；5 紙；153 行，行字不等。
2.2　01：46.6，32；　02：45.9，31；　03：45.9，32；
04：46.2，32；　05：31.3+6.2，26。
2.3　卷軸裝。首脱尾殘。下邊有等距離殘破，尾紙後部殘破。有烏絲欄。
3.4　説明：
本文獻首殘，尾 4 行下殘。内容乃將《無垢淨光大陀羅尼咒》反復抄寫數十遍。該咒可參見大正 1024，19/719B6～9。
8　8～9 世紀。吐蕃統治時期寫本。
9.1　楷書。
9.2　有刮改。卷面有“不同”2 字。
11　圖版：《敦煌寶藏》，106/9A～12A。

1.1　BD05239 號
1.3　金光明最勝王經卷一
1.4　夜 039
1.5　083:1451
2.1　(2.2+486.2)×24.5 厘米；13 紙；338 行，行 17 字。
2.2　01：2.2+4.3，5；　02：40.3，28；　03：40.8，28；
04：39.5，28；　05：39.4，28；　06：39.8，28；
07：40.3，28；　08：40.3，28；　09：40.5，28；
10：41.0，28；　11：41.0，28；　12：40.0，28；
13：39.0，25。
2.3　卷軸裝。首殘尾全。全卷脆硬，碎裂嚴重。各紙背均有古代裱補，有的裱補紙上有字，朝内粘貼，難以辨認。卷尾有蟲繭。有燕尾。有烏絲欄。
3.1　首 2 行上殘→大正 665，16/403B23～24。
3.2　尾全→16/408A28。
4.2　金光明最勝王經卷第一（尾）。
5　尾附音義。
7.3　第 11 紙背有習字雜寫 1 行，不錄文。
8　8～9 世紀。吐蕃統治時期寫本。
9.1　楷書。硬筆書寫。
11　圖版：《敦煌寶藏》，67/638A～644A。

1.1　BD05240 號
1.3　大般涅槃經（北本　宮本）卷二六
1.4　夜 040
1.5　115:6451
2.1　(2+844.6)×27.5 厘米；17 紙；465 行，行 17 字。
2.2　01：2+42.5，25；　02：50.0，28；　03：50.0，28；
04：50.0，28；　05：50.0，28；　06：50.1，28；
07：50.2，28；　08：50.2，28；　09：50.2，28；
10：50.2，28；　11：50.2，28；　12：50.2，28；
13：50.2，28；　14：50.2，28；　15：50.2，28；
16：50.2，28；　17：50.0，20。
2.3　卷軸裝。首殘尾全。首紙上下有殘破。有烏絲欄。
3.1　首 1 行下殘→大正 374，12/516C7～8。
3.2　尾全→12/522A27。
4.2　大般涅槃經卷第廿六（尾）。
5　與《大正藏》本相比，分卷不同。經文相當於《大正藏》卷第二十五光明遍照高貴德王菩薩品第十之五至卷第二十六光明遍照高貴德王菩薩品第十之六。與宮内寮本及《思溪藏》、《普寧藏》、《嘉興藏》本分卷相同。
8　8 世紀。唐寫本。
9.1　楷書。有武周新字“臣”。
11　圖版：《敦煌寶藏》，99/259A～269B。

1.1　BD05241 號
1.3　妙法蓮華經卷六
1.4　夜 041
1.5　105:5725
2.1　(2.5+924.6)×25.5 厘米；20 紙；520 行，行 17 字。
2.2　01：02.5，01；　02：48.5，27；　03：47.8，27；
04：49.0，27；　05：48.8，27；　06：48.7，27；
07：48.2，27；　08：48.7，28；　09：48.7，27；
10：48.7，28；　11：48.7，28；　12：48.8，28；
13：48.5，28；　14：48.7，28；　15：48.8，28；
16：48.8，28；　17：48.8，28；　18：48.8，28；
19：48.8，28；　20：48.8，22。
2.3　卷軸裝。首殘尾全。通卷上部黴爛嚴重，接縫處多有開裂。有烏絲欄。已修整。
3.1　首 2 行上殘→大正 262，9/47C6～7。
3.2　尾全→9/55A9。
4.2　妙法蓮華經卷第六（尾）。
8　7～8 世紀。唐寫本。
9.1　楷書。
9.2　有倒乙及刮改。有行間校加字。
11　圖版：《敦煌寶藏》，94/401B～414A。

1.1　BD05242 號 1
1.3　玉耶經
1.4　夜 042
1.5　282:8231
2.1　(10.5+246.5)×27.2 厘米；8 紙；145 行，行 20 字左右。
2.2　01：10.5+16.5，14；　02：43.0，23；　03：42.5，23；
04：43.0，22；　05：43.0，23；　06：42.5，22；
07：42.5，22；　08：16.0，01。
2.3　卷軸裝。首殘尾全。經黄紙。首紙中下殘，第 1、2 紙接縫處大部開裂。尾有原軸，兩端有雕刻蓮蓬形軸頭，軸頭塗淺棕色

漆，上面畫有花紋。有烏絲欄。
2.4　本遺書包括 3 個文獻：（一）《玉耶經》，32 行，今編為 BD05242 號 1。（二）《菩薩訶色欲經》（異本），36 行，今編為 BD05242 號 2。（三）《無量大慈教經》，77 行，今編為 BD05242 號 3。
3.1　首 6 行中下殘→大正 142b，2/865B8。
3.2　尾全→2/865C15。
4.2　佛說玉耶經一卷（尾）。
8　7～8 世紀。唐寫本。
9.1　楷書。
11　圖版：《敦煌寶藏》，109/355B～359A。

1.1　BD05242 號 2
1.3　菩薩訶色欲經（異本）
1.4　夜 042
1.5　282:8231
2.4　本遺書由 3 個文獻組成，本號為第 2 個，36 行。餘參見 BD05242 號 1 之第 2 項、第 11 項。
3.4　說明：
本文獻首尾均全。與《大正藏》本相比，內容有較大差異。
第 1～17 行：大正 615，15/286A16～286B8。與《大正藏》本相同。
第 17～30 行：大正 1509，25/165C26～166A16。
第 31～35 行：無出處。
此經即《法經錄》首次著錄，而被《歷代三寶記》視爲求那跋陀羅譯本者。未為歷代大藏經所收。
4.1　菩薩訶色欲經一卷（首）。
4.2　菩薩訶色欲經一卷（尾）。
8　7～8 世紀。唐寫本。
9.1　楷書。

1.1　BD05242 號 3
1.3　無量大慈教經
1.4　夜 042
1.5　282:8231
2.4　本遺書由 3 個文獻組成，本號為第 3 個，77 行。餘參見 BD05254 號 1 之第 2 項、第 11 項。
3.1　首全→大正 2903，85/1445A10。
3.2　尾全→85/1446A1。
4.1　佛說慈教經一（首）。
4.2　佛說慈教經一卷（尾）。
5　與《大正藏》本相比，《大正藏》首部殘缺，而本號首尾完整。本號第 2 行至第 9 行"希"字，可補《大正藏》本之缺文。
8　7～8 世紀。唐寫本。
9.1　楷書。
9.2　有校改。

1.1　BD05243 號
1.3　維摩詰經疏（擬）
1.4　夜 043
1.5　073:1315
2.1　(11.7＋275.4)×25.2 厘米；9 紙；166 行，行字不等。
2.2　01：11.7＋18.5，18；　02：36.1，21；　03：36.0，21；
04：36.0，21；　05：35.9，20；　06：36.1，21；
07：36.1，21；　08：36.0，21；　09：04.7，02。
2.3　卷軸裝。首尾均殘。通卷上下有破裂殘損，個別紙有殘洞。有烏絲欄。卷背有硃色污痕。
3.4　說明：
本文獻首 7 行下殘，尾殘。內容為對《維摩詰所說經》第 1 品至第 3 品經文的疏釋。未為歷代大藏經所收。
8　6 世紀。南北朝寫本。
9.1　楷書。
9.2　有行間加行。有校改。有行間校加字。
11　圖版：《敦煌寶藏》，66/506A～510A。

1.1　BD05244 號
1.3　四分律比丘戒本
1.4　夜 044
1.5　156:6873
2.1　(29＋2)×26.8 厘米；1 紙；19 行，行 17 字。
2.3　卷軸裝。首脫尾殘。卷面殘破，下方有殘洞。有烏絲欄。
3.1　首殘→大正 1429，22/1018C9。
3.2　尾 1 行下殘→22/1018C28。
8　9～10 世紀。歸義軍時期寫本。
9.1　楷書。
11　圖版：《敦煌寶藏》，102/353A。

1.1　BD05245 號
1.3　妙法蓮華經卷五
1.4　夜 045
1.5　105:5538
2.1　(7＋88.9＋2)×24.5 厘米；3 紙；61 行，行 17 字。
2.2　01：7＋16.3，14；　02：44.0，28；　03：28.6＋2，19。
2.3　卷軸裝。首尾均殘。第 2 紙上下破裂。背有古代裱補。有烏絲欄。
3.1　首 4 行上殘→大正 262，9/37B25～28。
3.2　尾行下殘→9/38B14～15。
8　7～8 世紀。唐寫本。
9.1　楷書。
11　圖版：《敦煌寶藏》，92/651A～652A。

1.1　BD05246 號
1.3　大佛頂如來密因修證了義諸菩薩萬行首楞嚴經卷八
1.4　夜 046

1.5　237:7419
2.1　(5.5 +657.6) ×25.7 厘米；15 紙；378 行，行 17 字。
2.2　01：5.5 +23.8，16；　02：47.8，28；　03：47.9，28；
04：47.9，28；　05：48.0，28；　06：47.9，28；
07：48.0，28；　08：48.1，28；　09：47.8，28；
10：47.8，28；　11：48.0，28；　12：47.9，28；
13：47.8，28；　14：46.1，26；　15：12.8，拖尾。
2.3　卷軸裝。首殘尾全。首紙有破裂殘損，尾 2 紙接縫處上開裂，尾部有殘損。卷面有鳥糞污痕。有燕尾。有烏絲欄。
3.1　首 2 行上中殘→大正 945，19/141C1 ~2。
3.2　尾全→19/146A4。
4.2　大佛頂萬行首楞嚴經卷第八（尾）。
8　8 世紀。唐寫本。
9.1　楷書。
9.2　有硃筆校改。
11　圖版：《敦煌寶藏》，106/176A ~185A。

1.1　BD05247 號
1.3　無量壽宗要經
1.4　夜 047
1.5　275:8034
2.1　(15.5 +149.5) ×30.5 厘米；5 紙；106 行，行 30 餘字。
2.2　01：15.5 +9，16；　02：43.5，30；　03：43.5，30；
04：43.5，30；　05：10.0，拖尾。
2.3　卷軸裝。首殘尾全。第 2 紙上邊有破裂殘缺，接縫處多有開裂。卷背有一道墨痕。背有古代裱補。有烏絲欄。
3.1　首 8 行上下殘→大正 936，19/82B3 ~17。
3.2　尾全→19/84C28。
8　8 ~9 世紀。吐蕃統治時期寫本。
9.1　行楷。
11　圖版：《敦煌寶藏》，108/568A ~570A。

1.1　BD05248 號
1.3　妙法蓮華經卷二
1.4　夜 048
1.5　105:4885
2.1　(3.7 +93.4) ×24.8 厘米；2 紙；56 行，行 17 字。
2.2　01：3.7 +45，28；　02：48.4，28。
2.3　卷軸裝。首尾均脱。經黄打紙。卷首右下殘缺。有烏絲欄。
3.1　首 2 行下殘→大正 262，9/12C8 ~10。
3.2　尾殘→9/13B10。
8　7 ~8 世紀。唐寫本。
9.1　楷書。
11　圖版：《敦煌寶藏》，87/160A ~161B。

1.1　BD05249 號
1.3　妙法蓮華經卷二
1.4　夜 049
1.5　105:4767
2.1　731.5 ×26.1 厘米；15 紙；398 行，行 17 字。
2.2　01：50.8，28；　02：51.1，28；　03：51.1，28；
04：51.2，28；　05：51.4，28；　06：51.5，28；
07：51.4，28；　08：51.5，28；　09：51.5，28；
10：51.3，28；　11：51.4，28；　12：51.6，28；
13：51.5，28；　14：51.4，28；　15：12.8，06。
2.3　卷軸裝。首殘尾全。經黄紙。首紙有殘洞及破裂，下邊有殘損。背面有古代裱補。有烏絲欄。
3.1　首行中殘→大正 262，9/13B12 ~13。
3.2　尾全→9/19A12。
4.2　妙法蓮華經卷第二（尾）。
8　7 ~8 世紀。唐寫本。
9.1　楷書。
9.2　有刮改。有行間加行。
11　圖版：《敦煌寶藏》，86/440B ~450A。

1.1　BD05250 號
1.3　金光明最勝王經卷六
1.4　夜 050
1.5　083:1760
2.1　(5.5 +86.9) ×26 厘米；3 紙；55 行，行 17 字。
2.2　01：5.5 +38，26；　02：46.5，28；　03：02.4，01。
2.3　卷軸裝。首全尾殘。卷首右下殘缺。有烏絲欄。已修整。
3.1　首 2 行下殘→大正 665，16/427B14 ~17。
3.2　尾行上殘→16/428A17。
4.1　金光明最勝王經四天王護國品第十二，六，三藏□…□（首）。
8　7 ~8 世紀。唐寫本。
9.1　楷書。
11　圖版：《敦煌寶藏》，69/617B ~618B。

1.1　BD05251 號
1.3　妙法蓮華經卷一
1.4　夜 051
1.5　105:4520
2.1　(12.6 +788) ×26.5 厘米；20 紙；526 行，行 17 字。
2.2　01：12.6 +4.7，12；　02：45.5，28；　03：41.7，28；
04：41.7，28；　05：42.1，28；　06：41.7，28；
07：41.8，28；　08：41.5，28；　09：41.6，28；
10：41.8，28；　11：41.6，28；　12：41.9，28；
13：41.7，28；　14：41.9，28；　15：41.9，28；
16：41.8，28；　17：41.9，28；　18：41.7，28；
19：41.6，28；　20：27.9，10。
2.3　卷軸裝。首殘尾全。經黄打紙。卷首殘破嚴重，卷面有等距離黴斑。有烏絲欄。

3.1 首9行下殘→大正262，9/2A4～14。
3.2 尾全→9/10B21。
4.2 妙法蓮華經卷第一（尾）。
5 與《大正藏》本相比，第2紙為兌廢。所兌廢經文相當於大正262，9/2A17～2B18。
7.1 第2紙末行有“兌”字。
8 7～8世紀。唐寫本。
9.1 楷書。
11 圖版：《敦煌寶藏》，84/9B～21B。

1.1 BD05252號1
1.3 普賢菩薩行願王經
1.4 夜052
1.5 058:0488
2.1 288.5×27厘米；6紙；172行，行17字。
2.2 01：48.5，27；　02：48.0，29；　03：48.0，29；
04：48.0，29；　05：48.0，29；　06：48.0，29。
2.3 卷軸裝。首尾均脫。通卷下部有黴斑。有烏絲欄。
2.4 本遺書包括2個文獻：（一）《普賢菩薩行願王經》，10行，今編為BD05252號1。（二）《稻芊經》，162行，今編為BD05252號2。
3.1 首殘→大正2907，85/1453C29。
3.2 尾全→85/1454A9。
4.2 普賢菩薩行願王經（尾）。
8 8～9世紀。吐蕃統治時期寫本。
9.1 楷書。
11 圖版：《敦煌寶藏》，59/324A～327B。

1.1 BD05252號2
1.3 稻芊經
1.4 夜052
1.5 058:0488
2.4 本遺書由2個文獻組成，本號為第2個，162行。餘參見BD05252號1之第2項、第11項。
3.1 首全→大正709，16/816C16。
3.2 尾全→16/818C19。
4.1 佛說稻芊經（首）。
8 8～9世紀。吐蕃統治時期寫本。
9.1 楷書。
9.2 有刮改。有行間校加字。

1.1 BD05253號
1.3 金光明最勝王經卷五
1.4 夜053
1.5 083:1740
2.1 （13+463.5）×28厘米；11紙；288行，行17字。
2.2 01：13+25.5，24；　02：45.2，28；　03：45.2，28；
04：45.0，28；　05：45.0，28；　06：45.8，27；
07：45.0，27；　08：45.0，27；　09：45.0，27；
10：45.3，28；　11：31.5，16。
2.3 卷軸裝。首殘尾全。卷面多水漬，有油污及殘洞。有烏絲欄。
3.1 首8行上殘→大正665，16/423C29～424A7。
3.2 尾全→16/427B13。
4.2 金光明最勝王經卷第五（尾）。
8 8世紀。唐寫本。
9.1 楷書。
11 圖版：《敦煌寶藏》，69/548B～554B。

1.1 BD05254號
1.3 金光明最勝王經卷二
1.4 夜054
1.5 083:1500
2.1 （6.5+695.2）×25.5厘米；17紙；405行，行17字。
2.2 01：6.5+18.5，22；　02：41.8，24；　03：43.0，24；
04：43.0，24；　05：43.0，24；　06：43.0，24；
07：43.0，24；　08：42.5，24；　09：41.5，24；
10：42.0，24；　11：42.8，24；　12：43.0，24；
13：42.0，24；　14：42.5，23；　15：42.8，23；
16：41.8，27　17：39.0，22。
2.3 卷軸裝。首殘尾全。通卷破損。卷中有一殘洞，有古代裱補，並補寫殘字。背有古代裱補，紙上寫有藏文及經名、題名。尾有原軸，兩端塗棕色漆。通卷有邊欄。已修整。
2.4 本遺書包括2個文獻：（一）《金光明最勝王經》卷二，405行，今編為BD05254號。（二）《藏文》，10行，抄寫在背面三張古代裱補紙上，今編為BD05254號背。
3.1 首11行中下殘→大正665，16/408B7～16。
3.2 尾全→16/413C6。
4.2 金光明最勝王經卷第二（尾）。
7.3 背面裱補紙寫有“佛說六字咒王經”、“鄧英子”。
8 8～9世紀。吐蕃統治時期寫本。
9.1 楷書。
11 圖版：《敦煌寶藏》，68/127A～136A。

1.1 BD05254號背
1.3 藏文
1.4 夜054
1.5 083:1500
2.4 本遺書由2個文獻組成，本號為第2個，10行，抄寫在背面三張古代裱補紙上。餘參見BD05254號之第2項、第11項。
3.4 說明：
10行藏文，抄寫在三張古代裱補紙上。第一紙3行，第二紙2行，第三紙5行。三紙均殘缺不全。藏文內容待考。
8 8～9世紀。吐蕃統治時期寫本。

9.1　楷書。
11　圖版:《敦煌寶藏》,68/127A～136A。

1.1　BD05255 號
1.3　佛名經(十六卷本)卷一五
1.4　夜 055
1.5　063:0810
2.1　(8+975)×27.4 厘米;21 紙;551 行,行 19 字。
2.2　01:8+15,12;　02:48.0,27;　03:48.0,27;
04:48.0,27;　05:48.0,28;　06:47.8,28;
07:48.0,28;　08:48.0,28;　09:48.0,28;
10:48.0,28;　11:48.0,28;　12:48.0,27;
13:48.0,28;　14:48.2,27;　15;48.2,27;
16:48.2,28;　17:48.3,27;　18:48.3,27;
19:48.0,27;　20:48.0,28;　21:47.0,16。
2.3　卷軸裝。首殘尾全。卷首油污,變色、變脆,上下部破裂;第 19、20 紙接縫中部開裂,尾端殘破。卷尾有蟲繭。背有古代裱補,裱補紙上有字,朝内粘貼,難以辨認。有烏絲欄。
3.1　首 4 行上中殘→《七寺古逸經典研究叢書》,3/47 頁第 15～19 行。
3.2　尾全→《七寺古逸經典研究叢書》,3/791 頁第 594 行。
4.2　佛名經卷第十五(尾)。
5　與《七寺古逸經典研究叢書》本對照,卷中多《罪業報應教化地獄經》13 行,卷尾多同經 18 行。
8　9～10 世紀。歸義軍時期寫本。
9.1　楷書。
9.2　有刮改。
11　圖版:《敦煌寶藏》,62/417A～429A。

1.1　BD05256 號
1.3　藥師琉璃光如來本願功德經
1.4　夜 056
1.5　030:0287
2.1　360.8×25.8 厘米;8 紙;222 行,行 17 字。
2.2　01:45.4,28;　02:45.2,28;　03:45.2,28;
04:45.0,28;　05:45.0,28;　06:45.2,28;
07:45.3,28;　08:44.5,26。
2.3　卷軸裝。首脱尾全。經黄紙。第 1 紙有破裂。有燕尾。有烏絲欄。已修整。
3.1　首殘→大正 450,14/405C12。
3.2　尾全→14/408B25。
4.2　藥師經(尾)。
8　7～8 世紀。唐寫本。
9.1　楷書。
11　圖版:《敦煌寶藏》,57/624B～629B。

1.1　BD05257 號
1.3　佛名經(十六卷本)卷一五
1.4　夜 057
1.5　063:0815
2.1　(4.5+861.5)×29.3 厘米;18 紙;461 行,行 17 字。
2.2　01:4.5+44,27;　02:49.5,27;　03:49.5,27;
04:49.5,27;　05:49.5,27;　06:49.5,27;
07:49.5,27;　08:49.5,27;　09:49.5,27;
10:49.5,27;　11:49.5,27;　12:49.5,27;
13:49.5,27;　14:49.0,27;　15:49.0,27;
16:49.0,27;　17:48.5,26;　18:28.0,03。
2.3　卷軸裝。首殘尾全。首紙上下方殘損,第 1、2 紙接縫下部開裂。卷尾下部有蟲繭。有烏絲欄。
3.1　首 3 行上中殘→《七寺古逸經典研究叢書》,3/758 頁第 162～164 行。
3.2　尾全→《七寺古逸經典研究叢書》,3/791 頁第 594 行。
4.2　佛名經卷第十五(尾)。
5　與《七寺古逸經典研究叢書》本對照,卷中多《罪業報應教化地獄經》15 行,卷尾多同經 18 行。
7.1　首紙背有勘記“第十五”。
8　7～8 世紀。唐寫本。
9.1　楷書。
9.2　有刮改。
11　圖版:《敦煌寶藏》,62/469B～479B。

1.1　BD05258 號
1.3　妙法蓮華經卷三
1.4　夜 058
1.5　105:5007
2.1　(1.3+966.9)×26.3 厘米;21 紙;540 行,行 17 字。
2.2　01:1.3+8.7,06;　02:48.8,27;　03:48.9,27;
04:48.9,27;　05:48.9,27;　06:48.6,27;
07:48.9,27;　08:48.4,27;　09:47.8,27;
10:48.1,27;　11:47.9,27;　12:48.1,27;
13:48.1,27;　14:48.1,27;　15:48.1,27;
16:48.2,27;　17:48.2,27;　18:47.9,27;
19:47.1,28;　20:47.0,28;　21:42.2,19。
2.3　卷軸裝。首殘尾全。卷首殘破嚴重,第 2 紙有 1 個殘洞,上有等距殘損;卷面有等距離墨斑 4 處。尾有原軸,兩端塗黑漆。有烏絲欄。
3.1　首行上下殘→大正 262,9/19B10。
3.2　尾全→9/27B9。
4.2　妙法蓮華經卷第三(尾)。
8　8 世紀。唐寫本。
9.1　楷書。
9.2　下邊有一處校改字“法”。
11　圖版:《敦煌寶藏》,88/32A～45B。

1.1　BD05259 號
1.3　無量壽宗要經
1.4　夜 059
1.5　275:7832
2.1　222.5×31 厘米；5 紙；142 行，行 30 餘字。
2.2　01：44.5，28；　02：44.5，29；　03：44.5，29；
　　04：44.5，29；　05：44.5，27。
2.3　卷軸裝。首尾均全。首紙上下邊殘損，卷面多有破裂。有烏絲欄。
3.1　首全→大正 936，19/82A3。
3.2　尾全→19/84C29。
4.1　大乘無量壽經（首）。
4.2　佛說無量壽宗要經（尾）。
7.1　卷尾有題記“張義朝本”。
8　8～9 世紀。吐蕃統治時期寫本。
9.1　楷書。
11　圖版：《敦煌寶藏》，108/71A～73B。

1.1　BD05260 號
1.3　金光明最勝王經卷三
1.4　夜 060
1.5　083:1603
2.1　（32＋584.6）×26 厘米；14 紙；306 行，行 17 字。
2.2　01：27.5，14；　02：4.5＋42.8，24；　03：47.0，24；
　　04：47.3，24；　05：47.3，24；　06：47.2，24；
　　07：47.2，24；　08：47.3，24；　09：47.1，24；
　　10：47.0，24；　11：46.9，24；　12：47.0，25；
　　13：47.5，24；　14：23.0，03。
2.3　卷軸裝。首殘尾全。卷首下部等距離殘碎。有燕尾。有烏絲欄。
3.1　首 16 行下殘→大正 665，16/413C21～414A10。
3.2　尾全→16/417C16。
4.2　金光明經卷第三（尾）。
5　尾附音義。
8　8～9 世紀。吐蕃統治時期寫本。
9.1　楷書。
9.2　有倒乙。
11　圖版：《敦煌寶藏》，68/567A～575A。

1.1　BD05261 號
1.3　大般涅槃經（北本　思溪本）卷四
1.4　夜 061
1.5　115:6305
2.1　（1.5＋713.3）×25.6 厘米；17 紙；439 行，行 17 字。
2.2　01：1.5＋10.8，8；　02：44.7，28；　03：44.9，28；
　　04：45.0，28；　05：45.0，28；　06：45.0，28；
　　07：45.0，28；　08：45.0，28；　09：45.2，28；
　　10：45.2，28；　11：45.0，28；　12：45.0，28；
　　13：45.0，28；　14：45.0，28；　15：45.0，28；
　　16：45.0，28；　17：27.5，11。
2.3　卷軸裝。首殘尾全。卷前部油污變硬，前 5 紙上下有等距離殘損。尾有原軸，兩端塗硃漆，軸頭已壞。有烏絲欄。
3.1　首行上下殘→大正 374，12/385A15。
3.2　尾全→12/390B8。
4.2　大般涅槃經卷第四（尾）。
5　與《大正藏》本對照，分卷不同。相當於《大正藏》卷三“名字功德品第三”及卷四全文。與《思溪藏》本分卷相同。
8　8 世紀。唐寫本。
9.1　楷書。
9.2　有行間校加字。
11　圖版：《敦煌寶藏》，98/20A～29B。

1.1　BD05262 號
1.3　大般若波羅蜜多經卷一九四
1.4　夜 062
1.5　084:2485
2.1　（4.3＋623.5＋17.8）×26.2 厘米；15 紙；375 行，行 17 字。
2.2　01：4.3＋15.3，11；　02：47.6，28；　03：47.8，28；
　　04：47.7，28；　05：47.7，28；　06：47.6，28；
　　07：47.8，28；　08：47.8，28；　09：47.8，28；
　　10：47.8，28；　11：47.8，28；　12：48.0，28；
　　13：47.8，28；　14：35＋12.2，27；15：05.6，01。
2.3　卷軸裝。首尾均殘。首紙有破損，卷前部下邊有等距離殘缺，卷後部上邊有殘缺，尾紙有殘洞及破裂。卷尾有蟲繭。有燕尾。有烏絲欄。
3.1　首 2 行中下殘→大正 220，5/1039A1～2。
3.2　尾 7 行下殘→5/1043A22～29。
4.2　大般若波羅□□□卷第一百九十四（尾）。
7.1　第 1 紙背有勘記“一百九十四”（本文獻卷次）、“廿袟”（本文獻所屬袟次）。
8　8～9 世紀。吐蕃統治時期寫本。
9.1　楷書。
11　圖版：《敦煌寶藏》，73/460B～469A。

1.1　BD05263 號
1.3　妙法蓮華經卷六
1.4　夜 063
1.5　105:5673
2.1　964.8×27.7 厘米；21 紙；554 行，行 17 字。
2.2　01：16.3，09；　02：48.0，28；　03：48.5，28；
　　04：48.5，28；　05：48.5，28；　06：48.5，28；
　　07：48.5，28；　08：48.4，28；　09：48.2，28；
　　10：48.5，28；　11：48.3，28；　12：48.3，28；

13：48.5，28；　14：48.3，28；　15：48.4，28；
16：48.4，28；　17：48.5，28；　18：48.3，28；
19：48.3，28；　20：48.3，28；　21：29.3，13。

2.3　卷軸裝。首殘尾全。卷首油污嚴重。有烏絲欄。

3.1　首殘→大正 262，9/47A10。

3.2　尾全→9/55A9。

4.2　妙法蓮華經卷第六（尾）。

8　8 世紀。唐寫本。

9.1　楷書。

11　圖版：《敦煌寶藏》，94/112B～126B。

新舊編號對照表

一、千字文號與北敦號、縮微膠卷號對照表

千字文號	北敦號	縮微膠卷號
夜 001	BD05201 號	105：5917
夜 002	BD05202 號	084：2402
夜 003	BD05203 號	084：2685
夜 004	BD05204 號	088：3431
夜 005	BD05205 號	070：1171
夜 006	BD05206 號	094：3665
夜 007	BD05207 號	094：3676
夜 008	BD05208 號	275：8033
夜 009	BD05209 號	084：2366
夜 010	BD05210 號	121：6622
夜 011	BD05211 號	105：5768
夜 012	BD05212 號	094：3605
夜 013	BD05213 號	083：1678
夜 014	BD05214 號	084：2258
夜 015	BD05215 號	083：1672
夜 016	BD05216 號	083：1748
夜 017	BD05217 號	094：3811
夜 018	BD05218 號	094：3926
夜 019	BD05219 號	070：0932
夜 020	BD05220 號	084：2367
夜 021	BD05221 號	084：2368
夜 022	BD05222 號	094：3597
夜 023	BD05223 號	105：6092
夜 024	BD05224 號	105：5646
夜 025	BD05225 號	105：5680
夜 026	BD05226 號	084：3302
夜 027	BD05227 號	084：2916
夜 028	BD05228 號	105：5500
夜 029	BD05229 號	084：3366
夜 030	BD05230 號	094：4283
夜 031	BD05231 號	105：5769
夜 032	BD05232 號	105：6024
夜 033	BD05233 號	254：7592
夜 034	BD05234 號	083：1947
夜 035	BD05235 號	084：2317
夜 036	BD05236 號	115：6421
夜 037	BD05237 號	254：7606
夜 038	BD05238 號	236：7385
夜 039	BD05239 號	083：1451
夜 040	BD05240 號	115：6451
夜 041	BD05241 號	105：5725
夜 042	BD05242 號 1	282：8231
夜 042	BD05242 號 2	282：8231
夜 042	BD05242 號 3	282：8231
夜 043	BD05243 號	073：1315
夜 044	BD05244 號	156：6873
夜 045	BD05245 號	105：5538
夜 046	BD05246 號	237：7419
夜 047	BD05247 號	275：8034
夜 048	BD05248 號	105：4885
夜 049	BD05249 號	105：4767
夜 050	BD05250 號	083：1760
夜 051	BD05251 號	105：4520
夜 052	BD05252 號 1	058：0488
夜 052	BD05252 號 2	058：0488
夜 053	BD05253 號	083：1740
夜 054	BD05254 號	083：1500
夜 054	BD05254 號背	083：1500
夜 055	BD05255 號	063：0810
夜 056	BD05256 號	030：0287
夜 057	BD05257 號	063：0815
夜 058	BD05258 號	105：5007
夜 059	BD05259 號	275：7832
夜 060	BD05260 號	083：1603
夜 061	BD05261 號	115：6305
夜 062	BD05262 號	084：2485
夜 063	BD05263 號	105：5673

二、縮微膠卷號與北敦號、千字文號對照表

縮微膠卷號	北敦號	千字文號
030：0287	BD05256 號	夜 056
058：0488	BD05252 號 1	夜 052
058：0488	BD05252 號 2	夜 052
063：0810	BD05255 號	夜 055
063：0815	BD05257 號	夜 057
070：0932	BD05219 號	夜 019
070：1171	BD05205 號	夜 005
073：1315	BD05243 號	夜 043
083：1451	BD05239 號	夜 039
083：1500	BD05254 號	夜 054
083：1500	BD05254 號背	夜 054
083：1603	BD05260 號	夜 060
083：1672	BD05215 號	夜 015
083：1678	BD05213 號	夜 013
083：1740	BD05253 號	夜 053
083：1748	BD05216 號	夜 016
083：1760	BD05250 號	夜 050
083：1947	BD05234 號	夜 034
084：2258	BD05214 號	夜 014
084：2317	BD05235 號	夜 035
084：2366	BD05209 號	夜 009
084：2367	BD05220 號	夜 020
084：2368	BD05221 號	夜 021
084：2402	BD05202 號	夜 002
084：2485	BD05262 號	夜 062
084：2685	BD05203 號	夜 003
084：2916	BD05227 號	夜 027
084：3302	BD05226 號	夜 026
084：3366	BD05229 號	夜 029
088：3431	BD05204 號	夜 004
094：3597	BD05222 號	夜 022
094：3605	BD05212 號	夜 012
094：3665	BD05206 號	夜 006
094：3676	BD05207 號	夜 007
094：3811	BD05217 號	夜 017
094：3926	BD05218 號	夜 018
094：4283	BD05230 號	夜 030
105：4520	BD05251 號	夜 051
105：4767	BD05249 號	夜 049
105：4885	BD05248 號	夜 048
105：5007	BD05258 號	夜 058
105：5500	BD05228 號	夜 028
105：5538	BD05245 號	夜 045
105：5646	BD05224 號	夜 024
105：5673	BD05263 號	夜 063
105：5680	BD05225 號	夜 025
105：5725	BD05241 號	夜 041
105：5768	BD05211 號	夜 011
105：5769	BD05231 號	夜 031
105：5917	BD05201 號	夜 001
105：6024	BD05232 號	夜 032
105：6092	BD05223 號	夜 023
115：6305	BD05261 號	夜 061
115：6421	BD05236 號	夜 036
115：6451	BD05240 號	夜 040
121：6622	BD05210 號	夜 010
156：6873	BD05244 號	夜 044
236：7385	BD05238 號	夜 038
237：7419	BD05246 號	夜 046
254：7592	BD05233 號	夜 033
254：7606	BD05237 號	夜 037
275：7832	BD05259 號	夜 059
275：8033	BD05208 號	夜 008
275：8034	BD05247 號	夜 047
282：8231	BD05242 號 1	夜 042
282：8231	BD05242 號 2	夜 042
282：8231	BD05242 號 3	夜 042